C0-BXA-846

HEREDITAS

Studien zur Alten Kirchengeschichte

herausgegeben von

Ernst Dassmann · Peter Stockmeier † · Hermann-Josef Vogt

———————————— 3 ————————————

Borengässer · Bonn

Marianne Kah

„Die Welt der Römer mit der Seele suchend …"

Die Religiosität des Prudentius im Spannungsfeld zwischen ‚pietas christiana' und ‚pietas Romana'

Borengässer · Bonn

Imprimatur. Coloniae, die 17 martii 1989
Jr.-Nr. 105562 I 89 † Hubert Luthe, vic. eplis.

BR
65
.P786
K34
1990

Gedruckt mit Unterstützung
des Erzbistums Freiburg

D 25

© 1990 by Verlag Norbert M. Borengässer, Bonn

ISBN 3-923946-14-7

Umschlaggestaltung: Springlane

Gesamtherstellung: Druckerei R. Roth GmbH, Solingen

Printed in Germany 1990

Meiner Familie

VORWORT

Die vorliegende Arbeit wurde 1985 als Dissertation bei der Katholisch-Theologischen Fakultät der Albert-Ludwigs-Universität zu Freiburg im Breisgau eingereicht und im WS 1985/86 von dieser angenommen.

Für die Begleitung und Betreuung der Arbeit sowie die Erstellung des Erstgutachtens gilt herzlicher Dank meinem verehrten akademischen Lehrer, Herrn Professor Dr. Karl Suso Frank. Herrn Professor Dr. Johannes Christes danke ich die Erstellung des Zweitgutachtens.

Mein Dank gilt ferner den Herausgebern der „Hereditas" für die Aufnahme meiner Arbeit in die Reihe sowie dem Verleger für verschiedene Hilfen.

Auf den folgenden Seiten soll es um die Frage nach dem Verhältnis von „pietas Romana" und „pietas christiana" beim spanischen Dichter Prudentius gehen. Das Urteil wird mit Sicherheit für viele ernüchternd ausfallen. Verständlich und akzeptierbar kann es nur sein, wenn auch der Hintergrund mit in Betracht gezogen wird, vor dem es formuliert wurde.

Der Dichter hätte mit anderen Augen begutachtet werden können, hätte man ihn allein im Vergleich mit seinen heidnischen und besonders christlichen Zeitgenossen sehen können. Prudentius schrieb ja nicht zuletzt für die Menschen des spätantiken Römerreiches. Wollte er diese erreichen, ja möglicherweise für das Christentum gewinnen, konnte er, wie auch die anderen christlichen Apologeten, nicht ganz darauf verzichten, in ihrer Sprache zu sprechen, Bilder und Vorstellungen zu gebrauchen oder zu modifizieren, die diesen vertraut waren. „Komm, ich will dir die Mysterien des Logos verkünden und will sie verkünden in Bildern, die dir vertraut!" (Protr. XII 119,1), spricht Klemens von Alexandrien diese einladende Haltung aus.

Nun sind aber in der Zwischenzeit eine Fülle von glorifizierenden Aussagen getroffen worden, die alle darin übereinstimmen, die Dichtung des Prudentius unter der Etikette „christlicher Gehalt in heidnischer Gestalt" völlig der christlichen Gedankenwelt zuzuschreiben. Die intensive Beschäftigung mit dem Dichter und den über ihn gefällten Urteilen ließ jedoch in jüngerer Zeit immer mehr die Erkenntnis reifen, daß hier wohl nicht „sine ira et studio" geforscht und geurteilt worden war. Von daher sieht man sich zum Widerspruch aufgefordert. Manche Äußerungen, in denen gerade das starke heidnisch-antike Erbe betont und eine „spezifisch christliche" Sinngebung in Zweifel gezogen wird, ziehen daher ihre Berechtigung in erster Linie aus dem Umstand, Re-Aktion auf bestimmte Standpunkte und (Vor-)Urteile in der Prudentius-Forschung zu sein.

Freilich soll damit nicht der Anspruch erhoben werden, nun auch immer im Einzelfall das jeweils Charakteristische des Christentums zu definieren. Ein solches Bemühen könnte nur in die Tat umgesetzt werden, wo man von der Existenz eines „reinen Christentums" überzeugt ist. Doch hat das Christentum seine Werte noch immer in der Zeit, und nicht über der Zeit stehend formuliert.

Meine Zielsetzung kann es daher allenfalls sein, die Erfahrung auch des Altphilologen in die Forschung einzubringen und dort korrigierend einzugreifen, wo Gedanken als christlich beansprucht werden, die schon lange vor dem Durchbruch des Christentums auf heidnisch-antikem Boden gewachsen waren.

Baden-Baden, im Sommer 1989   Marianne Kah

INHALTSVERZEICHNIS

xiv

ABKÜRZUNGEN

Die Werke des Prudentius werden nach der Ausgabe von M.P.
CUNNINGHAM, Aurelii Prudentii Clementis carmina cura et
studio = CC 126. Turnholti 1966, mit folgenden Abkürzungen
zitiert:

Prf	= Praefatio
C	= Liber Cathemerinon
A Prf	= Liber Apotheosis, Praefatio
A	= Liber Apotheosis
H Prf 1/2	= Amartigenia, Praefatio I/II
H	= Amartigenia
Ps Prf	= Psychomachia, Praefatio
Ps	= Psychomachia
S 1/2 Prf	= Contra Symmachum I/II, Praefatio
S 1	= Contra Symmachum I
S 2	= Contra Symmachum II
Pe	= Liber Peristephanon
TH	= Tituli historiarum = Dittochaeon
Ep	= Epilog

Die übrigen Abkürzungen richten sich nach dem von S. SCHWERT-
NER herausgegebenen Abkürzungsverzeichnis der Theologischen
Realenzyklopädie. Ausnahmen:

CC	= Corpus christianorum latinorum
JbAC	= Jahrbuch für Antike und Christentum

LITERATURVERZEICHNIS

(Zitierweise in Klammer)

ALFONSI, Luigi: Sulla 'militia' di Prudenzio, in: VigChr 13 (1959) 181-183. (ALFONSI)

ALTANER, Berthold/STUIBER, Alfred: Patrologie. Leben, Schriften und Lehre der Kirchenväter. Freiburg ⁹1980. (ALTANER)

AREVALO, Faustinus: M. Aurelii Clementis Prudentii carmina = PL 59/60. Roma 1787/88. (AREVALO)

ASSENDELFT, Marion M. van: Sol ecce surgit igneus. A Commentary on the Morning and Evening Hymns of Prudentius (Cathemerinon 1,2,5 and 6). Groningen 1976. (ASSENDELFT)

BARROW, R.H.: Prefect and Emperor. The Relations of Symmachus aD. 384 with Translation, Introduction and Notes by R.H. Barrow. Oxford 1973. (BARROW)

BERGMANN, J.: Aurelii Prudentis Clementis carmina = CSEL 61. Wien 1961. (BERGMANN)

BERGMANN, J.: Aurelius Prudentius Clemens, der größte christliche Dichter des Altertums. Dorpat 1921. (BERGMANN, Prudentius)

BIDEZ, Joseph: Julian der Abtrünnige. München o.J. (BIDEZ)

BRAUN, René: "Deus Christianorum". Recherches sur le vocabulaire doctrinal de Tertullien = PFLA 41. Paris 1962. (BRAUN)

BROCKHAUS, C.: Aurelius Prudentius Clemens in seiner Bedeutung für die Kirche seiner Zeit. Leipzig 1872. (BROCKHAUS)

BUCHHEIT, Vinzenz: Christliche Romideologie im Laurentius-Hymnus des Prudentius, in: KLEIN, Christentum 455-485. (BUCHHEIT)

BÜCHNER, Karl: Altrömische und horazische virtus, in: OPPERMANN, Wertbegriffe 376-401. (BÜCHNER)

BÜTLER, Hans Peter: Die geistige Welt des jüngeren Plinius. Studien zur Thematik seiner Briefe. Heidelberg 1970. (BÜTLER)

CACITTI, Remo: Subdita Christo servit Roma deo. Osservazioni sulla teologia politica di Prudenzio, in: Aevum 46 (1972) 402-435. (CACITTI)

CARTHY, William Mc: Prudentius, Peristephanon 2. Vapor and the Martyrdom of Lawrence, in: VigChr 36 (1982) 282-286. (CARTHY)

CHARLET, Jean-Louis: La création poétique dans le Cathemerinon de Prudence. Paris 1982. (CHARLET)

CHRIST, Franz: Die römische Weltherrschaft in der antiken Dichtung = TBAW 31. Stuttgart 1938. (CHRIST)

CLARKE, M.L.: Die Rhetorik bei den Römern. Göttingen 1968. (CLARKE)

DEFFERRARI, R.J./CAMPBELL, M.: A Concordance of Prudence. Cambridge 1932 = Neudruck Hildesheim 1966. (DEFF./CAMPB.)

DIHLE, Albrecht: Art. "Demut", in: RAC 3 (1957) 735-778. (DIHLE)

DÖLGER, Franz Josef: Der Kampf mit dem Ägypter in der Perpetua-Vision. Das Martyrium als Kampf mit dem Teufel, in: AuC 3. Münster 1932, 177-188. (DÖLGER, Kampf)

DÖLGER, Franz Josef: Sol salutis. Gebet und Gesang im christlichen Alterum. Münster 1920. (DÖLGER, Sol)

DÖLGER, Franz Josef: Die Sonne der Gerechtigkeit und der Schwarze. Eine religionsgeschichtliche Studie zum Taufgelöbnis. Münster 1918. (DÖLGER, Sonne)

DÖLGER, Franz Josef: "Teufels Großmutter" - Magna Mater Deum und Magna Mater Daemonum. Die Umwertung der Heidengötter im christlichen Dämonenglauben, in: AuC 3. Münster 1932, 153-176. (DÖLGER, Teufel)

DÖPP, Siegmar: Prudentius' Gedicht gegen Symmachus. Anlaß und Struktur, in: JbAC 23 (1980) 65-81. (DÖPP)

DÖPP, Siegmar: Rezension zu PILLINGER, in: JbAC 26 (1983) 229-231. (DÖPP, Rezension Pillinger)

EISENHUT, Werner: Antike Rhetorik. Darmstadt 1974. (EISENHUT)

ENGELMANN, Ursmar: Die Psychomachie des Prudentius. Lateinisch-Deutsch. Freiburg 1959. (ENGELMANN)

FONTAINE, Jacques: Antike und christliche Werte in der Geistigkeit der Großgrundbesitzer des ausgehenden 4. Jahrhunderts im westlichen Römerreich, in: K.S. FRANK (Hg.), Askese und Mönchtum in der Alten Kirche. Darmstadt 1975, 281-324. (FONTAINE, Antike)

FONTAINE, Jacques: Démons et sibylles: La peinture des possédés dans la poésie de Prudence, in: M. RENARD/R. SCHILLING (Hg.), Hommages J. Bayet. Bruxelles 1964, 198-213. (FONTAINE, Démons)

FONTAINE, Jacques: La Femme dans la poésie de Prudence, in: Mélanges M. Durry = Revue des Études latines XLVII. Paris 1970, 55-83. (FONTAINE, Femme)

FONTAINE, Jacques: Naissance de la Poésie dans l'occident chrétien. Esquisse d'une histoire de la poésie latine chrétienne du III⁰ au VI⁰ siècle. Paris 1981. (FONTAINE, Naissance)

FONTAINE, Jacques: Trois variations de Prudence sur le theme du Paradis, in: W. WIMMEL (Hg.), Festschrift K. Büchner. Wiesbaden 1970, 96-115. (FONTAINE, Paradis)

FRANK, Karl Suso: Grundzüge der Geschichte des christlichen Mönchtums. Darmstadt 1979. (FRANK)

FUCHS, Harald: Die frühe christliche Kirche und die antike Bildung, in: KLEIN, Christentum 33-46. (FUCHS, Kirche)

FUCHS, Harald: Begriffe römischer Prägung, in: OPPERMANN, Wertbegriffe 23-41. (FUCHS)

FUHRMANN, Manfred: Ad Galli cantum. Ein Hymnus des Prudenz als Paradigma christlicher Dichtung, in: Der altsprachliche Unterricht 14,3 (1971) 82-106. (FUHRMANN)

FUHRMANN, Manfred: Die Romidee in der Spätantike, in: HZ 207 (1968) 529-561. (FUHRMANN, Romidee)

GEORGES, Karl Ernst: Ausführliches Lateinisch-deutsches Handwörterbuch. Hannover [14]1976. (GEORGES)

GNILKA, Christian: Die Natursymbolik in den Tagesliedern des Prudentius, in: E. DASSMANN/K.S. FRANK (Hg.), Pietas. Festschrift B. Kötting = JbAC Erg.bd. 8. Münster 1980, 411-460. (GNILKA, Natursymbolik)

GNILKA, Christian: Studien zur Psychomachie des Prudentius = KPS 27. Leipzig 1963. (GNILKA, Studien)

GREWE, Wilhelm: Rechts- und Geistesgeschichte der Gnade, in: OPPERMANN, Wertbegriffe 516-528. (GREWE)

HAFFTER, Heinz: Die römische Humanitas, in: OPPERMANN, Wertbegriffe 468-482. (HAFFTER)

HÄUSSLER, Reinhard: Vom Ursprung und Wandel des Lebensaltervergleichs, in: Hermes 92 (1964) 313-341. (HÄUSSLER)

HAGENDAHL, Harald: Latin Fathers and the Classics. A Study on the Apologists, Jerome and Other Christian Writers. Göteborg 1958. (HAGENDAHL)

HAGENAUER, Johann: Die Synthese von nationalrömischem Kulturgut und christlichem Ideengehalt im Werke des Prudentius. Wien (Diss.) 1955. (HAGENAUER)

HAWORTH, Kenneth P.: Deified virtues, demonic vices and descriptive allegory in Prudentius' Psychomachia. Amsterdam 1980. (HAWORTH)

HAUSSLEITER, Johannes: Art. "Deus internus", in: RAC 3 (1957) 794-842. (HAUSSLEITER)

HENKE, Rainer: Studien zum Romanushymnus des Prudentius. Bern 1983. (HENKE)

HERRMANN, Elisabeth: Ecclesia in re publica. Die Entwicklung der Kirche von pseudostaatlicher zu staatlich inkorporierter Existenz. Frankfurt 1980. (HERRMANN)

HERZOG, Reinhart: Die allegorische Dichtkunst des Prudentius = Zet. 42. München 1966. (HERZOG)

HUSNER, Fritz: Leib und Seele in der Sprache Senecas = Ph.S XVII, H. III. Wiesbaden 1924. (HUSNER)

KARPP, Heinrich: Probleme altchristlicher Anthropologie. Biblische Anthropologie und philosophische Psychologie bei den Kirchenvätern des 3. Jahrhunderts = BFChTh 44, H. 3. Gütersloh 1950. (KARPP)

KARPP, Heinrich: Art. "Christennamen", in: RAC 2 (1954) 1114-1138. (KARPP, Christennamen)

KENNEDY, George A.: Classical Rhetoric and its Christian and secular tradition from ancient to modern times. London 1980. (KENNEDY)

KENNEDY, George A.: The art of Rheotric in the Roman world. Princeton 1972. (KENNEDY, Rhetoric)

KENNEL, Wolfgang v.: Die Rolle des Sprechers in den Märtyrerhymnen des Prudentius. Konstanz 1975. (KENNEL)

KLEIN, Richard (Hg.): Das frühe Christentum im römischen Staat. Darmstadt 1971. [KLEIN, Christentum]

KLEIN, Richard: Symmachus. Eine tragische Gestalt des ausgehenden Heidentums. Darmstadt 1971. (KLEIN)

KLINGNER, Friedrich: Römische Geisteswelt. München [5]1965. (KLINGNER)

KNOCHE, Ulrich: Der römische Ruhmesgedanke, in: OPPERMANN, Wertbegriffe 420-445. (KNOCHE)

KOEP, Leo: Das himmlische Buch in Antike und Christentum. Bonn 1952. (KOEP)

KOHLWES, Klaus: Christliche Dichtung und stilistische Form bei Paulinus v. Nola = Habelts Dissertationsdrucke. Reihe klassische Philologie, Heft 29. Bonn 1979. (KOHLWES)

KUDLIEN, Fridolf: Krankheitsmetaphorik im Laurentiushymnus des Prudentius, in: Hermes 90 (1962) 104-115. (KUDLIEN)

KURFESS, Alfons: Art. "Prudentius", in: PRE 45 (1957) 1039-1071. (KURFESS)

LANA, Italo: Due capitoli Prudenziani. La biografia - La cronologia delle opere - La poetica. Rom 1962. (LANA)

LATTE, Kurt: Römische Religionsgeschichte. München 1960. (LATTE)

LAVARENNE, Maurice: Prudence, texte établi et traduit, tome 1-4, Les Belles Lettres. Paris [3]1961-1972. (LAVARENNE I-IV)

LAVARENNE, Maurice: Étude sur la langue du poète Prudence. Paris 1933. (LAVARENNE, Étude)

LOHSE, Bernhard: Askese und Mönchtum in der Antike und in der alten Kirche. München 1969. (LOHSE)

MARROU, Henri Irénée: Christliche Beredsamkeit, in: C. ANDRESEN (Hg.), Zum Augustingespräch der Gegenwart, I. Darmstadt 1975, 45-88. (MARROU, Beredsamkeit)

MARROU, Henri Irénée: Geschichte der Erziehung im klassischen Altertum. München 1977. (MARROU, Erziehung)

MARROU, Henri Irénée: Augustinus und das Ende der antiken Bildung. Paderborn 1982. (MARROU, Augustinus)

MEISTER, Karl: Die Tugenden der Römer, in: OPPERMANN, Wertbegriffe 1-22. (MEISTER)

MEYER, Ernst: Die staatsformenden Gedanken und Kräfte, in: OPPERMANN, Wertbegriffe 529-549. (MEYER)

MICHEL, G.: Art. "οἶκος", in: ThWNT 5 (1954) 122-133. (KITTEL)

NORDEN, Eduard: Die antike Kunstprosa. Darmstadt [7]1974. (NORDEN, Kunstprosa)

NORDEN, Eduard: Die Geburt des Kindes. Geschichte einer religiösen Idee. Darmstadt 1969. (NORDEN)

OPELT, Ilona: Augustustheologie und Augustustypologie, in: JbAC 4 (1961) 44-57. (OPELT)

OPELT, Ilona: Griechische und lateinische Bezeichnungen der Nichtchristen. Ein terminologischer Versuch, in: VigChr

19 (1965) 1-22. (OPELT, Bezeichnungen)

OPELT, Ilona: Die Polemik in der christlichen Literatur von Tertullian bis Augustin. Heidelberg 1980.
(OPELT, Polemik)

OPPERMANN, H. (Hg.): Römische Wertbegriffe. Darmstadt 1974.
[OPPERMANN, Wertbegriffe]

PASCHOUD, Francois: Roma aeterna. Études sur le patriotisme Romain dans l'occident latin à l'epoque des grandes invasions. Rom 1967. (PASCHOUD)

PETERSON, Erik: Der Monotheismus als politisches Problem, in: DERS., Theologische Traktate. München 1951, 45-147.
(PETERSON)

PILLINGER, Renate: Die Tituli historiarum oder das sogenannte Dittochaeon des Prudentius. Versuch eines philologisch-archäologischen Kommentars. Wien 1980.
(PILLINGER)

POHLENZ, Max: Die Stoa. Geschichte einer geistigen Bewegung, 2 Bde. Göttingen [5]1978. (POHLENZ I-II)

PUECH, A.: Prudence. Étude sur la poesie latine chrétienne au IVe siècle. Paris 1888. (PUECH)

RAHNER, Hugo: Die Gottesgeburt. Die Lehre der Kirchenväter von der Geburt Christi im Herzen der Gläubigen, in: ZKTh 59 (1935) 333-418. (RAHNER)

RAPISARDA, Emanuele: Influssi Lucreziani in Prudenzio, in: VigChr 4 (1950) 46-60. (RAPISARDA)

RODRIGUEZ-HERRERA, Isidoro: Poeta Christianus. Prudentius' Auffassung vom Wesen und der Aufgabe des christlichen Dichters. (Diss.) München 1937. (RODR.-HER.)

SALVATORE, Antonio: Studi Prudenziani. Napoli 1958.
(SALVATORE)

SCHANZ, M./HOSIUS. C.: Geschichte der römischen Literatur IV,1 = [2] HKAW 8,4,1. München [2]1914. (SCHANZ/HOSIUS)

SCHELKLE, Karl Hermann: Vergil in der Deutung Augustins. (Diss.) Tübingen 1939. (SCHELKLE)

SCHMID, Wolfgang: Die Darstellung der Menschheitsstufen bei Prudentius und das Problem seiner doppelten Redaktion, in: VigChr 7 (1953) 171-186. (SCHMID)

SCHREINER, Theodor: Seneca im Gegensatz zu Paulus. Ein Vergleich ihrer Welt- und Lebensanschauung. Tübingen 1936.
(SCHREINER)

SCHWEN, Christian: Vergil bei Prudentius. Leipzig 1937.
(SCHWEN)

SEECK, Otto: Geschichte des Untergangs der antiken Welt, 5 Bde. Darmstadt 1966 [= unveränderter Nachdruck der Ausgabe von 1921]. (SEECK I-V)

SIXT, G.: Des Prudentius Abhängigkeit von Seneca und Lukan, in: Ph. 51 (1892) 501-506. (SIXT)

SMITH, Macklin: Prudentius'Psychomachia. A Reexamination. Princeton 1976. (SMITH)

SOLMSON, Friedrich: The powers of darkness in Prudentius'

"Contra Symmachum", in: VigChr 19 (1965) 237-257.
(SOLMSON)

STAM, Jan: Prudentius. Hamartigenia. With Introduction,
Translation and Commentary. Amsterdam 1940. (STAM)

STEFFEN, Christel: Augustins Schrift "de doctrina christiana". Untersuchungen zum Begriffsgehalt und zur Bedeutung
der Beredsamkeit. Kiel 1964. (STEFFEN)

STEIDLE, Wolf: Die dichterische Konzeption des Prudentius und
das Gedicht "Contra Symmachum", in: VigChr 25 (1971)
241-281. (STEIDLE)

STRAUB, Johannes: Die geschichtliche Stunde des Heiligen Augustinus, in: Spätantike und frühes Christentum. Katalog
zur gleichnamigen Ausstellung im Liebig-Haus, Museum
alter Plastik, Frankfurt/M., vom 16.12.83-11.3.1984.
Frankfurt 1983, 75-81. (STRAUB)

STRAUB, Werner: Die Bildersprache des Apostels Paulus. Tübingen 1937. (STRAUB, Paulus)

THOMSON, H.J.: Prudentius. With an English translation, 2
vols. Cambridge, Mass./London 1949-1953. (THOMSON I-II)

THRAEDE, Klaus: Art. "Epos", in: RAC 5 (1962) 997-1042.
(THRAEDE, Epos)

THRAEDE, Klaus: Die "infantia" des christlichen Dichters, in:
A. STUIBER/A. HERMANN (Hg.), Mullus. Festschrift Th.
Klauser = JbAC Erg.bd. 1. Münster 1964, 362-365.
(THRAEDE, Infantia)

THRAEDE, Klaus: Studien zu Sprache und Stil des Prudentius.
= Hyp. 13. Göttingen 1965. (THRAEDE, Studien)

THRAEDE, Klaus: Untersuchungen zum Ursprung und zur Geschichte der christlichen Poesie I, in: JbAC 4 (1961) 108-127;
II, in: JbAC 5 (1962) 125-157; III, in: JbAC 6 (1963)
101-111. (THRAEDE, Unters. I-III)

WENDLAND, Paul: Die hellenistisch-römische Kultur in ihren
Beziehungen zum Judentum und Christentum. Tübingen
[4]1972. (WENDLAND)

WENSCHKEWITZ, Hans: Die Spiritualisierung der Kultusbegriffe
Tempel, Priester und Opfer im NT, in: Angelos 4 (1932)
71-230. (WENSCHKEWITZ)

WISSOWA, G.: Religion und Kultus der Römer. München 1971 [=
unveränderter Nachdruck von [2]1912, erschienen im HAW als
5. Bd. der 4. Abtlg.]. (WISSOWA)

WITKE, Charles: Numen Litterarum. The Old and the New in Latin Poetry from Constantine to Gregory the great. Lei-
den/Köln 1971. (WITKE)

WYTZES, J.: Der letzte Kampf des Heidentums in Rom. Leiden
1977. (WYTZES)

0. EINLEITUNG

0.1 LEBEN UND WERK DES PRUDENTIUS

Aurelius Prudentius Clemens[1] kann das Römerreich des 4. Jahrhunderts sein Vaterland nennen. Seine geistige Heimat ist das christliche Milieu, wie es durch die reichskatholische Kirche geschaffen worden war. Als seine geographische Heimat gilt das tarraconensische Spanien[2]. Den genauen Geburtsort kennt man nicht, doch versucht man immer wieder, mit mehr oder weniger schlüssigen Argumenten diesen auf einen der drei Orte Tarraco (heute Tarragona), Caesaraugusta (heute Saragossa) oder Calagurris (heute Calahorra) festzulegen[3].

---

[1] Nähere Überlegungen zum Namen bei AREVALO, Prolegom. § 41.

[2] Vgl. dazu Pe 5,537ff.; 6,145ff.; Näheres darüber bei AREVALO 591, BROCKHAUS 15, Anm. 4, BERGMANN IXf., THOMSON I,VII, LANA 4ff., KURFESS 1040.

[3] Die Beschränkung auf diese drei Städte stützt sich zunächst auf die Beobachtung, daß Prudentius zu jeder von ihnen durch ein- oder mehrmaligen Gebrauch des Possessivpronomens "noster" eine besondere Bindung zum Ausdruck bringt (vgl. die Stellen bei ASSENDELFT 1, Anm. 3). KURFESS glaubt das "nostrum" Pe 4,63 "in besonders intimem Sinn" von Saragossa gebraucht und sucht daher dort die Wiege des Dichters (aaO. 1040). Auch BROCKHAUS sieht die Stadt "mit entschiedener Vorliebe" behandelt und nennt als zusätzlichen inneren Grund das Bestreben des Dichters, der Stadt das Anrecht auf den Martyrer Vincentius zuzusichern, obwohl dieser dort nicht das Martyrium erlitten habe (aaO. 15, Anm. 4); auch THOMSON (aaO. I,VII) und BERGMANN (aaO. IX-X) plädieren für Saragossa. - Doch muß man mit BERGMANN darauf hinweisen, daß das Possessivpronomen auch lediglich die Zugehörigkeit zu Spanien oder der tarraconensischen Provinz betonen kann (aaO. 9); und selbst wenn damit die jeweils konkret erwähnte Stadt gemeint ist, so muß sie nicht zwingend Geburtsort, sondern kann auch bloß momentaner Aufenthaltsort des Dichters zum Zeitpunkt der Gedichtabfassung sein. Man muß sich also der Prämissen, die hier gemacht werden, bewußt sein, will man weiterhin in dieser tarraconensischen Städtetrias nach dem Geburtshaus des Prudentius suchen. - Geht man von diesem Ansatzpunkt dennoch weiter aus, so wird gewöhnlich Tarraco als unwahrscheinlich ausgeschieden, weil Prudentius Pe 6,150 wieder vom Possessivpronomen der 1. Person und Fructuosus von Tarraco als "vestrum Fructuosum" einführt (vgl. ASSENDELFT 1, BERGMANN IX). - Einen anderen Hinweis gewinnt man aus Pe 11, wo Prudentius einen Bischof Valerian seinen Hirten und Lehrer (V.233.244) nennt. LANA macht diesen mit den plausibelsten Argumenten zum Oberhirten von Calahorra (aaO. 7f.; anders dagegen KURFESS 1040, BERGMANN, Prudentius 10). Bekräftigt wird diese Überlegung durch eine genaue Analyse der geographischen Hinweise, die Prudentius Pe 2,537ff. gibt. Da man wohl davon ausgehen kann, daß Prudentius sich in seiner tarraconensischen Heimat einigermaßen auskannte, kann er letztlich mit der am vasconischen Ebro gelegenen Stadt nur Calahorra meinen (so LANA 6f., aber auch schon AREVALO 589). - Will man sich also unbedingt auf einen Geburtsort des Dichters festlegen, so plädiere ich mit LANA für Calagurris.

Sicher ist dagegen, daß seine Geburt in das Jahr 348 fiel.
Für dieses kennen die spanischen Annalen ebenjenen Salia als
Konsul, in dessen Amtszeit Prudentius selbst seinen ersten
Lebenstag datiert[4]. Prudentius' Erinnerung an eine "strenge
Schulzeit"[5] darf ebensowenig wie sein reuiger Rückblick auf
eine "ausschweifende Jugend"[6] wirklich ernstgenommen werden.
Solche Äußerungen waren zu Prudentius' Zeiten schon lange
topisch geworden und gehörten beinahe zum Pflichtprogramm
christlicher Schriftsteller[7].
Im Anschluß an die Schulzeit besuchte er, wie es für Bürger
der mittleren und gehobenen Schicht üblich war, den Rhetorikunterricht[8]. Dieser schuf ihm die Voraussetzungen für eine
Laufbahn als Rechtsanwalt[9] und höherer Verwaltungsbeamter[10].
Schließlich übernahm er eine Aufgabe in "unmittelbarer Nähe
des Kaisers Theodosius"[11]. Sie war offensichtlich Endstation

---

[4] Vgl. Prf 24ff.: "... oblitum veteris me S a l i a e c o n s u -
l i s arguens. Sub quo prima dies mihi ...". - Die Praefatio entstand
daher höchstwahrscheinlich 404, gibt doch Prudentius sein Alter zum Zeitpunkt der Abfassung in poetisch aufwendiger Periphrase (vgl. Vv.1-3) mit
57 Jahren an; vgl. dazu auch LANA 1, Anm. 2.
[5] KURFESS 1040 nimmt also Prf 7f. für bare Münze; tatsächlich dürfte
die Schulzeit des Prudentius in den Bahnen des Gewöhnlichen verlaufen
sein. Natürlich stilisiert man diese im Nachhinein gerne auf eine unbe-
queme Zeit hin: vgl. Hor. ep. 2,1,71; Aug. conf. 1,9,14f. = ed. SKUTELLA
(Leipzig 1934), 11f.; etwas realistischer formuliert bei Prudentius der
Küster in Pe 9,27: "doctor amarus enim discenti s e m p e r ephebo".
[6] Vgl. Prf 10-12.
[7] THRAEDE entdeckt hier den traditionellen Topos vom "lubricum
adolescentiae" wieder (aaO. 30, Anm. 36); so schon bei Hor. ep. 2,1,71;
Sall. bell. Cat. 3,3ff.; Aug. conf. 2,2 = ed. SKUTELLA (Leipzig 1934),
25-27; Paul. Nol. c. 10,133 = CSEL 30 (1894), 30 (HARTEL) u.v.a.
[8] Vgl. Prf 8f.; dazu LAVARENNE I,VI, ASSENDELFT 2, Anm. 13.
[9] Vgl. dazu ASSENDELFT 3, Anm. 14.
[10] Vgl. Prf 12-15 über seine Verwaltungstätigkeit; Prf 16-18 spielt
auf eine zweimalige Provinzstatthalterschaft an; zur Diskussion der in
Frage kommenden Provinzen vgl. ASSENDELFT 3, LANA 16ff., PUECH 48f.
[11] ALTANER 407; vgl. Prf 19-21: "Tandem militiae gradu/evectum pietas principis extulit/adsumtum propius stare iubens ordine proximo." -
Alliteration und Pleonasmus (vgl. LAVARENNE, Étude 528f.) verstärken dabei den Eindruck einer überschwänglichen Dankbarkeit für die Beförderung
zu diesem Amt. - Welcher Art dieses Amt war, ist ungewiß. Doch kann ein
militärisches so gut wie ausgeschlossen werden. Die Vermutung des Genna-
dius, Prudentius sei "miles Palatinus" gewesen (vir. ill. 13 = ed. RI-
CHARDSON, Leipzig 1896, 66), kann sich nur auf dessen eigene Angaben aus
der Praefatio stützen und ist daher wertlos (vgl. ASSENDELFT 3, BROCKHAUS
16, Anm. 2). Der Begriff "militia" war im 4. Jh. ja längst nicht mehr auf
die militärische Laufbahn beschränkt. Er fand ebenso gut im zivilen Bereich Verwendung (vgl. M. PELLEGRINO, Inni della giornata, Alba 1954,
201), z.B. im Rechtswesen (vgl. THOMSON I,VIII, Anm. a; A.H.M. JONES, The
latter Roman Empire, 284-602, Oxford 1964, 507.556, speziell zur Bedeutung bei Prudentius schon AREVALO 601). Ein Vergleich mit dem Vorkommen

seiner beruflichen Karriere. Denn plötzlich - so legt es jedenfalls das Vorwort zu seinen Werken nahe - entdeckte er
darin ein Defizit an jenen Werten, die seinem Seelenheil
dienlich sein könnten, zog sich aus dem öffentlichen Leben
zurück und faßte den Entschluß, fortan als christlicher
Schriftsteller zu leben[12].
Daß Prudentius seinen Beruf derart unvermittelt an den Nagel
gehängt haben soll, kann freilich nicht recht überzeugen.
Prudentius war ja allem Anschein nach an einem Punkt seiner
Karriere angelangt, von wo es für ihn sowieso keinen weiteren
Aufstieg mehr geben konnte[13]. Der Zeitpunkt bot sich also
förmlich an, sich zur Ruhe zu setzen. Durch die Bekleidung
eines der höchsten Ämter hatte er sich diese auch wohl verdient[14].
Wieviel Zeit Prudentius für sein Leben in christlicher Askese
vergönnt war, wissen wir nicht, denn ein Todesdatum ist uns
nicht bekannt. Doch hat er das Jahr 410 mit dem einschneiden-
den Ereignis des Gotensturms auf Rom höchstwahrscheinlich
nicht mehr gesehen[15]. Seine schriftstellerische Tätigkeit
kann sich aber nur über wenige Jahre erstreckt haben. Denn
wenn Prudentius, wie oben vermutet wurde[16], seine Ämter jeweils die übliche Zeitspanne innegehabt und auch seine letzte

---

des Wortes bei Claudian (deprec. ad Hadr. 51f.), durch das er auf sein
Amt am Hof Bezug nimmt - die auf dem Trajansforum für ihn aufgestellte
Statue nennt ihn "tribunus et   n o t a r i u s -, läßt bei dem Ausdruck
"militia" an eine "litterata militia" denken. Möglicherweise hat Prudentius am Hof die Aufgabe eines "magister memoriae" wahrgenommen, dem es
u.a. oblag, Briefe und Gesetze des Kaisers in einem rhetorisch und stilistisch einwandfreien Latein zu formulieren (vgl. LANA 10ff.). Zu beachten
ist auch die Beobachtung ALFONSIS (aaO. 182f.), daß die Übertragung einer
derartigen Funktion am Hof an zwei bedeutende Dichter ein interessantes
Licht auf die Kulturpolitik dieser Zeit wirft (ähnlich auch SEECK IV,
191).
    [12] Vgl. Prf 22-36.
    [13] Vgl. FUHRMANN 82.
    [14] Vgl. das Stichwort "honorata quies" bei ASSENDELFT, das wohl mit
Bezug auf Plin. ep. 1,14,5 (dazu BÜTLER 51) gewählt wurde (aaO. 4) sowie
beim anonymen Verfasser der lateinischen Komödie "Querolus", auf den LANA
hinweist (aaO. 16): Auch dieser beendete seine Karriere als "proximus",
um ein Leben in Muße auf seinem Landgut in Gallien zu verbringen. Prudentius' Entscheidung stand also offenbar nicht einzig und war daher nicht
ausschließlich Dokumentation christlicher Askese, noch weniger aber Zeichen eines radikalen Neuanfangs (vgl. dazu FONTAINE, Antike 284.322).
    [15] In seinem Werk suchen wir jedenfalls vergeblich nach Klagen über
dieses Ereignis, die eine Vorahnung des kommenden Unheils erkennen ließen.
    [16] Vgl. oben mit Anm. 13f.

Position nicht abrupt verlassen hatte, so dürfte er wohl erst Ende der 90er Jahre des 4. Jahrhunderts für ein Leben in christlicher Muße freigewesen sein[17]. Und wenn, wie ich ebenfalls mit der erdrückenden Mehrheit der Forscher annehmen möchte, die Praefatio nicht tatsächliche Einleitung zu den künftigen schriftstellerischen Plänen des Dichters ist, sondern ein Vorwort, das erst nach Fertigstellung der einzelnen Werke quasi als Einleitung zur geplanten Gesamtausgabe entstanden ist[18], so müßte sein Oeuvre spätestens 405 seinen Abschluß gefunden haben[19].

In diesen wenigen Jahren entfaltete er freilich ein derart intensives und produktives dichterisches "ingenium", daß ihm mehr als 10.000 Verse in die Feder flossen. Dabei fallen das breite inhaltliche Spektrum sowie die metrische Vielfältigkeit ins Auge.

In Gedichten, die den Tages- und Kirchenjahrrhythmus begleiten[20] sowie Hymnen, die vorbildlichen Martyrern ein Denkmal setzen wollen[21], demonstriert Prudentius sein lyrisches Ta-

---

[17] Vgl. ASSENDELFT 4: Als sicherer "terminus post quem" für die Veröffentlichung irgendwelcher Werke gilt das Jahr 392, da Prudentius in Hieron. vir. ill. nicht erwähnt ist, darin aber angekündigt ist, sämtliche christlichen Schriftsteller bis zum 14. Regierungsjahr des Theodosius zu benennen, die mit ihrem Werk an die Öffentlichkeit getreten waren; dazu ferner ASSENDELFT 6.

[18] Vgl. die Zusammenfassung der Befürworter dieser These bei LANA 33, Anm. 126 sowie dessen Entgegnung aaO. 34: LANA sieht in der Praefatio nur einen Teil der uns überlieferten Werke angesprochen (= C, S1, S2, Pe). Diesen sei die Praefatio vorangestellt worden. Die übrigen Werke seien noch Zukunftspläne gewesen und daher in der Praefatio nur grob umrissen worden. Ihre Abfassung setzt LANA daher nach 404 an; so auch ASSENDELFT mit einer allerdings mehr auf den Kontext (V.43ff.) bezogenen Argumentation (aaO. 7). – Daß TH in der Praefatio überhaupt nicht erwähnt ist, spricht allerdings nicht, wie LANA postuliert, gegen die Funktion der Praefatio als Vorwort zur Gesamtausgabe. Die TH waren ja offensichtlich zur Ausgestaltung eines Kirchenbilderzyklus gedacht und daher in einer literarischen Sammlung nicht unbedingt am rechten Ort (vgl. PILLINGER 11!).

[19] Vgl. ASSENDELFT 4, Anm. 24; freilich muß man auch mit der Möglichkeit rechnen, daß der Ausgabe von 404/405 noch weitere Veröffentlichungen folgten.

[20] Vgl. das "Liber Cathemerinon", von Prudentius Prf 37 angesprochen; dazu die Einleitung bei LAVARENNE I, XXXVff. sowie das Literaturverzeichnis bei ASSENDELFT 247-258 und CHARLET 207-216.

[21] Vgl. das "Liber Peristephanon", von Prudentius Prf 42 angesprochen; dazu die Einleitung bei LAVARENNE IV,5-15 sowie das Literaturverzeichnis bei KENNEL, V-XIX.

lent. Mit seinen antihäretisch-didaktischen[22] sowie apologe-
tisch-polemischen Schriften[23] stellt er auch seine Gewandtheit im Umgang mit dem epischen Metier unter Beweis. Schließlich stammen von ihm auch 48 vermutlich als Untertitel ge-
dachte Vierzeiler, durch die Prudentius wahrscheinlich bei
der ausdeutenden Ausgestaltung eines Kirchenbilderzyklus mit-
wirkte[24].
Das ist in knapper Zusammenstellung die stattliche Bilanz
einer kurzen Dichterexistenz. Freilich war für die Entfaltung
einer solchen poetischen Fruchtbarkeit das geistig-kulturelle
Milieu um Prudentius gut bestellt.

0.2 DER GEISTIGE NÄHRBODEN DES PRUDENTIUS

Prudentius Entscheidung, als "poeta christianus" zu leben,
wuchs sowohl in einer Zeit, die für das Genre religiöser
Dichtung höchst aufgeschlossen war, als auch an einem Ort, an
dem ein reges geistig-religiöses Leben schon Jahrhunderte alte Tradition war[25].
Die im 3. Jahrhundert v.Chr. von P.C. Scipio maßgeblich vor-
angetriebene Romanisierung der iberischen Halbinsel hatte dazu den Grundstein gelegt[26]. Römische Bildung und Kultur waren
zielstrebig nach Spanien vermittelt worden[27]. Die Folge davon

---

[22] Vgl. das "Liber Apotheosis"; dazu die Einleitung bei LAVARENNE
II,V-XIV; dann die "Hamartigenia", dazu die Einleitung bei LAVARENNE II,
V-XIV; schließlich die "Psychomachia", dazu die Einleitung bei LAVARENNE
III,7-46 sowie die Literaturlisten bei GNILKA, Studien 135-137 und HA-
WORTH 128-148. Die drei Werke sind von Prudentius vermutlich Prf 39 angesprochen.
[23] Vgl. die beiden Bücher "Contra Symmachum"; dazu die Einleitung
bei LAVARENNE III,85-106, von Prudentius angesprochen in Prf 41.
[24] Zusammengefaßt unter dem Titel "Dittochaeon" oder "Tituli historiarum"; dazu die Einleitung bei LAVARENNE IV,201f. sowie die Literatur-
liste bei PILLINGER 119-129.
[25] Vgl. dazu FONTAINE, Antike 286 sowie die Hinweise auf weiterführende Literatur ebd. Anm. 11.
[26] Vgl. dazu SCHULTEN, Art. "Hispania", in: PRE 8,2,2028ff.
[27] Bereits im 1. Jh. v.Chr. wurden Kinder des spanischen Adels in
einer Schule, die von Sertorius in Osca (heute Huesca) gegründet worden
war, nach römischer Art erzogen. Und in augusteischer Zeit gaben Spanier
schon selbst Unterricht in Rom: Ovids Lehrer war Porcius Latro (vgl. Sen.
d.Ä., contr. 2,2,8), der Schüler jenes Marullus, der auch den älteren
Seneca unterwiesen hatte. Hygin, der Bibliothekar des Augustus, stammte
ebenfalls von der iberischen Halbinsel. Auch in Spanien selbst gab es
seit dem 1. Jh. n.Chr. Rhetorikschulen. Im 4. Jh. gehörte der Rhetorik-

ist, daß die geistige Elite der Kaiserzeit nicht mehr nur
Italiker, sondern zu einem großen Teil auch Spanier stellten[28].

Auch das Christentum konnte sich bald in Spanien ausbreiten.
Als der im nordwestspanischen Cauca geborene Theodosius im
Februar 380 das Christentum zur alleinberechtigten Religion
im römischen Reich erhoben hatte, war der von ihm favorisier-
te Glaube in seiner iberischen Heimatprovinz schon an die
200 Jahre verwurzelt[29]. Zahlreiche spanische Christen hatten
seither für ihre Überzeugung das Martyrium erlitten. Prudentius setzt ihnen in mehreren Hymnen seines "Liber Peristephanon" ein ehrendes Denkmal. Groß ist auch die Zahl jener Christen, die als Literaten oder Poeten ihren Glauben bekannten[30]. Asketische Strömungen fanden in Spanien ebenfalls reges Interesse. Einer ihrer glühendsten Vertreter, Priszillian, sammelte nicht nur in seiner Heimat, sondern auch in
Süd-Frankreich zahlreiche Anhänger, geriet aber bald in den
Verdacht der Häresie und wurde im Januar 385 - gegen den Pro-
test zahlreicher Bischöfe allerdings - wegen Magie verurteilt
und in Trier enthauptet[31]. Immerhin - auch das "erste Blutur-
teil im christlich gewordenen Staat"[32] traf einen Spanier[33].

---

lehrstuhl von Ilerda (heute Lerida) im tarraconensischen Spanien, der
Heimatprovinz des Prudentius, zu den bekanntesten. Ihn hatte ein Lehrer
des Ausonius inne (vgl. dazu CLARKE 185, HAWORTH 2).

[28] Seneca d.Ä. stammte ebenso wie sein Sohn, der Philosoph Seneca,
und der Dichter Lukan, sein Enkel, aus Corduba. Martials Wiege stand in
Bilbilis im tarraconensischen Spanien. Mit Quintilian, der ebenfalls in
dieser Region geboren ist und als Bürger von Calahorra sogar aus derselben Stadt stammte wie vermutlich auch Prudentius (vgl. oben S. 1 Anm. 3),
kann Spanien sogar den bedeutendsten römischen Lehrer der Beredsamkeit
für sich beanspruchen. In Trajan, Hadrian und Theodosius (!) brachte diese Provinz schließlich drei der wichtigsten römischen Kaiser hervor.

[29] Vgl. Tert. adv. Iud. 7 = CC 2,1353-1356 (KROYMANN).

[30] Es war der spanische Dichter Iuvencus, der um 330 den spröden
Evangelienstoff in über 3000 Hexameter kleidete. Und es war wiederum ein
spanischer Bischof, Ossius von Cordoba, der als "einer der einflußreich-
sten Verteidiger der nizänischen Orthodoxie" (ALTANER 366) zum kirchenpo-
litischen Ratgeber Kaiser Konstantins wurde.

[31] Vgl. dazu ALTANER 374ff.

[32] G. RUHBACH, Art. "Priscillianus", in: KP 4,1143.

[33] Prudentius schweigt sich übrigens über diesen seinen Landsmann
aus; vgl. dazu die Überlegungen bei LAVARENNE II,VIII; FONTAINE, Antike
319. Das Schweigen unseres Dichters ist übrigens kein Gradmesser für die
Heftigkeit der religiösen Auseinandersetzung: Während sich Priszillian
mit Hilfe der Bischöfe Hyginus, Instantius und Salvianus 380 zum Bischof
v. Avila weihen ließ, betrieb Hydatius, Bischof v. Emerita, im selben
Jahr auf der Synode von Saragossa das Verbot zahlreicher asketischer
Praktiken (MANSI 3,633ff.), erwirkte 381 eine Verfügung Kaiser Gratians,

In der Spätzeit des Reiches wurde Spanien geradezu zu einem Refugium für die römische Literatur, da es sich am längsten der Barbareneinfälle erwehren konnte[34]. So überrascht es nicht, daß gerade Sevilla mit Isidor den letzten abendländischen Kirchenvater hervorbrachte. Und bereits Hieronymus hatte ja in seinem Schriftstellerkatalog zahlreiche Spanier aufzuzählen vermocht[35].

Wie besser könnte man diesen Überblick zusammenfassen als mit den kurzen Worten, mit denen Mitte des 4. Jahrhunderts die "Expositio totius mundi" Spanien als "terra lata et maxima et dives viris doctis" gepriesen hat[36].

Hinzu kommt, daß diese Region keine isolierte Geisteslandschaft war, sondern seit jeher in fruchtbarem Austausch mit ihrer aquitanischen Nachbarprovinz stand[37]. So schöpfte man als Nord-Spanier dieser Epoche seine Inspiration aus dem geistigen Kontakt mit Männern wie Sulpicius Severus[38], dem Verfasser der "vita Martini", Ausonius[39], einem bekannten Rhetoriklehrer, und Paulin von Nola[40]. Durch Freundschaft und Schüler-Lehrer-Verhältnis war wiederum zwischen diesen ein enges Netz geistiger Beziehungen geknüpft. Paulin eröffnete schließlich durch seinen Briefwechsel mit den bekanntesten Persönlichkeiten des Christentums[41] diesem Zirkel einen umfassenden Einblick in die geistig-religiösen Vorgänge dieser Zeit und machte das hispano-gallische Grenzgebiet zu einer Drehscheibe des christlichen Gedankenaustausches.

Das so skizzierte geistige Klima war mit Sicherheit einer der

---

welche die Wegnahme der priszillianistischen Kirchen anordnete und ihre Priester mit Verbannung bedrohte, und erreichte schließlich Priszillians Hinrichtung. Noch zwei Jahrzehnte später zeugt das "commonitorium de errore Priscillianistorum" des Paulus Orosius (geb. in Braga im heutigen Nordportugal) von der Lebendigkeit der kirchlichen Auseinandersetzungen.

[34] Vgl. dazu auch ALTANER 492ff.

[35] Vgl. Hieron. vir. ill. 105f. = PL 23 (1845) 703; 122f. = ebd. 711.

[36] § 490 (LUMBROSO), zitiert nach SCHULTEN, Art. "Hispania", in: PRE 8,2,2041.

[37] Vgl. dazu FONTAINE, Antike 309f.

[38] Geboren um 363 in vornehmer aquitanischer Familie, gestorben 420.

[39] Geboren 310 in Bordeaux, gestorben um 393.

[40] Geboren um 353/354 in Bordeaux, gestorben 22.6.431.

[41] Erhalten sind u.a. Briefe an Augustinus: ep. 4 = CSEL 29 (1894) 18-24 (HARTEL); ep. 6 = aaO. 39ff.; ep. 45 = aaO. 379ff.; ep. 50 = aaO. 404-423; an dessen Freunde Romanian: ep. 7 = aaO. 42-45; Alypius: ep. 3 = aaO. 13-18; verloren sind u.a. Briefe an Hieronymus, Ambrosius und Nicetas.

Faktoren, die den Entschluß des Prudentius reifen ließen,
sich zurückzuziehen und sich uneingeschränkt - FONTAINE nennt
das "lyrisme total"[42] - der christlichen Dichtung zu verschreiben. Und es dauerte nicht lange, bis man begann, diesem
"poeta christianus" vergleichbares Lob zu spenden wie den
Persönlichkeiten, deren Gedankenwelt seine Werke wohl nicht
unwesentlich beeinflußte, oder diesen gar auf den ersten
Platz zu setzen.

0.3 PRUDENTIUS IM URTEIL DER NACHWELT

Schon im 5. Jahrhundert stellt der aus Lyon stammende Sidonius Apollinaris unseren Dichter nicht nur einem Varro oder
Horaz, sondern auch dem überragenden Kirchenvater Augustinus
an die Seite[43]. Isidor von Sevilla, der bekannte Landsmann
des Prudentius, hält diesen nicht nur für in der Lage, mit
den größten Klassikern zu konkurrieren, sondern auch für
einen Schriftsteller, der diese sogar ersetzen könne[44]. Wer
also die heidnischen Autoren ablehnt, braucht auf den Genuß
einer sprachlich gewandten Darstellung nicht zu verzichten;
er kann ja den Christen Prudentius lesen[45]. Bald ist man von
dessen rechtgläubiger Gesinnung, mehr aber noch, so scheint
es, von dessen Beredsamkeit und Eleganz derart beeindruckt,
daß man den Dichter für wert erachtet, zum Leserepertoire in

---

[42] FONTAINE, Naissance 182.
[43] Vgl. ep. 2.9.4 = MGH AA 8 (1887) 31 (LUETJOHANN): "similis scien-
tiae viri hinc Augustinus, hinc Varro, hinc Horatius, hinc Prudentius
lectitabantur". - Auffallenderweise sind uns keine Urteile von Zeitgenossen erhalten. Doch möglicherweise sind die wirren Zeitumstände dafür verantwortlich zu machen (so BERGMANN, Prudentius 12).
[44] Vgl. c. 9 = PL 83,1110,1-4: "Si Maro, si Flaccus, si Naso et Per-
sius horret, Lucanus si te Papiniusque tedet, par erat eximio dulcis Prudentius ore, carminibus variis nobilis ille satis."
[45] Noch deutlicher ist die Formulierung bei Notker v. St. Gallen, de
int. div. script. 7,1-3 = PL 131,1000: "Si vero etiam metra requisieris,
non sunt tibi necessariae gentilium fabulae, sed habes in christianitate
prudentissimum Prudentium." - In solchen Wendungen liegen bereits die ersten Keime für ein Urteilsklischee, wie es sich in der Folgezeit bis hin
zur Gegenwart mehr und mehr durchsetzen sollte: Der christliche Inhalt
präsentiert sich bei Prudentius in makellos klassischer Form (vgl. dazu
unten S. 10f.).

der rhetorischen Ausbildung junger Christen zu gehören[46].
Damit erhob ihn das Mittelalter zum "poeta Christianus"
schlechthin, und seine in der gesamten lateinischen Welt verbreiteten Gedichte wurden eifrig gelesen, kommentiert und
übersetzt und waren ein "bevorzugter Gegenstand der Buchillu-
stration"[47].
Bis heute hat sich an der Wertschätzung des Prudentius als
"christlicher" Dichter "mutatis mutandis" kaum etwas geändert. Die Zahl der Würdigungen, Urteile und Kommentare ist
schier unüberschaubar[48]. Ein kleinerer Ausschnitt daraus soll
daher, ohne Anspruch auf Vollkommenheit zu erheben, kaleidos-
kopartig das mehr oder weniger breite Spektrum der lobenden
oder auch kritischen Stimmen ausleuchten.
Befragen wir zunächst das klassische Handbuch der Patrologie:
Für ALTANER/STUIBER ist Prudentius "unbestritten der größte
altchristliche Dichter des Abendlands, der in bewußtem Gegensatz zu heidnischen und häretischen Anschauungen ... zur Verherrlichung des Glaubens der Kirche beitragen will." Bewunderung zollen sie insbesondere seiner schöpferischen Kraft,
durch die er "neue Kunstformen zu entwickeln" vermochte[49].
Damit unterstreichen sie das Resümee von BROCKHAUS. Dieser
unterscheidet zwar sehr wohl Sonnen- und Schattenseiten im
Werk des Prudentius. Lobend erwähnt er dessen "Vielseitig-
keit", dessen "Gabe der Schilderung"[50] sowie dessen "leidenschaftliche Beredsamkeit"[51], tadelt jedoch Partien, in denen
Prudentius mit diesem Talent hausieren gehe, die Beredsamkeit
in "geschraubte Effekthascherei" ausarte oder eine "eigentümliche advokatorische Dialektik"[52] die antiheidnische Polemik

---

[46] Vgl. Ruotgers Beschreibung der Erziehung Brunos, des Erzbischofs
von Köln (953-965), zitiert bei ASSENDELFT 9, Anm. 41: "Prudentium poetam
tradente magistro legere coepit. Qui sicut est et fide intentioneque ca-
tholicus, et eloquentia veritateque praecipuus, et metrorum librorumque
varietate elegantissimus, tanta mox dulcedine palato cordis eius compla-
cuit, ..." (= MGH SS rer.Germ. 4,255). - Noch bis zum Ausgang des Mittel-
alters blieb das Werk des Dichters empfohlener Schulstoff: "Die Humani-
sten des 16. Jhs. beantragen seine Beibehaltung oder Aufnahme zum
Studium in den Schulen neben Vergil und Horaz, ein Vorschlag, der auch
später oft wiederholt worden ist, besonders in katholischen Ländern."
(KURFESS 1069)
[47] FUHRMANN 87; so auch KURFESS 1068f., ALTANER 408.
[48] Als Hinführung zur Lage der Prudentius-Kritik vgl. THRAEDE, Studien 7-20.
[49] ALTANER 408f.
[50] BROCKHAUS 164.
[51] aaO. 165.
[52] aaO. 167.

bestimme oder schlichtweg "handgreifliche Geschmacklosigkei-
ten"[53] den Leser/Hörer abstößen. Dennoch bleibt Prudentius
für BROCKHAUS als "christlicher Römer im vollen Sinn des Wortes"[54] "entschieden der bedeutendste unter den christlichen
Dichtern seiner Zeit"[55]. Auch in der Literaturgeschichte von
SCHANZ/HOSIUS nimmt Prudentius als "größter antiker christlicher Dichter"[56] den ersten Platz ein. Wieder werden in ähnlicher Weise Vor- und Nachteile seiner Dichtung differenziert.
Man bewundert den "zarten, wahrhaft poetischen" Charakter
seiner Dichtung, ist beeindruckt vom "Glanz der Darstellung"[57] und gerne dazu bereit, das Übermaß an Rhetorik als
zeitbedingte Eigenart zu entschuldigen[58]. Prudentius wird
dessen ungeachtet zu den "bahnbrechenden Persönlichkeiten"[59]
gezählt, weil es ihm durch Vermittlung einer "neuen Ideenwelt"[60] mit seiner Poesie gelungen sei, die "klassische Form
mit dem christlichen Geiste zu schöner Harmonie zu vereini-
gen"[61]. Zugleich wurde aus dieser Sichtweise eine Überlegenheit der christlichen Poesie über heidnische Dichtung abgeleitet: "Wie sehr stach von dieser christlichen Dichtung die
heidnische ab."[62]
In diesen festgefahrenen Bahnen sollten sich die Prudentius-
Kritiker noch lange bewegen: Man freut sich über die Wahrung
der klassischen Form bei gleichzeitiger Betonung der Eigenständigkeit und Originalität der darin zum Ausdruck gebrach-

---

[53] aaO. 169.
[54] aaO. 174.
[55] aaO. 163.
[56] SCHANZ/HOSIUS 233.
[57] ebd.
[58] aaO. 233.253. - Ganz ähnlich charakterisiert LAVARENNE die "qua-
lités" bzw. "défauts" des Dichters: Wegen seiner "malerischen Ausdrucksweise ("expression pittoresque"), seiner "anmutigen und farbenfrohen
Bilder" ("images gracieuses et coloreés", LAVARENNE I,IX) und seiner
"mitreißenden Beredsamkeit" ("éloquence ... prenante", LAVARENNE I,XI)
ist Prudentius für ihn ein "véritable poète" (LAVARENNE I,IX). Doch bedauert auch er dessen als Folge des Rhetorikunterrichts häufig zu beob-
achtende Wortfülle ("verbosité déconcertante", LAVARENNE I,XII) und Weitschweifigkeit. Außerdem wirft er ihm "Mangel an Geschmack" ("un manque de
gôut") sowie seine "Vorliebe für grausame Details" ("prédilection pour
les détails horribles", LAVARENNE I,XIII) vor. Wenngleich LAVARENNE diese
Fehler im Zeitmilieu und in der nationalen Eigenart des Dichters begründet sieht, verzeiht er sie, anders als die oben angeführten Kritiker,
nicht und verweigert ihm den Titel eines "grand poète" (LAVARENNE I,XII).
[59] SCHANZ/HOSIUS 239.
[60] ebd.
[61] aaO. 253.
[62] aaO. 252.

ten Ideen. LAVARENNE stellt daher seine Prudentius-Ausgabe
unter das Motto einer gelungenen Synthese von "verité" und
"beauté". Er beläßt es nicht dabei, das Bestreben, die neue
christliche Lehre in antikem Gewand zu präsentieren, als typisch für die Zeit des Prudentius zu charakterisieren[63]. Er
ist auch davon überzeugt, daß Prudentius dem Schema, dem er
sich offensichtlich verpflichtet gefühlt habe, vorbildlich
gerecht wurde[64]. Die Frage nach einer eventuell über das For-
male hinausgehenden Abhängigkeit wird in der Einleitung nicht
gestellt.
Auch RODRIGUEZ-HERRERA geht der Blick für diese Problematik
gänzlich ab. Wie LAVARENNE erkennt er bei Prudentius ein
starkes Bemühen, eine "Verbindung in der Kultur zwischen Heidentum und Christentum anzustreben"[65], reduziert diese dann
aber auf eine "Synthese" zwischen "alter Form" und "neuem
Geist"[66], zwischen "christlichem Inhalt" und "heidnischer
Form"[67]. Als Folge davon erscheint ihm Prudentius als "Er-
neuerer ersten Ranges, der vom Geist der Antike nur sehr wenig übernommen hat"[68], als Poet von "genialer Schöpfer-
kraft"[69].
Damit sei der Kreis der zu Prudentius befragten Forscher vorläufig beschlossen. Und wollte man auch noch weitere Urteile
anführen, so würde man einen einzigen Aspekt immer wieder
zentral in den Mittelpunkt gerückt sehen: Prudentius erntet
Lob als Meister der "Verschmelzung" zwischen heidnischer und

---

[63] Vgl. LAVARENNE I,XVI: "Mais c'etait en même temps reconnaître que
les anciens etaient des maîtres inégalables, dignes d'être éternellement
etudiés, puisque la plus belle facon de présenter la d o c t r i n e
n o u v e l l e était de la revêtir des d r a p e r i e s a n t i -
q u e s; c'etait donc réconcilier le christianisme é la culture classi-
que, la Vérite avec la Beauté." - LAVARENNE I,XV: "Si grand était sur
tout esprit latin le prestige des auteurs classiques, que, peu à peu,
le chrétiens lettrés furent tourmentés de l'ambition de revêtir les
i d é e s n o u v e l l e s des f o r m e s traditionelles." - LAVA-
RENNE I,XII: "Elle est témoignage le plus expresif d'un fait capital qui
est á la base de notre civilisation d'Occident: la réconciliation du
christianisme et de la culture antique."
[64] Vgl. LAVARENNE I,XII: "Prudence ne fut pas le premieur en date,
mais il fut le plus grand de des disciples chrétiens des classiques
latins."
[65] RODR.-HER. 136.
[66] aaO. 136f.; ähnlich STAM 14.
[67] RODR.-HER. 143; ähnlich auch STEIDLE 241; vgl. zu diesem Urteil
auch die kritische Stimme THRAEDES, Studien 8, Anm. 6.
[68] RODR.-HER. 141.
[69] aaO. 35.

christlicher Kultur. Er habe das "keineswegs leichte Kunst-
stück vollbracht, eine Brücke zwischen der Kulturwelt der
sterbenden heidnischen Antike und dem aufgehenden christlichen Mittelalter zu bauen"[70]. In ihm herrsche "Einklang zwischen Christentum und altklassischem Erbe"[71]. Dabei interpretiert die "sententia communior" oder zumindest ein weitver-
breitetes Vorurteil diesen immer noch so, daß es Prudentius
weitgehend oder gar völlig gelinge, seinem Inhalt den christlichen Charakter zu erhalten, während er, was die Form ange-
he, bereitwillig und geschickt den antiken Fundus ausschöpfe.
Erst mit Forschern wie SCHWEN, SALVATORE und THRAEDE trat ein
Wandel in der Prudentius-Beurteilung ein. Sie meldeten gegenüber dieser scheinbar so einfachen Trennung nach heidnischer
Form und christlichem Geist Zweifel an und versuchten, den
Leser für das eigentliche "Dilemma" der Prudentius-Forschung
zu sensibilisieren, das eben darin bestehe, "nicht nur mit
dem ungeschichtlichen Gegensatz christlich-antik zu arbeiten,
sondern auch Inhalt und Form zu kontrastieren"[72].

0.4 DREI FRAGEN ZUR RELIGIOSITÄT DES DICHTERS

Unter dem zuletzt angedeuteten Gesichtspunkt werden nun ganz
andere Weichen für mögliche Problemkreise gestellt. Auch auf
die Frage nach der Religiosität des Dichters fällt so ein
neues Licht. Heidnisch-antike Elemente können bei aller nach
außen hin demonstrierten, bisweilen womöglich gar zur Schau
gestellten Christlichkeit nicht mehr apriori ausgeklammert
werden. Das geht auch dann nicht an, wenn solche Tendenzen
durch das Vorwort des Dichters selbst mit Sicherheit evoziert
werden.
Dort spricht Prudentius ja von der ernsthaften Absicht, den
Vorstellungen und Gebräuchen der römischen Religion den radikalen Untergang zu bereiten:

> "conculcet (sc. anima/Prf 35) sacra gentium,
> labem, Roma, tuis inferat idolis" (Prf 40f.).

---

[70] BERGMANN, Prudentius 119.
[71] MANSER-KURFESS, Art. "Prudentius", in: LThK[2] 8, 845f.
[72] THRAEDE, Studien 17; dazu auch THRAEDE, aaO. 19, DÖPP, Rezension
Pillinger 228, THRAEDE, Rezension Salvatore, A., Studi Prudenziani, Nea-
pel 1958, 186-188.

Die Sprache läßt an Deutlichkeit nichts zu wünschen übrig.
Die heidnische Götterfamilie soll mitsamt den Riten, die ihr
gelten, durch des Dichters Worte "niedergestampft", das Gebäude der heidnischen Ideenwelt zum "Einsturz" gebracht werden[73]. Von heidnischem Gedankengut dürfte da nichts mehr
übrig bleiben. Doch ist hier, wie bereits oben angedeutet
wurde, Vorsicht geboten. Wir dürfen die hier geäußerte Absicht des Dichters[74] nicht zur Prämisse für die Analyse und
Interpretation seines Werkes machen. Ausgangspunkt unserer
Betrachtungen müssen die konkreten Ergebnisse seines dichterischen Schaffens sein. Sie müssen dann jeweils aufs neue
danach befragt werden, inwieweit es Prudentius gelingt, sie
getreu seinem Vorsatz als "christliches Bollwerk" gegen die
heidnische Religion zu gestalten. Dabei geht es gewissermaßen um die Konstruktivität des Prudentius als christlicher
Dichter. Gleichsam als Kontrolle dazu ist zu untersuchen, wie
stark Prudentius ist, wenn es darum geht, eine Erblast abzuschütteln, die ihm aus der heidnischen, in vielen Punkten
noch bis in die Gegenwart hineinreichenden Vergangenheit seines Volkes erwächst. Hierbei geht es dann um den destruktiven
Charakter der prudentianischen Dichtung.
Drei Themenkreise sollen im folgenden das Verhältnis von

---

[73] Zur Intensität der Ausdrücke vgl. auch FONTAINE, Naissance 211
(Übersetzung Kah): "Die Wichtigkeit, die die beiden Werke gegen Symmachus
für Prudentius einnehmen, geht aus der Breite hervor, die das Vorwort der
Ankündigung dieses Themas zugesteht, aber auch aus der Wahl der Bilder;
vgl. Praef. 40: 'conculcet ...'. 'calcare' erinnert an das rituelle 'Mit-
Füßen-Treten' besiegter Gegner, mit dem der Sieg über die Barbaren auf
den Münzrückseiten des 4. Jhs. angedeutet wurde." – Das Simplex "calcare"
erscheint bei Prudentius auch S 2,526. Hier geht es allerdings um den
Sieg der Römer über die Gottheiten fremder Völker. Von Symmachus wird
dieser Vorgang freilich nicht als Niederlage, sondern als deren freie
Entscheidung interpretiert; das Wort "calcare" schließlich auch Pe 14,112
(dazu DÖLGER, Teufel 181ff.). – Auch stilistische Besonderheiten verdeutlichen, wie radikal sich Prudentius von dem Rom abzusetzen gedenkt, das
den Götzen verfallen ist: vgl. die Apostrophe "Roma" sowie die Alllitera-
tion "inferat idolis" und das Possessivpronomen "tuis", das den Abstand
des Dichters zu den heidnischen Göttern zum Ausdruck bringen will.
[74] Selbst wenn man mit der "sententia communior" der Forscher (vgl.
dazu oben S. 4 mit Anm. 18) davon ausgeht, daß das, was sich hier wie ein
Entwurf liest, tatsächlich eine nachträglich verfaßte Einleitung zur Her-
ausgabe des Gesamtwerkes ist, gibt uns die Praefatio doch Aufschluß über
die Leitlinien, denen Prudentius mit seiner Dichtung folgen wollte oder
folgen zu müssen glaubte. Die Praefatio gewinnt so zusätzlich den Charakter einer Kommentierung, möglicherweise auch Rechtfertigung oder Erklärung. Doch auch und gerade als solche muß sie hellhörig machen und die
Fragen zulassen: Wie sieht der Dichter das Werk, das er verfaßt hat? Wieviel Ehrlichkeit können wir dabei von ihm erwarten?

christlicher Originalität und heidnischem Erbgut in der Religiosität des spanischen Poeten erschließen:
Prudentius ist Bürger eines Reiches, das sich seit jeher als
"imperium religiosum" verstand, für das Religion eine unent-
behrliche Stütze des Staates bedeutete. Es nimmt daher nicht
wunder, daß er sich in zahlreichen und umfassenden Partien
seines Oeuvres mit diesem römischen Selbstverständnis ausein-
andersetzt. Eine Analyse dieser Auseinandersetzung wird uns
mit Sicherheit ein Stück voranbringen auf dem Weg zu einer
adäquaten Beurteilung der Religiosität des Dichters.
Prudentius ist außerdem Kind einer Zeit, in der auch die
persönliche Spiritualität den verschiedenen Einflüssen ausgesetzt war. Außer den inzwischen anerkannten christlichen
Vorstellungen übten gewöhnlich weiterhin heidnische Gepflo-
genheiten große Anziehungskraft aus. Wieder wird es von
Interesse sein, welchen Kräften Prudentius im Wettstreit
zwischen heidnischen und christlichen Denkweisen nachgibt,
welchen er sich widersetzt, und welchen er womöglich unfreiwillig unterliegt.
Beide Fragen können allein aus den Texten beantwortet werden,
die er uns hinterlassen hat. Die Sprache ist ja für ihn das
Instrument, man möchte sogar sagen die Waffe[75], mit der er
der antiken Religion die "labes" zu bereiten gedenkt. Gerade
sie aber hat er als Erbstück von der heidnischen Vergangenheit übernommen, die zu bekämpfen er sich vorgenommen hat.
Schule, Ausbildung und Erziehung atmeten ja, selbst als das
Reich schon christlich war, noch lange den Geist der heidnischen Antike[76]. Da bleibt als erstes zu fragen übrig, ob und
gegebenenfalls wie Prudentius den Gebrauch dieses Instrumen-
tes rechtfertigt, welchen Platz es in der Religiosität des
Dichters einnimmt und ob bzw. wie er sich zu Korrekturen gezwungen sieht.

---

[75] Vgl. die Terminologie des Prudentius in der Praefatio, z.B.:
"pugnet contra hereses" (Prf 39), "labem inferat" (Prf 41); die Sprache
als Waffe auch bei Augustin, doctr. christ. 4,1,3 = CC 32 (1962) 117
(MARTIN), Cresc. 1, 1,2 = CSEL 52 (1909) 326 (PETSCHENIG), Paul. Nol. ep.
16, 11 = CSEL 29 (1894) 124 (HARTEL), aber auch schon bei Cic. inv. 1,1
(vgl. unten S. 16 Anm. 87).
[76] Vgl. dazu MARROU, Erziehung 585ff.

1. DER CHRISTLICHE DICHTER UND SEIN WERKZEUG: PRUDENTIUS' STELLUNG ZU SPRACHE, RHETORIK UND POESIE

1.1 HINFÜHRUNG

1.1.1 Die Kunst der Sprache im heidnischen römischen Reich

Indem sich Prudentius entschließt, sich als Christ gerade auf literarischem Gebiet zu engagieren, seine Christlichkeit also vor allem durch das Medium der Sprache zu erweisen, betritt er ein Terrain, das den Römern seit jeher heilig war und besonders in der Zeit des Dichters wieder mit großer Sorgfalt gehütet wurde.

In einer bei Plinius überlieferten Laudatio auf L. Metellus[77] nimmt das Vermögen, bestechende Reden halten zu können, ein "optimus orator" zu sein, einen der ersten Plätze im "Tugend- und Glückskatalog"[78] der Römer ein. Diese Auffassung war bis ins einfache Volk hinein verwurzelt. Eine in Rom gefundene Grabinschrift lobt neben der Rechtschaffenheit des Verstorbenen und dieser durchaus gleichwertig dessen hervorragende Beredsamkeit: "Hic iacet Heraclius ... eloquio primus, nulli probitate secundus."[79]

Damit ist ein Ideal erfüllt, das seit Cato Gültigkeit hatte: "orator est vir bonus dicendi peritus"[80]. Dem entspricht das catonische Stilideal der lapidaren Einfachheit[81], das wohl als "trotzige" Reaktion auf den "spitzfindigen Berufsdünkel

---

[77] Vgl. Plin. n.h. 7,139f.

[78] EISENHUT 49.

[79] ILCV, Berlin ²1961, Nr. 308.

[80] Cato, Frgm. 14; bereits Isokrates 3,7 = 15,255 u. 15,187 lobt den "λόγος" als Funktion des "ἀνὴρ ἀγαθὸς καὶ εὖ φρονῶν". Diese Vorstellung wurde also wohl auf dem bekannten Weg durch griechische Lehrer (ab dem 2. Jh.) nach Italien importiert und bestimmte die Gedanken, auch wenn Plato selbst nach Plut. Cat. 23 für Isokrates nur Spott übrig hatte. Das mag ein Ausfluß der bekannten catonischen Ressentiments gegen die Griechen sein. Tatsächlich war er der erste, der über die Kunst der Rede schrieb (vgl. Quint. inst. orat. 3,1,19), ein Metier also, das doch gerade in jenem Griechenland seine Wurzeln hatte, dem er so ablehnend gegenüberstand. Cato war es auch, der dann als erster seine Reden veröffentlichte, ausgerechnet zu einer Zeit, da, möglicherweise auf seinen Einfluß hin, griechische Philosophen und Redner durch Senatsbeschluß aus Rom ausgewiesen wurden (161 v.Chr.; vgl. Plut. Cat. 22f.).

[81] Vgl. Frgm. 15: "Rem tene, verba sequentur."

griechischer Rhetoriker"[82] geformt worden war. Doch Cato vermochte sich damit nicht durchzusetzen. Die römische Rhetorik
wurde unter griechischem Einfluß immer kunstfertiger und raf-
finierter.
Ein knappes Jahrhundert später brachte es Cicero in dieser
Kunst zur unbestreitbaren Meisterschaft. Mit seinem Wunsch-
bild des universal gebildeten Rhetors[83], gleichsam einer
"Synthese von Philosoph – Staatsmann – Redner"[84], wandelt er
auf Catos Spuren. Beredsamkeit muß also immer mit Weisheit
gepaart sein[85]. Im Zweifelsfalle zieht er die wortungewandte
Weisheit der geschwätzigen Torheit vor[86]. "Eloquentia" um
ihrer selbst willen lehnt er ab. Sie soll sich immer das Ziel
vor Augen halten, für das Wohl des Vaterlandes zu kämpfen[87].
Ihr Verdienst ist es auch, die Menschen aus einem quasi tierischen Leben ohne Kenntnis von Recht, Gesetzen und Religion

---

[82] CLARKE 22.
[83] Vgl. Cic. de or. 3,142f.
[84] CLARKE 77; vgl. or. 4,14; 21,70; 33,118; de or. 1, 83; 2,45ff.
[85] Die Scheidung von Redekunst und Philosophie, für die de or. 3,
66ff. Sokrates verwantwortlich gemacht wird, empfindet Cicero als äußerst
bedauerlich; vgl. dazu STEFFEN 121, Anm. 3: "Wenn Cicero de orat. III 15,
56ff. die Geschichte dieser Trennung (von Philosophie und Rhetorik) re-
feriert, so tut er es nicht allein aus rhetorischem Interesse und auch
nicht nur, um seine Forderung nach philosophischer Bildung des Redners zu
stützen. Denn das Positive der vorsokratischen Einheit besteht für Cicero
darin, daß die Lehre des rechten Handelns ... und die Lehrmeisterin der
Redekunst identisch waren. Die Trennung von sapientia und eloquentia bezeichnete Cicero als 'discidium linguae et cordis'(de orat. III,16,61)."
– Vor diesem Hintergrund muß MARROUS Verurteilung von Ciceros "rerum enim
copia verborum copiam gignit" (Augustinus 105) überraschen, es gehe "weniger um ein ausgebildetes Denkvermögen als darum, über einen großen Vor-
rat vorgefertigter Erörterungen zu verfügen": Denn je mehr Material man
habe, desto mehr habe man zu bieten. Diese berühmte Formel (sc. de or. 3,
125), in der seine Lehre zusammengefaßt sei, enthalte im Keim den ganzen
Utilitarismus der Verfallszeit. MARROU paraphrasiert hier die Aussage
Ciceros zu negativ, weil zu verzerrend. Es folgt ja: "et si honestas in
rebus, de quibus dicitur, exsistit ex re naturalis quidam splendor in
verbis"!
[86] Vgl. de or. 3,142f.
[87] Vgl. de inv. 1,1: "... ut existimem sapientiam sine eloquentia
parum prodesse civitatibus, eloquentiam vero sine sapientia nimium obesse
plerumque, prodesse numquam. Quare si quis omissis rectissimis atque ho-
nestissimis studiis rationis et officii consumit omnem operam in exerci-
tatione dicendi, is inutilis sibi, perniciosus patriae civis alitur; qui
vero ita sese armat eloquentia, ut non oppugnare commoda patriae, sed pro
his propugnare ponit, is mihi vir et suis et publicis rationibus utilis-
simus atque amicissimus civis fore videtur." – Cicero unterscheidet also
sehr wohl zwischen gutem und schlechtem Gebrauch der Beredsamkeit, die
übrigens schon hier wie auch bei Prudentius als Waffe interpretiert ist
(vgl. oben S. 14 Anm. 75).

zur Zivilisation geführt zu haben[88]. Kein Wunder also, daß
Beredsamkeit für Cicero an erster Stelle steht[89]. In der Praxis entsprach Cicero freilich nicht immer seinem Ideal[90].
Davon unabhängig fand seine Theorie vom vollkommenen Redner
auch in der Kaiserzeit Zustimmung, wenngleich sich durch die
veränderten Umstände der Monarchie die Bedeutung der Rhetorik
verringerte, so daß sie sich teils in die Lehrstuben verlagerte, teils in der Literatur breit machte[91]. Als Folge davon
häuften sich nichtssagende "Deklamationen" oder stieg gar
- infolge der "verderblichen Einflüsse des Despotismus"[92]-
die Zahl der "viri mali dicendi periti" (Plin. ep. 4,7).
In Reaktion auf diese Tendenzen verfaßte im 1. Jahrhundert
n.Chr. Quintilian seine "institutio oratoria", die zum bedeutendsten Lehrbuch der Rhetorik werden sollte. Getreu seiner
konservativen Grundhaltung versuchte er, die alten Werte zu
wahren oder womöglich neu zu beleben[93].
Doch auch Quintilian war es, wie zuvor schon Cato, nicht vergönnt, das Rad der Rhetorikgeschichte zurückzudrehen. Es ge-
lang ihm nicht, die politische Rede wiederzubeleben, fehlte
es doch aufgrund der jetzigen Verfassung des Staates an Möglichkeiten, sich auf diese Weise hinreichend zu profilieren.
Allein die Lobrede erfuhr zeitbedingt einen Aufschwung in
Form des "Panegyricus" auf den Kaiser[94]. An die Stelle einer
handfesten Beredsamkeit trat so bald ein "schwülstiger", von

---

[88] Vgl. de inv. 1,2f.; de or. 1,33; 3,55; ähnlich auch Quint. inst.
orat. 12,1,2 und 12,1,32.
[89] Vgl. or. 41,141: "Nam quis umquam dubitaverit, quin in re publica
nostra primas eloquentia tenuerit semper urbanis pacatisque rebus, secun-
das iuris scientia?"
[90] Vgl. die Kritik Quintilians, inst. orat. 2,17,21, der im übrigen
ganz Cicero verpflichtet ist; dann auch STEFFEN 121, Anm. 3; CLARKE 134.
[91] Vgl. dazu MARROU, Augustinus 78.
[92] CLARKE 134.
[93] Indem er den guten Charakter zur Voraussetzung eines guten Redners macht, besinnt er sich auf die alte catonische Forderung (vgl. inst.
orat. 1, prf. 9; 2,15,34; 12,1,1; 12,1,3; 12,1,19; 12,2,1; daneben machen
sich hier stoische Einflüsse bemerkbar; vgl. J. COUSIN, Étude sur Quinti-
lien, Amsterdam 1967, tom. I,771-793 sowie CLARKE 149ff.). Im übrigen ist
er ganz Schüler Ciceros. Auch sein Ideal ist die Synthese von Redner und
Staatsmann (vgl. inst. orat. 12,1,24-26), nur schlägt er die philosophischen Kenntnisse nicht so hoch an. Stattdessen schöpft Quintilians Redner
seine Inspiration vor allem aus der großen römischen Tradition (vgl.
inst. orat. 12,2,30).
[94] Erstes bekanntes Beispiel ist der "Panegyricus Traiani" des jüngeren Plinius; zu den Prunkreden der späten Kaiserzeit vgl. SEECK IV,
176ff.

künstlicher "Effekthascherei" zehrender Stil[95]. Schließlich
diente auch die Literatur insgesamt als Auffangbecken für das
rhetorische Potential, das nach einem praktischen Betätigungsfeld suchte[96]. Erstaunlicherweise profitierte der Rhetorikunterricht von dieser Krise oder, besser gesagt, von diesem Verfall der lateinischen Beredsamkeit. Je mehr die Möglichkeit schwand, durch Begleitung und "imitatio" eines persönlichen Vorbildes aufs Forum seine rhetorischen Fähigkeiten
zu schulen[97], desto größere Bedeutung maß man dem Rhetorikunterricht bei. Er wurde zu einem wesentlichen Bestandteil der
höheren Bildung[98].
Während er die Kontinuität in den Inhalten, die er vermittelte, wahrte – Cicero galt noch immer als Autorität "par excel-
lence"[99] –, machte er einen spürbaren Wandel in seiner Funktion durch. Die Aufgabe, dem Staat ein Reservoir kritischer,
zu dialektischer Auseinandersetzung fähiger Bürger entgegen-
zuhalten, verflachte mehr und mehr zu einer Hilfestellung für
den Staat bei seiner Suche nach zuverlässigen Verwaltungs-
und Regierungsbeamten[100]. Auch der örtliche Schwerpunkt der

---

[95] Vgl. dazu MARROU, Augustinus 438; denselben Vorwurf der "Effekthascherei" macht BROCKHAUS 167 auch Prudentius; Beispiele dazu auch bei
SEECK IV,192f.
[96] Vgl. dazu auch FONTAINE, Naissance 186; MARROU, Augustinus 78;
schon Cicero hatte mit de or. 1,11 und 1,70 eine derartige "Rhetorisierung" der römischen Literatur in die Wege geleitet, und am Beispiel des
Prudentius wird sich dies auf geradezu exemplarische Weise beobachten
lassen.
[97] Vgl. die Einrichtung des sogenannten "tirocinium fori"; dazu
Cic. Lael. 1; Brut. 306; leg. 1,13; aber auch schon Rhet. ad Her. 1,3
(ähnlich Cic. de or. 1,156); dazu auch MARROU, Erziehung 420ff.
[98] Vgl. dazu MARROU, Augustinus 4 über die Bildung eines lateinischen Intellektuellen am Ende des 4. Jhs.: "Die Bildung war im wesentlichen eine literarische Bildung: sie gründete auf Grammatik und Rhetorik
und zielte auf die Heranbildung des idealen Redners ab." Ähnlich MARROU,
Augustinus 75: "Für Augustin und seine Zeitgenossen war der Gebildete
vornehmlich der vollkommene Redner." So auch SEECK IV,169.174.
[99] Vgl. MARROU, Augustinus 43f.
[100] Vgl. MARROUS Charakterisierung der Rednerschulen als "eine
Pflanzstätte wacher und feiner Geister ..., die fähig waren, ihm (sc. dem
Kaiserreich) das Stammpersonal für seine hohen Verwaltungs- und Regie-
rungsstellen zu liefern" (Erziehung 529; ähnlich auch CLARKE 181f.) sowie
die kritische Präzisierung bei MARROU, Augustinus 57: "Der Rhetoriker war
nicht nur Ausbilder von Verwaltungsbeamten ... er war auch kaiserlicher
Propagandist. Es wurde von ihm erwartet, daß er bei passender Gelegenheit
das Loblied des Kaisers sang"; schließlich noch aaO. 97: "Sehen wir nun,
wie er (sc. der Verfall) auf dem Gebiet des Unterrichts zutage trat. Alles wurde der Rhetorik geopfert ... Die Jugend, der es vor allem um Fort-
kommen und Erfolg zu tun war, setzte ein unbegrenztes Vertrauen in die
Rhetorik. Daher herrschte dieses Fach uneingeschränkt über das Erzie-
hungswesen."

Rhetorik verlagerte sich. Rom verlor seine zentrale Bedeutung, während sich die Rhetorik in den Provinzen - allen voran Gallien, Nord-Afrika und Spanien - mehr und mehr etablier-
te.

1.1.2 Die alte Kirche und die Kunst der Sprache[101]

1.1.2.1 Die Kirchenväter als Rhetorikschüler und -lehrer

In den Provinzen des römischen Reiches, in die sich die Rhetorik zurückgezogen hatte, liegt auch die Heimat zahlreicher
christlicher Kirchenväter, die sich ihr erstes Brot als Rhetoriklehrer verdient haben. Nord-Afrika gleicht in den letzten Jahrhunderten des römischen Reiches geradezu einer Kolo-
nie theologischer Vordenker.
Cyprian, ein Sohn der Stadt Karthago, war bis zu seiner Bekehrung durch den Priester Caecilianus als Rhetoriklehrer tätig[102]. Auch das numidische Sicca hatte mit Arnobius einen
angesehenen Rhetorikprofessor hervorgebracht[103]. Daß er auch
nach seiner Bekehrung ganz unter dem Einfluß der von ihm gelehrten Kunst stand, verdeutlicht sein apologetisches Traktat
"Adversus nationes". Ebenfalls aus Nord-Afrika stammte Laktanz, ein Schüler des Arnobius. Doch ihn verschlug es bald
nach Nikomedien, wo er, von Diokletian berufen, das Amt eines
Rhetoriklehrers übernahm und zum Erzieher des Konstantinsoh-
nes Crispus avancierte[104]. Schließlich war auch der bekannteste nordafrikanische Kirchenvater, der aus Thagaste stammende

---

[101] Vgl. zum Folgenden auch FUCHS, Kirche.
[102] Vgl. Lact. div. inst. 5,1,24ff. = CSEL 19 (1890) 402f. (BRANDT).
[103] Nach Hieron. vir. ill. 79f. = PL 23 (1845) 687; ep. 70,5,2 =
CSEL 54 (1910) 707 (HILBERG) kam auch der "christliche Cicero Laktanz"
(ALTANER 185) in den Genuß seines Unterrichts.
[104] Vgl. dazu H. v. CAMPENHAUSEN, Lateinische Kirchenväter. Stuttgart [4]1978, 57: "Die neue Lage der Christenheit bietet gerade einem Apologeten und Rhetor neue Möglichkeiten. Laktanz ist u.W. der erste Theologe, der sie wahrgenommen hat. Durch Konstantin erhält er eine ausgezeich-
nete, unabhängige Stellung und einen neuen Wirkungskreis. Unter Verfolgungen Christ geworden, genießt er im Alter als kaiserlicher Günstling
zuerst die Vorteile des beginnenden Bundes von Staat und Kirche, Christentum und herrschender Kultur. Dabei bleibt Laktanz äußerlich das, was
er gewesen war: ein Lehrer oder Professor, ein Schöngeist und christlicher Schriftsteller, ohne kirchliche Bindung und Amt."

Augustinus, vor seiner Bekehrung eine Kapazität auf dem Gebiet der Rhetorik[105]. Erst seine Bekehrung setzte mit einer
"asketischen Absage an Karriere und Sinnlichkeit"[106] dieser
glänzenden Laufbahn ein Ende.
Keiner dieser Christlichen Theologen konnte jedoch die Macht
und Maßstäbe der Rhetorik, die sie gelernt und gelehrt hatten, vergessen, selbst wenn sie nach ihrer Taufe andere Aufgaben übernommen hatten. Stein des Anstoßes für sie und viele
christliche Gelehrte war der "barbarische" Stil der Bibel[107].
Immer ist Cicero als Maßstab allgegenwärtig. Ihm oder einem
der anderen Klassiker und nicht der Hl. Schrift folgen sie
auch, wenn es um die stilistische Ausgestaltung ihrer Texte
geht. Mancher Geistliche verzichtete nicht einmal nach der
Priesterweihe auf seine geliebte Tätigkeit als Lehrer einer
kunstreichen Sprache[108]. Solche Tendenzen versuchte der anti-
christliche Reaktionär Julian durch ein Gesetz zu unterbin-
den, das Christen verbot, Rhetorikunterricht zu erteilen[109].
Davon betroffen waren nicht nur unbedeutende Christen. Auch
der gefeierte Rhetoriklehrer und – ab 355 – theologische
Schriftsteller Marius Victorinus mußte unter Kaiser Julian
sein Lehramt aufgeben[110].

---

[105] Vgl. seine beachtliche Karriere vom Rhetoriklehrer in seiner
Heimatstadt Thagaste (374), dann in Karthago (375) bis zur Berufung des
"schon zur Berühmtheit seines Faches Gewordenen" (K. WEGENAST, Art.
"Augustinus", in: KP 1,741; ähnlich auch ALTANER 368) nach Rom und
schließlich in die kaiserliche Residenz nach Mailand. Dort entstand
übrigens auch eine Preisrede auf Kaiser Valentinian II., die vermutlich
am 1.1.385 gehalten wurde, aber von Augustinus später reumütig verworfen
wurde. Doch dürfte dies kaum mehr als die schuldige Pflichtübung gegenüber der heidnischen Rhetorik gewesen sein.
[106] WEGENAST ebd. zu conf. 8,5-12 = ed. SKUTELLA (Leipzig 1934) 161-
179.
[107] Vgl. Hier. ep. 22,30 = CSEL 54 (1910) 190 (HILBERG), ep. 53,9 =
aaO. 462f., Aug. conf. 3,5,9 = ed. SKUTELLA (Leipzig 1934) 42: "Visa est
mihi indigna (sc. scriptura), quam Tullianae dignitati compararem.";
Lact. div. inst. 5,1 = CSEL 19 (1890) 398-403 (BRANDT); dazu MARROU, Augustinus 4; NORDEN, Kunstprosa 514, Anm. 2; SEECK IV, 200f. sowie die
dort geschilderte Anekdote von einem Bischof, der in seiner Predigt das
Wort "κράββατον", das als Lehnwort in seinen Ohren barbarisch klang,
durch das einwandfreie "σκίμπους" ersetzt hatte, aber deswegen vom hl.
Spyridon unwirsch zur Rede gestellt worden war.
[108] Bereits für das 3. Jh. weiß Eusebius von einem Priester namens
Malchion, der eine Rednerschule in hellenistischer Art leitete, so h.e.
7,29,2 = GCS 9,2 (1908) 704 (MOMMSEN); dazu auch MARROU, Erziehung 588.
[109] Cod. Theod. 13,3,5 vom 17.6.362.
[110] Interessant ist der Kommentar Augustins zum Fall Victorinus:
"Quam legem ille (sc. Victorinus) amplexus   l o q u a c e m   scholam
deserere maluit quam verbum tuum, quo linguas infantium facis disertas."

Nicht eigene Einsicht, sondern äußerer Zwang muß also Christen davon abhalten, Rhetorikunterricht zu geben.

1.1.2.2 Das Verdikt der Kirche über die Rhetorik

Die Aussagekraft einer Situation, in der erst heidnische Maßregelungen den frühchristlichen Theologen eine Betätigung auf dem Gebiet der Rhetorik unmöglich machen, darf nicht unterschätzt werden. Denn nach Äußerungen und Entschließungen der frühen Kirche, aber auch nach den Prinzipien von Zeitgenossen ebenjener zwangsweise suspendierten Lehrer konnte es schwerlich miteinander harmonieren, Christus als den fleischgewordenen Logos zu verkünden und womöglich gleichzeitig die Allmacht menschlicher Worte zu lehren oder zumindest an sie zu glauben. Immer wieder hält man der Wahrheit der christlichen Lehre die Falschheit der heidnischen Rhetorik entgegen, durch die es ermöglicht werde, der schlechteren Sache zum Sieg zu verhelfen.

Da warnt Laktanz vor den Methoden der Redner und Dichter, "quod incautos animos facile inretire possunt suavitate sermonis et carminum dulci modulatione currentium"/"weil sie unbedachte Herzen durch den angenehmen Klang ihrer Rede und den einschmeichelnden Rhythmus ihrer Gedichtzeilen leicht zu umgarnen vermögen"[111]. Und Augustin denkt mit Schrecken an sein Wirken auf die "fora litigiosa", das ihm um so mehr Ruhm eingebracht habe, je besser er das Recht zu verdrehen verstanden hätte[112], was ihm "zu Ehren bei den Menschen und zu trügli-

---

(conf. 8,5,10 = ed. SKUTELLA, Leipzig 1934, 161) Zur Abwertung der Schulrhetorik vgl. unten S. 21f.; in das rechte Licht gerückt wird diese Aussage erst durch die Schilderung der Taufe ebenjenes Victorinus in conf. 8,2,5 = aaO. 157: Dort legt Augustinus nämlich besonderen Wert auf Simplicians Erklärung für die ablehnende Reaktion auf das Angebot, das Taufbekenntnis still zu sprechen: "Non enim erat salus, quam docebat in rhetorica, et tamen eam publice professus erat. Quanto minus ergo vereri debuit mansuetum gregem tuum pronuntians verbum tuum." Die Anwendung der Rhetorik ist hier für Augustin nicht nur selbstverständlich, sondern geradezu logische Notwendigkeit; vgl. zu dieser Einstellung unten S. 25f. mit Anm. 136.
    [111] div. inst. 5,1,1.10 = CSEL 19 (1890) 400 (BRANDT).
    [112] Vgl. conf. 3,3,6 = ed. SKUTELLA (Leipzig 1934) 40: "Habebant et illa studia, quae honesta vocabantur, ductum suum intuentem 'fora litigiosa', ut excellerem in eis, hoc laudabilior, quo fraudulentior."

chem Ruhm"[113] verholfen habe.

Nicht weniger als die Methoden mißbilligte man die heidnischen Inhalte, die auf indirektem Weg durch die Schulautoren
des Rhetorikunterrichts vermittelt wurden. Ein kirchliches
Gebot, gänzlich auf die Lektüre heidnischer Bücher zu verzichten, suchte dieser Gefahr im Osten einen Riegel vorzu-
schieben: "Gentiles autem libros penitus ne tetigeris"[114].
Im Westen gab es zumindest für den Bischof Vorschriften, sich
heidnische Autoren nicht zu Gemüte zu führen[115]. Dem gleichen
Zweck sollte das Fernhalten christlicher Lehrer von heidnischen Schulen dienen[116]. Doch zu der an sich konsequenten
Entscheidung, auch den heranwachsenden Christen den Besuch
heidnischer Bildungseinrichtungen zu verwehren, konnte man
sich nicht durchringen. Im Gegenteil, dankbar griff man auf
das bestehende Bildungsangebot zurück[117].

Konflikte waren auf diese Weise vorprogrammiert. Der bekannte, ep. 22 wiedergegebene Traum des Hieronymus gibt ein an-
schauliches Beispiel für die Gewissensqualen[118], die ein
christlicher Schriftsteller erlitt oder zumindest nach außen
hin demonstrieren zu müssen glaubte. Tatsächlich hatte der

---

[113] Vgl. conf. 1,9,14 = aaO. 11: "mihi videre puero id proponebatur,
obtemperare monentibus, ut in hoc saeculo florerem et excellerem linguo-
sis artibus ad honorem hominum et falsas divitias famulantibus" - ähnlich
auch conf. 3,4,7 = aaO. 40: "... discebam libro eloquentiae, in qua emi-
nere cupiebam fine damnabili et ventoso per gaudia vanitatis humanae".

[114] Vgl. Didasc. 1,6 = ed. CONOLLY (Oxford 1929) 13; in der abschließenden Wiederholung dieser Aufforderung erscheinen die heidnischen
Schriften als Werk des Satans: "ab omnibus igitur his tam alienis et
d i a b o l i c i s scripturis fortiter te abstine". - Das deckt sich
mit der Warnung des Hieron. ep. 22,29 = CSEL 54 (1910) 189 (HILBERG):
"Quae enim communicatio luci ad tenebras? Qui consensus Christo et Be-
lial? Quid facit cum psalterio Horatius? cum evangeliis Maro? cum aposto-
lo Cicero? ... simul bibere non debemus calicem Christi et calicem daemoniorum." In dieselbe Richtung geht der Vergleich, den Augustin conf. 3,3,
6 = ed. SKUTELLA (Leipzig 1934) 40 zwischen der Tätigkeit der "Eversoren"
(zur Bedeutung des Wortes bei Augustin vgl. Augustinus, Confessiones,
Lateinisch und Deutsch, ed. BERNHART, München 1980, 856, Anm. 4) und dem
Treiben der Dämonen bzw. des Teufels zieht; vgl. insbesondere Augustins
Erklärung zum Stichwort "eversores": "hoc enim nomen scaevum et diaboli-
cum velut insigne urbanitatis est" sowie die Charakterisierung ihrer Tätigkeit: "Nihil est illo actu similius actibus daemoniorum".

[115] Vgl. MARROU, Erziehung 585.

[116] Vgl. Tert. idol. 10 = CC 2 (1954) 1109f. (REIFFERSCHEID/WIS-
SOWA).

[117] Vgl. dazu MARROU, Erziehung 585; bald lockerte man auch wieder
die Bestimmungen für christliche Lehrer: wer keine andere Befähigung vorweisen kann, darf auch als Christ Unterricht erteilen.

[118] Vgl. ep. 22,30 = CSEL 54 (1910) 190 (HILBERG): "et inter verbera
- nam caedi me iusserat - conscientiae magis igne torquebar".

darin erhobene Vorwurf "Ciceronianus es, non Christianus" auf den Stil des Hieronymus keinerlei Einfluß; und heidnische Texte waren für ihn auch danach keineswegs tabu, nur las er sie jetzt mit einer anderen Zielsetzung[119]. Es erging ihm da nicht anders als den oben vorgestellten Theologen. Der Einfluß der traditionellen Erziehung war größer als die Macht oder der Wille, diese abzuschütteln. Sie alle folgten einem Schema, nach dem man mit leichter Hand die daraus erwachsenden Konflikte bewältigen konnte: Man stimmte ein in den Chor derer, die heidnische Rhetorik verurteilten, und wandte im übrigen die Praktiken an, die man von früher Jugend an gelernt, bisweilen sogar gelehrt hatte[120]. Gewissermaßen als Zugabe findet man hier und da einen kurzen Randvermerk, ja in einem Fall gar ein ganzes Traktat, das dieses Vorgehen zu rechtfertigen versucht.

1.1.2.3 Indirekte oder direkte Rechtfertigung der Rhetorik

1.1.2.3.1 *Verteidigung der Rhetorik bei Laktanz, Hilarius und Paulin von Nola*

Ebenjener Laktanz, der zu Beginn des fünften Buches seiner "institutiones" vor der Gefährlichkeit der Rhetoren und Poeten gewarnt hatte[121], kann es sich nicht versagen, denselben "schönen Stil" zu pflegen, den er diesen als Mittel der Verführung vorgeworfen hat[122]. Er begründet dieses Vorgehen mit der Rücksichtnahme auf sein Publikum, dessen Ohren derart an zarte und wohlklingende Worte gewöhnt seien, daß eine schlichte Darstellung erst gar nicht zu ihm durchdringen würde[123]. Rhetorik ist also für Laktanz ein "propagandistisches

---

[119] Vgl. comm. Dan. prol. = CC 75A (1964) 771-775 (GLORIE); dazu H. v. CAMPENHAUSEN, Lateinische Kirchenväter, Stuttgart ⁴1978, 115f.
[120] Vgl. NORDEN, Kunstprosa 529f.
[121] Vgl. dazu oben S. 21.
[122] Vgl. zum Folgenden KENNEDY 146ff.
[123] Vgl. div. inst. 5,1,9-28 = CSEL 19 (1890) 399-403 (BRANDT), vor allem 5,1,15-17 = aaO. 401: "nam haec in primis causa est cur apud sapientes et doctos et principes huius saeculi scriptura sancta fide careat, quod prophetae communi ac simplici sermone ut ad populum sunt locuti. contemnuntur igitur ab iis, qui nihil audire vel legere nisi expolitum ac disertum volunt nec quicquam haerere animis eorum potest nisi quod aures blandiore sono mulcet, illa vero quae sordida videntur anilia inepta vulgaria existimantur. adeo nihil verum putant nisi quod auditu suave est, nihil credibile nisi quod potest incutere voluptatem: nemo rem veritate ponderat, sed ornatu." Am schönsten verkörpert wird dieses Ideal in den Augen des Laktanz durch Cyprian, vgl. div. inst. 5,1,24ff. = aaO.

Mittel"[124]; das war sie aber auch schon für die heidnischen
Autoren und Verseschmiede. Was sie für ihn akzeptabel, ja un-
abdingbar macht, ist die Tatsache, daß sie dem guten Zweck
der Glaubensvertiefung in seinem Leser-/Hörerkreis dient.
Auch Hilarius v. Poitiers, der erste Hymnendichter des Abend-
landes, fühlt sich nicht an den "sermo humilis" gebunden, obwohl er die Tradition von den "einfachen und ungebildeten"
Fischern der ersten Verkündigungszeit kennt[125]. Er rechtfertigt jedoch seinen ausgefeilten Stil mit der Rücksicht auf
die Würde seines Themas; für ihn sind die "magnitudo" und
"pulchritudo" Gottes Maßstab seiner Rede[126]. Überflüssige
Wortklingelei lehnt er jedoch ab[127]; hier mag eine Spur von
Kritik an der Praxis zeitgenössischer Rhetoriker miteinge-
flossen sein.
Schließlich ist auch die Dichtung Paulins v. Nola von der
Rhetorik geprägt, die er bei seinem heidnischen Freund Ausonius gelernt hatte[128]. "Facundia" ist für Paulin eben eine
selbstverständliche Voraussetzung für den Erfolg literarischer Betätigung[129]. Die "materia" muß freilich christlich

---

402ff.; Cyprian ist übrigens auch das Ideal christlicher Beredsamkeit für
Prudentius, vgl. dazu unten S. 77.
    [124] FUHRMANN 88.
    [125] Der Gedanke auch bei Aug. serm. 197,2 = PL 38 (1861) 1023.
    [126] Vgl. tract. in Ps. 13,1 = CSEL 22 (1891) 79 (ZINGERLE): "In
multis nos erudiens apostolus etiam id edocet, cum omni reverentia verbum
dei esse tractandum: qui loquitur, tamquam eloquia (Bezeichnenderweise
gibt Hilarius das "λόγια" von 1 Petr 4,11 mit dem eindeutig rhetorisch
gefärbten Stichwort "eloquia" wieder, während die Vulgata das neutrale
"sermones" hat.) dei. non enim secundum sermonis nostri usum promiscuam
in his esse oportet facilitatem ... sumus enim quoddam sancti spiritus
organum, per quod vocis varietas et doctrinae diversitas (Mit "varietas"
und "diversitas" sind wieder zwei eindeutig rhetorisch belegte Termini
gewählt.) audienda est. vigilandum ergo et curandum est, ut nihil humile
dicamus." Schon Iuvencus hatte übrigens Evang. Praef. 27 = CSEL 24 (1891)
2 (HUEMER) den Hl. Geist um dichterischen Beistand angerufen, "ut Christo
digna loquamur".
    [127] Vgl. tract. in Ps. 13,1 = CSEL 22 (1891) 79 (ZINGERLE): "maximi
enim periculi res est, de thensauris dei, ... aliquid ... supervacuum
proferre".
    [128] Vgl. dazu B.R. VOSS, Art. "Paulinus", in: KP 4, 561: "Geblieben
sind ihm die Kenntnis der römischen Literatur und die Kunst der Rhetorik,
deren er sich mit Weitschweifigkeit bedient."
    [129] Vgl. c. 22,1-3 = CSEL 30 (1894) 186 (HARTEL): "Iam mihi polli-
ceor sacris tua carmina condere teque ... ora soluturum summo f a c u n -
d a parenti." Ähnlich auch ep. 16,9 = CSEL 29 (1894) 123 (HARTEL) der
Hinweis auf das Loben Gottes "ore f a c u n d o" und ep. 16,11 = aaO.
124: "Tibi satis sit ab illis (sc. philosophis) linguae copiam et oris
ornatum quaedam de hostilibus armis spolia cepisse, ut eorum nudus erro-
ribus et vestitus eloquiis fucum illum facundiae, quo decipit vana sa-

sein[130]. Die wohlgesetzten Worte des "divinus poeta" (c.
22,157) werden daher nie Selbstzweck sein, sondern immer
existentielle Bedeutung haben, denn sie verhelfen nicht nur
zu bloßem Nachruhm, sondern zu ewigem Leben. Sprache darf
daher nie leere Hülse, sie muß immer Ausdruck einer lauteren
Gesinnung sein[131]. Paulin geht sogar so weit, der Leistung
des christlichen Dichters Opfercharakter zuzusprechen. Für
ihn ist es ein vollgültiger Dankeserweis an Gott, sämtliche
Kapazitäten des Geistes und der Sprache zum Lobe Gottes einzusetzen[132].
Eine im Ton etwas nüchternere, aber bei weitem die umfas-
sendste Theorie zum Ideal einer christlichen Literatur ist
uns mit Augustins Traktat "De doctrina christiana" überliefert[133].

1.1.2.3.2 Augustins Traktat "De doctrina christiana"

Für Augustinus ist "eloquentia" grundsätzlich als "ἀδιάφορον"

---

pientia, plenis rebus accomodes, ne ... non solit placitura auribus sed
et mentibus hominum profutura mediteris." Mit diesem Briefschluß spielt
Paulin aber auf die beiden Ziele der klassischen Dichtungstheorie an:
placere = delectare, prodesse = Aspekte des Nutzens. Nur muß nun der Nutzen auf das Seelenheil des Menschen bezogen sein.
    [130] Vgl. c. 22,16ff. = CSEL 30 (1894) 187 (HARTEL): "Aspernare leves
maturo corde Camenas et qualem castis iam congrua moribus aetas atque tui
specimen venerabile postulat oris, suscipe materiam, divinos concipe sensus." So auch c. 22,4 = aaO. 186: "Incipe divinis tantum dare pectora rebus" und c. 22,148ff. = aaO. 193: "His, precor, his (sc. scripturae sanc-
tae) potitus studiumque operamque legendis scribendisque vove." Die Hl.
Schrift ist demnach zugleich Quelle und Inhalt der christlichen Dichtung.
    [131] Vgl. c. 22,26ff. = aaO. 187: "Quanto maior ab his cedat tibi
gloria coeptis in quibus et linguam exercens m e n t e m-que q u o q u e
sanctam erudies laudemque simul vitamque capesses?" Ähnlich auch c. 22,
·162 = aaO. 193 und ep. 16,9 = CSEL 29 (1894) 122 (HARTEL).
    [132] Vgl. ep. 16,9 = ebd.: "Ingenii autem tui facultates et omnes
mentis ac linguae opes deo dedica immolans ei sicut scriptum est sacrificium laudis o r e f a c u n d o et c o r d e d e v o t o." Paulin
begründet also durchaus nicht eine "radikale Absage an Sophistik, Rhetorik und heidnische Poesie", wie es K. ZIEGLER, Art. "Rhetorik", in: KP
4,1406 mit Hinweis auf c. 10,29-42 = CSEL 29 (1894) 25 (HARTEL) recht
oberflächlich nahelegt. Paulin lehnt dort die heidnische Rhetorik nur
deswegen ab, weil sie sich falschen Inhalten verschrieben hat oder allenfalls um ihrer selbst willen betrieben wird (vgl. V. 36ff.: "t a n t u m-
que linguam instruunt nihil ferentes ut salutem conferant aut veritate
nos tegant"). Im übrigen mag der in der Tat rüde Ton mit durch den Adressaten Ausonius bedingt sein, der auch nach seinem Übertritt zum Christentum noch eine sehr schwankende Haltung gezeigt hatte. Paulin mußte also
immer befürchten, daß dieser in den alten Fehler verfallen würde, vor
lauter rhetorischem Aufwand den christlichen Inhalt zu vergessen.
    [133] Vgl. dazu auch KENNEDY 149-160; MARROU, Augustinus; DERS., Be-
redsamkeit.

definiert, dessen Wert durch den Gebrauch bestimmt wird[134]
bzw. durch die Zwecke, denen sie dient[135]. Ist sie behilflich
im Kampf für die göttliche Wahrheit, so ist sie als nützliche
Waffe durchaus erlaubt, ja sogar empfohlen[136]. Doch immer muß
die ideale christliche Beredsamkeit mit Weisheit gepaart sein
und der christlichen Lehre dienen. Unter dieser Voraussetzung
darf sie auch danach trachten, nicht nur zu lehren, sondern
auch zu berühren, ja sogar zu gefallen[137], wenn, und das ist
entscheidende Bedingung, die christliche Botschaft dadurch
leichter Gehör findet[138]. Augustin distanzierte sich damit
weit von der Bildungsvorstellung seiner Zeit, in der man
schwülstigen, auf billige Effekte bauenden Reden ohne inhalt-
liches Gewicht begeistert Beifall zollte[139].
Einen Bruch mit dem kulturellen Milieu seiner Zeit bedeutete
es auch, wenn er rhetorische Schulung zwar unter gewissen Um-
ständen für nützlich, aber keinesfalls für unverzichtbar

---

[134] Vgl. STEFFEN 121.

[135] Vgl. doctr. christ. 4,2,3 = CC 32 (1962) 117 (MARTIN); 2,36,54 =
aaO. 70: "Non est facultas ipsa culpabilis, sed ea male utentium perver-
sitas."

[136] Vgl. Cresc. 1,1,2 = CSEL 52 (1909) 326 (PETSCHENIG); 1,2,3 =
aaO. 327; 1,13,16 = aaO. 339f.; doctr. christ. 4,2,3 = aaO. 117.

[137] Vgl. doctr. christ. 4,12,27-4,13,29 = aaO. 135-137; 4,10,25-
4,11,26 = aaO. 133-135. - Damit nimmt Augustin das klassische Programm
von den drei Aufgaben des idealen Redners auf, nimmt aber durch Umstel-
lung der klassischen Reihenfolge und die oben angeführten Prämissen eine
neue Akzentsetzung vor. Das ästhetische Vergnügen nimmt jetzt den letzten
Platz ein.

[138] Vgl. dazu MARROU, Augustinus 425. - Gehaltlose Beredsamkeit, die
nur um des ästhetischen Vergnügens willen gesucht wird, lehnt Augustinus
dagegen ab. Im Zweifelsfalle zieht er die unberedte Weisheit einer beredten Torheit vor (vgl. doctr. christ. 4,5,7 = aaO. 120; 4, 25,55 = aaO.
160f.; de cat. rud. 3,4 = CC 46,123f., ed. v.d. HOUT 1969; de trin. 8,3,4
= CC 50,272f., ed. MOUNTAIN 1968). Keine rhetorischen Verrenkungen dürfen
die Klarheit des Textes verstellen (vgl. doctr. christ. 4,8,22-4,11,26 =
aaO. 131-135; 2,13,19f. = aaO. 44-46; 3,3,7 = aaO. 81). Im Prinzip stellt
sich Augustin damit auf klassischen Boden (vgl. dazu oben S. 15f.) und
vergißt auch nicht, an geeigneter Stelle darauf zu verweisen, allerdings
unter Wahrung der ihm notwendig erscheinenden Distanz (vgl. dazu die Einführung einer Cicero-Entlehnung doctr. christ. 4,12,27 = aaO. 135: "dixit
ergo q u i d a m eloquens"). - Die Unterschiede liegen auf der Hand:
Während für Cicero noch das Wohlergehen des römischen Vaterlandes als das
Ziel galt, dem Beredsamkeit zu dienen hatte (vgl. oben S. 16 mit Anm.
87), hat Augustinus nur das himmlische Vaterland im Blick. Für ihn bedarf
jetzt "alle Schönheit der Form der religiösen Rechtfertigung" (FUHRMANN
88).

[139] Vgl. die zahlreichen Proteste gegen die Überbewertung der Form
und leeres Wortgeklingel im Stil der 2. Sophistik: doctr. christ. 4,14,31
= aaO. 137f.; 4,18,37-4,19,38 = aaO. 143f.; 4,20,42 = aaO. 148f.; 4,25,
55-4,26,56 = aaO. 160-162.

hält. Für Augustin ist Beredsamkeit in erster Linie eine Gabe
Gottes. Er ist Inspirator und stilistischer Ratgeber in einem. Ein inbrünstiges Gebet um eine einnehmende Ausdrucksweise ersetzt manche überflüssige, zeitraubende Stunde beim Rhetor[140]. Folglich geht man auch nicht mehr bei den Klassikern
"in die Schule", sondern lernt eine vollendete Sprache ganz
nebenbei durch intensive Lektüre biblischer Schriftsteller
und der Kirchenväter[141]. Als Beispiele nennt Augustinus die
Propheten[142] und Paulus[143]. Christliche Beredsamkeit lebt
also zu einem großen Teil aus der inspirierten Schrift: "Die
Bibel ist Zentrum christlicher Bildung. Darin liegt der ori-
ginelle Charakter, den Augustin mit seinem Werk herausarbei-
ten half."[144]
Ein zweites Fundament für den Erfolg christlicher Beredsamkeit ist das Beispiel, das die jeweiligen Schriftsteller
durch ihr eigenes Leben geben[145]. Dieser Gedanke ist wiederum
nicht neu, sondern klassischen Vorstellungen entsprungen[146].
Wenngleich Augustin in vielem eine "theoretische Rückkehr zur
klassischen Lehre und zu Cicero"[147] begründete, so schrieb
er mit seiner "doctrina christiana" auch neue Vorstellungen
fest. Er verpflichtete den Schriftsteller in den Dienst am

---

[140] Vgl. serm. 152,1,1 = PL 38 (1861) 819; 153,1,1 = aaO. 825f.;
enarr. in psalm. 67,10 = CC 39 (1956) 874 (DEKKERS/FRAIPONT): tract. in
Ioh. 40,5 = CC 36 (1954) 352f. (WILLEMS); civ. 15,6 = CC 48 (1955) 458f.
(DOMBART/KALB).
[141] Vgl. doctr. christ. 4,20,39-44 = aaO. 144-151; 4, 21,45-50 =
aaO. 151-157.
[142] doctr. christ. 4,15,32 = aaO. 138f.; ähnlich auch Didasc. 1,6,1-
6 = ed. CONOLLY (Oxford 1929) 13.
[143] Vgl. doctr. christ. 4,7,11 = aaO. 123; dazu auch Orig. c. Cels.
3,39 = GCS 2 (1899) 235f. (KOETSCHAU), wo Origenes die "Kunstlosigkeit"
der Sprache der Evangelien positiv von der Rhetorik seiner Zeit absetzt.
Der scheinbare Widerspruch zu Augustin löst sich bald auf, wenn man Augustins Einschränkung von doctr. christ. 4,15,32 = aaO. 138f. ("facul-
tatemque dicendi, u t d e c e t ecclesiasticum") mitliest. - Paulus
als Vorbild christlicher Beredsamkeit auch bei Prudentius S 1, Prf, vgl.
dazu unten S. 66. - Cyprians rhetorische Gewandtheit findet dagegen nicht
die uneingeschränkte Zustimmung Augustins, wenngleich dieser dessen mitunter abstoßenden Wortergüsse doctr. christ. 4,14,31 = aaO. 137f. als
Ausnahmen entschuldigt, durch die zu didaktischen Zwecken der Nachwelt
demonstriert werden sollte, wie maßvoll sich im Normalfall christliche
Beredsamkeit von solcher Überfülle abhebt.
[144] MARROU, Augustinus 439.
[145] Vgl. doctr. christ. 4,27,59-4,28,61 = aaO. 163-165.
[146] Die Entwicklung haben wir oben von Aristoteles über Cato bis hin
zu Quintilian verfolgt; vgl. oben S. 15ff. - Die Begründung erfolgt hier
allerdings mit 1 Tim 4,12ff.
[147] MARROU, Augustinus 438.

heiligen Wort und sah in ihm lediglich einen "Vermittler der
in den Texten enthaltenen Wahrheit. Die göttliche Offenbarung
wirkt durch seine Stimme und durch seine Feder, er selbst ist
nur Werkzeug der Vermittlung"[148]. Rhetorik ist dabei ein
Hilfsmittel, das von Gott zur Verfügung gestellt werden kann,
aber nicht unentbehrlich ist.
In dieser Selbstbeschränkung liegt die Eigenständigkeit der
von Augustinus entworfenen Theorie einer christlichen Beredsamkeit. Augustins Abhandlung "De doctrina christiana" hat so
die Vorstellungen eines Hilarius, Laktanz und Paulin als Bausteine in ein umfassendes Gedankengebäude eingefügt. Darüber
hinaus entwickelte er in dieser Frage eine geistige Unabhängigkeit, nach der man bei jenen vergeblich sucht.
Mein Ziel soll es im folgenden sein, den Standpunkt des Prudentius und seiner Haltung zu christlicher Poesie und Sprache
in diesem theoretischen und praktischen Umfeld auszumachen.

1.2 DER STANDORT DES PRUDENTIUS

1.2.1 Der Werdegang des Prudentius im Licht der Praefatio

Die Haltung des Prudentius zu Rolle und Bedeutung von Sprache in der zwischenmenschlichen Auseinandersetzung und in
der Zwiesprache mit Gott wurde zu einem wesentlichen Teil
geprägt durch die Ausbildung, die er genossen, durch die
Karriere, die er durchlaufen, und schließlich durch die besondere Weise, in der er seinen Entschluß zu einem ernsthaften christlichen Leben in die Tat umgesetzt hat.
Da empfiehlt es sich, zunächst die Praefatio, die ja unsere
einzige Quelle zum persönlichen Werdegang des Dichters ist
und zugleich als Einleitung zu einem sprachlichen Kunstwerk
verstanden werden will, nach Hinweisen daraufhin zu befragen, welche Funktion Prudentius der Sprache in seinem Leben
und seinem Werk zudachte.
Prudentius wurde eine für seine Zeit übliche Ausbildung zuteil: Nach dem Unterricht beim "grammaticus"[149] ging er in

---

[148] MARROU, aaO. 441.
[149] Vgl. Prf 7f.; dazu oben S. 2 mit Anm. 5.

die Schule des "rhetor":

> "... mox docuit toga
> infectum vitiis falsa loqui non sine crimine."

"Bald lehrte die Toga den mit Sünden Befleckten,
zu sagen, was falsch ist, und sich so in Schuld
zu verstricken."   (Prf 8f.)[150]

Offensichtlich ist Prudentius die rhetorische Ausbildung in
schlechter Erinnerung. Das erste Stichwort zum Thema Sprache
signalisiert Ablehnung, Enttäuschung, Bitterkeit. Der Rhetorikunterricht hat es sich, so der Vorwurf des Dichters, zum
Ziel gesetzt, "falsa loqui", das heißt doch wohl, entsprechend den klassischen Vorstellungen, den Irrtum überzeugend
darzustellen oder den schwächeren Argumenten zum Sieg zu verhelfen[151]. Die moralische Integrität muß so in Prudentius'
Augen auf der Strecke bleiben[152]. Inhalte und Methoden des
klassischen Rhetorikunterrichts sind in der Praefatio also
Gegenstand herber Kritik. Das fügt sich, wie wir bereits oben
gesehen haben[153], völlig ein in den Rahmen der Erwartungen,
die man gegenüber einem christlichen Schriftsteller hegte.
Prudentius absolviert hier seine "Pflichtübung"[154], die er
wohl kaum besser als in dieser christlich motivierten Lebens-
beichte plazieren konnte.

Das muß aber noch nicht heißen, daß sich Prudentius' Kritik
an heidnischer Rhetorik darin erschöpft. Neben dem konventionellen Jargon der Ablehnung könnten ja durchaus ernstgemeinte
persönliche Aversionen zutage treten. Das Werk selbst, dem
die Praefatio vorangestellt ist, bietet dazu hinreichend Mög-

---

[150] Daß damit tatsächlich auf den Rhetorikunterricht angespielt ist,
meinen u.a. auch KURFESS 1040; ASSENDELFT 2, Anm. 13; LAVARENNE I,VI;
THOMSON I,VII; I,3, Anm. a.

[151] Zum gespannten Verhältnis von Wahrheit und Rhetorik vgl. z.B.
Quint. inst. orat. 2,17,21; 3,9,7; 4,2,111; 6,1,9-55; 6,2,4-6. - Wahrscheinlich wirkte bei Prudentius auch noch C 1,89-92 die Abscheu vor
dieser Art Rhetorik nach: "mundiali g l o r i a" weist die abwertenden
Adjektive "falsa" und "frivola" mit hoher Wahrscheinlichkeit auch der
forensischen Beredsamkeit zu, die ja in Friedenszeiten dem durchschnittlichen Römer die beste Möglichkeit bot, sich R u h m e s-lorbeeren zu
verdienen. - Derselbe Vorwurf an die Rhetorik, falschen Lehren zu dienen
auch bei Paul. Nol. c. 10,36-41 = CSEL 30 (1894) 25 (HARTEL): "... quam
(sc. lucem dei) vis sophorum callida arsque rhetorum et figmenta vatum
nubilant, qui corda f a l s i s atque vanis inbuunt tantumque linguas
instruunt nihil ferentes, ut salutem conferant aut veritate nos tegant".
Zur richtigen Einordnung dieser Stelle vgl. oben S. 24f. mit Anm. 132.

[152] Vgl. Prf 9: "non sine crimine"; eine Anspielung darauf vielleicht in C 1,95: "peccatum vetus".

[153] Vgl. oben S. 21ff.

[154] CLARKE 188.

lichkeit. Es wird im Laufe der Untersuchungen zu fragen sein,
ob Prudentius diese ausschöpft oder ungenutzt verstreichen
läßt oder gar gegenläufige Ansichten durchklingen.
Eine andere Aussage fällt in der Praefatio in engem Zusammenhang mit der Invektive gegen die Schulrhetorik. Prudentius
bedauert in seinem Lebensrückblick seine moralischen Verfehlungen. In christlicher Terminologie ist die Selbstbezichtigung "infectum vitiis" nichts anderes als das Bekenntnis der
eigenen Sündhaftigkeit. Sie wird von Prudentius mitverantwortlich gemacht für den Erfolg, den der Rhetorikunterricht
bei ihm erzielen konnte. Der Kritik an dessen Inhalt und Methoden folgt so der Tadel an dessen Objekt.
Doch ist auch hier zu fragen, wieviel ernsthafte Zerknir-
schung verbleibt, wenn man in Rechnung stellt, daß der reue-
volle Hinweis auf charakterliche Schwächen schon lange vor
der Zeit des Prudentius ebenso zum letztlich nichtssagenden
Topos geworden war[155] wie die Schelte gegen die rhetorischen
Raffinessen. Auch darauf wird man im Werk des Prudentius ein
Auge haben müssen: Je nach dem Anteil, der dem topischen
Charakter solcher Äußerungen zukommt, wird man durch die Art
und Weise, wie Prudentius in der Praefatio seine rhetorische
Vergangenheit kommentiert, ein eher farbloses Klischee oder
aber ein persönliches Porträt gezeichnet sehen.
Eine Beobachtung aus der Praefatio selbst wird allerdings
mehr den klischeehaften Charakter der Darstellung bestätigen.
Prudentius zeichnet sich dort ja gerade als den "vir malus
dicendi peritus", der in der frühen Kaiserzeit als Karrikatur
des catonischen Redner ideals schon fast sprichwörtlich geworden war[156]. Dieser blieb er, wenn man seiner Autobiographie
folgen will, auch während seiner Advokatentätigkeit, indem er
durch bedenkenlose Umsetzung der im Rhetorikunterricht erworbenen Fähigkeiten seinen Ehrgeiz zu befriedigen suchte[157].
Als Fazit ergibt sich im Rückblick des Dichters die absolute
Belanglosigkeit, ja Nichtnutzigkeit seiner bisherigen, auf

---

[155] Vgl. dazu HERZOGS Hinweis (aaO. 120) auf Commod. instr. 1,1,4ff.
= CC 128 (1960) 3 (MARTIN); carm. apol. 1-15 = aaO. 73.
[156] Vgl. das Bonmot bei Plinius ep. 4,7,5.
[157] Vgl. Prf 13-15: Prudentius gibt dem in der Gerichtsterminologie
an sich neutralen Begriff "iurgium" = Prozeß vor Gericht durch die Präzisierung des Motivs als "m a l e pertinax vincendi studium" die negative
Nuance wieder, die es außerhalb dieses Sprachfeldes gewöhnlich hat: Zank
aus Rechthaberei!

rhetorischer Ausbildung gründenden Tätigkeit:

"Numquid talia proderunt
carnis post obitum vel bona vel mala,
cum iam quidquid id est quod fueram mors aboleverit?"

"Wird solches etwa, sei es nun gut oder schlecht,
nach dem Zerfall des Fleisches noch nutzen,
wenn der Tod alles, was ich gewesen war,
ins Verderben gestürzt haben wird?"   (Prf 28-30)[158]

Interessanterweise geht es Prudentius nicht um den Nutzen für die Gemeinschaft oder den Staat oder die Mitmenschen, wie es die zu Beginn gestellte, "typisch römische"[159] Frage

"Quid nos utile tanti spatio temporis egimus?"
"Was haben wir Nützliches vollbracht
in einer so großen Spanne Zeit?"   (Prf 6)[160]

offenhält. Die Antwort, die Prudentius selbst einige Verse weiter durch eine zweite, nun rhetorische Frage[161] gibt, deckt auf, daß es dem Dichter allein um den eschatologischen Gewinn aus seiner Tätigkeit geht, daß er allein sein eigenes Seelenheil im Auge hat[162]. Und um dieses scheint es ihm schlecht bestellt, solange sich sein Leben in den bisherigen Gleisen bewegt.

Hier präsentiert uns Prudentius das Motiv für seinen überraschenden "Sinnes- und Lebenswandel". Mit seiner Karriere hat er der Welt gedient - "mundum, quem coluit mens tua ..." (Prf 32) -, war gleichsam ein nicht unbedeutendes Zahnrad im Getriebe des römischen Imperiums[163]. Vor Gott aber zählen diese Leistungen nicht[164]. Also entschließt er sich nachzuholen, was er bisher versäumt hat, und Gott zum Mittelpunkt seines Denkens und Handelns zu machen:

"Atqui fine sub ultimo
peccatrix anima stultitiam exuat;
saltem voce deum concelebret, si meritis nequit."

---

[158] Der rhetorische Charakter der Frage läßt keinen Zweifel an deren negativer Beantwortung aufkommen. Mit "talia" ist ja das ganze bisher verstrichene Leben angesprochen. Die rhetorische Laufbahn ist entsprechend der vorangegangenen Charakterisierung eindeutig den "mala" zuzuordnen.
[159] SMITH 33f.; vgl. den Gedanken auch bei Sen. ot. 3, 5; vit. beat. 24,3; tranqu. an. 3,3.
[160] Zur Doppeldeutigkeit der Frage vgl. SMITH 37f.
[161] Vgl. Prf 28-30.
[162] Eine analoge Entwicklung von der Frage nach der Nützlichkeit für andere zu der nach dem "Profit" für die eigene Person ist auch im Epilog zu beachten; vgl. dazu unten S. 94f.
[163] Vgl. Prf 19-21.
[164] Vgl. Prf 32f.: "non sunt illa dei quae studuit, cuius habeberis".

"Jetzt aber, angesichts des unaufschiebbaren Endes,
soll meine sündige Seele die Torheit ablegen
und wenigstens mit der Stimme Gott preisen,
wenn sie dies schon nicht durch Verdienste vermag."
(Prf 34-36)

Das ist - getreu der paulinischen Forderung in 1 Kor 3,18f.-
Absage an die Weisheit der Welt, die vor Gott Torheit ist[165],
verbunden mit einer asketischen Hinwendung zum Gottesdienst.
Gottesdienst heißt für Prudentius nun aber nicht, gottgefäl-
lige Taten zu vollbringen - dazu sieht er sich nicht in der
Lage[166] -, sondern seine Stimme zum Lobe Gottes zu erheben.
Er erbringt damit in seinen Augen gleichsam eine Leistung
zweiter Wahl[167]. Das ist eine erstaunliche Selbstbescheidung,
die manche Fragen aufwirft.
Ist Prudentius tatsächlich von seiner Unfähigkeit überzeugt,
praktische, sich in konkreten Handlungen manifestierende Zeichen seiner christlichen Gesinnung setzen zu können? Ist das
nicht eine träge Behäbigkeit, in Reue über die eigene sünd-
hafte Vergangenheit auszubrechen, einen Neuanfang aber nur
unter der Resignation signalisierenden Prämisse zu wagen, wegen seiner sündigen Grundverfassung[168] ohnehin nur minderwertige Frömmigkeitserweise erbringen zu können? Oder muß man
nicht auch in dieser Aussage mit einem gerüttelt Maß an to-
pischer Unverbindlichkeit rechnen? Das Bekenntnis der eigenen
Sündhaftigkeit war ja zu Prudentius' Zeiten fester Bestandteil christlicher Demutsphrasen[169]. Stand bei Prudentius womöglich auch die Erkenntnis im Hintergrund, daß es ihm zwar
nicht an Fähigkeiten, aber an Möglichkeiten zu verdienstvol-
len Taten vor Gott fehle? Die Zeit der Verfolgungen ist vorbei und damit die Chance, als Martyrer oder "confessor" um

---

[165] Daß sich für Prudentius mit "stultitia" seine bisherige Laufbahn
als Rhetor und Anwalt deckt, zeigt sich bis in die Wahl der Ausdrücke:
Mit "stultitiam exuat" (Prf 35) wird - "exuviae" ist ja die dem Feind ab-
genommene Waffenrüstung - exakt der Vorgang von V. 14f.: "iurgia a r -
m a r u n t animos" aufgehoben.
[166] Vgl. Prf 36: "si m e r i t i s nequit".
[167] Ganz ähnlich beschreibt Prudentius Ep 1-10 das Gefälle zwischen
Werken, die der Barmherzigkeit und einem reinen Gewissen entspringen, und
der Gabe in Form von Gedichten, die er zu erbringen imstande ist. Den
"dona conscientiae" (Ep 3) entsprechen die "merita" (Prf 36), "voce" (Prf
36) deckt sich mit "citos iambicos" (Ep 7) und "rotatiles trochaeos" (Ep
8).
[168] Für Prudentius ist seine Seele ja auch nach der "conversio" noch
"peccatrix anima" (Prf 35).
[169] Vgl. dazu THRAEDE, Studien 43 sowie den Literaturhinweis aaO.
49, Anm. 104.

Christi willen Verfolgung zu erleiden und sich so die Selig-
keit zu verdienen[170]. Andererseits möchte man doch annehmen,
daß sich auch in einem christlichen Milieu noch genügend
Möglichkeiten boten, nicht nur vorbildlich zu denken, sondern
auch so zu handeln. Noch mehr als hundert Jahre nach Prudentius stellte man einem Bischof Namatius in seiner Grabschrift
das Zeugnis aus: "nobilis eloquio et stemmate nobilis alto,
nobilis meritis et vitae clarior actu"[171]. Hier haben wir also die Umkehr des prudentianischen Gefälles. Die Werke stehen
wieder an erster Stelle. Doch mag hier auch vieles posthume
Verklärung sein.
Freilich war der Mangel an Möglichkeiten, sich durch Taten
hervorzutun, kein seltenes und nicht allein in der christlichen Antike verbreitetes Motiv, zur Feder zu greifen. Bereits
Sallust wertete seine Schriftstellerei auf, indem er einen
engen Zusammenhang zwischen guten Taten und wohlgesetzten
Worten herstellte:

> "Pulchrum est, bene facere rei publicae, etiam bene
> dicere haud absurdum est ... et qui fecere et qui
> facta aliorum scripsere, multi laudantur."

> "Schön ist es, zum Wohle des Staates gute Leistungen
> zu erbringen; aber auch gut zu reden, ist nicht sinn-
> los ... Es ernten sowohl viele Lob, die handelten,
> als auch viele, die die Taten anderer beschrieben."
>
> (bell. Cat. 3,1)

Plinius greift diesen Gedanken in einem Brief an Tacitus auf:

> "Beatos puto, quibus deorum munere datum est,
> aut facere scribenda aut scribere legenda."

> "Für glücklich halte ich die, denen es durch ein
> Geschenk der Götter vergönnt ist, entweder Dar-
> stellungswürdiges zu vollbringen oder Lesenswertes
> darzustellen."
>
> (ep. 6,16,3)

Das sind für Plinius die zwei Möglichkeiten, Unsterblichkeit
zu erlangen, "aber für sich und seine Freunde zieht er fast
nur die eine in Betracht. 3,7,14 fordert er den Adressaten
Caninius und sich selbst auf, das kurze Stück Dauer, das ihnen gegeben sei, zu verlängern: 'Quidquid est temporis futti-
lis et caduci, si non datur factis (nam horum materia in
aliena manu) certe studiis proferamus.' Mit einer gewissen
Resignation wird hier auf die politischen Verhältnisse der

---

[170] Vgl. zu dieser Überlegung HERZOG 38.
[171] H. GEIST (Hg.), Römische Grabinschriften. München ²1976, 181,
Nr. 491.

Zeit angespielt, die dem einzelnen wenig Gelegenheit mehr
ließen, sich im Staate auszuzeichnen ... und die immortali-
tas-Bemühungen in die Studierstube verwiesen"[172].
Wieviel Vertrautes aus der Praefatio des Prudentius finden
wir hier wieder. Auch Prudentius ist ja von der Hoffnung getragen, daß ihm seine christliche Dichtung den Weg zur Unsterblichkeit eröffnen möge[173]. Doch während für Plinius und
seine Zeitgenossen Unsterblichkeit lediglich bedeutet, in der
"memoria" der Mitmenschen für immer lebendig zu bleiben[174],
ist für den christlichen Dichter der Tod nur Durchgangssta-
tion zu einer uneingeschränkten "reparatio vitae"[175].
Von seinem neuen Lebensinhalt verspricht er sich also den

---

[172] BÜTLER 23.
[173] Vgl. Prf 43-45; Ep 29f. scheint diese Hoffnung dann zur Gewißheit zu werden; vgl. den Wechsel vom Optativ in der Praefatio ("emicem")
zum Präsens im Epilog ("inimus"); dazu unten S. 95 Anm. 415 und FONTAINE,
Naissance 157. Der Gedanke ist übrigens nicht nur bei den Prosaisten verbreitet, sondern auch als dichterisches Motiv seit langem bekannt (so
RODR.-HER. 19); vgl. hor. c. 1,1,35f.: "Quodsi me lyricis vatibus inse-
res, sublimi feriam sidera vertice"; c. 2,20,6f.: "Non ego, quem vocas,
dilecte Maecenas, obibo nec Stygia cohibebor unda"; Ov. met. 15,877ff.:
"Quaque patet domitis Romana potentia terris, ore legar populi perque
omnia saecula f a m a   vivam"; unübertrefflich selbstbewußt dann Hor. c.
3,10,16f.: "Exegi monumentum aere perennius ... Non omnis moriar multaque
pars mei vitabit Libitinam." - Wenn RODR.-HER. allerdings die Unterschiede zwischen Horaz und Prudentius auf den Gegensatz zwischen "stolzem
Selbstbewußtsein des eigenen Wertes" bei Horaz und dem "Gefühl christlicher Demut" bei Prudentius reduziert, so verzerrt bzw. vermischt er die
wirklich markanten Unterscheidungsmerkmale. Er mißt nämlich einerseits
den topischen, konventionellen Demutsäußerungen der Praefatio zuviel Bedeutung bei, übersieht aber andererseits so zentrale Stellen wie C 3,
31ff. (dazu unten S. 53ff.), die den Dichter gerade als überaus selbstbewußte Persönlichkeit erscheinen lassen, und verkennt so die eigentliche
Weiterentwicklung im Werk des Prudentius: "Prudentius puts the creation
act into a personal light: it is no longer the effect, a publicly acces-
sible monument, the text, that liberates from this worlds limits, but
rather liberation may come ... in the midst of poetic endeavor privatly
and individually going forward in the praise of God." (WITKE 112f.)
Ähnlich SMITH 37: "Poetry, says Prudentius, is not at all, what it used
to be: no longer of the world, its origin is in the charitable soul, its
end is in God, and its reward is, with God's grace, s a l v a t i o n."
[174] Vgl. dazu BÜTLER 21-27; ähnlich Sen. Pol. 2,6; 18, 2; dagegen
die Relativierung dieser Vorstellung bei Prudentius (Pe 10,1116-1118).
[175] Vgl. C 10,120: "Mors haec reparatio vitae est", dazu GNILKA, Natursymbolik 417f.; ähnlich auch Pe 6,96: "Nec vitam rapit illa (sc. mors
martyris), sed reformat", vgl. dazu McCARTHY 282. Ähnliche Vorstellung
auch bei Paul. Nol. c. 22,26ff. = CSEL 30 (1894) 45 (HARTEL), dazu oben
S. 25 Anm. 131. - Daß es aber bereits in der heidnischen Antike vergleichbare Unsterblichkeitsvorstellungen gab, zeigt Cic. Tusc. 1,27, wo
Cicero die sorgsame Grabpflege der Römer sinnlos erschiene, "nisi haere-
ret in eorum mentibus mortem non interitum esse omnia tollentem et delen-
tem sed quandam quasi migrationem commutationemque vitae" (dazu unten S.
283f.).

höchsten denkbaren Nutzen, das eschatologische Heil. Das
steht in scharfem Gegensatz zu seiner früheren Beschäftigung.
Diese hatte er ja aufgegeben, weil er durch sie, was die
letzten Dinge angeht, ganz und gar keinen Gewinn erzielen
konnte[176].
Um so erstaunlicher ist es, zu beobachten, daß Prudentius
auf einen radikalen Bruch mit der Vergangenheit verzichtet
und ausgerechnet die Sprache wieder ins Zentrum seines Lebens
rückt. Daß es sich dabei nicht um eine einfache Sprache bar
allen Schmuckes handelt, den Prudentius in der Rhetorenschule
gelernt hat, zeigt bereits die Praefatio. Dort beweisen zahlreiche Tropen, Figuren und Topoi, daß Prudentius nichts vergessen hat, was er einst gelernt und jahrelang praktiziert
hat[177].
Einen versteckten Hinweis auf das zu erwartende rhetorische
Element in seinem schriftstellerischen Vorhaben gibt Prudentius selbst am Ende der Praefatio: "Haec dum scribo vel
eloquor ..." (Prf 43). Ein Verb, das Prudentius wohl ganz
selbstverständlich in die Feder geflossen ist, läßt uns aufhorchen: Sein Opus wird ein Ergebnis dichterischer Eloquenz
sein!
Wenngleich Prudentius das gleiche "Werkzeug" benutzt, das ihm
bereits in seiner früheren Tätigkeit gedient hat, so faßt er,
was den Inhalt seiner Rede angeht, in der Praefatio doch den
Vorsatz, ganz mit seinem bisherigen Leben zu brechen: Gott
soll gepriesen[178], der Herr besungen werden[179]. Damit gibt er
seinem Oeuvre eine theozentrische, transzendente Ausrichtung.
Freilich, nicht nur mit seinem Werk, auch mit seinem ganzen
Leben scheint Prudentius diesem Ziel dienen zu wollen. Sich

---

[176] Vgl. dazu oben S. 30ff.
[177] Vgl. die recht aufwendige Periphrase "per quinquennia iam decem
... septimus insuper annum cardo rotat" (Prf 1-3); die Metonymien "aetas
flevit" (Prf 7f.) und "docuit toga" (Prf 8), letztere zugleich "personificatio"; ebenso "personificatio" ist "lasciva protervitas foedavit" (Prf
10f.; eine ähnliche, breit ausgeführte Personifizierung des Lasters "Luxuria" auch in Ps 310ff.); dann Alliteration und Hendiadyoin (passim);
Plur. mod. in "reximus" (Prf 17); Chiasmus in "bonis reddimus, terruimus
reos" (Prf 18); Metapher in "nix capitis" (Prf 42); schließlich Anhäufung
verschiedener Topoi: z.B. Topos von der "Kindheit unter der Rute" (to-
pischer Charakter durch Prudentius selbst Pe 9,27 bestätigt; vgl. auch
THRAEDE, Studien 138 mit Anm. 217), Bescheidenheitstopos in Prf 36 (vgl.
THRAEDE, Studien 33, Anm. 48).
[178] Vgl. Prf 36: "deum concelebret".
[179] Vgl. Prf 38: "dominum canat".

dem Lob Gottes zu verschreiben, ist kein gewöhnlicher Beruf
mit einer festen Arbeitszeit und wohlverdienter Muße. Der
Vorsatz, Gott zu loben, ist für den Dichter eher eine Berufung in eine Lebensweise, in der es keine Trennung zwischen
Privatsphäre und Profession, zwischen Freizeit und Arbeit
mehr gibt. Die ganze Zeit und alle Lebensbereiche sollen in
den Dienst Gottes integriert werden:

> "Hymnis continuet dies
> nec nox ulla vacet quin dominum canat."

> "Durch Hymnen soll sie (sc. die Seele) die Tage an-
> einanderreihen, und es soll keine Nacht verstreichen,
> ohne daß sie den Herrn besingt."   (Prf 37f.)

Sein Ideal ist folglich die "vita perpetua christiana", doch
offensichtlich mit der faktischen Einschränkung, daß für ihn
die Hymnendichtung einen wesentlichen, wenn nicht den wesentlichsten Aspekt seiner Frömmigkeit ausmacht. Darüber sind uns
dann auch Zeugnisse erhalten; andere Leistungen wurden allem
Anschein nach nicht für erinnerungswürdig erachtet.
Auf zweifache Weise gedenkt nun Prudentius, in seinem Werk
dem Lob Gottes zu dienen - durch Verteidigung des gefährdeten
Glaubens einerseits, durch Vertiefung der überlieferten Lehre
und Frömmigkeit andererseits. Dem ersten Ziel dient der in
der Praefatio angekündigte Kampf gegen Häresien[180] und den
heidnischen Irrglauben[181], dem zweiten die Darstellung des
katholischen Glaubens[182] und die Verherrlichung derer, die
für diese Überzeugung in den Tod gegangen sind[183].

Zusammenfassung der Aussagen der Praefatio

Mit dem entschlossenen Bekenntnis zu der soeben aufgezeigten
Thematik scheint Prudentius alle Brücken hinter sich abzu-
brechen, die ihn mit den Inhalten der weltlich-heidnischen
Rhetorik noch verbinden konnten, gegenüber welcher der Vor-

---

    [180] Vgl. Prf 39: "Pugnet contra hereses." - In "pugnare" steckt
aber wieder das klassische Bild von der Beredsamkeit als Waffe, vom Rhetor als Kämpfer (vgl. den Vergleich des Redners mit einem General bei
Quint. inst. orat. 12,3,5; 12,9,2, der von den Christen bereitwillig aufgegriffen wurde; dazu oben S. 14 Anm. 75). Will Prudentius also doch
nicht den Prf 14 beschriebenen Stil der klassischen Rhetorik aufgeben?
Kehrt hier nicht das alte Motiv von der schriftstellerischen Leistung als
Sublimierung einer heldenhaften Tat (vgl. oben S. 33f.) wieder? Prudentius als "miles Christi" am Schreibtisch, "si meritis nequit"?
    [181] Vgl. Prf 40: "conculcet sacra gentium, labem, Roma, tuis in-
ferat idolis".
    [182] Vgl. Prf 39: "Catholicam discutiat fidem."
    [183] Vgl. Prf 42: "Carmen martyribus devoveat, laudet apostolos."

wurf "falsa loqui non sine crimine" (Prf 9) noch immer kräf-
tig nachhallt.

In dieser Gegenüberstellung ist einer der wesentlichen Gegen-
sätze erfaßt, die nach der Praefatio des Dichters die weite
Spanne zwischen weltlichem, von rhetorischer Schulung gepräg-
tem Umgang mit Sprache und christlicher Poesie ausmachen:
Heidnische Rhetorik steht im Dienst der Falschheit, christliche Dichtung ist Magd der göttlichen Wahrheit.

Daraus resultiert ein zweiter fundamentaler Unterschied. Traditionelle Rhetorik zeitigt keinen Nutzen, ist gleichsam "art
pour l'art" oder schadet gar; Sprache, die Gott zum Mittelpunkt hat, bringt dagegen den höchsten denkbaren Gewinn, die
Unsterblichkeit, und ist von daher gut motiviert.

Ein dritter Gegensatz wird in der Praefatio angedeutet. Übliche Endstation einer klassischen Rhetorkarriere war eine Loyalität voraussetzende hohe Stelle im römischen Staat. Der
christliche Dichter Prudentius schreibt Distanz zu diesem politischen Gebilde in sein Programm, solange er es noch heidnischen Götzen nachlaufen sieht.

Da werden in der Praefatio also immense Spannungen aufgezeigt
zwischen dem Verständnis von Sprache, das in der Schulrhetorik beheimatet ist, und dem Ideal, dem sich Prudentius verschrieben hat. Wird man, so muß die nächste Frage lauten,
auch in den Gedichten selbst, denen die Praefatio vorangestellt ist, eine Resonanz dieser Spannungen entdecken, und
wenn ja: Welche Bedeutung kommt ihnen zu?

1.2.2 Sprach- und Dichtungstheorie in den Gedichten des Prudentius

1.2.2.1 Die Stimme des Prudentius zu seiner eigenen Thematik und zum Stoff seiner heidnischen Kontrahenten

1.2.2.1.1 *Theoretische Distanzierung von den Inhalten der heidnischen Poesie*

Auch im eigentlichen Gedichtskorpus des Prudentius erscheinen
heidnisch-weltliche und christlich-transzendente Sprachkunst
wegen ihrer unterschiedlichen Akzentsetzung als völlig unvereinbar. Immer wieder skizziert Prudentius das Verhältnis der
beiden in schroffen Gegensatzpaaren: Im Umfeld des christlichen Sprechens ist wache Aufmerksamkeit, Licht und Wahr-

heit[184]. Wo aber heidnischer Geist die Worte setzt, ist Ver-
schlagenheit, Finsternis und Lüge[185].
Bereitwillig greift Prudentius daher im zweiten Buch "Gegen
Symmachus" den alten Vorwurf von den "mendacia poetarum"[186]
auf:

> "Sic unum sectantur iter, sic cassa figuris
> somnia[187] concipiunt et Homerus et acer Apelles
> et Numa cognatumque malum pigmenta camenae
> idola. Convaluit fallendi trina potestas."

> "So verfolgen Homer, der gewandte Apelles und Numa
> denselben Weg; so begründen sie durch ihre Gestalten
> nichtssagende Einbildungen, kurzum: Farbenzauber,
> Musen, Götzen sind ein verwandtes Übel. Ein dreifaches
> Talent zur Täuschung hat hier zusammengewirkt."
>
>   (S 2,45-48)[188]

Ja der Dichter geht sogar einen Schritt weiter und überträgt
den Topos in der Einleitung zu seiner Rom-Rede auf Symmachus,
den zeitgenössischen Meister der heidnischen Rhetorik:

> "Nec enim spoliata prioris
> robore virtutis senuit nec saecula sensit
> ... quam vult praenobilis ille senator
> orandi arte potens et callida fingere doctus
> mentitumque gravis personae inducere pondus."

> "Die Stadt ist ja auch nicht um die Kraft ihrer ein-
> stigen Mannhaftigkeit gebracht, sie spürt auch nicht
> den Zahn der Zeit ... wie es jener so edle Senator
> gern möchte mit seiner Wortgewalt und seiner Begabung,
> schlau berechnete Sätze zu erfinden und das Ansehen
> einer gewichtigen Person ins Spiel zu bringen."
>
>   (S 2,640f.644-646)

Nicht nur die Dichtkunst, auch die Kunst der Rede baut also
auf Lügen auf. Und wo sie dies nicht tut, bleibt sie an der
Oberfläche, ist ohne Gehalt und belanglos, "leves hederae"

---

[184] Vgl. C 1,92: "vigilemus, hic est veritas"; C 1, 100: "novumque
lumen ingere"; der Zusammenhang mit der Sprache ist unzweideutig hergestellt durch C 1,81: "Hisum ciamus vocibus" sowie durch die Anspielung
auf rhetorische "Verrenkungen" in C 1,85: "convolutis artubus".
[185] Vgl. C 1,85-91: "Sat convolutis artubus sensum profunda oblivio
pressit gravavit obruit vanis vagantem somniis. Sunt nempe falsa et frivola, quae mundiali gloria ceu dormientes egimus." Ähnlich C 1,97f.: "Tu,
Christe, somnum dissice, tu rumpe noctis vincula."
[186] THRAEDE, Epos 1009 sowie DERS., Unters. I,123 mit Anm. 63 (Literaturangaben).
[187] Auch hier bezeichnenderweise wieder die Interpretation heidnischer Dichtkunst und Malerei als Traumprodukte.
[188] Vgl. dazu unten S. 151f. - Vielleicht muß man vor diesem Hintergrund hinter C 9,2: "F a c t a nos et iam p r o b a t a pangimus mira-
cula" nicht nur den Versuch des Dichters erkennen, seinem Publikum klar
zu machen, daß er das prophetische Erbe Davids verwaltet, indem er die
Erfüllung der von diesem verkündeten Verheißung kundtut, sondern auch das
Bemühen, sich von den Mythen der Antike abzusetzen (so RODR.-HER. 52).

(C 3,26), ein luftiges Etwas[189], das die Brust der Menschen
vor Stolz anschwillen läßt, doch nichts Bleibendes hinter-
läßt[190].
Im Gegensatz dazu ist christliche Dichtung Trägerin göttlicher Geheimnisse. All ihre Äußerungen sollen dem einen Ziel
dienen, das Lob Gottes zu mehren[191]. Immer wieder erinnert
Prudentius in seinen Gedichten an diesen seinen Vorsatz[192].
Der ganze Lebensrhythmus soll davon bestimmt sein[193].
Das Leben der Christen wird nun aber nicht geleitet durch
eitle Hirngespinste, wie sie von den heidnischen Poeten kon-

---

[189] Vgl. C 1,88: "v a n i s ... somniis"; S 2,45f.: "c a s s a ...
somnia".
[190] Vgl. C 1,93ff.: "Aurum ... h o n o r e s prospera, quaecumque
nos inflant mala fit mane nil sunt omnia." Daß mit "honores" auch die
Ruhmeslorbeeren der Redner gemeint sind, verdeutlicht Romanus Pe 10,
142ff.: "Nonne cursim transeunt fasces secures sella praetexta et t o -
g a quibus tumetis moxque detumescitis." Ähnliche Aussagen auch über die
Beredsamkeit des Symmachus: vgl. S 2, Prf 57ff.: "Exultat fremit intonat
ventisque eloquii tumet."
[191] Vgl. C 3,28-30: "sertaque mystica dactylico texere docta liga
strofio laude dei redimita comas"; ähnlich "mysteria" A 290 für die von
Prudentius erläuterten christlichen Inhalte.
[192] Vgl. C 1,81: "Hisum ciamus vocibus." Durch die Imitation von
Aen. 3,68 setzt Prudentius übrigens Jesus geschickt an die Stelle des
"deus omnipotens" der Trojaner. Daher möchte ich im Gegensatz zu ASSEN-
DELFT 85 nicht von einer zufälligen Übereinstimmung ausgehen. - C 2,
49ff.: "Te mente pura et simplici, te voce, te cantu pio rogare ... canendo discimus." Die Kombination von dreifacher Anapher und Apostrophe
betont erneut die Ernsthaftigkeit des Vorsatzes, Gott in den Mittelpunkt
des dichterischen Schaffens zu rücken. - C 9,3: "Hunc (sc. Christum)
camena nostra s o l u m pangat, hunc laudet lyra." Gott ist also nicht
nur Zentrum, sondern ausschließlicher Inhalt der Dichtung. Auch hier wieder stilistische Betonung dieser Grenzziehung durch Anapher, außerdem unterstreichen Metonymie ("camena nostra") und Alliteration ("laudet lyra")
die Würde des Themas. Für Prudentius besitzt dabei nach A 393ff. schon
der bloße Name Christi rhetorische Qualität: "blandus in ore sapor"; zu
"sapor" als "Element rhetorischer Phraseologie" (bei Prudentius noch C
4,94-96 und Pe 13,11 über Cyprian) vgl. THRAEDE, Unters. II,154 mit Anm.
152-154.
[193] Vgl. C 1,81ff.: "Hisum ciamus vocibus flentes precantes sobrii
intenta supplicatio dormire cor mundum vetat." Hier wird die Vorstellung
von der "oratio perpetua", die bereits in der Prf im Hintergrund gestanden hatte (vgl. FONTAINE, Antike 312), erneut aufgegriffen. Offenbar legt
Prudentius Wert darauf, daß seine Hymnendichtung nicht in den leeren Raum
hinein geschieht, sondern eingebettet in asketische Demutsübungen; ganz
ähnlich auch C 2,49ff.: "Te cantu pio rogare c u r v a t o g e n u -
f l e n d o et canendo discimus." Auch RODR.-HER. 31 fällt die feine Ab-
stufung der hier angedeuteten Möglichkeiten der Gottesverehrung auf; tatsächlich wird Prudentius Fastenübungen, Reliquienverehrung und Martyrerkult als weitere Eckpfeiler seiner neuen Lebensweise vorstellen. Doch
nimmt für ihn das Dichten unzweifelhaft immer den ersten Platz ein (vgl.
unten S. 311-319).

zipiert wurden[194], sondern findet einen unerschütterlichen
Rückhalt in Gott, dem Schöpfer und Erlöser der Menschen. Das
Schöpfungswerk Gottes soll daher auch das eine Leitmotiv
christlicher Dichtung abgeben[195]. Zum anderen soll die Geschichte der Menschen als Heilsgeschichte erwiesen werden[196],
deren Kulminationspunkt im Kreuzes- und Auferstehungsgesche-
hen liegt: "Solve vocem, mens sonora, solve linguam mobilem,/
dic tropaeum passionis, dic triumfalem crucem ..." ("Erhebe
die Stimme, klangvolles Herz, laß freien Lauf der beweglichen
Zunge, besinge das Siegeszeichen des Leidens, besinge den
Triumph des Kreuzes ...")[197].
Dies ist eine und zugleich die größte der Wundertaten, die
sich Prudentius C 9,1ff. zu besingen vorgenommen hat[198]. Auch
die Geschichte der christlichen Martyrer, denen Prudentius
ein ganzes Buch widmet, ist für ihn letztlich nichts anderes
als ein sichtbares Zeichen des wunderbaren Wirkens Gottes am
Menschen[199]. Für Prudentius ist dies nach Pe 2,33-36 eine
Problematik, die er kaum adäquat in Worte zu fassen vermag:
"Qua voce, quantis laudibus/celebrabo mortis ordinem?/Quo
passionem carmine/digne retexens concinam?" ("Wo soll ich die
Stimme hernehmen, wo die lobenden Worte, das Aufeinander der
Todesqualen zu preisen? Mit welchem Lied werde ich das Leiden
in würdiger Weise vor Augen führen?") Ähnlich unbeholfen
zeigt er sich A 741f. bei dem Versuch, die übrigen Wundertaten dem Leser in angemessener Form nahezubringen: "Sed quid
ego haec autem titubanti voce retexo,/indignus qui sancta
canam?" ("Doch was zähle ich all das mit zitternder Stimme
auf, der ich nicht wert bin, heilige Dinge zu besingen?")
So scheint also der Versuch des christlichen Dichters, die
Herrlichkeit Christi ebenbürtig wiederzugeben, zum Scheitern
verurteilt, weil diesem wegen seiner Sündhaftigkeit die Sprache versagt. Das ist das "Eingeständnis" subjektiver Unfähig-

---

[194] Vgl. S 2,45f., dazu oben S. 38 Anm. 188.
   [195] Vgl. C 3,83f.: "divitis omnipotentis opus quaeque fruenda patent
homini ..."; C 3,31ff: "Quod ... potest anima ... solvere dignius obsequium, quam data munera si recinat artificem modulata suum?"
   [196] Das Werk des Prudentius ist also, wenngleich ganz auf Gott bezogen (vgl. oben S. 35), doch auch anthropozentrisch.
   [197] C 9,82f.; wieder fällt der emphatische Ton auf, der durch ge-
häufte Anwendung rhetorischer Figuren (zweimal Anapher, Apostrophe, Alliteration) erreicht wird.
   [198] Vgl. C 9,1f.: "Da, puer, plectrum, ut canam ... g e s t a
Christi i n s i g n i a ..."; C 9,7: "Facta nos et iam probata pangimus
m i r a c u l a."
   [199] Vgl. Pe 10,4: "Fac ut tuarum m i r a laudum concinam."

keit.

Hinzu kommt für Prudentius wegen der unerschöpflichen Fülle die objektive Unmöglichkeit, die Thematik mehr als nur ober- flächlich auszbreiten: "Milibus ex multis paucissima quaeque retexam,/summatim relegam totus quae non capit orbis" ("aus tausenden und abertausenden Geschehnissen werde ich nur eine ganz geringe Anzahl vorführen; in knapper Zusammenfassung will ich darlegen, was nicht einmal der ganze Erdkreis zu fassen vermag") betont er A 704-705.

Wollte man die Aussagen als Äußerungen ernsthafter Selbst- zweifel akzeptieren, so müßte man darin das Todesurteil für christliche Schriftstellerei erblicken. Viel näher kommt man dem eigentlichen Gehalt solcher Verse, wenn man das hohe Maß an Unverbindlichkeit in Rechnung stellt, welche die routi- nierte Verschmelzung verwandter Topoi hier wahrscheinlich macht[200], sowie Vergleiche zieht zu anderen Aussagen des Dichters zu seinem Werk. Im dritten Tageslied kann sich Pru- dentius nämlich für einen Christen kein würdigeres Amt als das des Hymnendichters denken[201]. Da ist nichts mehr wieder- zuerkennen von dem von Selbstzweifeln geplagten Verseschmied. Im Gegenteil, stolzes Selbstbewußtsein spricht im selben Hymnus ausgerechnet und ausschließlich der herkömmlichen Dichtung der Alten die Fähigkeit zu angemessenem Gotteslob ab, die er selbst soeben bravourös unter Beweis gestellt hat[202]. Die "gloria" Gottes ist bei ihm also und damit bei der christlichen Dichtung in den einzig- und zugleich best- möglichen Händen. Und das, obwohl sich Prudentius an zahl- reichen Stellen seines Werkes keine treffendere Formulierung für christliche Vorstellungen denken kann, als er sie gerade an zentralen Stellen der heidnischen Poesie vorfindet. Doch hält diese Tatsache Prudentius nicht davon ab, für sein Me- tier einen derartigen Anspruch auf Exklusivität zu erheben und sich damit unweigerlich dem Vorwurf auszusetzen, mit Her- ablassung auf die literarischen Leistungen seiner heidnischen

---

[200] Vgl. zur "Fusion" des Topos von der "Unwürdigkeit und Sündhaf- tigkeit des Dichters" und des Topos von der "temeritas" in A 741f. THRAEDE, Studien 50, Anm. 110; zur Zuordnung des "temeritas"-Topos zum spätantiken Bescheidenheitsvokabular DERS., Unters. II,132, Anm. 46; zur "theologischen Aktualisierung des 'pauca e multis'-Topos" in A 704f. DERS., Unters. I,122.

[201] Vgl. C 3,31-35; dazu unten S. 55ff.

[202] Vgl. dazu unten S. 57ff.

Mitbürger und Vorfahren zu schauen.

1.2.2.1.2 *Praktische Anlehnung an heid-*
nische Vorstellungsmuster

Bereits oben wurde angedeutet, daß Prudentius in seiner Art
zu dichten aus der theoretischen Ablehnung der heidnischen
Dichtung keine Konsequenzen zieht, ja vielmehr in direkten
Widerspruch dazu tritt.
Das fängt damit an, daß sich Prudentius nicht daran stört,
seinen Christengott wiederholt durch ebenjenes Epitheton "tonans" zu charakterisieren, das durch die heidnischen Poeten
zum klassischen Beinamen Juppiters geworden war[203]. Der Gott
ist zwar ein anderer[204]; die göttliche Eigenschaft als solche
wird aber, so scheint es, als durchaus zutreffend empfunden.
Freilich steht Prudentius mit dieser Beschreibung auch ganz
auf dem Boden dessen, was die Heilige Schrift und die Kirche
lehren. Blitz und Donner galten im AT wie im NT als äußere
Zeichen einer Epiphanie Gottes (vgl. etwa Ex 19,16; Ps 18,4;
29,3 etc.). Doch kann kein Zweifel daran aufkommen, daß der
Dichter hier bewußt einen konkurrierenden Gegenentwurf zum
Bild des höchsten Heidengottes gestaltet.
Auch die Anrufung Gottes als "deus omnipotens"[205] ist letztlich eine Anleihe aus dem vergilischen Opus, die sich bis auf
Ennius zurückverfolgen läßt; erneut wird also ein heidnisches
Gottescharakteristikum dankbar aufgegriffen. Für Prudentius
sind solche Übertragungen trotz seiner theoretischen Distanzierung von allen heidnischen Inhalten eine Selbstverständlichkeit. Die theologische Rechtfertigung solchen Vorgehens
muß man allerdings bei anderen suchen.
Vorbereitet worden war solche Legitimierung schon längst
durch die entschuldigende Umformung des Vorwurfs von den
"mendacia poetarum" zur Interpretation einer "licentia poetica". Laktanz ging dann den entscheidenden Schritt, in der
vergilischen Gedankenwelt nicht nur "bloße Fiktion, sondern

---

[203] Vgl. C 6,81; A 171; H 376.669; Pe 6,98; dazu HAGENDAHL 388;
THRAEDE, Epos 1010; die Bezeichnung auch bei Paul. Nol. c. 22,14 = CSEL
30 (1894) 187 (HARTEL).
[204] Nur an einer Stelle wird das durch den Zusatz "verus" betont: H
376.
[205] Vgl. dazu die Stellen bei DEFF./CAMPB. 489f.; zu dem Epitheton
bei Vergil vgl. A. WLOSOK, Vergil als Theologe: Juppiter - pater omnipotens, in: Gym. 90 (1983) 187-202.

verborgene Wahrheit" zu vermuten; "einzig die Unkenntnis des
mysterium sacramenti divini habe die Dichter nicht den eigentlichen Sinn erkennen lassen"[206].
Erst solche Vorüberlegungen machten Prudentius eine derart
unbefangene Übertragung vergilischer Götterbilder möglich[207].
Auch daß die Menschwerdung dieses christlichen "deus tonans
et omnipotens" C 3,136ff. ausgerechnet mit solchen Worten und
Junkturen beschrieben wird, die sogleich an die vergilische
Prophezeiung von der Geburt eines Kindes erinnern[208], kann
vor diesem Hintergrund nicht überraschen.
Ebenso weiß Prudentius das wunderbare Handeln des menschgewordenen Gottessohnes in der Seesturmstillung (A 661ff.)
nicht besser zu beschreiben als mit einem Szenenbild, das zugleich Assoziationen herstellt zum Bild des den Stürmen Einhalt gebietenden Aeolus im ersten Buch der Aeneis[209]. Bereits
in den heidnischen Schriften konnte man also auf die Vorstellung stoßen, daß Allmacht über Naturgeschehen ein göttliches
Charakteristikum sei.
Daß Prudentius sich selbst für ein Gebet an den Christengott
Ps 1ff. ein heidnisches Muster erwählt, zeugt von der hohen
Flexibilität des Dichters gegenüber der Gedankenwelt, von der
er sich eigentlich durch seine Taufe losgesagt hatte[210].
Schon Vergil hatte seine Gottheit als barmherziges Wesen beschrieben; auch der Christ Prudentius verkündet die Barmherzigkeit als göttliche Eigenschaft. Warum soll er dies nicht
in einer altvertrauten Wendung tun, solange er darauf bedacht
ist, durch kontrastierende Imitation die wesentlichen Unterschiede in Erinnerung zu rufen: Christus und nicht Apollo ist
der Gott, der Barmherzigkeit übt; und nicht einem bestimmten

---

[206] Vgl. dazu THRAEDE, Epos 1009f., dort auch die Laktanz-Belege.

[207] Diese Unbekümmertheit sollte dann bald richtungweisend für folgende Dichtergenerationen werden, z.B. für Sidonius Apollinaris und Enno-
dius, dazu KOHLWES 38, Anm. 9. Ähnliches gilt für die Übernahme der heidnischen Unterweltsterminologie, vgl. dazu HAGENDAHL 389.

[208] Vgl. die bekannte Junktur "nova progenies" in C 3,136 = ecl. 4,
7, dazu SCHWEN 67; ebenso die auffallende Übereinstimmung in der Wortwahl
zwischen der Beschreibung der Wiederkehr des goldenen Zeitalters in der
4. Ekloge und der von der Palingenesie der Welt durch Christi Geburt in C
11,61-76, dazu unten S. 350 und insbes. Anm. 362.

[209] Vgl. dazu HAGENDAHL 384; THRAEDE, Epos 1038ff.

[210] Zur Imitation von Aen. 6,56 vgl. HAGENDAHL 384f.; THRAEDE, Epos
1040 sowie DERS., Unters. I,114 mit Anm. 12.

Volk, sondern allen Menschen gilt dieses Erbarmen[211].
Schließlich geht die "dichterische Freiheit"[212] des Prudentius C 3,26ff. sogar so weit, mit Camena die heidnische Göttin
der Dichtkunst um Verständnis, ja Inspiration für seine
christliche Dichtung anzurufen. Hier ist der Punkt erreicht,
wo Prudentius über das von Laktanz gesetzte Ziel hinaus-
schießt. Hier wird ja nicht mehr verborgene christliche Weisheit in den Bildern der vergilischen Poesie entdeckt und darum in dessen Worten wiedergegeben. Als Motiv für die klassischen Reminiszenzen verbleibt nur noch der bloße Wunsch nach
Anbiederung an den Geschmack des Publikums, dem solche Musenanrufe vertrautes Element aus der heidnischen Dichtung waren[213].
Das ist dann wohl auch der wesentliche Grund für die terminologische Identifizierung der heidnischen Unterwelt mit der
christlichen Hölle[214]. Ja selbst das ausführliche "Gemälde"
des christlichen Ortes der Verdammten in H 824ff. lebt ganz
von der vergilischen Schilderung der Unterwelt im sechsten
Buch der Aeneis[215]. Zwar übernimmt Prudentius in der folgenden Paradiesesbeschreibung nicht in entsprechendem Maße die
Züge des heidnischen Elysiums, doch holt er dies C 5,113ff.
in aller Deutlichkeit nach[216]. Hinzu treten bukolische Elemente, ein Aspekt, der dann in einer weiteren Paradiesesschilderung C 3,101ff. noch unverkennbarer in den Mittelpunkt
gerückt wird und geradezu ein "bukolisches Stilleben"[217] vor

---

[211] Vgl. THRAEDE, Unters. I,114; daß Prudentius Gottes Erbarmen
letztendlich doch wieder an eine bestimmte, nämlich die römische Nationa-
lität bindet, freilich unter der Prämisse, daß das alte Ziel vom "orbis
Romanus" erreicht sein wird, wird im zweiten Kapitel aufgezeigt werden.

[212] KOHLWES 37.

[213] In dieser Tendenz übertrifft Prudentius bei weitem die anderen
Größen der zeitgenössischen christlichen Dichtung. Am besten verdeutlicht
wird diese Kluft, wenn man zum Vergleich eine - sicherlich nicht zufällig
- ähnliche Stelle bei Paul. Nol., c. 22,16 = CSEL 30 (1894) 187 (HARTEL)
heranzieht: "aspernare leves, maturo corde, camenas". Parallel sind
"sperne" (Prud. C 3,26 und Paul. c. 22,16), "camena" (Prud C 3,26) und
"camenas" (Paul. c. 22,16) sowie im weiteren Zusammenhang "solita es"
(Prud. C 3,27) und "solitis" (Paul. c. 22,10). - Während Paulin zwar die
Camenen wie eine selbstverständliche Realität einführt, dann aber die
Distanzierung von diesen fordert, klingt der Passus des Prudentius geradezu wie ein Buhlen um die Gunst dieser heidnischen Schutzgöttinnen der
Dichtkunst; vgl. dazu KOHLWES 38f.

[214] Vgl. dazu HAGENDAHL 389; THRAEDE, Epos 1035 sowie oben S. 43f.
mit Anm. 207.

[215] Vgl. dazu THRAEDE, Epos 1035.

[216] Vgl. dazu FONTAINE, Paradis 102ff. und unten S. 338f.

[217] FONTAINE, aaO. 99; ähnlich RODR.-HER. 37.

Augen erstehen läßt[218]. So bringt Prudentius also auch die
Überzeugung vom christlichen Paradies seinen Lesern auf eine
Weise näher, die bewußt die Anlehnung an altvertraute, durch
die heidnischen Dichter formulierten Vorstellungen sucht.
Erneut haben wir damit die Diskrepanz zwischen dem prinzipiellen Vorwurf der Verlogenheit an die heidnische Dichtung
und der faktischen Adaptation bestimmter Vorstellungen ken-
nengelernt.
Zum Schluß soll hier auf die wohl wesentlichste und augen-
fälligste Tatsache in diesem Zusammenhang verwiesen werden.
Prudentius "glaubt" S 2,48 in den Werken der heidnischen
Dichter eine "fallendi potestas" am Werk und doch übernimmt
er S 1,541ff. die wohl zentralste Aussage der vergilischen
Geschichtstheologie und macht das darin verkündete Dogma von
der zeitlichen und räumlichen Unbegrenztheit des römischen
Reiches in den folgenden Gedichten zu einem Eckstein im
Heilsplan des christlichen Gottes[219]. Prudentius verkündet
darin die Romanisierung des Erdkreises als historische Voraussetzung für die Erlösung der Menschheit. So bleibt die
Lehre von der Universalität der durch Christus erwirkten Erlösung gewahrt. Gleichzeitig wird der Absolutheitsanspruch
der römischen Herrschaft von höchster christlicher Warte aus
legitimiert. Die vergilische Botschaft wird als christliche
Wahrheit verkündet.
Der immer wieder beschworene Gegensatz zwischen den in der
heidnischen Literatur tradierten Nichtigkeiten und der durch
christliche Literatur verbreiteten "veritas" ist in einem erstaunlichen Verschmelzungsprozeß aufgehoben. Und wohlgemerkt:
Verschmelzungsprozeß bedeutet jetzt nicht die alte Synthese
zwischen heidnischer Form und christlichem Inhalt, sondern
die Tatsache, daß zentrale heidnische Inhalte und christliche
Lehre zur Deckung gebracht werden.
Prudentius erfüllt damit, wie wir bereits zu Beginn dieser
Beobachtungen vorweggenommen haben, den Anspruch auf Exklusivität, den er für christliche Dichtung erhebt, in seinem eigenen Werk nicht. Kennzeichnend für sein Vorgehen sind viel-

---

[218] Eine variierende Wiederholung dieses Bildes auch in C 8,41ff.;
dazu FONTAINE, Paradis 110ff.
[219] Vgl. dazu THRAEDE, Epos 1037.1040; SCHWEN 44ff. sowie die
ausführliche Behandlung dieses Themas unten S. 115f.133f.174f.

mehr in hohem Umfang die Tendenz zur Übernahme und christia-
nisierenden Ausgestaltung tradierter Vorstellungen.

1.2.2.2 C 2,33-56: Christlicher Dichter
- ein vollendeter Beruf

Im vorausgegangenen Abschnitt wurde versucht, den Vergleich
nachzuzeichnen, den Prudentius teils nur durch wenige prägnante Stichworte, teils durch ausgeführte Passagen zwischen
heidnischen und christlichen Themen gezogen hatte.
Im zweiten Tageslied stellt Prudentius nun gar einen regel-
rechten "Berufsvergleich" an. Bereits in der Praefatio hatte
Prudentius im Zuge eines autobiographischen, betont selbst-
kritischen Rückblicks seinen Neuanfang als christlicher Dichter vor dem Hintergrund seiner aufgegebenen beruflichen Karriere einzuordnen versucht. C 2,33ff. baut Prudentius diesen
Vergleich entscheidend aus. Neue Akzente werden gesetzt, die
zugleich ein klärendes Licht auf die Worte der Praefatio werfen dürften.
Mit dem zweiten Lied des Tagesliederzyklus feiert Prudentius
den Tagesanbruch: "Sol ecce surgit igneus" (C 2,25), der für
ihn zugleich Sinnbild der sich Bahn brechenden Gottesherr-
schaft ist: "Sic nostra mox obscuritas/... regnante pallescet
deo" (C 2,9.12).
In dieser Situation, gleichsam dem Startsignal für die Aufnahme der Berufstätigkeit, unterscheidet der Dichter zwei
Gruppen von Menschen: Da sind zum einen Leute, die ein ern-
stes Leben vortäuschen, letztlich aber nur nichtige Angele-
genheiten im Sinn haben[220]. Dieser Gruppe rechnet Prudentius
sowohl die Beschäftigten im "öffentlichen Dienst" als auch
die "privaten Unternehmer"[221] zu:

> "Haec hora cunctis utilis
> qua quisque quod studet gerat,
> miles togatus navita
> opifex arator institor."
> "Das ist die Stunde, die allen frommt,
> um das zu betreiben, was ein jeder versteht,
> Soldat und Anwalt und Seemann,

---

[220] Vgl. C 2,33-36.
[221] ASSENDELFT 104.

Handwerker, Landmann und Händler."   (C 2,37-40)[222]
Dem in den Einleitungsversen erhobenen Vorwurf der Scheinheiligkeit fügt Prudentius in der abschließenden Strophe weitere
diskriminierende Charakterisierungen hinzu:

> "Illum forensis gloria,
> hunc triste raptat classicum,
> mercator hinc ac rusticus
> avara suspirant lucra."

> "Jenen schlägt der Ruhm des Forums in seinen Bann,
> diesen zieht der Ruf der tristen Kriegstrompete fort,
> und Kaufmann und Bauer lechzen von nun an
> gierig nach Gewinn."   (C 2,41-44)

Den Kaufleuten und Bauern wird also habgieriges Gewinnstreben
vorgeworfen. Soldat, Seemann und Jurist[223] erscheinen wegen
"triste raptat" als unerquickliche, die persönliche Freiheit
in Frage stellende Berufe.
Für Prudentius ändert es dabei, wie die Praefatio zeigte, am
Wert des Berufes nichts, ob dieser von einem Heiden oder
einem Christen ausgeübt wird. Er selbst war ja mit höchster
Wahrscheinlichkeit bereits Christ, als er als "togatus"[224]
die öffentliche Laufbahn einschlug; andernfalls hätte Prudentius sicher nicht vergessen, an irgendeiner Stelle seines
Werkes auf das einschneidene Ereignis einer Bekehrung anzu-
spielen. Und doch bricht er in der Praefatio den Stab über
diesen seinen Werdegang, und doch fällt er mit diesem Beruf
unter diese Kategorie von Menschen, von denen er sich in
seinem zweiten Tageslied als christlicher Dichter radikal
distanziert:

> "At nos lucelli ac faenoris
> fandique prorsus nescii
> nec arte fortes bellica
> te, Christe, solum novimus."

> "Wir aber wollen nichts von Profit,
> Wucher und Rhetorik wissen, verstehen
> uns nicht auf die Kriegskunst und

---

[222] Auffallend die Parallele zu Prop. 2,1,43ff.: "navita de ventis,
de tauris narrat arator, et numerat miles vulnera, pastor oves, nos contra angusto versantes proelia lecto". In beiden Passagen stimmen "miles",
"arator" und die seltene Nebenform "navita" überein, bei beiden folgt ein
Absetzungtopos im Plur. mod.; zur Properz-Rezeption durch Prudentius vgl.
auch unten S. 57, besonders Anm. 263. - Ähnlich auch die anderen Liebes-
elegiker u. Hor. sat. 1,1ff.
[223] Die Identifizierung "togatus" = Jurist erfolgt wegen "forensis
gloria" (V. 41) und des innerhalb des Absetzungstopos stehenden Hinweises
"fandi nescius" (V. 46).
[224] Prf 8.

kennen allein dich, Christus."   (C 2,45-48)[225]
In dieser Passage erfahren wir auch den entscheidenden Grund
für die Mißbilligung der genannten Berufe. Für sie steht Gewinnstreben, kriegerische Tüchtigkeit oder rednerische Gewandtheit im Zentrum; Christus spielt keine Rolle, schon gar
nicht die entscheidende. So ist man zwar möglicherweise
Christ, doch ohne diese Überzeugung auch tatsächlich zu leben. Das ist es aber, was sich Prudentius offensichtlich von
einem ernstzunehmenden Beruf verspricht. Von den Idealen der
"weltlichen" Berufe will er nichts wissen[226]. Mittelpunkt
seines Bemühens soll Christus sein, und zwar Christus allein.
Die falschen Akzentsetzungen einer traditionellen Karriere
hat er hinter sich zurückgelassen. Voll Stolz weist er darauf
hin, daß er den richtigen Weg gefunden hat. Die Unsicherheit
und Demut, von der in der Praefatio selbst die Entscheidung
zu einem Leben für die christliche Dichtung noch getragen
schien - man denke nur an das "saltem voce deum concelebret,
si meritis nequit" (Prf 36)   -   ist einer überraschenden
Selbstsicherheit gewichen. Die folgenden Zeilen werden diesen
Eindruck noch verstärken.
Ein besonderes Augenmerk wird man dabei auf Prudentius'
scheinbares Eingeständnis rhetorischer Unbeholfenheit richten
müssen. Während nämlich Prudentius' Distanzierung vom Beruf
des Soldaten bzw. Bauern aus seiner beruflichen Laufbahn her
glaubwürdig erscheinen muß, kann man ihm einen in "fandi ...
nescii" angedeuteten Dilettantismus in der Kunst des Sprechens einfach nicht abnehmen[227]. Unkenntnis der von der Rhetorik bereitgestellten Mittel kann er wegen der rhetorischen
Schulung, von der er selbst ja in der Praefatio gesprochen

---

[225] Zur Einordnung dieses Absetzungstopos vgl. THRAEDE, Studien 31,
Anm. 38, insbes. a). - Bedauerlicherweise ist die besonders mustergülti-
ge Passage C 2,45ff. hier nicht angeführt. - "Nos" wird mitunter als Hinweis auf die Zugehörigkeit des Prudentius zu einer Asketen-g e m e i n-
s c h a f t gedeutet (vgl. LAVARENNE I,9, Anm. 2 und aaO. VIII); ein-
leuchtender ist aber die Erklärung als Plur. mod., der ja bei Prudentius
beliebtes Instrument der Demutsbeteuerung ist: besonders instruktiv ist
Ep 7, wo "nos" ebenfalls innerhalb des Absetzungstopos erscheint; dann
auch Prf 6; C 6,117; 9,7.
[226] Durch "lucelli ac faenori" distanziert er sich von "opifex, arator, institor" (V. 40), durch "fandi prorsus nescius" setzt er sich vom
"togatus" (V. 39), durch "arte fortes bellica" rückt er vom Beruf des
"miles" (V. 39) ab; dazu ASSENDELFT 105f.
[227] Gegen RODR.-HER. 31; berechtigte Zweifel bereits bei BERGMANN
64f.

hat, wohl kaum glaubhaft machen[228]. Vielmehr muß man hinter
"fandi ... nescii" den Versuch erkennen, sich von dem ganzen
Milieu zu distanzieren, das durch die Stichworte "forensis
gloria" (C 2,41) und deren näheren Kontext[229] charakterisiert
ist.
Damit ist klar, daß es Prudentius hier um den berufsmäßigen
Umgang mit der Redekunst geht, nicht um die persönliche Befähigung, sich mittels der Sprache überzeugend auszudrücken.
Diese hat er sich freilich als Voraussetzung für seinen ersten Beruf durch frühe Schulung erworben[230]. "Fandi ...
nescii" kann also ernsthafterweise nicht rhetorisches "An-
alphabetentum" meinen. Eine Übersetzung mit "des Redens un-
kundig" trifft das Gemeinte nicht. Prudentius scheint es
vielmehr, wie die rückblickende Charakterisierung seiner Redetätigkeit als "falsa loqui non sine crimine" (Prf 9) nahelegt, um deren Inhalte und Zwecke zu gehen. Nicht der technische, sondern der moralische Aspekt steht zur Debatte. Und
diesbezüglich hat Prudentius um-g e l e r n t: "Te mente pura
et simplici,/te voce te cantu pio/rogare curvato genu/flendo
et canendo d i s c i m u s" ("Dich mit reinem und einfachem
Herzen, dich mit unserer Stimme, dich mit frommem Lied und
gebeugtem Knie unter Tränen und Gesang anzurufen, das lernen
wir") betont Prudentius C 2,49-52. Von daher ergibt sich als
Übersetzung für das Adjektiv "nescius" das ebenso in dessen
Bedeutungsspektrum liegende "nicht den Sinn für etwas ha-
bend". Folgerichtig muß unter Berücksichtigung der Entwicklung "docuit" (Prf 8) - "discimus" (C 2,52) die Junktur "fandi nescius" als "nichts mehr von der bisherigen Redetätigkeit
wissen wollend" interpretiert werden.
Die Begabung, mit Sprache zu arbeiten, läßt Prudentius dabei

---

[228] Prudentius stellt deren Beherrschung ja in eben dieser Passage
wieder beispielhaft unter Beweis; vgl. C 2, 33ff.: "nunc, nunc ... nunc"
= Anapher und Geminatio; "severum vivitur, temptat ludicrum" (ebd.) =
Chiasmus; "haec hora ... qua quisque quod" (C 2,37f.) = Alliteration;
"miles togatus navita opifex arator institor" (C 2,39f.) = Asyndeton;
"arator institor" (ebd.) = Homoioteleuton; "avara suspirant lucra" (C 2,
44) = Enallage; dazu der "andere -wir"-Topos (vgl. THRAEDE, Studien 31
mit Anm. 38).
[229] Vgl. "togatus" (C 2,39) par. "toga" (Prf 8); "toga" wiederum inhaltlich gefüllt durch "falsa loqui" (Prf 9) par. C 1,89f.: "Sunt nempe
falsa et frivola, quae mundiali gloria ...". Durch "mundiali gloria"
schließt sich dann wiederum die Milieuskizze zu "forensis gloria" (C 2,
41).
[230] Vgl. Prf 8: "Mox d o c u i t toga ... ."

durchaus nicht verkümmern. "Vox", "cantus pius" und "canere"
bleiben zentrale Elemente seiner Lebensgestaltung. Doch ein
neuer Inhalt, ein neuer Zweck wird damit verbunden: Christus,
und zwar Christus allein, "mente pura" zu besingen und gnädig
zu stimmen. In diesem Konzept scheinen das "crimen" und die
"falsitas" ausgemerzt, von denen die aufgegebene rhetorische
Laufbahn geprägt war.
Sich aber von etwas in dieser Art als negativ Charakterisier-
tem abzusetzen, heißt aber doch, auf selbstbewußte Weise seine eigene moralische Überlegenheit zu dokumentieren[231]. Damit
haben wir den oben[232] in Aussicht gestellten Beweis für das
auffallend hohe Selbstwertgefühl des Dichters. Die weitere
Interpretation wird noch andere, deutlichere Beispiele dafür
erbringen können.
Prudentius beläßt es nämlich nicht bei der Absage an die eben
skizzierten Berufe. In einem kurzen, aber prägnanten Resümee
(Vv. 53-56) macht er sein neues Betätigungsfeld zum Sammel-
becken allein der positiven Seiten dieser Berufe, hebt diese
gleichsam auf eine höhere Ebene und läßt so die Kritik in
einen spiritualisierend-umgestaltenden Aneignungsprozeß münden.
Die Verehrung Christi durch Hymnen und Gebete ist die Quelle,
aus der Prudentius seinen G e w i n n zieht[233]. Doch dieser
erscheint ohne Tadel und unterscheidet sich dadurch wohltuend
von dem der Kaufleute und Bauern, die auch vor Wucher[234]
nicht zurückschrecken und in ihrem Gewinnstreben geradezu un-
ersättlich sind[235]. Demgegenüber erzielt Prudentius einen Gewinn nicht-materieller Natur. Mit dieser Spiritualisierung
des Profitdenkens stellt der Dichter einen ersten Eckstein
seiner neuen Lebens- und Denkweise vor.
Die Verehrung Christi durch Hymnen und Gebete versteht Pru-

---

[231] Von daher kann die Assoziierung dieser Stelle mit der S 1,647
gegebenen Selbstcharakterisierung des Dichters als "indocilis fandi" bei
THRAEDE, Studien 67, Anm. 164 nicht überzeugen, interpretiert er diese
doch ausdrücklich als "Ausdruck der Selbstherabsetzung".
[232] Vgl. S. 48f.
[233] Vgl. C 2,53: "His nos l u c r a m u r quaestibus."
[234] Vgl. C. 2,45: "faenoris".
[235] Vgl. C 2,43f.: "mercator hinc ac rusticus a v a r a suspirant
l u c r a."

dentius zugleich als eine Art K r i e g s d i e n s t [236],
freilich eine, der jede traurige Seite abgeht. Der gewöhnli-
che, oben in Erinnerung gerufene Soldat kann da nicht mithal-
ten. Für ihn kann das Signal der Kriegstrompete durchaus auch
Unglück bedeuten[237]. So erscheint die Spiritualisierung der
"militia" als zweiter Eckstein im Leben des "bekehrten Dichters"[238].

Nachdem durch diese verinnerlichende Sichtweise der Beruf des
Soldaten sowie die Intention des Bauern und Kaufmanns gleichsam geläutert in die Lebensführung des Poeten Eingang gefunden haben, steht nur noch die Einholung auch des dritten,
oben erwähnten Betätigungsfeldes aus: das der Erfüllung einer
öffentlichen Aufgabe, wie sie der "vir togatus" (C 2,39) erfüllt. Und Prudentius vermag seiner Dichtung auch diesen Charakter abzugewinnen: "Haec inchoamus m u n e r a" (C 2,55).
Das ist nicht weiter verwunderlich, erscheint doch für Prudentius als wesentlicher Aspekt jeder öffentlichen, insbesondere gerichtlichen Betätigung die Nutzbarmachung der Sprache[239]. Doch während dieses Instrument, wie Prudentius aus
eigener Erfahrung noch gut in Erinnerung hat, auf dem Forum
gewöhnlich skrupellos in Anspruch genommen wird[240], will er
selbst es äußerst verantwortungsvoll einsetzen: Christus allein soll Gegenstand seiner Worte sein, und diese sollen einem reinen und aufrichtigen Herzen entspringen. Die Verehrung
Christi durch Hymnen und Gebete ist also für den Dichter zugleich ein ö f f e n t l i c h e s A m t, vergleichbar dem
eines Anwalts[241], doch gereinigt von jedem schlechten Beige-

---

[236] Vgl. C 2,54: "Hac a r t e tantum vivimus"; daß mit "ars" gerade und nur die Kriegskunst angesprochen ist, legt das Stichwort "arte
bellica" (C 2,47) nahe. Ganz entsprechend scheint sich ja doch "lucramur"
(C 2,53) auf das "lucellum" (C 2,45) der Kaufleute und Handwerker zu beziehen. ASSENDELFT 108 übersieht diese präzise Zuordnung der Begriffe,
wenn sie mit "ars" gleichberechtigt die in V. 39ff. angeführten Berufe
aufgegriffen wissen will.
[237] Vgl. C 2,42: "hunc t r i s t e r a p t a t classicum".
[238] Dies deutet sich in der Terminologie schon Prf 39 an: "P u g -
n e t contra hereses."
[239] Vgl. die Linie, die Prudentius von "togatus" (C 2,39) über
"forensis gloria" (C 2,41) zum Absetzungstopos "fandi ... nescii" zieht.
- Noch deutlicher wird dieser Aspekt Prf 8f. hervorgehoben: "Mox docuit
t o g a ... f a l s a loqui."
[240] Vgl. SEECK III,210; CLARKE 134.
[241] Daß sich Prudentius mitunter tatsächlich als "Anwalt" Christi
versteht, lehren vor allem die Verse, mit denen er S 2 einleitet: "Nunc
obiecta legam, nunc dictis dicta refellam." Vgl. vor allem den in den

schmack, der durch den Mißbrauch der Sprache entstehen kann. Das ist eine Absage an die Verweltlichung, die mit dieser, auch von Prudentius ehedem ausgeübten Aufgabe zwangsläufig einherging. Zugleich gewinnt der Dichter durch eine letzte Spiritualisierung auch diese Betätigung für sich zurück. Damit erreicht Prudentius eine kaum überbietbare Verklärung seines jetzigen Berufes. Sie basiert bezeichnenderweise nicht auf der Betonung eines fundamentalen Unterschiedes, sondern auf dem raffinierten Nachweis einer prinzipiellen Identität. Nicht wenigen Lesern muß diese spiritualisierende Aneignung der verschiedenen Berufsinhalte als ein stolzes, wenn nicht selbstherrliches Fazit erscheinen.

Zum Glück empfindet Prudentius seine neue Lebensweise nicht ganz so unantastbar, wie es nach diesen Versen scheinen will. Vieles ist noch mit trügerischer Schminke überzogen - "sunt multa fucis inlita" (C 2,59). Ist das nicht das Eingeständnis von Rückfällen in die alte Scheinheiligkeit und Wichtigtuerei, wie sie C 2,33ff. getadelt worden war? Allzu leicht gerät auch das Taufversprechen in Vergessenheit[242]. Immer wieder ist man auf die heiligmachende Gnade Gottes angewiesen[243]. Reinheit des Herzens ist entgegen dem oben ausgestrahlten Optimismus[244] keine unverlierbare Tugend. Vielmehr muß man sie ständig aufs neue erbitten[245].

Interessanterweise resultiert für Prudentius aus einem Rückfall in die Sünde in erster Linie der Rückfall in einen verwerflichen Umgang mit der Sprache. Daher C 2,99 auch seine Bitte: "Nihil l o q u a m u r subdolum" ("Nichts Trügerısches wollen wir sprechen"), und einige Verse weiter, wieder ganz vorne, die Angst, durch trügerische Worte Sünde auf sich zu laden[246]. Wie ein Trauma scheint die Erinnerung an den

---

Bereich der Beweisführung gehörenden Terminus technicus "refellere". Zugleich verleiht Prudentius durch schweres rhetorisches Geschütz seinem Vorhaben Nachdruck: Mit Anapher ("nunc nunc"), Alliteration (*d*ictis *d*icta), Polyptoton (dict*is* dict*a*), Asyndeton und Parallelismus gelingt es ihm, fünf rhetorische Figuren bzw. Tropen in einen Vers zu zwängen.

[242] Vgl. C 2,61-64: "D u r a r e nos tales i u b e quales remotis sordibus nitere pridem iusseras Iordane tinctos flumine."

[243] Vgl. C 2,60.67-97ff.

[244] Vgl. C 2,49: "Te mente p u r a et simplici... ."

[245] Vgl. C 2,97f.: "Haec lux serenum conferat p u r o s-que nos p r a e s t e t sibi."

[246] Vgl. C. 2,101ff.: "Sic tota decurrat dies, ne lingua mendax ... oculive peccent lubrici."

Rhetorikunterricht auf ihm zu lasten, den er in seiner Jugend
genossen und dessen sophistische Raffinessen er sich in seiner beruflichen Laufbahn ehrgeizig[247] zunutzen gemacht hat.
Da muß es doch erstaunen, mit welcher Leichtigkeit Prudentius
diese Last von sich stößt. Er schreckt nicht davor zurück,
sich zu seiner neuen Lebensweise in erster Linie über das Medium der Sprache zu bekennen, das doch für ihn so zweifelhaft
geworden schien. Zwar stellt Prudentius diese nun in den
Dienst Gottes, doch haben, wie man an ebendiesen Versen aufzeigen kann, unzählige vertraute Elemente der traditionellen
Schulrhetorik in sie Eingang gefunden[248].
Freilich ist es für Prudentius nur deswegen so leicht, über
den Schatten einer belasteten Vergangenheit zu springen, weil
er sich damit in altvertrauten Gleisen bewegen kann. Unter
christlichen Schriftstellern ist es ja seit langem gang und
gäbe, die Rhetorik, die man gelernt hat, zu verdammen und
dennoch alle Mittel aufzubieten, um sich als Meister dieses
Faches zu erweisen[249]. Prudentius ist hier also keineswegs
bahnbrechend. Ins Auge sticht nur die selbstbewußte Art, in
der er den traditionellen Weg weitergeht.
Im zweiten Tageslied hat er den Beruf des christlichen Dichters als Aufgabe ohne Fehl und Tadel erscheinen lassen. Im
nächsten Hymnus des Cathemerinon wird er diesem einen noch
edleren Nimbus verleihen.

1.2.2.3 Christlicher Dichter: Eine un-
vergleichlich edle Berufung

Mit C 3,26ff. ist uns zusammen mit C 3,81ff. eine der zentralen Stellen für die Auseinandersetzung des Prudentius mit der
Dichtung der vorchristlichen Zeit[250], für die Einordnung sei-

---

[247] Vgl. Prf 14f.: "male pertinax v i n c e n d i studium".
[248] Vgl. oben S. 49 Anm. 228.
[249] Vgl. dazu oben S. 22ff.
[250] Vgl. THRAEDE, Studien 31 zu C 3,28: "... wo die Rolle der eigenen Poesie nicht arbeitsteilig auf die Gaben der anderen, sondern im Kontrast auf die 'bekränzte Dichtung' vorchristlicher Zeit bezogen ist". Soweit ist THRAEDE zuzustimmen. Wenn er dagegen die in C 3,31-35 folgende
"Motivierung" für das Dichten des Prudentius wegen "artificem modulata
suum" nur als für dieses Gedicht geltend anerkennen und darüber hinaus
keine grundsätzliche Aussage zur "Notwendigkeit der Poesie als solcher"
darin sehen will, geht er in die Irre und unterschätzt die Bedeutung der
Stelle nicht unerheblich. Wenn er es verantworten kann, die Verse 26-30
als allgemeine Aussage zur "Rolle der eigenen Poesie" zu werten, mit welchem Recht will er diese Allgemeingültigkeit dann den folgenden Versen
absprechen? Oder umgekehrt müßte dann schon in der ersten Versgruppe das

nes eigenen Schaffens in diesen Rahmen und damit zugleich ein
instruktives Beispiel für den Umgang mit der eigenen litera-
turgeschichtlichen Vergangenheit gegeben.

> "Sperne, camena, leves hederas[251],
> cingere tempora quis solita es,
> sertaque mystica[252] dactylico[253]
> texere docta liga strofio
> laude dei redimita comas."

> "Verwerfe, Muse, den unbedeutenden Efeu,
> mit dem du deine Schläfen zu umkränzen pflegtest;
> Umwinde deine Haare mit einem Kranz aus Daktylen,
> die du gelernt hast, geheimnisvolle, durch das Lob
> Gottes zusammengehaltene Verse zu weben."[254]

(C 3,26-30)

Stichwort "dactylico" (V. 28), das ja - auch - auf das Versmaß dieses Gedichtes anspielt (hyperkatalektischer daktylischer Trimeter), gegen den
prinzipiellen Charakter dieser Aussage sprechen.

[251] Mit "hedera" ist auf das Efeu angespielt, womit sich die Dichter
bekränzten; "levis" ist gängige Bezeichnung für Gedichte leichterer Art,
z.B. Liebes-, Scherzgedichte, Fabeln; vgl. "Musa levis" bei Prop. 2,12,
22; "versus mollis", Prop. 1,7,19; "carmina lenia", Prop. 1,9,12; als Gegensatz dazu "grave carmen", Prop. 1,9,9; "durus versus", Prop. 2,1,41,
ja sogar "dure poeta", Prop. 2,34,44; vgl. dazu M. ROTHSTEIN, Propertius
Sextus, Elegien, Dublin/Zürich [3]1966, I,104.

[252] "serta" = Gedicht auch bei Prop. 3,1,19: "mollia ... serta";
"mollia" entspricht bei Prudentius "leves", der Musenanruf "Camena" begegnet auch bei Prop. 3,1,19 in der Form "Pegasides"; schließlich haben wir
bei Properz wie bei Prudentius die übereinstimmenden Ausdrücke in einen
Absetzungstopos eingebettet. Nur setzt jener die ernsthafte, epische
Dichtung von der erotischen ab (vgl. ROTHSTEIN aaO. II,11), dieser die
leichte heidnische von der christlichen.

[253] Der bei Prudentius beliebte Hinweis auf das Metrum (vgl. THRAE-
DE, Studien 33: "Der merkwürdig häufige Hinweis auf das Metrum ist Ge-
lehrsamkeit und gleichsam Angabe des Paragraphen im Lehrbuch der Metrik")
ist hier innerhalb des Anrufs an die Musengöttin gut plaziert; unmoti-
viert dagegen Ep 7f. und Pe 6,162; fehl am Platz ist der Hinweis auf das
Metrum gar Pe 3,208f., wo dadurch ein "innerer Widerspruch zum angerede-
ten Personenkreis geschaffen wird, der sicher nicht weiß, was Hendekasyl-
laben sind" (THRAEDE, Studien 33). Das ist ein weiteres Argument für die
Einordnung der vorangehenden Bescheidenheitsäußerungen unter den Topos
der "affectata modestia"; man wird sich daher "auch hüten, diese aus der
Persönlichkeit des Dichters, seiner inneren Haltung oder Frömmigkeit ab-
zuleiten" (THRAEDE, ebd., der damit bessere Argumente hat als STEIDLE
243). Eine letzte Bestätigung für diese Interpretation kann man in der
selbstsicheren Art erkennen, in der Prudentius Pe 3,211-215 die soeben
beschriebene Art der Martyrerverehrung (= durch Blumen und Gedichte) als
richtig bestätigt ("libet" = "es beliebt, ist gefällig"), jedoch nur noch
die Gedichte als die Gabe erwähnt, die Eulalia gnädig stimmt ("carmine
propitiata", Pe 3,215); vgl. dazu unten S. 91f.

[254] Vgl. dazu THRAEDE, Studien 32, Anm. 41: "An Kompliziertheit ist
die Ausdrucksweise in C 3,26ff. übrigens kaum mehr zu übertreffen." Die
überzeugendste, hier zugrundeliegende Lösung bietet LAVARENNE I,13, Anm.
3.

Prudentius bekennt sich hier erneut und in der bisher poin-
tiertesten Form zu dem von ihm vollzogenen Bruch mit der
heidnischen Dichtung. An die Stelle der gehaltlos tändelnden
Poesie der Alten soll für Prudentius die "laus dei" treten[255].

Prudentius begnügt sich aber nicht mit diesem knappen Ab-
standnehmen von der vorchristlichen Dichtung. Im folgenden
wird er ihr christliches Pendant nicht nur als vollgültigen
Ersatz für das Alte, sondern als einzig wahre und dem Menschen entsprechende Form einer schriftstellerischen Betätigung aufwerten und rechtfertigen:

> "Quod generosa[256] potest anima,
> lucis et aetheris[257] indigena,
> solvere dignius obsequium,
> quam data munera si recinat
> artificem modulata suum?"

> "Welch würdigeren Liebesdienst kann die edle,
> dem Licht und Himmel entstammende Seele erbringen,
> als ihren Schöpfer wohlklingend zu loben
> und die geschenkten Gaben zu besingen?"   (C 3,31-35)

In diesen Versen erfahren wir den Grund für die zuvor geäußerte Verachtung für die traditionelle heidnische Dichtung.
Christliche Poesie ist eben nicht nur eine bessere Alternative, sondern das Nonplusultra. Man kann sich für die menschliche Seele keine würdigere Aufgabe denken.

Man nimmt der Aussage viel von ihrer Sprengkraft, wenn man
"anima" hier und Prf 35 mit dem "poetischen ingenium" gleich-
zusetzen versucht[258]. Nach den oben aufgezeigten Parallelstellen[259] geht das nicht an[260]. Wenn aber "anima" nicht mit

---

[255] Das entspricht dem in der Prf angekündigten Vorsatz: "deum concelebret" (V. 36) sowie C 3,85: "laudibus aequiperare", nur fehlt hier
die bescheidene Grundhaltung der Praefatio.

[256] "generosus" = "edel von Charakter, Beschaffenheit oder H e r -
k u n f t"; durch "lucis et aetheris indigena ("indigenus" = "e i n g e -
b o r e n") präzisiert; vgl. auch die ähnliche Junktur "mens generosa"
bei Paul. Nol. c. 22,79 = CSEL 30 (1894) 190 (HARTEL).

[257] "aether" = allgemein "obere Luftregion, feinere Luft, Himmel"
als Sitz der Götter; bei Prudentius dann "aether" = 1) Sitz Christi bzw.
des Hl. Geistes (vgl. C 3,137; 5,100; Ps 643; Pe 9,85; TH 119), 2) Heimat
der "anima", vgl. H 819-822 (dort "caelum" und "aether" synonym gebraucht), insbes. H 819: "animas caeli de fonte", 3) Heimat des "animus",
vgl. H 527f.: "quippe animus longe praestantior utpote summo aethere demissus"; - H 819ff. ist aber "anima" ebenso wie H 527 "animus" eindeutig
die menschliche Seele. Weil "aetheris indigena" aber nichts anderes als
"caeli de fonte (H 819) demissus (H 528)" meint, muß "anima" auch C 3,31
für die menschliche Seele stehen.

[258] So THRAEDE, Studien 32.

[259] Vgl. oben Anm. 257.

dem poetischen "ingenium" identisch ist, ergibt sich ein grundsätzlich anderer, ausschlaggebender Aspekt. Christliche Dichtung ist nicht Ausfluß einer autonomen poetischen Genialität, sondern an die Seele als dessen wesentliche Instanz gebunden[260]. Prudentius spricht nicht über Wirkweisen speziell des Dichters, sondern des Menschen. Nicht nur für denjenigen, dessen Beruf das Dichten ist, sondern für den Menschen überhaupt gibt es, so legt die rhetorische Frage nahe, nichts Würdigeres, als Gott und seine Gaben zu besingen. Das ist eine hohe, wenn nicht hochmütige Meinung des christlichen

---

[260] Wäre "anima" Prf 35 = poetisches "ingenium", würde der antithetische Bescheidenheitstopos (vgl. THRAEDE, Studien 24, Anm. 16): "saltem v o c e deum concelebret, si meritis nequit" keinen Sinn ergeben. Auch die Charakterisierung "peccatrix" wäre fehl am Platz. - Sodann macht es sich die "anima" ja zum Ziel, ihren "artifex" = "Schöpfer" und die "data munera" zu besingen. Die Vv. 36ff. umschreiben dies nochmals mit anderen Worten; dort entspricht "homini" der "anima", "cuncta dedit" den "data munera". Unter "anima" ist also mit Sicherheit das zu verstehen, was den Menschen als Menschen ausmacht, und nicht nur das bloße dichterische "ingenium".

[261] Vgl. dazu SMITH 51: "As the Praefatio characterizes it, this activity (sc. poetry) begins inwardly. Prudentius summons his own soul (anima) to use her voice to honor God. But animas's 'voice' is purely spiritual in that it precedes or generates the symbols for vocalization, that is, the actual voicing by the poet's lips or the setting down by the poet's hands. The process of translating anima's music into written words for the Churche's use is not described, but it is clear, that poetry is in some sense already in existence in the soul and continues to exist when verbalized. This range of reality is perhaps Platonic; yet the actualization of poetry is analogous to Judeo-Christian ideas of Creation and incarnation ...". Vgl. auch THRAEDE, Studien 32: "Da nicht wenige Stellen bei Prudentius darauf schließen lassen, daß der Dichter die 'fontes animae' mit den 'fontes eloquii' gleichsetzt ..." und DERS., Unters. II,153, Anm. 146: "Daß aber die Identität der 'fontes animae' mit den 'fontes eloquii', die Prudentius voraussetzt, im römischen Bildungsbegriff angelegt ist, zeigt etwa Quint. inst. or. 1,2,23f.30f. ...'; hinzuzufügen ist u.a. Cic. de or. 3,16,61; Nachwirkungen bis Aug. doctr. christ. 6,6,10 = CC 32 (1962) 122f. (MARTIN): "quasi sapientiam de domo suo, id est, pectore sapientis procedere intellegas et tamquam inseparabilem famulam etiam non vocatam sequi eloquentiam". - Bei Prudentius vgl. dazu noch die nur vor diesem Hintergrund verständliche Verbindung "mens sonora" (C 9,82): LAVARENNE I,53 und CHARLET 120, Anm. 83 bevorzugen hier die Lesart "Solve vocem, mens, sonoram", doch ist dies nach obiger Überlegung nicht mehr gefordert. Umgekehrt kann Prudentius dann auch von einer "catholica lingua" (A 2) sprechen. So ist Pe 10,771f. die Zunge des Gläubigen "praeco ... p e c t o r i s" und "interpres animi" (diese Wendung auch schon bei Lukrez 6,1149). Sprache und Glaube sind hier wieder eng verbunden. Daher auch die "warme Apologie der Zunge" (RODR.-HER. 22) als "pars o p t i m a nostri corporis" (Pe 10,768f.). Stilistisch hervorgehoben ist diese Einheit durch Paronomasie in Pe 3,75 = Pe 5,562: "ore et pectore". Eine ähnlich enge Verbindung zwischen Sprache und Glaube, zwischen "vox" und "mens" übrigens auch bei Paul. Nol.; vgl. dazu oben S. 24f. mit Anm. 131.

Dichters. Damit ist der Bescheidenheitstopos von Prf 36, in
dem Dichtung als geringerer Ersatz für gute Taten hingestellt
wurde, erneut als solcher entlarvt. Christliche Dichtung ist
eben doch nicht eine Leistung zweiter Wahl. Das Selbstbewußtsein des Dichters tritt um so klarer hervor. Die Seele des
Prudentius ist zwar "peccatrix" (Prf 35), aber auch "lucis et
aetheris indigena" (C 3,32)[262]. Daraus begründet er wohl sein
neues Selbstwertgefühl. Zugleich schützt er sich gegen den
möglichen Vorwurf der Selbstherrlichkeit, indem er sein Dichteramt als "obsequium" charakterisiert. Dichten ist danach
ein Akt des Gehorsams und der liebenden Hingabe[263]. Zudem
stellt Prudentius seine dichterische Kreativität in den Hintergrund, indem er seine Tätigkeit als "r e-cinere"" und "mo-
dulari" umschreibt.
So stehen diese Verse unter einer äußersten Spannung zwischen
dichterischem Selbstbewußtsein, ja fast Selbstherrlichkeit
und christlicher Demutsversicherung.
Im folgenden (Vv. 36-80) "re-agiert" Prudentius, wie es die C

---

[262] Anachronistisch ausgedrückt empfindet er sich als "simul iustus
et peccator".

[263] "obsequium" sonst noch bei Prudentius A 886, wo es "culpa" und
"crimen" entgegengesetzt ist und damit das "non sine crimine" von Prf 9
aufgehoben scheint; dann TH 82 für den Gehorsam, den Salomo gegenüber der
göttlichen Weisheit leistet; ebenso im Sinne von Gehorsam auf die göttliche Ermahnung hin ist "obsequella" C 8,19 zu verstehen; unserer Stelle am
nächsten steht innerhalb des Werkes des Prudentius Ep 32: "deo obsequellam praestitisse prodest", weil es sich auch hier bei der Gehorsamslei-
stung um die Gedichte des Prudentius handelt. - Eine interessante Parallele außerhalb von Prudentius begegnet bei Prop. 1,8,39f.: "hanc ego non
auro, non Indis flectere conchis, sed blandi carminis o b s e q u i o".
In beiden Fällen wird auf das "obsequium" innerhalb eines Absetzungstopos
verwiesen. Auch sonst erinnern die Verse C 3,26-35 des Prudentius in der
Wortwahl an Properz: z.B. "serta" (V. 28) an Prop. 3,1,19 (vgl. THRAEDE,
Studien 31, Anm. 40). Die properzianische Gegenüberstellung "nicht Gold
und Geschenke, sondern Gedichte", begegnet schließlich bei Prudentius Ep
1-8 und Pe 3,206-210. - Auch das übrige Werk zeugt von einem vertrauten
Umgang mit dem Elegiker, der doch bei einem christlichen Schriftsteller
überraschen muß: Prudentius' "Hymnus vor dem Essen" erinnert in vielem an
Prop. 4,6,71-86 (vgl. ROTHSTEIN, aaO. II,287ff.): z.B. "patera" (Prud. C
3,17/Prop. 4,6,85), "rosae" (Prud. C 3,21/Prop. 4,6,72), "dignius obsequium" (Prud. C 3,33) ist Überbietung von Prop. 4,6,12: "res ... digna",
"Camena" (Prud. C 3,31) ≙ "Musa" (Prop. 4,6,11), "ora faventia" (Prop.
4,6,1) wird durch "Christe, tuus favor" (Prud. C 3,14) christianisiert,
"lyra" (Prud. C 3,81) ≙ "cithara" (Prop. 4,6,69); "tuba" (Prud. C 3,81
für die epische Poesie) ≙ "bella ... cecini" (Prop. 4,6,69). - Möglicherweise spielt S 2, Prf auf Prop. 3,9,3f.35f. sowie 3,3,22-24 an. - H 264-
276 ist mit ziemlicher Sicherheit von Prop. 1,2,9.21 inspiriert. - Schon
oben (S. 47 Anm. 222) wurde auf die Parallele zwischen Prop. 2,1,43ff.
und C 2,39ff. verwiesen.

3,31-35 gestellte rhetorische Frage nahelegt, mit einem Hymnus auf den Schöpfergott und die Schöpfung. Beendet wird diese Passage durch eine weitere rhetorische Frage (C 3,81-85),
die - gleichsam als Zwischenglied - einerseits als abschlie-
ßende Kommentierung des vorangegangenen Preisliedes verstanden werden muß, andererseits ein interessantes Licht auf den
frommen Lebensentwurf wirft, dessen einen Teilaspekt Prudentius in den anschließenden Versen (C 3,86-90) mit dem Hinweis
auf die täglichen Tischgebete in Erinnerung ruft:

> "Quae veterum tuba quaeve lyra
> flatibus inclyta vel fidibus
> divitis omnipotentis opus
> quaeque fruenda patent homini
> laudibus aequiperare queat?"

> "Welche Trompete oder welche Leier der Alten
> bekannt durch ihr Blasen die eine, durch ihre Saiten
> die andere, könnte das Werk des reichen, allmächtigen
> Gottes und alles, was für den Menschen zu seinem Genuß
> bereitsteht, in angemessener Weise rühmen?"
>
> (C 3,81-85)

Als Tenor der Frage ergibt sich nach C 3,26ff. ein zweites
Mal unmißverständlich, daß Prudentius mit seiner dichterischen Leistung eine Sonderstellung einzunehmen glaubt. Bisher
noch nie Erreichtes ist unter seiner Hand entstanden: Das
Schöpfungswerk Gottes ist - "en miniature" - vor Augen geführt worden. Den "Alten", das sind aber für Prudentius die
heidnischen Römer, war solches weder in ihrer epischen[264]
noch in ihrer lyrischen Dichtung[265] gelungen.
Ja, auf den ersten Blick legt die von Prudentius gestellte
rhetorische Frage sogar nahe, daß ein solches dichterisches
Unterfangen überhaupt ein Ding der Unmöglichkeit sei. Zu
leicht übersieht man die Einschränkung, die Prudentius hier
mit dem Hinweis auf die "veteres" macht, und ist geneigt,
eine der üblichen Bescheidenheitsäußerungen zu vermuten: Wie
könnte das Schöpfungswerk Gottes je in Worte gefaßt werden?
Da denkt man zunächst an den altvertrauten Topos der "Unsag-
barkeit" bzw. "Unfähigkeit", hat möglicherweise eine ähnlich
klingende Stelle aus dem Cathemerinon (C 5,81ff.) vor Augen,

---

[264] Sie ist hier metonymisch durch "tuba" ausgedrückt.
[265] Mit dem Stichwort "lyra" werden wir an die "leichtere" Art römischer Dichtung erinnert, die Prudentius allem Anschein nach schon oben (C
3,26ff.) assoziiert wissen wollte; jetzt setzt er sich erneut von ihr ab,
weist aber zusätzlich auch die klassische epische Dichtung als unzulänglich zurück.

wo dieser Topos geradezu mustergültig in den Text eingebaut ist[266]. Auch THRAEDE ergeht dies so[267]. Doch dann sieht man sich mit der leidigen Einschränkung auf die Dichtung der "Alten" konfrontiert: Die Grenzen des Ausdrucksvermögens gelten nur für die heidnische Poesie. Das angemessene Lob der Schöpfung ist nur ihnen eine Unmöglichkeit[268]. Der Unsagbarkeitstopos wird auf eine Teilgruppe bezogen, der Prudentius sich entwachsen weiß. Er selbst hat nämlich das Thema, das den "Alten" unbewältigbar bleiben mußte, soeben bravourös entfaltet und wird im folgenden beweisen, daß dies keine singuläre, gewissermaßen einer dichterischen Sternstunde entsprungene Leistung ist[269]. Dem christlichen Dichter ist dieses Thema also durchaus nicht "unsagbar". Die alten Meister sind damit in den Schatten gestellt, gleichsam "überboten". In bezug auf den Dichter muß die Frage somit als Topos der "Überbietung" verstanden werden[270].

---

[266] Vgl. unten Anm. 269.

[267] Vgl. Unters. I,122; II,127.

[268] Hier ist Prudentius radikal; die rhetorische Frage zielt auf eine Verneinung ohne Ausnahme; das Ennius-Epigramm, das möglicherweise im Hintergrund stand (epigr. 2 = Cic. Tusc. 5,49), verstärkt diesen Eindruck noch. Ennius hat statt der rhetorischen Frage einen klar verneinenden, mit "nemo" einsetzenden Aussagesatz, der in Wortwahl, Modus und Struktur starke Parallelen mit der Prudentius-Perikope aufweist: "Nemo est, qui factis aequiperare queat."

[269] Ganz ähnlich in den Kontext eingebettet ist C 5,81f.: Hier stellt Prudentius die rhetorische Frage, welche Dichterzunge je in der Lage sein könnte, das g e s c h i c h t s-mächtige Walten Gottes am Volke Israel gebührend zu feiern: "Quae tandem poterit lingua retexere laudes, Christe, tuas?" Und doch hat er den Versuch, den er mit dieser seiner Frage zum Scheitern verurteilt hat, soeben zu Ende gebracht und sein Ergebnis offenbar für veröffentlichungsreif gehalten. In diesem "Versuch" fährt er auch noch unbeirrt nach seiner scheinbar zweifelnden Frage fort. Was auf den ersten Blick nach echter dichterischer Bescheidenheit aussah, ist durch dieses selbstbewußte Vorgehen als Allgemeinplatz entlarvt. Die "Sorge" des Dichters, dem gewaltigen Thema nicht gerecht werden zu können, ist traditionelle Unsagbarkeits- bzw. Unfähigkeitstopik. Das ist dann allerdings zur Schau getragene Bescheidenheit. Überinterpretiert ist diese Stelle freilich, wenn THRAEDE, Studien 24, Anm. 18 hier gar den Überbietungstopos wiederentdeckt. Die Frage des Dichters gibt das nicht her. Der Kontext der Frage mag allerdings zu einer solchen Deutung verleiten. Da wendet sich Prudentius, wie wir oben gesehen haben, überaus selbstbewußt einem Thema zu, das er gerade noch für zu schwierig erklärt hatte. Unsagbares dennoch zu sagen: das ist nun aber tatsächlich "Überbietung".

[270] Auch THRAEDE hat das Problem der Topos-Klassifizierung erkannt und korrigiert seine anfängliche Bestimmung als Unsagbarkeits- bzw. Unfähigkeitstopos (vgl. oben Anm. 267); Studien 24, Anm. 18 sieht er nämlich hinter der Frage ebenfalls das Überbietungsmotiv. Gegen HENKE 60f., der die oben aufgezeigte raffinierte Vielschichtigkeit dieser Verse nicht beachtet.

Weder als Rückblick noch als Überschrift für Folgendes lassen diese Verse also auch nur eine Spur von Bescheidenheit erkennen[271]. Das macht den Zugang zu Prudentius nicht leichter, doch läßt der Dichter Verse folgen, die ihm wieder Sympathie zu gewinnen helfen.

1.2.2.4 Christliche Dichtung: Ausdruck des Dankes an den Schöpfergott

> "Quod calet halitus interior,
> corde quod abdita vena tremit,
> pulsat et incita quod resonam
> lingua sub ore latens caveam,
> laus superi patris esto mihi."

> "Weil der Atem in meinem Innern warm ist,
> weil, dem Blick nicht zugänglich, eine Ader
> in meinem Herzen pulst, und weil meine Zunge,
> im Mund verborgen, rasch gegen die Gaumenwölbung
> stößt, sei es mir immer angelegen, den höchsten
> Gott zu loben."   (C 3,91-95)

Prudentius will seine Gedichte als Ausdruck der Dankbarkeit gegenüber dem Vatergott verstanden wissen. Von ihm hat er seinen Lebenshauch[272], vor allem aber, was seine Dichtertätigkeit entscheidend beeinflußt, die Möglichkeit des sprachlichen Ausdrucks erst erhalten. Er ist die Quelle seines Sprechens[273]. Aus eigener Kraft, heißt das doch, könnte der

---

[271] Die durch "obsequium" und "recinere" (C 3,32f.) gemachten Einschränkungen (vgl. oben S. 57) sind so schon wieder in Vergessenheit geraten; nur "laudibus aequiperare", was doch wohl bedeuten soll: "durch lobende Worte die Wirklichkeit getreu n a c h-zeichnen", erinnert noch an "recinere".

[272] Vgl. "halitus" (C 3,91) und "flavit" (C 3,100).

[273] Vgl. C 3,91f.: "pulsat et incita q u o d resonam lingua sub ore latens caveam". Ganz folgerichtig ist es dann C 4,3 auch die Zunge, die dem Vatergott durch Loblieder Dank zollt, auch hier stilistisch hervorgehoben durch Alliteration: "*l*audem *l*ingua ..."; A 395 ist Christus "inriguus fons" der rhetorischen Fähigkeiten des Prudentius; Ps 1,1ff. wird Christus anstelle des vergilischen Apollo (Aen. 6,56), in Anlehnung an den antiken Musenanruf, nicht nur als Inspirator, sondern fast schon als "Diktant" des Dichters angerufen (vgl. "dissere" in V. 5); C 9,6 schöpft David den ihn inspirierenden Geist "caelo influentem"; am deutlichsten Pe 10,21ff.: "Sum mutus ipse, sed potens facundiae mea lingua Christus luculente disseret": Hier ist Christus selbst gar die beredte Zunge des Dichters (vgl. dazu unten S. 85f.); dann auch Pe 10,928ff., wo Christus als "verborum dator" vorgestellt wird; schließlich Pe 13,9ff.- Christus als Quelle beredten Sprechens auch bei Aug. doctr. christ. 4,7, 21 = CC 32 (1962) 131 (MARTIN); 4,15,32 = aaO. 138f., wo mit Mt 10,19 dieselbe biblische Fundierung gegeben wird wie bei Prudentius Pe 10,18ff. im selben Zusammenhang; 4,30,63 = aaO. 167 dann Christus erneut als Ga-

Dichter kein Wort über die Lippen bringen.

Nun erleben wir einen Dichter, der sich klein macht, sich in einer absoluten Abhängigkeit gegenüber einem transzendenten[274] Wesen weiß. Diese Erkenntnis soll ihm Anlaß und - unter anderem - zugleich Thema[275] seiner Hymnendichtung sein. Poetisches Lob der Schöpfung als Dank der Geschöpfe an einen Schöpfergott - das ist eine bescheidene Motivierung, die heidnische Dichtung nicht kennt[276].

Doch bleibt Prudentius nicht lange der bescheidene Dichter, als der er gerade hätte Sympathie gewinnen können. Soeben hat er sich der Schöpfungsthematik verschrieben, da stellt er an dessen Spitze, gleichsam als Leitlinie, die biblische Vorstellung von der Gottebenbildlichkeit des Menschen - "effigiem meditata suum" (C 3,98). Damit hat sich der Dichter, wenn auch auf indirekte Weise, wieder ins rechte Licht gerückt[277].

---

rant der Beredsamkeit. Hinzu kommt bei Augustinus die Aufforderung, Gott für diese Gabe zu danken: "et de prospero exitu dictionis eidem gratias agant, a quo id se accepisse non dubitant, ut qui gloriatur, in illo gloriatur, in cuius manu sunt nos et sermones nostri". - Doch schon nach der klassischen Dichtungstheorie gibt Gott die Gabe des Gesangs: vgl. die Musenanrufe zu Beginn der "Ilias" und "Odyssee"; Hes. Theog. 22ff.; Verg. Aen. 1,8; Ov. met. 1,2-4; Kenntnis von diesem Verhältnis zwischen Dichter und Musen zeigt Properz 2,1,3f. auf indirekte Weise durch den Absetzungstopos: "Non haec Calliope, non haec mihi cantat Apollo, ingenium nobis ipsa puella facit." - Dem antiken Musenanruf nachempfunden ist dann Pe 10,1ff.; ebenfalls "in der Weise des antiken Dichters" (BROCKHAUS 93), mit etwas anderer Akzentsetzung, beginnt C 9.

[274] Vgl. "superi" (C 3,95).

[275] Für die letzte Möglichkeit spricht auch C 3,31-35, wo es sich Prudentius zum Thema seiner Dichtung macht, "data munera recinere".

[276] Für den christlichen Dichter muß sie zugleich befreiend wirken, schafft sie doch den Freiraum, die stilistischen und rhetorischen Möglichkeiten, die menschliche, aber doch von Gott ermöglichte Sprache bietet, voll auszuschöpfen. Jede gelungene Wendung, jede eingängige Formulierung ist ja wieder ein Beweis für die Qualität der den Menschen von Gott geschenkten Gabe, sich auszudrücken. Das sind Gedanken, die von Hilarius her vertraut sind (vgl. oben S. 24). - Daß Prudentius sehr wohl auch um die Möglichkeit des Sprachmißbrauchs weiß, ja dieses Laster aus eigener Erfahrung kennt und fürchtet, haben wir bereits oben gesehen. Doch wurde schon dort darauf hingewiesen, daß Prudentius Rhetorik und sprachliche Gewandtheit als solche nicht verurteilt, solange sie einem untadeligen Zweck dienen (vgl. S. 28ff.35f.).

[277] Das ist ein erneutes Beispiel für das spannungsreiche Verhältnis zwischen Selbstbewußtsein und Selbstherabsetzung im Werk des Prudentius (vgl. dazu auch oben S. 57).

1.2.2.5 Christliche Dichtung: Mehr als
nur Dank - ein Dankopfer

In den Versen 73-75 des vierten Tagesliedes erfährt die Vorstellung, die Prudentius von seinem dichterischen Schaffen
vermittelt, eine weitere Spiritualisierung und - als Folge
davon - eine neuerliche Aufwertung:

"Sic nos muneribus tuis refecti,
largitor deus omnium bonorum,
grates[278] reddimus et s a c r a m u s h y m n o s."
"So bringen wir, durch deine Gabe gestärkt,
dir, Gott, Spender aller Güter, Dank(-opfer)[279] dar
und weihen dir Hymnen."   (C 4,73-75)

Dichtung ist nun nicht mehr nur unverbindlicher Ausdruck persönlicher Dankbarkeit, sondern als Dank-o p f e r für emp-
fangene Gaben[280] ein regelrechter Akt kultbezogener Frömmigkeit[281].

---

[278] "grates" ist insbes. der feierliche Dank gegenüber Göttern.

[279] Zu "reddere" = (vom Opfernden) "darbringen" vgl. GEORGES II,
2247, II,1,1,ß.

[280] Gemeint ist hier die C 4,34ff. angesprochene "doppelte Nahrung"
für Körper und Geist: "muneribus tuis refecti" nimmt dann "confirmas ac
vigore conples" auf. - Wir stellen hier übrigens die typisch römische
"do-ut-des"-Beziehung zwischen Gott und dem Menschen, nur in umgekehrter
Reihenfolge, fest. Die Gnade Gottes ist eine freie Vorgabe, auf die dann
der Dank der Menschen folgt, also: "do, quia dedisti". Daß Prudentius
auch die ursprüngliche Denkweise sehr vertraut ist, wird unten noch aufgezeigt werden (vgl. unten S. 93). - Auch Paul. Nol. kennt übrigens eine
auch in der Formulierung ganz ähnliche Vorstellung von der christlichen
Dichtung als Dankopfer, das auf die Wohltaten Gottes re-agiert; vgl. ep.
16,9 = CSEL 29 (1894) 122f. (HARTEL): "Sed tu divisionem cum deo facito
et quasi m u t u o b e n e f i c i o r e d d e summo patri gratiam.
habeas licet tibi et tuis cuncta quae possides, tantum id curans, ut
horum quoque largitorem deum esse fatearis ... ingenii autem tui faculta-
tes et omnes mentis ac linguae opes deo dedica i m m o l a n s ei sicut
scriptum est sacrificium laudis ore facundo et corde devoto." Die Begründung erfolgt mit Ps 49,19: "Immola deo sacrificium laudis et redde altis-
simo vota tua." (Vulg.) Paulins Zusatz "ore facundo" ist Zeichen seiner
positiven Einstellung zur Anwendung von rhetorischen Kunstgriffen in der
christlichen Poesie; vgl. dazu oben S. 24f. mit Anm. 132.

[281] Dementsprechend bürgt dann auch dichterisches Können für die
Qualität des Opfers. Prudentius muß daher auch hier nicht auf rhetorische
Elemente verzichten. Dazu gehört, besonders passend zur Opferthematik,
die Apostrophe Christi in C 4,74 sowie die chiastische Anordnung von V.
75; wie schlicht dagegen die Dankesworte, die Prudentius Daniel C 4,72 in
den Mund legt: "'Amen' reddidit 'alleluja' dixit." Und doch setzt sich
der Dichter, formal hervorgehoben durch Verwendung desselben Wortes "reddere", mit diesem in Vergleich. Wo Daniel mit zwei Worten "zitiert" wird
- tatsächlich spricht dieser Dan 14,37 einen längeren Satz - verspricht
Prudentius ganze Hymnen. Sollte auch hier der Wunsch nach Überbietung da-
hinterstehen?

Auch Ps 888ff. versteht Prudentius seine Dichtung als Dankopfer[282] und Ausdruck der Frömmigkeit[283] :

"Reddimus aeternas, indulgentissime doctor,
grates, Christe, tibi meritosque sacramus honores
ore pio."
"Ewigen Dank statten wir dir, Christus,
gütigster Lehrer, ab und weihen dir mit frommen Worten
die Ehrbezeigungen, die dir gebühren."   (Ps 888-890)

Doch formalistisch äußerlich will Prudentius den Zweck seiner
Dichtung deswegen nicht verstanden wissen. Auch im Epilog betont er den Opfercharakter seiner Dichtung:

"Nos citos iambicos
sacramus et rotatiles trochaeos."
Wir opfern schnelle Jamben und wohlgeformte Trochäen."
(Ep 7f.)

Aber sie vertritt für ihn nicht ein materielles Opfer, sondern ein spiritualisiertes, in gewisser Weise indirektes Opfer. Prudentius nennt ja als Alternativen Gaben des Gewissens
- "dona conscientiae" (Ep 3) - einerseits und Almosen als
Gaben der Barmherzigkeit - "alter et pecuniam/recidit, unde
victitent egeni" (Ep 5f.) - andererseits.
Prudentius erscheinen dabei diese drei Arten von Opfergaben
nicht als gleichwertig. Für ihn ist Dichtung hier nur ein
"bescheidener Eratz für andere geistliche Opfer"[284], gibt er
doch vor, weder moralisch untadelig[285] noch wohlhabend zu
sein[286].
Das klingt bescheiden, doch läßt auch diese Aussage keinen
Rückschluß auf die Persönlichkeit des Dichters zu. Denn was

---

[282] Vgl. "s a c r a m u s honores" (V. 889); der Bezug zu C 4,73-75
ist unübersehbar; dort haben wir "sacramus hymnos", wodurch die "honores"
von Ps 889 - außer durch "o r e   pio" - eindeutig als Gedichte zu Ehren
Gottes verstanden werden müssen. Dazu stimmen wörtlich überein "grates
reddimus". - Der Dank ergeht hier allerdings - getreu dem Kontext - speziell für die geistige Nahrung, die Christus als "indulgentissime doctor"
(Ps 888) auf die anfängliche Bitte "dissere ..." (Ps 5ff.) hin durch die
Worte des Dichters bereitgestellt hat. - Wie schon C 4,73ff. erinnert
übrigens auch hier "meritos ... honores" an das variierte "do ut des"-
Denken der alten Römer (vgl. dazu oben Anm. 280).
[283] Zum Gegensatz "ore pio" und "cor vitiorum stercore sordet" vgl.
Prf 36: "saltem voce deum concelebret, si meritis nequit", wodurch Dichtung als bescheidener Ersatz für gute Werke erschienen war (vgl. dazu
oben S. 31f. und Ep 7-10, dazu unten S. 90f.).
[284] THRAEDE, Studien 43.
[285] Vgl. Ep 9: "sanctitatis indigi" = Topos von der eigenen Sündhaftigkeit (THRAEDE, Studien 43).
[286] Vgl. Ep 10: "nec ad levamen pauperum potentes" = Topos von der
Armut des Dichters (THRAEDE, Studien 34).

wir hier erfahren, ist nicht mehr als die übliche "Inferiori-
tätstopik"[287], die in einem Epilog ebensowenig fehlen darf
wie in einer Praefatio[288]. Dazu gehört dann auch, daß sich
Prudentius selbst in dieser bescheidenen Gattung des Opfers
als stümperhaft bemängelt[289].

Dichtung als - wenn auch bescheidenes - Opfer: Das ist ein
altes, keineswegs originär christliches Motiv, dessen Entwicklung sich von Properz über Ovid und Statius bis hin zu
Claudian verfolgen läßt[290]. Doch "während bisher Poesie und
Opfer einfach deswegen nicht völlig hatten gleichgesetzt werden können, weil das Gedicht einen Adressaten hatte, der
nicht einfach mit dem Empfänger des Opfers identisch war,
steht bei Prudentius zum ersten Mal die Identität von Gedicht
und Opfer außer Zweifel"[291].

Prudentius denkt so zwar die alte Formel bis zu ihrer letzten
Konsequenz zu Ende, verliert aber dabei den sozialen Kontext
aus den Augen, in den sie eingebettet war[292]. Vergebens sucht
man nach einem Ansprechpartner, um den sich Prudentius ernst-

---

[287] THRAEDE, Studien 34.

[288] Vgl. dazu Prf 36f.; dazu THRAEDE, aaO. 34 mit Anm. 49. - Im Gegensatz dazu konnte sich Prudentius noch C 3,31-35 kein edleres Amt als
das des Hymnendichters denken (vgl. dazu oben S. 53ff.), und C 9,2 verspricht er sich ein "dulce carmen et melodum", ein weiterer Beweis für
das ungebrochene Selbstbewußtsein des Dichters.

[289] Prudentius nennt sein Werk Ep 12 "pedestre carmen", vgl. dazu
THRAEDE, Studien 51ff.; auch TRHAEDE weist den Ausdruck dem rhetorischen
Vokabular der "affectata modestia" zu (aaO. 59). - Ganz richtig empfindet
er auch den Widerspruch zwischen der Bescheidenheitsäußerung und dem Stil
des Prudentius: "Daß die Behauptung auch insofern rhetorisch ist, daß sie
ausgerechnet auf den Stil des Prudentius am allerwenigsten zutrifft, bedarf keines Wortes." (aaO. 60)

[290] Vgl. zum Folgenden THRAEDE, Studien 28-48, insbes. 42ff. sowie
die Hinweise auf Vorformen des Komplexes "Dichtung-Opfer" aaO. 35-42.

[291] THRAEDE, aaO. 42.

[292] Vgl. THRAEDE, aaO. 44: "Der Topos verliert also seinen Adressaten, das Gedicht wird seiner gesellschaftlichen Bindung entnommen." Die
darauf bezogene Kritik STEIDLES, 242f., THRAEDE verkenne dabei "die in
der Gegenüberstellung von Dichtung und persönlicher Heiligkeit liegende
Deutung der ersteren als einer kleinen, aber wie der Dichter hofft, Gott
vielleicht doch wohlgefälligen Gabe", ist nicht schlüssig und läßt Argumente vermissen. THRAEDE weigert sich doch mit Recht, s p e z i f i s c h
Christliches gerade dort am Werke zu sehen, wo klassische Topoi in so
reiner Form Verwendung finden (vgl. Studien 34 mit Anm. 52). Zu den von
STEIDLE angeführten Beispielen christlicher "humilitas" (S 1,643ff. und S
2 Prf 44ff.) vgl. THRAEDE, Studien 65ff.68, wo er sich gegen die Beurteilung solcher Texte als "Gewissenserforschung" wendet; ähnlich auch FUHR-
MANN 82f.

haft bemühen würde[293]. Damit verbunden sein kann einerseits
eine größere Öffnung des Dichters auf transzendente Erfahrun-
gen hin; andererseits muß man in dieser Entwicklung eine be-
dauerliche Flucht aus der verantwortungsvollen Einbindung in
die Gesellschaft verwirklicht sehen. Damit ist aber - wegen
der engen Verknüpfung des dichterischen Werkes mit dem Seelenheil der eigenen Person - der Weg geöffnet für die introvertierte Motivation christlicher Poesie, die weiter unten
offengelegt werden wird[294].
Prudentius selbst sieht sich freilich ganz in einer der Verkündigung der christlichen Lehre dienenden Funktion[295] und
glaubt damit, sich in die lange Reihe der Propheten und Evan-
gelisten einreihen zu können.

1.2.2.6 Christliche Dichtung: Berufung mit Tradition

1.2.2.6.1 *Die Propheten*

Im neunten Tageslied sieht Prudentius sein "Amt" der christlichen Dichtung als eine Aufgabe, die schon in vorchristlicher Zeit durch die alttestamentliche V e r h e i ß u n g
des Christus-Ereignisses angelegt war:

> "Christus est, quem rex sacerdos[296] adfuturum protinus
> infulatus[297] concinebat voce corde et tympano
> spiritum caelo influentem per medullas hauriens."
> "Christus ist es, dessen alsbaldige Ankunft der mit
> dem Diadem geschmückte David durch seine Stimme und mit
> Leier- und Paukenbegleitung besang, den Geist, der sich
> vom Himmel ergoß, bis in sein Innerstes aufnehmend."
>
>   (C 9,4-6)

Prudentius als christlicher Dichter ist es, der die Kunde von
der E r f ü l l u n g der durch die Propheten verkündeten
Verheißung verbreiten hilft:

> "Facta nos et iam probata pangimus miracula."

---

[293] Vgl. THRAEDE, Studien 44: "Das bedeutet zwar einerseits, daß
ehedem ansprechbarer Adressat und Empfänger des Opfers, daß also Literatur und Religion sich decken und Prudentius insofern die bis Claudian
skizzierte Vorgeschichte radikal zu Ende führt; die Motive aber, die den
Gedanken tragen oder herstellen, haben ihren ursprünglichen Sinn verloren." Vgl. dazu auch unten S. 88ff.
[294] Vgl. dazu unten S. 94ff.
[295] Vgl. dazu auch unten S. 88ff.
[296] = David; vgl. LAVARENNE I,49, Anm. 4.
[297] "infula" hieß der Kopfschmuck der heidnischen Priester und Vestalinnen. Für Prudentius ist diese Übernahme heidnischer Begriffe in die
Schilderung des atl. Kultes typisch (vgl. dazu LAVARENNE I,49, Anm. 5).

"Wir verkünden Wunder, die in Erfüllung gegangen
und bereits erwiesen sind."   (C 9,7)

Prudentius nimmt so mit seiner Dichtung eine der Schlüssel-
stellungen im Evangelisierungsprozeß der Kirche ein. Zugleich
birgt dieses Verständnis eine Spitze gegen die heidnischen
Dichter, denen Prudentius getreu der altkirchlichen Tradition
die Verbreitung von Lügen und Scheinwelten vorwirft[298]. Von
diesem schriftstellerischem Erbe setzt er sich durch den Hinweis "facta ... et ... probata" geschickt ab.

1.2.2.6.2   *Paulus und die Schlange als Typen für die Ausein-
andersetzung zwischen Prudentius und Symmachus*

Den Vergleich mit den großen Aposteln Petrus und Paulus sucht
Prudentius in den Vorreden zu den beiden Büchern "Gegen Symmachus".
In der Praefatio zu "Contra Symmachum I" wird als erster Paulus als "praeco dei" (V. 1) vorgestellt, dem es gelinge, mit
seinem "heiligen Griffel"[299] wilde Völker völlig zu bezäh-
men[300]. Auch Augustinus führt Paulus als Beispiel dafür an,
daß sich auch bei einem christlichen Autor Beredsamkeit entdecken lasse[301]. Prudentius setzt jedoch mit dem Hinweis auf
die zivilisierende Wirkung dieser Worte einen eigenen, typisch römischen Akzent. Wenn die apostolische Rede im Dienst
der Romanisierung der Menschheit steht, so übernimmt sie damit eine urrömische Angelegenheit[302]. Bereits die heidnische
Rhetorik hatte dies als eine ihrer wesentlichsten Aufgaben
betrachtet[303]. Und der römische Imperialismus zog seine

---

[298] Vgl. dazu oben S. 37ff.
[299] "Sacro ... stilo" (V. 2); "stilus" = Griffel, Schrift, Schreib-
a r t , - s t i l .
[300] Vgl. S 1 Prf 1-6: "... qui fera gentium primus corda ... perdomuit Christum per populos ritibus asperis inmanes placido dogmate se-
minans, inmansuetas suas ut cerimonias gens pagana deo sperneret agnito".
In "deo agnito" wohl Anspielung auf die Predigt vom "deus ignotus" in
Act. 17,23.
[301] Es geht ihm dabei freilich um eine Art "eloquentia", die sich
nicht durch sklavisches Befolgen rhetorischer Regeln, sondern fast automatisch durch die Art des Stoffes ergibt. Insofern besteht kein Widerspruch zu Origenes, Cels. 3,39 = GCS 2 (1899) 235f. (KOETSCHAU).
[302] Auch bei Cyprian entwirft Prudentius Pe 13 ein Bild, das diesem
Ideal entspricht; vgl. V. 17ff.: "Eligitur locuples facundia, quae do-
ceret orbem ... quo mage cruda hominum praecordia perpolita nossent ...
profunda Christi." Der Bezug zu unserer Stelle ist deutlich: "praecordia"
≙ "corda"; "perpolita" ≙ "perdomuit"; "cruda" ≙ "fera"; außerdem "scrinia
sacra" ≙ "sacro stilo".
[303] Vgl. oben S. 16 mit Anm. 88.

Rechtfertigung aus der Überzeugung, den unterworfenen Völkern
Kultur und humane Lebensart zu vermitteln[304].
Für Prudentius fallen in Paulus also christlicher Missionsgeist und die römische Idee von der Zivilisierung der Menschheit in eins.
Der so charakterisierte Paulus wird dann für den Dichter wegen des Schlangenbisses, den er nach Apg 28,3-6 in Malta erlitten und überlebt hat, zur Symbolfigur für die als "ratis
sapientiae" (S 1, Prf 46) dargestellte Kirche, die von dem
heidnischen Senator Symmachus[305] angegriffen wird und die zu
verteidigen Prudentius sich als Glied dieser Kirche verpflichtet sieht[306].
Symmachus als Verkörperung der Schlange und Gegenpart des
Prudentius steht damit in der Position, in die durch C 9,4ff.
schon die heidnischen Dichter gerückt worden waren[307]. Auch
er ist eine Person, zu der man wegen der schädlichen Art ihrer verbalen Aktivität auf Distanz gehen muß. Entgegen dieser
Erwartung und vor allem entgegen dem biblischen Verlauf der
Ereignisse soll Symmachus, dessen "Aufwertung" in den Versen
75ff. mit einer wenn auch kühlen Anerkennung seiner rhetorischen Fähigkeiten begonnen hatte[308], nicht das Schicksal der

---

[304] Vgl. dazu unten Kap. 2 passim sowie die Verarbeitung dieser Gedanken in Pe 2,439f.: "mansuescit" erinnert an "inmansueta" und "inmanes"; Pe 2,424: "domares" erinnert an "perdomuit"; dann S 1,455ff., das
besonders enge Parallelen zu unserer Stelle zeigt.

[305] Daß in V. 45ff. auf Symmachus angespielt ist, vgl. STEIDLE 263:
"Außerdem ist schon in der Praefatio des ersten Buches (74ff.) und in den
folgenden Anspielungen (S 1,622ff.632ff.648ff.; S 2 Prf 55f.) die Cha-
rakteristik des berühmten Redners eindeutig; es kann kein Zweifel daran
aufkommen, wer mit dem nicht namhaft gemachten Gegner des Christentums
gemeint ist." Ebenso DÖPP 67: "Damit (sc. mit der im Reisig verborgenen
Schlange) setzt Prudentius dann den Angriff des nicht namhaft genannten
Symmachus auf das Christentum in Parallele." So auch SMITH 63.

[306] Dieser Aspekt dann ausgeführt in S 2 Prf. - Zur Parallelisierung
von Paulus und Kirche vgl. die Entsprechungen "rate debili" (V. 8) und
"ratis sapientiae" (V. 46); "sacro stilo" (V. 2) und "sacri stili" (V.
60); "perdomuit" (V. 2) und "edomitis ... furoribus" (V. 63); zur Parallelisierung von Schlange und Symmachus vgl. "virus mortiferum" (V. 51)
und "virus" (Vv. 53.78) zusammen mit "morsum vulnificum" (V. 51); "glacie
pigra" (V. 23) und "pigra" (V. 57); "serpere" (V. 32) und "serpere" (V.
74); "praecipitem" (V. 43) und "praecipitis" (V. 85); "tristis forma periculi" (V. 34) und "triste periculum" (V. 66); "cute" (V. 31) und "cute"
(V. 79); "arsurum mediis intulit ignibus" (V. 44) und "arsurum mediis inferat ignibus" (V. 89, allerdings mit dem entscheidenden Unterschied, daß
die Parallele hier durch "ne" aufgebrochen wird; vgl. dazu unten S. 68,
Anm. 309); zur Gegenüberstellung Symmachus-Kirche vgl. "lex pia" (V. 51)
und "inpietas" (V. 56).

[307] Vgl. dazu oben S. 37f.65f.

[308] Vgl. "sagax eloquii caput" (V. 75) und "oris rhetorici" (V. 77).

Schlange erleiden, sondern vor Gott Gnade finden[309].
Nach dem Grund dafür muß man nicht lange suchen: Prudentius
weiß wohl, daß auch er nicht nur in der Tradition christli-
cher Schriftsteller, sondern auch in der der heidnischen
Rhetorik steht, die einen Symmachus hervorgebracht hat und
die ihm selbst noch immer ihre Dienste erweist. Eine radikale
Verurteilung des Symmachus müßte daher auch seinen eigenen
Stil von Grund auf in Frage stellen. Das erste Buch "Gegen
Symmachus" endet daher in einer großartigen Rehabilitierung
des Rhetors, der noch in der Praefatio als gefährliche
Schlange eingeführt worden war:

> "O linguam miro verborum fonte fluentem,
> Romani decus eloquii[310], cui cedat et ipse
> Tullius[311], has fundit dives facundia[312] gemmas[313]!
> Os dignum aeterno tinctum quod fulgeat auro[314],
> si mallet laudare deum, cui sordida monstra
> praetulit et liquidam temeravit crimine vocem.!"

> "O Sprache, die aus wundersamem Quell von Worten
> fließt, Zier der Rhetorik Roms, viel mehr noch

---

[309] Vgl. dazu HERZOG 125: "Die Kunst der werkbezogenen, hier auf den
zeitgenössischen Gegner zielenden Allegorese zeigt sich besonders in dem
Abbrechen der Deutung V. 79: die Schlange (Symmachus) wird nur in der Erzählung ins Feuer geworfen, in der Deutung setzt Prudentius an die Stelle dieses Zuges ein Gebet, das dieses Schicksal von Symmachus abwenden
soll." Verdeutlicht wird dies durch die fast identischen Verse 44 und 89;
nur tritt an die Stelle des Ind. Perf. der mit "ne" eingeleitete, einen
verneinten Wunsch signalisierende Konj. Praes., ein kleiner, aber ausschlaggebender Unterschied, den DÖPP 67 nicht sieht.

[310] Nach LAVARENNE II,157, Anm. 1 wurde auch Fronto von Mark Aurel
so benannt; diese Bezeichnung übernahmen dann nach THRAEDE, Unters. II,
155 mit Anm. 157 auch Paneg. lat. 5,14; Firm. Mat. math. 2,14,2 = ed.
KROLL/SKUTSCH (Leipzig 1897) 57; Priscian gramm. 2,238.

[311] Wie hoch Symmachus bei Prudentius im Kurs steht, zeigt dieses
"Überbietungsmotiv" (THRAEDE, Unters. II,155 mit Anm. 159) gegenüber Cicero, der noch Lukan als "Romani maximus auctor ... eloquii" (7,62) galt.
Daß Prudentius auf diese Stelle korrigierend anspielt, ist nicht unwahrscheinlich.

[312] Vgl. auch das Lob der "facundia" des Symmachus S 2,19: "Ausoniae
vir facundissime linguae"; der Superlativ entspricht ganz dem "cui cedat
et ipse Tullius" (S 1,633f.) sowie S 2 Prf 56: "quo nunc nemo disertior"
und korrigiert "maximus" bei Lukan (vgl. Anm. 311); ironisch dagegen der
Superlativ "Italae censor d o c t i s s i m e gentis" (S 2,271); vgl.
ebenfalls S 2 Prf 63: "f a c u n d i oris ut inpetus non me fluctibus
obruat".

[313] Bereits hier haben wir "gemma" also in einer ersten Stufe spiritualisiert (vgl. THRAEDE, Unters. II,153, Anm. 148). In Pe vereinnahmt
Prudentius den Begriff dann ganz für die Kirche und macht ihn zum Bild
für die christlichen Jungfrauen (vgl. Pe 2,297).

[314] Vgl. dazu LAVARENNE III,157, Anm. 2: "L'or intervient souvent
dans les éloges des auteurs latins. cf. dans Cic. n.d. 3,43: aureola
oratiuncula; Lucr. 3,12: aurea dicta." Dazu auch THRAEDE, Unters. II,153,
Anm. 148.

als selbst Cicero –
solchen Glanz verströmt der Reichtum an Beredsamkeit!
Mund, würdig, vom Gold der Ewigkeit berührt,
zu strahlen,
wenn er sich nur entschiede, Gott zu loben, statt
dreckige Scheusale vorzuziehen und die reine Stimme
durch Untat zu entehren."[315]   (S 1,632-637)

In diesen Worten erscheint Symmachus als rhetorisches Phäno-
men, das nicht mehr zu überbieten ist und dem Prudentius uneingeschränkt Hochachtung entgegenbringt[316]. Er wäre geradezu
perfekt, würde er mit seiner Rhetorik nicht falschen Zielen
dienen.

Im anschließenden Vergleich zeichnet Prudentius noch einmal
diese in gewisser Weise tragische Disharmonie zwischen der
edlen Kunstfertigkeit der Sprache und dem schändlichen Thema,
das er sich erwählt hat, nach: "Symmachus' Rede gleicht einer
elfenbeinernen Harke[317] oder einer makellos goldenen Hacke,
mit der morastiger, von Kot beschmutzter Boden bearbeitet
wird[318].

Doch selbst diese herbe Kritik klingt wegen der vorangegangenen Glorifizierung noch versöhnlich und scheint so die Aufrichtigkeit des gegen Ende der Praefatio geäußerten Wunsches
zu bestätigen, Symmachus möge das Schicksal der biblischen
Schlange erspart bleiben. Diese Tendenz bleibt auch erhalten,
als Prudentius im letzten Abschnitt von S 1 und in der Praefatio zu S 2 den Vergleich zu Symmachus sucht:

"Non vereor ne me nimium confidere quisquam
arguat ingeniique putet luctamen inire.
Sum memor ipse mei satis et mea frivola novi.
Non ausim conferre pedem nec spicula tantae
indocilis fandi coniecta lacessere linguae.

---

[315] Übersetzung THRAEDE, Unters. II,152.
[316] Vgl. dazu die Einschränkung THRAEDES, aaO. 155: "Der Ausdruck 'o
...' darf nicht darüber hinwegtäuschen, daß der Dichter seinen Gegner an
keiner Stelle des Werkes bei Namen nennt, nicht einmal dort, wo er ihn
besonders rühmt, nämlich am Schluß des ersten Buches." Daß Prudentius
Symmachus nicht bei Namen nennt, hat doch nichts zu besagen. Auch Theodosius, den Prudentius ja nun unzweifelhaft verherrlichen will, wird nie
bei Namen genannt. Namen zu verschweigen, ist eher eine Eigenart des
Dichters, weswegen dann THRAEDES anschließende Vermutung ("Daher wird
auch der Titel des Gedichtes nicht von Prudentius stammen") wieder richtig sein dürfte. Vergleicht man allerdings das Symmachus-Lob mit dem des
Cyprian (vgl. unten S. 77ff.), so fällt auf, daß dieser überraschenderweise Pe 13,2.8.38.53.59 und Pe 4,18 namentlich genannt wird (davon zweimal in Apostrophe). Vielleicht läßt diese auffallende Häufigkeit doch auf
eine besondere Wertschätzung des Bischofs durch Prudentius schließen.
[317] Dieses Bild ist sprichwörtlich (vgl. LAVARENNE III,157, Anm. 3).
[318] Vgl. S 1,637-640.

Inlaesus maneat liber excellensque volumen!
Obtineat partam dicendi fulmine famam.
Sed liceat tectum servare a vulnere pectus
oppositaque volans iaculum depellere parma.
Nam si nostra fides saeclo iam tuta quieto
viribus infestis hostilique arte petita est,
cur mihi fas non sit lateris sinuamine flexi
ludere ventosas iactu pereunte sagittas?
Sed iam tempus iter longi cohibere libelli,
ne tractum sine fine ferat fastidia carmen.
Ich fürchte nicht, daß mich jemand beschuldigen könnte,
ich sei zu selbstbewußt und wolle einen Wettstreit der
Geister eingehen. Ich weiß sehr gut, wer ich bin, und
kenne meine Armseligkeit zur Genüge. Ich möchte nicht
wagen, diesem zu Leibe zu rücken, noch möchte ich als
einer, der selbst nicht reden kann, die Pfeile eines so
großen Redetalentes herausfordern. Möge sein Buch unversehrt erhalten bleiben und den Ruhm bewahren, den es
durch seine exzellente Redekunst erworben hat. Doch mir
mag es erlaubt sein, die Brust zu bedecken und vor Verwundung zu bewahren und das fliegende Geschoß mit einem
entgegengehaltenen Schild abzuwehren. Unser Glaube wähn-
te sich ja in einer Zeit der Ruhe bereits sicher, da
wurde er durch feindliche Kräfte und gegnerische Kunst
angefochten. Warum sollte es mir also nicht erlaubt
sein, durch eine Krümmung des abgedrehten Körpers die
flinken Pfeile ins Leere zu lenken und so den Wurf zu
vereiteln? Aber schon ist es an der Zeit, den Lauf dieses langen Büchleins zu hemmen, damit das Gedicht nicht
dadurch Überdruß bereite, daß es über Gebühr ausgedehnt
werde."   (S 1,643-657)

Prudentius wirbt hier um Verständnis für sein anscheinend
kühnes Unterfangen, die Auseinandersetzung mit Symmachus zu
suchen. Er habe nicht einen Angriff auf das Werk des Symmachus und den Ruhm, den er sich damit erworben hat, im Auge-
das ist die Variation des in der Praefatio geäußerten Wunsches, Symmachus möge nicht wie die Viper der Apostelgeschichte vernichtet werden -, sondern suche allein seinen
Glauben zu verteidigen, den er durch die Kunst seines Gegners[319] in Frage gestellt sah.
Prudentius streicht dabei erneut die rhetorische Meisterschaft seines Gegners heraus[320] und beschränkt die Kritik auf
den Zweck, dem sie dient. Demgegenüber ist sich Prudentius
zwar sicher, durch die Verteidigung seines Glaubens dem richtigen Ziel zu nützen, doch scheint er sich damit abgefunden
zu haben, seinem Gegner in der Kunst des Ausdrucks nicht das

---

[319] Gemeint ist mit "hostili arte" (S 1,653) ja die "ars rhetorica"
des Symmachus.
[320] Vgl. "excellens volumen" (S 1,648); "tantae linguae" (S 1,
646f.); "partam dicendi fulmine famam" (S 1,649).

Wasser reichen zu können.

Prudentius gibt sich hier als der bescheidene, unbeholfene Poet zu erkennen, der auf das großzügige Wohlwollen seines Publikums angewiesen ist. Doch allzu ernst darf man ihn hier nicht nehmen[321]. Nach einer individuell gefärbten Selbstherabsetzung gegenüber diesem konkreten Gegner sucht man ja vergeblich. Prudentius bietet hier ncht mehr als die traditionelle Unfähigkeitstopik[322], die wiederum Bestandteil der klassischen "captatio benevolentiae" war. Indem er sich lediglich aus dem Reservoir unverbindlicher Understatements bedient, bringt er sich als Dichter mit dem farblosen Klischee vom mühsam um Worte ringenden Poeten in Deckung. Die Glaubwürdigkeit bleibt dabei allerdings auf der Strecke. Denn wie will er seinem Publikum eine Schwäche wie das "indocilis fandi" einleuchtend erklären, wo er doch nach seinen eigenen Worten (Prf 8f.) wohl dieselbe Rhetorik wie Symmachus gelernt und diese auch durchaus effektiv anzuwenden verstanden hat[323]. Er muß also Symmachus im großen und ganzen gewachsen sein. "Indocilis fandi" ist nicht mehr als gedankenlose Bescheidenheitstopik, die dem Dichter keiner abnehmen wird[324].

---

[321] Die folgenden Überlegungen lassen es m.E. nicht zu, diese Verse als Beispiel für christliche Demut gegenüber dem Nächsten anzuführen (gegen HENKE 57). Hinzu kommt die Beobachtung, daß Prudentius der Rhetorik des Symmachus sonst durchaus kritisch gegenüber steht (vgl. z.B. S 2 Prf 57f., deren tadelnden Unterton HENKE 58, Anm. 93 offenbar verkennt). Demut ist doch wohl nur dort denkbar, wo eine vor Gott achtenswerte Leistung zum Vergleich steht. An anderen Stellen läßt Prudentius die Demut gegenüber dem Nächsten noch schmerzlicher vermissen. Man denke nur an die genüßliche Ausmalung der Kluft, die er zwischen Heide $\hat{=}$ Barbare $\hat{=}$ Tier und Christ $\hat{=}$ Römer $\hat{=}$ Mensch sieht (vgl. dazu unten Kap. 2, S. 192f.).

[322] Vgl. die Ausdrücke "non ausim" und "indocilis fandi", dazu THRAEDE, Studien 67, Anm. 164 und Unters. II,132, Anm. 46.

[323] Vgl. Prf 13ff.

[324] Der Ausdruck ist ja nicht wie "fandi ... nescii" (C 2,46) zu verstehen (vgl. dazu oben S. 48); hier geht es eindeutig um einen Vergleich der rhetorischen F ä h i g k e i t e n (vgl. S. 1,645f.: "c o n - f e r r e pedem nec spicula ... tantae coniecta lacessere linguae"). Nicht das "Nicht-so-reden-Wollen" steht zur Debatte, sondern das "Nicht-so-reden-Können"; von der Angst, das Wagnis eines solchen rhetorischen Vergleiches einzugehen, ist die Rede. Und diese gerade wird man Prudentius nicht abnehmen, wenn man sich das Feuerwerk rhetorischer Topoi und Stilelemente in dieser Passage vor Augen hält: vgl. die Topoi "Unfähigkeit", "Bescheidenheit", "pauca e multis" (Kategorie: "Hinweis auf den dem Hörer nicht zumutbaren Umfang des eigentlich an dieser Stelle mitzuteilenden Tatbestandes"), angeführt bei THRAEDE, Unters. I,120 mit Anm. 44 (dort auch Näheres zum Stichwort "fastidium"). – Dann die Figuren Chiasmus ("conferre pedem .. spicula lacessere", S 1,546f., und "viribus infestis hostilique arte", S 1,653) und Polyptoton ("me*i* ... me*a*, S 1, 645) sowie zahlreiche Alliterationen.

Die einzige Zugabe, die er als christlicher Dichter gegenüber
den klassischen Unfähigkeitsformeln bietet, ist die leicht
angedeutete Spiritualisierung der eigenen literarischen Unterlegenheit hin zu einer persönlichen Sündhaftigkeit[325].

1.2.2.6.3 *Der Seewandel des Petrus als Bild für die Aus-einandersetzung des Dichters mit Symmachus*

Entsprechend den im vorigen Punkt besprochenen Vorgaben
mimt[326] Prudentius auch in der Praefatio zum zweiten Buch
"Gegen Symmachus" den bescheidenen Poeten, dem nicht nur man-
gelhafte Beredsamkeit, sondern auch moralisches Versagen die
Auseinandersetzung mit Symmachus erschweren[327].
Hatte Prudentius in der Praefatio zum ersten Buch seine besondere Situation mit der des Paulus auf Malta verglichen, so
zieht er jetzt die Parallele zu Petrus. Wie diesen auf dem
See die Angst ergreift, als er das Boot verläßt, um zu Jesus
zu kommen, so befürchtet Prudentius, in der Sturmflut der
symmachischen Rhetorik Schiffbruch zu erleiden[328]. Mit dem

---

[325] Vgl. S 1,645: "Sum memor ipse mei satis et mea frivola novi",
dazu THRAEDE, Studien 67. Während hier diese Möglichkeit nur angedeutet
ist, kann bei S 2 Prf 47ff. kein Zweifel an dieser Sinngebung bestehen:
"non fidentem merito et fide sed quem culpa frequens levem volvat per
freta naufragum". - Nach THRAEDE, Unters. II,132 ist dieses "Ineinander
von Sündenbekenntnis und Unvermögensäußerung eine Kombination, die als
typisch für die christliche Literatur seit etwa 400 nC. gelten kann und
seither bis ins Mittelalter breit gewirkt hat". - Prudentius selbst liefert dazu mehrere instruktive Belege; z.B. Ep 7ff.: "sanctitatis indigi"
= Bekenntnis der moralischen Unzulänglichkeit, "pedestre carmen" = Eingeständnis des dichterischen Unvermögens (vgl. dazu THRAEDE, Studien 51-
61); Pe 2,573-584: "rusticus" entspricht in diesem Aspekt seines Bedeu-
tungsspektrums dem "pedestre", ist also Schwierigkeitsäußerung, "cordis
fatentem crimina", "indignus" (vgl. auch A 742; zur Geschichte dieses Un-
würdigkeitstopos vgl. THRAEDE, Studien 49 mit Anm. 104f.) und "reum Prudentium" sind analog zu "sanctitatis indigi"; vgl. dazu THRAEDE, Unters.
II,132, Anm. 44 und DERS., Studien 67.
[326] Zur Berechtigung dieses Ausdrucks vgl. die Interpretation von S
1,643ff. (dazu oben S. 70f.) sowie die folgende Analyse der Praefatio.
[327] Vgl. zum Folgenden THRAEDE, Unters. II,131ff. und DERS., Studien
66ff.
[328] Vgl. die "scharfe Gliederung" (HERZOG 125) zwischen biblischem
Text (Mt 14,24-32 = Vv. 1-43; bei Prudentius auch C 9,49-51; Pe 7,56-65;
A 664-666) und Vergleich (Vv. 44-66); die Anspielungen zwischen erzählen-
dem und deutendem Teil (z.B. "naufragus" = V. 15/50; "tumet" = V. 43/58;
"periculis" = V. 17/46; "puppis" = V. 31/54) betonen zwar die Zusammengehörigkeit der beiden Passagen, sind jedoch "als Topos durchaus selbstän-
dig" (THRAEDE, Unters. II,132); zu "naufragus" vgl. THRAEDE, ebd. Anm.
42; zu "tumet" vgl. THRAEDE, Unters. II,133, Anm. 50 und KOHLWES 34; zu
"puppis" vgl. LAVARENNE III,208.

Hinweis auf die eigene "Geschwätzigkeit" ("loquacitas") und
Verwegenheit ("temerarius")[329] spinnt Prudentius am Faden der
gegen Ende des ersten Buches begonnenen literarischen Selbstherabsetzung gegenüber Symmachus weiter; zugleich betont er
die angedeuteten Qualitätsunterschiede durch neue Komplimente
an die rhetorische Virtuosität seines Gegners[330]. Beides nun,
die uneingeschränkte Anerkennung des Symmachus sowie die bescheidene Selbstdarstellung des Dichters, lenkt den Blick des
Publikums gekonnt auf die tatsächliche literarische Leistung,
der die Praefatio vorangestellt ist. Damit tritt aber der
christliche Dichter Prudentius, wenn auch sehr versteckt und
indirekt, in einen Wettstreit mit der Rhetorik des Symmachus[331].

So sind wir zu einem überraschenden Zwischenergebnis gelangt:
Prudentius sieht sich nicht nur als Erben der Propheten und
des Paulus; er erachtet auch - erstaunlich für einen christlichen Poeten - die zeitgenössische heidnische Rhetorik in
ihrer idealen Verkörperung durch Symmachus als Maßstab für
seine eigenen poetischen Leistungen: ein christlicher Dichter
auf den Spuren eines heidnischen Redners. Angesichts dieser
Beobachtung verweist man gerne auf das demütige Sündenbekenntnis von Vers 44ff.[332], das die rhetorische Bescheiden-

---

[329] Beide Ausdrücke entstammen dem "Vokabular der Unfähigkeitstopik"
(THRAEDE, Unters. II,132 mit Anm. 44); zu "loquax" vgl. THRAEDE, Unters.
III,110: "So können wir uns auch im Fall des 'poeta loquax' auf die Mit-
teilung beschränken, daß natürlich schon in klassischer Zeit die 'Geschwätzigkeit' den Redner disqualifizierte ... und daß der Ausdruck auch
in der rhetorischen Theorie vorkommt. (Belege vgl. Anm. 47) Noch Augustinus kennt die Unterscheidung zwischen 'loquax' und 'eloquens'." (Dazu den
Hinweis auf Aug. ep. 261,4: "ut magis loquacem quam eloquentem haberes
epistulam" in Anm. 48. - Auch Prudentius macht übrigens in der Selbstherabsetzung gegenüber Symmachus diese Unterscheidung: vgl. "loquax", S 2
Prf 45, gegen "ventis eloquii", S 2 Prf 58.) - Zu "temerarius", was dem
"non ausim" von S 1,646 entspricht, vgl. THRAEDE, Unters. II,132, Anm.
46.

[330] Vgl. S 2 Prf 55f.: "tanti ... viri, quo nunc nemo disertior"; S
2 Prf 63: "facundi oris".

[331] Vgl. THRAEDE, Unters. II,133: "Was liegt näher als zu folgern,
daß Prudentius hier seine Poesie als Konkurrenz zur Rhetorik begreift?
Eine Abwertung des Gegners als großen Redners fehlt völlig, und das bestätigt nicht nur noch einmal unsere Ableitung dieser Texte aus der Prosa, sondern verkörpert doch auch im Vergleich zur konventionellen Polemik
gegen den rhetorischen Stil eine realistisch-anerkennende Haltung." Wenig
überzeugend dagegen HENKE 57.

[332] "me ... non ut discipulum Petrum fidentem merito et fide, sed
quem culpa frequens levem volvat per freta naufragum ... qui n o c t i s
mihi conscius, quam vitae in t e n e b r i s ago".

heitstopik ergänzt und dem "sum memor ipse mei satis et mea frivola novi" von S 1,645 eine scheinbar eindeutig christliche Färbung gibt[333].

Haben wir damit nun den Punkt, wo sich der überzeugte Christ in dem Dichter Prudentius zu Wort meldet und so das spezifisch Christliche in seiner Poesie greifbar werden läßt? Vermag diese Aussage der Praefatio tatsächlich zu verdeutlichen, "wie tiefernst man ... diese christlich getönten Selbstäußerungen nehmen muß"? Ergibt sich tatsächlich als "Ursache seiner Furcht, der Redegewalt des Symmachus ... nicht gewachsen zu sein, nicht etwa die geringe eigene Fähigkeit des Dichters, wie man es im Hinblick auf Äußerungen in klassischen Proömien erwarten konnte, sondern die Erkenntnis, daß er als Sünder auf eigenes Verdienst nicht sicher bauen kann und aus diesem Grund seinem heidnischen Gegner möglicherweise unterlegen ist"[334]?

So notwendig das hier im Hintergrund stehende Bemühen auch sein mag, den christlichen Charakter der Poesie des Prudentius "absolut ernst"[335] zu nehmen, die Argumentation ist gar nicht schlüssig. Prudentius versucht doch sehr wohl, den Eindruck zu erwecken, als ob er fürchten müßte, Symmachus gerade, ja ausschließlich wegen seiner dichterischen Unbeholfenheit zu unterliegen. Es ist doch eindeutig seine "loquax lingua" (Vv. 45f.)[336], die ihn in Gefahr bringt. Entsprechend wird Christus auch im anschließenden Gebet angerufen, den Dichter vor den Fluten zu schützen, die sich aus Symmachus' "wortgewaltigem Mund"[337] ergießen. Hinzu kommt, daß sich Prudentius in den entscheidenden Versen 47ff. nicht mit Symmachus vergleicht, sondern eindeutig in Kontrast setzt zum Christenapostel Petrus, wenn er bei sich Verdienste und Glaubensfestigkeit vermißt. Wie sollte Prudentius auch gerade in diesem Punkt die Konkurrenz zu Symmachus suchen können? Zwar beklagte er schon Prf 36 mangelnde Verdienste, während er sie S 1, 614 bei seinem Kontrahenten großzügig hervorhebt. Doch cha-

---

[333] Vgl. dazu oben S. 72 Anm. 325.
[334] So STEIDLE 243.
[335] Ebd.
[336] Vgl. dazu oben S. 72 Anm. 325.
[337] Vgl. "facundi oris" (V. 63). Mit keinem Wort bittet Prudentius hier dagegen um Gottes Beistand für ein neues Leben in Frömmigkeit und festem Glauben, wie man es bei der Interpretation STEIDLES erwarten müßte.

rakterisiert er diese als "merita terrestria". Derartige Verdienste kann Prudentius, wie der Rückblick auf seine Karriere
Prf 16ff. zeigt, ebenso vorweisen. Was er dagegen hier unter
"merita" versteht, ist dasselbe, was er Ep 9 mit dem Stichwort "sanctitas" zusammenfaßt - eine von tätiger christlicher
Frömmigkeit geprägte Lebensführung. Gerade das aber ist ein
Punkt, in dem es Unsinn wäre, den Vergleich zu Symmachus
überhaupt ziehen zu wollen. Die gleiche Überlegung läßt sich
für den zweiten Punkt, den der Glaubenssicherheit, anstellen.
Prudentius ist hier also eindeutig und ausschließlich daran
gelegen, seine Unterlegenheit gegenüber Petrus zu betonen,
ein "innerchristlicher" Vergleich also, der natürlich zu
ungunsten des Dichters ausfallen muß. Dabei geht es eingestandenermaßen nicht um rhetorische Fähigkeiten, sondern um
moralisch-religiöse Größe. Wo diese fehlt, besteht freilich
die Gefahr, die eigene Lehre gegenüber dem heidnischen Rhetor
nicht überzeugend vertreten zu können.

Doch eigenartigerweise schneidet Petrus, was diesen Aspekt
anbelangt, gerade in der betreffenden biblischen Szene
schlecht ab. Auf "merita" des Apostels kann in der Schilderung des Dichters nur aus dem Lob "summus discipulus" (V. 2)
geschlossen werden. Das gläubige Vertrauen, durch das sich
Petrus nach Vers 48 gerade vor Prudentius auszeichnet, gerät
bei ihm nämlich ausgerechnet in der Seesturm-Episode schwer
ins Wanken[338].

Das ist ein Stück Gedankenlosigkeit oder auch Gleichgültig-
keit, das doch Zweifel am "tiefen Ernst"[339] dieser Selbstaussage aufkommen lassen muß! Man darf dahinter wohl kaum mehr
als die übliche "captatio benevolentiae" durch die Herabsetzung der eigenen Person sehen. Die scheinbar christliche
Färbung ist allenfalls Tünche, durch die ein außerchristliches Klischee der Rhetorik einen biblischen Anstrich erhalten
soll[340].

---

[338] Vgl. Vv. 37f.: "Mortalem deus increpat quod sit n o n stabili
fide." Auffallend dagegen der Versuch C 1,57-60, die Ehre des Petrus zu
retten, indem die Leugnung Jesu gleichsam als "lapsus o r i s" ohne Be-
teiligung der inneren Einstellung interpretiert wird.
[339] STEIDLE 243.
[340] Vgl. THRAEDE, Unters. II,134f.: "Die Petrusgeschichte ... aber
ist nur sozusagen assoziativ mit den Stichwörtern 'Flut' und 'Schwellen'
verknüpft und sekundär aus dem Schwierigkeitstopos entwickelt. Man erkennt das noch gut daran, daß die Selbstherabsetzung gegenüber Petrus

Im Laufe der eigentlichen Auseinandersetzung mit Symmachus tritt dann auch die demütige Selbstdarstellung mehr und mehr in den Hintergrund, bis gegen Ende des Buches (S 2,644ff.) wieder das Selbstbewußtsein zutage tritt, das man ihm eher abzunehmen geneigt ist.

Da greift Prudentius den Vorwurf an seinen Kontrahenten auf, zwar "orandi arte potens" zu sein, diese Fähigkeit aber - "callida fingere doctus mentitumque gravis personae inducere pondus"[341] - zur Verbreitung falscher Vorstellungen einzusetzen[342].

Das alte Dilemma kehrt wieder: Ein an sich begrüßenswertes rhetorisches Talent dient dem falschen Ziel. Das klassische Literaturideal bleibt aus dieser Sicht heraus unerfüllt. Symmachus bereitet zwar Freude - "delectat" -, doch statt dem Publikum zu nützen, verbreitet er nur Irrtum. Prudentius greift hier korrigierend ein und legt der personifizierten Roma die richtigen Worte in den Mund: "Nempe aptior ista/vox Romae est quam nunc eius sub nomine promam." (S 2,649f.) Allein, Prudentius sieht sich, was sein Ausdrucksvermögen angeht, im Schatten dieses großen Rhetors stehen, wenn auch ein Großteil seiner Aussagen, wie wir oben bereits gesehen haben, nicht mehr als manierierte Bescheidenheit ist.

Auf der Suche nach der idealen Persönlichkeit, die rhetorische Unübertrefflichkeit und verantwortungsvolle Verkündigung christlicher Lehre in sich vereint, führt uns Prudentius durch eine deutliche Linie, die er vom Lob der symmachischen

---

..., die den Apostel 'fidens merito et fide' darstellt, in der voraufgegangenen Wiedergabe des NT-Textes keinen festen Anhalt findet. Des stilistischen Unterschiedes ungeachtet muß man sagen, daß der Bibeltext bei Prudentius dieselbe Funktion hat wie etwa bei Hieronymus, nämlich die Aufgabe, ein überliefertes außerchristliches Klischee der Rhetorik biblisch zu fundieren." Zum "Mangel an echter Harmonie zwischen den Motiven, die Prudentius benutzt", vgl. THRAEDE, Unters. II,134: "Denn zum Beispiel war es nicht möglich, die Vorstellung vom Schiff des Dichters (V. 54), der zudem schiffbrüchig sein will (V. 50), mit dem Meereswandel des Petrus zu verbinden, ohne nicht nur den Skopus des NT-Textes aufzugeben ... sondern auch die Anschauung zu verletzen." Schließlich noch THRAEDE, Studien 66: "Mit anderen Worten: die Perikopen aus Apg und Mt, die beide von Schiff und Meer erzählen, sind einzig wegen der rhetorischen Ausdrücke flumen, tumor, puppis (Rede als Schiff) gewählt!"

341 Vgl. dazu oben S. 38.
342 Vgl. S 2,760-763: "Nil te permoveat magni vox rhetoris oro, qui sub legati specie sacra mortua plorans ingenii telis et fandi viribus audet ... nostram temptare fidem." Das ist erneut Anerkennung des rhetorischen Stils verbunden mit Kritik am Inhalt.

Beredsamkeit in S 1,632 durch zahlreiche Übereinstimmungen des rhetorischen Vokabulars zu Pe 13 zieht[343], zum nordafrikanischen Bischof Cyprian.

1.2.2.6.4 *Der Bischof Cyprian*

Im 13. Hymnus des "Peristephanon" wird die Beredsamkeit Cyprians mit fast den gleichen Worten und Bildern gepriesen wie zuvor die des Symmachus. Beider Rede fließt daher wie ein Strom; das ist ein altvertrauter Vergleich[344]. In dieses Bild paßt dann auch der Hinweis auf die "liquida vox" (S 1,637) des Symmachus[345] bzw. der Vergleich der inspirierenden Wirkung Gottes mit dem "liquor ambrosius" (Pe 13,12). Schließlich werden Cyprian und Symmachus wegen des Reichtums ihrer Rede gepriesen[346].

Dennoch macht Prudentius Cyprian nicht zu einer bloßen Kopie des großen heidnischen Rhetors. Auch wesentliche, letztlich auf eine Überbietung des, wie es bisher schien, unübertrefflichen Rhetors hinauslaufende Unterschiede werden betont. Während Prudentius die Quelle der symmachischen Beredsamkeit ein Rätsel bleibt[347], schöpft Cyprian seine Inspiration aus dem göttlichen Geist, der auch die Propheten erleuchtet hat[348]. Erneut können wir hier beobachten, wie an die Stelle einer quasi autonomen heidnischen Rhetorik[349] eine christli-

---

[343] Vgl. zum Folgenden THRAEDE, Unters. II,152ff.

[344] Vgl. "fluentem" (S 1,632) und "fluxerat" (Pe 13,9), dazu THRAEDE, Unters. II,152, Anm. 144.

[345] "liquidus" bedeutete ja ursprünglich "flüssig, klar" und ist für die Charakterisierung einer Rede gebräuchlich.

[346] Vgl. S 1,634: "d i v e s facundia" und Pe 13,16ff.: "Derat apostolicis scriptis o p u l e n t u s executor, eligitur l o c u p l e s facundia"; auch das ist eine "traditionelle Auszeichnung" (vgl. THRAEDE, Unters. II,152, Anm. 144); an Cyprian wird sie gleich zweimal vergeben. Ja wegen der "personificatio" von Pe 13,17 erscheint er als die Verkörperung reicher Rede schlechthin, wegen "eligitur" gar als Erfüllung einer höheren Notwendigkeit. Prudentius fragt also nicht nach dem schlichten, einfachen Stil, im Gegensatz z.B. zu Augustins Kritik am schwülstigen Stil Cyprians (vgl. doctr. christ. 4,14,31 = CC 32,137f., ed. MARTIN, 1962): Statt "redundantia" fordert Augustin "eloquentiam graviorem modestioremque".

[347] Vgl. "miro fonte" (S 1,632).

[348] Vgl. Pe 13,9f.: "Spiritus ille dei, qui fluxerat auctor in profetas, fontibus eloquii te caelitus inrigavit."

[349] Der Ausdruck "quasi autonom" ist hier so zu verstehen, daß einerseits das Fehlen einer bedingungslosen Unterwerfung unter eine transzendente und zugleich existentiell bedeutsame Autorität betont werden, andererseits der Tatsache Rechnung getragen werden soll, daß auch und

che Literatur tritt, in der die Sprache sich an ein absolutes
Wesen zurückbindet und damit in engsten Konnex zum Glauben
des Schriftstellers tritt[350]. Rhetorik kann daher auch nie
Selbstzweck sein; sie muß immer im Dienste des Glaubens stehen[351]. Cyprian ist auch darin beispielhaft; all sein rhetorisches Können widmet er der bischöflichen Aufgabe, Katechet
seiner Gemeinde, ja aller Gläubigen zu sein[352].
Und Cyprian verfolgt mit seiner religiösen Unterweisung
denselben Zweck, dem sich auch der Paulus des Prudentius
verschrieben hatte: Die wohlgefällige Verkündigung christlicher Lehre soll mit der Evangelisierung der Menschheit zugleich auch deren Zivilisierung fördern:

gerade römisch-heidnische Dichtung sich in einem hohen Maß freiwillig
oder unter gesellschaftlichem Druck unter das Diktat einer politisch-religiösen Ideologie gestellt hatte.

[350] Vgl. oben S. 24f.35f.60f., dazu THRAEDE, Unters. II,153: "Das
Lob der Rede wird zum Lob des Geistes."

[351] Vgl. Pe 13,18: "quae (sc. facundia) voluminibus Pauli f a m u-
l a t a disputaret ..."; dementsprechend läßt Prudentius dann auch A Prf
2 an den rhetorischen Praktiken der Häretiker kein gutes Haar. Rhetorische Fähigkeiten werden ihnen zwar bescheinigt; vgl. den aus dem rhetorischen Vokabular stammenden Ausdruck "polita" (V. 8), dann Vv. 23f.: "sol-
vunt ligantque quaestionum vincula per syllogismos plectiles", schließlich den Hinweis auf die "sophistischen Kunstgriffe" der Häretiker in V.
25. Moralische Qualität geht ihnen jedoch ab, vgl. "versipelli astutiae"
(V. 26), was sich wiederum über die Spache niederschlägt, vgl. V. 21: "ut
quisque lingua est nequior". Ihre ganze Rhetorik stellen sie nämlich in
den Dienst des Satans: vgl. "viperina dogmata" (V.3; die Viper ist aber
wiederum S 1 Prf 23 Sinnbild für Symmachus), dann auch "hostilis manus"
(V. 14), "hostis" (V. 41; zur Terminologie bezüglich des Satans vgl. Kap.
2, unten S. 206 mit Anm. 478; nach H 401 ist für Prudentius übrigens auch
die forensische Beredsamkeit eines der Laster in der Kohorte des Satans:
"inde canina foro latrat facundia"), und schließlich ist "versipellis"
nicht nur Charakteristikum für die Häretiker in V. 26, sondern typisches
Merkmal der satanischen Schlange in C 9,92. Wesentlicher Aspekt dieses
Dienstes für den Satan ist der gleich einem Prozeß geführte Kampf gegen
Christus: "Statum lacessunt omnipotentis dei calumniosis litibus" (Vv.
19f.; "lis" steht ja insbes. für gerichtliche Streitereien; daß sich
Prudentius dagegen als Verteidiger Christi fühlt, wurde bereits oben S.
51f. Anm. 241 gezeigt). Doch steht es für Prudentius wegen 1 Kor 1,27
(zitiert in Vv. 29f.) im Ratschluß Christi, daß sie mit diesem Bemühen
erfolglos bleiben sollen. Freilich wird dieser Schluß wie später auch der
in Pe 10,19ff. erst durch Umbiegung der Bibelstelle möglich. So wie dort
auf diese Weise der rhetorische Stil christlicher Poesie gerechtfertigt
wird (vgl. dazu unten S. 86), so erscheint hier durch Ersetzung des ntl.
"sapientes" durch "sofistica" (V. 30) die Ablehnung der häretischen
Rhetorik von höchster Stelle aus abgesegnet, ja sogar vorherbestimmt.

[352] Vgl. Pe 13,2: "orbis ... magistrum"; 13,38: "doctor Cyprianus";
13,96: "quo docente"; 13,105: "doctor"; 13,101: "docet, instruit"; 13,
134: "doctor"; 13,146: "instruit" sowie Pe 4,18: "ore facundo Cypriane
doctor"; ganz entsprechend ist so auch bei den Menschen, zu denen Cyprian
spricht, Hören und Lernen des Gelehrten eine Einheit; vgl. Pe 13,8: "te
leget omnis amans Christum, tua, Cypriane, discet."

"...quo mage cruda hominum praecordia perpolita nossent/
sive timoris opus seu mystica vel profunda Christi."
"...daß die rohen Herzen der Menschen veredelt würden
und um so eher das Werk der Furcht[353] oder aber die
tiefen Geheimnisse Christi kennenlernten."

(Pe 13,19f.)[354]

Daß sich diese Vorstellung aber nicht nur mit der vom Wirken
des Christenapostels Paulus deckt, sondern auch als Ideal in
der klassischen Literaturtheorie findet, haben wir bereits
oben gezeigt[355]. Cyprian erfreut also nicht nur sein Publikum
durch seine Beredsamkeit; das hat Symmachus auch getan. Er
bringt der Menschheit auch Nutzen, indem er durch Verkündigung der christlichen Botschaft zu ihrer Kultivierung bei-
trägt - und diesen Aspekt hat Prudentius bei Symmachus vermißt[356]. Ihm gebührt daher auch nur das eingeschränkte Lob,
"Romani decus eloquii" (S 1,633) zu sein, während Cyprian als
"decus orbis" (Pe 13,2) gepriesen wird. Und wohlgemerkt, diesen Titel verdient er sich in erster Linie wegen seiner
christlichen, aber doch mit römischem Erbe befrachteten Beredsamkeit und nicht etwa wegen seines Martyriums:

"Est proprius patriae martyr, sed amore et ore noster.
Incubat in Libya sanguis, sed ubique lingua pollet."
"Als Martyrer gehört er seinem Vaterland, doch durch
sein Herz und seine Zunge ist er der unsrige.
Sein Blut hat das Land Libyen aufgenommen, doch seine
Sprache blüht überall."   (Pe 13,3f.)[357]

Das rhetorische Ideal, das sich Prudentius erkoren hat, heißt
also zweifelsohne Cyprian[358]: In ihm scheinen sich die rednerische Vollkommenheit eines Symmachus und der christliche
Missionsgeist eines Paulus zu einer perfekten Einheit zu verbinden.

---

[353] Unter "timoris opus" ist wohl das AT zu verstehen (vgl. THOMSON
II,328, Anm. b; LAVARENNE IV,230).

[354] Ähnlich auch Pe 13,96f.: "Flevit Africa quo docente facta est
cultior, eloquio cuius sibi docta gloriatur." Die Nähe zu Paulus ist eindeutig: Neben dem Hinweis "voluminibus Pauli" (Pe 13,18) stimmen auch
"fera corda" (S 1 Prf 1f.) und "cruda ... praecordia" (Pe 13,19) sowie
"deo ... agnito" (S 1 Prf 6) und "n o s s e n t ... profunda Christi"
(Pe 13,19f.) überein (vgl. dazu auch oben S. 66).

[355] Vgl. dazu oben S. 16.

[356] Vgl. S 1,636: "Si m a l l e t laudare deum."

[357] Man beachte auch den enthusiastischen Stil, bedingt durch Alliteration ("*p*roprius *p*atriae"), Paronomasie ("amore et ore"), Chiasmus
(zweimal) und Antithese ("Libya ... ubique").

[358] Cyprian ist übrigens auch das Ideal des Laktanz (vgl. oben S.
23 Anm. 123); Augustinus steht diesem dagegen kritisch gegenüber (vgl.
oben S. 27 Anm. 143).

Doch sei davor gewarnt, darüber nun die alte, in der Pruden-
tiusforschung so beliebte Schablone einer Synthese zwischen
christlichem Inhalt und klassischer Form zu stülpen. Cyprian
ist zwar bezüglich des ästhetischen Vergnügens, das er bereitet, tatsächlich ein zweiter Symmachus. Und in der Tat läßt
ihn Prudentius, was seine Lehre und Zielsetzung angeht, auf
den Spuren des Paulus wandeln. Doch ist das nicht nur der
Paulus, den wir von der Bibel her kennen. Prudentius hat ihn
ja, wie oben gezeigt worden war, in einer Weise charakterisiert, die ihn als mustergültigen Römer vom alten Schlag erscheinen läßt[359].
Wie wir es also bei der Parallelisierung von Symmachus und
Cyprian mit einer Heimholung der klassischen Ausdrucksformen
für das Christentum zu tun haben, so bedeutet der Vergleich
Cyprians mit dem Völkerapostel Paulus wegen der romanisieren-
den Beschreibung des paulinischen Missionsgeistes zugleich
eine Assimilation christlicher Inhalte. Ein solcher Cyprian
erfüllt die Idealvorstellungen seines "Hagiographen" Prudentius.
Doch der Dichter sieht überzeugende Beredsamkeit deswegen
nicht an hohe Ämter wie das des Bischofs gebunden. Auch einfache Christen werden für ihn in der Ausnahmesituation des
Martyriums zu mitreißenden Rednern.

1.2.2.6.5 *Die Martyrer: Beredt durch Gottes Gnaden*

Die Martyrer des "Peristephanon" sind alles andere als "stil-
le Dulder". Sie überzeugen nicht durch "stumme Beredsamkeit",
sondern tragen, wie man zu sagen pflegt, ihr Herz auf der
Zunge[360]. Martyrer, die unter Todesqualen Hymnen singen und
Gott preisen, sind bei Prudentius der Normalfall[361]. Doch ist
dies für den Dichter nicht Ausdruck eines kurzen ekstatischen

---

[359] Vgl. u.a. auch die über den NT-Text hinausgehenden stoischen Züge, die Prudentius S 1 Prf 33f. "seinem" Paulus gibt.
[360] Vgl. bes. Pe 3,75 und unten S. 81f. - Daß die Martyrer "ihr Herz
auf der Zunge tragen", ist alte christliche Tradition!
[361] Vgl. Pe 3,141f.: "Haec sine fletibus et gemitu laeta c a n e -
b a t et intrepida"; 5,313f.: "p s a l l e n t i s audit insuper carmen
martyris"; 10,122: "postquam inter ictus d i x i t h y m n u m plum-
beos ..."; 10,836ff. (von der Mutter des kleinen Martyrers): "d o c t a
mulier p s a l l e r e h y m n u m c a n e b a t carminis Davitici";
13,95: "Ille deo meritas grates agit et c a n i t t r i u m f a n s";
14,52f.: "Ibat triumfans virgo deum patrem Christumque s a c r o c a r -
m i n e c o n c i n e n s".

Enthusiasmus vor Eintritt des Todes. Der ganze Prozeß des Martyriums gilt ihm vielmehr als einzigartige Möglichkeit, in beschwörenden Worten Zeugnis abzulegen für Christus, seine Lehre zu verteidigen und Irrlehren anzuklagen.

Bereits im ersten Lied des "Peristephanon" werden die spanischen Martyrer Emeterius und Chelidonius als "testes" Christi eingeführt, die sich nicht nur durch ihr Martyrium zu Gott bekennen[362], sondern dieses Bekenntnis auch durch eine glühende Rede unterstreichen[363].

Auch für die kleine Eulalia in Pe 3 scheint die enge Zusammengehörigkeit zwischen innerer Überzeugung und verbalem Bekenntnis nach außen eine Selbstverständlichkeit: "... pectore et ore deum fateor"[364]. Das 12jährige Mädchen spricht, als hätte es schon die Rhetorikschule durchlaufen[365]. Und in der Tat erinnert ihre einführende Beschreibung "ore severa, modesta gradu"[366] an den Rhetoriklehrer Cyprian nach seiner Bekehrung[367].

Selbst in extremsten Situationen versagt den Martyrern des Prudentius die Sprache nicht. Der aus Siscia stammende Bischof Quirinus ermuntert seine kleingläubige Gemeinde noch, selbst als er, von einem Mühlstein gezogen, schon im Wasser

---

362 Vgl. Pe 1,22f.: "... quos nec catenae dura nec mors terruit unicum deum fateri sanguinis dispendio".

363 Vgl. Pe 1,58-69.

364 Pe 3,75; dieselbe, wegen der Paronomasie ins Auge stechende Wendung auch Pe 5,562. Doch während dort eine Martyrerin auf diese Weise ihren Gott bekennt, verehrt hier der Dichter den Martyrer; die Qualität des Bekennens sinkt also gewissermaßen, eine fast zwangsläufige Entwicklung angesichts der veränderten Situation der Kirche, in der es keine Verfolgungen und damit auch keine Martyrer mehr gibt; vgl. dazu HERZOG 38. "Os" und "mens/animus" dagegen getrennte Instanzen bei Petrus C 1, 57ff. (dazu oben S. 75 Anm. 338).

365 Wie schon für Emeterius und Chelidonius gehören auch für Eulalia Bekenntnis zu Christus und verhöhnende Absage an die heidnischen Götter zusammen. Diese doppelte Ausrichtung entspricht dem christlichen Taufsymbol mit seinen beiden Elementen Apotage und Syntage. Nur tritt hier an die Stelle der einfachen Formel eine rhetorisch aufwendige Rede: vgl. z.B. Alliteration (V. 67), Apostrophe (V. 71), Paronomasie (V. 75), Asyndeton (V. 76), Anapher (V. 76), Chiasmus (V. 81), Alliteration + Apostrophe + Asyndeton (V. 91f.).

366 Pe 3,23; vgl. den Chiasmus!

367 Vgl. Pe 13,29ff.: "Transit (sc. vultus) in severam ... ipse modesta loqui." Das ist aber das bekannte "puer-senex"-Motiv; vgl. dazu THRAEDE, Studien 119, Anm. 129, FONTAINE, Femmes 76ff.; Christian GNILKA, Aetas spiritalis. Die Überwindung der natürlichen Altersstufen als Ideal frühchristlichen Lebens, Bonn 1972.

zu versinken droht[368].

Die Martyrer bewahren dabei durchweg eine im wahrsten Sinn des Wortes "stoische Ruhe". Mit geradezu heiterer Gelassenheit spricht Laurentius, will man der mit "haec ludibundus dixerat" (Pe 2,409) gegebenen Charakterisierung seiner Rede glauben[369]. Keine Provokation von seiten der Verfolger kann ihn aus der Ruhe bringen: "Nil asperum Laurentius/refert ad ista aut turbidum." (Pe 2,109f.) Laurentius geht damit in der Auseinandersetzung mit seinen Gegnern die ungestüme Art ab, die Prudentius nach den Worten der Praefatio in seiner eigenen Anwaltstätigkeit disqualifizierte[370]. Er wird so in dieser Welt zum idealen Verteidiger seiner Kirche und leitet damit den Höhepunkt seiner Karriere als "consul perennis" (Pe 2,560) in der himmlischen Kurie ein[371].

Entsprechend diesem Verständnis ruft Prudentius auch den Martyrer als "Verteidiger Gottes"[372] an, dem er den mit Abstand längsten Hymnus seines "Peristephanon" widmet.

1.2.2.6.6 *Romanus: Gläubige Beredsamkeit "par excellence"*

Kein Martyrer hält im "Peristephanon" des Prudentius so ausführliche Reden wie Romanus von Antiochien. Seine Worte nehmen mehr als die Hälfte des 1140 Verse umfassenden Hymnus ein. Wenngleich es sich dabei wegen der besonderen Umstände um Gelegenheitsreden handeln müßte, sind sie bis ins Kleinste rhetorisch ausgefeilt und lassen eine gewisse Meisterschaft

---

[368] Vgl. Pe 7,36ff.; ja Prudentius erweckt fast den Eindruck, als habe Quirinus seinen Kopf allein zu diesem Zweck über Wasser gehalten, vgl. "os circumtulit" (Pe 7,37) und kurz darauf: "confirmat pia pectora" (Pe 7,41). Der Bischof wird seiner Aufgabe, der Gemeinde paränetisch zuzusprechen, also bis zum Schluß gerecht.

[369] Der Ausdruck "ludibundus" ist durch Pe 5,64: "mors Christianis ludus est" gut vorbereitet und gewinnt dadurch eine spirituelle Bedeutung.

[370] Vgl. Prf 13f.: "Exim iurgia t u r b i d o s armarunt animos."

[371] Daß die Martyrer für Prudentius nicht nur Anwalt der Kirche im Prozeß mit den weltlichen Behörden sind, sondern auch erfolgreiche Verteidiger ihrer christlichen Mitbrüder, zeigt Pe 5,545ff.: "Adesto nunc et percipe voces precantum supplices nostri r e a t u s efficax o r a - t o r ad thronum patris." Zur persönlichen Betroffenheit des Prudentius vgl. die Selbstbezichtigung als "Christi reum" (Pe 2,582).

[372] Vgl. Pe 10,1: "adsertor dei"; "adsertor" = ursprünglich "Vertreter vor Gericht, wo es sich um die Freiheit einer Person handelte" (GEORGES I,636); die kommenden Verteidigungsreden sind also schon in diesem Begriff angelegt und werden dann Pe 10,66ff. ausdrücklich von Asklepiades gefordert: "Iubetur ... Romanus ... c a u s a m d i c e r e."

erkennen[373]. Ja man hat sogar den Eindruck, als ob sich zwischen Romanus und Asklepiades nicht nur ein Kampf um Leben
oder Tod des Christen, sondern auch ein Wettstreit der Rhetorik abspiele[374]. Indem Prudentius die Worte des Verfolgers
deutlich an Ciceros Rede gegen Catilina anklingen läßt[375],
schafft er Romanus einen achtenswerten Gegner, den zu besie-
gen nach dem christlichen "quanto magis-Prinzip" um so reiz-
voller erscheinen muß.
Im Laufe der Auseinandersetzung erweist sich Romanus als so
beredt, daß Asklepiades ihn nur noch durch rohe Gewalt zum
Schweigen bringen zu können glaubt. Auf seinen Befehl hin
richtet sich die Folter daher gegen den Mund als Instrument
der Sprache[376].
Das "Wunder", das Prudentius nun so fasziniert, ist, daß den

---

[373] Bereits die einleitenden oder abschließenden Wendungen des Dichters erinnern an das Programm der Rednerschulen, vgl. z.B. "d i s s e -
r e n t e martyre" (Pe 10,391); "vixdum e l o c u t u s martyr" (10,
546; ähnlich auch von Agnes Pe 14,38: "sic e l o c u t a m"); "ora-
tionem" (Pe 10,547); "o r s u s est" (10,927); "disertus" (10,1060);
"ore libero" (10,96) erinnert mit Sicherheit an das ciceronische "multa
cum libertate dicere", nähert sich aber wohl, insbes. unter Berücksichtigung von Pe 2,491: "... quos mira libertas viri ambire Christum suaserat", der biblischen Parrhesie (vgl. z.B. Act 4,13: auch dort "παρρησία"
in Zusammenhang mit "εθαύμαζον" = "mira"; bei der Rede des Petrus und Johannes vor dem Hohen Rat handelt es sich ja wie bei der Laurentius
um eine Missionspredigt. – Zum Begriff der Parrhesie vgl. auch E. PETER-
SON, Zur Bedeutungsgeschichte von παρρησία, in: W. KOEPP, Hg., Reinhold
Seeberg Festschrift 1, Leipzig 1929, 283-297; G.J.M. BARTELINK, Quelques
observations sur ΠΑΡΡΗΣΙΑ dans la littérature paléo-chrétienne = GLCP
Suppl. 3, Nimwegen 1970, 5-57.). – Zur Rhetorik des Romanus vgl. nur
einige besonders eindrucksvolle Stellen; z.B. Emphase (Pe 10,166: "miseret ..."), Homoioteleuton (V. 166f.), Apostrophe (V. 167), Anapher (V.
172), Antithese (V. 175), prägnante Alliteration (V. 178), Anapher (V.
231.233.241), erneute Anapher (V. 237.240), Asyndeton (V. 242), Apostrophe (V. 246), Anapher + Parallelismus (V. 255), Chiasmus (V. 256),
Anapher (V. 265), Apostrophe (V. 296), Anapher (V. 299.302.303), Homoioteleuton (V. 306), eindringliche Alliteration (V. 309f.), Asyndeton (V.
311), Anapher + Parallelismus (V. 312), Polyptoton (V. 318), Anapher =
eigentlich Polyptoton (V. 319), Polyptoton (V. 321f.), Paronomasie (V.
322f.), Asyndeta (V. 326ff.).
[374] In diesen Rahmen paßt dann auch genau der Vorwurf der "verbosi-
tas" ≙ "loquacitas" (vgl. dazu oben S. 73 mit Anm. 329), mit dem Asklepiades die Rhetorik des Romanus abzuwerten versucht (Pe 10,551).
[375] Vgl. Pe 10,401: "o fas priorum, m o r i s o prisci status"
erinnert an Cic. Cat. 1,1,: "O tempora, o m o r e s"; Pe 10,868ff.:
"q u o u s q u e t a n d e m ... i n l u d e t?" an Cic. Cat. 1,1:
"Q u o u s q u e t a n d e m abuteris ... Quam diu etiam furor iste
tuus nos e l u d e t?" Auch das wieder ein deutlicher Beweis für die
Beeinflussung der Poesie des Prudentius durch die klassische Prosa bzw.
Rhetorik.
[376] Vgl. Pe 10,548f.; ähnlich auch Pe 5,95ff.

Martyrer seine Beredsamkeit auch nicht verläßt, als ihm das
eigentliche Sprachzentrum zerstört wird. Von den Foltern völlig unbeeinfluß, deutet Romanus die ihm zugefügten Wunden als
je neuen Mund und weiß dem Präfekten Dank für die neu geschaffene Möglichkeit, Gott nun noch besser verherrlichen zu
können. Dahinter steht natürlich das traditionelle Motiv vom
Gleichmut der Martyrer[377]. Bezeichnend ist es nun, wie sich
dieser Gleichmut gerade im Beweis ungebrochener rhetorischer
Kunstfertigkeit niederschlägt.

Das beginnt, um nur die ersten Verse zu analysieren, mit der
emphatischen Apostrophe seines Verfolgers, setzt sich fort in
der metaphorischen Deutung seiner Wunden[378] und endet in
einer der Situation angemessenen Variation des Unfähigkeitstopos, in der ein Bezug zur eigenen Vergangenheit hergestellt
wird[379]. Und Prudentius läßt seinen Helden in dieser Weise
fortfahren, bis ihn der Tod übermannt: "Wie intakt die Red-
nergabe des Helden noch ist, zeigen die rhetorischen Schluß-
lichter: dialektische Isokola (sc. Pe 10,1094f.) und mit ...
'iam silebo' (sc. 1096) eine Epilogformel."[380] Eindringlicher
kann man das "Paradox vom 'elinguis loquens'"[381], vom Stum-
men, der dennoch sprechen kann, nicht veranschaulichen.

Dieser Aspekt ist für Prudentius aber auch der Punkt, an dem
er den ganzen Hymnus aufhängt und zugleich den Bezug zu seiner eigenen Person herstellt: Weil er selbst zu Beginn des
Gedichtes verzweifelt um rechte Worte ringt, erhofft er sich
Inspiration von ebenjenem Romanus, der selbst am besten wis-

---

[377] Prudentius gestaltet z.B. in ähnlicher Weise Pe 3,131-140, wo er
Eulalia freudig ihre Wunden zählen läßt; vgl. dazu THRAEDE, Studien 130.
"Beiden Texten liegt der alte, aus der antiken Wertung der Folter stammende Gedanke der Nicht-Identität des Martyrers mit seinen Leiden zugrunde." So auch THRAEDE, aaO. 120: "Den Gleichmut des Martyrers gegenüber
seinen Leiden zu betonen, ist altes Motiv der Legende. Prudentius gestaltet es formal neu, indem er die traditionelle Ataraxie in Gestalt distan-
zierter Deutung durch die Leidende selbst gibt."
[378] Das war übrigens schon Pe 3,136ff. zu beobachten, nur wurden
dort die Wunden nicht als Rede, sondern als Schrift verstanden; zur rhetorischen Bedeutung der Metapher vgl. THRAEDE, Studien 132: "Die Metaphern sind eine Form der Unterhaltung und verleihen der Beschreibung
höhere Intensität."
[379] Vgl. Pe 10,564f.: "Artabat ampli nominis praeconium meatus unus,
inpar ad laudes dei."
[380] THRAEDE, Studien 132. - Die Epilogformel "iam silebo" markierte
bereits Pe 10,648 in der "schulgerechten" Verbindung mit dem Klischee
"pauca e multis" den Schluß einer der vorangegangenen Romanus-Reden (vgl.
THRAEDE, Studien 133).
[381] THRAEDE, Studien 122.

se, daß selbst Stumme sprechen könnten[382]. Er gründet seine
Hoffnung auf das Versprechen Christi in Mt 10,18-20[383], auf
das bereits Romanus gläubig und mit Erfolg vertraut hatte[384],
er werde den Verkündern seiner Lehre schon die rechten Worte
eingeben.
In diesen 25 Einleitungsversen des Romanushymnus fließen wie
schon in den Praefationen zu den beiden Büchern "Gegen Symmachus" zwei Traditionen zusammen: rhetorische Topik und
christliche Botschaft. Den ersten Bereich repräsentieren
zahlreiche fachspezifische Termini, die zum großen Teil in
den Bereich der Beteuerung eigener Bescheidenheit bzw. Unfähigkeit gehören[385]. Ergänzt werden sie durch eine dem klassischen Musenanruf nachempfundene "invocatio martyris"[386]. Die
christliche Botschaft, mit der diese Topik nun in Verbindung
gebracht wird, ist hier jedoch nicht eine Bibelperikope, wie
dies in den oben angeführten Vorworten zu beobachten war,
sondern eine Heiligenlegende[387]. Die biblische "Rückversiche-
rung" tritt gleichsam erst in einem zweiten Schritt hinzu,
hat aber dennoch zusammen mit der anschließenden Interpretation durch den Dichter für das Verständnis dieser Einleitung
eine ähnliche Schlüsselfunktion wie das Schriftmaterial in
den erstgenannten Texten.
Um die Rolle des Bibelzitates richtig zu beurteilen, muß zunächst nach dem Kontext gefragt werden, dem es entnommen ist.
Bei Matthäus ergeht die beruhigende Zusicherung Christi innerhalb einer Aufforderung an verfolgte Gläubige, Zeugnis abzulegen. Romanus selbst ist ein solcher wegen seines Glaubens
bedrängter Christ; mit Recht kann er sich daher Pe 10,928ff.

---

[382] Vgl. Pe 10,1-15.
[383] Vgl. Pe 10,18-20, dazu THRAEDE, Studien 129.
[384] Vgl. Pe 10,928ff.
[385] Vgl. "elinguis" (Pe 10,2), "infans" (Pe 10,3), "mutus" (Pe 10,
5.21), "balbutire" (Pe 10,12), "raucus" (Pe 10,15); vgl. dazu das Ver-
gleichsmaterial bei THRAEDE, Studien 68 a, d, e, h; zur Kombination von
"mutus" und "infans" vgl. THRAEDE, Infantia 362-365.
[386] Vgl. THRAEDE, Studien 70.129.
[387] Vgl. dazu THRAEDE, Infantia 365: "Der Dichter überträgt also das
Stichwort 'elinguis loquens' von seinem Helden umdeutend auf die eigenen
poetischen Fähigkeiten. Daher kann die Strophe mit 'mutos eloqui' schließen, mit einem Paradox, dessen Motiv sich in der lateinischen Poesie bis
Horaz c. 4,13,19 zurückverfolgen läßt und sich für christliche Dichter
gut mit den Heilungswundern des NT verbinden ließ. Das tut Prudentius
nicht, sondern entnimmt die heilsgeschichtliche Analogie der Märtyrerle-
gende."

auf dieses Versprechen Christi berufen.
Dort aber, wo Prudentius diese Stelle in Bezug zu seiner eigenen Person setzt, reißt er sie aus dem Zusammenhang und
macht aus einer Beistandszusage gegenüber Aposteln, die gefordert sind, unter Folterqualen Zeugnis abzulegen, ein Versprechen an Jünger, die die Geheimnisse Christi verkünden[388].
Die Situation ist auf diese Weise entschärft, entspricht dadurch aber wohl eher der Lage, in der sich Prudentius befindet. Die Zeit der Verfolgung ist vorbei; Prudentius kann
nicht mehr als "confessor" oder gar Martyrer Zeugnis ablegen[389]. Ihm bleibt nur noch übrig, die "sacramenta" des
christlichen Glaubens zu besingen und so zur Vertiefung der
christlichen Lehre beizutragen.
Doch wird das Jesus-Wort noch weiter umgebogen. Es geht Prudentius nicht nur um bloße Verkündigung, sondern um sprachlich und rehtorisch gefällig aufbereitete Theologie; daher
ersetzt er das biblische "loqui" oder mögliche Synonyme wie
"dicere" oder "profiteri" durch das auf seine Situation als
Dichter gemünzte "canere". Das entspricht wiederum ganz seinem oben geäußerten Wunsch, ein "comptum carmen" (Pe 10,3) zu
verfassen und deckt sich gut mit seiner Pe 10,21ff. gegebenen
originellen Interpretation des Jesus-Wortes, wonach Christus
- "potens facundiae" (Pe 10,21) - als Meister der Beredsamkeit[390] ihm zu einem formvollendeten Werk verhelfen werde[391].
So erscheinen das Bestreben des Dichters, christliche Poesie
und eleganten, die Mittel der Rhetorik nutzenden Stil mitein-

---

[388] Vgl. Pe 10,18-20; dazu richtig HERZOG 39; HENKE 72f.
[389] Vgl. dazu HERZOG 38.
[390] Vgl. dazu THRAEDE, Studien 70; im Gegensatz dazu sind nach Pe
5,69f. die heidnischen Gottheiten "excisa fabrili manu cavis recocta et
follibus, quae   v o c e,   quae gressu   c a r e n t,   inmota, caeca, e l
i n g u i a".
[391] Zusammen mit dem durch die Martyrerlegende vorgegebenen Thema
vom "elinguis loquens" ergibt sich dann ein ideales Fundament für die
Komposition zahlreicher Reden, durch die die eigenen rhetorischen Fähigkeiten erwiesen werden können; vgl. dazu THRAEDE, Studien 133: "Berücksichtigt man, daß Prudentius in der Praefatio zu Pe 10 die Vollmacht des
Wortes in der Selbstaussage zur rhetorischen Fähigkeit ummünzt, dann
nimmt es nicht wunder, wenn die Beredtheit des Märtyrers sich in rhetorischen Fähigkeiten und Überlängen niederschlägt ... Gerade das Hauptmotiv
des 'elinguis loquens' bot die Möglichkeit, die eigenen rhetorischen Fähigkeiten vorzuführen. Diese Möglichkeiten hatten bekanntlich von Anbeginn der Rhetorik die antiken Historiker benutzt, um außer eigenen Gedanken auch die selbständige rhetorische Formung mitteilen zu können. Die
Neigung, das auch in der Poesie zu tun, hatte in der Spätantike noch
überaus zugenommen. In diese Entwicklung gehört auch Prudentius."

ander zu verbinden, von höchster Stelle aus legitimiert[392].
Erkauft wird dies allerdings, wie oben dargelegt wurde, mit
der artistischen Vergewaltigung einer biblischen Stelle,
durch die Christus zum eloquenten Inspirator des Dichters
wird. Letztendlich ist das nicht mehr als eine recht frag-
würdige "biblizistische Aufstockung des rhetorischen Terminus"[393], wie sie bereits durch Hieronymus vorgegeben war. Die
Bibelstelle hat erneut eine lediglich "technisch-assoziative
Funktion"[394], um so einem beliebten klassischen Topos einen
christlichen Anstrich zu geben.

Die Stelle wird daher nicht nur überbeurteilt, sondern völlig
falsch eingeordnet, wenn man mit HERZOG hier wie auch in der
Vorrede zum zweiten Buch "Gegen Symmachus" ein typologisches
Literaturverständnis im Hintergrund sieht. Seine (sc. Prudentius') Dichtung bekomme in dem großen, von ihr selbst allego-
risch ausgedrückten Gefüge aus Zeitlosem und Irdischem erst
dann einen Sinn, wenn sie sich selbst unmittelbar an einen
Heilstyp, einen advocatus, anschließen könne. Im Proömium zum
Romanushymnus wie in der Vorrede zum zweiten Buch gegen Symmachus hätten wir die besten Zeugnisse, wie der Dichter seine
Arbeit selbst verstanden habe: auch er wiederhole in seinem
dichterischen Bemühen Typen ..., von deren Abstand von sich
und seiner Zeit er überzeugt sei. Im Romanushymnus werde der
Martyrer, der ohne Zunge, also durch göttliches Wunder spre-
che, selbst durch Ereignisse der Schrift präfiguriert und sei
andererseits Präfiguration des Dichters[395].

Auf den ersten Blick mag es zwar tatsächlich so erscheinen,
als ob die Martyrer, zurückreichend bis Petrus und Paulus, ja
schließlich sogar Christus selbst eine literarisch-rhetori-
sche Tradition gebildet hätten, die Prudentius bereits vorge-

---

[392] Diese Akzentsetzung wird völlig übersehen, wenn man als Motiv
für die Variation des Bibelzitates die Hoffnung des Dichters sieht, seine
Worte als H a g i o-graph in gleicher Weise wie die der Martyrer von
Gott inspiriert zu wissen (so HENKE 73ff., insbes. 80). Nein, der christliche Dichter will seinen ganz dem Zeitgeschmack entgegenkommenden hoch-
rhetorischen Stil (so LANA 88; BROCKHAUS 166f.; KURFESS 1067; HAWORTH 2;
HAGENAUER 101ff.; SCHANZ/HOSIUS 239) auf diese Weise biblisch absichern.
[393] THRAEDE, Infantia 364; vgl. dazu auch THRAEDE, Studien 70: "Die
rhetorische Funktion nicht nur des Bibeltextes, sondern sogar des 'Christus verbum ...' ergibt sich aus den Versen 21ff. ... facundia - facundus
sind ja ganz landläufige Ausdrücke für guten Stil oder hohe Eloquenz."
[394] THRAEDE, Studien 69.
[395] HERZOG 38; vgl. dagegen überzeugend THRAEDE, Unters. II,135 (zu
S 2 Prf; Wortlaut siehe oben S. 75f. Anm. 340).

funden hatte und in die er sich nur einzufügen brauchte. Bei
näherem Hinsehen muß man jedoch, wie oben wohl deutlich gezeigt wurde, erkennen, daß nicht Prudentius in deren Fußstapfen tritt, sondern er selbst ein gerüttelt Maß rhetorischer
Tradition gleichsam von außen mitbrachte, diese dann in den
Martyrerreden verarbeitete und sich dann erst so eine eigene
Tradition - ausgehend und gipfelnd in Christus - aufbaute.
Geschickt fügt er darin die wenigen echten rhetorischen Ta-
lente ein, um sich dann selbst bei aller Bescheidenheit, die
er gemäß dem zeitgenössischen Geschmack zu demonstrieren bemüht ist, in deren Reihe einzugliedern. So hat sich Prudentius die Berechtigung zu einer rhetorisch-ästhetischen Aufbereitung seiner christlichen Poesie geschaffen. Damit ist die
"delectatio", das Ergötzen des Publikums garantiert und dem
ersten der beiden Ziele der klassischen Dichtungstheorie Genüge getan. Prudentius hat, wie wir soeben nachvollziehen
konnten, auf dessen Rechtfertigung viel Sorgfalt verwendet.
Es erwächst dem Dichter aber zweitens aus seinem Platz in
dieser so charakterisierten Traditionskette die Verpflichtung, sich mit seiner Dichtung einem höheren Ziel unterzuordnen: der Zivilisierung der Menschheit durch Verkündigung der
christlichen Lehre. Seine Dichtung soll also den Menschen, zu
denen er spricht, nicht nur Freude, sondern auch Nutzen bringen.
Schließlich gründet für Prudentius in diesem Programm auch
die Hoffnung, wie Cyprian oder Romanus unsterblichen Ruhm zu
gewinnen. Von seiner Dichtung kann er sich also zweifelsohne
auch einen Gewinn für seine eigene Person erwarten. Die Forderung nach dem Nutzen christlicher Poesie entspricht genau
dem zweiten Aspekt des klassischen Dichtungsideals. Damit
·rühren wir aber an eine Frage, die Prudentius selbst bereits
in der Praefatio in den Raum gestellt hatte.
Hören wir in diesem letzten Abschnitt, welche Antworten Prudentius in seinem Werk darauf bereithält.

1.2.2.7 Die Frage nach dem Nutzen christlicher Dichtung

1.2.2.7.1 *Prudentius zum "Nutzen" seiner Dichtung für sein Publikum*

Über die Bedeutung seiner Dichtung für seine Leser- bzw. Hö-
rerschaft äußert sich Prudentius nur recht spärlich und auch

dies meist nicht explizit. Der Kontakt zum Publikum wird so
gut wie nirgends gesucht.

Wohl erachtet er es als seine Aufgabe, mit seinem "Liber Apotheosis" den richtigen Weg zwischen den verschlängelten Pfaden der Häretiker zu weisen: "Fax sola fidei est praeferenda
gressibus,/ut recta sint vestigia." (A Prf 2,39f.) Doch kann
man davon nicht mehr als nüchterne Verteidigung der Orthodoxie erwarten. Der konkrete Gläubige in Gewissensnöten steht
außerhalb von Prudentius' Blickfeld. Ängstlich scheint er
darauf bedacht, bei der Erörterung der einzelnen Häresien
keine Zweifel an seiner eigenen Rechtgläubigkeit aufkommen zu
lassen[396]. Und wenn Prudentius wie in A 175 eine gewisse pä-
dagogische Absicht erkennen läßt, indem er bestimmte Aspekte
der Lehre zusammenfaßt und so leichter verständlich macht, so
wird man wiederum vergeblich nach einem "Schülerkreis" suchen, der damit angesprochen sein könnte. Doch das entspricht
ganz dem in der Praefatio abgesteckten Rahmen: Kampf gegen
Häresien, Erörterung der Rechtgläubigkeit[397]. Damit deutet
Prudentius ohne Zweifel den l e h r h a f t e n Charakter
seiner Dichtung an, auf den auch in der Prudentius-Forschung
immer wieder verwiesen wird[398]. Zugleich wird schon hier ein
Desinteresse an den Menschen sichtbar, denen eine solche Erörterung ihrer Glaubensnot helfen könnte. Von p a s t o r a -
l e r Verantwortung gegenüber seinen Lesern spricht Prudentius kaum. Fürsorge für die andern ist nicht seine Aufgabe.
Er widmet sich in erster Linie der a b s t r a k t e n Verteidigung seines Glaubens[399]. Und wenn er seinem Publikum mit
seiner Dichtung Gewinn bringen will - ausdrücklich spricht er
darüber nirgends -, so erschöpft sich dieser in der poeti-

---

[396] Vgl. A 1f.: "Plurima sunt, sed pauca loquar, ne dira relatu dogmata catholicam maculent male prodita linguam"; natürlich ist das eine
topische Formulierung (zum Topos "pauca e multis" vgl. THRAEDE, Unters.
I,121 mit Anm. 52), doch ist die Zweckangabe "ne ... linguam" eigene Akzentsetzung des Dichters und insofern aufschlußreich.

[397] Vgl. Prf. 39.

[398] Vgl. z.B. BROCKHAUS 217; SCHANZ/HOSIUS 253; FUHRMANN 89.93;
RODR.-HER. 78.81.

[399] Wenn RODR.-HER. 26 dagegen die "Rettung der Mitmenschen" als
eines der Ziele des Dichters nennt, so geht er entschieden zu weit und
das vor allem wegen einer Fehlinterpretation des von ihm gebrachten "Be-
weismaterials", das mit den Stichworten "prodesse, utilis, usus" des Epilogs gegeben sei. Prudentius geht es dabei ja ausschließlich um seinen
eigenen Gewinn; von der Rettung der Mitmenschen ist kaum die Rede; vgl.
dazu unten S. 90.

schen Aufbereitung christlicher Dogmen und Praktiken.
Während für Prudentius also das persönliche Heil seiner Leser
eine Randfrage bleibt, ist für ihn sein eigenes Seelenheil
nicht nur nicht belanglos, sondern geradezu ein zentraler Aspekt, wo es um den Nutzen seiner Dichtung geht.

1.2.2.7.2 *Prudentius zum "Nutzen" seiner Dichtung für sich selbst*

Bereits am Ende der Praefatio hatte Prudentius der Hoffnung
Ausdruck gegeben, seine Dichtung möge ihm den Weg aus der
Sterblichkeit eröffnen und zur Befreiung seiner Seele bei-
tragen:

>"Haec dum scribo vel eloquor,
>vinclis o utinam corporis emicem
>liber quo tulerit lingua sono mobilis ultimo!"

>"O möchte ich doch, während ich dies schreibe oder aus-
>spreche, von den Fesseln des Körpers befreit, dorthin
>aufsteigen, wohin mich meine bewegliche Zunge mit ihrem
>letzten Klang tragen wird."   (Prf 43-45)[400]

Damit erwartet er sich von ihr den persönlichen Gewinn, den
ihm seine bisherige Tätigkeit nicht hatte erbringen können.
Die Frage nach dem Nutzen für die Gesellschaft stellt er
nicht[401]. Diese Tendenz läßt sich durch das ganze Werk hin
verfolgen und wird im Epilog nochmals eine Bestätigung erfahren, die auch letzte Zweifel ausräumen muß.
In ähnlichen Worten wie in der Praefatio beschwört Prudentius
auch gegen Schluß des Laurentiushymnus den in der Praefatio
angedeuteten Zusammenhang zwischen seinem Dichteramt und seiner Erlösung:

>"Hos inter, o Christi decus,
>audi poetam rusticum
>cordis fatentem crimina
>et facta prodentem sua.

>Indignus agnosco et scio
>quem Christus ipse exaudiat,
>sed per patronos martyras
>potest medellam consequi.

>Audi benignus supplicem
>Christi reum Prudentium
>et servientem corpori
>absolve vinclis saeculi!"

---

[400] Vgl. dazu oben S. 34.
[401] Vgl. dazu oben S. 88.

"Unter diesen, du Zierde Christi,
höre den ländlichen Dichter,
wenn er seine Sünden bekennt
und seine Untaten vor dir ausbreitet.

Unwürdig ist er, ich weiß es zu gut,
daß ihn Christus selbst erhöre,
doch wenn ihn die Martyrer verteidigen,
kann er Heilung erlangen.

Höre gnädig das Flehen des Prudentius,
der vor Christus angeklagt ist,
und befreie den Sklaven des Körpers
von den Fesseln dieser Welt!"   (Pe 2,573-584)[402]

Und wie in der Praefatio versucht Prudentius auch hier, durch
Demonstration einer bescheidenen Gesinnung, hier noch verstärkt durch die Anrufung der Martyrer als Fürsprecher, sich
zusätzliche Sympathien zu gewinnen[403].
Nach dem gleichen Muster ist auch das erste Drittel des Epilogs gestrickt. Prudentius weiht Gott Gedichte, und dieser
wird sie, seien sie auch ganz einfach und nur ein Ersatz für
gute Werke, dennoch mit gütigen Ohren aufnehmen:

"Nos citos iambicos
sacramus et rotatiles trochaeos
sanctitatis indigi ...
Adprobat tamen deus
pedestre carmen et benigne audit."

"Wir opfern schnelle Jamben
und wohlgeformte Trochäen,
weil wir Frömmigkeit nicht vorweisen können.
Gott billigt dennoch mein einfaches Gedicht
und schenkt ihm gnädig Gehör."   (Ep 7-12)[404]

Doch bei aller Bescheidenheit wagt es Prudentius, seinem Werk
Opfercharakter zuzusprechen[405].
Etwas variiert und auf den Martyrer umgedeutet erscheint die
Vorstellung auch am Schluß des Hymnus auf Eulalia. Darin geht
es um verschiedene Möglichkeiten, das Grab der Blutzeugin zu
ehren. Wieder versteht Prudentius seine Dichtung als Alterna-

---

[402] Pe 2,583f.: "servientem corpori absolve vinclis saeculi" = Prf
44f.: "vinclis o utinam corporis emicem"; ähnlich auch Pe 4,195f.: "spes,
ut absolvam retinaculorum vincla meorum", nur ist hier Grund für die
Hoffnung nicht eine Gedicht, sondern die fromme Verehrung des Martyrers
am Grab.
[403] Vgl. Pe 2,574-577: "poetam rusticum cordis fatentem crimina et
facta prodentem sua. Indignus ..."; Pe 2,582: "reum Prudentium"; zur darin enthaltenen Topik vgl. THRAEDE, Studien 49 mit Anm. 104 und aaO. 61.-
Bescheidenheitsäußerungen in der Prf waren "peccatrix anima" (V. 35) und
"si meritis nequit" (V. 36).
[404] Dem "benignus audit" (V. 12) entspricht in Pe 2,581 fast wörtlich die Bitte: "audi benignus".
[405] Vgl. dazu oben S. 61.

tive zu praktischen Beweisen der Verehrung:

> "Ista comantibus e foliis
> munera, virgo puerque, date!
> Ast ego serta choro in medio
> texta feram pede dactylico,
> vilia marcida, festa tamen.
> Sic venerarier ossa libet
> ossibus altar et inpositum,
> illa dei sita sub pedibus
> prospicit haec populosque suos
> carmine propitiata fovet."

> "Weiht ihr, Mädchen und Knabe, diese Gaben
> aus feingliedrigen Blättern.
> Ich aber werde inmitten dieser Schar
> aus Daktylen geflochtene Gebinde darbringen,
> die von geringem Wert und zudem welk sind,
> aber dennoch Freude ausstrahlen.
> So mögen die Gebeine verehrt werden,
> so der Altar, der über den Gebeinen errichtet ist.
> Jene aber ruht zu Gottes Füßen, betrachtet all dies
> und hält, durch unser Lied gnädig gestimmt,
> Fürsprache für die Scharen an ihrem Grab."

(Pe 3,206-215)

Auch hier erscheinen wieder die üblichen Bescheidenheitsfloskeln. Die Gedichte sind "vilia marcida"; doch als minderwertig empfindet er sie deswegen nicht. Feierlich sind sie für ihn dennoch[406]. Ungebrochen selbstbewußt bekennt er sich mit "ast ego" (Pe 3,208) zu dieser Art der Verehrung[407]. Und wie er in den oben angeführten Passagen mit seinem Gedicht Gott selbst gnädig zu stimmen hoffte, so beendet er dieses Gedicht in der Gewißheit, sich damit Eulalias wohlwollende Fürsprache verdient zu haben[408].

---

[406] Vgl. Pe 3,210: "... festa tamen".

[407] HENKE 59 sieht zwar die in "ast" vorliegende "scharfe" Gegenüberstellung, ordnet sie aber unzutreffend unter die Rubrik "Demutsbezeugung" ein, weil er weder auf den selbstsicheren Tenor der folgenden Verse noch auf den größeren dichtungstheoretischen Kontext im Gesamtwerk des Prudentius achtet; vgl. dazu oben S. 54 Anm. 253 sowie die hohe Einschätzung der christlichen Dichtung in C 2,33ff. (dazu oben S. 46ff.) und C 3, 31-35 (dazu oben S. 55ff.); dort hebt Prudentius ja sehr wohl die eigene Leistung hervor, was ganz im Gegensatz zu der bei DIHLE 748 charakterisierten christlichen Demut steht. Ähnlich ist m.E. auch die auf den ersten Blick bescheidene Formulierung "pedestre carmen" in Ep 12 zu beurteilen (dazu oben S. 91).

[408] Vgl. Pe 3,214f.: "prospicit haec populosque suos carmine propitiata fovet" (zu "propitiata" vgl. auch Pe 14,130: "Purgabor oris p r o p i t i a b i l i s fulgore"). Hier ist übrigens die einzige Stelle, wo Prudentius seine Dichtung auch als Leistung zum Wohle der Gemeinschaft sieht. Er erwirkt durch sein Gedicht nicht nur die Fürsprache für sich, sondern auch für das ganze Volk, dem er angehört.

Dasselbe tiefe Vertrauen spricht schließlich aus den Schlußversen des Hymnus auf die tarraconensischen Bischöfe:

> "Fors dignabitur et meis medellam
> tormentis dare prosperante Christo
> dulces hendecasyllabos revolvens."

> "Vielleicht wird er, wenn er sich meiner wohlklingenden
> Elfsilbler erinnert, auch mich für würdig befinden,
> für meine Qualen durch die Gunst, in der er bei Gott
> steht, Linderung zu erwirken."   (Pe 6,160-162)

Erneut verspricht sich Prudentius von seiner Poesie, die er
durchaus selbstbewußt als ästhetischen Genuß empfindet[409],
nichts Geringeres als Linderung seiner Seelenqualen[410].
Diese Verse verraten wie auch die zuvor untersuchten Passagen
eine alte, dem Römer in Fleisch und Blut übergegangene Denkweise: Die Götter erwarten von den Menschen gewisse Leistungen als Zeichen der Verehrung und schenken ihnen dafür das
erhoffte Wohlergehen. Prudentius stülpt dieses "do, ut des"-
Prinzip auch über sein Dichtungsprogramm; er kennt aber auch,
wie Pe 9,105f. zeigt, den umgekehrten Automatismus:

> "Audior, urbem adeo, dextris successibus utor,
> domum revertor, Cassianum praedico."

> "Ich werde erhört, besuche die Stadt, kann mich dort
> über Erfolge freuen. Dann kehre ich nach Hause zurück
> und preise Cassian."   (Pe 9,105f.)

Da er glaubt, den glücklichen Verlauf bestimmter Ereignisse
auf die Fürsprache des Martyrers Cassian zurückführen zu können, widmet er ihm als Dank dafür einen Hymnus.
Nachdem so, von der Praefatio ausgehend, das Werk des Prudentius danach befragt wurde, welchen Nutzen sich der Dichter
von seiner Poesie für sich verspricht, soll nun das Bild ab-
gerundet werden durch eine Analyse des abschließenden, die
Fragen der Praefatio aufgreifenden Bekenntnisses in den letzten beiden Dritteln des Epilogs.
In paulinischen Metaphern begreift sich Prudentius im Epilog
als "vas fictile" (Ep 21.29), das trotz seiner Einfachheit
seinem Herrn Nutzen bringt. Auch hier sehen wir wieder

---

[409] Gegen SMITH 55, der darauf besteht, mit "dulcis" sei eine Charakterisierung des Inhalts gegeben; doch das Adjektiv meint nichts anderes als Pe 10,3: "comptum (carmen)" und C 9,2: "dulce carmen et melodum"
und ist deswegen eindeutig ein ästhetisches Kriterium.
[410] "tormenta" mit "Seelenqualen" zu übersetzen, ist wegen H 958ff.
korrekt, ja sogar angebracht. Dort treibt Prudentius die Demonstration
seiner bescheidenen Gesinnung derart auf die Spitze, daß er sich schon
damit zufrieden zeigt, wenn seine Seele nicht von den Flammen der Hölle
verschlungen wird.

Selbstgewißheit und Bescheidenheitstopik, gipfelnd in "vel infimam obsequellam" (Ep 31f.)[411], miteinander gepaart[412]. Erneut wird ein Vergleich mit der zugrundeliegenden Bibelstelle 2 Tim 2,20 berechtigte Zweifel an der Aufrichtigkeit solcher Inferioritätsbeteuerungen aufkommen lassen und in deren Folge dazu Anlaß geben, das Selbstbewußtsein des Dichters höher anzusetzen, als es auf den ersten Blick scheinen will.

Im biblischen Text werden ja Häretiker und Rechtgläubige einander gegenübergestellt und nur die Orthodoxen als für ihren Herrn nützlich erachtet. Prudentius konstruiert dagegen einen ganz anderen Zusammenhang. Er macht aus der neutestamentlichen "magna domus" ein "paternum atrium" (Ep 25) und parallelisiert mit den verschiedenen Gefäßen offensichtlich Rechtgläubige unterschiedlicher moralischer Qualität. Während bei Paulus die irdenen Gefäße dem Herrn keinen Nutzen bringen, kann Gott im Epilog des Prudentius diese in seinem Haus gebrauchen. Nun symbolisieren sie zwar schwache, aber dennoch glaubensbereite und für die Belange Christi brauchbare Menschen[413].

Prudentius verschiebt aber noch einen weiteren Aspekt der Bibelperikope. Dort ging es ja um den tatsächlichen Nutzen,

---

[411] "obsequella" ≙ "obsequium" (C 3,33) meint also die Poesie des Prudentius.

[412] Bereits Ep 12 hatte Prudentius mit der Charakterisierung seiner Gedichte als "pedestre carmen" Bescheidenheit signalisiert (vgl. dazu THRAEDE, Studien 51ff.). Doch kann die Stelle wohl kaum als Ausdruck christlicher "humilitas" gewertet werden, wenn die vorausgehenden Verse nicht mehr als eine nicht einmal überzeugend wirkende Floskel sind. Zwar ergibt das Bekenntnis eigener Sündhaftigkeit (Ep 9) noch u.U. Sinn, doch kann man über die Ep 10 angesprochene Armut des Dichters nur lächeln. Wie kann man denn hinter seiner Infragestellung des eigenen Vermögens, das doch ein jeder entsprechend dessen persönlicher Situation bei ihm voraussetzen mußte, ein demütiges Motiv erkennen, wenn damit gleichzeitig die Möglichkeit, Almosen zu geben, bestritten wird, was ja nach Prudentius das vollkommenere Opfer wäre (gegen HENKE 65; zutreffend dagegen die Kritik HENKES 64, Anm. 105 an der Interpretation von Ep 29f. durch THRAEDE, Studien 74).

[413] Prudentius benutzt also den NT-Text nicht vollständig und gibt ihm einen gänzlich anderen Sinn; vgl. dazu THRAEDE, Studien 72f.: "... haben die Junktur 'vas fictile' als Selbstbezeichnung und die Durchführung des Motivs mit dem Sinn der Bibelstelle gar nichts mehr zu tun. Der Vers 'omne vas fit utile' widerspricht völlig dem Grundgedanken der NT-Stelle. Der Dichter entnimmt also nur das Bild, eliminiert aber den theologischen Gehalt. Daß der Skopus des NT-Textes zugunsten seiner rhetorischen Funktion wegfällt, wundert nun nicht mehr, muß aber noch einmal betont werden, da italienische Forscher neuerdings wieder von der 'biblischen Inspiration' des Epilogs gesprochen haben."

den der Hausherr aus der Indienstnahme seiner "Gefäße" zieht. Auch Prudentius betont den Gesichtspunkt der Nützlichkeit seiner Leistung, versucht auch noch in Vers 21 die Illusion aufrecht zu erhalten, es gehe bei seinem Dienst wie in der Bibelstelle um einen Gewinn "für den Herrn", spricht aber ab Vers 29ff. nur noch von dem Vorteil, den er daraus für die Sicherung seines persönlichen Heils zieht[414]. Prudentius scheint sich damit zwar an die horazische Grundforderung nach einer gewissen Nützlichkeit der Dichtung zu erinnern, verlagert diese aber zugleich. Dichtung soll zwar immer noch nützen, doch nicht mehr in erster Linie dem Leser, sondern dem Dichter selbst. Ähnlich verlagert sich der Aspekt des "iuvare" (Ep 34). Das Publikum wird aus den Augen verloren, der Dichter hat sich selbst im Blick[415].

---

[414] Vgl. Ep 29f.: "Munus ecce fictile inimus intra regiam salutis"; das "prodest" von Ep 32 wiederholt also nicht, wie THRAEDE, Studien 74 annimmt "in abstrakter Form" das "omne vas fit utile" von Ep 21. Nur V. 21 wiederholt ja den biblischen Aspekt "utile domino", "prodest" hat dagegen den Nutzen für den persönlichen Heilsgewinn im Blick. In beiden Fällen spricht Prudentius zwar vom "Nutzen seiner Poesie" (THRAEDE, Studien 74), doch er wechselt zwischen den beiden Stellen ohne Bedenken das Objekt, dem dieser Vorteil zugute kommen soll. THRAEDE ist hier unpräzise. Daß für ihn aber das "prodesse" in bezug auf den Dichter das Entscheidende ist, damit der Kern der Sache richtig gesehen ist, zeigt Anm. 102. - Eine dem Epilog vergleichbare Entwicklung innerhalb des Nützlichkeitsgedankens haben wir bereits in der Praefatio festgestellt (vgl. dazu oben S. 30f.: Während das "quid nos utile ... egimus", Prf 6, noch offen ist auf den Nutzen für andere hin, erfolgt Prf 23f. eine Konkretisierung auf das eigene Seelenheil hin: "Numquid talia proderunt carnis post obitum?").

[415] Vgl. dazu THRAEDE, Studien 75, Anm. 182: "Nimmt man 'iuvat' = 'delectat', dann stehen Ep 32/34 'prodesse' und 'delectare' beieinander. Das aber ist die traditionelle Zielangabe für Dichtung, bezogen auf den Dichter selbst: das Publikum fehlt, wohl der deutlichste Bruch mit antiker Dichtungstradition ... ." Darin ist THRAEDE zuzustimmen; zu weit geht er allerdings, wenn er wegen des Futurs "iuvabit" und der Zuordnung des Ausdrucks zur Exordialtopik im Epilog die ursprüngliche Praefatio zu einer Gruppe von Gedichten des Gesamtwerkes erblickt. Prf und Ep entsprechen sich doch genau: Während in Prf 44f. mit "o ... emicem" die innige Hoffnung ausgedrückt wird, durch die eigene Poesie ewiges Leben zu gewinnen, zeigt der Epilog Prudentius in sicherem Vertrauen diesem Ziel schon nahe. Die Sehnsucht nach einem Ort, wohin Prudentius von seiner Zunge getragen werde (Prf 45), scheint durch das Betreten der "regia salutis" (vgl. das Praesens "inimus", Ep 30, und "prodest", Ep 32) gestillt. Auch das Futur "iuvabit", das nach THRAEDE in die Zukunft weise und somit die "Ausführung des bis dahin motivierten Vorhabens" ankündige, stört nicht, wenn man bedenkt, daß "iuvare" bei Prudentius auch sonst im Sinne von "prodesse" steht (vgl. H 471, Ps 697, C 12,134). Im Zusammenhang mit dem Inf. Perf. "personasse", "praestitisse" bedeutet das dann, daß das dichterische Werk sehr wohl abgeschlossen sein konnte, der Nutzen (= das ewige Heil) aber, auch wenn man sich dessen sicher glaubt, erst in der Zukunft, nach Niederschrift des Epiloges liegen kann.

Damit bestätigen die letzten Verse des Epilogs den Eindruck,
den schon der Ton der Praefatio geweckt hatte und dessen man
sich auch beim Lesen des eigentlichen Werkes nicht erwehren
konnte. Die Dichtung des Prudentius ist einer in sich gekehr-
ten, an den Belangen der Umwelt nicht mehr als oberflächlich
interessierten Haltung entsprungen, die zwar im zeitgenössischen Literaturverständnis einen gewissen Rückhalt fand, jedoch mitunter der Gefahr narzißtischer Konzentration auf die
eigene Person erliegt.

1.3 RESÜMEE

Zum Schluß sei noch einmal zusammengefaßt, wie es zu einem
solchen Urteil kommen konnte.
Prudentius versteht seine Dichtung als eine Art asketische
Übung, die unter dem Motto "Absage an die Welt, Zusage an
Christus" steht und aus der existentiellen Frage geboren ist:
Wie rette ich meine Seele?
Mit dem Rückzug aus der profanen Gesellschaft hofft Prudentius, all das hinter sich zurücklassen zu können, was ihm als
unnützer Ballast auf der Suche nach persönlicher Vollendung
erschienen war: eine berufliche Karriere, die in der Rhetor-
schule begonnen und mit den ehrgeizigen, ja skrupellosen Methoden der dort gelehrten Kunst in einem glanzvollen Höhepunkt ihr Ende gefunden hatte.
Der Dichter glaubt damit, auch all die "Welt-Weisheit" zu
meiden, die vor Gott Torheit sei, Irrtum und Falschheit, aber
in der Gedankenwelt der Rhetorik als Wahrheit verkauft werde.
Zugleich nimmt er Abstand von der heidnischen Poesie, die in
seinen Augen auf entsprechende Weise unbefriedigend ist.
Demgegenüber bedeutet "Zusage" an Gott für Prudentius, durch
kunstvolle Komposition von Worten dessen Lob zu mehren.
Offensichtlich sucht er damit die l i t e r a r i s c h e
Konkurrenz. Sich durch christliche T a t e n hervorzutun,
sieht er sich nicht in der Lage.
Mit seiner Poesie will sich der Dichter ausschließlich
christlichen Themen widmen und so der göttlichen Wahrheit
dienen. Mit dieser scheinbar totalen Zuwendung an Gott verbindet Prudentius die Erwartung, nun den idealen Beruf gefunden zu haben, als den er seine weltliche Betätigung nicht
hatte empfinden können.

Christliche Poesie begreift er als unvergleichlich edles,
gottgefälliges Amt, ja schließlich sogar als Opfer, das Heil
schaffen kann. So verstanden ist die neue Betätigung für den
Dichter gleichsam eine vollgültige asketische Übung.

Einen radikalen Bruch mit der Vergangenheit vollzieht Prudentius dennoch nicht. Der Gedanke, sich anstelle beachtenswer-
ter Taten durch literarische Produkte zu profilieren, hatte
sich spätestens mit Sallust als möglicher Lebensentwurf
durchgesetzt und war in Verbindung mit der üblichen Bescheidenheitstopik auch für den Bereich christlicher Askese hoffähig geworden. Eine andere Qualität bekommt freilich die
damit verbundene Hoffnung auf Unsterblichkeit. Hier erwartet
man sich als Lohn für fromme Dichtung die durch Jesus Christus erwirkte körperliche Auferstehung; dort hegt man lediglich die Hoffnung, in der Erinnerung der Menschen für immer
lebendig zu bleiben.

Ebenso wurde im Verlauf der Prudentius-Lektüre deutlich, wie
wenig der Dichter im Innersten vom Gegensatz zwischen heidnischem Irrtum und christlicher Wahrheit überzeugt war. Er hat
ja doch sehr viel von dem, was angeblich nichtige Hirngespinste waren, mit einem neuen Etikett versehen - und selbst
dieses fehlt mitunter -, um es dann als christliche Wahrheit
weiterzugeben.

Auch das Verständnis christlicher Poesie als Opfer kommt, wie
oben verdeutlicht wurde, nicht von ungefähr. Bereits in der
klassischen Dichtungstheorie fand Prudentius diese Vorstellung vorgeformt. Als seine Leistung muß es gelten, erstmals
die völlige Identität von beidem postuliert zu haben. Als
wirklich christliches Eigengut bringt er die Deutung der
Dichtung als Dankopfer an einen absolut herrschenden und allmächtigen Schöpfergott ein.

So erfolgt die Idealisierung des Berufs eines christlichen
Poeten auf der Basis von bekannten Wertbegriffen und Denkmo-
dellen. Durch tendenziöse Charakterisierung des Paulus sowie
die Vorstellung Cyprians als "getauften" Römer erreicht Prudentius eine ihm genehme Romanisierung und Rhetorisierung der
Tradition christlicher Schriftsteller, in deren Reihe er sich
sieht. So ist die Heteronomie christlicher Dichtung, von der
Prudentius in den dichtungstheoretischen Partien seines Werkes auszugehen schien, bei weitem nicht so eindeutig christlich bestimmt, wie man auf den ersten Blick annehmen mag.
Prudentius dient mit seiner Schriftstellerei ja in vielem ur-
römischen Zielen, so daß man die in der Praefatio angekündigte Distanz zu Rom in der Praxis mehr und mehr dahinschwinden
sieht.

Prudentius schafft sich die Rechtfertigung dazu durch sorglo-
sen Umgang mit der Schrift und Umbiegen biblischer Skopoi auf
sich und seine persönlichen Bedingungen und seine besondere
Situation hin. Das AT und NT werden ihm so wie so vielen seiner christlichen Zeitgenossen zu einer Fundgrube, die unbe-
fangen ausgebeutet wird, um ein Alibi für die immer wieder
erfolgte Übernahme heidnischer Gedanken und Praktiken in die
religiöse Poesie bzw. Prosa zu gewinnen[416]. Prudentius will
offensichtlich, um als Christ Erlösung finden zu können, Römer bleiben und der römischen Idee weiterhin dienen können.
Kein Wunder also, wenn er sich die Heimholung der antiken
Romidee in den Rahmen einer christlichen Weltanschauung in
seinem Werk ein besonderes Anliegen sein läßt. Die Art und
Weise, wie Prudentius dieses Anliegen in die Tat umsetzt,
soll im folgenden, zweiten Kapitel dieser Untersuchung zur
Religiosität des Dichters analysiert werden.

---

[416] Vgl. oben S. 75.86.94.

2. POLITISCHE RELIGIOSITÄT UND ROMIDEOLOGIE BEI PRUDENTIUS: DER RÖMISCHE CHRIST ALS "HOMO POLITICUS", CHRISTUS ALS "DEUS ROMANUS"

2.1 HINFÜHRUNG

Als Bürger des spätrömischen Reiches und Mitglied der reichskatholischen Kirche steht Prudentius auf dem Boden zweier
Traditionen, die von Anbeginn in einen regen Austausch miteinander getreten waren und sich so gegenseitig beeinflußten,
sei es, daß sie sich aneinander rieben, ja in feindlichem
Mißtrauen den Kampf ansagten, sei es, daß sie gleichsam ko-
operierten und sich gegenseitig befruchteten.
Berührungspunkte waren durch die geschichtliche Situation
vorgegeben. Die Schriften des Frühchristentums entstanden in
einem Milieu, das von römisch-hellenistischen Idealen und dem
von ihnen bestimmten Lebensstil geprägt war. Und für das römische Reich war es umgekehrt ein auffallendes Charakteristikum, der "religio" einen wesentlichen Platz innerhalb der
Staatsideologie einzuräumen.
Daher soll zunächst ein Blick in die wichtigsten Quellen diesen typischen Zug des römischen Selbstverständnisses veranschaulichen. Sodann soll in einem kurzen Überblick die Art
und Weise beleuchtet werden, wie die Christen sich mit diesen
Vorgaben auseinandersetzen. Schließlich soll versucht werden,
die Rolle des Prudentius in diesem Prozeß zu beschreiben.

2.2 DAS "IMPERIUM ROMANUM" ALS "IMPERIUM RELIGIOSUM"

2.2.1 Heidnische Romideologie

Wenn der Name "imperium Romanum" noch heute einen faszinie-
renden Klang verbreitet, so nicht zuletzt deswegen, weil dieses Reich wie kaum ein anderes durch öffentliche Propaganda
verschiedenster Art die Mit- und Nachwelt von seiner weltpo-
litischen Einzigartigkeit und Überlegenheit zu überzeugen

versuchte[1]. In unserem Zusammenhang soll es genügen, eine Hand voll literarischer Dokumente aus dem reichhaltigen Arsenal der antiken Beiträge zur Romideologie vorzuführen. Das beginnt mit den zahlreichen Epitheta, die der Stadt gegeben werden und die alle das Thema von der Bestimmung der römischen Hauptstadt als "caput insuperabile rerum"[2] variieren. Rom wird als "maxima"[3], "inclyta" (z.B. Verg. Aen. 4,781), "pulcherrima" (z.B. Cic. Cat. 2,19) und "aurea" (z.B. Ausonius c. 12,1) gepriesen. Die Stadt wird "domina"[4] und "regina"[5] genannt, ja schließlich als "dea" (z.B. Martial 12,8,1; Rut. Nam. 1,79) in einem besonderen Tempel geehrt[6] und so für unsterblich erklärt. Noch heute geht die Stadt mit dem eigenartigen Zauber "hausieren", den die Vorstellung von der "Roma aeterna" (z.B. Tibull 2,5,23; Amm. Marc. 14,6) ausstrahlt[7]. Dieses stolze Bekenntnis zu Rom und der vom römischen Reich ausgeübten Herrschaft hat sein Fundament in der tiefen Überzeugung, daß sich darin der Wille der Götter spiegelt. Umgekehrt wird der durch äußerste "pietas" erwirkte Friede mit diesen zur Voraussetzung für das Gedeihen des Reiches[8]:

"Dein ist, so du den Göttern dich beugst, das Reich.
Das Erste laß sie, laß sie das Letzte sein."[9]

---

[1] Vgl. dazu W. GERNENTZ, Laudes Romae. Diss. Rostock 1918 und F. CHRIST, Die römische Weltherrschaft in der antiken Dichtung = TBAW 31, 1938 sowie B. KYTZLER, Roma aeterna. Lateinische und griechische Romdichtung von der Antike bis in die Gegenwart. Zürich/München 1972. Literatur zur spätrepublikanisch-augusteischen Romidee bei E. MEYER, Römischer Staat und Staatsgedanke. Darmstadt 1961[2], 519f.

[2] Claud. bell. Gild. 459; ähnlich Grattius, Cyn. 323ff.; zu Rom als "caput" vgl. CHRIST 88.

[3] Hor. carm. saec. 11f.; Claud. cons. Prob. et Olybr. 130; dazu CHRIST 183f.

[4] Vgl. Ov. met. 15,447; Hor. c. 4,14,44; Mart. 12,21,9; dazu CHRIST 85.

[5] Vgl. Rut. Nam. 1,47 (dazu H. FUCHS, Zur Verherrlichung Roms und der Römer in den Gedichten des Rutilius Namatianus = BZGAK 42, 1943, 37ff.); Ammian. Marc. 14,6,5; dazu CHRIST 85.

[6] Vgl. Liv. 43,6,5; Tac. ann. 4,37; dazu LATTE 306.312f.317.

[7] Dazu CHRIST 59-64 und C. KOCH, Roma aeterna, in: Religio - Studien zu Kult und Glauben der Römer. Nürnberg 1960, 142-175.

[8] Zum folgenden Überblick vgl. auch A. WLOSOK, Rom und die Christen. Die Auseinandersetzung zwischen Christentum und römischem Staat, in: Da-Unt. XIII,1, 1970, 53-67 sowie die Literaturangaben aaO. 77.

[9] Hor. c. 3,6,5f.; Übersetzung H. FÄRBER, Horaz. Sämtliche Werke, Lateinisch und Deutsch. München 1979, 127. Ähnlich auch Plin. Pan. Trai. 74,5: "Civitas religionibus dedita semperque deorum indulgentiam merita ..." sowie 94,1: "In fine p r a e s i d e s c u s t o d e s q u e i m p e r i i d i v o s ego consul pro rebus humanis ac te praecipue, Capitoline Iuppiter, precor ...".

Auch für Cicero wird der Verlauf der Geschichte zum Beweis
für die Wechselwirkung zwischen dem Heil des Staates und der
frommen Haltung der Bürger:

> "So kann man erkennen, daß unter deren Herrschaft der
> Staat gedieh, die den religiösen Gesetzen Folge gelei-
> stet hatten."[10]

"Pietas" wird für die Römer zu einer Tugend, die durchaus mit
anderen Werten, insbesondere mit kriegerischer Tüchtigkeit,
konkurrieren kann:

> "Wenn wir uns mit ausländischen Völkern vergleichen wol-
> len, wird man uns in den übrigen Dingen ihnen entweder
> als gleichwertig oder als unterlegen betrachten, was
> aber die Religion, d.h. den Kult der Götter, angeht, für
> weitaus engagierter."[11]

Auch in die Poesie fließen diese Vergleiche ein und münden in
prägnante Gegenüberstellungen:

> "Denn wie sehr uns durch das Schwert Macht gegeben ist,
> so auch durch unsere Frömmigkeit."[12]

In den Versen des Silius Italicus begegnet derselbe Gedanke:

> "Wenn dir unser Volk durch kriegerische Leistungen ge-
> fällt, so muß es noch mehr durch seinen Glauben beein-
> drucken."[13]

Spuren einer solchen Einschätzung lassen sich bis hinein in
die apologetische Literatur der Christen verfolgen:

> "So konnten sie ihre Macht und ihren Einfluß über den
> ganzen Erdkreis ausdehnen ... Denn: im Kriege vereinen
> sie Tapferkeit mit religiösem Eifer; die Sicherheit
> ihrer Stadt gründet sich auf genaue Erfüllung der Opfer
> ..."[14].

Bei keinem anderen aber wird die Vorstellung von der in göttlichem Ratschluß begründeten Ewigkeit des römischen Reiches
mit solcher Vehemenz und poetischer Virtuosität verfochten
wie bei Vergil, dem "berühmtesten Künder der Parole von der
'Roma aeterna'"[15]. Die von ihm formulierte Verheißung Juppiters

---

[10] Nat. deor. 2,3,8; ähnlich auch nat. deor. 3,2,5; vgl. dazu J.
VOGT, Ciceros Glaube an Rom. Darmstadt 1963 (Nachdruck), 79ff.
[11] Cic. nat. deor. 2,14,38.
[12] Prop. 2,22,21f.: "Nam quantum ferro, tantum pietate potentes."
[13] Sil. It. 16,156f.: "Si pulchra tibi Mavorte videtur, pulchrior
est genus nostra f i d e." Zur Rolle der "fides" vgl. C. BECKER, Art.
Fides, in: RAC 7, 815.
[14] So die Worte des Heiden Caecilian bei Min. Fel. 6,2; Übersetzung
B. KYTZLER, M. Minucius Felix. Octavius. Lateinisch-Deutsch. München
1965, 61.
[15] STRAUB 77.

"Diesem setze ich weder ein Ziel noch Frist für die
Herrschaft. Reich ohne Grenzen sei ihm beschieden."[16]
umreißt in vollendeter Weise die alte Überzeugung der Römer
von der Verwurzelung des Staates in der "religio". Der "pius
Aeneas"[17] wird zur Symbolfigur für den idealen Bürger dieses
Reiches, der durch seine achtungsvolle Haltung gegenüber den
Göttern für das Heil des Staates die Mitverantwortung übernimmt. Von daher kann hier mit Recht von einer "Loyalitätsre-
ligion"[18] gesprochen werden.
Dabei übernehmen selbstverständlich auch die staatlichen Repräsentanten religiöse Aufgaben. Man denke nur an die Funktion des Kaisers als "pontifex maximus"[19] oder an die Tatsache, daß nur auf Senatsbeschluß Einsicht in die sibyllini-
schen Bücher genommen wurde[20], oder nicht zuletzt an die
hochpolitische Bedeutung der Vestalinnen[21].
So bildeten Religion und Politik letztlich eine untrennbare
Einheit[22], und diese religiöse Interpretation des Reiches ist
so tief im Denken der Römer verwurzelt, daß sie sich bis hinein in die Zeit retten kann, in der Prudentius lebt, ja dort
mit besonderer Begeisterung aufgegriffen wird[23]. Mit geradezu
"fieberhafter Inbrunst"[24] wenden sich spätrömische Dichter
und Schriftsteller wie Ammianus Marcellinus, Rutilius Namatianus oder Claudian den romideologischen Gedanken der klassischen Antike zu[25]. Zu dem wohl größten Lobredner der "Roma
aeterna" von Gottes Gnaden wird aber nicht ein heidnischer

---

[16] Aen. 1,278f. = Sil. It. 7,476ff.; ähnlich auch Verg. Aen. 3,97ff.
[17] Vgl. Verg. Aen. 1,305.378f.544f. u.v.a. (dazu I. OPELT, Art.
"Aeneas". Nachtrag zum RAC, in: JbAC 4, 1961, 184-186); Tib. 2,5,19f.;
Prop. 4,1,43; Sil. It. 7,474. Zu "pietas" als römischer Tugend vgl. auch
C. KOCH, Art. "pietas", in: PRE 22, 1221-1232; J. LIEGLE, Pietas, in: H.
OPPERMANN (Hg.), Römische Wertbegriffe. Darmstadt 1974, 229-273; T. UL-
RICH, Pietas als politischer Begriff im römischen Staate bis zum Tode des
Kaisers Commodus. Breslau 1930.
[18] LATTE 312ff.
[19] Vgl. dazu LATTE 195ff.400ff.
[20] Vgl. dazu KP 5,161. - Die wichtige Rolle des Senats bezüglich der
römischen Religion spricht auch Prudentius S 1,223f. an, vgl. dazu CACIT-
TI 417, Anm. 87.
[21] Diese kommt sehr schön zum Ausdruck in den bei Plin. ep. 4,11,7
überlieferten Worten der Vestalin Cornelia: "me Caesar incestam putat,
qua s a c r a   f a c i e n t e   v i c i t, triumphavit".
[22] Vgl. MARROU, Erziehung 438; KLEIN 15.
[23] Zur Neubelebung der Rom-Idee im 4./5. Jh. vgl. BUCHHEIT 458 mit
den Anmerkungen; FUHRMANN, Romidee 532.
[24] KLEIN 116, Anm. 102.
[25] Vgl. dazu ebd. 108-121.

Autor, sondern der christliche Dichter Prudentius. Seine Art
und Weise der Auseinandersetzung mit dem römischen Reich und
seinem Selbstverständnis, seine Motive und Ziele sind freilich nur verständlich, wenn man sich die verschiedenen Stufen
vergegenwärtigt, die die Christen in ihrer Einstellung zu
diesem Staat durchgemacht haben.

2.2.2 Die Christen und das "imperium Romanum"

Das NT gibt den Christen keine einheitliche und klare Weisung
bezüglich ihres Verhaltens gegenüber der staatlichen Macht.
Die aufgezeigten Möglichkeiten reichen von einer grundsätzlich bejahenden über eine eher kritisch-distanzierte bis hin
zu einer völlig ablehnenden Stellung[26].
Da wird Röm 13,1-7 und 1 Petr 2,13 die Forderung nach einer
prinzipiellen Anerkennung staatlicher Autorität als einer von
Gott bestimmten Größe erhoben, ja 1 Tim 2,2 gar zum Gebet für
den Kaiser aufgerufen. Doch werden dieser loyalen Haltung Act
5,29 klare Grenzen gesetzt: "Man muß Gott mehr gehorchen als
den Menschen." Dieser grundsätzliche Vorbehalt wird dann bekräftigt durch die frühkirchliche Überzeugung vom nahen Ende
der Welt, die von einer zu festen Bindung an jegliche Manifestationen der irdischen Macht abrät[27]. Schließlich kann dies
- zumindest in der Theorie - zu einer völligen Verweigerung
gegenüber einer staatlichen Autorität führen, die gleichsam
als Inkorporation des Satans gefürchtet wird[28].
Auf die Dauer kann sich freilich diese ablehnende Haltung
nicht durchsetzen. Der Christ der jungen Kirche, der ja mit
seiner Bekehrung nicht aufhört, Bürger des römischen Reiches
zu sein, vermag die verantwortungsvolle Bindung an die "civitas", in die er durch lange Tradition hineingewachsen ist,
nicht abzuschütteln. Man beginnt sich mit dieser besonderen
religions-politischen Situation zu arrangieren und ein welt-

---

[26] Vgl. zum Folgenden PASCHOUD 170-182.
[27] Vgl. etwa Mt 6,9 par. Lk 11,2; 1 Kor 7,29 ("ὡσ μή"-Prinzip, dazu
unten S. 286f.); Did.10,6 = ed. WENGST, Darmstadt 1984, 83; dann auch das
in der Einleitung zum Clemens-Brief sichtbar werdende Verständnis der Gemeinde als "παροικοῦσα" = "in der F r e m d e weilende" (vgl. ed. FI-
SCHER, Darmstadt 1981, 24f. mit Anm. 1).
[28] Vgl. Apc 12.17 (dazu BUCHHEIT 455, Anm. 2); Hippol. Dan. 4,8,7-49
= SC 14 (1947) 276 (BARDY), dazu BUCHHEIT 456, Anm. 6.

politisches Selbstbewußtsein mit christlicher Prägung zu entwickeln[29]. Die Christen begreifen sich als die eigentliche
"Seele der Welt"[30] und beanspruchen den Kaiser als den ihri-
gen, da er ja von ihrem Gott eingesetzt sei und von diesem
Segen für seine Herrschaft erhoffen könne[31].
Ein erster Höhepunkt der christlichen Interpretation des Reiches wird mit dem apologetischen Hinweis auf die Koinzidenz
zwischen der Friedensherrschaft des Augustus und der Geburt
Christi erreicht[32]. Nachdem sich die Christen auf dieser Basis der traditionellen Wertschätzung des Imperiums angenähert
haben, öffnet der offizielle Wegfall der heidnischen Vorherr-
schaft zugunsten des christlichen Bekenntnisses den Weg völlig für eine Identifizierung mit diesem Reich und dessen
unüberbietbarem Mittelpunkt Rom. Freilich werden dabei Zug
um Zug heidnische Vorbilder durch christliche Helden verdrängt[33].
Bald ist das Selbstbewußtsein der Christen so erstarkt, daß
bei aller Betonung des spezifisch christlichen Beitrags zur
Größe Roms den von der alten "virtus" errungenen Leistungen
auch der heidnischen Antike unverkrampft Bewunderung gezollt
wird. Der wohl beeindruckendste Niederschlag einer solchen
Haltung dürfte uns in den Gedichten des Prudentius vorliegen.

---

[29] Vgl. dazu PETERSON 78ff.; OPELT, Augustustheologie 44-57.

[30] Vgl. Diogn. 6,1 = ed. WENGST, Darmstadt 1984, 321; allerdings begegnen hier noch die alten, einer apologetischen Haltung entspringenden
Vorbehalte (vgl. Diogn. 6,3 = aaO. 321f.).

[31] Vgl. Tert. apol. 33,1f. = CC 1 (1954) 143f. (DEKKERS); Literatur
zur interessanten Haltung Tertullians gegenüber dem christlichen Staat
bei CACITTI 401, Anm. 7.

[32] Vgl. Melito v. Sardes bei Euseb. h.e. 4,26,7-11 = GCS Euseb. 9,1
(1903) 384-386 (MOMMSEN); weitere Vertiefung der Vorstellung bei Euseb
selbst (vgl. dazu die Belege bei BUCHHEIT 456, Anm. 8 sowie die Literaturangaben bei CACITTI 408, Anm. 34); Origenes c. Cels. 2,30 = GCS Orig.
2 (1899) 157f. (KOETSCHAU); 8,72 = GCS Orig. 3 (1899) 288-290 (KOET-
SCHAU); Ambrosius in Ps. 45 = CSEL 64 (1919) 343f. (PETSCHENIG); Aponius
in Cant. 8,1 = PLS 1 (1958) 1015f.

[33] Vgl. etwa Hieron. ad Iovin. 2,38 = PL 23 (1845) 337: "urbs potens, urbs orbis domina, urbs Apostolici voce laudata"; Paul. Nol. c.
13,26ff. = CSEL 30 (1894) 45 (HARTEL): "O felix ... Nola ... post ipsam
titulos Romam sortita secundos, quae prius imperio tantum et victribus
armis, nunc e t apostolicis terrarum est prima sepulchris ..." (man
beachte das "tantum ... et", durch das durchaus auch die militärischen
Leistungen der Vergangenheit und Gegenwart Anerkennung finden); Ambr.
Apost. passio 31 = PL 17,253: dort wird Rom als "electa gentium caput,
sedes magistri gentium" gepriesen (vgl. dazu BUCHHEIT 468, Anm. 54);
Damas. epigr. 23,6f., zitiert nach BUCHHEIT 467f.: "unica in his gaudet
Romanae gloria plebis, quod duce tunc Xysto Christi meruere triumphos".

Sie sollen daher im folgenden unter dem Gesichtspunkt eines in seiner Art einmaligen Beitrags zur Erneuerung der antiken Romideologie näher betrachtet werden.

2.3 ROMIDEOLOGIE UND POLITISCHE RELIGIOSITÄT BEI PRUDENTIUS

2.3.1 Die Epitheta Roms bei Prudentius

Schon bei oberflächlicher Durchsicht des Werkes, das der spanische Dichter aus dem 4. Jahrhundert hinterlassen hat, fällt auf, daß er enthusiastisch die von Nationalstolz zeugenden lobenden Beiworte aufgreift, die die heidnische Antike dem Mittelpunkt ihres Reiches gegeben hat[34].
Da heißt die Stadt "inclyta" (S 1,553; S 2,357), ihr Repräsentant Theodosius dementsprechend "inclytus" (S 1,9). A 507 wird sie als "domina imperii" gepriesen, Pe 9,3 mit dem Superlativ "rerum maxima" bedacht. Ganz selbstverständlich findet sich bei Prudentius auch die Wendung "aurea Roma" (A 385; S 2,1114), von der es nicht mehr weit ist zur Verherrlichung der Stadt als "Haupt" des Erdkreises[35].
So wird bereits durch die Übernahme altvertrauter Charakterisierungen für die römische Metropole der Rahmen abgesteckt, innerhalb dessen man den Dichter mit seiner Haltung zur antiken Rom-Panegyrik einzuordnen haben wird. Hinzu kommt eine Reihe umfangreicher Texteinheiten, die es ermöglichen, ein detailliertes Bild von der Einstellung des Dichters in dieser Frage zu zeichnen.

2.3.2 Politische Religiosität und Romideologie im Zentrum eines dogmatischen Traktates

Als interessante Hinführung zu dem oben umrissenen Fragen-

---

[34] Zum Aufgreifen dieser bekannten Wendungen als Beweis für den "patriotisme" des Prudentius vgl. LAVARENNE, Étude 388f.
[35] Vgl. S 2,662: "caput orbis"; S 1,496: "egregium caput orbis"; Pe 2,440: "summum caput"; Pe 10,167: "saeculi summum caput"; dagegen heißt TH 101 Bethlehem "caput orbis" (vgl. dazu PILLINGER 70 sowie die Kritik bei DÖPP, Rezension Pillinger 230f.; von "Kontrastimitation" kann hier allerdings nur relativ beschränkt die Rede sein, insofern Prudentius ja dasselbe Prädikat gewöhnlich - wie ehedem üblich - auf Rom bezieht).

kreis sollen zunächst einige Verse aus der "Apotheosis" aufgegriffen werden, einem Buch, aus dem man wegen seines dog-
matisch-didaktischen Charakters zunächst kaum Antworten auf
diese Problematik erwarten würde. Dennoch sehen wir hier
schon erste Markierungen gesetzt für die Vorstellungen, die
Prudentius in den für diese Fragestellungen zentralen Werken
entfalten wird.

Da geht es A 379ff. um die Rolle, die der römische Statthal-
ter Pilatus bei der Kreuzigung Jesu spielte. Für Prudentius
ist gerade die dreisprachige Kreuzesinschrift, die Pilatus
anzubringen befahl, von Interesse. Zunächst erinnert der
Dichter selbst in knappen Worten daran, welchen Völkern auf
diese Weise der Tote am Kreuz vorgestellt werden sollte.
Doch was wie eine sachliche Aufzählung beginnt, gipfelt in
dem stolzen Hinweis auf die "Ausoniae facundia ... linguae"
(A 380). Da klingt erstmals die Freude des Dichters an der
Redegewandtheit und Kunstfertigkeit der lateinischen Sprache
an[36]. Daß der Ausdruck "facundia" für eine Kreuzesinschrift
fehl am Platz ist, scheint Prudentius nicht zu stören, ja er
wird noch verstärkt durch "Ausoniae linguae", was für diesen
spröden Titel allzu poetisch klingt. Hier bekommen wir eine
erste Vorstellung von der Begeisterung, die den Dichter für
sein römisches Vaterland erfüllt.

Fünf Verse weiter macht er diese wie selbstverständlich auch
zu einem Charakterzug des Pilatus: In dessen Entwurf für die
Inschrift bildet die lateinische Sprache ebenfalls den krö-
nenden Abschluß[37]; und während auf "Iudaea" und "Graecia"
ohne erläuterndes Beiwort verwiesen wird, schwebt dem Pilatus
des Prudentius mit "aurea Roma" ein liebevoller "Kosename"
für seine Stadt vor[38].

----

[36] Freilich findet auch für die griechische Inschrift ein Begriff
aus der Rhetorik Verwendung ("copia"); er meint aber mehr Rede f ü l l e ,
ist also qualitativ minderwertiger als "facundia", womit ja doch natürliche oder kunstmäßige Beredsamkeit in einem umfassenden Sinn ausgedrückt
werden soll.

[37] Die Tatsache, daß hier nicht die biblische Reihenfolge beibehal-
ten ist - Johannes nennt die lateinische Sprache vor der griechischen an
zweiter Stelle - mag den Eindruck verstärken, daß Prudentius damit eine
steigernde, werbende Absicht verbindet.

[38] Damit stellt sich auch Prudentius in gewisser Weise in die
christliche Rechtfertigungstradition bezüglich Pilatus, vgl. Mt 27,19.26;
Mc 15,15, dann die Existenz apokrypher Briefe des Pilatus an Tiberius und
Claudius, so daß er bald zum Christen und in der äthiopischen Kirche sogar zum Heiligen werden konnte; vgl. dazu J. BLINZLER, Art. "Pilatus",
in: LThK² 8,505f.

Für Prudentius werden nun diese Länder- und Städtenamen zum
Gleichnis für den Siegeszug der christlichen Botschaft durch
die Völker[39]; der Name "Jesus" ist nun in aller Ohren.
Das soll nicht ohne Wirkung bleiben. Die heidnischen Götter
und Dämonen werden überwunden: "Torquetur Apollo/nomine per-
cussus Christi nec fulmina verbi/ferre potest." - "Apollo
windet sich, vom Namen Jesu getroffen, und er kann die Blitze
seines Wortes nicht ertragen." (A 402-404)[40] Das nimmt den
Anfang mit Dämonenaustreibungen durch Jesus selbst (A 414ff.)
und findet einen ersten grandiosen Abschluß mit dem Bekenntnis spätrömischer Führungskreise zu Christus:

> "Ipsa suis Christum Capitolia Romula maerent
> principibus lucere deum destructaque templa
> imperio cecidisse ducum. Iam purpura supplex
> sternitur Aeneadae rectoris ad atria Christi
> vexillumque crucis summus dominator adorat."

> "Selbst die kapitolinischen Gottheiten trauern,
> daß Christus ihren Kaisern den Weg weist
> und die Tempel, die auf höchsten Befehl hin zerstört
> wurden, jetzt Ruinen gleichen. Nun breitet das Oberhaupt
> des römischen Reiches im Hause Christi seine Purpurtoga
> zum Gebet aus, und er, der über alles herrscht, zollt
> dem Kreuzesbanner Verehrung."   (A 444-448)

Prudentius preist also nicht zuerst den Erfolg des Evangeliums bei der breiten Masse; für ihn ist vielmehr von Bedeutung, daß das Wort Gottes bis in die höchsten Stufen der römischen Ämterhierarchie vorgedrungen ist. Die Akzente, die
er in seiner Schilderung setzt, können diesen Eindruck nur
bestätigen. Offensichtlich empfindet der Dichter die Konkurrenz der beiden Religionen wie einen Kampf der sie verkör-
pernden Gottheiten um die Gunst der Staatsmänner, aber auch
um das "Sorgerecht" für die politischen Spitzen[41]. Dabei ist

---

[39] Vgl. A 386-392; zu beachten auch der rhetorische Aufwand (vierfache Anapher: "Quidquid ...", dreifache Anapher: "Christum")!
[40] Daß Christus hier wie auch A 490 als Blitzeschleuderer erscheint,
muß aufhorchen lassen, galt dies doch gerade als für den höchsten heidnischen Gott charakteristisch. Jener wird hier in offensichtlicher Konkurrenz zu Juppiter gesehen. Noch deutlicher wird diese Absicht C 6,81 sowie
C 12,84, aber auch schon A 171, wo mit dem Adjektiv "tonans" ein bekanntes Epitheton Juppiters auf Christus bezogen wird; H 376 erscheint es
ebenfalls, doch hier sichert sich Prudentius durch den Zusatz "veri" gegen mögliche Verwechslungen ab. Auch in unserem Fall wird der Unterschied
auf den ersten Blick klar: Christi Macht zeigt sich (hier) nicht in Na-
turereignissen, sondern allein die Wortgewalt - "fulmina verbi" - bricht
die Macht Apollos. Vgl. dazu auch unten S. 233.
[41] Zur Bedeutung des Senats vgl. auch CACITTI 417, Anm. 87.

der Vertreter der christlichen Religion unmißverständlich
beim Namen genannt. Doch wo "verstecken" sich die Repräsentanten des Heidentums?
Dem Leser, der mit der lateinischen Sprache vertraut ist, ist
mit Sicherheit der pluralische Gebrauch des Wortes "Capitolium" aufgefallen. Zwar wissen wir, daß "Capitolium" im Kir-
chenlatein gerne jeden beliebigen Heidentempel meinen kann.
Auch Prudentius kennt diesen Gebrauch[42], so daß hier durchaus
irgendein gewöhnliches Heiligtum angesprochen sein könnte.
Freilich assoziiert ein jeder Römer mit dem Begriff zuerst
jenen bekannten, zwischen Velabrum und Marsfeld gelegenen Hügel Roms, der schon fast zum Synonym für die Stadt geworden
ist. THOMSON und LAVARENNE übersetzen dann auch einfach sin-
gularisch, bleiben die Rechtfertigung dafür jedoch schuldig[43].
Dabei ist eine einleuchtende Begründung durchaus möglich. Da
muß man zunächst die Möglichkeit in Betracht ziehen, daß
Prudentius den Plural aus metrischen Gründen gewählt hat.
Auch Vergil, dem Prudentius sonst sprachlich und gedanklich
gerne folgt, hat Aen. 8,347 das metrische Problem auf diese
Weise gelöst. Doch dürfte diese Begründung etwas mager sein.
Eine andere Beobachtung kann hier weiterhelfen. Seit der Regierung der beiden Tarquinier schmückte den südlichen Hügel
des "mons Capitolinus" ein gewaltiger Tempel, der für die
oberste Göttertrias der Römer, nämlich Iuppiter optimus
maximus, Iuno und Minerva errichtet worden war. Sobald aber
der Ort hauptsächlich als Wohnstätte dreier Gottheiten verstanden wird, ist eine pluralische Aufspaltung der Bezeichnung nicht mehr verwunderlich. "Capitolia" steht also wohl
für die Gottheiten, die diesen Ort für die Römer ja erst so
bedeutsam machten[44]. Bestätigt wird diese Annahme auch durch
das von Prudentius gewählte Verb "maerere", das ja ein persönliches, zu Gefühlen fähiges Subjekt voraussetzt. Es wirkt

---

[42] Vgl. S 1,632; dazu auch GEORGES I,981.
[43] Bei LAVARENNE, Étude 317 wird allerdings die Begründung gleichsam
"vorweggenommen", indem "Capitolia" als Beispiel für den poetischen Plural mit singularischer Bedeutung angeführt wird.
[44] So Prudentius selbst S 1,182-184; vgl. dazu auch STEIDLE 266,
Anm. 88, der die Identifizierung Kapitol = "summum caput urbis et re-
l i g i o n i s" auch bei Laktanz nachweist.

zweifelsohne auf "Capitolia" personifizierend zurück[45]. Iuppiter, Iuno und Minerva ringen also stellvertretend für die heidnische Götterfamilie gegen Christus um Anerkennung durch die römischen "principes".

Daß sie hier die älteren Rechte vorweisen können, zeigt der enge Bezug, der durch das Possessivpronomen "suis" hergestellt wird. Damit ist ein typisches Element des heidnisch-römischen Religionsverständnisses erfaßt: Der römische Politiker sieht seine Aufgabe im Licht[46], das die Gottheit spendet. Daß dieses Element auch in die christliche Gedankenwelt eingebaut wird, lehrt uns Prudentius mit diesem Resümee: Christus verdrängt die alten Götter, nimmt aber gleichzeitig die traditionelle Aufgabe wahr, dem Kaiser hilfreich zur Seite zu stehen[47]. Der Wandel gipfelt in der demütigen[48] Verehrung Christi durch den "summus dominator", den Kaiser, für den hier metonymisch sein purpurrotes Gewand erwähnt wird[49].

Der Bekehrungsvorgang selbst wird in recht allgemeiner Weise beschrieben. Dennoch sind genügend "Signale" gesetzt, um sogleich jene Ereignisse des Jahres 312 in Erinnerung zu rufen, durch die die Milvische Brücke als Ort eines zweifachen Sieges in die Geschichte eingehen sollte: Hier überwanden die konstantinischen Truppen Maxentius. Hier und in diesem Sieg erwies sich für Konstantin der christliche Gott als dem heidnischen Sol invictus überlegen. Die äußerst enge Koppelung beider "Siege" ist Ergebnis der zeitgenössischen Legendenbildung[50], die dem eigentlichen Sieg eine Vision des Kaisers vorangehen und den Erfolg bereits unter christlichen Feldzei-

---

[45] Prudentius deutet damit erstmals seine Vorliebe für die Personifizierung der römischen Hauptstadt an, für die er im folgenden noch viel beeindruckendere Beweise liefern wird (vgl. dazu unten S. 113.180f.).

[46] Vgl. die Andeutung dieses Bildes durch Prudentius im Verb "lucere".

[47] Freilich findet der religiöse Wechsel nicht mit der Radikalität statt, wie Prudentius sie beschreibt: Die heidnischen Tempel werden nicht auf Befehl, allenfalls mit Duldung der Herrscher zerstört (vgl. THOMSON I,154, Anm. a). Dazu auch Prudentius selbst S 1,501, wo sogar die Erhaltung gelungener heidnischer Statuen als Zeugnisse römischer Kunst angeordnet wird; dazu ausführlicher unten S. 126f.152.

[48] Vgl. die in "sternitur" enthaltene Andeutung der Unterwerfung.

[49] Vgl. dazu unten S. 230 mit Anm. 593.

[50] Vgl. Lact. mort. pers. 44 = CSEL 27,2 (1897) 223 (BRANDT); Zos. 2,15f.; Euseb. h.e. 9,9 = GCS Euseb. 9,2 (1908) 826ff. (MOMMSEN).

chen errungen sein läßt[51].

So genügt der Hinweis auf das "vexillum crucis" (A 448), um zugleich mit dem Herrschertitel "imperator" den Namen Konstantin zu verbinden.

Nun wissen wir aber aus dem Zusammenhang: Es ist hier das Anliegen des Dichters, mit wenigen Worten die heilbringende Wirkung des Wortes Gottes im römischen Reich zu umreißen. Seine Akzentsetzung muß daher interessieren.

Prudentius legt zum einen Wert auf die Bekehrung gerade der führenden Männer im Staat; zum anderen hebt er die politisch-militärische Nutzbarmachung der Religion hervor, die offensichtlich damit Hand in Hand geht. Entfaltet wird dieses Thema in der großangelegten Rede des Theodosius im ersten Buch "Gegen Symmachus"[52]. Auch dort erscheint Konstantin als der vorbildliche Kaiser, der zugleich mit seiner Bekehrung zum Christentum sein Heer unter den Schutz des neuen Gottes gestellt[53] und so die "salus publica" wieder hergestellt hat[54].

Damit ist für das römische Reich die christliche Religion legitimiert, doch noch nicht gesichert, versucht doch Julian, ein Neffe des großen Konstantin, eine Repaganisierung des Reiches einzuleiten. So erwarten wir - das gehässige Bild,

---

[51] Eusebius berichtet von der Anfertigung einer großen, "labarum" genannten Fahne mit der Aufschrift "in hoc signo vinces", die Konstantin am Vortag der Schlacht erschienen sei. Laktanz konkretisiert die Darstellung Eusebs durch genauere Einzelheiten. - Tatsächlich wurde das "labarum" erst kurz nach Konstantins Sieg von 312 eingeführt.

[52] Vgl. S 1,467-495, dazu unten S. 141ff.

[53] Vgl. auch A 498.

[54] Wieder wird die christliche Heeresstandarte zum Symbol für die heilbringende Wirkung der neuen Religion auf den Staat (vgl. S 1,467ff.: "H o c   s i g n o   invictus transmissis Alpibus ultor servitium solvit miserabile Constantinus, cum te pestifera premeret Maxentius aula." Ebenso S 1,486ff.: "Christus purpureum gemmanti textus in auro signabat labarum, clipeorum insignia Christus scripserat, ardebat summis crux addita cristis."). Und wie schon A 446-448 finden wir auch am Ende dieses Abschnitts eine ähnlich enge Verbindung zwischen der Bekehrung des Senats und der Christianisierung der römischen Feldzeichen hergestellt. Freilich ist die "purpura supplex" nun ausgeschrieben: "senatorum clarissimus ordo" (V. 489) bzw. "ille senatus" (V. 493) treten nun an Stelle des metonymen "pupura"; "supplex" wird nun durch "flendo procubuit iacens" (V. 492f.) dramatisiert. Ebenso gewinnt der verehrte Gegenstand - ab V. 486ff. in immer neuen Varianten angesprochen - deutlichere Konturen: Das "vexillum" aus A 448 erfährt nun eine Steigerung durch Vervielfältigung zu "vexilla" und das preisende Attribut "inclyta" (V. 492f.). Sie verdienen ihre Berühmtheit durch ihre "militia ultrix" (V. 494). Hier also erneut und verstärkt die politisch-militärische Funktion des religiösen Symbols!

das die Kirchenväter gewöhnlich von dem Apostaten zeichnen,
vor Augen - auch von Prudentius eine wenig schmeichelhafte
Charakterisierung. Um so mehr muß uns die differenzierte Beurteilung überraschen, die der Dichter A 449ff. gibt[55].
In knappen Antithesen bemüht sich Prudentius, dem wirklichen
Wesen Julians gerecht zu werden. Der Konstantinneffe erscheint als "consultor patriae, sed non consultor habendae
religionis", als "einer, der für das Wohl des Vaterlandes,
nicht aber für die Pflege der Religion Sorge trägt" (A
452f.), als "perfidus deo, quamvis non perfidus orbi", als
"gottlos, wenngleich nicht pflichtvergessen gegenüber seiner
weltlichen Aufgabe" (A 454). Daneben werden sogar noch weitere positive Wesensmerkmale betont, ohne daß dies durch Einschränkungen irgenwelcher Art relativiert würde. Da ist Julian als "ductor fortissimus armis" (A 450) - man beachte den
Superlativ - ein überragender Feldherr; nicht weniger glänzt
er durch seine rhetorischen Fähigkeiten, auch hier wieder mit
"celeberrimus" (A 451) ein Superlativ. Schließlich erweist er
sich auch als treuer Hüter römischer Gesetze[56]. Das ist ehr-
liche Anerkennung der Leistung des Apostaten[57].
Ebenso ehrlich, doch überraschend zurückhaltend klingt demgegenüber die Kritik an der religiösen Haltung Julians[58]. Dieser schneidet dabei kaum schlechter ab als Augustus, den die
Kirchenväter doch gewöhnlich als römischen Wegbereiter Christi - "pax Augusta" als "καιρός" für die Inkarnation des Gottessohnes - idealisierten[59].
Beide verkörpern Tugenden, die Prudentius als Römer offensichtlich beeindrucken: staatsmännische "virtus", Vollendung

---

[55] Auch BROCKHAUS 23 weist auf diese Besonderheit hin, allerdings
ohne sich darüber nähere Gedanken zu machen; ähnlich PASCHOUD 225ff.;
SCHANZ/HOSIUS 245; LANA 65, Anm. 5; CACITTI 411 mit Anm. 52. Prudentius
ist hier womöglich von Ammian. Marc. 14,6,5 beeinflußt (vgl. dazu BIDEZ
356).
[56] Vgl. A 451: "conditor legum".
[57] Gegen HAGENAUER 43, Anm. 1, wo dieser ganz allgemein hervorhebt:
"Für einen heidnischen Regenten kann der Titel 'dux bonus' nur mit Hohn
gebraucht werden."
[58] Offenbar legt Prudentius hier noch nicht die Konsequenz an den
Tag, die er in den folgenden Texten zeigen wird. Da wäre eine Gegenüberstellung "consultor patriae, sed non consultor habendae religionis" ein
undenkbares Paradoxon, weil eben nur noch im Interesse des Vaterlandes
handeln kann, wer sich zur wahren, das ist nun aber zur christlichen Religion bekennt.
[59] Vgl. dazu DÖPP 77; OPELT, Augustustheologie 45 mit Anm. 6 und unten S. 165ff.

der rhetorischen Fähigkeiten, Achtung vor den Gesetzen. Das
rettet sie nicht nur vor der Verurteilung als heidnische
Starrköpfe, sondern gibt ihnen in den Augen des Dichters sogar eine Größe, vor der er uneingeschränkte Hochachtung empfinden muß. Freilich steht ihre unabänderliche Treue gegenüber dem Heidentum einem vorbehaltlosen Lob im Wege.
Dennoch bleibt es erstaunlich, daß Julian, der doch im Gegensatz zu Augustus das Rad der christlichen Geschichte des Römerreiches zurückgedreht hat, nicht eine schärfere Verurteilung durch Prudentius erfährt. Welche Bedeutung muß Prudentius da den vom heidnischen Römerreich geprägten "weltlichen"
Tugenden noch beimessen!
Da muß ein Kaiser, dem es gelingt, christliche u n d altrömische Werte in sich in einem Höchstmaß zu vereinen, dem Ide-
albild des Dichters doch am ehesten entsprechen. Und Prudentius glaubt sich in der glücklichen Situation, mit T h e o-
d o s i u s diesen Idealtyp des Herrschers selbst erleben zu
dürfen. In den beiden Büchern "Gegen Symmachus"[60] hat er ihm
dafür ein Denkmal gesetzt[61].

2.3.3 Politische Religiosität und Romideologie in den beiden Büchern "Gegen Symmachus"

2.3.3.1 Ein "Denkmal" für Theodosius

Wenngleich Prudentius nirgends Zweifel daran aufkommen läßt,
welch große Hochachtung er gegenüber Theodosius empfindet,
beschreibt er dessen Werdegang als nicht frei von Stolper-
steinen. Zur Symbolfigur aller Anfechtungen wird ihm dabei
der heidnische Senator Symmachus. So entsteht das Monument
des Theodosius zugleich auf den Trümmern, die von der Demon-
tage seines Kontrahenten zurückbleiben. Als einigendes Band

---

[60] Die Frage nach dem Anlaß für die Abfassung war lange Zeit umstritten. Zur Geschichte der Diskussion vgl. DÖPP 71, insbes. Anm. 27-29;
danach dürfte inzwischen Annahme einer "Aktualität im höheren Sinn" die
"sententia communior" sein.
[61] Sicher entspringt diese Idealisierung auch der Dankbarkeit des
Dichters für seine Beförderung durch den Kaiser: vgl. Prf 19-21; dazu
KURFESS 1041; ALFONSI 153-177; R.E. MESSENGER, Aurelius Prudentius Clemens, a Biographical Study, in: J.M.F. MARIQUE (ed.), Leaders of Iberian
Christianity 50-650 A.D. Boston 1962, 81-102 und oben S. 2f. Anm. 11.

zwischen beiden bleibt die Stadt Rom, in deren Interesse beide zu argumentieren und zu handeln glauben. Sie ist die dritte Größe, die Prudentius in der Auseinandersetzung zwischen heidnischen und christlichen Römern hat Gestalt annehmen lassen. Die Stadt selbst wird dabei zur Person[62], die von Krankheit befallen und wieder geheilt werden kann.

2.3.3.1.1 *Theodosius als Arzt*

Rom leidet, wie man aus den Einleitungsversen des ersten gegen Symmachus gerichteten Buches erkennen kann[63], an der "heidnischen Verblendung"[64]. Wie kann sich da Theodosius besser als christlicher und zugleich römischer Kaiser profilieren, als wenn er der Stadt seine "medicina" (S 1,3) verabreicht und so für sie zum lebensrettenden Arzt wird[65]? Den Namen des "Heilmittels" nennt Prudentius nicht. Doch muß man angesichts der Art der Erkrankung – die Stadt ist ja von einer geistig-religiösen Verwirrung[66] ergriffen – und des vom Dichter gegebenen Stichworts "prohibendo" (S 1,10) an ein massives Verbot denken, das die Stadt vom geistigen Nährboden ihrer Erkrankung fernhalten soll. Da ist doch wohl in erster Linie an das Edikt "Cunctos populos" vom Jahre 380 zu denken (Cod. Theod. XVI,1,2), das die christliche Religion für die Bürger des oströmischen Reiches obligatorisch gemacht hatte und so zu einer tragenden Säule der religiösen Wende geworden war[67], nachdem ein entsprechendes Gesetz für den Westen bereits im Herbst 379 durch Gratian erlassen worden war (Cod. Theod. XVI,5,5).

Das Rezept ist erfolgreich und bringt Heilung der Beschwer-

---

[62] Dieser quasi-personale Charakter klang schon A 444 an (vgl. dazu oben S. 110 mit Anm. 45).

[63] Vgl. S 1,1f.: "Credebam vitiis a e g r a m g e n t i l i b u s urbem iam satis antiqui pepulisse pericula m o r b i ... ."

[64] Der Gedanke von der "erkrankten" Stadt liegt ganz auf der Bildebene der Praefatio; vgl. dazu HÄUSSLER 326; zur Verwundungsmetaphorik auch DÖPP 68.

[65] S 1,14ff. wird das Bild vom fürsorglichen A r z t Theodosius breit ausgemalt; schon hier ist Theodosius als idealer Kaiser angelegt, von dem allein (vgl. "vir solus", V. 14) die Genesung der Stadt ausgeht.

[66] Vgl. S 1,10: "... error ...".

[67] Diese Erklärung auch bei DÖPP 68, Anm. 12, mit dem überzeugenden Hinweis auf das Stichwort "prohibendo"; ebenso STEIDLE 264; dagegen ist LAVARENNES Interpretation dieser Stelle auf ein Edikt vom Jahre 391 (= III,137, Anm. 1) wenig überzeugend; THOMSON I,351, Anm. a bleibt zu allgemein.

den[68], doch nur vorläufige; denn in Gestalt des Symmachus[69]
entsteht ihr ein neuer Infektionsherd: "... r e-novata l u-
i s turbare s a l u t e m temptat Romulidum"/"... die Pest
flackert wieder auf und sucht das Wohlergehen der Römer zu
zerstören" (S 1,5f.)[70]. Wieder ist ein Heilmittel dringend
erforderlich, ja nun wird Hilfe von höchster Stelle erfleht:
"p a t r i s inploranda m e d e l l a est"./"Vom Vater muß
Heilung erbeten werden." (S 1,6) Und wieder ist es Theodosius, der es sich zum Ziel gesetzt hat, der Stadt Genesung
zu erwirken[71] und dieses offensichtlich auch erreicht[72]. Bereits hier erscheint Theodosius als Arzt, der mehr leistet,
als nur gewissenhaft seine Standespflicht zu erfüllen. Er
wird in dieser Funktion zum Werkzeug Gottes, indem er die vom
Vater erhoffte "salus" erwirkt.

2.3.3.1.2 *Theodosius als "miles Christi"*

Die "Heilung" des Staates geschieht nicht allein durch religionspolitische Maßnahmen. Auch militärische Erfolge und die
strategische Sicherung des Reiches tragen offensichtlich mit
dazu bei:

> "Ast hic imperium protendit latius aevo
> posteriore suis cupiens sancire salutem."
> "Dieser aber dehnt sein Reich weiter aus,
> beseelt von dem Wunsch, auch für kommende Zeiten
> seinem Volk das Wohlergehen zu sichern."   (S 1,28f.)[73]

Dieses Lob greift Prudentius gegen Ende des ersten Symmachus-
buches, als er die fingierte Rede des Theodosius kommentiert,
in einer interessanten Abwandlung der wohl bekanntesten Ver-
gil-Verse auf:

---

[68] Vgl. S 1,3f. sowie das entscheidende Stichwort "salus" (V. 5),
das hier seiner Bedeutung nach noch ganz der Bildebene angehört, im Laufe
des Textes aber stark politisches Kolorit erhalten wird (dazu unten S.
117).
[69] Literatur zu Symmachus bei CACITTI 407, Anm. 3.
[70] Daß mit "luis" nur Symmachus gemeint sein kann, ergibt sich aus S
1 Prf 74ff. eindeutig: Symmachus als ansteckendes "virus" (S 1 Prf 53)
wird damit zum direkten Widerpart des "Arztes" Theodosius: "Held" und
"Antiheld" stehen sich so gegenüber.
[71] Vgl. S 1,29: "cupiens sancire salutem".
[72] Vgl. S 1,35ff.: "... F e l i x ... res publica v i g e t".
[73] Bereits oben war Theodosius ja als Wohltäter des Vaterlandes und
Imperator mit dem Format eines Weltherrschers eingeführt worden: vgl. S
1,9: "Inclytus ergo p a r e n s p a t r i a e m o d e r a t o r et
o r b i s ...". Auffallend und typisch römisch ist hier wieder das Zusammenfallen von römischer "patria" und "orbis" (dazu auch CHRIST 120f.).

"Denique nec metas statuit nec tempora ponit,
imperium sine fine docet ... ."
"Kurzum, er kennt weder räumliche Grenzen,
noch gibt es für ihn die Schranken der Zeit,
Herrschaft ohne Ende heißt seine Lehre."   (S 1,541f.)

Auf Anhieb erkennt man in der Darstellung des Prudentius die
Weissagung Juppiters an Venus wieder (Aen. 1,278f.), die den
Römern, aber auch den Christen so ans Herz gewachsen war, daß
sie immer wieder aufgegriffen und variiert wurde[74]. Doch während damit in der Aeneis die Sorge der Göttin um das künftige
Schicksal Roms beschwichtigt werden soll, ist die Ausgangssi-
tuation hier eine andere.

Bei Vergil handelt es sich um die Zusicherung des ranghöch-
sten Gottes an eine G ö t t i n, die sich dessen ewigen Befehlen unterstellt weiß[75]. Prudentius führt uns dagegen einen
i r d i s c h e n Herrscher vor, der G e w i ß h e i t
über die Unvergänglichkeit seines Reiches gewonnen hat und
diese an seine Untertanen weiterzugeben versucht[76].

Theodosius kommt hier eine eigenartige Doppelfunktion zu. Er
spielt zum einen eine entscheidende Rolle bei der E r f ü l -
l u n g der Verheißung. Zum andern wird er durch seine I n -
t e r p r e t a t i o n s t ä t i g k e i t - "docet"[77] -
zum Sprachrohr Gottes[78].

Somit steht Theodosius sowohl in der Praxis als auch in der
Theorie im Dienste Gottes[79], indem er dem Reich, das er leitet, dazu verhilft, die Bestimmung zu erreichen, an die es
seit früher Zeit glaubte und die jetzt als Wille des christ-

---

[74] Vgl. dazu SCHELKLE 65-70.

[75] Vgl. Aen. 1,229f.: "Adloquitur Venus: 'O qui res hominum d i -
v u m-que aeternis regis imperiis ... ."

[76] Vgl. S 1,541: "imperium sine fine d o c e t ..."; auch diese
Vergilimitation dürfte also die These BUCHHEITS von der "christlichen
Überbietung der Aeneis in ihrer Gesamttendenz" (aaO. 479f.) durch Pruden-
tius bestätigen. Dazu auch KLEIN 148, Anm. 39.

[77] Zu dieser "propädeutischen Funktion des Kaisers" vgl. CACITTI
433.

[78] So z.B. zu Beginn seiner Rede S 1,425ff.; Theodosius gibt so die
entscheidende religiöse Erkenntnis an seine Untertanen weiter und verhilft ihnen zu ihrem Glück, indem er den innigen Wunsch erfüllt, den der
Dichter S 1,287ff. ausgesprochen hat.

[79] THRAEDE, Epos 1040, nimmt - im Gegensatz zu BROCKHAUS 58, HA-
GENAUER 49, KLEIN 148 - unberechtigter- und unnötigerweise einen Subjekt-
wechsel an und sieht Christus als den Verkünder des Gedankens von der
"Roma aeterna". Er verkennt die nuancierte Imitationsweise des Prudentius, wenn er an diesem Beispiel die "Konzeption des Dichters, daß Christus an die Stelle der alten Götter tritt", erläutert.

lichen Gottes verkündet wird! Erneut ist er so als dessen
"Werkzeug" gepriesen. Ja man kann ihn, ohne den Gedankengang
des Dichters zu verlassen, einen "miles Christi" nennen.

– Der Sieg über Maximus und Eugenius

Zunächst lernen wir Theodosius als "miles" im ganz konkreten
Sinn kennen, der durch seine Siege über gewisse "tyranni" dem
römischen Reich ewigen Bestand zu sichern versteht (vgl. S 1,
22ff.) und damit von Prudentius in völligem Gegensatz – der
schroffe Übergang "ast hic" (S 1,28) läßt an Deutlichkeit
nichts offen – zur Politik derer gesehen wird, die in angeblich kurzsichtiger Weise die Zukunft des Volkes aus den Augen
verlieren[80].
Auf wen ist diese abschätzige Bemerkung gemünzt? Zwar kann
man das Wort "tyrannus" so unverbindlich verstehen, wie es
auf den ersten Blick gedacht zu sein scheint, etwa im Sinne
eines schlechten, das ist aber nach dem Verständnis des Dichters eines noch "im Heidentum befangenen Kaisers"[81]. Doch ermöglichen bei näherem Hinsehen gewisse unzweideutige Hinweise
eine genauere Identifizierung: Insgesamt dreimal bezieht Prudentius im ersten Buch "Gegen Symmachus" den Titel "tyrannus"
auf römische Imperatoren. S 1,410 und 463 meint er damit unzweideutig die römischen Usurpatoren Maximus und Eugenius[82].
Sie wird er auch mit dieser Stelle im Sinn gehabt haben[83].
Und gerade das anbiedernde Verhalten des Eugenius gegenüber
der heidnischen Senatspartei[84] paßt vorzüglich zu der ab-
schätzigen Charakterisierung der "tyranni" als "male patribus
ipsis blanditi" (S 1,26).
So ergeben sich ganz neue Aspekte. Nicht nur irgendwelche
heidnischen Kaiser werden in unbedeutender Weise von Theodosius abgesetzt. Mit Maximus und Eugenius werden vielmehr zwei

---

[80] Vgl. S 1,22-24: "Illa tyrannorum fuerat medicina videre quis status ante oculos praesentibus ac perituris conpeteret rebus nec curam ad-
hibere futuris." Das Stichwort "medicina" lehrt, daß Prudentius die am
Anfang gewählte Bildebene noch immer nicht verlassen hat.
[81] So z.B. DÖPP 68, Anm. 15; zum Begriff "tyrannus" in der christlichen, antiheidnischen Polemik vgl. OPELT, Polemik 90.
[82] Vgl. LAVARENNE III,151, Anm. 2.
[83] So LAVARENNE III,137, Anm. 4; auch THOMSON I,351 übersetzt "usur-
pers", wagt aber nicht, diese in einer Anmerkungen als Maximus und Eugenius zu identifizieren.
[84] Eugenius bewilligte führenden heidnischen Senatoren Gelder für
religiöse Zwecke (vgl. BARROW 33).

Usurpatoren ins Spiel gebracht, die die Herrschaft des Theodosius zeitweilig und in bestimmten Gebieten massiv in Frage stellten. Die Einheit des römischen Reiches und damit auch sein Bestand schienen akut gefährdet. Doch Theodosius stellte seine Fähigkeiten als Feldherr unter Beweis: Im Frühjahr 388 schlug er Maximus[85], im September 394 Eugenius[86]. Damit waren wesentliche Teile des Reiches für das theodosianische Imperium zurückgewonnen - ein Meilenstein auf dem Weg zur "Roma aeterna", wie der Theodosius des Prudentius sie S 1,541f. verkündet. "Salus" ist nun "salus publica", die durch militärische Erfolge erwirkt ist. Der Begriff ist durch seinen politischen Aspekt aufgefüllt[87].

Und doch bleibt damit die "salus religiosa" aufs engste verbunden. Denn mit Eugenius stirbt ein Usurpator, der zwar Christ ist, sich aber aus machtpolitischen Gründen mit den heidnischen Senatoren verbündet hat und für die Rückkehr der "ara Victoriae" in den Senat mitverantwortlich ist.

Mit dem Sieg über die beiden wird dem Volk also   u m f a s s e n d e s   Heil zuteil. Theodosius wird zum vorbildlichen Feldherrn, der das römische Reich wieder mit dem "orbis" zur Deckung bringt. Theodosius hilft aber auch wie ein Arzt, die heidnische Verwundung seines Volkes zu heilen. Damit ist Theodosius einerseits idealer   m i l i t ä r i s c h e r, andererseits vorbildlicher   g e i s t i g e r   "dux"[88].

- Der Sieg über die Heidengötter

Entfaltet wird die Vorstellung von der "militia spiritualis" S 1,524ff., wo Prudentius die durch Theodosius erwirkte Verbannung der Heidengötter mit einem Sieg über zahlreiche Menschen vom Typ Catilinas vergleicht:

> "... Multos Catilinas
> ille domo pepulit, non saeva incendia tectis
> aut sicas patribus sed tartara nigra animabus
> internoque hominum statui tormenta parantes."

> "... Zahlreiche Catilinas vertrieb jener aus ihrer
> Heimat; sie legten freilich nicht unsere Häuser in
> Schutt und Asche, richteten auch nicht ihr Schwert
> gegen die Senatoren, sondern sie stürzten die Seelen

---

[85] Vgl. Pacat. 34f.
[86] Vgl. Socr. 5,25 = ed. HUSSEY, Oxford 1853, 647-650; Orosius 7,35 = CSEL 5 (1882) 515-532 (ZANGEMEISTER).
[87] Vgl. dazu oben S. 113f.
[88] Vgl. zu diesen Überlegungen auch CACITTI 431f.

> in den schwarzen Tartarus und bereiteten den Menschen
> Qualen in ihrem Innern."   (S 1,529-532)

Mit dieser Bezeichnung werden die heidnischen Götter zwangsläufig als Staatsfeinde gekennzeichnet[89], freilich welche,
die die Gemeinschaft der Römer nicht von außen, sondern von
innen heraus, durch die Vereinnahmung ihrer Seelen, ins Verderben stürzen[90].

Damit gleichen die vermeintlichen Götter aber erneut wieder
eher Dämonen, die einen todbringenden Weg weisen[91], oder aber
Kohorten des Satans[92], die die "salus" der Römer aufs höchste
gefährden[93]. Der Christengott dagegen hat sich als derjenige
bewährt, der für das Gedeihen des Reiches Sorge trägt[94] und
ihm ewigen Bestand verleiht[95]. Theodosius kommt in diesem
Plan die Rolle eines göttlichen Werkzeuges zu, das um die
Sendung Roms zu unbegrenzter Weltherrschaft weiß – "imperium
sine fine d o c e t" (S 1,542) – und auf dieses Ziel hin-
wirkt[96].

Entsprechend den gewählten Vergleichen wird dann auch der
Sieg des Theodosius wie ein Triumphzug gefeiert; allein der
Hinweis auf den unblutigen Charakter des Kampfes läßt die
geistige Ebene der Auseinandersetzung erkennen:

> "Ergo triumfator latitanti ex hoste togatus
> clara tropaea refert sine sanguine ...".
>
> "So feiert der Mann in der Toga Triumphe
> über den Feind in seinem Versteck,
> führt mit sich glanzvolle Siegeszeichen,
> denen keinerlei Blut anhaftet."   (S 1,538f.)

---

[89] Ähnlich "hostes" (S 1,533); auch hier vielleicht eine Parallele
zu Catilina, der am 15.11.63 offiziell zum "hostis" erklärt worden war.

[90] "Multos Catilinas" (S 1,529) weist dabei sicher auf den polytheistischen Grundzug der altrömischen Religion hin.

[91] Vgl. S 1,369-378; zur Absicht dieser "Daemonen", die Menschen zum
Irrtum zu verleiten (vgl.: "errores ... sequi subigit", S 1,373) vergleiche man die heilbringende Wirkung der Missionsrede des Theodosius S 1,
509f.: "aeternas temptare vias Christumque sequi ..."; ebenso interessant
ist der Unterschied in der Vorgehensweise: Hier offensichtlich Nötigung
("subigit", S. 1,373), dort ein eher einladendes Rufen ("vocante magnani-
mo ductore", S 1,509f.).

[92] Vgl. dazu die sprachliche Übereinstimmung mit H 389f., dazu unten
S. 258.

[93] Angedeutet schon in S 1,5f.: "Quoniam renovata luis turbare s a -
l u t e m temptat Romulidum", ausgeführt in Pe 5,77ff.: "At sunt et illic spiritus. Sunt, sed magistri criminum vestrae et s a l u t i s a n-
c i p e s divique et idem daemones."

[94] Vgl. S 1,287ff.

[95] Vgl. S 1,425ff.

[96] Vgl. S 1,28f.: "Ast hic imperium protendit latius aevo posteriore."

Theodosius gelingt so in den Augen des Dichters eine einzigartige Synthese. Er verbindet in seiner Herrschaft irdisch-
militärische Erfolge mit der Sicherung des spirituellen Heils
der ihm anvertrauten Bürger.
- *Theodosius als Philosophenkaiser*
Bezeichnend ist es nun für Prudentius, und damit erhält das
"Denkmal" des Theodosius seinen letzten Schliff, daß er die
geglückte Verbindung von "militia terrestris" und "militia
caelestis" in einem Ideal vorgezeichnet sieht, das vom Philosophen Plato gepriesen worden war:

> "Nimirum pulchre quidam doctissimus: 'Esset
> publica res'inquit 'tunc fortunata satis, si
> vel reges saperent vel regnarent sapientes.'
> Estne ille e numero paucorum qui diadema
> sortiti aetheriae coluerunt dogma sofiae?
> Contigit ecce hominum generi gentique togatae
> dux sapiens. Felix nostrae res publica Romae
> iustitia regnante viget ...".

> "Ohne Zweifel gelungen formulierte einmal ein hoch-
> gelehrter Mann: 'Dann wäre der Staat in einer wirk-
> lich glücklichen Lage, wenn entweder Könige Philoso-
> phen oder aber Philosophen Könige wären.' Ist jener
> nicht der geringen Schar derer zuzurechnen, die,
> nachdem man ihnen das Diadem aufgesetzt hat, die
> Lehre der himmlischen Weisheit pflegten? Wahrlich,
> dem Menschengeschlecht und dem Volk in der Toga wurde
> ein weiser Regent zuteil. Glücklich und stark ist
> unser römischer Staat, denn die Gerechtigkeit herrscht
> in ihm."   (S 1,30-37)

Durch eine emphatisch formulierte rhetorische Frage erscheint
Theodosius als einer der wenigen, die Herrschaft - "diadema" - und Philosophie - "sofiam colere" - in sich zu vereinen
vermögen[97]. Die platonische Herrscherutopie vom "Philosophen,
der König ist" bzw. vom "König, der Philosoph ist", scheint
in Theodosius Realität geworden zu sein.
Freilich gibt Theodosius damit seine Identität als Christ
nicht auf. Der Aspekt der "sapientia" wird ja durch die nähere Bestimmung "aetheriae" (S 1,34) auf ein bestimmtes Verständnis hin eingeengt. Der Dichter gibt so von der Idealfor-
mulierung des griechischen Philosophen gleichsam in dessen
Muttersprache eine eigene Interpretation. Nun weiß man, daß
"sofia" nicht einfach die bei Plato angesprochene Philoso-
phenweisheit meint. Sie ist vielmehr als die zum Äther ge-

---

[97] Vgl. dazu STEIDLE 265: "In den V. 30ff. erscheint der Kaiser dann
sogar unter eigenartiger Nuancierung eines Motivs des damaligen Kaiser-
elogiums und mit direkter Anspielung auf Platon als Philosophenkönig."

hörige charakterisiert. Im Lichte der vorangegangenen, aber auch der folgenden Verse, insbesondere S. 1,40f., darf man darunter nun nicht mehr den Sitz der Götter, sondern den des einen christlichen Gottes verstehen. Die von Theodosius geförderte "sofia" ist letztlich "sofia christiana", die "sapientia" des christlichen Herrschers liegt in seiner "christianitas". Ein weiser Regent zu sein, heißt nun, sich als Lehrer des Christentums zu verstehen, dessen Vorstellung vom monotheistischen Schöpfergott zu verkünden und so das Volk vom Irrweg des Heidentums abzubringen (vgl. S 1,37ff.). Erneut erscheint Theodosius unter diesem Blickwinkel als Werkzeug Gottes[98].

Die Christianisierung der platonischen Weisheit ist hier allerdings so feinfühlig über nur ein einziges Wort vorgenommen, daß der Eingriff in die Integrität der Aussage kaum ins Auge sticht. So wird die Illusion aufrecht erhalten, daß Theodosius tatsächlich das Ideal des griechischen Meisters erfüllt. Und wie dort, wo die platonische Herrscherutopie zum Tragen kommt, eine "f o r t u n a t a res publica" (S 1,31) entsteht, so heißt es von der Wirkung der theodosianischen Regierung: "F e l i x res publica viget." (S 1,36f.) Zweifelsohne wirbt Prudentius damit um die aufgeklärte Partei unter den Heiden, die sich einer philosophischen Weltsicht im Stile Platos verschrieben hatte und über diese eventuell den Einstieg ins Christentum finden konnte. Gerade der christliche Neuplatonismus fand ja zur Zeit des Dichters große Zustimmung.

Prudentius reicht aber durch andere Akzente, die er setzt, auch all denen die Hand, die sich sehnsüchtig die alten republikanischen Ideale zurückwünschten. Da romanisiert er zunächst den Gesichtspunkt der Regentschaft, indem er den römischen Kaiser Theodosius als Philosophenkaiser zugleich zum "princeps" der W e l t werden läßt: "Contigit ecce hominum g e n e r i g e n t i-que togatae/dux sapiens." (S 1,35f.) Das Volk in der Toga - "gens togata" - und das Menschengeschlecht - "genus hominum" - fallen zusammen[99]. Zugleich gibt

---

[98] Vgl. dazu oben S. 115f. mit Anm. 79.
[99] Durch die Alliteration "generi gentique" wird dies auch stilistisch hervorgehoben. - Schon S 1,9 war mit der Verbindung von "moderator o r b i s" und "pater p a t r i a e" als Ehrentitel für Theodosius diese Deckungsgleichheit ausgedrückt.

er S 1,37 dem griechischen Ideal vom "sapiens regens" im prägnant kurzen Bild von der "i u s t i t i a regnans" ein typisch römisches Gepräge. Nun erscheint als zentrale Ausformung der den Herrscher auszeichnenden "sapientia" der altrömische Wert der "iustitia"[100]. Der "sapiens" des Prudentius ist also nicht allein "Christianus", sondern auch "homo iustus"[101].

Dieser wiederum ist aufs engst in die im selben Satz beschworene "res publica Romana" eingebunden. Es hat den Anschein, als ob dem hier angesprochenen Römer bewußt das alte "res publica"-Ideal wieder vor Augen erstehen soll; ja noch mehr, der Römer des 4. nachchristlichen Jahrhunderts darf es durch den "dux sapiens" Theodosius wiederbeleben erfahren. Nachdem zwei so bedeutungsschwere Stichworte wie "res publica" und "iustitia" gefallen sind, drängt sich der "libertas"-Gedanke geradezu auf, auch wenn er hier nicht ausdrücklich ins Gedächtnis gerufen wird. Doch jeder "cives Romanus" weiß um die ursprüngliche wechselseitige Abhängigkeit von "res publica" und "libertas"[102].

"Libertas" wiederum ist die durch "ius", "iustitia", "leges" etc. gegen ihre Entartungen "servitus" und "licentia" geschützte Freiheit[103]. In unserem Fall scheint - in poetischer Personifizierung - "Königin Iustitia" diese Schutzfunktion zu übernehmen. Prosaisch gedrängt findet man diese Begriffe schon bei Cato in Beziehung gesetzt: "Iure, lege, re publica communiter uti oportet, gloria atque honore, quomodo sibi quisque struxit."/"Recht, Gesetze und die Einrichtungen der Republik müssen unser Gemeingut sein; Ruhm aber und Ehre stehen einem jeden so zur Verfügung, wie er selbst sich dafür

---

[100] Zur Rolle des Rechts bei den Römern vgl. etwa Hor. c. 3,3,42-44; Verg. Aen. 1,293; Claudian cons. Prob. et Olyb. 127; bell Gild. 47f.; cons. Stil. 136f.; Rut. Namat. 1,63ff.

[101] Bei HAGENAUER 45ff. findet dieses so wichtige Stichwort leider keine Beachtung.

[102] Vgl. dazu H. KLOESEL, Libertas, in: H. OPPERMANN (Hg.), Römische Wertbegriffe. Darmstadt 1974, 120-172, bes. 133: "Res publica ist für den Römer die Gestaltwerdung der libertas-Idee im geschichtlichen Raum", sowie die entsprechende Interpretation von Tac. ann. VI,42 aaO. 139ff.

[103] Vgl. KLOESEL aaO. 128ff.

die Voraussetzungen geschaffen hat."[104] In Ciceros Zeit bildet die Berufung auf die "leges" einen festen Bestandteil
der "libertas"-Propaganda. Man denke nur an dessen bekannte
Definition der "res publica" in rep.1,39: "Est igitur ...res
publica res populi, populus autem non omnis hominum coetus
quoquo modo congregatus, sed coetus multitudinis i u r i s
consensu et utilitatis communione sociatus."/"Es ist also der
Staat die Sache des Volkes; ein Volk aber ist nicht jede auf
irgendeine Weise zusammengescharte Menschenansammlung, sondern die Ansammlung einer Menge, die sich auf Grund der Anerkennung einer Rechtsordnung und der Gemeinsamkeit des Nutzens
zusammengeschlossen hat." Auch bei Livius finden sich mit
"ius" und "libertas" zwei der Begriffe in einem Atemzug genannt[105].

Führen wir uns zum Vergleich noch einmal vor Augen, welchen
Eindruck Prudentius von den Verhältnissen unter Theodosius zu
vermitteln versucht: "F e l i x nostrae r e s p u b l i-
c a Romae/ i u s t i t i a regnante viget." (S 1,36f.)
Welch verblüffende sprachliche und gedankliche Nähe zur geistigen Atmosphäre der Republik bei einer zeitlichen Distanz
von mehr als vier Jahrhunderten! Der Dichter scheint in einer
anderen Welt zu wandeln und durch die Zeit rückwärts zu
schreiten. Die Republik wird beschworen, Plato in schwär-
mendem Ton - der Superlativ "doctissimus" (S 1,30) ist Prudentius für den heidnischen Philosophen nicht zu hoch gegriffen - als überzeugender Staatstheoretiker bemüht. Theodosius
gilt ihm als einer der wenigen - auch hier in gewisser Weise
ein Superlativ -, die dessen Herrscherideal verkörpern.

So sehr sieht Prudentius diese Idee von Theodosius erfüllt,
daß er sogar in die Sprache ihres hellenischen Mutterlandes
verfällt. Dabei ist mit "sofia" (S 1,34) nur eines der griechischen Fremdwörter im zugrundeliegenden Plato-Text begründet. Aus dem weiteren Umfeld der Philosophie ist das Wort

---

[104] Cato, orat, inc. fr. 19 (ed. Jordan; überliefert bei Festus p
313 M s.v. "struere"). - Zu der catonischen "Begriffsvierheit" vgl. auch
KLOESEL aaO. 136f.; zum Wortpaar "leges"/"libertas" und der stilistischen
Besonderheit (Alliteration) vgl. KLOESEL aaO. 138.
[105] Vgl. Liv. XXXIV,48,2: "T. Quinctius ... totum hiemis tempus iure
dicundo consumpsit mutandisque iis, quae aut ipsius Philippi aut praefec-
torum eius licentia in civitatibus facta erant, cum suae factionis hominum vires augendo i u s ac l i b e r t a t e m deprimerent."

"dogma" (S 1,34) entnommen. Mit "diadema" (S 1,33)[106] erinnert der Dichter metaphorisch-stimmungsvoll an die Kaiserwür-
de des Theodosius; die ihn auszeichnende Weisheit wird, wie
oben aufgezeigt wurde, durch ein drittes griechisches Lehnwort mit dem christlichen Glauben identifiziert.

Diese glückliche Identität wird in einem dankbar staunenden,
betroffen machenden Ausdruck: "Contigit ecce ..." (S 1,35)
festgestellt. Das platonische Herrscherideal ist in dem
christlichen Kaiser Wirklichkeit geworden, freilich eine, die
zugleich wieder ins räumlich Unbegrenzte[107] und zeitlich Ewige[108] hineinreicht[109]. Damit hat Prudentius die Zeit gedanklich auch nach vorne beschritten und einen großen Bogen von
Plato über den Angelpunkt Theodosius hin zur Ewigkeit gespannt.

Sein stilistisches und logisches Vorgehen erweist ihn dabei
als romantischen Träumer, für den Theodosius ein ganzes Arsenal alter und neuer Ideale in sich vereint.

Anaphern, Alliterationen, scharfe Antithesen, rhetorische
Fragen, Ausrufe sowie eine Häufung griechischer Fremdworte
geben dem Text einen schwärmerischen, verklärenden Klang, der
ein getrübtes Verhältnis zur Realität vermuten läßt:

Nachdem Theodosius als fürsorglicher Arzt, dem die Wiederherstellung der römischen "salus" gelingt, sowie geschickter
Feldherr und Imperator eines weltumspannenden Reiches vorgestellt ist, wird er zum idealen Herrscher, der republikani-
sche Verhältnisse wieder zum Leben zu erwecken scheint. Dabei
sieht Prudentius nicht, daß gerade die "libertas" als eine
wesentliche Voraussetzung für das Gelingen der "res publica"
von Theodosius massiv beschnitten worden war[110].

---

[106] "Diadema", ursprünglich jede um den Kopf gewundene Binde, bedeutet für den Römer bald die weiße Königsbinde; seit Konstantin ist es auch
Bestandteil des kaiserlichen Ornats. Nun ist es ein breites, an der Vor-
derseite mit einem gefaßten Edelstein geschmücktes Purpurband, über dem
sich ein Dreiblatt aus Perlen und Steinen erheben kann.

[107] Vgl. S 1,35: "g e n e r i gentique togatae ...".

[108] Vgl. S. 1,34: "a e t h e r i a e sofiae" sowie S 1,28f.: "...
l a t i u s aevo posteriore ...".

[109] Wir haben ja noch in Erinnerung, daß Theodosius sich damit
grundsätzlich - betont durch "a s t hic" - von den als "tyranni" kriti-
sierten Herrschern unterscheidet, die als "male de populo meriti, male
patribus blanditi" - man beachte den stilistischen Aufwand (Alliteration,
Anapher) - vorgestellt werden und ihren Blick nur auf "praesentia" und
"peritura" richten; vgl. dazu oben S. 116f.

[110] Vgl. dazu unten S. 126.

Dessen ungeachtet gehört die "libertas" dann auch unter anderem zu den "tropaea", die der "dux sapiens" Theodosius auf seinem "geistigen Triumphzug" mitführen kann.

- Die *"Trophäen" des "miles Christi"* Theodosius

Betrachtet man sich die "clara tropaea" (S 1,539), die der Kaiser als sichtbares Zeichen seines spirituellen Sieges vorweisen kann, so stehen da an erster Stelle die zum Christentum bekehrten Senatoren, "pulcherrima mundi lumina" (S 1, 544)[111].

Ein zweites "tropaeum" kann Theodosius in seinem "Triumphzug" mitführen; es hängt freilich mit dem ersten eng zusammen: Die römische "virtus" hat wieder neue Lebenskraft geschöpft und kennt kein Altern mehr[112]. Der Gedanke überrascht im Zusammenhang mit der Taufe der Senatoren[113] nicht, versteht der Christ doch die Taufe immer als eine zweite Geburt zu neuem, ewigem Leben[114]. So erscheinen an erster Stelle die Senatoren als diejenigen, die durch ihre Taufe Rom neues Leben geben[115]. Eine tiefere Verbeugung vor dem "ordo senatorum" kann man sich kaum vorstellen: "si persona aliqua est aut si status urbis, in his est" (S 1,569)[116]. In den c h r i s t l i - c h e n Senatoren also ist das junge, ewige Rom verkörpert. Die wenigen "patres", die noch der alten Religion zuneigen- "v i x p a u c a gentilibus obsita nugis ingenia" (S 1,

---

[111] Das "clara" von V. 539 scheint V. 544 durch "pulcherrima" aufgenommen und gesteigert; weitere Rückbeziehungen in "pignera clara" (V. 551), "generosus Anicius" (V. 552), "Roma inclyta" (V. 553). - In dem umschreibenden Ausdruck für die Senatoren liegt eine "ersetzende Übertragung" (THRAEDE, Epos 1036f.) von Verg. Georg. I,5f. vor. Vergil hatte mit diesem Bild die heidnischen Götter feierlich angerufen. Der christliche Dichter hat sie aus seinem Gesichtsfeld verbannt und den schmeichelnden Ausdruck für die römischen "patres" vorbehalten. Der heidnische Senator muß sich dadurch zugleich geehrt und getroffen vorkommen.

[112] Vgl. S 1,542f.; vgl. dazu unten S. 181ff.

[113] Vgl. dazu STEIDLE 267: "Die Erwähnung des Senats ist hier deshalb bedeutsam, weil dieser früher durch seine Beschlüsse wesentlich zur Verehrung der heidnischen Götter beigetragen hat (233; 249; 299f.), und weil er nach der Rede des Theodosius sich freudig zu Christus bekehrt (544ff.; 566ff.) und damit der Bekehrung Roms sozusagen Gültigkeit verleiht (569)." Dazu auch CACITTI 417, Anm. 87.

[114] Vgl. Röm 6,4-9; 8,11; 2 Kor 5,17; Tit 3,5; Justin apol. 66 = PG 6 (1884) 427-429; August. ench. ad Laur. 13,41-43 = CC 46 (1969) 72f. (EVANS).

[115] Der äußere symbolische Akt - das Anlegen des weißen Taufkleides - entspricht genau der erwünschten Reaktion auf die Aufforderung des Theodosius zu Beginn seiner Rede: "Exue tristes ... habitus." (S 1,451f.)

[116] Ganz anders dagegen die abschätzige Bemerkung über den Senat S 1,223.

574f.) -, können keinen Anspruch mehr erheben, als Repräsentanten dieser "Roma" noch Anerkennung zu finden. Zwar wird
Prudentius nicht müde, diesen Senatoren und damit indirekt
auch Symmachus für ihre hervorragenden Leistungen Lob zu
spenden[117]. Doch ebenso beharrlich verweist er auf ihre Position als verschwindende Minderheit[118]. Als solche können sie
folgerichtig nicht mehr Symbolfiguren für das römische Vaterland sein. Was der christlichen Majorität in S 1,569f. zugesprochen wurde, muß nun der heidnischen Minorität in deutlicher Antithese versagt werden: "at tamen in paucis iam defi-
ciente caterva nec persona sita est patriae, nec curia con-
stat" (S 1,589f.).
Auch im einfachen Volk geht Prudentius von entsprechenden
Verhältnissen aus: Die große Masse hat die Wendung zum Christentum vollzogen; auch hier weiß der Dichter nur von einigen
Ausnahmen, die nicht ins Gewicht fallen: "Nec moveor, quod
pars hominum r a r i s s i m a clausos/non aperit sub luce
oculos et gressibus errat."/"Daß eine verschwindende Anzahl
von Menschen die Augen vor dem Licht verschließt und in die
Irre geht, bewegt mich nicht." (S 1,591f.)[119]
So kann sich die christliche Mehrheit im S e n a t für die
Belange der V o l k 's-majorität einsetzen. Es ist ja nun
allen ersichtlich, daß sich Rom der christlichen Religion
verschrieben und sich damit den Weg zu ewigem Bestand geebnet
hat[120]. Und die Empfehlungen der christlichen Senatspartei
können nach den althergebrachten Senatssatzungen Anspruch auf
Verbindlichkeit erheben, da sie den erforderlichen Mehrheits-
beschluß zustandebringen[121]. Prudentius überrascht hier durch
seine scheinbar starke Bindung an den "mos maiorum", der für

---

[117] Vgl. S 1,593: "inlustres meritis et sanguine clari", stilistisch
hervorgehoben durch Chiasmus.
[118] Vgl. S 1,598: "...in p a u c i s iam d e f i c i e n t e caterva"; S 1,600f.: "et quodcumque fovent studii p r i v a t a voluntas
ac iam r a r a tenet".
[119] Ähnlich S 1,578f.: "Quota pars est, quae Iovis infectam sanie
non despuat aram?" - Die Parallele zwischen der Situation im Senat und
der im Volk findet übrigens auch in analogen Bildern ihren Ausdruck: Vgl.
über die Senatoren S 1,576f.: "Quibus exactas placeat servare tenebras
splendentemque die medio non cernere solem"; vom gemeinen Volk S 1,591f.:
"quod ... clausos non aperit sub luce oculos".
[120] Vgl. S 1,587ff.: "Et dubitamus Romam tibi, Christi, dicatam in
leges transisse tuas omnique volentem cum populo et summis cum civibus
ardua magni iam super astra poli terrenum extendere regnum?"
[121] Vgl. S 1,603-607.

ihn ansonsten nur sehr beschränkt Autorität genossen hat, ja
in den ersten Teilen des Buches mitunter geradezu ad absurdum
geführt worden war[122].

Ein anderer Wert spielt für ihn beim Zustandekommen dieses
heidnisch-christlichen Kräfteverhältnisses   eine zentrale
Rolle: die "libertas"[123]. Ganz Rom ist christlich geworden,
aber aus f r e i e r Entscheidung heraus[124]. Daß dabei gerade die Rationalität der Entscheidung betont wird - "s o l a
capti ratione" (S 1,615) - muß sie auch für einen Nichtchristen um so unantastbarer machen.

In der ganzen Argumentationsweise muß eines Anstoß erregen:
Es stört den Dichter nicht im geringsten, daß der Wert der
"libertas" gerade zu seiner Zeit durch das kaiserliche Edikt
"Cunctos populos" vom 28.2.380 aufs äußerste zurückgeschnit-
ten wurde. Von nun an steht offiziell gerade keinem mehr die
Religionswahl frei. Da ergeht in der Folgezeit ein ganzes
Bündel von Häretikergesetzen[125], da werden klar formulierte
Gesetze gegen das Heidentum erlassen[126]; schließlich wird
jeglicher Götterkult untersagt[127]. Und wer kann in diesem Zusammenhang schon die Ereignisse in Kallinikum vom Jahre 388
vergessen? Muß es angesichts dieser Tatsachen nicht wie Hohn
klingen, wenn Prudentius betont: "Nullum vis aspera terret."/
"Keinen schüchtert rohe Gewalt ein." (S 1,613)?

Dennoch bleibt Theodosius, der diese Entwicklung in Gang gesetzt und im Laufe seiner Amtszeit verstärkt gefördert hat,
für den Dichter der "dux bonus" (S 1,618), der sogar die Erhaltung heidnischer Götterbilder ihres Wertes als Kunstwerke
willen zugesteht, eine Toleranzmaßnahme, die in Wirklichkeit
erst von seinem Sohn Honorius getroffen wurde[128].

Freilich ist es einem Heiden wie Symmachus unter Theodosius

---

[122] Vgl. die Mißachtung der religiösen Haltung der Vorfahren (vor
allem S 1,246ff.), insbes. der religiösen Entscheidungen des Senats (S 1,
223), obgleich es sich auch bei diesen formgerecht um Mehrheitsentschei-
dungen handelte.

[123] Vgl. dazu C. WIRSZUBSKI, Libertas als politische Idee im Rom der
späten Republik. Darmstadt 1967; W. JENS, Libertas bei Tacitus = Herm.
84, 1956, 331f.; KLOESEL aaO. 120-172.

[124] Vgl. S 1,588: "... volentem ..."; S 1,612: "libera ... frequentia"; S 1,614: "... velle ..."; S 1,615: "non iussum".

[125] Vgl. Cod. Theod. 16,5,16ff.

[126] Vgl. das Verbot des Tempelbesuchs und der Opfer vom 24.2.391.

[127] Vgl. Cod. Theod. 16,10,10.12 vom 24.2.391.

[128] Vgl. S 1,502-505; dazu Cod. Theod. 16,10,15 vom 29.1.399; dazu
DÖPP 69, Anm. 21; STEIDLE 272.

noch möglich, in führende Staatsämter zu gelangen. Prudentius weiß dies geschickt hervorzuheben[129]. Doch ebendies ist auch umgekehrt im heidnischen Römerreich manchem Christen möglich gewesen[130]. Man konnte eben auf qualifizierte Beamte nicht verzichten und nahm dabei, soweit die politische Lage nur einigermaßen stabil war, auch in Kauf, daß sie Christen waren. Ähnlich erging es Theodosius. Die Zahl der Heiden oder angesehenen Namenschristen war noch zu groß, um sie aus religiösen Gründen dem Staat zu entziehen[131]. Das praxisnahe Denken besiegte so nicht selten das theoretische Konzept.

Diese Tatsache kann jedoch nicht darüber hinwegtäuschen, daß die "libertas" als allgemeiner Maßstab politischen Handelns zunehmend an Autorität verlor. So ist letztendlich auch der "libertas"-Gedanke bei Prudentius brüchig geworden. Es bereitet ihm nur wenige Schwierigkeiten, wenn er die Freiheit der Religionsausübung heidnischer Mitbürger durch zahlreiche Edikte gebrochen sieht; und diese vermag er durch zwei "Trostpflaster" zu beschwichtigen: Symmachus kann ja trotz seines religiösen "Handicaps" Karriere machen. Sodann zeigt Prudentius in seiner Darstellung reges Interesse, die Zahl der noch verbleibenden Heiden gegen Null streben zu lassen. Da bleibt Symmachus nur noch als verlassener, anachronistisch wirkender Einzelkämpfer übrig[132].

Ein letztes Wissen bestärkt Prudentius in seinem Gefühl, daß das Verhalten gegenüber der heidnischen Minderheit keine moralischen Probleme aufwirft: Was eigentlich erst in S 2 entfaltet werden soll, klingt unterschwellig bereits in S 1 an. Man kann nicht mehr auf verschiedenen Wegen die göttliche Wahrheit suchen; denn die eine Wahrheit ist gefunden und Christus hat den Weg zu ihr gewiesen. Die bisherigen Versuche

---

[129] Vgl. S 1,616-624; zur Möglichkeit, als Heide unter Theodosius Karriere zu machen, vgl. SEECK IV,192.

[130] Ab der Mitte des 3. Jh. finden wir z.B. Bischöfe mit hoher ziviler Verantwortung; auch die Bitte der Christen um kaiserliche Unterstützung im Kampf gegen den Häretiker Paul von Samosata wird von Aurelian (270-275) nicht zurückgewiesen (vgl. Euseb h.e. 7,30 = GCS Euseb. 9/2, 704-714, ed. MOMMSEN, 1908).

[131] Vgl. dazu auch STEIDLE 279f.

[132] Vgl. S 1,574f.: "v i x p a u c a invenies gentilibus obsita nugis ingenia"; S 1,591f.: "Nec moveor, quod pars hominum r a r i s s i m a clausos non aperit sub luce oculos"; S 1,625f. (über Symmachus): "O pereuntum adsertor divum, s o l u s qui restituendos Vulcani Martisque dolos Venerisque peroras"; vgl. dazu auch STEIDLE 273, Anm. 117.

waren von Finsternis überschattet[133] und haben sich als Irr-
wege erwiesen[134]. Der christliche Gott hat sich als "deus verus" geoffenbart[135]. Das Bekenntnis zu ihm darf sich als "religio vera" verstehen und auf dem schon lange erhobenen Anspruch beharren, deshalb auch "religio unica" zu sein. Von
daher ist das Anliegen des Prudentius nur konsequent, die
Macht jedes heidnischen Gegenentwurfs für immer zu brechen.
Die gängigsten in diesem Prozeß vorgebrachten Argumente gegen
das Heidentum zeichnet Prudentius in knapper Form nach;
ergänzt werden sie durch die konstruktive Entfaltung der
christlichen Lehre, die er die christliche "Fides" vortragen
läßt[136]. Den Höhepunkt der fiktiven Auseinandersetzung bilden
die Reden des Theodosius[137] und seiner beiden Söhne, die als
indirekte bzw. direkte Erwiderung auf die Beweisführung des
Symmachus vorgestellt werden, mit dem gleichsam eine Symbolfigur des spätantiken Heidentums zu Wort kommt. Die verschiedenen Stufen dieses "Dialogs" sollen im folgenden nachgezeichnet werden.

2.3.3.2 Die pauschale Abrechnung mit dem Heidentum

Gleichsam in treuer Ergebenheit gegenüber dem geistig-religiösen Konzept des Theodosius, unternimmt es Prudentius, den
altrömischen Götterglauben ad absurdum zu führen; er macht
sich dabei auf großen Strecken Argumente der euhemeristischen
Götterkritik zu eigen[138]. Da sich die Widerlegung größten-
teils "in alteingefahrenen Geleisen der frühen Apologeten"[139]
bewegt[140], erübrigt sich eine durchgehende Interpretation.
Eigene Akzente des spanischen Dichters sollen dagegen näher

---

[133] Vgl. dazu das Wortfeld "tenebrae", "caligo", ...: z.B. S 1,82.
155.244.291.400.508.576 u.v.a.
[134] Vgl. S 1,38.115.180.202.507.592.
[135] Vgl. S 1,325.498.
[136] Vgl. zur Rolle der "Fides" CACITTI 414f.
[137] In dieser Rede wird sich Theodosius als derjenige unter Beweis
stellen, als den ihn Prudentius zu Beginn des Buches gefeiert hat. Der
Preis des Theodosius bildet also eine Art Klammer um den didaktischen
Komplex, in dem mit dem Heidentum abgerechnet wird.
[138] Vgl. dazu LANA 39-43; OPELT, Polemik 184.
[139] KLEIN 141.
[140] Prudentius argumentiert vor allem in enger Anlehnung an seine
Vorläufer Minucius Felix und Tertullian; vgl. die zahlreichen Parallelstellen bei LAVARENNE III,138ff.; dort auch die Querverweise auf die
klassischen Autoren.

beleuchtet werden.

2.3.3.2.1 *Die Attacke gegen die Vorstellung vom "goldenen Zeitalter"*

Den allmächtigen Schöpfergott vor Augen[141], "klopft" Prudentius die bekanntesten heidnischen Gottheiten nach ihrem Wesen
und ihren Fähigkeiten ab.
Da steht am Anfang Saturn, ein greiser Gott, der auf der
Flucht vor seinem tyrannischen Sohn um Asyl bei den Römern
bittet[142]. Als Gottheit noch weniger überzeugend - "patre deterior" (S 1,59) - ist dessen Sohn Juppiter. Diesem mangelt
es sogar an moralischer Integrität[143]. In listenreicher Ver-
schlagenheit[144] arrangiert er einen Ehebrauch nach dem anderen[145]. Merkurius schließlich ist nicht nur selbst verdorben,
ja ein "Meister der Verbrechen"[146], sondern weiht die ah-
nungslosen Menschen[147] in diese seine Kunst ein und lehrt
sie, selbst den Lastern zu dienen[148]. Priapus, der fruchtbar-
keitsverheißende Schutzgott der Gärten[149], tritt als "scor-
tator" (S 1,106) wiederum in die Fußstapfen des lüsternen
Zeus[150]. Herkules entbrennt in Liebe zu einem Knaben namens
Hylas[151]. Der weinselige Gott Bacchus ergibt sich dem Luxus
und treibt es mit Ariadne[152]. Mars bricht die Ehe mit Rhea
Silvia, Venus läßt sich mit dem Menschen Anchises ein[153].
Alles in allem eine traurige Bilanz. Schon die ersten Anfänge
der römischen Götterfamilie lassen wahrhaft göttliche Züge

---

[141] Vgl. S 1,40.
[142] Vgl. S 1,45ff.: "Sum deus! Advenio f u g i e n s. P r a e b e-
t e latebras, occultate s e n e m nati feritate t y r a n n i deiec-
tum solio." Dazu OPELT, Polemik 183.
[143] Zu diesem Vorwurf bei den Christen vgl. OPELT, aaO. 80f.
[144] Vgl. S. 1,74f.: "v e r s u t u s Iuppiter a s t u s multipli-
ces variosque d o l o s texebat".
[145] Vgl. dazu OPELT, Polemik 183.
[146] Vgl. S 1,99; zur christlichen Kritik an Merkurius vgl. OPELT,
aaO. 82.184.
[147] Vgl. S 1,86: "E x p e r t e s furandi homines ... ."
[148] Vgl. S 1,84ff.: "... corruptior aetas, quae d o c u i t rigidos v i t i i s s e r v i r e colonos ... homines hac i n b u i t
arte Mercurius".
[149] Vgl. dazu P. GRIMAL, Les jardins romains. Paris ²1970, 46ff.
317ff.
[150] Vgl. S 1,102-115.
[151] Vgl. S 1,116-121.
[152] Vgl. S 1,122-144; zur christlichen Kritik an Bacchus vgl. OPELT,
Polemik 81.
[153] Vgl. S 1,164-179.

vermissen. Von einem durch Saturns Herrschaft herbeigeführten "goldenen Zeitalter" will Prudentius nichts wissen:

"Haec causa est et origo mali, quod saecla vetusto hospite regnante crudus stupor aurea finxit."

"Das ist der Grund und Ursprung des Übels, daß ungeschlachte Borniertheit das goldene Zeitalter in die Herrschaft eines greisen Fremdlings datierte."

(S 1,72f.)

Damit stellt der Dichter klassische römische Vorstellungen von einer idyllischen Frühzeit[154] nüchtern in Frage. Die römische Religiosität steht für ihn von Anfang an - "ex atavis quondam male coepta" (S 1,241) - unter einem bösen Stern[155]. Auch in der folgenden Geschichte der Götterfamilie entdeckt Prudentius keinen Hoffnungsschimmer. Juppiter erweist sich als "patre deterior" (S 1,59). Das Zeitalter Merkurs wiederum überbietet als "corruptior aetas" (S 1,84) die vorangegangene Epoche[156].

Entsprechend sieht Prudentius auch beim römischen Volk die Unmoral auf dem Vormarsch[157]. Zwar erreichen die Römer zu Beginn des Prinzipats als einer "docilis iam aetas" (S 1,245) eine gewisse geistige Reife, doch schlägt diese nicht auf ihre religiöse Einstellung durch[158]. Man hält am religiösen Brauch der Vorfahren fest: "Hunc morem veterum ... secuta posteritas." (S 1,245)

2.3.3.2.2 *Der Vorwurf der Dummheit als Grund für die Entstehung des heidnischen Glaubens*

Erstaunt fragt man sich, wie eine solche Anschauung beim römischen Volk Wurzeln schlagen konnte. Prudentius macht dafür eine ganz bestimmte entwicklungsgeschichtliche Konstellation verantwortlich.

---

[154] Vgl. z.B. Vergils Verheißung von der Rückkehr der "Saturnia (= aurea) regna" in seiner berühmten vierten Ekloge; zum Verhältnis des Dichters zu diesem Gedicht vgl. unten S. 350ff.

[155] Vgl. dazu auch unten S. 154f.

[156] Mit der Annahme einer "degeneratio" der Geschichte geht Prudentius wieder mit jedem heidnischen Römer überein, der ja mit dem goldenen Zeitalter das edelste am Anfang stehen läßt und darauf nur noch minderwertige folgen läßt. Nur hält der Dichter die Charakterisierung der Anfangszeit für eine naive Fehlinterpretation.

[157] Vgl. S 1,240-244: "Sic observatio c r e v i t secutis tradita temporibus s e r i s-que nepotibus a u c t a ... mosque tenebrosus vitiosa in saecula fluxit."

[158] "Docilis" muß also in diesem Zusammenhang konzessiv übersetzt werden.

Das römische Volk ist deswegen für die heidnischen Vorstellungen empfänglich, weil es auf religiösem Gebiet noch tief
von bäuerlicher Einfachheit, ja Dummheit geprägt ist[159]. Deswegen hat auch Merkur Erfolg mit seinen verbrecherischen Lehren[160] und findet bei den einfältigen Menschen der römischen
Frühzeit sogar Bewunderung als kunstfertiger Meister der Verbrechen[161]. Die Aufnahme des um Asyl bittenden Gottes Saturn
führt Prudentius nicht nur auf eine ländlich einfache, sondern gar noch auf eine barbarische Einstellung der latini-
schen Bevölkerung zurück[162]. Hinzu kommt ein auffallender
Mangel an Verstand[163], der Irrtum, Aberglaube und falsche
Frömmigkeit beim römischen Volk Fuß fassen läßt[164].
Da werden Könige zu Göttern erhoben, die durch den Verlust
ihres Schamgefühls zur Ursache für den allgemeinen Sittenver-
fall werden[165]. Da   s c h a f f e n   sich die Römer neue

---

[159] Zum antiheidnischen Vorwurf der bäuerlich-barbarischen Torheit
als Grund für die "Genese des Götterglaubens" vgl. OPELT, Polemik 74.
177f.240.

[160] Vgl. S 1,84f.: "Successit... corruptior aetas, quae   d o c u i t
rigidos vitiis servire   c o l o n o s." (Vgl. dagegen die stolze Selbstbezeichnung der christlichen Großgrundbesitzer als "coloni Christi", dazu
unten S. 306.)

[161] Vgl. S 1,99f.: "A r t i f i c e m   scelerum   s i m p l e x   mi-
rata vetustas supra hominem coluit."

[162] Vgl. S 1,42-44: "Num melius Saturnus avos rexisse Latinos creditur? edictis qui talibus informavit   a g r e s t e s   animos et   b a r-
b a r a   corda virorum."

[163] Vgl. den Hinweis auf den "animus diae   r a t i o n i s   egenus"
(S 1,81) sowie S 1,212f.: "Numquam oculos animumque levans   r a t i o-
n i s   ad arcem rettulit ...". - Mit der Bestimmung des Volkes als barbarische, noch von Un-Verstand geprägte Gemeinschaft klingt aber schon ein
Gedanke an, den Prudentius im folgenden in immer neuen Varianten entfalten wird: Der heidnische Römer ist letztlich noch nicht Römer im vollen
Sinn des Wortes, sondern Barbare. Als solchem fehlt ihm die den Menschen
auszeichnende Rationalität. Er ist daher noch auf einer gleichsam tierischen Stufe anzusiedeln, so daß er mit der Gleichung Heide = Barbare =
Tier zu erfassen ist; folgerichtig wird S 2,272f. auch Symmachus die "ratio" abgesprochen. Vgl. dazu CACITTI 413.419 und unten S. 159.193.227.

[164] Prudentius wird nicht müde, immer wieder darauf hinzuweisen; z.
B. S 1,154f.: "Coepit   f a l s a e   pietatis imago   i r e   per   i g n a-
r o s   nebuloso   e r r o r e   nepotes" (auffallend ist hier die Personifizierung des Heidentums, wie sie ja schon zu Beginn des Buches durch
"luis" vorgenommen wurde), S 1,180: "Haec Italos induxit avos vel fama
vel   e r r o r ...", S 1,197f.: "Ut semel   o b s e d i t   gentilia pectora patrum   v a n a   s u p e r s t i t i o, non interrupta   c u c u r-
r i t ..." (Auch hier wieder Personifizierung des heidnischen Aberglaubens!), S. 1,201f.: "Puerorum infantia   e r r o r e m   cum lacte bibit".

[165] Vgl. S 1,145ff.: "Tantum posse omnes illo sub tempore reges i n-
docilis fatui ducebat i n-eptia vulgi ut transire   s u i s   c u m   s o r-
d i b u s   i n d u p e r a t o r   posset in aeternum caeli super ardua
regnum." - Auffallend auch hier das abschätzige Urteil über die geistige

Gottheiten, indem sie Männer wegen ihrer heldenhaften Taten[166], Frauen wegen ihrer Schönheit[167] zum Objekt ihrer An-
betung machen. Da erhält Augustus einen Altar[168]. Die leicht-
lebige Livia wird mit der Göttin Iuno assoziiert[169]. Antinous, Hadrians Günstling, wird zum Ganymed seines vergött-
lichten Kaisers[170]. Was auch immer für Gottheiten der Senat
dem Volk zur Verehrung ans Herz legt, die Menschen schenken
ihnen bereitwillig Glauben[171].
Ja der Dichter sieht sie in ihrer Naivität sogar die politischen Erfolge ihrer Kaiser auf deren Gunst zurückführen[172].

2.3.3.2.3 *Der Ersatz der altrömischen durch eine christliche "politische Theologie"*

Angesichts dieser religiösen Verbrämung militärischer Leistungen glaubt Prudentius, die Römer auf den Boden der Tatsachen zurückrufen zu müssen, und hält ihnen "virtus fragilis"
(S 1,281) und "t e r r e n a gloria" (S 1,280) als einzige
Ursache für die römischen Erfolge entgegen. Doch dann bringt
er selbst S 1,282ff. wieder eine transzendente, aber zugleich
geschichtsimmanente Größe ins Spiel und breitet so seinen Gegenentwurf zum heidnisch-römischen Geschichtsdenken aus:

Reife der heidnischen Römer: Das Volk ist "i l l o sub tempore" ("illo"
hier mit Sicherheit abwertend) "fatuus", "ineptus" und "indocilis". Neben der Alliteration fällt auf, daß Prudentius "docilis" doppeldeutig
verwendet. Das Volk ist "indocilis", insofern es nicht bereit ist für die
wahre Lehre; es erweist sich aber als "docilis" gegenüber den falschen
Lehren Saturns, Merkurs ... (vgl. dazu oben S. 130).
   [166] Vgl. S 1,190f.: "Et tot templa deum Romae quot in urbe sepulcra
heroum numerare licet." Das ist aber gut "euhemeristische Herleitung der
Götter als deifizierter Menschen" (OPELT, Polemik 184).
   [167] Vgl. S 1,265-270.
   [168] Vgl. S 1,245-250.
   [169] Vgl. S 1,251-270.
   [170] Vgl. S 1,271-277.
   [171] Vgl. S 1,223: "... vera ratus quaecumque senatu auctore proban-
tur". - Hier liegt unzweifelhaft ein Angriff auf die unhinterfragbare Autorität des Senats und damit - gewollt oder ungewollt - eine Spitze gegen
Symmachus vor (ähnlich auch S 1,249ff., dazu CACITTI 417 mit Anm. 87). An
anderer Stelle allerdings ist der Senat auch für Prudentius der "clarissimus ordo" (S 1,489).
   [172] Mit S 1,278f.: "Ergo his auspicibus ... Nerones" liegt gleichsam
die von Prudentius fingierte Antwort der heidnischen Römer auf seine S 1,
42f. gestellte rhetorische Frage "num melius Saturnus avos rexisse Latinos creditur?" vor. Aus dem Zusammenhang dieser Frage (S 1,40f.) geht
hervor, daß es Prudentius letztlich auf einen Machtvergleich der heidnischen Gottheiten mit Christus ankommt, wenn er S 1,280-282 dem Glauben an
eine Fügung durch die heidnischen Götter zunächst eine rein innerweltli-
che Erklärung entgegenhält.

"Felices si cuncta deo sua prospera Christo
principe disposita scissent, qui currere regna
certis ducta modis Romanorumque triumfos
crescere et inpletis voluit se infundere saeclis."
"Glücklich wären sie gewesen, hätten sie erkannt, daß
all ihre Erfolge durch die Vorsehung des Gottes Christus
in die Wege geleitet wurden, dessen Wille es war, daß
Königreiche einem ihnen bestimmten Geschichtsverlauf
folgten, daß sich die Triumphe der Römer mehrten, und
daß er schließlich, wenn die Zeit dazu gekommen sei,
unter den Menschen weilte."   (S 1,287-290)[173]

Nun ist es Christus, der als allgegenwärtiger und allmächtger
"princeps"[174] dem Reich harmonische Ordnung[175] und triumphge-
krönte Machtausdehnung garantiert, um sich "inpletis saeclis"
(S 1,290) dieser Welt zu offenbaren[176]. Damit hat er die Rolle der heidnischen Gottheiten übernommen; die altrömische
Providenzvorstellung ist mit christlichen Vorzeichen versehen
und um den Koinzidenzgedanken erweitert. In der Erkenntnis
dieses Zusammenhangs sieht Prudentius die Wurzel für das
Glück seines Volkes[177].

2.3.3.2.4 *Die Kritik an der Vergöttlichung der Naturkräfte*

Die Römer aber bleiben weiterhin eine unglückliche Gemeinschaft[178], solange ihnen vom Nebel des religiösen Irrtums der
Blick für die lichte Wahrheit verstellt ist[179]. Nur die Art

---

[173] Damit geht Prudentius in gleicher Weise vor, wie er Honorius und
Arkadius S 2,18-38 argumentieren läßt. Auch sie weisen die Vorstellung
einer Mitwirkung der Götter an den römischen Erfolgen entschieden zurück
und führen diese zunächst allein auf "irdische" Tugenden zurück, um dann
kurz darauf einen Teil des Erfolges göttlichem Eingreifen zuzuschreiben.
Nur ist es jetzt der "deus omnipotens" der Christen, der dafür verantwortlich ist (vgl. dazu auch unten S. 150ff.).

[174] Der allumfassende Charakter des Christengottes muß angesichts
der S 1,40f. erteilten Belehrung aus "cuncta" (S 1,287) mitgelesen werden. Christus ist damit der Erste schlechthin. Ihm gebührt daher auch der
Titel "princeps" mit allen Aspekten, die man seit der Kaiserzeit damit
verband: "Während 'princeps' bisher stets durch einen Genetiv wie 'civi-
um', 'populi Romani' u.a. oder durch ein Adjektiv näher bestimmt wird,
steht der Kaiser über den 'principes viri', nennt sich also 'princeps'
ohne Zusatz, den Ersten schlechthin" (H. VOLKMANN, Art. "princeps", in:
KP 4,1137). Der Titel bekommt daher nach der Abrechnung mit den zahlreichen heidnischen Gottheiten besonderes Gewicht.

[175] Daß Gott ein Gott der Ordnung ist, der aus Chaos Kosmos schafft,
ist gute alttestamentliche Lehre. Angedeutet wird dies hier in "dis-posi-
ta" (S 1,288) und "certis modis" (S 1,289).

[176] Vgl. auch S 1,428ff.; S 2,620ff.; dazu unten S. 143f.

[177] Vgl. S 1,287f.: "F e l i c e s, si ... scissent."

[178] Vgl. S 1,83: "i n f e l i x gens".

[179] "Lux" ist hier wie auch im "Cathemerinon" direktes Synonym für
Christus.

des Fehlglaubens hat sich nun geändert. Statt der personalen
Gottheiten verehren die Römer jetzt Naturkräfte und Elemente.
Am meisten erregt der Sonnenkult den Widerspruch des Dichters, wohl auch deswegen, weil dieser bis in seine Zeit hinein ungeheure Anziehungskraft auf das römische Volk ausüb-
te[180]. Für ihn ist die Sonne ein bloßes Gestirn, das auf einer vorbestimmten Bahn kreist und so einem ihr auferlegten
Naturgesetz folgt[181]. Freiheit des Willens ist ihr verwehrt[182]. Als unbedeutendes[183] Zahnrad im Getriebe des Universums hat sie die Pflicht zu erfüllen und gleicht so einem
Diener, der sich dem Willen seines Herrn unterzuordnen
hat[184]. Damit gehen ihr aber wesentliche Eigenschaften ab,
die für ein göttliches Wesen selbstverständlich sind.
Christus erweist sich dagegen durch seine unermeßliche Größe
und Unendlichkeit als wahrer Gott und H e r r der Schöpfung
und damit auch der Sonne als eines Teils der Schöpfung[185].

2.3.3.2.5 *Die Kritik an den Unterweltsgottheiten*

Nachdem Prudentius so in einem ersten Schritt die in gewisser
Weise über der Erde angesiedelten heidnischen Götter abgetan,
sodann die pantheistische, sozusagen auf die Erde zentrierte
Naturfrömmigkeit ad absurdum geführt hat, nimmt er nun den
Glauben an die Unterweltsgottheiten kritisch-sezierend unter
die Lupe[186].
Das Fazit ist kurz und prägnant: "Si verum quaeris, Triviae

---

180 Vgl. dazu WISSOWA 315ff.364ff.; LATTE 231f.349f.; SOLMSON 241
mit Anm. 12.
   181 Vgl. S 1,310f.: "... solem, cui tramite certo condicio inposita
est vigilem tolerare laborem". - Zu "certo" vgl. S 1,289: "certis modis":
Die Sonne steht damit genau im Dienst des ordnenden Waltens Gottes.
   182 Vgl. S 1,335ff., ferner S 1,328f., wo mit den Verben "tenere"
und "coercere" das Thema der Fremdbestimmung der Sonne ebenfalls angesprochen wird. Umgekehrt ist Willensfreiheit für Prudentius aber ein
göttliches Charakteristikum (vgl. unten S. 263ff.).
   183 Vgl. S 1,314: "(solem) ... mundo caeloque minorem".
   184 Vgl. S 1,334f.: "Hic erit ergo deus p r a e s c r i p t i s
lege sub una deditus o f f i c i i s ?"; S 1,341-343: "Ista m i n i -
s t r a n t i regimen sollemne dierum haudquaquam soli datur a factore
potestas, sed f a m u l u s agit, quodcumque n e c e s s e est."
   185 Vgl. S 1,325: "Ille deus verus, quo non est grandior ulla materies, qui fine caret, qui praesidet omni naturae ... ." Gott als Schöpfer
der Sonne auch S 1,342.
   186 Vgl. zur Gliederung SOLMSON 240ff.; SOLMSON scheint allerdings
Pe 5,77ff. übersehen zu haben, wenn er den Anschein erweckt, Prudentius
identifiziere im Gegensatz zu Laktanz, Minucius Felix, Tertullian und
Augustin nur die Unterweltsgottheiten mit den Mächten des Bösen.

sub nomine d a e m o n tartareus colitur." (S 1,369f.) Unter der Gestalt der Unterweltsgottheit wird also nichts anderes als ein Dämon verehrt. Daß für Prudentius diese Erkenntnis letztendlich auf alle heidnischen Gottheiten zutrifft,
lehrt Pe 5,77ff.:

> "'At sunt et illic spiritus.'
> Sunt; sed magistri criminum[187] ...
> divique et idem daemones."

> "'Und es gibt dort doch', sagst du, 'göttliche Wesen.'
> Freilich; aber solche, die Verbrechen lehren,
> Gottheiten, die zugleich Dämonen sind."   (Pe 5,77f.92)

Solchen Gottheiten auch noch durch grausame Gladiatorenspiele
Verehrung zollen und damit gar das Heil des Staates verknüp-
fen zu wollen, empfindet Prudentius als schamlos:

> "Nonne pudet regem populum sceptrisque potentem
> talia pro patriae censere litanda salute?"
>   (S 1,390f.)[188]

Prudentius hat so in einem weiten Bogen, ausgehend von der
mitleidlosen Verspottung Saturns bis hin zur Kritik an den
noch zu seiner Zeit Zuspruch findenden heidnischen Praktiken,
das religiöse Konkurrenzprogramm zum Christentum der Lächer-
lichkeit preisgegeben.
Im zweiten Buch "Gegen Symmachus" läßt Prudentius die christliche "Fides", die nach wenigen Worten von der Stimme Gottes
nicht mehr unterschieden werden kann, das geistige Angebot
ausbreiten, welches das Christentum diesen Vorstellungen ent-
gegenzuhalten hat.

2.3.3.3 Der Gegenentwurf der christlichen "Fides"

Der personifizierte "Glaube" des Christentums wird den Ver-
tretern der heidnischen Überzeugung sofort als zumindest
ebenbürtig, wenn nicht von vornherein überlegen gegenübergestellt. Denn sie ist "d o c t i s s i m a primum/pandere
vestibulum verae ad penetralia sectae" (S 2,92f.).

---

[187] Als Beispiel kann Merkur gelten, der von Prudentius S 1,99 "artifex scelerum" gescholten wird.
[188] Sollte vielleicht in "sceptrisque potentem" eine einzige, im
Werk des Prudentius singuläre Kritik an Theodosius enthalten sein? Denn
noch zu seiner Regierungszeit sind Gladiatorenkämpfe nicht im ganzen
Reich verboten. Prudentius bittet ihn daher auch gegen Ende von S 2 in-
ständig, diesen Mißstand zu beheben; vgl. dazu SOLMSON 238ff.

Damit wird dem oben vorgeführten primitiven Wesen der Heiden,
denen jede Vernunft abgeht, eine Gabe, die Prudentius S 2,282
sogar bei derem brillianten Repräsentanten Symmachus vermißt,
die rationale Verfaßtheit der Christen entgegengehalten.
Angesichts dieses Gegensatzes erscheint der Absolutheitsanspruch der christlichen Religion, der in dem Ausschließlich-
keit fordernden Superlativ "doctissima" und dem Hinweis auf
die "vera secta" zum Ausdruck kommt, als eine logische Konsequenz.
Daß Prudentius gerade die "Fides" in der Auseinandersetzung
zu Hilfe ruft, begründet er mit der Unzulänglichkeit des
menschlichen Geistes, die göttlichen Geheimnisse zu durchdringen - eine bedenkenswerte Einschränkung gegenüber S 1,
615, wo sich die Römer "s o l a   capti ratione" bekehren.
Nun wird über den   G l a u b e n   die Erkenntnis des ewigen,
allmächtigen Gottes ermöglicht, in dessen Hand es liegt, daß
der Mensch sich nicht in ein Nichts auflöst, sondern auf eine
ewige Zukunft hoffen kann[189]. Gerade hierdurch zeichnet sich
Christus als wahrer und damit jeder kümmerlichen Scheingott-
heit überlegener Gott aus[190].
In dieser Weise von "Fides" legitimiert, übernimmt er nun
selbst das Wort[191] und stellt uns das Universum als sein ur-
eigenes, rundum gelungenes Schöpfungswerk vor. Dennoch erwartet er von den Menschen maßvollen Genuß der geschaffenen Güter[192]. Das ist freilich nur ein Teilaspekt eines umfassenden
Anspruchs, der auch andere Werte wie Bescheidenheit[193], Ge-
rechtigkeitsliebe[194]   und   Gottvertrauen   einschließt: Der

---

[189] Vgl. S 2,94f.104ff.: "... illum, qui vel principio caruit vel
fine carebit ... omnipotentem, qui bona non tantum praesentia, sed ventu-
ra etiam ... promittit, ne totus eam resolutus inane in nihilum". Auffallend ist hier die durch die Wortwahl hervorgehobene Absetzung von epiku-
reischen Vorstellungen über Gott und das Schicksal der Menschen.
[190] Vgl. S 2,119: "inanis numinis   u m b r a" gegen S 2,121: "non
dubitat   v e r u m   esse deum".
[191] Der Wechsel der sprechenden Person geschieht ohne weitere Erklärung inmitten der Rede und wird erst danach eindeutig gemacht (vgl. S 2,
161: "haec igitur spondente deo").
[192] Darüber ausführlich unten S. 286ff.
[193] Vgl. S 2,154: "(ne) ... pulchro ... inflato tumescat honore".
[194] Vgl. S 2,158f.: "ne praeferat utile iusto spemque in me omnem
conferat".

Mensch soll einen tugendhaften Lebenswandel führen[195] und
seinen Blick auf die unvergänglichen Güter richten. Darin
sieht Prudentius - mit auffallendem Bezug auf seine eigene
Person: "e g o contra spero ..." (S 2,166f.) - einen maßgeb-
lichen Unterschied zu den Tieren[196].
Eine Lebensweise nach ethischen Prinzipien kann allerdings
nur erwartet werden, wenn das Leben des Menschen mit dem physischen Tod nicht ganz erlischt, sondern die Aussicht besteht, sich vor einer richtenden Macht verantworten zu müssen. Andernfalls, so führt Prudentius S 2,178-181 besonders
eindringlich vor Augen, verliert das ganze Rechtswesen seinen
tragenden Grund: "Falluntur publica iura." Das muß für die
Römer als ein "Volk des Rechts"[197] eine besonders unerträgli-
che Vorstellung sein; und von Symmachus wissen wir gerade aus
seiner dritten Relatio, daß er einen wichtigen Rechtsvorgang
im Senat, das Ablegen des Eides, in besonderer Weise schützen
wollte, indem er die Anwesenheit der furchtgebietenden Göttin
durch ein äußeres Symbol sinnfällig zum Ausdruck brachte[198].
So haben wir sowohl bei Symmachus als auch bei Prudentius
einen Hinweis auf die Bedeutung der Gottesfurcht für das
Rechtswesen[199]. Freilich kennt der Christ nur noch die Furcht
vor dem einen, wahren Gott. Immer wieder wird er ja mit des-

---

[195] In der Terminologie (S 2,143: "palaestrae"; S 2,146: "vincenda
voluptas"; S 2,149: "luctandum summis conatibus") sowie dem Bild von den
Fesseln und Fallen (S 2,147ff.) klingen bereits Motive der "Psychomachia"
an (vgl. HERZOG 94, Anm. 6); dazu auch SCHMID 184f.
[196] Hier wie schon in der vorausgegangenen Rede fällt die sprachliche und gedankliche Nähe zu Sallust bell. Cat. 1,1 auf, wo ebenfalls der
Tier-Mensch-Vergleich unter dem Aspekt der unterschiedlichen Blickwinkel
ausgeführt ist: "pecudum" (Prud.) ≙ "pecora" (Sall.); "bona quadrupedum
ante oculos sint" (Prud.) schreibt "prona" (Sall.) aus. Die Blickrichtung
des Menschen auf das, "quod extra aciem longum servatur in aevum"
(Prud.), ist schon bei Sallust näher ausgedrückt und ausgeführt; auch bei
ihm die persönliche Stellungnahme: "quo mihi rectius videtur ... memoriam
nostri quam maxume longam efficere. Nam ... virtus ... aeterna habetur".
Daß Prudentius sich von Sall. bell. Cat. 1,1 angesprochen fühlte, zeigt
auch A 558ff. - Dieselbe Unterscheidung zwischen Mensch und Tier auch bei
Cic. leg. 1,26ff.; Vitr. 2,1,2; Manil. astron. 4,896ff.; Ov. met. 1,84;
Sen. ep. 65,19; 30,13; 92,30 (dazu HUSNER 106ff.); Min. Fel. 17,2 = ed.
BEAUJEU, Paris 1964, 23.
[197] F. SCHULZ, Prinzipien des römischen Rechts. München 1934, 4 mit
den entsprechenden Quellenangaben.
[198] Vgl. Rel. 3,5: "Ubi in leges vestras et verba iurabimus? Qua religiosa mens falsa terrebitur, ne in testimoniis mentiatur? plurimum valet ad metum delinquendi etiam praesentia numinis urgentis."
[199] Bei Symmachus weisen die Worte "metus" und "terrebitur" ausdrücklich darauf hin; Prudentius bringt dies in "metuenda potestas" (S 2,
171) deutlich zum Ausdruck.

sen direkten oder indirekten Forderungen konfrontiert, sich
von allen polytheistischen Gottesvorstellungen zu distanzieren. Auch die ganze Rede, die Prudentius Gott selbst im Anschluß an die Ansprache der "Fides" halten läßt, ist unterschwellig von dieser Sorge durchzogen und läßt so den besonderen Bezug zum Symmachus-Kreis nicht in Vergessenheit geraten: Die Schöpfertätigkeit Gottes ist a l l-umfassend und
schließt folglich jede andere Gottesvorstellung aus. Gott ist
"sator u n u s"/"einziger Urheber" (S 2,190). Die zahlreichen Naturgottheiten der Römer verlieren angesichts dieser
Tatsache ihre Funktion und Berechtigung[200]. Immer wieder betont demgegenüber der christliche Gott seine urpersönliche
Verantwortung für a l l e s Gedeihen[201].
Damit muß aber jedem Sterblichen die Forderung Gottes plausi-
bel erscheinen. "S o l i mihi construe templum/meque u n u m
venerare deum."/"Mir allein errichte einen Tempel und mich
allein verehre als Gott." (S 2,244f.) Für einen Tempel der
Victoria ist da kein Platz mehr.
Allerdings wünscht sich Gott auch ein ganz anders gestaltetes
Heiligtum als der heidnische Senator für seine Siegesgöttin:
ein Heiligtum im Herzen der Menschen - "templum mentis" (S 2,
245)[202] -, dessen Bauelemente "pietas", "pudicitia" und "iustitia"(!)[203] sind. Mit dem Menschen hatte Gott einst ein
vollendetes Wesen geschaffen[204]. In ihm hatte er sein Heiligtum zu finden gehofft. Doch bald mußte sich Gott von diesem
enttäuscht sehen. Denn sein Geschöpf richtete seinen Blick
auf das Irdische und seine Schätze[205]. Er verfehlte damit

---

[200] Vgl. dazu oben S. 134.
[201] Vgl. S 2,220f.: "I p s e ego ... qui facio"; S 2,223f.: "duplex
l e g e m e a permutua foedera sexus gignere amat subolem ..."; S 2,
227: "u n u s ego elementa rego ..." S 2,231f.: "inde ministeriis non
egeo".
[202] Die Spiritualisierung des Tempelbegriffs ist ein auffallendes
Element der prudentianischen Frömmigkeit; das Thema klingt daher gerade
in den Tagesliedern immer wieder an und findet seine volle Entfaltung
u.a. am Ende der "Psychomachia"; dazu Näheres unten S. 324ff.
[203] Damit ist der Wert der Gerechtigkeit mindestens ebenso stark
verankert, wie es Symmachus in Rel. 3,5 für notwendig erachtet. Denn wie
sollte man stärker durch die "praesentia numinis" bedrängt werden, als
wenn diese im eigenen Herzen, das doch auch als Sitz des Gewissens gilt,
Einzug gehalten hat?
[204] Vgl. dazu SCHMID 174, Anm. 9.
[205] Vgl. S 2,260-264.

seine Bestimmung als Mensch[206] und mußte erst wieder durch
die Menschwerdung Gottes rehabilitiert werden: "Restituendus
erat mihi." (S 2,265)
Mit diesem zentralen Geheimnis des christlichen Glaubens endet die Rede Gottes; sie ist zur katechetischen Unterweisung
geworden[207], die nicht zuletzt für die Ohren des Symmachus
und seiner Gefährten bestimmt scheint[208]. Nachdem ihm so in
einem ersten Anlauf[209] eine Einführung in die ethischen Forderungen des Christentums geboten worden war, sah er nun die
christliche Gotteslehre in wesentlichen Teilaspekten entfaltet.

2.3.3.4 Ein Rückblick auf die wesentlichen Unterschiede

Ein vergleichendes Resümee der in den beiden vorangegangenen
Punkten zusammengefaßten Kennzeichen des heidnischen bzw.
christlichen Bekenntnisses führt zu dem Ergebnis, daß Prudentius im großen und ganzen mit tertullianischen Argumenten[210]
die Überlegenheit des christlichen Monotheismus gegenüber dem
Polytheismus der Heiden erweist.
Deren Gottheiten werden entweder als unmoralische, mit List
und Betrug agierende Gestalten vorgestellt, denen allenfalls
die Funktion eines Dämons zugestanden werden kann, oder der
Dichter tut sie als erlogene oder - schmeichelhafter formuliert - erdichtete Wesen ab, die dem Wunschdenken nach Ver-
gottung heroischer Menschen entsprungen sind und so über keinerlei Macht verfügen.
Dem Gott der Christen ist dagegen als unerschaffenem Schöpfer
alles Seienden eine absolute Verfügungsgewalt gegeben. Diese
übt er zum Wohle der Menschen aus, indem er seine Hand schüt-
zend über das Recht hält, seine Geschöpfe den Weg der Tugend
weist und durch die Menschwerdung seines Sohnes vor dem Untergang bewahrt.

---

[206] Besonders deutlich wird dies in der Beschreibung "despexit hu-
mum" (S 2,263); damit ist dem gefallenen Menschen genau die Blickrichtung
zugeschrieben, die Prudentius S 2,165f. als ein Charakteristikum der Tiere hervorhebt. Vgl. dazu oben S. 137.
[207] STEIDLE 274 spricht von einer "christlichen Grundunterweisung".
[208] Vgl. S 2,270f.
[209] Vgl. S 2,132ff.
[210] Vgl. dazu OPELT, Polemik 15ff.76ff.

2.3.3.5 Die Reaktion des Symmachus - Eine plumpe Fiktion

Trotz dieser scheinbar für sich sprechenden Argumente kann
Prudentius keine zustimmende Reaktion des heidnischen Senators verbuchen, so wie ja auch die Rede von Honorius und
Arkadius ohne Wirkung bleibt[211]. Im Gegenteil, Symmachus
scheint jede vernünftige Überlegung außer acht zu lassen und
in seinem traditionsverhafteten Starrsinn zu verharren:

>"... Potior mihi pristinus est mos
>quam via iustitiae, pietas quam prodita caelo
>quamque fides veri ... ."
>"Mir ist der althergebrachte Brauch lieber als der
>Weg der Gerechtigkeit und die dem Himmel entspringende
>Frömmigkeit und der Glaube an die Wahrheit ... ."
>   (S 2,274-276)

Die Gedanken, die der Dichter hier dem Senator in recht un-
schöner Weise unterstellt, spiegeln allerdings kaum dessen
wahre Gesinnung wider. Für Symmachus gibt es die Alternative
"mos" o d e r "iustitia" bzw. "pietas" nicht. Schon ein
kurzer Blick in die entsprechende Relatio wird dies bestätigen: Symmachus' Sorge um die Erhaltung des "ius" im Senat
ist ja bereits aufgefallen. Sie wird gerade in engem Zusammenhang mit dem Bemühen um die Wahrung des religiösen "mos"-
hier geht es um die Wiederaufstellung der Victoria-Statue im
Senat - geäußert. "Mos" und "iustitia" sind daher gerade keine sich ausschließenden Alternativen. Symmachus selbst hebt
so auch Rel. 3,2 hervor: "Quod patriae i u r a ... defendi-
mus."/"Daß wir die Rechte des Vaterlandes ... verteidigt haben" und weist im selben Atemzug auf seinen Einsatz für die
"instituta m a i o r u m" hin. "Mos" und "iustitia" laufen
für Symmachus also vielmehr parallel.
Ebenso stark ist für ihn die "pietas" mit dem alten Kult verbunden. Als der Senator der Stadt Rom seine Argumente in den
Mund legt, führt sie ihr hohes Alter ausgerechnet auf den
"p i u s ritus" zurück.
Nach genauer Lektüre der dritten Relatio kann man Symmachus
auch nicht den Willen absprechen, der "veritas" auf die Spur

---

[211] Dazu unten S. 153. Das ist weiter nicht verwunderlich, da es
sich bei dem ganzen "Quasi-Dialog" um eine Fiktion des Dichters handelt,
durch die die ursprünglich schriftliche Eingabe an den Kaiser einen le-
bendigen, aktuellen Charakter erhalten soll. Letztendlich wird hier
nicht mehr als die Unnachgiebigkeit der heidnischen Opposition in der
religiösen Auseinandersetzung mit dem Christentum verarbeitet.

kommen zu wollen[212]. Nur erbittet er das Zugeständnis, verschiedene Zugangsmöglichkeiten zu der einen Wahrheit anzuerkennen[213]. Diese Hinweise mögen genügen[214], um zu erkennen,
daß Prudentius nicht bereit ist, die wirkliche Haltung des
Senators in seinem fiktiven Dialog zu berücksichtigen. Indem
er Symmachus eine solche Antwort zuschreibt, verletzt er die
Grenzen des guten Geschmacks und muß sich den Vorwurf unfei-
ner Verleumdung gefallen lassen. Er erleichtert sich mit diesem Vorgehen zwar vordergründig die Argumentation, verspielt
aber letztlich wohl die Sympathien all derer, die sich eine
faire Auseinandersetzung erhoffen.
Freilich lassen Schilderungen wie diese das energische Vorgehen der Christen auf den verschiedensten Ebenen in besonderer
Weise motiviert erscheinen. Insbesondere die Maßnahmen des
Theodosius und seiner Söhne, zu denen im Werk des Prudentius
auch zwei historisch nicht belegbare Reden gehören, erhalten
vor einem solchen Hintergrund eine zusätzliche Rechtfertigung.

2.3.3.6 Politische Theologie und Romideologie
in der Rede des Theodosius

S 1,390f. kritisiert Prudentius die Einrichtung der Gladiatorenspiele als ein mit dem Ehrgefühl des Volkes, an erster
Stelle aber des Kaisers nicht zu vereinbarendes Relikt des
Heidentums. Mit dieser provozierenden Frage, die in ihrer
kritischen Haltung gegenüber Theodosius eine gewisse Sonderstellung einnimmt, bereitet Prudentius gleichsam die Bühne
für einen Auftritt des zur "Stellungnahme" aufgeforderten
Kaisers.
In einer engagierten Rede läßt der Dichter ihn S 1,415ff.
eingreifen und das Volk zur Abkehr von dem in Symmachus re-

---

[212] Vgl. Rel. 3,10: "verum requirere".
[213] Vgl. die Nachwirkung dieser Haltung bis hinein in die künstleri-
sche Hinterlassenschaft der Symmacher. Recht anschaulich dargestellt wird
dies in den Erläuterungen zu der Symmachertafel des Diptychons der Symmacher und Nikomacher durch D. STUTZINGER, in: Spätantike und frühes Christentum, Katalog zur gleichnamigen Ausstellung im Liebig-Haus, Museum alter Plastik, Frankfurt/Main, vom 16.12.83-11.3.84, 534.
[214] Unzählige andere bietet die briefliche Hinterlassenschaft des
Symmachus. Näheres dazu bei KLEIN 57-107.161-165.

präsentierten Heidentum aufrufen[215].

Zuvor richtet der zweifache Triumphator[216] nach der Schilderung des Prudentius einen teils mitleidigen[217], teils stolzen Blick auf die Stadt Rom. Ihre Mauern sind schön, das Reich ist erblüht[218], doch die Stadt trägt gleichsam ein Trauergewand[219], indem sie sich in schwarze Wolken und dichten Nebel hüllt[220].

Daß hiermit auf die geistige, durch das Heidentum verursachte Umnachtung der Stadt angespielt wird, ist offensichtlich. Schon bei der im vorausgegangenen Abschnitt vorgenommenen Analyse der altrömischen "superstitio" waren ja "tenebrae", "caligo" etc. Metaphern für den behandelten Gegenstand gewesen[221]. Wenn Theodosius also seine Stadt, die für ihn "fida parens" ist[222], auffordert, die Trauerkleidung abzulegen[223], ist das nichts anderes als ein Aufruf, sich vom Heidentum zu lösen.

---

[215] Aus dem folgenden Text auf einen zweiten Rom-Besuch des Theodosius zu schließen, geht aus verschiedenen darin enthaltenen Widersprüchen nicht an. Man muß daher von einer "Gestaltung einer idealtypischen Situation" (STEIDLE 273) ausgehen; Näheres dazu bei STEIDLE 271-273; DÖPP 69, Anm. 17; WYTZES 24ff.

[216] Erinnerung an den Sieg über Maximus und Eugenius 388 bzw. 394, angedeutet durch "bis victor" (S 1,410) und "triumfali vultu" (S 1,411); vgl. dazu oben S. 116f.

[217] Vgl. S 1,415: "ingemuit miserans".

[218] Vgl. S 1,411: "p u l c h r a   moenia"; S 1,408f.: "s u m m i imperii".

[219] Vgl. S 1,408: "squalebat".

[220] Vgl. S 1,412: "N u b i b u s   obsessam   n i g r a n t i b u s aspicit urbem;   n o c t i s   obumbratae caligine turbidus aer arcebat liquidum septena ex arce serenum.

[221] Vgl. z.B. S 1,82f.: "in quamcumque fidem   n e b u l o n i s callida traxit nequitia"; S 1,154f.: "Coepit falsae pietatis imago ire per ignaros   n e b u l o s o   errore nepotes." (Hier haben wir sogar ein Nebeneinander von Konkretum und Abstraktum, so daß die doppelte Ebene besonders deutlich wird.) S 1,244: "mos ...   t e n e b r o s u s   vitiosa in saecula fluxit"; dazu OPELT, Bezeichnungen 21.

[222] Mit dieser Wendung und zahlreichen ausdeutenden Bildern (vgl. z.B. S 1,422: "frons", S 1,418: "caput", S 1,425: "vultus"; S 1,426: "pedibus") erscheint die Stadt erneut als personale Größe. Theodosius "bestätigt" damit das von Prudentius am Anfang gezeichnete Bild. Mit dieser Personifizierung befindet sich Prudentius in guter Gesellschaft. Auch bei seinen heidnischen "Schriftstellerkollegen" ist die glorifizierende Personifizierung Roms gang und gäbe. Der "fida parens" entspricht z.B. bei Rut. Namat. 1,49: "mater", 1,146: "a l t r i x   orbis"; bei Claud., Pan. Prob. et Olybr. 127: "legum   g e n e t r i x"; noch deutlicher Claud. cos. Stil. 3,150ff.: "haec est in   g r e m i u m   victos quae sola recepit humanumque genus communi nomine fecit   m a t r i s, non dominae ritu".

[223] Vgl. S 1,415f.: "Exue tristes ... habitus."

Denn Theodosius hält dessen "nebulöse" Vorstellungen[224] für
unvereinbar mit dem Reichtum und dem stolzen Selbstbewußtsein
der Stadt[225]. Daher gibt er ihr den dringenden Rat, sich über
Dunst und Wolken zu erheben, was ja in kontextgetreuer Auflösung der Bilder nur heißen kann, sich vom Heidentum zu verab-
schieden:

"Censeo sublimem tollas super aera vultum
sub pedibusque tuis nimbosa elementa relinquas."
"Mein Wille ist es, daß du dein Haupt weit über alles
Irdische erhebst und Dunst und Wolken unter deinen
Füßen zurückläßt."   (S 1,425f.)

Beachtenswerterweise liegt mit diesen Versen aber auch eine
unverkennbare Anspielung auf eine Stelle in Vergils Aeneis
vor, die Bestandteil der bekannten Prophezeiung Juppiters von
der künftigen, gottgewollten Größe Roms ist und so zum "großen Glaubensbekenntnis" der römischen Nationalisten gehörte[226]. Im Lichte dieser Vergil-Parallele, die übrigens S 2,
65ff. eine deutliche Ergänzung erfährt[227], und der folgenden
Erläuterung gewinnt also dieser Ratschlag des Theodosius zugleich eine eminent politische Brisanz. Nach der Interpretation, die der Dichter Theodosius geben läßt, ist es ja göttlicher Wille, daß die Welt Rom zu Füßen liegt, von dieser
Stadt beherrscht wird und Befehle erhält:

"Omne quod ex mundo est tibi subiacet; hoc deus ipse
constituit, cuius nutu dominaris et orbi
imperitas et cuncta potens mortalia calcas."
"Alles, was es auf Erden gibt, ist dir unterworfen.
Das hat Gott selbst bestimmt, mit dessen Zustimmung du
herrschest, dem Erdkreis befiehlst und alles Sterbliche
machtvoll unter dein Joch beugst."   (S 1,427-429)[228]

Das ist auch die Botschaft Vergils, nur ist nicht mehr Juppiter, sondern der Christengott der Garant dieser Verheißung.
Dieselbe Überzeugung hatte Prudentius bereits S 1,287ff. in-

---

[224] Prudentius strapaziert dieses Bild in diesem kurzen Abschnitt
fast bis zum Überdruß; vgl. S 1,419: "nebulis ... volitantibus"; S 1,
420f.: "livida ... lux"; S 1,421: "fumus"; S 1,423: "obscuras ... um-
bras"; S 1,426: "nimbosa elementa".
[225] Vgl. S 1,416-418: "Equidem p r a e d i v i t e cultu inlu-
strata c l u i s spoliisque insigne s u p e r b i s attolis caput et
m u l t o circumfluis a u r o."
[226] Vgl. Verg. Aen. 1,258ff.: "cernes urbem ... sublimemque feres ad
sidera caeli magnanimum Aenean".
[227] "Tunc tibi non terris tantum victoria parta sed super astra
etiam media servabitur aede."
[228] Ganz ähnlich auch S 2,636f.: "... capita haec et culmina rerum
esse iubes".

nerhalb der theoretischen Abrechnung mit dem Heidentum ausgesprochen[229]. Hier wird dieser Zusammenhang noch deutlicher
ausgedrückt. Die Abkehr vom Heidentum wird gerade mit den
vergilischen Worten beschrieben, die Roms Bestimmung zu unbegrenzter Herrschaft thematisieren. Der seit langem verheißene
politische Aufschwung und die religiöse Umkehr und Hinwendung
zum Christentum gehen so Hand in Hand. Die christliche Religion garantiert erst die räumliche und zeitliche Unbegrenztheit des Reiches. Das römische Reich deckt sich mit dem Erdkreis[230]. Die alte Zielvorstellung vom "o r b i s Romanus"
geht also in Wahrheit von Christus aus. Das römische Reich
ist zugleich auf ewige Dauer angelegt[231]. Somit erscheint
auch der alte Gedanke vom z e i t l i c h unbegrenzten Bestand des Reiches in Wahrheit erstmals von Christus gedacht.
Im Hintergrund steht natürlich auch hier der unausgesprochene
Gedanke, daß diese Größe Roms ihren Sinn erst durch die Funktion gewinnt, die sie im Heilsplan des Christengottes einnimmt, indem sie die historischen Voraussetzungen für die
Menschwerdung seines Sohnes schafft.
Theodosius leitet daraus für die Stadt die Berechtigung, ja
Verpflichtung zu einem stolzen Selbstbewußtsein ab, in dem es
für heidnische Vorstellungen keinen Platz geben darf[232]:

> "Non decet ut submissa oculos   r e g i n a   caducum
> contemplere solum maiestatemque requiras
> circa humiles rerum partes, quibus ipsa superstas.
> Non patiar veteres teneas ut me duce nugas."

> "Es steht dir nicht an, daß du als Königin mit
> gesenktem Blick dich dem modernden Erdreich zuwendest
> und göttliche Größe in den unteren Regionen der Welt
> suchst, über die du selbst dich doch erhebst. Ich werde
> es nicht dulden, daß du unter meiner Führung an den
> alten Nichtigkeiten festhältst."   (S 1,430-433)

Diese Gedankenwelt soll barbarischen Völkern vorbehalten
bleiben[233]. Prudentius nimmt damit über Theodosius eine präg-

---

[229] Vgl. dazu oben S. 133f.
[230] Vgl. S 1,427: "Omne, quod ex   m u n d o   est, tibi subiacet";
dann auch S 1,456f.: "instituens magnus qua tenditur   o r b i s   armorum
morumque feros mansuescere ritus".
[231] Vgl. S 1,429: "... cuncta potens   m o r t a l i a   calcas".
[232] Interessant ist hier die klimaxartige Entwicklung des kaiserlichen Tonfalls vom zurückhaltenden "censeo" (S 1,425) über das bestimmte
"non decet" (S 1,430) hin zum autoritativ-befehlenden "non patiar" (S 1,
433).
[233] Vgl. S 1,449f.: "Sint haec barbaricis gentilia numina pagis";
ähnlich S 2,816ff.; H 97-100; dazu auch oben S. 132 Anm. 163.

nante Aussonderung vor. Heiden und Barbaren werden in einen
Topf geworfen. Christen und Römer verschmelzen zu einer zweiten Einheit. Für die Römer geht es daher nicht an, sich durch
Humanisierung und Zivilisierung barbarischer Völker als überlegen zu erweisen, um dann ohne Unterschied deren ehemalige
religiöse Einstellung zu teilen:

> "At te, quae domitis leges ac iura dedisti
> gentibus[234] instituens ...
> armorum morumque feros mansuescere ritus[235]
> indignum ac miserum est in religione tenenda
> hoc sapere, inmanes populi de more ferino
> quod sapiunt nullaque rudes ratione sequuntur."

> "Für dich, die du gebändigten Völkern Gesetze und
> Rechtsordnungen gegeben und damit bewirkt hast,
> daß rohe Bräuche im Krieg wie im alltäglichen Zu-
> sammenleben humaner wurden, für dich ist es eine
> Schande, in Fragen der Religion denselben Weg einzu-
> schlagen, dem auch primitive Völker in ihrem tieri-
> schen Brauchtum und ihrer rohen Unvernunft folgen."

(S 1,455-460)

So ergibt sich für Theodosius die logische Forderung nach Anerkennung des Kreuzzeichens, doch verknüpft er diese sinnfäl-
ligerweise mit dem Hinweis auf den Sieg über die beiden "tyranni", die wohl mit den zu Beginn des Buches genannten identisch sind und danach eine große Gefahr für das Heil des
Staates bedeutet hatten[236].

Was hier nur leise angedeutet wird, soll im folgenden unmißverständlich klargestellt werden: Der politisch-militärische
Erfolg der Römer ist an das öffentliche Bekenntnis zu Christus gebunden. Paradebeispiel ist der Sieg Konstantins über
Maxentius in der Schlacht an der Milvischen Brücke[237]:

---

[234] Die "kulturmissionarische" (HAGENAUER 9), rechtsvermittelnde
Rolle Roms in der Weltgeschichte ist ein altes Dogma in der Geschichts-
schreibung und Poesie; vgl. dazu unten S. 155f.

[235] Der Hinweis auf die "feri ... ritus" erinnert natürlich an die
Gebräuche der Barbaren, zugleich aber werden durch das hier gewählte Adjektiv schon die Weichen für die spätere Gleichsetzung der Barbaren mit
noch auf tierischer Stufe befindlichen Wesen gestellt (vgl. dazu unten S.
159.193.227); ähnlich auch unten "de more ferino" (S 1,459). Ebenso ist
das Wort "domare" (S 1,455) ursprünglich im Bereich der Tierzähmung beheimatet. Schließlich weist auch die Charakterisierung "nulla ... rudes
ratione" (S 1,460) in diese Richtung. - Auffallend sodann der Bezug zu
Prf 1f., wo der Apostel Paulus als derjenige vorgestellt wird, der die
w i l d e n Herzen der heidnischen Völker mit ihren rauhen Gebräuchen
bändigt; dazu CACITTI 424.

[236] Vgl. S 1,463 mit S 1,22-27; dazu oben S. 116f.; mit "calcemus"
scheint sich der S 1,429 durch "calcas" erläuterte Wille Gottes bis ins
Wort hinein zu erfüllen! Damit wird der Sieg über Maximus und Eugenius
gottgewollt.

[237] Vgl. dazu oben S. 109ff.

> "Hoc signo invictus transmissis Alpibus ultor
> servitium solvit miserabile Constantinus,
> cum te pestifera premeret Maxentius aula."

> "Unter diesem Zeichen trotzte Konstantin allen An-
> griffen, überquerte die Alpen und brach, auf Vergel-
> tung sinnend, die erbärmlichen Ketten der Sklaverei,
> als dich Maxentius mit seiner verderblichen Macht
> bedrängte." (S 1,467-469)

Für zahlreiche Senatoren bedeutet dies das Ende ihrer Gefangenschaft, die von Prudentius-Theodosius in rührend-bedauern-
dem Ton beschrieben wird[238]. Gleichsam in einem Akt der Dankbarkeit bekehrt sich offenbar der ganze Senatsstand zum Christentum[239].
Nachdem der Senat in dieser Weise beispielgebend vorangegan-
gen ist, gibt es für die Römer keinen Grund mehr, am heidnischen Kult festzuhalten:

> "Ergo cave, egregium caput orbis[240], inania posthac
> prodigia et larvas olido tibi fingere cultu
> atque experta dei virtutem spernere veri."

> "Hüte dich also, erhabenes Haupt der Welt, dir künftig
> nichtssagende Ungeheuer und Geister in einem stinken-
> den Kult zu ersinnen und die Macht des wahren Gottes zu
> verachten, nachdem du sie am eigenen Leib hast erfahren
> dürfen." (S 1,496-498)

So ist die Rede des christlichen Kaisers zu einer Missionspredigt geworden, die aber bezeichnenderweise alle Punkte zur
Sprache bringt, die für Prudentius das christliche Bekenntnis
zu einem entscheidenden Faktor in der Ideologie des römischen
Reiches werden läßt: Der Stolz auf die Größe und den Reichtum
der Stadt, ihre Leistungen für die Zivilisierung und Kultivierung der Menschheit, eine traditionelle Einstellung, die
sich von Cicero[241] bis in die Zeit des Dichters hinein ver-

---

[238] Vgl. S 1,470f.: "*Lugebas longo damnatos carcere centum, ut scis ipsa, patres.*" Durch die Verwendung des stark gefühlsbetonten Verbes "lugere" erreicht hier die Personifizierung der Stadt eine beeindruckende Intensität. Ähnlich auch A 444: "maerent", dazu oben S. 109.

[239] Vgl. S 1,489ff.: "*Ipse senatorum meminit clarissimus ordo, qui tunc concreto processit crine catenis squalens carcereis aut nexus conpede vasta conplexusque pedes* v i c t o r i s *ad inclyta flendo procubuit vexilla iacens. Tunc ille senatus* m i l i t i a e *ultricis titulum Christique verendum nomen adoravit quod conlucebat in armis.*" - Damit schließen die beiden Hinweise auf die christlichen Feldzeichen S 1, 464 und S 1,494 in einer Art Klammer den Rückblick auf die Unterdrückung unter Maxentius und die Befreiung durch Konstantin ein. Vgl. dazu A 446-448, und oben S. 109ff.

[240] Das Bild "caput orbis" für die Stadt Rom ist in der gesamten rö-mischen Literatur verbreitet; vgl. dazu die Belege bei CHRIST 88.

[241] Vgl. or. 1,33; dazu oben S. 16f. mit Anm. 88.

folgen läßt[242], findet seine Begründung in dem göttlichen Willen, den man dahinter erkennen darf. So weit ist das klassische Romideologie. Doch sind die politischen Erfolge jetzt nicht mehr Machterweise Juppiters, sondern des Christengottes, der auf diese Weise das historische Terrain für das Ereignis der Inkarnation und die Verbreitung des Christentums bereitet hat.

Tatsächlich folgt die Stadt dann auch in der Schilderung des Dichters dem Aufruf des großen Kaisers[243], sich von den alten Irrtümern abzuwenden[244]. Wie undankbar und starrsinnig muß da Symmachus erscheinen, wenn er sich zusammen mit ein paar gleichgesinnten Senatoren der neuen Religion versagt. Sie hängen in hehrer Wehmut einer Vergangenheit an, für die die altersgraue, durch die Zeit gereifte Roma[245] nur noch Scham empfinden kann[246]. Durch ihre, wenn auch späte Einsicht versucht sie, die Fehler der Vergangenheit wiedergutzumachen[247]. In der Nachfolge Christi findet sie einen geeigneten Weg dazu[248].

Und wie Theodosius, so haben sich auch dessen beide Söhne Honorius und Arkadius dem Ziel verschrieben, die Stadt auf diesem Weg zu leiten.

---

[242] Vgl. z.B. Claud. c. 34,136f.; dagegen sind kritische Äußerungen gegenüber der römischen Machtausübung nur recht dünn gestreut: vgl. Tac. agric. 21,3; 30,5; dazu KLINGNER 615.

[243] Vgl. S 1,509f.: "vocante m a g n a n i m o ductore"; hier also erneut ein Lob des Dichters für Theodosius.

[244] Vgl. S 1,506-508: "Talibus edictis urbs informata refugit errores veteres et turbida ... nubila discussit." - Freilich dürfte zu jener Zeit die Bekehrung vieler Christen eher aus opportunistischen Gründen denn "pleno amore" erfolgt sein; dazu KLEIN 150, Anm. 41.

[245] Im Gegensatz zur Rede der "Roma" (S 2,655ff.) ist die Stadt hier also eine von Alter gezeichnete Seniorin: vgl. "ab ore v i e t o" (S 1, 507) und "s e n i o docilis" (S 1,511).

[246] Vgl. S 1,512: "Pudet exacti iam temporis, odit praeteritos foedis cum religionibus annos."

[247] Vgl. S 1,519f.: "conpensare cupit taeterrima vulnera laesae iustitiae sero obsequio veniaque petenda". Typisch römisch ist hier, daß die Stadt bei ihrer Gewissenserforschung ihr Verhalten vor allem als Verstoß gegen die "iustitia" versteht. Mit der Regierung des Theodosius sehen wir diese jedoch rehabilitiert; vgl. S 1,39: "iustitia regnante".

[248] Vgl. S 1,508-510: "... iam nobilitate parata aeternas temptare vias C h r i s t u m-que s e q u i ... et spem mittere in aevum". Damit ist aber der Weg Roms zugleich als ein in die Ewigkeit führender gekennzeichnet. Das Dogma einer durch Christus garantierten "Roma aeterna" erfährt eine weitere Bestätigung.

2.3.3.7 Politische Religiosität und Romideologie
bei Honorius und Arkadius

2.3.3.7.1 *Die Herausforderung des Symmachus*

Im ersten Buch "Gegen Symmachus" war uns bereits Theodosius
als der Kaiser vorgestellt worden, der dem Christentum den
Weg zur ausschließlichen Staatsreligion entscheidend geebnet
hat. Man hat ihn noch gut als "dux bonus" (S 1,618) in Erinnerung; kirchlichen Kreisen gilt er schon bald als "der Große".
Dessen Beispiel vor Augen, das Vorbild des Großvaters Flavius
Theodosius gewärtig, wachsen Honorius und Arkadius heran
(vgl. S 2,7-9). Wie schon der Vater, so sehen auch sie sich
mit der heidnischen Propagandatätigkeit des Symmachus konfrontiert.
Der Widerpart des Theodosius blieb jedoch zunächst allgemeiner als "luis" (S 1,5) charakterisiert. Doch schon das Verb
"temptare" (S 1,6) ließ uns eine P e r s o n erwarten, in
der diese Pest Gestalt annimmt. Auf der Suche danach bot die
Präfatio eine Hilfe, wo nach und nach über "virus" (V. 53),
"triste periculum" (V. 66; in S 2,2 durch "pericula" aufgenommen), "sagax eloquii caput" (V. 75) und "oris rhetorici"
(V. 77) das Bild entschlüsselt wird. Ohne Zweifel war Symmachus der Gegner, demgegenüber Theodosius sich als stand-
hafter christlicher Kaiser erwiesen hat.
Nun steht den Kaisersöhnen die Feuerprobe bevor; es gilt,
sich als wahre Söhne dieses Vaters zu bewähren. Mit dieser
Bewährungsprobe gegenüber heidnischen Reaktionsversuchen
zeigt sich zum ersten Mal die Kontinuität zwischen den beiden
Büchern: Das Wort "temptare" scheint im Verb "instigare" (S
2,10) aufgenommen. In "orator catus" (S 2,10) ist Symmachus
nun auf Anhieb als der Versucher erkennbar. Gegenüber der be-
wundernden Erwähnung des Senators am Ende von S 1 (vgl. S 1,
632ff.) muß das despektierliche "catus" als Erkennungszei-
chen des Symmachus ernüchternd wirken. Doch diese Wertung ist
schon in der Präfatio durch "tumet" (V. 58) in tadelndem Unterton vorbereitet und kann so in der besonderen Situation
nicht überraschen, versucht der Senator doch nun sein Talent
an jungen, noch leicht beeinflußbaren Menschen[249].

---

[249] Die Frage nach der Historizität der Symmachus-Rede an Honorius
und Arkadius war, ebenso wie die nach dem Anlaß des ganzen Werkes, lange
Zeit umstritten. Heute geht die "sententia communior" von einer "poetischen Erfindung" aus (DÖPP 72; vgl. auch STEIDLE 270).

Doch die Kaisersöhne lassen sich nicht im geringsten irre machen. Sie besinnen sich sofort auf ihre Erziehung, die ihnen durch ihren Vater zuteil geworden ist: Das bedeutet einerseits Toleranz gegenüber dem andersgläubigen Senator, der durch seine Rhetorikkünste weithin bekannt ist[250], andererseits das bedingungslose Bekenntnis zum christlichen Gott[251].

So haben sich Erziehung und Vorbild des Vaters bewährt. Auch er hat die Leistungen des Symmachus honoriert (vgl. S 1, 616ff.), auch er wies mit fester Stimme den Weg zu Christus (vgl. S 1,611ff.). So wurde uns Theodosius noch in den letzten Versen des ersten Buches eingeprägt. Nun sind seine Söhne getreu in seine Fußstapfen getreten. Man sieht hier ein ideales, ja in gewisser Weise gestelltes Bild eingefangen, dessen stereotypen Züge eine poetische Fiktion des Dichters um so wahrscheinlicher machen. "Sie schafft Prudentius Gelegenheit, den beiden jugendlichen Kaisern zu huldigen: als erfahrenen Kriegsherren, vor allem aber als w e i s e n Herrschern[252] und im Glauben festen Christen, die sich in ihrem Glauben nicht beirren lassen, mag der Wortführer der heidnischen Partei ... auch noch so eloquent sein. Das Herrscherlob hier korrespondiert so mit dem Enkomion auf den weisen, christlichen Kaiser Theodosius zu Beginn des ersten Buches"[253] sowie, das muß nach obigen Überlegungen hinzugefügt werden, mit der Herrscherverherrlichung am Ende desselben Buches.

2.3.3.7.2 *Die Antwort der beiden "principes"*

Wie gestaltet Prudentius nun die Antwort der jugendlichen "principes"? Zunächst sehen diese sich der Forderung gegenübergestellt, als Dank für den errungenen Sieg den Tempel der Victoria wiederherzustellen[254].

---

[250] Vgl. S 2,19: "Ausoniae vir facundissime linguae".
[251] Vgl. S 2,35ff.: "Vincendi quaeris dominam? Sua cuique dextra est e t   d e u s   o m n i p o t e n s."
[252] Eigene Hervorhebung; setzen also Honorius und Arkadius die Tugend des Theodosius, als "Philosophenkönig" zu herrschen, fort?
[253] DÖPP 72.
[254] Zur Interpretation des umfassenderen "templum" anstatt der zu erwartenden "ara" vgl. STEIDLE 293; zum Streit um die "ara Victoriae" vgl. auch PASCHOUD 75ff. sowie die Literatur bei CACITTI 403, Anm. 15.

- *"virtus" gegen Victoria*

Hinter der Forderung nach einer Wiederaufstellung des Victo-
ria-Altares steht in abgewandelter Form das allen Römern vertraute "do, ut des"-Denken: Victoria hat den Sieg geschenkt,
nun soll sie - "eine Hand wäscht die andere" - ihren Tempel
zurückerhalten. Doch dem wollen die Kaisersöhne nicht zustimmen, da sie den Sieg in keinerlei Abhängigkeit von der Siegesgöttin sehen. Sie führen ihn allein auf die alten römischen (Kriegs-)Tugenden wie "labor", "virtus" und "vis animi"[255] zurück. So scheint auf den ersten Blick die a l t e
"do, ut des"-Relation in Frage gestellt.

- *Christus gegen Victoria*

Doch kurze Zeit später erkennen wir, daß Victoria nicht er-
satzlos gestrichen wurde. Ihre Funktion, zum Sieg zu verhelfen, hat nun der "deus omnipotens" der Christen übernommen[256]. Honorius und Arkadius wissen ja durch die fruchtbare
Unterweisung ihres Vaters: "Omne quod ex mundo est tibi subiacet; hoc deus ipse/constituit, cuius nutu dominaris ..." (S
1,427f.)[257]. Sie wissen auch, daß sich der Dank dafür allein
in der sichtbaren Verehrung dieses Gottes ausdrücken kann[258].
Für sie besteht dieses Zeichen in der Entfernung, ja Zerstörung heidnischer Kultsymbole[259]. Dazu fordern sie am Ende
ihrer Rede die Stadt Rom, die sie stolz "ditissima" nennen,
auf[260]. Das wiederum garantiert den Römern die unbegrenzte
Dauer der erworbenen Weltherrschaft:

---

[255] Vgl. S 1,24f.; dazu auch Ambr. ep. 18,7 = ed. KLEIN, Darmstadt
1972, 133f.

[256] Vgl. S 2,35ff.: "Vincendi quaeris dominam? Sua cuique dextra est
et deus omnipotens, n o n pexo crine virago."

[257] Vgl. dazu oben S. 143f.

[258] Vgl. S 1,464ff.

[259] Man vergleiche dazu die Missionsmethoden eines Martin v. Tours,
Columban oder Gallus, die ebenfalls zunächst die gewalttätige Zerstörung
heidnischer Heiligtümer einschloß; die Bischöfe verlangten im allgemeinen
bei der Bekehrung eines hohen, ehrenwerten Römers ein deutliches Zeichen
dieser Art als "Garantiewerk". - Völlig anders reagierte der alte Römer
bei der Begegnung mit fremden Gottheiten, insbesondere bei neuen Erobe-
rungen. Er versuchte, sich die Götter belagerter Städte im Brauch der
"evocatio" günstig zu stimmen und so seiner Götterwelt einzugliedern:
vgl. Plin. n.h. 28,18; Serv. Aen. 2,351; Liv. 5,21,3-7; Macrob. sat. 3,9,
7ff., aber auch die Kritik bei Prop. 4,1,17; WISSOWA 44.383f.; LATTE 43.
125.200.346.

[260] Ganz parallel dazu die Aufforderung des Theodosius an seine
Stadt, die er nicht minder stolz "regina" nennt, das Zeichen des Kreuzes
anzuerkennen (vgl. S 1,464ff.).

"Tunc tibi non terris tantum victoria parta,
sed super astra etiam media servabitur aede."
"Dann wird dir der Sieg, den du errungen hast,
nicht nur auf der Erde, sondern auch inmitten
des himmlischen Tempels erhalten werden."

(S 2,65f.)[261]

So wird - über einen kurzen Umweg - erneut mit aller Deutlichkeit das "do, ut des"-Schema ins Spiel gebracht und in
seiner wechselseitigen Bedingtheit vor Augen geführt. Es ist
den Römern so in Fleisch und Blut übergegangen, man könnte
mit Prudentius' eigenen Worten sagen "cum lacte bibit" (S 1,
202)[262], daß er sich auch nach seiner Bekehrung davon bestimmen läßt.

Victoria freilich hat für den Christen Prudentius ausgedient.
So läßt er die beiden jungen Kaiser ausführlich gegen den
"absurden Anthropomorphismus der heidnischen Religion"[263]
polemisieren (vgl. S 2,39f.). Danach ist die römische Götterwelt eine reine Erfindung der Menschen. Diese mag von den
Bildern der Maler angeregt sein, oder aber die Maler ließen
sich von den bereits erfundenen Göttergestalten inspirieren.
Hier muß die "Betonung der Wechselwirkung zwischen heidnischer Poesie ... heidnischer Malerei und dem heidnischen
Glauben"[264] auffallen, die alle dem gleichen Ziel dienten,
die Menschen durch erdichtete Göttergestalten von der Wahrheit abzulenken. Auffallend vorgeführt wird dieses Zusammenwirken in dem Dreigespann Homer, Apelles[265] und Numa[266]:
"Convaluit f a l l e n d i trina potestas." (S 2,48)[267].
Hier wird der gleiche Vorwurf erhoben wie schon durchgehend

---

[261] Auffallend ist hier der durch intensive Alliteration hervorgeru-
fene pathetische Stil; vgl. dazu auch S 1,587ff., insbes. S 1,590.

[262] Vgl. CACITTI 417.

[263] STEIDLE 274.

[264] RODR.-HER. 105.

[265] Vor allem als Porträtist Alexanders d.Gr. berühmter griechischer
Maler (vgl. Plin. n.h. 35,79-97; Hor. ep. 2,1,237ff.), von dem allerdings
kein Werk erhalten ist.

[266] Numa Pompilius, nach der Überlieferung (Cic. rep. 2,23-30; Liv.
1,18-21; Dion. Hal. ant. 2,58-76; Plut. Num.) zweiter König Roms, galt
den Römern als "beispielhafter Sakralgesetzgeber und Friedensherrscher"
(H. FLIEDNER, Art. Numa Pompilius, in: KP 4,186). Numas Erwähnung muß in
diesem Zusammenhang überraschen, gab es doch zu seiner Zeit nach christlichem Wissen (Tert. apol. 25,13 = CC 1,135, ed. DEKKERS, 1954) gerade
noch keine Götterbilder.

[267] Zum Vorwurf der Dichterlüge als Topos vgl. THRAEDE, Unters. I,
123, Anm. 63f. und oben S. 37ff.; vergleichbare Kritik aber auch schon in
der heidnischen Philosophie: vgl. z.B. Sen. vit. beat. 26,6.

im ersten Buch "Gegen Symmachus". Mit den heidnischen Göttern
ist Schluß zu machen, weil sie einer Quelle des Irrtums entsprungen sind und zur Täuschung der Menschen beitragen:

"Desine, si pudor est, gentilis ineptia, tandem
res incorporeas simulatis fingere membris,
desine terga hominis plumis obducere ... ."

"Höre endlich auf, heidnische Torheit, wenn du noch
Schamgefühl besitzest, mit deiner Phantasie unkörperlichen Dingen eine Gestalt zu geben, höre auf,
menschliche Rücken mit Federn zu überziehen."

(S 2,57-59)[268]

Gerade dieser Ausruf der Theodosiussöhne hat unter den Forschern Verwirrung gestiftet. In der Tat hat Prudentius hier
einen Stolperstein in den Weg gelegt, ist man doch zunächst
versucht, die unwillige Äußerung der beiden als Einwand gegen
jede Art bildlicher Darstellung heidnischer Gottheiten zu
verstehen. Damit würden sich die beiden Söhne des Theodosius
nach der Darstellung des Prudentius gegen den Willen ihres
Vaters auflehnen (vgl. S 1,502ff.), nach den Zeugnissen der
Geschichte gar ihren eigenen Anordnungen widersprechen[269].
SOLMSON empfindet dies tatsächlich als einen
unüberbrückbaren Widerspruch und sieht in den Versen S 1,501-
505 nicht den ursprünglichen Schluß, sondern eine
nachträgliche Korrektur[270].
Mehrere Überlegungen lassen jedoch diese These als unwahrscheinlich erscheinen, ja sogar den anfangs aufgespürten Widerspruch sich auflösen: Honorius und Arkadius formulieren ja
ihre Forderung am Ende ihrer Rede noch radikaler: "F r a n-
g e repulsorum foeda ornamenta deorum." (S 2,64) Der Widerspruch scheint hierdurch gar noch verstärkt. Aus der Erlaub-
nis, Götterbilder zu erhalten, wäre nicht allein die bloße
Distanzierung von diesem Zugeständnis, sondern ein massiver
Befehl zur Vernichtung geworden. Doch letztendlich kann man
über diese Stelle nicht stolpern, wenn man seinen Blick auf
die feinen Nuancen in der Formulierung wirft. Die Theodosiussöhne fordern ausdrücklich die Zerstörung der "f o e d a ornamenta", wohl weil sie als solche Herrscher erscheinen sollen, die um die präzis formulierte Regelung ihres Vaters wis-

---

[268] Zu beachten ist der anaphorisch hervorgehobene Imperativ "desine", der ebenso wie das ungeduldige "tandem" den Unwillen der beiden Kaiser verdeutlicht.
[269] Vgl. dazu oben S. 126f. mit Anm. 128.
[270] aaO. 310ff.

sen, wonach es erlaubt sein soll, "statuas p u r a s" (S 1,
502) als "artificum m a g n o r u m opera" (S 1,503) zu erhalten[271]. Noch einmal wird der Ausnahmecharakter im Superlativ "pulcherrima ornamenta" (S 1,503/504) betont.

Ansonsten polemisiert Theodosius wie seine Söhne gegen die
anthropomorphen Vorstellungen und Darstellungen der Heiden[272]. In beiden Fällen richtet sich der Vorwurf gegen den
erfundenen und erlogenen Charakter. Theodosius warnt daher:
"cave ... tandem, res incorporeas s i m u l a t i s fingere
membris"/"Hör endlich auf, in deiner Phantasie unkörperlichen
Dingen Gestalt zu geben" (S 2,57ff.). So kann bei einem näheren Hinsehen von einem Widerspruch keine Rede mehr sein;
stattdessen kann man treue Rückbindung bis ins Wort hinein
feststellen[273].

Dennoch läßt sich Symmachus durch die Standhaftigkeit der
jungen Kaiser nicht entmutigen und fährt in seiner Verteidigungsrede für das Heidentum fort. Auf kurzem Raum paraphrasiert Prudentius die in Rel. 3,8-10 angeführten Argumente, um
dann mit einem erneuten Lob auf die Redegewandtheit des Senators einen vorläufigen Schlußstrich zu setzen[274]. Nachdem
Prudentius die Erwiderungen der Theodosiussöhne durch eine
Rede der personifizierten "Fides" gleichsam unterstützt
hat[275], übernimmt er selbst S 2,277ff. die Verteidigungsrede
der christlichen Lehre gegenüber der Beweisführung des heidnischen Senators. Sie soll im folgenden nachgezeichnet und
analysiert werden.

---

[271] Zur Haltung des Prudentius zur Kunst vgl. PASCHOUD 227ff.; CA-
CITTI 411f.; THRAEDE, Epos 1025.

[272] Mit dem Verb "fingere" (S 2,58) ist bewußt sowohl auf die konkrete als auch auf die theoretische Ebene der religiösen Vorstellungen
angespielt.

[273] Ein weiteres Argument spricht gegen die These SOLMSONS von einem
ursprünglich anderslautenden Schluß der Theodosius-Rede: Prudentius ist
im ganzen Buch S 1 darum bemüht, Theodosius als weisen, maßvollen Herrscher zu zeichnen, der anderen mit Toleranz begegnet (vgl. bes. S 1,
618ff.). Zu diesem Bild wird Theodosius von Prudentius mitunter auch gegen die tatsächlichen Verhältnisse "zurechtgebogen" (vgl. oben S. 126).
Gerade die Erwähnung dieses Erlasses paßt nun aber vorzüglich in die ge-
nannte Tendenz. Indem so nämlich ein Gesetz des Honorius stillschweigend
dem Vater zugeschrieben wird, rundet sich das positive Bild vom toleranten Theodosius geschickt ab.

[274] Vgl. S 2,91ff.: "His t a m magnificis t a n t a q u e fluen-
tibus arte respondit vel sola Fides ...".

[275] Vgl. dazu oben S. 136ff.

2.3.3.8 Die Auseinandersetzung des Dichters mit der "Relatio Symmachi"

2.3.3.8.1 *Traditionsverbundenheit gegen kritischen Fortschrittsoptimismus*

S 2,274-276 hatte Prudentius dem heidnischen Senator Symmachus auf recht unschöne Weise die Pflege der Tradition auf
Kosten der "iustitia" und der "pietas" unterstellt[276]. Im Anschluß daran unternimmt er es, die einzelnen Punkte zu wider-
legen, die Symmachus zugunsten der heidnischen Religion in
seiner dritten Relatio vorgebracht hatte.
An erster Stelle versucht Prudentius, dessen Hinweis auf die
große Bedeutung des "mos maiorum" gleichsam von innen heraus
auszuhöhlen, indem er ihn selbst der Inkonsequenz bezüglich
dieser Traditionsverbundenheit bezichtigt. Dabei greift er
wieder bereitwillig auf die Argumentationshilfe des Ambrosius zurück[277].
Wie dieser will er von einer Verklärung der Vergangenheit
nichts wissen[278]. Die frühen Jahre der Menschheit erfahren in
der Charakterisierung "rudes" (S 2,277) von Ambrosius wie von
Prudentius Geringschätzung. Prudentius erinnert nun geschickt
an Lebensbereiche, in denen man nach a l l g e m e i n e r
Ansicht tatsächlich Fortschritte errungen hat: Ackerbau,
Wohnverhältnisse, Kleidung, ja sogar religiöse Bräuche sind
davon nicht ausgeschlossen. Niemand wird heute noch Menschen-
opfer an Saturn gutheißen[279]. Wer sich aber auf den althergebrachten "mos" berufen will, muß doch um der Konsequenz willen a l l diese allmählich gewonnenen Erkenntnisse wieder
hinter sich zurücklassen: "Omne revolvamus sua per vestigia

---

[276] Vgl. dazu oben S. 141f.

[277] ep. 18,23ff. = ed. KLEIN, Darmstadt 1972, 149ff.

[278] Das hindert den Dichter nicht, an verschiedenen anderen Stellen
den paradiesischen Urzustand der Menschen als Idealform des Lebens zu
preisen und in heiter bukolischen Farben zu zeichnen, so z.B. C 3,101-
105; 5,113-124; 11,61-76; damit nähert er sich wieder den Dichtern der
klassischen Zeit, mit denen er auf den ersten Blick gebrochen zu haben
schien: vgl. Verg. Aen. 6,638ff.; Georg. 4,118f.; Tib. 1,3,35ff.; Ov. am.
3,8,35ff.; Lukr. 5,1392ff.; dazu auch unten S. 336-359.

[279] Freilich hat Prudentius damit eine religiöse A u s n a h m e -
situation herausgegriffen, die sich für die römische Geschichte nur in
Einzelfällen nachweisen läßt (vgl. Liv. 22,57,16; Plut. Num. 10; Dion.
Hal. 2,67; WISSOWA 354). Das Aufgreifen eines solchen Problemfalls läßt
erkennen, daß Prudentius darum bemüht ist, ein möglichst hohes Maß an Zustimmung zu finden und dafür auch bereit ist, sich mit dem "kleinsten gemeinsamen Nenner" zufrieden zu geben.

saeclum/usque ad principium."/"Das ganze Rad der Geschichte
muß in seiner Spur bis zum Beginn der Zeiten zurückgedreht
werden." (S 2,279f.) Prudentius will hier kein selektives
Verhalten dulden.

– Der Fortschritt in der Kultivierung des Volkes und des Erdkreises

Die konsequente Durchführung des oben angedeuteten Gedankens
mußte aber auf jeden Römer ernüchternd wirken: Von den Römern
bezwungene, gleichsam gezähmte Völker – "populi ... edomiti"
(S 2,292) – würden wieder zu tierischer Rohheit – "inmani-
tas", "feritas", "ferini mores" (S 2,291-293) – verkommen.
Diese Vorstellung mußte einem Römer vom alten Schlag wie Symmachus wie ein Sakrileg erscheinen. Denn gerade das galt doch
als die Leistung des römischen Volkes, die Symmachus mit all
den Dichtern besonders schätzt: Rom bezwingt den Erdkreis und
schenkt den barbarischen Völkern Recht und Kultur. Dieses begründet ja in erster Linie den selbstbewußten Nationalstolz
der Römer[280]. Von ihm ist, wie wir oben gesehen haben[281], im
Werk des Prudentius noch Theodosius ganz und gar erfüllt. Ein
tiefer Glaube an die Berechtigung des römischen Weltherr-
schaftsanspruchs sprach aus den Worten, die der Kaiser S 1,
427-429 an seine Stadt richtete. Dahinter stand die Überzeugung, daß Roms Herrschaft sich durch die Weitergabe von Recht
und Zivilisation für die unterworfenen Völker segensreich
auswirkte:

> "... quae (sc. Roma) domitis leges ac iura dedisti
> gentibus, instituens ...
> ... feros mansuescere ritus ...".
> "... die du bezwungenen Völkern Gesetze und Rechts-
> ordnungen gegeben und so dafür gesorgt hast, daß
> rohe Sitten humaner wurden ...".   (S 1,455-457)

---

[280] Prudentius weiß um diesen wunden Punkt des Symmachus, wenn er
ihn S 2,579f. in altvertrauten Wendungen auf die kulturvermittelnde Befriedung des Erdkreises durch das römische Volk zu sprechen kommen läßt.
Rel. 3,9 gibt ihm das Recht dazu. – Sprachliche Muster lagen auch sonst
genügend vor: Der "orbis domitus" – die weltweite Überwindung der Barbaren – war bei römischen Schriftstellern und Dichtern ein bevorzugter Gegenstand gewesen. So häufig bei Cicero, Sallust, Tacitus; Ennius frag.
292; Hor. c. 1,12,53f.; 4,14,41ff.; Ov. met. 15,877; ars amat. 1,177;
fast. 4,235f.857; trist. 3,7,52; Claud. bell. Gild. 47f.; cons. Stil. 1,
113.177.
[281] Vgl. dazu oben S. 142ff.

Diese Vorstellung ist Jahrhunderte alt[282]. Neu ist der Gedanke, daß Rom seine letzte Erfüllung erst mit der Absage an die
alte Religion und dem einmütigen Bekenntnis zum Christentum
finden wird[283]. Darauf scheint jetzt die humanisierende Wirkung auf wilde, barbarische Völker zu beruhen. A 430f. führt
Prudentius diese ausdrücklich auf die "vox evangelica" (A
427) zurück: "mansuescere" bedeutet jetzt Ablegen heidnischer
Riten zugunsten der christlichen Religion. Dieselbe Verbindung zwischen rechtsvermittelnder römischer Weltherrschaft
und kultivierendem Einfluß des Christentums stellt
Laurentius in seiner ergreifenden Martyriumsrede her[284].
Prudentius hat mit diesen Überlegungen eine scheinbar harmonische Übereinstimmung zwischen dem heidnisch erzogenen Römer
Symmachus und einem christlich denkenden Römer, wie Laurentius oder er selbst ihn repräsentieren, hergestellt. Für beide muß eine konsequente Rückbesinnung auf die altrömische
Tradition letztendlich undenkbar sein. Für Symmachus müßte
dabei seine nationalrömische Identität zerbrechen. Ebensowenig könnte er sich in der Religion der frühesten Zeit tatsächlich noch beheimatet fühlen. Für Prudentius wieder ist
eine starr der Tradition verhaftete Denkweise ohnehin nicht
akzeptabel. Als überzeugter Römer hätte er dieselben Probleme
wie sein heidnischer Kontrahent. Zum andern verlöre das wich-
tigste Ereignis seiner religiösen Überzeugung – die Menschwerdung Gottes m i t t e n in die römische Geschichte hinein – seine zentrale Bedeutung und müßte vor älteren Werten
in den Hintergrund treten.
Es wäre nun aber zu vereinfachend, wollte man Prudentius' Reaktion auf die von Symmachus propagierte Traditionspflege mit
einem einfachen Fortschrittsoptimismus umschreiben.

---

[282] Mit Cic. or. 1,33 (dazu oben S. 16 mit Anm. 87); Verg. Aen. 1,
263f.292; 4,231; 6,852; Georg. 4,562; Ov. met. 15,833; Hor. c. 3,3,43f.;
ep. 1,12,27f.; 2,1,1f.; Prop. 4,4,11; Stat. silv. 3,185f.; Claud. c. 34,
136f. sei nur eine kleine Auswahl gegeben.
[283] Vgl. S 1,458-460: "Indignum ac miserum est in religione tenenda
hoc sapere, inmanes populi de more ferino quod sapiunt." Vgl. dazu auch S
1,433f.464f.
[284] Vgl. Pe 2,418-424: "sanciens mundum Quirinali togae servire ...
ut discrepantium gentium mores ... unis domares legibus"; Pe 2,437-440:
"confoederantur omnia hinc inde membra in symbolum, mansuescit orbis sub-
ditus, mansuescit et summum caput". – In dem "emphatisch wiederholten"
(BUCHHEIT 470) "mansuescit – mansuescat" haben wir ein wörtliches Bindeglied zwischen den beiden angeführten Texten S 1,455ff. und Pe 2,415ff.

- Das mühsame Ringen um die richtige Religion
Zumindest im religiösen Bereich kennt Prudentius keine derart
eingleisige Entwicklung: Da sind schon die religiösen Wurzeln
verdorben, ein Seitenhieb gegen Symmachus. Auch die weitere
Entwicklung bringt keine Besserung. Die Korruption der religiösen Gesinnung nimmt zu[285].
Zwar entdeckt Prudentius mit der Wertung der augusteischen
Zeit als "d o c i l i s   i a m   aetas" (S 1,245) den Eindruck, als befinde sich die religiöse Entwicklung doch in
einem allmählichen Fortschreiten begriffen. Doch kann sich
dieser Eindruck nicht festsetzen. Dafür ist der eben erst gegebene Hinweis auf die von Generation zu Generation zunehmen-
de Verdorbenheit (vgl. S 1,240-244) noch in zu guter Erinnerung. Darüber hinaus kommt es trotz der größeren Einsichtsfähigkeit der Zeit doch zu neuen, seltsamen Frömmigkeitsäuße-
rungen. Augustus, Livia und Antinous werden jetzt schon göttliche Ehren zuteil[286]. Die Erwähnung der "docilitas" will dazu nicht recht passen. Sie fügt sich nicht organisch ein,
sondern wirkt vielmehr wie ein abrupter Einschnitt in die
mehr oder weniger gleichförmig trostlos verlaufende römische
Religionsgeschichte. Sinn bekommt sie nur außerhalb des eigentlichen Gedankengangs im Blick auf die universale Mensch-
heitsgeschichte. Die augusteischen Verhältnisse hat sich Gott
als Zeitpunkt für das zentrale Ereignis seiner Menschwerdung
erwählt. So muß dem Menschen zumindest theoretisch auch die
Einsichtsfähigkeit in die Bedeutung dieses Geschehens zugestanden werden. In der Praxis überwiegt auch weiterhin das
Verharren im religiösen "error". Daß kein wesentlicher Fortschritt erzielt ist, zeigt S 1,282, wo mit dem lukrezischen
"sub religione iacentes" (De rer. nat. 1, 62f.) auf die bedrückende religiöse Frühzeit verwiesen wird[287].
Nach diesen Überlegungen läßt sich in der religionsgeschicht-
lichen Theorie des Prudentius allenfalls ein verhaltener
Fortschrittsglaube ausmachen.
- Der mühsame Weg zu einer akzeptablen Verfassung
Ähnlich steht es mit seiner Darstellung der römischen Verfas-

---

[285] Vgl. dazu oben S. 129f.
[286] Vgl. dazu OPELT, Augustustheologie 44-52, bes. 45 mit Anm. 6.
[287] Zur Interpretation der augusteischen "docilitas" vgl. auch oben
S. 130 mit Anm. 158.

sungsgeschichte. Über Jahrhunderte hinweg erleben die Römer
ein von Irrtümern und Zweifeln bestimmtes Suchen nach der
richtigen Verfassungsform[288]. Impulsiv besinnen sie sich,
neue Wege einzuschlagen[289]. Ähnliches hatte Prudentius den
Römern schon in ihrem religiösen Verhalten vorgeworfen. "In-
stabilitas" und "sententia flexa" (S 2,311) bestimmen den religiösen Werdegang des Volkes: "Morem variare suum non desti-
tit." (S 2,307) Daß man dennoch sowohl zur rechten Verfassung
als auch zur wahren Religion gefunden hat, ist das Ergebnis
einer mühsamen Entwicklung[290]. Der Name Augustus steht in gewisser Weise für beides: zum einen Ausformung des Prinzipats,
das die unumstößliche Billigung der Öffentlichkeit findet[291],
zum anderen Zeitpunkt der Inkarnation Christi und der Offenbarung der göttlichen Gebote, im römischen Verständnis zugleich als "divina   i u r a" (S 2,439) verstanden. Wie die
neue Verfassungsform die Zustimmung der Römer gefunden hat,
so erwartet Prudentius diese auch für die religiösen Weisungen[292]. Als "homo doctus" besitzt der Römer nun ja die theoretische Voraussetzung für beides[293].

– *Die Korrespondenz zwischen der geistesgeschicht-*
  lichen Entwicklung des römischen Volkes und der
  intellektuellen Entwicklung des Individuums
Mit der Charakterisierung des augusteischen Menschen als "homo doctus" hat Prudentius ein Kriterium angeschnitten, das
nicht nur für die geistesgeschichtliche Entwicklung der
Menschheit, sondern auch für die intellektuelle Entwicklung
des Individuums von Bedeutung ist. S 2,317ff. hat Prudentius
diese Analogie näher ausgeführt[294]. So werden wir in einem
neuen Anlauf, nun auf spielerische, mitunter raffinierte Weise mit dem Geschichtsverständnis des Dichters vertraut ge-

---

[288] Vgl. S 2,413ff.: "Sic septingentis erravit circiter annis lubri-
caque et semper dubitans, quae forma placeret." S 2,428f.: "Fluctibus his
olim fatum geniusve animusve publicus erravit."
[289] Vgl. S 2,423: "Displicet hic s u b i t o status."
[290] Vgl. S 2,436-438: "Quodsi tot rerum gradibus totiens variatis
consiliis a e g r e pervenit ad illud, quod probet ...".
[291] Vgl. S 2,438f.: "... quod p r o b e t ac s a n c t o reverentia publica s e r v e t f o e d e r e".
[292] Vgl. S 2,439f.: "... quid dubitat divina agnoscere iura ignorata
prius sibimet tandemque retecta?"
[293] Die praktische Zustimmung bleibt allerdings aus; vgl. dazu unten
S. 166f.
[294] Zum "Ursprung und Wandel des Lebensaltervergleichs" vgl. HÄUSS-
LER 313-341. – Bei Ambrosius, ep. 18,27 = ed. KLEIN, Darmstadt 1972, 149,
wird der Vergleich nur kurz angedeutet.

macht.

In der ersten Phase korrespondiert bei Prudentius die "infantia" (S 2,318) des Einzelmenschen mit den "primitiae" (S 2,
326) des Menschengeschlechts. Die Bezeichnung Mensch scheint
allerdings für diese Anfangsstufe beinahe zu hoch gegriffen.
Das Kleinkind im "Krabbelalter" - "infantia r e p i t" (S 2,
318) - gleicht mit seiner Vorliebe, auf Beinen und Armen die
Welt zu erkunden, eher noch einem tierischen Wesen. Entsprechend siedelt der Dichter das junge Menschengeschlecht zunächst in der Nähe der Vierfüßler an: "ceu q u a d r u p e s
egit" (S 2,326). S 2,165 war "quadrupes" gar ein eindeutiges
Synonym für "pecus". In dieser frühen Phase befinden wir uns
quasi noch auf tierischer Ebene. Zu Beginn von S 1 kommt dasselbe Verständnis zum Tragen. Dort beschreibt der Dichter die
ersten Ursprünge der römischen Religion. Das eindeutige Vokabular - "indomitus" (S 1,79), "ritus ... ferinos" (S 1,80),
"rationis egenum" (S 1,81) - weist den frühen Menschen unzweifelhaft einer tierischen Ebene zu[295]. Eigentlich ist damit der r ö m i s c h e Mensch noch gar nicht geboren. Ein
so charakterisiertes Wesen kann, so weiß man aus S 2,816f.,
allenfalls "barbarus" genannt werden. Diese Bezeichnung ist
nach diesem Text aber ebenfalls für den tierischen Bereich
reserviert. "Barbarus", "quadrupes" und "mutus" gehören zusammen so wie das Gespann "Romanus", "bipes" und "loquens".
Das stumme, noch im Tierischen verhaftete Menschengeschlecht
ist ein Spiegelbild des kleinen Kindes, das "in-fans", also
noch nicht zu sprachlicher Kommunikation fähig ist. Auf dieser niederen Stufe können sich nur "error" und "cultus stoli-
di" (S 2,819) entfalten. Schon S 1,79f. nennt Prudentius als
Nährboden hierfür die "rusticitas ... indomitorum stulta".

Nur langsam schreitet die Entwicklung voran. Das Kleinkind
wächst zum Knaben heran; auch dieser geht noch unsicher und
strauchelnd durchs Leben: "infirmus titubat pueri gressusque
animusque" (S 2,319)[296]. Leicht veränderte Akzente setzt Prudentius, als er wenig später die "pueritia" des Menschengeschlechts skizziert und dabei vor allem die Gelehrigkeit der
menschlichen Natur herausstellt[297]. Wird hier nicht einem

---

[295] Vgl. dazu oben S. 131 mit Anm. 163.
[296] Zur Lukrez-Imitation vgl. SCHMID 180.
[297] Vgl. S 2,327: "docili ingenio".

eher negativen Zug der zweiten Entwicklungsphase des Individuums, seiner zaghaften Wankelmütigkeit, ein eigentlich posi-
tives Element der Menschheitsentwicklung, die Lernfähigkeit,
entgegengesetzt? Dieser erste Eindruck bestätigt sich nicht.
"Docilitas" beschreibt in diesem Kontext vielmehr eine bereitwillige Beeinflußbarkeit und unkritische Aufnahmebereit-
schaft für alles Neuartige. Das lehrt der Hinweis auf die "v
a r i a rerum novitas" (S 2,325). Sie ist es doch wohl auch,
die einen Knaben zu seinem unsteten Umherschweifen ("tituba-
re") veranlaßt. Ebensowenig muß die Befähigung des Menschengeschlechts zu hier nicht näher bezeichneten "artes" (S 2,
327) einen Fortschritt in der Entwicklung bedeuten. Aus S 1,
85 wissen wir ja, daß "ars" sehr wohl auch für eine besondere
Begabung in einem Laster stehen kann[298].
So überrascht es nicht, daß die folgende Entwicklungsstufe
gerade durch "tumens vitiis" (S 2,330) gekennzeichnet wird.
Ist das, so muß man sich doch dragen, die Frucht der in der
"pueritia" eingeübten "artes"? Auch S 1,85 wird den Bauern
der frührömischen Epoche wie hier "docilitas" zugeschrieben.
Doch was lehrt sie ihre Zeit? "Vitiis servire", sich von Lastern beherrschen zu lassen; "vitia" sind also hier wie dort
die ersten Lernerfolge.
Die leidenschaftliche Glut der dritten Entwicklungsphase be-
günstigt dies weiterhin. Das Blut der vor Kraft strotzenden
"adulescentia" droht überzuwallen: "sanguine praecalido fer-
vet nervosa iuventa" (S 2,320). Nicht anders ergeht es dem
heranreifenden Menschengeschlecht. Es entlädt seine glühende
Leidenschaft in immer neuen Verfehlungen: "tumens vitiis" (S
2,330).
Erst im folgenden Stadium weicht die überschäumende Vitalität
einer gereiften Kraft: "robur maturum" (S 2,321) kennzeichnet
das menschliche Individuum in dieser Phase; "robur decoctum"
(S 2,331) bestimmt auch das Menschengeschlecht auf der entsprechenden Stufe. Überschüssige Energie wird nun in "stabi-

---

[298] In ähnlicher Weise werden Ov. am. 3,8,40 "ingenium" und "ars"
relativiert: "Contra te, s o l l e r s, hominum natura fuisti et n i-
m i u m damnis i n g e n i o s a tuis!" - Die Nähe zum Prudentius-Text
ist verblüffend. In beiden Texten fällt der allgemeine Charakter auf:
Prudentius geht es um das "genus humanum", Ovid um die "natura hominis";
die sprachliche Parallele drängt sich geradezu auf: in "soll-ers" begegnet das prudentianische Element "ars" wieder; "ingenium" findet sich bei
dem römischen Elegiker in "ingeniosa" wieder.

litas" (S 2,321) bzw. "soliditas" (S 2,331) eingebunden.
Der Beschreibung der letzten Phase widmet sich Prudentius am
ausführlichsten. Körperliche Leistungsfähigkeit verliert beim
"senex" ihre Bedeutung. An ihre Stelle tritt eine Überlegenheit der geistigen Fähigkeiten - "consiliis melior" (S 2,322)
- aber auch der moralischen Qualitäten. Als "purgata senectus" (S 2,323) genießt die letzte Altersstufe zweifelsohne
die Vorliebe des Dichters. Das gilt noch mehr für die letzte
Phase in der Entwicklung des Menschengeschlechts[299]. Diesen
Zeitpunkt erwartet er mit offensichtlicher Ungeduld. Er wird
gegenüber den anderen Abschnitten, die durch "mox" (S 2,327),
"inde" (S 2,330), "donec" (S 2,331) eingeleitet werden und
zumindest schon in "donec" eine drängende Tendenz erkennen
lassen, durch ein scheinbar aufatmendes "tempus adest, ut iam
..." (S 2,332) hervorgehoben. Grund der Erleichterung ist,
daß die Menschheit nun wie ein abgeklärter Weiser gelernt
hat, den Verstand zu gebrauchen. "Consilium" und "mens" (S
2,322f.) treten an die Stelle von "robur". Bestimmung des
Menschengeschlechts ist es nun, die göttlichen Geheimnisse zu
ergründen und für das ewige Heil Sorge zu tragen. Noch einmal
werden wir daran erinnert, daß es für diese Bekehrung höchste
Zeit war: "sollers ... aeternae t a n d e m invigilare sa-
luti" (S 2,334). Die Frucht des reifen Alters bleibt dann
freilich auch nicht aus: Wie die "senectus" beim greisen Menschen eine "purgatio" bewirkt, so darf sich die altersgreise
Menschheit einer "mens serena" (S 2,322/333) erfreuen. Die
Aussage ist eindeutig. Das abgeklärte Alter bringt eine religiöse Erkenntnis, die von früherem schuldhaften Verhalten befreit. Die "serenitas" der gereiften Menschheit ist nichts
anderes als die Befreiung von geistiger Umnebelung, wie sie
uns in der heidnischen Frühgeschichte des römischen Volkes
- angedeutet im Wortfeld "nebulo", "nebulosus", "caligo"

---

[299] Daß Prudentius an anderer Stelle das Ideal einer im Alter ver-
jüngten "Roma" preist (S 2,640.656ff.), muß auffallen, aber nicht unbedingt Verwirrung stiften. Doch dürfte es eine Verharmlosung bedeuten,
diese wie SCHMID 176 als unbewußtes Ergebnis des "Romoptimismus" des Prudentius zu erklären. Vielmehr dürfte Prudentius mit voller Absicht das
alte "puer-senex"-Motiv variiert und mit umgekehrter Blickrichtung als
"senex-iuvenis"-Vorstellung auf die personifizierte "Roma" angewandt haben. So verbindet Rom in idealer Weise die geistigen Vorzüge des Alters
mit den körperlichen Kraftreserven der "iuventus"; vgl. dazu A 558f., wo
- wie schon so oft - der Einfluß Sallusts unverkennbar ist.

etc. - immer wieder begegnet ist[300].
Der C h r i s t. Prudentius läßt also den einzelnen Menschen
ebenso wie die menschliche Gemeinschaft auf der fünften Entwicklungsstufe seine Erfüllung finden: in geistiger Aufgeschlossenheit und ernsthafter Sorge um ein beständiges Heil.
Der R ö m e r spricht aus Prudentius, wenn er die bei Christen unübliche Fünfteilung bevorzugt und damit Assoziationen
an die "profane Periodisierung der römischen Geschichte"[301]
weckt. Das läßt ihn auch zahlreiche sprachliche Anregungen
bei den heidnischen Schriftstellern suchen[302].
Verläßt Prudentius aber nicht wieder die Bahnen des national-
römischen Stolzes, wenn sich sein Entwicklungsschema ausdrücklich auf das "genus humanum" (S 2,324) bezieht? Keineswegs; bei näherem Hinsehen erweist er sich auch und gerade
hier als Römer aus Überzeugung. Roms Bestimmung liegt ja doch
darin, daß das "Volk in der Toga" und das Menschengeschlecht
zu einer untrennbaren Einheit verschmelzen. Diese enge Zusammenschau nimmt Prudentius schon bei der Einführung des großen
Theodosius vor: "Contigit ecce hominum g e n e r i g e n-
t i-que togatae/dux sapiens."/"Siehe dem Menschengeschlecht
und dem Volk in der Toga wurde ein weiser Regent zuteil." (S
1,35f.) Auch Laurentius sieht das "genus mortale" im Reich
des Remus aufgehoben (vgl. Pe 2,425-428). R ö m i s c h e r
C h r i s t ist Prudentius insofern, als er diesen Verschmelzungsprozeß erst mit der einmütigen Annahme des Christentums seine Vollendung finden läßt.
- Der Vorwurf der Inkonsequenz bezüglich der Tradition
Gerade das Bekenntnis zum Christentum wäre aber selbst dann
schon längst fällig gewesen, wenn man die starke Bindung an
die Tradition - "tantus amor ... vetusti moris" (S 2,335)
gelten lassen wollte. Damit ist Prudentius wieder zum alten
Thema zurückgekehrt, Symmachus' Pochen auf den "mos maiorum".

---

[300] Zu diesen Vorwürfen an die Heiden vgl. OPELT, Schimpfwörter 276.
[301] SCHMID 175.
[302] Zur Abhängigkeit von Florus und Lukrez vgl. SCHMID 176ff., von
Seneca, Vopiscus, Florus und Ammian sowie den zahlreichen Vorstufen vgl.
HÄUSSLER 314ff. - Auch Sallust sollte bei der Beschreibung des ersten Al-
tersabschnittes nicht vergessen werden; dessen prägnante Unterscheidung
zwischen Mensch und Tier (bell. Cat. 1,1) dient Prudentius des öfteren
als "Fundgrube". Dieser Gedanke liegt wohl näher als der Vorschlag
SCHMIDS 181, das "quadrupes"-Motiv mit dem Rätsel der Sphinx in Verbindung zu bringen.

Für Prudentius hätten eben bei konsequentem Durchüberlegen des Traditionsprinzips die Bücher der Hl. Schrift in jedem Fall Vorrang und den Weg zu dem einen Gott weisen müssen. Sie sind ja an Alter von keinem der römischen Werke zu überbieten.

Doch Prudentius sieht ein, daß er in der Auseinandersetzung mit Symmachus eher Erfolg hat, wenn er sozusagen von innen heraus argumentiert, das heißt die von seinem Kontrahenten anerkannte r ö m i s c h e Geschichte beleuchtet: "sed, quia R o m a n i s loquimur de cultibus ..." (S 2,343).

Gerade hier muß sich aber der Symmachus-Kreis vorwerfen lassen, mit der Verehrung immer neuer Götter das Ideal der Traditionsverbundenheit selbst verraten zu haben[303]. Man hat doch in der Frühzeit nur wenige Götter gekannt[304]. Wieder wäre es eine Forderung der Konsequenz, bei diesem Brauch zu bleiben. Doch Rom denkt nicht daran. Parallel mit der Ausdehnung des Reiches erweitert sich der Kreis der verehrungswürdigen Götter. Prudentius malt hier das Bild einer Stadt, deren Feldherrn nach jedem Sieg die Götter der unterworfenen Völker auf ihrem Triumphwagen mitführen[305]. Prudentius bleibt auch hierbei echter Römer: stolz auf die "clari triumfi" (S 2,348) und seine "Roma inclyta" (S 2,357). Er weiß sich aber auch durch ein einziges Wort von Symmachus abzusetzen und damit seine Eigenständigkeit zu betonen: Der knappe absolute Ablativ "v i r t u t e subactis urbibus" (S 2,347) erinnert an die Rede von Honorius und Arkadius S 2,24ff., in der Victoria jeder Anteil an den römischen Siegen abgesprochen und die "virtus" rehabilitiert wird. So haben wir in drei Worten eine Spitze gegen Symmachus bei gleichzeitiger Würdigung der römischen Erfolge.

---

[303] Derselbe Vorwurf auch bei Ambr. ep. 18,30 = ed. KLEIN, Darmstadt 1972, 151f.; Tert. apol. 6,9 = CC 1 (1954) 98 (DEKKERS).

[304] BROCKHAUS 66, Anm. 2, verkennt den logischen Charakter der Argumentation, wenn er Prudentius hier "in gewissem Sinn in Widerspruch zu sich selbst" sieht, nachdem dieser oben "das Prinzip des Fortschritts als einer Vorwärtsbewegung zum Besseren" aufgestellt habe. Prudentius wendet hier ja absichtlich gerade nicht seine eigenen Kritierien zur Beurteilung an, sondern versucht, Symmachus mit dessen eigenen Waffen zu schlagen. Dazu gehört eben die hypothetische Billigung des Tradtionsprinzips sowie die Beschränkung auf die römische Geschichte.

[305] Vgl. S 2,357-359; noch Goethe erinnert in seinen Römischen Elegien an diesen Zug der römischen Religiosität: "Und so gleichen wir euch, ihr römischen Sieger:/den Göttern aller Völker der Welt bietet ihr Wohnungen an." (I,4)

In nur einem Wort gelingt es Prudentius, die "wundersame Ver-
mehrung" der römischen Götterschar zu geißeln: "Innumeros ...
deos   p e p e r i t."/"Unzählige Götter hat Rom sich geschaffen." (S 2,347ff.) Demnach sind die römischen Götter nichts
anderes als Produkte der menschlichen Phantasie. Die Kritik
wiederholt sich später: "Roma ... nova numina fecit."/"Rom
hat neue Gottheiten entworfen." (S 2,357ff.)[306] Ihre Ohnmacht, die eigenen Städte zu schützen, kann so nicht überraschen[307]. Demgegenüber ist die eindeutige Aussage des christlichen Gottes in Erinnerung: "Me nemo creavit./Unus ego elementa rego nec mole laboris/ut miser infirmusve aliquis fra-
gilisve fatigor."/"Mich hat niemand geschaffen. Ich allein
lenke die Elemente und werde nicht müde durch die Last der
Arbeit wie irgendein erbärmliches, schwaches Wesen." (S 2,
241.227ff.) Auf diese Weise ist das Anliegen des Symmachus
erneut ad absurdum geführt. Die Mehrzahl der heidnischen Götter sind Geschöpfe einer   n e u e r e n   Zeit, deren Machtlosigkeit sich deutlich manifestiert hat.
Doch Rom vertraut sich diesen Gottheiten mit der neugierigen,
aber unbesonnenen Aufgeschlossenheit eines Knaben an. Das römische Volk ist so der "infantia" entwachsen und weist alle
Eigenschaften eines "puer" auf[308]. In jugendlicher Unbekümmertheit läßt es das väterliche Erbe verkommen, indem es neu-
en Göttern nachläuft. Was Symmachus also mit diesen Gottheiten verehrt, ist gar nicht mehr der "mos patrius": "Frustra
igitur solitis, prava observatio, inhaeres;/non est mos patrius, quem diligis, inproba, non est."/"Vergeblich hängst du
also, verschrobene Nostalgie, den alten Bräuchen an; es ist
ja gar nicht der väterliche Brauch, den du liebst, er ist es
ja nicht, du Törin." (S 2,368f.) Als "mos patrius" kann der
Dichter eben nur anerkennen, was auf der Stufe der "infantia"
gegolten hat. Wieder ist ein Argument des heidnischen Senators zerpflückt.

---

[306] Noch Rut. Namat. kennt Rom als "genitrix deorum" (1,49); ähnlich
Claud. bell. Gild. 1,131f.: "si quos Roma recepit aut   d e d i t   ipse
deos ...".
[307] Vgl. S 2,360f.506-511; Ambr. ep. 18,6 = ed. KLEIN, Darmstadt
1972, 132.
[308] Die Anspielung auf das S 2,318ff. entfaltete Entwicklungsschema
ist mit "incertis gressibus" (vgl. "infirmus gressus", S 2,319), "tituba-
re" (vgl. "titubat", S 2,319) und "varie" (vgl. "varia rerum novitate", S
2,329) überdeutlich.

Ohne Übergang macht sich Prudentius nun daran, auch dessen
Genius-Vorstellung[309] zu verwerfen. Mit einer Reihe bohrender
Fragen versucht Prudentius, "aus dem Gange der Geschichte die
Unhaltbarkeit eines solchen Genius zu erweisen"[310]. Die Reli-
gion verkommt. Die Stadt leidet unter dem ständigen Wechsel
der Verfassungsformen.

- *Die eigenwillige Relativierung des*
  Augustus gegenüber Theodosius

Auf der wankelmütigen Suche nach der richtigen Verfassung
scheint erst mit Augustus ein Lichtblick gegeben. Nun hat man
endlich den richtigen Weg gefunden:

"... tandem deprendere rectum
doctus iter caput augustum diademate cinxit
appellans patrem patriae, populi atque senatus
rectorem, qui militiae sit ductor et idem
dictator censorque bonus morumque magister,
tutor opum, vindex scelerum, largitor honorum."

"Endlich wußte sie den richtigen Weg zu gehen und
krönte ein edles Haupt mit dem Diadem. Sie nannte
ihn Vater des Vaterlandes, Lenker des Volkes und
des Senats, der die Fähigkeiten eines guten Feldherrn, Diktators, Zensors und Sittenlehrers in sich
vereine, der das Vermögen schütze, Verbrechen ahnde
und großzügig ehrenvolle Ämter bereitstelle."

(S 2,430-435)

Wahrlich ehrende Worte für Augustus in einem Kontext, der römische Vorstellungen erbarmungslos hinterfragt. Stellt sich
Prudentius damit wie so viele anderen in den Dienst der Romerneuerungsidee? KLEIN[311] ist beeindruckt von dem "hohen Lob,
welches der rombegeisterte Spanier dem Kaiser Augustus er-
teilt". Doch muß man sich fragen, ob er dazu Grund hat. Die
lobenden Worte sind zahlreich und gewinnen durch Alittera-
tion[312], Homoioteleuton[313] sowie asyndetische Anordnung am
Ende des "Nachrufs" an Intensität. Doch ähnlich überschwängliche Formulierungen haben wir bereits in der "Apotheosis"
über Julian vernommen. Dort begegnen auf engstem Raum zwei
Superlative: "ductor fortissimus armis" (A 450) und "celeberrimus ore manuque" (A 451). Dem augusteischen Ehrennamen
"pater patriae" (S 2,432) könnte Julian nicht minder stolz

---

[309] Zur Genius-Vorstellung vgl. LATTE 103ff.240f.306f.332; WISSOWA
175ff.; W.F. OTTO, Art. "genius", in: PRE VII,1155f.
[310] BROCKHAUS 67.
[311] aaO. 154.
[312] Vgl. S 2,454: "*m*orumque *m*agister ...".
[313] Vgl. S 2,435: "op-u m ... sceler-u m ... honor-u m ...".

das Lob als "consultor patriae" (A 452) entgegenhalten. War
Augustus S 2,434 "magister morum", so glänzt Julian A 451 als
"conditor legum". Neben einem solchen Porträt Julians wirkt
das von Prudentius gezeichnete Bild des Augustus eher knapp
und konturenlos. Prudentius gibt sich offensichtlich keine
Mühe, den römischen Friedenskaiser in besonderer Weise zu
würdigen. Dagegen liegt ihm anscheinend viel daran, Julian
Gerechtigkeit widerfahren zu lassen[314]. Seine christenfeind-
liche Haltung wird nicht verschwiegen, jedoch in keiner Weise
propagandistisch ausgeschlachtet. Seine Leistungen werden dagegen deutlich herausgestellt und beim Namen genannt.
Wer das Julian-Bild des spanischen Dichters in Erinnerung
hat, wird wohl kaum, wie es Richard KLEIN ergeht, von der
Augustus-Passage beeindruckt sein. Er wird eher wie Siegmar
DÖPP[315] überrascht feststellen, daß Prudentius die Gestalt
des Augustus nicht heraushebt: "Er wird weder namentlich genannt[316] noch wird der berühmte Synchronismus von Christi Geburt und Augustus' Regiment erwähnt. Es kommt Prudentius weniger auf die Wende unter Augustus an als auf die spätere
Entwicklung. Die auf Augustus folgenden Jahrhunderte bis hin
zu Theodosius läßt Prudentius bestimmt sein von der Suche
nach dem richtigen Glauben und dessen Festigung."
Besonders deutlich wird dies in dem Widerspruch, den Prudentius in der augusteischen Zeit entdeckt: Rom ist endlich reif
genug, um sich für die richtige Verfassungsform zu entscheiden, den Prinzipat: "Tandem pervenit ad illud, quod probet ac
... servet foedere." (S 2,437-439) Doch offensichtlich, so
läßt die ungeduldige Frage des Dichters erkennen, ist es noch
nicht bereit, entsprechend dieser Reife auch die wahre Religion anzuerkennen: "Q u i d   d u b i t a t divina agnoscere
iura/ignorata prius sibimet t a n d e m-que retecta?" (S 2,
439f.) Rom hat sich also seine Erkenntnisfähigkeit, die der

---

[314] Vgl. oben S. 111f.
[315] aao. 77; so bereits OPELT, Augustustheologie 45 mit Anm. 6.
[316] Das allein sagt allerdings als Argument nicht viel. Es ist ja
eine Eigenart des Dichters, gerade bei bekannten geschichtlichen Größen
die Namen auszusparen. So muß man in A 449ff. aus der gegebenen Charakte-
ristik auf Julian schließen. Theodosius wird gerade in S 1 und S 2 immer
wieder gegenwärtig gesetzt und doch nie namentlich genannt. Auch der Name
des Symmachus wird immer umschrieben. Im Vergleich dazu ist Augustus mit
dem Hinweis "caput a u g u s t u m" (S 2,431) noch am ehesten beim Namen genannt.

Dichter ihm oben für die augusteische Zeit attestiert hat[317],
nicht zunutzen gemacht. Zur richtigen religiösen Einsicht
kann sich Rom erst einige Jahrhunderte später durchringen.
Nun kann sich Prudentius freuen:

> "Gratemur, iam n o n   d u b i t a t. Nam subdita Christo
> servit Roma deo cultos exosa priores."

> "Wir wollen uns freuen; jetzt zögert es nicht mehr.
> Rom hat sich Christus unterworfen und ist seine Magd,
> während es von den früheren Kulten voller Verachtung
> nichts mehr wissen will."   (S 2,441f.)

Damit wird aber genau die Zeit unter Theodosius markiert[318].
Mit ihr kann der Bekehrungsprozeß Roms als abgeschlossen gelten. Ausgangs- und Endpunkt werden deutlich durch das Verb
"dubitare" gekennzeichnet. In einem Fall ist es Bestandteil
einer drägenden Frage: Augustus ist "princeps", Christus geboren. Wo bleibt die Anerkennung des wahren Gottes durch Rom?
Im zweiten Fall ist es Kernelement eines freudigen Ausrufe-
satzes. Theodosius ist "princeps". Nun endlich unterwirft
sich Rom dem Christengott.
Die Parallelisierung deckt interessante Aspekte auf. Augustus
verliert nämlich auch von dieser Sicht her seine zentrale Bedeutung. Die von ihm in Gang gesetzte Erneuerung Roms ist eine Leistung, die zwar Anerkennung findet, aber der geschichtlichen Vergangenheit angehört. Sie hat den Alterungsprozeß
Roms nicht auf Dauer aufhalten können[319]. Dem Theodosius des
Prudentius ist dies nun tatsächlich gelungen[320]. Was Augustus
im Keim angelegt hat, führt Theodosius erst zur wahren Vollendung[321]. In diesem Sinn dient Prudentius "mutatis
mutandis" vorbehaltlos der Romerneuerungsidee.
Rom ist für Prudentius aber keine abstrakte Größe, sondern
die Summe der römischen Bürger: "Romam dico   v i r o s." (S
2,443)[322] Roms Bürger zu sein, heißt nun aber, sich in der
Taufe zum Christentum zu bekennen und dadurch ein neues, un-
verlierbares Leben zu gewinnen. Die   e w i g e   Verjüngung

---

[317] Vgl. dazu oben S. 130.
[318] Vgl. vor allem die Rede des Theodosius S 1,433.496ff. sowie den
Erfolg der Reden in S 1,506ff.587ff.; Pe 2,473ff.
[319] Vgl. S 1,507.511; S 2,656.
[320] Vgl. bes. S 1,541-543; S 2,655ff.
[321] Vgl. dazu BUCHHEIT 478.
[322] Vgl. auch Augustin. serm. 81,8f. = PL 38 (1861) 504-506: "Romam
enim quid est nisi Romani?" Von daher ist auch der Weg zur Personifizierung Roms nicht weit, wie sie S 2,441f. gegeben ist: "Nam subdita Christo
s e r v i t Roma deo cultus e x o s a priores."

Roms ist die logische Folge[323].

In einem Rom, das in der Summe seiner - christlichen - Bürger besteht, durch diese jung erhalten und mit G e i s t er- füllt wird, gibt es aber für einen G e n i u s keinen Platz: "Romam dico viros, quos m e n t e m credimus urbis, n o n g e n i u m." (S 2,443f.) Damit ist Prudentius wieder zum Ausgangspunkt seiner Erörterung zurückgekehrt. Der römi- sche Geniusglaube ist als in sich unlogisch zurückgewiesen.

- *"Fatum"*[324] *gegen Willensfreiheit*

Mit diesem Ergebnis gibt sich der Dichter nicht zufrieden. Auch die altvertraute Vorstellung von einem "fatum" kann sei- ner Kritik nicht standhalten. Wieder spielt Prudentius die "Fatalität" alles Geschehenden gegen Werte aus, die im Römer tief verwurzelt sind: Jegliche Gesetzgebung, allem voran das altehrwürdige Zwölftafelgesetz, würde sich erübrigen. "Ferrea fata" (S 2,463) treiben den Menschen zu der jeweiligen Tat, die er als "facinus inevitabile" (S 2,464) gar nicht unter- lassen kann. Jede Strafe verliert daher ihren Sinn, denn nicht der Mensch ist Sünder, sondern das Fatum: "fato peccan- te" (S 2,470). "Iura" müssen zwangsläufig "aspera" (S 2,468) werden, eine Vorstellung, die dem Wesen des Römers doch völ- lig fremd ist.

Gesetze behalten jedoch dort ihre Berechtigung, wo man auch schuldig werden kann. Das ist nur dann der Fall, wenn dem Menschen Willensfreiheit geschenkt ist: "Immo nocens quicum- que volens quod non licet audet/alterutrum quia velle suum est nec fata reatum/imponunt homini, sed fit reus ipse suopte."/"Schuldig wird ja doch nur, wer sich willentlich das herausnimmt, was verboten ist, weil es in seiner Macht steht, sich zwischen zwei Möglichkeiten zu entscheiden, und nicht das Schicksal ihn auf die Anklagebank bringt, sondern er selbst aus eigenem Antrieb zum Täter wird." (S 2,472-474)

Die "vis libertatis" wird nun aber H 673f. gerade als Gabe des christlichen Schöpfergottes vorgestellt: "Nescis, stulte, tuae vim libertatis ab ipso/formatore datam?" Wieder ist die Verbindung hergestellt: Das römische Recht findet in der christlichen Religion den einzigen Rückhalt. Wer weiterhin

---

[323] Vgl. dazu oben S. 124f.
[324] Zum Begriff "fatum" vgl. WISSOWA 264ff.; LATTE 53; W.F. OTTO, Art. "fatum", in: PRE VI,2047ff.; CHRIST 155ff.

Heide bleiben will, kann sich in dieser Rechtsordnung nicht
mehr beheimatet fühlen - erneut ein zugkräftiges Missionsar-
gument des spanischen Dichters: "Huc ades omne hominum genus,
huc concurrite et urbes!/... factorem noscite vestrum!/Libera
secta patet. Nil sunt fatalia"/"Hierher eilt ihr Menschen der
ganzen Welt, hierher eilt auch ihr Städte! ... Erkennt euren
Schöpfer an! Eine Religion der Freiheit öffnet ihre Tore. Einen Zwang des Schicksals gibt es nicht" (S 2,484-486)[325].

2.3.3.8.2 *Die Götter, "virtus" und das Heil des Staates*

Mit der Hinterfragung der "Fatum"-Vorstellung hat Prudentius
freilich noch nicht den schwerwiegendsten Grund widerlegt,
den die Heiden zur Rechtfertigung ihrer Götter vorbrachten:
Man glaubte, am heidnischen Glauben festhalten zu müssen,
weil man die Größe Roms der Hilfe der alten Götter zuschrieb.
Ihre Nützlichkeit für den Staat wurde zum Gottesbeweis[326].
Wieder tut sich Prudentius nicht schwer, die zahlreichen altrömischen Götter zu entthronen.

- Untreue oder Machtlosigkeit der alten Götter

Nur zwei Alternativen sind für Prudentius denkbar: Entweder
verrieten die alten Götter ihre Heimatstädte oder sie erwiesen sich gegenüber der "fortior virtus" (S 2,508f.) der Römer
als ohnmächtig[327]. Im einen Fall muß man den Göttern "per-
fidia" (S 2,501) vorwerfen. Die "pietas" ist von seiten der
Götter aufgekündigt: "O pietas! O sancta pietas!" (S 2,503),
ein Grundelement der römischen Religionsvorstellung mit Füßen
getreten. Im zweiten Fall fehlt den Göttern die Macht, ihrem
Willen zum Durchbruch zu verhelfen. Welch kümmerliche Gottheit im Vergleich zu dem nie ermüdenden, allmächtigen Christengott, wie er sich S 2,227ff. präsentiert!
Prudentius selbst vertritt die zweite These. So kann er ein
kontrastreiches Bild von der Schwäche der römischen Götter
und der "virtus" der römischen Menschen zeichnen. Wer die

---

[325] In zwei Worten wird die ausführliche Erörterung über die Willensfreiheit in H 673ff. ins Gedächtnis gerufen: Die Charakterisierung
"libera secta" erinnert an die christliche Gabe der "vis libertatis". Der
Schöpfergott als Spender dieser Gabe wird S 2,485 durch "formator" ersetzt.
[326] Symmachus nennt den Aspekt des Nutzens ohne Scheu beim Namen:
"accedit u t i l i t a s, quae maxime homini deos adserit" (Rel. 3,8).
[327] So auch Ambr. ep. 18,4-6 = ed. KLEIN, Darmstadt 1972, 131f.;
Tert. apol. 25,15 = CC 1 (1954) 136 (DEKKERS).

Rede von Honorius und Arkadius noch in Erinnerung hat, kann
ahnen, daß hier noch mehr angedeutet sein kann. Zwar rühmt
"fortior virtus" auf den ersten Blick und hauptsächlich die
unbesiegbare Manneskraft der römischen Bürger: "Vincendi
quaeris dominam? Sua cuique dextra est." (S 2,35) So hat man
noch die Worte der jungen Kaiser im Ohr. Doch wo man sich
einen Kampf gegen fremde Gottheiten vorzustellen hat, assoziiert man mit "fortior virtus" auch gerne eine göttliche
Macht, die durch ihre Mithilfe ihre Überlegenheit demonstriert[328]. Honorius und Arkadius haben dann auch ihr Vertrauen in die menschliche "virtus" unmittelbar mit dem Zusatz
"et deus omnipotens" verbunden[329]. So scheint es hier letztlich auch um einen Kampf zwischen der Ohnmacht der Heidengötter und der Allmacht des Christengottes zu gehen[330]. Oder
anders gesagt: "Religio vera" und "indiga veri superstitio"
(S 2,510f.) liegen im Widerstreit. Der Verlierer ist klar:
"Victa superstitio est." (S 2,511)[331].

– *Rehabilitierung und Relativierung von "virtus" und "gloria"*
"Offizieller" Gewinner in der oben erläuterten Auseinandersetzung bleibt die "virtus". Der Gedanke eines Zusammenwirkens oder gar einer alleinigen Verantwortung der Götter für
die römischen Erfolge muß so für Prudentius unerträglich
sein:

"Non fero Romanum nomen sudataque bella
et titulus tanto quaesitus sanguine carpi."
"Ich dulde es nicht, daß der römische Name und die
Kriege, die so viel Schweiß gekostet haben, und der
Ruhm zerpflückt werden."   (S 2,551f.)

Bald wird klar, daß Prudentius gerade die zweite, extreme
Erklärungsweise zur Zielscheibe seiner Kritik macht. Er be-
kämpft das Bild eines Römers, der j e d e tapfere Tat voll
und ganz auf göttlichen Willen zurückführt: "qui q u i d-
q u i d fortiter actum est, adscribit Veneri" (S 2,554f.).

---

[328] Christus heißt dann auch Pe 2,414, also in einem ebenfalls von
politischer Religiosität bestimmten Text, "virtus patris"; ähnlich Pe 5,
473f. (dazu BRAUN 280ff.).
[329] Der gleiche Gedanke, nur in umgekehrter Reihenfolge, auch S 2,
745.
[330] Diese wird von Prudentius sehr gern mit dem Begriff "virtus" umschrieben: vgl. C 11,23; 12,66; A 53.117.649.993.1047.1058; H 475; S 1,
498; S 2,195; Pe 5,91; 7,72; 10,325.
[331] Zum christlichen Anspruch auf den "deus v e r u s" vgl. BRAUN
74-76.

Durch Rel. 3,9 mag sich Prudentius, auch was Symmachus angeht, dazu berechtigt fühlen[332]. Die "sententia communior"
der alten Römer und auch die wirkliche Ansicht des heidnischen Senators trifft er auf diese Weise nicht. Dort beherrscht immer noch eine synergistische Vorstellung das Denken[333], in der sehr wohl Platz ist, die Siege römischer Feldherrn durch Triumphe zu belohnen, um ihrer Leistung Tribut zu
zollen. Prudentius indessen streitet ebendies hier ab:

> "F r u s t r a igitur currus summo miramur in arcu
> quadriiugos stantesque duces in curribus altis
> Fabricios Curios hinc Drusos inde Camillos,
> sub pedibusque ducum captivos ...
> si Brennum Antiochum Persen Pyrrhum Mithridaten
> Flora Matuta Ceres et Larentina subegit."

> "Umsonst bestaunen wir also die vierspännigen Wagen,
> wie sie oben auf Triumphbögen zu sehen sind, und die
> Feldherrn, die auf ihnen stehen, hier ein Fabricius
> oder Curius, dort ein Drusus oder Camillus, und die
> Gefangenen zu ihren Füßen, vergeblich, wenn Brennus,
> Antiochus, Perses und Mithridates von Flora, Matuta,
> Ceres oder Larentina unterworfen wurden."

(S 2,556-563)

Damit zeichnet der Dichter seinen Gegner als einen Menschen,
der liebgewordenen römischen Bräuchen durch seine Auffassung
die Berechtigung abspricht, indem er den Wert der "virtus" in
Zweifel zieht und damit die Quellen jeglicher "gloria", deren
äußeres Zeichen doch der Triumphzug ist, erstickt[334].
In Wirklichkeit ist Symmachus darüber erhaben. Er beruft sich
gerne auf die alten Vorbilder, die ja gerade wegen ihrer
"virtus" den Nachfahren als nachahmenswerte Idealgestalten
vor Augen gestellt waren[335]. Offensichtlich übt sich Prudentius hier im Schattenboxen. Tatsächlich liegt seine Auffassung recht nah bei der des Symmachus. Prudentius scheut sich
ja ebenso wenig wie sein heidnisches Gegenüber, göttliches
Walten hinter den römischen Erfolgen anzunehmen. Nur hat in-

---

[332] Die Äußerung: "hic cultus in leges meas orbem redegit, haec
sacra Hannibalem a moenibus, a Capitolio Senones reppulerunt" (Rel. 3,9)
läßt tatsächlich eine Würdigung der römischen "virtus" vermissen. Als
Grund dafür darf jedoch nicht eine grundsätzliche Mißachtung der Eigen-
leistung des römischen Volkes angenommen werden, sondern das konkrete Be-
dürfnis, die in ihrer Existenz bedrohte römische Religiosität zu wahren.
Allein dieses Anliegen führt hier zu der einseitigen Sichtweise.
[333] Vgl. dazu nur die exemplarische Zusammenschau bei Sall. bell.
Iug. 14,15: "Virtute ac dis volentibus magni estis et opulenti."
[334] Vgl. S 2,566ff.: "Quid sibi vult virtus, quid gloria, si Corvi-
num corvus Apollineus pinna vel gutture iuvit?"
[335] Vgl. dazu KLEIN 60f.

zwischen der "deus omnipotens" der Christen Victoria verdrängt. Die römische "virtus" ist nun ein neues Bündnis eingegangen:

"... Christus nobis deus adfuit et mera virtus."
"... Der Gott Christus hat uns geholfen und sonst
nichts als unsere Tüchtigkeit."   (S 2,745)

An anderer Stelle kann es sich Prudentius nicht einmal versagen, die Heldentaten der alten Römer zu relativieren, um seinen Martyrer Laurentius in ein möglichst gutes Licht zu rük-
ken[336]. Prudentius ist hier bei einem Verhalten ertappt, das
er kurz zuvor noch seinem Gegner unterstellen und ankreiden
wollte. Da entdeckt er den Splitter im Auge des Symmachus,
den Balken in seinem eigenen Auge übersieht er aber geflis-
sentlich und mit großer Ausdauer. Prudentius entpuppt sich
damit als schillernder Apologet.

Plötzlich, so will es scheinen, weiß er doch um die Wertschätzung, die die "virtus" auch bei Symmachus genießt: "Sed
video, quae te moveant exempla v e t u s t a e / v i r t u-
t i s."/"Doch ich sehe schon, welche Beispiele alter Tüchtigkeit auf dich Eindruck machen." (S 2,578f.) Oder fließt hier
schon wieder die eigene, klärende Interpretation des Dichters
ein? Will er auf die von Symmachus angeführten "exempla" eingehen, aber nur unter der Bedingung, sie als Folge der unerschütterlichen römischen "virtus" zu behandeln?

Beide Nuancen dürften in der Formulierung mitschwingen. Einerseits wahrt Prudentius so die Treue gegenüber seiner bisherigen Argumentation; andererseits gibt ihm dies die Möglichkeit, Symmachus bis zu einem gewissen Grad zu rehabi-
litieren. Prudentius muß daran gelegen sein. Dessen stolzen
Hinweis auf die Unterwerfung des ganzen Erdkreises unter römische Gesetze[337] kann und will er nämlich nicht tadeln. Ihn
erfüllt ja derselbe Stolz wie den heidnischen Senator. So
nimmt es nicht Wunder, daß Prudentius bei Symmachus sogar
mehr Enthusiasmus entdeckt, als der maßvolle Ton der dritten
Relatio hergibt. Der Gedanke hat sich, vertraut wie er ist,

---

[336] Vgl. Pe 2,13-16: "Non t u r b u l e n t i s viribus Cossi
Camilli aut Caesari, sed martyris Laurentii non incruento proelio."-
"turbulentus" wertet hier eindeutig die Leistung der alten Römer gegenüber der Kampfweise der Martyrer ab; verstärkt wird dieser Eindruck durch
die knappe Antithese "non ... sed"; freilich ist diese Polarisierung auch
stark vom Kontext bestimmt.
[337] Vgl. Rel. 3,9: "Hic cultus in leges meas orbem redegit."

im Kopf des Dichters verselbständigt. Es ist seine eigene
Rom-Begeisterung, die ihn Symmachus' Einstellung in solche
Worte kleiden läßt.
Auf der Suche nach sprachlichen Mustern macht Prudentius allerdings großzügig Anleihe bei den augusteischen und kaiser-
zeitlichen Dichtern. Dort ist der Gedanke vom "orbis domitus"
(S 2,579f.) beheimatet[338]. Dort gebraucht man immer wieder
Kombinationen mit "frenare", um die römische Herrschaft zu
charakterisieren[339]. Prudentius ist immer noch von der Aussagekraft der Bilder überzeugt. Gleich zweimal werden sie von
ihm bemüht (S 2,585.602).
Ein anderer Gedanke ist altvertraut. Menschliche "virtus"
findet ihre Anerkennung in weltweiter "gloria". War dies
schon S 2,556f. für den Dichter ein selbstverständlicher Zusammenhang, so kommt er an dieser Stelle erneut darauf zurück. Die römischen "labores" - hier liegt wohl eine Aufspaltung des umfassenden "virtus"-Begriffes vor - werden durch
"gloria" belohnt[340].
Weltweite Herrschaft, durch "virtus" errungen, von "gloria"
begleitet: das ist Kerngedanke einer Romidee, wie sie der
Dichter hier Symmachus vortragen läßt, um dabei seine eigene
Begeisterung mitsprechen zu lassen[341].
Die Fiktion eines Dialogs wird dabei aufrecht erhalten, die
Tendenz zur Verallgemeinerung aber unverkennbar: Wird mit
"Romane" (S 2,583) der "Römer" in Symmachus oder aber der
Römer an sich angesprochen? Die Alternative dürfte so falsch
sein; Symmachus ist für Prudentius ja nie bloßes Individuum,
sondern Symbolfigur für den heidnisch denkenden Römer vom
alten Schlag. Die prägnanteste Ausformung dieser Denkweise
hat Prudencius freilich mit der dritten Relatio des
Symmachus immer vor Augen.
- Der wahre Grund für die Größe Roms: Das Providenzmotiv
Obwohl Prudentius in der Auseinandersetzung mit Symmachus
versucht, "gloria" und "virtus" wieder zu dem ihnen gebühren-

---

[338] Vgl. dazu oben S. 155 mit Anm. 280.
[339] Vgl. dazu CHRIST 199.
[340] Vgl. S 2,583-585; zum Zusammenhang von "gloria" und "virtus"
vgl. BÜCHNER 376ff., insbes. 380; KNOCHE 434f.; MEISTER 5; dazu die Beispiele bei Cic. Tusc. 1,109; Sen. ep. 79,13.
[341] Wie S. 172 schon dargelegt wurde, korrigiert Prudentius damit
die einseitige Charakterisierung, wie er sie S 2,551ff. vorgenommen hat
(vgl. dazu S. 171).

den Stellenwert zu verhelfen, den bestritten zu haben er
Symmachus vorwirft, bringt er ähnlich wie die Theodosiussöhne
Honorius und Arkadius dennoch wieder eine transzendente Größe
ins Spiel, wenn es S 2,583ff. darum geht, die wahren Gründe
für die Größe Roms zu nennen: "Vis dicam quae causa tuos, Romane, labores/in tantum extulerit, quis gloria fotibus aucta/
sic cluat, inpositis ut mundum frenet habenis?"/"Soll ich
dir, Römer, den Grund nennen für den beträchtlichen Erfolg
deiner Anstrengungen; soll ich dir sagen, durch welch günsti-
gen Umstand du dich einer solchen Machtausdehnung rühmen
kannst, daß du der Welt Zügel anlegst und sie lenkst?" (S 2,
583-585)
Symmachus hatte für sich die Frage ja bereits beantwortet:
"Hic cultus ... orbem redegit." (Rel. 3,9) Prudentius mußte
sich dadurch provoziert fühlen; zugleich nimmt er dankbar die
Gelegenheit wahr, über eine bloße Reaktion hinaus seine Anschauung umfassend darzulegen: Der christliche Vatergott hat
die Eingung aller Völker unter römischer Herrschaft beschlossen, um so eine würdige Grundlage für den Einzug seines Sohnes in die Welt zu schaffen:

> "Discordes linguis populos et dissona cultu
> regna volens sociare deus, subiungier uni
> imperio quidquid tractabile moribus esset
> concordique iugo retinacula mollia ferre
> constituit, quo corda hominum coniuncta teneret
> religionis amor; nec enim fit copula Christo
> digna, nisi inplicitas societ mens unica mentes."

> "Gott, der Völker mit unterschiedlicher Sprache
> und Reiche mit verschiedenen Kulten vereinen wollte,
> beschloß, daß alle Mächte, die für einen gesitteten
> Lebensstil zugänglich seien, unter einer Herrschaft
> zusammengefaßt werden und unter einem Joch sanfte
> Zügel tragen sollten, damit die Liebe zur Religion
> zwischen den Herzen der Menschen Einklang stifte;
> denn es gibt keine Gemeinschaft, die Christus würdig
> wäre, es sei denn ein einziger Geist könnte die Viel-
> falt der Gesinnungen einen."   (S 2,586-592)

Der Gedanke von der "concordia gentium" unter römischem Namen
ist aus Prosa und Poesie gut bekannt. Prudentius huldigt dieser Vorstellung hier beinahe bis zum Überdruß[342]. Ebenso fußt

------

[342] Vgl. die immer wiederkehrenden Gegenüberstellungen von mit
"dis-" und "con-" gebildeten Komposita: z.B. "discordes ... dissona" (V.
586), "distantes ... divisa" (V. 613), "discordibus" (V. 624), "dissimi-
li" (V. 625), "concordi ... iugo" (V. 589), "coniuncta" (V. 590), "concordia" (V. 593), "consensus" (V. 595), "commune" (V. 608.615), "conge-
nitos ... concludat" (V. 611), "conciliemur" (V. 612), "convenimus" (V.

die Charakterisierung der einheitsstiftenden römischen Herrschaft auf traditionellen Vorstellungen. "Retinacula mollia"
für die unterworfenen Völker: Dieses Bild scheint auszumalen,
was Horaz mit dem Anspruch "lenis in hostem" (Carm. saec.
51f.) oder Vergil mit der Weisung "parcere subiectis" (Aen.
6,853) zum Ausdruck bringen wollte[343]. Die Vermittlung von
"mos" und "pax" (S 2,597) rechnete man seit Alters her zu den
"Segnungen des römischen Weltreiches"[344]. Für die heidnische
Romidee waren die angesprochenen Werte freilich Selbstzweck,
der römische Kultus ihr Garant.
Für den Christen Prudentius sind sie nur Mittel, die den Weg
für Christus ebnen sollen:

> "... Christo iam tunc venienti,
> crede, parata via est, quam dudum publica nostrae
> pacis amicitia struxit moderamine Romae."
> "Schon damals, glaube es nur, wurde der Weg für die
> Ankunft Christi bereitet; denn unser Friede hatte die
> Völker in Freundschaft verbunden und ließ diese unter
> der Führung Roms schon lange daran bauen."
> (S 2,620-622)[345]

An dessen Ausgangspunkt steht die Vorsehung Gottes. Sie erst
verhilft im Laufe der Geschichte der römischen Herrschaft zum
Durchbruch. Damit hat Prudentius, wie er es sich S 2,583 vorgenommen hat, die Frage nach der "causa" für die Triumphe
Roms beantwortet. Gleichzeitig ist die Distanz zu Symmachus
wieder hergestellt, die ja für kurze Zeit überwunden
schien[346].
Originalität zeigt er in keinem seiner Argumente. Das hier
entfaltete Providenzmotiv, das ja auch schon S 1,287ff. aufgegriffen worden war, ist Bestandteil eines teleologischen
Geschichtsbildes, wie es seit Melito von Sardes das Denken
der Christen beherrschte[347]. Allerdings "kein Autor vor Pru-

---

611), "concordibus terris" (V. 634), "congrege" (V. 635); ähnlich die
Breite des Begriffsfeldes "unus", "unicus", "idem": vgl. "uni imperio"
(V. 587f.), "mens unica" (V. 592), "legibus hisdem" (V. 603); "nomine
eodem" (V. 608), "moenibus unis" (V. 611), "ad unum forum" (V. 614f.),
"una propago" (V. 618), "ratione una" (V. 631).
[343] So auch Plin. ep. 8,24,5; Rut. Namat. 1,77ff.; dazu FUHRMANN,
Romidee 531.
[344] CHRIST 110.
[345] Vgl. dazu BUCHHEIT 475.
[346] Vgl. dazu oben S. 172f.
[347] Vgl. dazu BUCHHEIT 475; HERZOG 113; PASCHOUD 225; KLINGNER 657;
DÖPP 78, insbes. Anm. 48, wo ein kurzer Überblick und weiterführende Literatur zur Geschichte dieser Vorstellung gegeben wird, sowie oben S.
104.

dentius hat es so überzeugend auf die Romidee anzuwenden verstanden"[348]. Mit gutem Grund hat man ihn den "Euseb des We-
stens" genannt[349]. Die Synthese ist mustergültig vollzogen.
Es kostet Prudentius keine Überwindung, die wesentlichen
Elemente der heidnischen Romidee in sein christliches Welt-
bild einzubauen. Das Ergebnis ist ein Stück "christlicher
Rom-t h e o l o g i e"[350], durch die Prudentius den Römer in
sich zufrieden zu stellen und gleichzeitig seiner Berufung
als Christ gerecht zu werden versucht:
In Christus ist Gott Mensch geworden. Rom hat dazu die äußeren Voraussetzungen geschaffen: Die Unterwerfung des Erdkreises unter römische Herrschaft hat Frieden und Eintracht in
Recht und Gesittung bewirkt. Ein früherer Zeitpunkt ist nicht
denkbar,

> "Nam locus esse deo quis posset in orbe feroci
> pectoribusque hominum discordibus et sua iura
> dissimili ratione tuentibus, ut fuit olim?"
> "Denn wo könnte es auf einer Erde ohne Zivilisation
> für Gott einen Platz geben, wo in Menschenherzen,
> die innerlich gespalten sind und so zwischen der
> Wahrung der einzelnen Interessen hin- und her-
> gerissen sind, wie es einst gewesen ist."
> (S 2,623-625)

Die Erklärung läßt aufhorchen. Prudentius zeigt nämlich die
Kühnheit, einen der apologetischen Höhepunkte des Textes
unvermittelt mit einer spirituellen Sichtweise zu verknüp-
fen[351]. Indem der Dichter im folgenden, so wie er dies bereits oben getan hat[352], verblüffende Parallelen zwischen
der geistig-psychischen Situation des einzelnen Bürgers und
der religiös-politischen Lage des Imperiums aufzeigt, entwirft er das Ideal einer wesenhaften Übereinstimmung von Individuum, Staat und Kirche.
- Die wesenhafte Übereinstimmung von
  Individuum, Staat und Kirche
S 2,623ff. steht der Einzug Christi in die Welt zur Debatte.
Dieser läßt nach den Erläuterungen des Dichters so lange auf
sich warten, als die Welt noch "orbis ferox" ist, bestimmt
von Uneinigkeit und Rechtsunsicherheit. Die Beziehung zur po-

---

[348] BUCHHEIT 475f.
[349] Prudentius als "Eusebio occidentale" bei CACITTI 408.
[350] HERZOG 115.
[351] Vgl. dazu HERZOG 116 und unten S. 330f.
[352] Vgl. dazu S. 158ff.

litischen Situation ist klar. "Orbis" meint den Erdkreis, der
noch nicht von den Römern befriedet ist. Für Prudentius ist
dieser keine abstrakte Größe; vielmehr scheint er, wie die
folgende, durch "que" eng anschließende Erweiterung des Gedankens[353] nahelegt, wesentlich bestimmt von Menschen, die
der Dichter recht anschaulich durch ihre "pectora   d i s-
cordia et sua iura   d i s-simili ratione tuentia" charakterisiert. Durch die Wahl der Ausdrucksfigur "pars pro toto" eröffnet Prudentius ein kunstreiches Spiel auf zwei Manua-
len[354]:
Zum einen gelingt ihm eine prägnante Beschreibung der Menschen, die den "orbis ferox" bevölkern und durch ihre Lebensweise Gottes Eintritt in das irdische Reich verhindern. Damit
ist der   p o l i t i s c h - s o z i a l e   Aspekt erfaßt.
Zugleich lenkt Prudentius die Aufmerksamkeit des Lesers auf
den innersten Kern des einzelnen Menschen. Auch die Seele
kann nicht Wohnstätte, "locus", Gottes sein, solange sie un-
eins und zerrissen ist. Damit ist auch auf die Situation des
I n d i v i d u u m s   verwiesen.
Prudentius ist es so gelungen, innerhalb eines einzigen Satzes analoge Zusammenhänge zwischen Einzelmensch und Gemeinschaft anzudeuten. "Mikrokosmos" und "Makrokosmos"[355] scheinen in der synekdochischen Formulierung zu verschmelzen.
"Discordia" ist eben nicht nur ein Fehler, der die menschliche Gemeinschaft verrohen läßt, sondern ein Laster, das ebenso innerhalb des menschlichen Individuums Schaden anrichten
kann. Das lehrt die allegorische Ausdeutung, die Prudentius S
2,626ff. folgen läßt. Aus der "Psychomachia" bekannte Bilder
werden wachgerufen[356].
Plastische Schilderungen beschreiben den spirituellen Vorgang. Gott scheint auf der Suche nach einem "locus", an dem
er sich mit den Menschen einlassen kann. Im Blick auf die Gemeinschaft muß dieser von einer politischen Macht bereitet
werden (vgl. S 2,620-622). Das Individuum hat für sich die

---

[353] Vgl. H. MENGE, Repetitorium der lateinischen Syntax und Stili-
stik. Darmstadt [17]1979, 334: "'que' gibt an, daß die verbundenen Begriffe
oder Gedanken ein zusammengehöriges Ganzes bilden ... und zwar meist so,
daß der zweite als eine Ergänzung oder Erklärung des ersten steht".
[354] Vgl. zum Folgenden HERZOG 116, GNILKA, Studien 37f.
[355] Zur Terminologie vgl. GNILKA, aaO. 29.
[356] Vgl. Ps Prf 62; Ps 816ff., aber auch C 4,16; S 2,249.842; Pe
10,346ff., wo eine besondere Nähe zur Ps zu beobachten ist.

Möglichkeit, den "locus" für Christus in seiner Seele zu be-
stellen. Läßt er darin die "discordia" Oberhand gewinnen,
verweigert die himmlische Weisheit ihren "Besuch"[357], wehrt
sich Gott, "einzutreten"[358]. Eine Seele aber, in der die
Kraft der Vernunft - "mentis apex" (S 2,629) - niedere Regungen - "pugnacis stomachi pulsus fibrasque rebelles" (S 2,
630) - im Zaum hält, zieht Gott derart an, daß sie ihn geradezu verschlingen kann - "h a u r i t corde deum" (S 2,633).
Daß eine solche Seele zur Stadt, ja zum Tempel Gottes werden
kann, wissen wir aus Ps 818f.; schon in den Versen 750ff.
verbindet "Concordia" ihre Freude, daß die "sancta urbs" des
Körpers vor dem Ansturm der Laster errettet ist, mit der Mahnung, den inneren Frieden nicht durch "discordia" zu gefährden. Andernfalls hört das Innere des Menschen auf, Tempel
Gottes zu sein. Im makrokosmischen Bereich verhält es sich ja
nicht anders: "Sola deum novit concordia." (S 2,593)
Immer wieder lassen sich solche Querverbindungen zwischen der
menschlichen Gemeinschaft und der Seele des Individuums entdecken. So weist auch der Bekehrungsprozeß bei beiden ganz
parallele Züge auf. Rom wird zum "domitor" des Erdkreises
(vgl. S 2,579f.) und ebnet so Christus den Weg (vgl. S 2,620-
622). Nun darf es sich mit Recht "caput orbis" (S 2,662) nennen. Auch im Innersten jedes einzelnen Menschen werden die
schlechten Triebe besiegt, sobald der vernünftige Teil der
Seele die Herrschaft übernommen hat. Die "urbs animae" wird
für Gott bewohnbar, weil der "mens" in ihr als "frenator" (S
2,631) gewirkt hat. Die Analogie ist unschwer zu erkennen.
"Domare" und "frenare" sind aus dem übrigen Werk des Prudentius als Synonyme bekannt, die ohne Unterschied sowohl im mikrokosmischen[359] als auch im makrokosmischen[360] Bereich Verwendung finden. Sie bilden zusammen mit "coercere" ein Dreigespann von Verben, die für die Entwicklung des Individuums[361] ebenso von Bedeutung sind wie für die der Gemeinschaft. Sie alle stehen für den Kampf gegen wilde, unbere-

---

[357] Vgl. S 2,628: "nec liquida i n v i s i t sapientia".
[358] Vgl. S 2,628: "... nec deus i n t r a t".
[359] "frenare" z.B. in C 7,21; H 524; "domare" in C 7,8; A 140; H
526; Pe 10,966.
[360] "frenare" z.B. S 2,585.602; Pe 10,420; "domare" S 1,455; S 2,
609.
[361] Vgl. S 2,631; dann auch C 7,17.

chenbare Kräfte. Im politisch-religiösen Bereich werden damit
immer wieder die "barbari" assoziiert[362]. Entsprechend werden
die Laster, die in der menschlichen Seele wüten, Ps 753 als
"barbaries" empfunden. Damit hat Prudentius erneut eine Brük-
ke zwischen Individuum und Gemeinschaft geschlagen. Beiden
muß daran gelegen sein, den Sieg über diese "Barbarei" zu erringen. Der Weg dorthin scheint, wie oben gezeigt wurde, in
allen "Stationen" übereinzustimmen. "Der politischen Einigung
der Welt unter der Herrschaft Roms entspricht die Einigung
der Seele unter der Herrschaft des obersten Seelenteiles. Die
Ordnung der Seele bildet das mikrokosmische Abbild des welt-
geschichtlichen Vorgangs."[363]
Hinter dieser minutiösen Parallelisierung steht die tiefe
Überzeugung des Dichters, daß ein endgültiger Sieg des Christentums alles Seiende durch ein einigendes Band zusammenfü-
gen wird. Es gibt keine gänzlich verschiedenen Ebenen mehr.
Alles ist aufeinander bezogen. Die psychsologische und politische Dimension des Menschen berühren sich in zentralen
Punkten. Davon ist wiederum die ekklesiologische Eingebunden-
heit des Individuums nicht zu trennen. Der römische Staat
wird so als brüderliche Gemeinschaft einzelner Christen verstanden (vgl. S 2,608f.), die in sich einen Tempel Gottes
bauen. "Res publica Romana" und "ecclesia" bilden damit eine
Einheit[364]. Ihr Wesen spiegelt sich in der menschlichen Seele. So ist es nicht verwunderlich, wenn sich gegen Ende der
"Psychomachie", als "Concordia" das "Hohelied des Friedens"
anstimmt (Ps 769ff.), mehr und mehr die Vorstellung einer
"Ekklesiomachie" aufdrängt[365]. Umgekehrt überraschen dann
auch spirituelle, auf die Vollendung des Individuums zielende
Exkurse im apologetischen Werk "Gegen Symmachus" nicht[366].

---

[362] Vgl. z.B. A 194; H 456; S 1,44; S 2,692; Pe 1,47; Pe 2,382.
[363] GNILKA, Studien 38.
[364] Von dem drohenden Zusammenbruch des Reiches zeigt sich Prudentius also in keiner Weise beeindruckt. Für Augustinus, der die Plünderung
Roms durch die Westgoten erleben mußte, ist dieser Gedanke nicht mehr
nachvollziehbar. Bei ihm zerbricht diese Einheit in zwei Größen: "civitas
terrena" und "civitas dei"; vgl. dazu HERZOG 115; HÄUSSLER 335; KLEIN 158
sowie unten S. 250 mit Anm. 657ff.
[365] LAVARENNE III,76, Anm. 1 stellt dies etwas hilflos fest; dabei
macht gerade diese "Doppelbödigkeit" den Reiz dieses allegorischen Epos
aus. Vgl. dazu GNILKAS Hinweis auf das "fortwährende gegenseitige Durchdringen des mikrokosmischen und des makrokosmischen Gedankens" (Studien
27f.).
[366] Vgl. S 2,133ff., insbes. 149f.; S 2,626ff.1020ff.

Immer wieder unternimmt es der Dichter, die verschiedenen
Dimensionen des menschlichen Daseins durch allegorisierende
Querverweise einander nahezubringen. Rom und damit die Kirche
gewinnen auf diese Weise äußerste Lebendigkeit.
Schon in heidnischer Zeit kannte man die "Vorstellung einer
detaillierten Entsprechung von Mensch und Kosmos, beziehungs-
weise Individuum und Staat"[367]. Sie läßt sich bis auf Plato
zurückverfolgen. Menenius Agrippa erklärt den Plebejern Rom
als eine Kollektivperson, deren einzelne Körperteile von den
römischen Ständen gebildet und nur durch ihr Zusammenwirken
funktionstüchtig gehalten werden[368].
Prudentius hat Rom also in gewisser Weise schon als personifizierte Größe kennengelernt[369]. Mit großer Selbstverständlichkeit wendet er auch die bekannten Titel wie "domina"[370],
"regina" (vgl. S 1,430.464) oder "parens" (vgl. S 1,416; Pe
2,1) auf die Stadt an[371].
Mit ebenso großer Selbstverständlichkeit läßt der Dichter
seine Stadt aber auch die christliche Taufe empfangen und der
neugewonnenen Zuversicht in einer ausführlichen Rede Ausdruck
geben.

– Rede und "Gegenrede" der personifizierten "Roma"

Indem Prudentius S 2,655ff. die Stadt Rom selbst das Wort ergreifen läßt, korrigiert er die von Symmachus fingierte Rede
der greisen "Roma", dem er vorwirft, "mentitum gravis personae inducere pondus" (S 2,646). Sämtliche vorgebrachten Argumente sieht er durch die Bekehrung Roms zunichte gemacht.
Da ist die Stadt nicht, wie bei Symmachus (Rel. 3,9), eine
von "senectus" gezeichnete Matrone, sondern eine blühende,
kraftstrotzende Erscheinung, die in der Lage ist, erfolgrei-

---

[367] GNILKA, Studien 29.
[368] Vgl. Liv. 2,32,8ff.
[369] Der Gedanke von der Personifizierung Roms wirkte bis in die Zeit
des Prudentius hinein; schöne Beispiele liefert dieser selbst, dann aber
auch seine heidnischen Zeitgenossen; vgl. dazu KLEIN 108ff.
[370] Vgl. A 507; ebenso Ov. Met. 15,447; Hor. c. 4,14,44; Mart. 12,
21,9.
[371] "regina" werden dementsprechend auch gern die Tugenden in Ps genannt; vgl. Ps 37.53.199.716. Die Kirche wiederum ist C 12,187 "domina",
Pe 2,139 "mater". Wieder haben wir terminologische Übereinstimmungen für
die Dimensionen Psyche, Rom, Kirche. – Auch die Anwendung des Lebensal-
tervergleiches für die Stadt überrascht so nicht (dazu oben S. 158ff.).

che Kriege zu führen[372]. Prudentius legt hier in Zusammenhang
mit den vorhergehenden Zeilen[373] "ein ganz nachdrückliches
Bekenntnis zum römischen Frieden ab, der mit der Waffe in der
Faust gewahrt wird"[374].
Bei Prudentius braucht die Stadt also nicht um Rücksichtnahme
auf ihr Alter zu bitten, sondern kann fröhlich - "laeta" (S
2,654) - das Wort ergreifen. Ihr Gruß ergeht an die Söhne des
unbesiegten Theodosius,

> "... sub quo senium omne renascens
> deposui vidique meam flavescere rursus
> canitiem ...".
> "... unter dessen Herrschaft ich ein zweites Mal
> geboren wurde, meine Greisenhaftigkeit ablegte und
> meine grauen Haare wieder blond werden sah".
>
> (S 2,656-658)

Voller Selbstbewußtsein gibt die Stadt zu, daß sie ihre jugendliche Frische nicht über all die Jahre unversehrt erhalten hat. Vielmehr haben graue Haare ("canities") bereits das
beginnende Greisenalter ("senium") angezeigt. Dann aber setzt
mit Theodosius ein denkwürdiger Verjüngungsprozeß ein. Rom
kennt keine Senilität mehr. Es fühlt sich - "renascens" - wie
neu geboren. Mit dem Stichwort "Wiedergeburt" spielt die Rede
gekonnt auf das zentrale religionspolitische Edikt "Cunctos
populos" des gepriesenen Kaisers an. Indem dieses das Christentum zur Staatsreligion erhebt, gewinnen a l l e Bürger,
damit aber auch Rom selbst (vgl. S 2,443), in der Taufe ein
neues Leben.
Dabei handelt es sich um eine Existenz ganz anderer Qualität
als beim bisherigen: "Mihi longa dies aliud parit aevum." (S
2,659) Die Stadt Rom unterliegt nicht mehr dem Entwicklungs-
prozeß, den das übrige Sterbliche durchläuft[375]. Altern und

---

[372] Vgl. S 2,640-642: "Nec enim spoliata prioris robore virtutis se-
nuit nec saecula sensit nec tremulis cum bella vocant capit arma lacer-
tis." Ähnliche Gedanken auch bei Claud. bell. Gild. 21ff. zusammen mit
208ff.; Rut. Namat. 115f., dazu KLEIN 111; FUHRMANN, Romidee 536 mit Anm.
32.
[373] Vgl. S 2,638-640: "... et pax ut placeat facit excellentia Romae, quae motus varios simul et dicione coercet et terrore premit".
[374] So HAGENAUER 21 zutreffend; falsch liegt er dagegen, wenn er
Hieronymus dieser Sichtweise entwachsen glaubt (aaO. 19.22); in dem HA-
GENAUER angeführten Briefbeispiel (ep. 82) geht es Hieronymus ja um den
innerkirchlichen Frieden zwischen streitenden Parteien. In anderen Brie-
fen, z.B. 123,15 = CSEL 56 (1918) 94 (HILBERG), blickt er ebenso stolz
auf vergangene kraftvolle Zeiten des römischen Reiches zurück: "nec pri-
stinam abolere poterat ignominiam (sc. die Niederlage gegen Brennus)
donec et Gallias s u o   i m p e r i o   s u b i u g a s s e t".
[375] Vgl. S 2,658f.: "... cum mortalia cuncta vetustas inminuat".

Sterben sind Vorgänge, die es in diesem anderen Leben nicht gibt. "Didici contemnere finem" (S 2,660) läßt Prudentius seine "Roma" frohlockend verkünden.

Ein ewiges Leben hat er ja schon Theodosius selbst seiner Stadt verkünden lassen:

> "Imperium sine fine docet, ne Romula virtus
> iam sit anus, norit ne gloria parta senectam."
> "Reich ohne Enden lehrt er, damit die römische
> Tüchtigkeit keine Greisin mehr sei und der erwor-
> bene Ruhm ein Altern nicht mehr kenne."   (S 2,542f.)

Auch er weiß zugleich um die bevorstehende Verjüngung der Stadt. Beide Komponenten prägen entscheidend das Rombild des Dichters. Mit der Überschrift "ewige Jugend Roms" wäre das prudentianische Ideal jedoch nur unzulänglich erfaßt.

Rom ist zwar jung, doch ihm fehlt die ungestüme Unbekümmert-heit der Jugend. Die Stadt kann ja auf zahlreiche Lebensjahre zurückblicken[376] und genießt offensichtlich die ihr entgegen-gebrachte Ehrfurcht: "Nunc, nunc iusta meis r e v e r e n-t i a conpetit annis." (S 2,661)[377] Gerade diese Freude an Ehrerbietung will nicht recht zum Bild einer unbeschwerten Jugend passen. Für HÄUSSLER scheint daher der Akzent eher auf dem "unverwüstlichen Alter"[378] der Stadt zu liegen. Doch da-für weist die Stadt wiederum zu viele Züge auf, die der Ju-gend eigen sind. Das anaphorische "nunc, nunc" (S 2,661) läßt zum Beispiel mehr überschwängliche Begeisterung erkennen, als man gemeinhin im gesetzten Alter aufbringt. Rom steht in Waf-fen (vgl. S 2,663-665) und macht dabei ein überaus gutes Bild. Ihm sind "virtus" und "robur" eigen (vgl. S 2,640-642). Das waren aber für Prudentius S 2,321.331 Züge der "iuven-tus", nicht des Alters.

So kann man festhalten: Rom ist zwar alt, aber die Stadt

---

[376] Vgl. die Wendungen "l o n g a dies" (S 2,659) und "vivendo d i u" (S 2,660).

[377] Hiermit wird man unzweideutig an die Aufforderung erinnert, die Symmachus seine Stadt aussprechen läßt: "R e v e r e m i n i annos meos" (Rel. 3,9). Die Forderung an sich wird also auch von Prudentius als be-rechtigt empfunden. Die Erfüllung dieses Wunsches sieht er allerdings bei den heidnischen Reaktionären in falschen Händen. Erst das christliche Reich, wie es Theodosius geschaffen hat, kann Rom "iusta reverentia" er-weisen. Nicht ohne Genugtuung verkündet Prudentius damit, daß ein Symma-chus für das Wohl des Staates überflüssig geworden ist. Die Anerkennung seines guten Willens scheint daher nicht mehr als ein mitleidiges Zuge-ständnis.

[378] aaO. 334.

kennt nicht die Gebrechlichkeit des Alters. Insofern ist sie,
wie wir oben bereits gesehen haben, eben auch jung; es gehen
ihr aber die nachteiligen Eigenschaften der Jugend ab. Das
heißt jedoch: Prudentius will mehr als das "unverwüstliche
Alter" der Stadt betont wissen. Auch mit dem Begriff   "i n-
n e r l i c h bewegliches Alter"[379] wird man der Aussage des
Dichters nicht gerecht. Was Rom auszeichnet, ist eine beson-
nene, durchaus flexible Weisheit, wie man sie nur im reifen
Alter kennt[380]. Sie ruht aber, um im Bild des Dichters zu
bleiben, in einem Körper, dessen kraftvolle Jugend sich sehr
wohl in sichtbaren Handlungen manifestiert[381].
Das Zusammenwirken beider Kräfte entspricht dem Ideal einer
harmonisch-gemäßigten Ausgeglichenheit. Keiner der beiden Aspekte darf folglich an den Rand gedrängt werden. Eine wesentliche Aussage, nämlich die modifizierte Anwendung des "puer-
senex"-Motives auf die personifizierte "Roma" ginge so verloren[382]. Rom vereinigt den "mens" eines "senex" mit der Vitalität eines jungen Mannes. Damit erbringt es die idealen Voraussetzungen, "caput orbis" (S 2,662) zu heißen.
Durch die lange Zeit geläutert, hat die Stadt nun zu moralischer Integrität gefunden. Aus dieser unangreifbaren Situation heraus hält sie sich, allerdings, wie noch zu sehen sein
wird, nur auf indirekte Weise, den Spiegel vor: Nun kann Rom
die altbekannten Ehrentitel guten Gewissens tragen: "Nunc ...
merito dicor venerabilis et caput orbis." (S 2,662) Der Rückschluß bleibt zunächst dem Hörer bzw. Leser überlassen. In
der heidnischen Zeit hieß Rom zu Unrecht "Haupt der Welt"[383].
Man denkt zugleich an die von allen Apologeten gern bemühte
Gegenüberstellung zwischen heidnischem Irrtum und christlicher Wahrheit. Als Rom noch der "religio falsa" anhing, konnte es allenfalls "falsum caput orbis" sein. Erst mit dem Bekenntnis zur "religio vera" des Christentums scheint der Anspruch auf Führung legitim; die Stadt kann sich nun "caput
orbis verum" nennen.

---

[379] HÄUSSLER 334; eigene Hervorhebung.
[380] Vgl. dazu auch S 2,332-334.
[381] Vgl. dazu S 2,684ff.; DÖPP 75f.
[382] Vgl. dazu THRAEDE, Studien 50, Anm. 110b, dazu das Beipsiel bei
Plin. ep. 5,16,2 (vgl. dazu BÜTLER 117, Anm. 36), dann THRAEDE, aaO. 119,
Anm. 129.138, Anm. 218.
[383] Zum Gebrauch des Titels in der heidnischen Romideologie vgl.
CHRIST 88.

Eine weitere Einsicht drängt sich aus dem jetzigen Blickwinkel "deum s i n e c r i m i n e caedis adoro" (S 2,665)
für die Vergangenheit auf: Man hat vor der entscheidenden
Wende zahlreiche Verbrechen auf sich geladen[384]. Bis hierher
erweckt die redende "Roma" den Eindruck, als wolle sie die
traurigen Kapitel der Stadtgeschichte ganz als verwerfliche
Fehlentwicklung ihrer eigenen Persönlichkeit verstanden wissen. Diese Einstellung ist logisch und im Kontext begründet.
Rom ist ja eine Kollektivperson, die sich aus den verschiedenen Individuen der Stadt zusammensetzt (vgl. S 2,443). Auch
Nero und Decius, an deren grausamen Christenverfolgungen erinnert wird, prägen ohne Zweifel die Persönlichkeit Roms[385].
Zunächst scheint die Stadt tatsächlich in ihrer Selbstanklage
zu verharren. In einem "Blick zurück in Reue" bedauert sie,
das heilige Blut gerechter Bürger vergossen, ihr Schwert
durch Mord befleckt zu haben[386]. Zugleich aber wird auf Juppiter, den höchsten und geschätztesten der heidnischen Götter, verwiesen. Ihm komme als Anstifter der Verbrechen ein
Großteil der Schuld zu[387]. Offensichtlich beschämt tritt die
redende "Roma" in den Hintergrund und schreibt sich die Rolle
der unfreiwillig in die Verbrechen verwickelten Dritten zu.
Nero ist es, der die Stadt "strage piorum" besudelt und ihr
so sein eigenes Verbrechen angehängt hat[388]. Bald muß die
Stadt so viele Christenleichen in ihrem Schoß bergen, daß

---

[384] Vgl. auch Ambr. ep. 18,7 = ed. KLEIN, Darmstadt 1972, 133f.;
Tert. apol. 5,3 = CC 1 (1954) 95 (DEKKERS).
[385] Nun könnte man freilich den Gedankengang des Dichters weiter
ausführen und dem entgegenhalten, die Stadt existiere ja genauso in den
verfolgten Christen wie in den heidnischen Verfolgern. Das Argument ist
zutreffend, ändert aber an den moralischen Qualitäten der Stadt nichts.
Der in der Kollektivperson "Roma" sich abspielende Kampf der Heiden gegen
die Christen ist ja nichts anderes als das makrokosmische Abbild der Auseinandersetzungen zwischen Laster und Tugend in der menschlichen Seele
(vgl. vor allem das erste Duell zwischen "veterum Cultura deorum" und
"Fides" in Ps 21-39). Im vorliegenden Fall erringen freilich noch die la-
sterhaften Heiden den Sieg. Mit ihnen zieht sich auch Rom den Vorwurf moralischer Verderbtheit zu.
[386] Vgl. S 2,667f.: "... ut sacro iustorum sanguine tincta ... sce-
lerarem funere ferrum".
[387] Vgl. S 2,666f.: "Crimen enim ... crimen persuaserat atrox Iuppiter." S 2,680-683: "inpia (sc. Roma) pridem a r t e I o v i s fateor
... qui dum praemetuit cultus inolescere Christi saevit ac miserum foedavit sanguine saeclum".
[388] Vgl. S 2,668-671: "I l l i u s i n s t i n c t u ... bibit ...
polluit ... inussit."

dieser überzuquillen droht[389].
Erst als sich der Blick der Stadt wieder der trostreichen Gegenwart zuwendet, steht sie wieder voll zu ihrer Schuld, indem sie sich ohne Umschweife "rea" (S 2,678) nennt. War sie
vorher mitunter der Versuchung erlegen, einen Großteil der
Vergehen außerhalb ihrer Person verursacht zu sehen, so ist
sie jetzt auch bescheiden genug, ihre nun fromme Lebensweise
auf die Mithilfe der beiden Kaisersöhne und der von ihnen geschaffenen Zeitumstände zurückzuführen: "Vivo pie vobis auc-
toribus, inpia pridem/arte Iovis fateor."/"Dank eurem
Vorbild lebe ich fromm. Früher, ich gestehe es ein, lebte ich
gottlos, weil ich den Verlockungen Juppiters nachgab." (S 2,
679f.).
Schon jetzt wird klar: Prudentius läßt seine "Roma" eine
vielschichtige Rede halten, die den Entwurf des Symmachus an
Nuancenreichtum übertrifft. Das kann nicht überraschen, denn
Prudentius stehen als Dichter ganz andere Gestaltungsmöglich-
keiten offen. Doch hinter der dichterischen Gewandtheit verbirgt Prudentius ein tieferes Interesse. Er sucht seine
Stadt, wo immer es geht, zu idealisieren, und kann dieser
Versuchung, auch was ihre Vergangenheit angeht, nicht immer
widerstehen.
In einem zweiten Punkt beschäftigt sich "Roma" mit der jüngeren Vergangenheit. Erbost weist sie den Vorwurf zurück, die
Schuld an den militärischen Katastrophen der letzten Jahre zu
tragen:

> "Qui mihi praeteritam cladem veteresque dolores
> inculcant iterum, videant me tempore vestro
> iam nil tale pati ... ."
> "Diejenigen, die mir aufs neue die erlittenen Nie-
> derlagen und alten Bedrängnisse anlasten, sollen
> sich vor Augen halten, daß ich unter eurer Regierung
> nichts mehr derartiges erleide." (S 2,690-692)

Zwar erinnert sich die Stadt sehr gut an die wiederholten
Versuche der Goten, Rom dem Erdboden gleichzumachen. Noch im
Nachhinein läßt sie ihr verletzter Stolz an die Glanzzeit der
Stadt unter Augustus erinnern: "Temptavit Geticus ... tecta
aurea[390] flammis solvere." (S 2,696-699) Wie ehedem ist der

---

[389] Vgl. S 2,673-676: "Mox et sitis arsit multorum similis ... un-
dantes meum in gremium defundere mortes." Nebenbei sei bemerkt, daß das
Bild vom Mutterschoß die Personifizierung Roms besonders intensiv wirken
läßt (vgl. auch S 2,726).
[390] Vgl. Suet. 2,28,3.

"vir togatus" Inbegriff römischer Identität, die es gegen die
Goten zu wahren gilt[391]. All diese schrecklichen Erinnerungen
kostet "Roma" in ihrer Rede geradezu aus. Um so intensiver
und kontrastreicher kann sie dann auch die Zurückweisung der
Goten in der Schlacht von Pollentia (402/403 n.Chr.) "nacher-
leben". Das Gefecht wird zu einem der zentralen Ereignisse
der spätrömischen Geschichte[392]. Die barbarischen Truppen unter Alarich sind bis auf den letzten Mann abgewehrt: "Nullus
mea barbarus hostis/cuspide claustra quatit."/"Kein feindli-
cher Barbar stößt mit seiner Lanze gegen meine Stadtmauern."
(S 2,692f.) Die unerschütterliche "virtus" der römischen
Krieger[393] hat daran nicht unmaßgeblichen Anteil; das altrömische Ideal der "virtus" ist wiederbelebt, die auch vor dem
größten Opfer, der Preisgabe des eigenen Lebens zum Wohle des
Vaterlandes, nicht zurückschreckt[394]. Wie selbstverständlich
folgt dann auch der Hinweis auf die Möglichkeit, auf diese
Weise Ruhm und Ehre zu erlangen[395]. Diese ist um so größer,
als Prudentius seine Stadt die   e n d g ü l t i g e   Zer-
schlagung der Gotenmacht loben läßt:

"... Ter denis gens exitiabilis annis
Pannoniae poenas   t a n d e m   d e l e t a   pependit."
"Jetzt endlich liegt das pannonische Volk,
das dreißig Jahre lang uns zu verderben drohte,
am Boden zerstört darnieder und zahlt seine Strafe."
(S 2,715f.)

Voller Genugtuung schildert die Stadt den grausamen Anblick
der zerstreuten und unbeerdigten Barbarenleichen[396].
Das Ereignis scheint ja auch denkwürdig. Man glaubt, für im-

---

[391] Vgl. S 2,699: "... mastrucis proceres vestire   t o g a t o s".
[392] Vgl. DÖPP 75.
[393] Vgl. S 2,705: "vis cruda virum"; S 2,708f.: "tantum   v i r t u-
t i s   pretium".
[394] Vgl. Hor. c. 3,12,15: "Dulce et decorum pro patria mori." Ganz
ähnlich Prudentius hier: "... nec trepidans animus subcumbere leto pro
patria" (S 2,706f.).
[395] So S 2,707: "... et pulchram per vulnera quaerere laudem".-
"virtus" und "gloria" sind ja für den Römer seit alters her ein festes
Gespann (vgl. dazu oben S. 173 mit Anm. 340).
[396] Ähnliche Bilder sind aus der Ps gut bekannt. Mag es für die
grausamen Schilderungen der Sterbeszenen in diesem allegorischen Epos
noch so viele Erklärungsversuche geben, Texte wie diese (vgl. auch S 1,
462f.; C 5,77ff.), die in keiner Weise als Beschreibung eines rein inner-
seelischen Vorgangs entschuldigt werden können, bleiben als großes Frage-
zeichen an die Person des Dichters stehen.

mer die Freiheit wiedererlangt zu haben[397]. Triumphierend
verkündet "Roma", daß Furcht von nun an keinen Raum mehr haben soll: "Timor omnis abesto;/vicimus, exultare libet ..."/
"Alle Angst sei vergessen; wir haben gesiegt, wir dürfen
frohlocken" (S 2,737f.).
Die Realität sieht freilich ganz anders aus. In Pollentia
erlitten b e i d e Seiten große Verluste. Dem Gotensturm
konnte nicht auf Dauer Einhalt geboten werden. Eine Überra-
schung war das nicht. Schon acht Jahre später konnten die
"Barbaren" ihre jahrzehntelange Aggression mit der Plünderung
Roms krönen[398].
Prudentius ist auf diesem Auge jedoch blind. Er schreibt damit ganz im Sinne der offiziellen Propaganda, wie sie vor allem von Claudian getragen wird[399]. Das Motiv ist allerdings
bei Prudentius ein anderes. Für ihn und seine Stadt ist der
Sieg eben nur zum Teil Ergebnis der römischen Kampfkraft.
Erst die Mithilfe des Christengottes hat den Triumph auch
sicher gemacht: Rom wußte sich unter der Führung eines Kaisers, der "in Christus stark" - "christipotens" (S 2,710)-
war. Beide, Honorius und sein Feldherr Stilicho, kannten nur
einen Gott: "Deus unus Christus utrique." (S 2,711) Kaiserliche "virtus" und göttliche Hilfe waren so auf wirksame Weise
vereinigt: "Hic Christus nobis adfuit et mera virtus." (S 2,
745) Diese Erklärung haben wir schon einmal von Honorius und
Arkadius vernommen: "Vincendi quaeris dominam? Sua cuique
dextra est/et deus omnipotens ..." (S 2,35f.). Mag sie auch
noch so überzeugend klingen, Prudentius tritt damit in gewissen Widerspruch zu sich selbst. Noch S 2,24ff. läßt er die
Kaisersöhne die römischen Erfolge auf rein menschliche Leistungen zurückführen. Ebenso fürchtet er S 2,551ff. um die
Ehre des römischen Namens, wenn sein Gegner Kriegserfolge auf
göttliche Fügung zurückführt. Nun sieht der Dichter plötzlich
dieselben Kausalzusammenhänge. Ja die göttliche Macht steht
nun sogar an erster Stelle. Der einzige Unterschied: Sie
heißt nun nicht mehr Venus oder Victoria, sondern Christus.
Seine alleinige Verantwortung für das Wohlergehen des Staates

---

[397] Vgl. S 2,729f.: "... inmunis tanti belli ac te stante sub armis
l i b e r a".
[398] Vgl. THOMSON II,62, Anm. a; DÖPP 73f.; KLEIN 150, Anm. 40.
[399] Vgl. dazu DÖPP 74f.; dort auch weitere Angaben zur Abhängigkeit
des Prudentius von Claudian und - über diesen - von Lukan.

wird immer wieder betont:

"Unus nostra regat servetque palatia Christus.
Ne quis Romuleas daemon iam noverit arces,
sed soli pacis domino mea serviat aula."
"Christus allein leite und bewahre unsere Paläste.
Kein Dämon soll mehr die Festungen Roms kennen;
nein, mein Hof soll allein dem Herrn des Friedens
dienen."   (S 2,766-768)

Christus hat den Sieg miterrungen. Die Verehrung der Stadt
soll ihm dafür gewiß sein[400].

Diese Argumentation mutet bekannt an. Mit der gleichen Logik
fordert Symmachus einen Altar für Victoria. Der Nutzen, den
die Göttin der Stadt gebracht hat, rechtfertigt allein ihre
Verehrung[401]. Wie nahe sind sich doch der heidnische Senator
und der christliche Dichter in dieser Denkweise! Ihr "Römer-
sein" verbindet beide in weit stärkerem Maße, als Prudentius
wohl zugeben würde. Ein jeder von ihnen liebt seine Stadt.
Für Prudentius ist es nun freilich sein Christengott, der die
Größe Roms garantiert.

Was veranlaßt nun aber den Dichter, gerade der Schlacht von
Pollentia dabei so große Bedeutung zukommen zu lassen?[402]

Auf den Christen der damaligen Zeit lastete schon lange der
Vorwurf, ihre Abwendung von den alten Göttern habe die kata-
strophale Lage des Reiches verursacht. Nun bot sich die Gelegenheit, den Spieß umzudrehen. Als Lohn für die endgültige
Bekehrung zum Christentum werden die Römer vor der Gotenschar
errettet. "Der Erfolg des christlichen Feldherrn bei Pollentia - das ist eben die Probe aufs Exempel."[403]

Entsprechend enthusiastisch will die Stadt auch ihren Feldherrn gefeiert wissen. Honorius soll einen Triumphzug erhalten. Das ist die übliche Ehre für einen siegreichen Imperator. Eine besondere Auszeichnung will ihm die Stadt jedoch
zukommen lassen, indem sie ihn "Christo comitante" (S 2,
731f.) aufnimmt. Das ist eigentlich ein logisches Anliegen.
Christus hat ja auch mitgeholfen, den Sieg zu erringen. Doch
ein Triumphzug erscheint der Stadt nicht ruhmreich genug. Sie

---

[400] Die enge Verbindung kommt in dem schönen Wortspiel "servare" (S
2,766) und "servire" (S 2,768) zum Ausdruck.

[401] Vgl. Rel. 3,8: "Accedit utilitas, quae maxime homini deos adserit. Nam cum ratio omnis in operto sit, unde rectius quam de memoria atque documentis rerum secundarum cognitio venit numinum?"

[402] Vgl. zum Folgenden DÖPP 75f.

[403] DÖPP 76.

sinnt auf weitere Ehrbezeugungen. Mit der Errichtung einer vergänglichen Statue glaubt sie, der Leistung des Kaisers nicht gerecht werden zu können. "Virtus" muß durch "gloria" belohnt werden; das ist ja die alte Vorstellung[404]. Prudentius läßt aber seine Stadt einen "v i v a gloria" (S 2, 756), ein "v i v u m virtutis praemium" (S 2,756f.) für Honorius fordern. Die enge Verbundenheit mit Christus soll sein Lohn sein:

> "Regnator mundi Christo sociabere in aevum,
> quo ductore meum trahis ad caelestia regnum."
> "Als Herrscher über die Welt wirst du auf ewig mit
> Christus vereint werden; denn mit ihm als Führer
> dehnst du mein Reich bis zum Himmel aus."
>
> (S 2,758f.)[405]

Mit der Entrückung in göttliche Sphären wird Honorius mehr geschenkt, als jeder heidnische Triumphator für sich erwarten konnte[406]. Entsprechend ergeht der Wunsch der Stadt an den Kaiser, sich durch solche, von christlicher Hoffnung geprägte Argumente beeindrucken zu lassen, statt den rhetorischen Raffinessen des heidnischen Senators zu erliegen. Dessen Worte empfindet sie als einen heimtückischen Anschlag auf den neuen Glauben, dem sie und der Imperator sich geweiht haben[407]. Noch einmal wird der unüberbrückbare Gegensatz in Erinnerung gerufen: Christus ist ein äußerst lebendiger Gott. Er lenkt und bewahrt das römische Reich und garantiert ihm friedvollen Bestand. Christus und das römische Vaterland leben so in einer fruchtbaren, von Ruhm gekrönten Symbiose: "Patriae nam gloria Christus." (S 2,772) Mit der heidnischen Religion beschwört Symmachus dagegen "sacra m o r t u a" (S 2,761)[408]. Tempel und Altäre stehen verlassen da. Sie gelten dem christlichen Rom als Orte blutiger, unreiner Riten und werden durch

---

[404] Vgl. dazu oben S. 173 mit Anm. 340.

[405] Damit ist in Erfüllung gegangen, was Honorius und Arkadius S 2, 60f. für die Stadt in Aussicht gestellt hatten.

[406] Die Tracht des Triumphators glich zwar dem Bild des Iuppiter Optimus Maximus, doch mußte er sich auf seinem Triumphwagen von einem Sklaven begleiten lassen, von dem er die Worte vernahm: "Respice post te, h o m i n e m te esse memento." Vgl. dazu auch Tert. apol. 33,4 = CC 1 (1954) 143f. (DEKKERS); DIHLE 737.

[407] Vgl. S 2,761-764: "... qui sub legati specie sacra mortua plorans ingenii telis et fandi viribus audet heu nostram temptare fidem nec te videt ac me devotos, Auguste, deo".

[408] Das entspricht der polemischen Charakterisierung der heidnischen Gottheiten als "tote" Wesen (dazu OPELT, Polemik 77).

Schließung oder Zerstörung der Verödung preisgegeben[409].
Vor Juppiter, der die höchste Verehrung bei den Heiden genoß,
hatte die Stadt bereits zu Beginn ihrer Rede gewarnt. Seine
Freude an blutrünstigen Opfern ist ja bekannt. Nicht weniger
Vergnügen schien es ihm zu bereiten, zu grausamen Verbrechen
anzustiften (vgl. S 2,666f.). Nur ein bornierter Aberglaube
kann die von Juppiter bestimmten Zeitverhältnisse "aurea
saecla" (S 1,73f.) nennen.
Und doch sehen noch zu Beginn des 4. Jahrhunderts heidnische
Römer das Wohl des Staates in den Händen Juppiters[410]. In
Wahrheit hat er erbärmliche Zustände herbeigeführt. Die Welt
hat er mit Blut besudelt. An wirklichem Frieden liegt ihm
nicht im geringsten[411]. Dem römischen Reich hat er somit keinen Dienst erwiesen. Folglich wird er seines alten Vaterlandes verwiesen. Mit ihm verliert Symmachus, der als "legatus
Iovis" (S 2,771) dessen Belange vertreten hat[412], das Recht,
sich als Repräsentant des Vaterlandes auszugeben[413].
Das alte Bündnis zwischen Juppiter und dem Römerreich ist so
endgültig zerbrochen. Der neue Pakt zwischen Christus und dem
Imperium ist an dessen Stelle getreten.
Damit ist die Rede der "Roma", wie sie Prudentius gestaltet
hat, zu einem der wesentlichsten Beiträge zur politischen Religiosität und zur Romideologie christlicher Prägung geworden. Juppiter ist für tot erklärt; der christliche Gott als
Gott der römischen Geschichte erwiesen. Das ist gleichsam
eine Variation oder Fortführung der alttestamentlichen Deutung Gottes als transzendenter und zugleich weltimmanenter

---

[409] Vgl. S 2,763ff.: "... nec te videt ac me dvotos, Auguste, deo,
cui sordida templa clausimus et madidas sanie deiecimus aras".
[410] Vgl. die Worte des Verfolgers Asklepiades Pe 10,414f.: "Quod
Roma pollet auspicato condita, Iovi Statori debet et dis ceteris."
[411] Vgl. S 2,680-683: "quid enim non ille cruentum tradidit aut quid
mite sibi placidumve poposcit? Qui, dum praemetuit cultus inolescere
Christi, saevit ac miserum foedavit sanguine saeclum". - In Christus dagegen glaubt Prudentius den wahren Garanten des Friedens gefunden zu haben. Entsprechend auch die Wirkung des Evangeliums Christi: Es bringt den
Menschen und der Natur den von Juppiter mit Füßen getretenen heiteren
Frieden zurück: vgl. die Stichworte "laxavit" (A 426), "mollior" (A 428)
und "mansuescere" (A 450).
[412] Vgl. die abschätzige Interpretation dieses Vorgangs bei Ambr.
ep. 18,8 = ed. KLEIN, Darmstadt 1972, 135: "Vos pacem dis vestris ab imperatoribus obsecratis, nos ipsis imperatoribus a Christo pacem rogamus."
[413] Vgl. S 2,769-772: "Sic adfata pios Roma exoravit alumnos sperne-
re legatum non admittenda petentem, legatum Iovis ex adytis ab aruspice
missum, at non a patria; patriae nam gloria Christus."

Größe. In ihm werden der Stadt Rom gleichsam die Gaben der
Taufe vermittelt. Die Vergebung der Schuld ermöglicht ihr einen unbelasteten Neuanfang. Die Wiedergeburt zu neuem, ewigem
Leben garantiert der Stadt die Zukunft, die sie sich seit alters her erträumt hat.

Prudentius untermauert mit dieser These von der einzigartigen
Beziehung zwischen seinem Gott und dem römischen Volk den Absolutheitsanspruch, den das Christentum schon in frühester
Zeit, besonders aber unter Theodosius erhoben hatte. Und wie
die frühe Kirche damit den Konflikt mit dem Staat riskiert
hatte, so stößt sie auch jetzt auf den erbitterten Widerstand
der heidnischen Partei. Es widerstrebt dem toleranten Denken[414] des Symmachus zutiefst, nur eine Antwort auf die Frage
nach dem Heil akzeptiert zu sehen.

– Absolutheitsanspruch des Christentums
  gegen toleranten Skeptizismus

Für Symmachus verkörpern die heidnische und die christliche
Religion nur zwei verschiedene Wege auf der Suche nach der
einen Wahrheit: "Quid interest, qua quisque prudentia verum
requirat. Uno itinere non perveniri ad tam grande secretum."/
"Was kommt es schon darauf an, mit welchem gedanklichen Ansatz ein jeder nach der Wahrheit sucht. Man kann nicht auf
einem Weg ein so großes Geheimnis ergründen." (Rel. 3,10)[415]
Bevor Prudentius auch dieses Argument "zerpflückt", stellt er
es seinem "Publikum" paraphrasierend vor. Dies gelingt ihm
nicht ohne wertende Kommentierung: Symmachus' Hinweis auf die
allen gemeinsame Natur interpretiert er S 2,778ff. bereitwillig, aber wenig rechtschaffen:

> "Quin etiam caelum atque solum ventos mare nubes
> omnibus in commune dari[416], vel qui colimus te
> Christe, vel exta litant sculptis qui tabida saxis."
> "Er behauptet darüber hinaus, daß Himmel und Erde,
> Wind, Meer und Wolken doch allen gemeinsam gegeben
> seien, sowohl uns, die wir dich, Christus, verehren,
> als auch denen, die verwesende Eingeweide an behauenen
> Opfersteinen weihen."   (S 2,778-780)

Die Aussage des heidnischen Senators wird so verzerrt. Wollte
dieser mit dem Hinweis auf die allen gemeinsame Natur auch
gleiche Achtung für die religiösen Bedürfnisse aller Menschen

---

[414] Vgl. darüber KLEIN 83-92.
[415] Vgl. dazu auch Symm. Rel. 3,8.19.
[416] Soweit die korrekte Paraphrase des gegnerischen Textes.

erreichen, so kehrt Prudentius dies mit seiner Erweiterung ins Gegenteil: Bei den Christen ist echter Kultus zu Hause. Die heidnische Religion dagegen besteht wesentlich aus dem Opfer verwesender Eingeweide[417].

Nach dieser zweifelhaften Einstimmung des Lesers macht sich Prudentius daran, die eigentliche Problematik zu erörtern. Den in der stoischen Philosophie beheimateten Hinweis auf die allen Menschen gemeinsame Natur will er gelten lassen. Eine mögliche Gleichheit oder Gleichberechtigung aller Menschen will er jedoch daraus nicht abgeleitet wissen. Gute und schlechte Menschen gibt es weiterhin (vgl. S 2,783ff.). Schon S 2,779f. hat Prudentius ja dies so "feinfühlig" in der Unterscheidung zwischen Heiden und Christen angedeutet. Aufgabe der Natur ist es, allen Menschen ohne Unterscheidung des Charakters zu d i e n e n[418]. Das ist deutliche "Ablehnung der natürlichen Theologie und des Pantheismus", wie THRAEDE mit Hinweis auf S 1,324-236 sowie die vorliegende Stelle zutreffend betont[419].

Ein neuer Gedanke kommt Prudentius bei der Widerlegung seines Gegners zu Hilfe: Nicht nur den Menschen verschiedener Herkunft, sondern auch den Tieren steht die gleiche Natur zur Verfügung (vgl. S 2,808-815). Daß diesen in der Pyramide der Lebewesen einer der unteren Plätze zukommt, bestreitet nun aber keiner. Unübertrefflicher römischer Dünkel spricht freilich aus der Unterscheidung, die Prudentius innerhalb derselben Gattung Mensch für selbstverständlich hält: Zwischen einem Römer und einem Barbaren besteht der gleiche Rangunterschied wie zwischen Mensch und Tier. Die Auflösung dieser kühlen, fast mathematisch anmutenden Gleichung ist erschütternd. Barbaren nehmen keine höhere Stellung ein als Tiere. Eine andere Gleichung ist bereits bekannt: Römer darf sich nur noch nennen, wer sich zum Christentum bekennt. Alle Menschen aber, die noch immer der heidnischen Religion anhängen, heißen folglich "Barbaren", gleichgültig ob sie dem römischen

---

[417] DÖPP hat diese Stelle offenbar übersehen, wenn er Prudentius lobt: "Die Ansichten des Gegners werden nirgendwo entstellt wiedergegeben." (aaO. 80).

[418] Dieser Aspekt wird auch im folgenden betont; vgl. S 2,864: "... dum servant elementa suum f a m u l a n t i a cursum ...".

[419] THRAEDE, Epos 1041.

Reich angehören oder nicht[420]. Als solche verdienen sie nicht
einmal den Namen Mensch:

> "Sed tantum distant Romana et barbara, quantum
> quadrupes abiuncta est bipedi vel muta loquenti,
> quantum etiam qui rite dei praecepta sequuntur
> cultibus a stolidis et eorum erroribus absunt."

> "Zwischen römischem und barbarischem Wesen besteht
> aber ein so großer Unterschied wie zwischen Tier
> und Mensch oder zwischen einem, der sprechen kann,
> und einem, der stumm ist, oder zwischen solchen,
> die die Gebote Gottes pflichtgemäß befolgen, und
> denen, die einem törichten Irrtum anhängen."

(S 2,816-819)

Wie einfach und gleichzeitig erniedrigend ist das von Prudentius aufgestellte Schema: Römer, Christ und Mensch fallen in
eins. Sie können der Hochachtung des Dichters gewiß sein.
Barbaren, Heiden und Tiere sind in entsprechender Weise identisch. Ihnen bleibt die Einsicht in die "secreta", wie sie
Symmachus für sich reklamiert, verwehrt. Prudentius straft
sie mit Verachtung.
Erneut ist damit dem Dichter - man verzeihe die Ironie - eine
treffliche Synthese gelungen. Römische Selbstherrlichkeit und
christliches Überlegenheitsgefühl verschmelzen nahtlos ineinander[421]. Die christliche Vorstellung von der Gleichheit aller Menschen findet bei Prudentius keinen Widerhall, es sei
denn, man ist dazu bereit, die verengte Sichtweise des Dich-

---

[420] Vgl. NORDEN, Kunstprosa 514: "Das ist aber die Umkehrung der
früher geltenden Gleichung Christen = Barbaren." - Die so durch Prudentius repräsentierte Stimmung ist im spätrömischen Reich weitverbreitet:
vgl. dazu PASCHOUD 231; HERRMANN 357; zur Barbarenpolemik bei Ammian vgl.
KLEIN 115 mit Anm. 98; zur ganzen Thematik vgl. J. VOGT, Kulturwelt und
Barbaren. Zum Menschenbild der spätantiken Gesellschaft = AAWLM.G. 1967,
1. Mainz 1967, 35-41.
[421] Zur Entwicklung dieses Gedankenprozesses vgl. S 2,165.325f.874;
dann auch C 5,39; 12,117; A 194; H 100.456.783; S 1,44.449; Pe 3,467; 4,
121.382. - Zur Bewertung dieser brisanten Stelle vgl. KLEIN 158: "Beinahe
erschreckend ist die Folgerung, welche sich daraus ergibt. Sie geht sogar
noch über das hinaus, was der Verfasser bisher über die barbarische Dämo-
nenverehrung gesagt hatte. Wer weiterhin die Lehren Gottes ablehnt und
den 'törichten Kulten' anhängt, scheidet selbst aus der Gemeinschaft der
Menschen aus, von der Preisgabe römischer Ehre ganz zu schweigen." -
LAVARENNE, Étude 103f., weist auf den störenden Widerspruch zwischen dem
Chauvinismus des Dichters und der zentralen Aussage des Christentums hin,
wonach alle Menschen Brüder sind. - PASCHOUD 230 spricht vom härtesten
und unnachgiebigsten Haßausbruch gegen die Germanen. Treffender wären
hier allerdings als Zielgruppe des Hasses die Heiden genannt. Der Nationalstolz des Dichters ist ja von seinem religiösen Absolutheitsdenken
nicht zu trennen. - Daß zur Zeit des Prudentius in kirchlichen Kreisen
durchaus auch versöhnlichere Haltungen zu beobachten sind, zeigt CACITTI
419 u.a. am Beispiel Paulins v. Nola.

ters anzuerkennen, wonach Heiden und Barbaren ja gar nicht
dem Kreis der Menschen zuzurechnen sind.
Die Bilder, die Prudentius diesen Gedanken auszumalen helfen,
lassen die Kluft zwischen den Religionen noch größer erscheinen: Gold (S 2,832) und Marmor (S 2,834), die wertvollen
Schätze der Natur, werden mit den Christen in Verbindung gebracht. Die kostbaren "Bodenschätze" werden nicht im Rohzu-
stand belassen, sondern durch Edelsteine[422] verfeinert. Von
ihnen geht strahlende Helle aus[423]. Den glänzenden Prachtbauten, die die Christen versinnbildlichen, stehen "Kerker" (S
2,835), Gefängnisse (S 2,837) und ärmliche Baracken (S 2,
836) gegenüber. Sie sind häßlich (S 2,835), dunkel (S 2,837),
von Rauch geschwärzt[424], stinken nach Kot und gleichen - alles in allem - eher einem Schweinestall[425]. Das Bild paßt,
denn weiter oben waren die heidnischen Barbaren ja ohnehin
mit Vierfüßlern verglichen worden. Welch unversöhnliches
Feindbild wird mit solchen Worten aufgebaut, in denen Heiden
mit kärglichen Hütten, Christen mit kaiserlichen Palästen
assoziiert werden! Von christlicher Demut ist da nichts zu
spüren.
Prudentius glaubt sich im Besitz der Wahrheit und will dies
auch im folgenden unter Beweis stellen. Symmachus' Hinweis
auf die Vielzahl der gangbaren Wege, die zu der einen Wahrheit führen, tut er mit einem einfachen, aber bestimmten
"Longe aliud verum est" (S 2,847) ab. Die zutreffende Antwort
hat er sogleich parat: Der verästelte Weg, den die Heiden be-
schreiten, führt letztendlich in die Irre[426]. Der geradlinige
Weg, auf dem die Christen wandeln, kennt solchen Irrtum

---

[422] Vgl. S 2,838: "regia   g e m m a t o   laquearia fulva metallo";
mit dem Stichwort "gemmatus" werden wir sogleich an die "gemmae" erinnert, die Laurentius Pe 2,297-299 dem Präfekten als "Schätze" der Kirche
vorführt: die christlichen Jungfrauen.
[423] Vgl. "clara" (S 2,834) und "fulva" (S 2,838).
[424] Vgl. S 2,833: "nigro sordentia culmina fumo"; die Stichworte
"sordere" und "fumus" fallen immer wieder im Zusammenhang mit heidnischen
Opfern und Kulten. Zum Wortfeld "sordere" vgl.: A 95; H 106; S 1,636; S
2,764; Pe 2,263.475; Pe 5,80; zum Wortfeld "fumus" vgl. C 12,197; A 190;
H 404; S 1,8 (dort "fumus" und "sanguis" bezeichnenderweise zusammen); S
2,296; Pe 5,28.
[425] Vgl.   S 2,835f.:   "... et taetra foramina clausi stercoris et
s p u r c a m   redolenti in fornice cellam".
[426] Vgl. S 2,847f.: "Nam multa ambago viarum anfractus dubios habet
et perplexius   e r r a t."

nicht[427]. Schon hier macht Prudentius klar, daß nur einer der
beiden Wege zu dem auch von Symmachus angestrebten Ziel
weist. Dennoch beschreibt er detailliert die beiden Möglichkeiten.
An zahlreichen Gegensatzpaaren, die vorzüglich zu dem eben
gezeichneten Feindbild passen, wird verdeutlicht, daß der
eine Weg das Ziel nicht nur knapp verfehlt, sondern gerade
einen in entgegengesetzter Richtung liegenden Punkt ansteu-
ert. Dem christlichen Monotheismus[428] stehen verschiedene religiöse Fehläußerungen der Heiden gegenüber. Da verehren die
einen zahlreiche Gottheiten verschiedenster Herkunft[429], während die anderen überhaupt keinen Gott anerkennen wollen[430].
Wieder sieht Prudentius diese den Tieren näher als dem Menschengeschlecht[431]. Polytheismus und Atheismus sind so verschiedene Varianten des einen heidnischen Aberglaubens: "Una
superstitio est, quamvis non concolor error." (S 2,872) Auf
diesem verästeltem Weg, der zur l i n k e n Seite weist[432],
also ins U n g l ü c k führt, weist ein D ä m o n die
Richtung! "Inlicere", "fallere", "involvere", "sollicitare",
"capere" und "instigare" sind Verhaltensweisen, die seinen
Umgang mit den Menschen bestimmen[433]. Am Anfang dieses Pfades
verlocken kurzlebige Annehmlichkeiten, doch das Ende bringt
Kummer und Verdrießlichkeit (vgl. S 2,899f.). So entpuppt
sich der dämonische Führer als "praevius infernae noctis" (S
2,904). Prudentius beläßt es nicht bei dieser Symbolik. Der
Weg wird eindeutig als "mortis iter" (S 2,898) ausgewiesen,
endet also im T o d.

---

[427] Vgl. S 2,849f.: "Sola e r r o r e c a r e t simplex via nes-
cia flecti in diverticulum biviis nec pluribus anceps."
[428] Vgl. S 2,855: "Una d e u m sequitur."
[429] Vgl. S 2,855: "... d i v o s colit altera p l u r e s" sowie S
2,856-871; Prudentius verschließt dabei vor der henotheistischen Tendenz
seiner heidnischen Umwelt die Augen.
[430] Vgl. S 2,873-878, bes. deutlich V. 877: "haec (sc. mens hominum)
putat esse deum nullum".
[431] Vgl. S 2,874: "... quam pecudes et muta animalia carpunt", dazu
oben S. 194f. mit Anm. 421.
[432] Zur Bedeutung von "links" und "rechts" vgl. DÖLGER, Sonne 37ff.,
insbes. 41: "Für die Pythagoreer war links der leichte Weg zum Bösen und
Verderben, rechts der steil emporführende Weg zur Tugend und zur Selig-
keit; gesinnbildlicht wurde dies durch das Buchstabensymbol Y." - Vgl.
dazu auch H 789ff.
[433] Vgl. S 2,889-894; "instigare" gehört nach S 2,10 aber auch ins
Repertoire des heidnischen Senators. So erscheint auch Symmachus als
einer der dämonischen Führer auf diesem Weg.

Auf dem geradlinigen, r e c h t s gelegenen, also G l ü c k
verheißenden Pfad der Christen schreitet dagegen G o t t
voran (vgl. S 2,882). Dieser Weg beginnt wenig reizvoll: Er
ist "inculta", "subhorrida", "tristis", "difficilis"; doch er
endet überaus schön in Reichtum und immerwährendem Licht
(vgl. S 2,885-888). Auch hier bleibt Prudentius die Auflösung
der Symbolik nicht schuldig. Der christliche Gott ist "dominus vitae" (S 2,905), Garant des L e b e n s, und führt die
Gläubigen den Weg des Wohlergehens[434].
In diesem Bild von den zwei Pfaden sind noch einmal in stark
polarisierter Form Christentum und Heidentum gegeneinander
ausgespielt[435]. Gottvater selbst hat S 2,150ff. die Christen
den richtigen Weg gewiesen. Mit der Entfaltung des Gedankens
S 2,781-909 sowie H 789ff. hat sich Prudentius als treuer
Schüler seines Herrn und Meisters erwiesen[436].
Nachdem sich Prudentius in dieser Art mit der religionsphilo-
sophischen Problematik der Symmachus-Eingabe auseinanderge-
setzt hat, wendet er sich nun, dessen Disposition folgend,
eher praktischen Fragen zu.

– *Die Polemik gegen die heidnische "virginitas"*
Symmachus hatte die Streichung der Gelder für die Vestalinnen
angeprangert und als Ursache für die bald folgende Hungersnot
verantwortlich gemacht (vgl. Rel. 3,11-17). Prudentius macht
es sich nun einfach. Von einer Hungersnot "praesenti tempore"
(S 2,917) weiß er nichts[437]. Doch das widerlegt den heidnischen Senator in keiner Weise. Zwischen der Abfassung der Relatio und der des "Liber contra Symmachum" des Prudentius
liegen ja auch 20 Jahre.
Prudentius scheint um seine schwache Position zu wissen; er
geht darum das Problem von einer anderen Seite an. Symmachus'

---

[434] Vgl. S 2,897f.: "... salutis ... iter".
[435] Logischer Schlußpunkt des Vergleiches: Die Heiden werden ab-
schätzig als "gentes" abgetan; die Christen setzen sich als "plebs dei"
stolz davon ab (vgl. S 2,901f.).
[436] Der Bezug zur Gottesrede am Anfang des Gedichtes ist eindeutig
(vgl. STEIDLE 277): vgl. das Bild vom "Weg der Tugend" = "virtutis iter"
(S 2,150), den Hinweis auf die Unannehmlichkeiten des einen Weges = "inter acerba" (S 2,149 par. S 2,885ff.), auf die flüchtigen Verlockungen
des anderen Weges = "suavia fluxae condicionis" (S 2,156f. par. S 2,
899f.), die Warnung, Schätze anzuhäufen (S 2,151ff. par. S 2,891) sowie
den Hinweis auf Christus als Quelle der Hoffnung (S 2,159 par. S 2,907).
[437] Vgl. S 2,917-954; dann auch Ambr. ep. 18,20f. = ed. KLEIN, Darmstadt 1972, 147.

Begründung soll nicht mehr durch ein einfaches Bestreiten einer solchen Katastrophe zurückgewiesen werden; vielmehr will Prudentius die Schlagkraft des Argumentes prinzipiell in Zweifel ziehen. So leugnet er die Abhängigkeit des Ernteergebnisses vom Willen der Götter. Er sieht dieses nämlich im Kreislauf der Natur begründet (vgl. S 2,955-988). Der von Symmachus gegebenen kasuistischen Beschreibung des Verhältnisses zwischen Gott und Mensch antwortet Prudentius, ganz im Gegensatz zu seinen eigenen Äußerungen H 216ff., mit einer "rationalistischen Erklärung der Naturerscheinungen"[438]. Die Welt und der menschliche Körper sind denselben physikalischen und biologischen Bedingungen unterworfen: "Unus enim status est mundique et corporis huius/quod gerimus, natura eadem sustentat utrumque." (S 2,992f.)[439] Beiden sind Unvollkommenheit und Endlichkeit eigen[440].

Nachdem Prudentius in einem ersten Anlauf die Hungersnot einfach geleugnet, in einem zweiten rationalistisch zu erklären versucht hat, will er nun die Prämissen seines Gegners gelten lassen. Er nimmt sich allerdings das Recht, sie auf ihre innere Schlüssigkeit zu prüfen (vgl. S 2,1001-1014).

Gerade diese vermißt er aber bei der Argumentation des Symmachus. Wenn die Hungersnot Strafe für das Fehlverhalten der Christen gegenüber den Vestalinnen sein soll, so hat sie offensichtlich ihre Zielgruppe verfehlt. Den Christen ergeht es nämlich nicht schlechter als den schuldlosen Heiden. Einen Grund zur Unzufriedenheit kennen sie nicht.

Damit glaubt der Dichter, Symmachus zur Genüge widerlegt zu haben, und packt die Gelegenheit beim Schopf, einige Grundzüge christlicher Askese zu entfalten[441].

In besonders reiner Form wird diese Askese von den christlichen Jungfrauen gelebt (vgl. S 2,1055-1063). Damit ist Prudentius wieder zur Thematik der Symmachus-Eingabe zurückgekehrt: Ein Vergleich mit den Vestalinnen bietet sich förmlich an (vgl. S 2,1064-1113).

---

[438] BROCKHAUS 78.

[439] Eine solche Parallelisierung wird von Prudentius gerne vorgenommen. Er stellt sich damit ganz in die heidnische Tradition (vgl. dazu oben S. 178ff.).

[440] Vgl. S 2,996: "Nec natura caret v i t i o, cui t e r m i n u s instat."

[441] Dazu ausführlicher unten Kapitel 3, S. 286ff.

Vor allem drei Gründe machen die Jungfräulichkeit der Vesta-
Priesterinnen für Prudentius anstößig: Sie werden in zartem
Kindesalter zu diesem Amt verpflichtet[442]. Von einem freiwil-
ligen Entschluß kann also keine Rede sein. Entsprechend
schätzt Prudentius deren Keuschheit als "captivus pudor" (S
2,1070) ein. Bei den christlichen "virgines" weiß er den Wert
des "pudor" dagegen ohne Einschränkung gewahrt[443]. Das hat
noch einen weiteren Grund: Christliche Jungfrauen fassen den
Entschluß zur Ehelosigkeit auf Lebenszeit[444]. Das Amt einer
Vestalin kann dagegen nach 30 Jahren niedergelegt werden, so
daß eigentlich bei den Heiden nur von "Keuschheit auf Zeit"
die Rede sein kann. So kommt es zu dem für Prudentius paradoxen Ergebnis, daß die Vestalin noch als alte Frau eine Ehe
eingeht, in der ihr die Erfüllung als Mutter versagt bleiben
muß, während sie ihre fruchtbaren Jahre in erzwungener Enthaltsamkeit verschenkt. Damit ist ihr weder echte "virginitas" noch eine wahre Ehe möglich[445].
In einem weiteren Punkt heben sich die christlichen Jungfrau-
en wohltuend von den Heiden ab. Sie leben zurückgezogen. Ihr
Gesicht verhüllen sie schamhaft vor fremden Blicken[446]. Die
Vestalinnen dagegen lassen sich öffentlich ehren und zeigen
keine Scheu, das Gesicht in der Menge zu enthüllen (vgl. S
2,1086-1090). Mehr noch muß die Art ihres Auftretens entrü-
sten. Mit Begeisterung verfolgen sie die Gladiatorenkämpfe
(vgl. S. 2,1096-1099). Nur beißende Ironie kann in diesem

---

[442] Vgl. S 2,1066-1069; in Frage kommen Mädchen zwischen sechs und
zehn Jahren. Sie werden vom Pontifex Maximus "gegriffen" ("capiuntur" ist
also "terminus technicus") und mit der Anrede "amata" in den Kreis der
Vestalinnen aufgenommen (vgl. Gell. 1,12,1ff.).

[443] Vgl. S 2,1056; er kann dort allenfalls noch eine Steigerung erfahren; vgl. den "pudor aureus" der hl. Agnes in Pe 14,32f.; zwar liegt
auch bei ihr der Beginn ihres gottgewollten Lebens noch in der Kindheit,
doch ihre Entscheidung fällt allein aus eigenem, innerem Antrieb (vgl. Pe
14,10-14). Ähnlich auch Eulalia Pe 3,16-24: Sie stellt die Ernsthaftigkeit und Freiwilligkeit ihres Entschlusses unter Beweis, indem sie allen
Bekehrungsversuchen des Liktors, der die Ehe als erstrebenswertes Ziel
anpreist, widersteht (vgl. Pe 3,101-105.126ff.).

[444] Vgl. S 2,1059: "lexque pudicitiae vitae cum fine peracta".

[445] Vgl. S 2,1075-1085: Während mit "nubit a n u s veterana" dieser Zustand von Prudentius angeprangert wird, läßt der Dichter Pe 2,
301ff. Laurentius stolz auf die "sacratas virgines" der Christen hinweisen: "miraris intactas anus primique post damnum tori ignis secundi
nescias".

[446] Vgl. S 2,1055ff.: "Sunt et virginibus pulcherrima praemia nostris, et pudor et sancto textus velamine vultus et privatus honos nec
nota et publica forma."

Zusammenhang von einer "virgo modesta" (S 2,1099) sprechen.
Schon oben hat Prudentius voller Sarkasmus den großen Widerspruch zwischen Anspruch und Wirklichkeit in diesem Zusammenhang aufgedeckt[447].
Die "vera virginitas" - das steht damit außer Zweifel - wurde
und wird von den christlichen Frauen geübt. Die heidnischen
Versuche, Jungfräulichkeit zu verwirklichen, müssen als kläg-
lich gescheitert angesehen werden. Wieder ist eine scheinbare
Gemeinsamkeit zwischen Heiden und Christen enttarnt; ja dem
Kreis der Vestalinnen wird letztendlich als "Förderverein"
der in den Arenen begangenen Verbrechen die moralische Integrität abgesprochen. Das erreicht der Dichter mit seinem abschließend geäußerten Wunsch an Honorius, die Gladiatorenspiele endlich abzuschaffen:

> "Quod genus ut sceleris iam nesciat aurea Roma
> te precor, Ausonii dux augustissime regni,
> et tam triste sacrum iubeas ut cetera tolli."
> "Daß das goldene Rom von dieser Art Verbrechen
> nichts mehr wissen soll und du befiehlst, daß ein
> so verdrießliches Opfer wie bereits die übrigen
> abgeschafft werde, darum bitte ich dich, erhabener
> Lenker des ausonischen Reiches."   (S 2,1114-1116)[448]

Prudentius fürchtet um den Ruf seiner Stadt, die er nur wenige Verse zuvor triumphierend hat ausrufen lassen: "Nunc, nunc
iusta meis reverentia conpetit annis ... cum ... deum sine
crimine caedis adoro."/"Jetzt, jetzt wird meinen Jahren die
rechte Verehrung zuteil, da ich Gott anbete, ohne Blutschuld
auf mich zu laden." (S 2,661-665) Da müssen Gladiatorenkämpfe
als störender Makel empfunden werden. Rom soll ohne Zugeständnisse "goldene Stadt" (S 2,1114) genannt werden können.
Für Prudentius ist dies aber gleichbedeutend mit dem Wunsch,
Rom bis ins Mark hinein christlich zu erleben. Mit dem Verbot
der Spiele als letztem Relikt heidnischer Kultur sieht er
dieses Ziel erreicht und zugleich für Honorius die Möglich-

---

[447] Vgl. S 2,1091-1094: "Inde ad consessum caveae pudor almus et ex-
pers sanguinis it pietas hominum visura cruentos congressus mortesque et
vulnera vendita pastu spectatura sacris oculis."
[448] Wenige Jahre später geht der Wunsch des Dichters in Erfüllung.
Schon 410 veranstaltet Rom keine Gladiatorenkämpfe mehr (vgl. Cod. Theod.
1,5,12,1; Cod. Iust. 11,41); neuere Forschungsergebnisse machen dafür
aber weniger ein wirksames Verbot als die widrigen Zeitumstände verantwortlich (vgl. SOLMSON 239 mit Anm. 7). - Die Abneigung gegen solche
Spiele ist jedoch nicht allein Ergebnis christlicher Aufgeklärtheit. Sie
stießen wegen ihrer Grausamkeit schon in der heidnischen Antike auf Widerspruch: vgl. Cic. Tusc. 2,41; Sen. ep. 7,2f.; 90,45; 95,3.

keit gegeben, seinem Vater nachzueifern und dessen Werk zu vollenden (vgl. S 2,1117-1119). Lob und Ruhm sollen ihm dafür so gewiß sein wie die treue Gefolgschaft seiner Untertanen (vgl. S 2,1122f.1131f.).

Dieser wohlwollende Wunsch erscheint mir weniger als Schmeichelei denn als echter Ausdruck einer dankbaren Gesinnung gegenüber einem Kaiser, der Prudentius die Hoffnung eröffnet hat, sich von nun an voll und ganz zu seiner Romliebe bekennen zu können. Besondere Gelegenheit dazu bietet sich für den Dichter in einem Hymnenzyklus, in dem man dies zunächst nicht erwartet, dem Buch "Peristephanon".

2.3.4 Politische Religiosität und Romideologie im "Liber Peristephanon"

Den eigentlichen Sinn der Gedichtsammlung, die im "Liber Peristephanon" vorliegt, erläutert Prudentius selbst in seiner Praefatio: Die Martyrer sollen verherrlicht, die Apostel gepriesen werden[449]. Doch überrascht es nach allem, was wir bereits gehört haben, nicht, daß gerade einem römischen Martyrer mit Pe 2 einer der längsten Hymnen gewidmet wird[450]. Daß darin auch die Stadt Rom gebührend gepriesen wird, verwundert ebensowenig. Wir kennen ja bereits die Überzeugung des Dichters, daß Rom gerade in seinen Bürgern existiert[451].

2.3.4.1 Der Laurentiushymnus
2.3.4.1.1 *Der Triumph Roms über Juppiter und die Errichtung eines "imperium Christi"*

Wenn Prudentius den Hymnus auf den Martyrer Laurentius mit einem "feierlichen Preis auf Rom"[452] beginnt[453], so schmälert das nach den obigen Vorüberlegungen den Ruhm des Laurentius in keiner Weise. Er ist es ja, der der Stadt zu ewigem Ruhm

---

[449] Vgl. Prf 42: "Carmen martyribus devoveat, laudet apostolos" (sc. peccatrix anima Prudentii).

[450] Nur Pe 10 ist noch um einiges umfangreicher; doch nahm dieser Hymnus in der Überlieferung schon immer eine Sonderstellung ein (vgl. KURFESS 1053; BROCKHAUS 123f.; LAVARENNE IV,118).

[451] Vgl. dazu oben S. 168.

[452] BUCHHEIT 461.

[453] Zu den Einleitungsversen von Pe 2 vgl. auch K. THRAEDE, Rom und der Märtyrer in Prudentius, Peristephanon 2,1-20, in: Romanitas et Christianitas (1973/74, 129) 317-328.

verhilft[454], indem er durch sein unerschrockenes Bekenntnis zum Christentum Rom zur Abkehr vom heidnischen Kult bewegt:

"Antiqua fanorum parens
iam Roma Christo dedita,
Laurentio victrix duce
ritum triumfas barbarum."

"Rom, du einstige Stifterin der Heidentempel,
endlich hast du dich Christus ergeben und
feierst unter der Führung des Laurentius
Triumphe über den Kult der Barbaren."   (Pe 2,1-4)

Wie sehr dieser Umkehr wiederum politische Bedeutung beigemessen wird, zeigt allein schon die Terminologie: "Aufgerichtet wurde ein I m p e r i u m Christi unter dem I m p e r a t o r und T r i u m p h a t o r Laurentius. Jeder römische Leser hatte bei diesen Versen das eindrucksvolle Schauspiel des Triumphes samt religiösem und ideologischem Hintergrund vor Augen."[455] Sofort erinnert man sich an die großen Leistungen der römischen Geschichte, die in diesem Akt gefeiert wurden. Mit den folgenden Versen fördert Prudentius diese Rückschau nach Kräften. Zentrale Verse der Aeneis werden in Erinnerung gerufen, in denen Vergil die maßvolle Befriedung des Erdkreises als geschichtliche Bestimmung des römischen Reiches verkündet[456]. Immer noch zeichnet sich Rom, wie schon zu vergilischen Zeiten, als "urbs togata" vor allen anderen Städten aus (vgl. Pe 2,10 par. Aen. 1,182). Seit Jahrhunderten verwurzelter Nationalstolz wird so angesprochen.

Doch kopiert Prudentius den Text nicht ohne eigene Akzentsetzung. Das Element der Schonung gegenüber den Feinden weicht einem eher militanten Zug, der auch schon im Werk "Gegen Symmachus" beobachtet werden konnte. Da werden den unterworfenen Völkern gewaltsam Fesseln angelegt: "populos ... frenis p r e s s e r a s"/"Völker hattest du unter deine Zügel gezwungen" (Pe 2,8). In S 2,638-640 hatte sich der Dichter noch eindeutiger ausgedrückt:

---

[454] Der Gedanke, daß der Martyrer durch seinen Opfertod den Ruhm einer Stadt oder eines Landstrichs begründet, durchzieht das ganze Buch: vgl. Pe 1,4; 4 passim; 6,1ff.; 13,1ff. Nirgends aber wird der p o l i t i s c h e Aspekt dabei so herausgestrichen wie bei diesem r ö m i s c h e n Martyrer.

[455] BUCHHEIT 461.

[456] Vgl. BUCHHEIT 462ff., der sehr anschaulich die Parallele zu Verg. Aen. 6,851-853 herausarbeitet.

> "Et pax ut placeat facit excellentia Romae,
> quae motus varios simul et d i c i o n e coercet
> et t e r r o r e p r e m i t."
> "Daß der Frieden deine Zustimmung findet, dafür
> sorgt Rom mit seiner Vormachtstellung, indem es
> mögliche Aufstände durch ein autoritäres und
> zugleich einschüchterndes Vorgehen erstickt."
>
> (S 2,638-640)[457]

Zwar weiß Prudentius um die Bedeutung, die die augusteischen
Dichter der maßvollen Ausübung der römischen Herrschaft beimessen; er entlehnt diese Vorstellung von der B e s t i m-
m u n g Roms in vollem Umfang, um sie als Wille des christlichen Gottes auszugeben. Das römische Imperium muß die besiegten Völker durch "retinacula mollia" zu einem einzigen
Reich zusammenführen (vgl. S 2,586-590). Im Rückblick auf die
konkrete geschichtliche Verwirklichung dieser Bestimmung verliert Prudentius aber den Aspekt der "clementia" gern aus den
Augen. Da überwiegen oft triumphalistische, mitunter rach-
süchtige Gefühle[458]. Auch in der vorliegenden Rückschau zu
Beginn des Laurentiushymnus betont der Dichter einseitig die
Unterwerfung wilder Völker[459]. Ihre behutsame Integration in
das Reich vergißt er darüber. Für den traditionell denkenden
Römer machte aber erst die Koppelung von Unterwerfung und
Schonung den vollen Ruhm der Stadt aus. Prudentius verkürzt
den einen Aspekt und macht die Vollendung der römischen
"gloria" von einem anderen Punkt abhängig.
Politisch-militärische Erfolge allein genügen ihm nicht. Erst
die Überwindung der heidnischen Religion bringt den Ruhm des
Reiches zur vollen Entfaltung:

> "Haec sola derat gloria ...
> domaret ut spurcum Iovem."
> "Diese Ruhmestat allein fehlte noch,
> daß du den unflätigen Juppiter in die Knie zwangst."
>
> (Pe 2,9.12)

Diese Formulierung eröffnet trotz ihrer Kürze äußerst interessante Einsichten: Ausgerechnet die Überwindung Juppiters,
des "vergilischen Künders und Garanten der römischen Welt-

---

[457] Vgl. dazu auch oben S. 181 mit Anm. 374.
[458] Vgl. z.B. das harte Wort "calcare" = "mit Füßen treten", "un-
terdrücken", "verhöhnen" in dem zentralen Passus S 1,462f. sowie die Beschreibung der geschichtlichen Rolle Konstantins als "ultor" (S 1,467f.);
schließlich die Einschätzung des Gotenfeldzuges als "Strafexpedition" (S
2,715-720).
[459] Vgl. Pe 2,16: "... feritate capta gentium".

herrschaft"[460], wird gepriesen. Doch Prudentius zeigt hier
nur Konsequenz. Schon S 2,586ff. hat er ja Christus in die
Rolle Juppiters schlüpfen lassen[461]. Der heilige Laurentius
wird das in seiner Rede Pe 2,413ff. bekräftigen.
Noch mehr bekannte Gedanken werden in dieser Stelle aufs
knappste zusammengefaßt. Juppiter wird - so legt das Verb
"domaret" nahe - bezwungen wie ein Staatsfeind[462]. Entsprechend werden die zahlreichen Gottheiten der unteren Hierar-
chie "unter das Joch der römischen Herrschaft gezwungen":

> "Nunc monstruosis idolis
> imponis imperii iugum."   (Pe 2,7f.)[463]

Auch hier macht bereits die Terminologie aus ihnen Reichsgeg-
ner. So ist es nur logisch, daß der gesamte heidnische Kult
"hart als ritus b a r b a r u s" (Pe 2,11) abgetan wird[464].
Dieser Ausdruck war ja hauptsächlich für alle diejenigen vorbehalten, durch die sich das römische Reich bedroht fühlte.
Das konnte schon dann der Fall sein, wenn ein Volk mit römischer Sitte und Religion nicht vertraut war. Was der Begriff
für Prudentius alles miteinschließt, haben wir bereits gesehen[465]. "Barbarus" meint nun nicht mehr nur jeden Nicht-Rö-
mer, sondern jeden Menschen, der sich nicht zum Christentum,
das ja jetzt Staatsreligion ist, bekennt. "Barbarus" und "pa-
ganus" werden so zu Synonymen. Mehr noch, beide werden von
Prudentius als nicht mehr zur menschlichen Gemeinschaft ge-
hörig empfunden. Ihr eher tierisches Wesen wird immer wieder
betont. Selbst der höchste heidnische Gott wird mit dem Adjektiv "spurcus" (Pe 2,12) charakterisiert, das doch in seiner Grundbedeutung nicht anders als nur mit "schweinisch"
wiedergegeben werden kann[466]. Juppiter ist also weit davon
entfernt, ein Gott zu sein; ja nicht einmal Mensch kann er
genannt werden. Allenfalls ein dämonisches Wesen gesteht Prudentius den heidnischen Gottheiten zu[467]. So ist es kein Wun-

---

[460] BUCHHEIT 464.
[461] Vgl. dazu oben S. 143f.
[462] Zum Gebrauch des Wortes vgl. auch S 1,455; S 2,609.749.
[463] Zu beachten ist, wie diese mächtige Aussage noch durch Alliteration unterstützt wird!
[464] BUCHHEIT 461.
[465] Vgl. dazu oben S. 145.159.192f.
[466] Vgl. auch S 1,60; dazu OPELT, Polemik 183.235.
[467] Vgl. S 1,369; Pe 2,263; 3,73; 5,77-92; 6,36; 10,101; das ist
eine bei den Christen gängige Gleichsetzung: vgl. dazu DÖLGER, Teufel
153.158.182; OPELT, Polemik 77; POHLENZ 406; THRAEDE, Epos 1040; THRAEDE,
Unters. I,114.

der, daß auch im Zusammenhang mit Dämonenaustreibungen das
Wort "domare" Verwendung findet (vgl. Pe 1,97; 10,24). Für
Prudentius werden all diese Begriffe austauschbar, wo es dar-
um geht, die heidnisch-dämonische Verfassung des römischen
Staates zu bestimmen.

2.3.4.1.2 *Die Typisierung von Martyrer und Verfolger*
- Der Verfolger als Dämon und Handlanger des Satans

Wie für Prudentius in den einleitenden Versen des Hymnus die
heidnische "civitas" zum Kristallisationspunkt aller denkbaren Übel geworden war, so sieht Prudentius auch den Stadtpräfekten, dem die Verfolgung des Christen Laurentius obliegt,
als Personifikation des Bösen. So darf man von ihm keine individuelle Zeichnung erwarten. Bereits die verallgemeinernden
Einleitungsworte ließen das vermuten[468]. Der Präfekt selbst
betont mitunter durch den Gebrauch der "wir"-Form seine Zugehörigkeit zur Gemeinschaft (vgl. Pe 2,58.313). Nicht er
scheint die Forderungen zu stellen, sondern das angestammte
Recht des Volkes: "Hoc poscit usus publicus." (Pe 2,89) Seine
dienende Funktion wird in der Bezeichnung "minister" betont.
Das Wort ist aus anderem Zusammenhang gut bekannt! H 392 erhalten auch die helfenden Geister des Teufels diesen Titel.
Er selbst wird "p r i n c e p s" (H 393) und "d u c t o r"
(H 407) genannt. Zu seiner Kohorte gehören u.a. die "s a n -
g u i n i s atra sitis" sowie die "sitis a u r i s" (H
396). Auffallenderweise handelt auch der Präfekt im Auftrag
eines Kaisers, der als "insanus d u x" (Pe 2,47) vorgestellt
wird. Seine Aufgabe ist es, unter Androhung der Todesstrafe
den Besitz der Christen beizutreiben. In ihm, dem "exactor
a u r i et s a n g u i n i s" (Pe 2,48), haben so die ab-
strakten Laster, die in der "Hamartigenia" dem Werk des Teufels Vorschub leisten, persönliche Gestalt angenommen. So gewinnt der Präfekt unweigerlich teuflische Züge.
An verschiedenen anderen Stellen lassen ihn die gewählten
Ausdrücke wie ein vom Teufel besessener Dämon erscheinen[469].
Doch ist Prudentius nicht daran gelegen, dies als besonderes

---

[468] Vgl. dazu auch THRAEDE, Studien 123 mit Anm. 147.
[469] So z.B. Pe 2,166 par. C 9,53; Pe 2,181-184; Pe 2,185 par. C 9,
52; TH 144; ganz klar ausgedrückt in Pe 2,505.

Schicksal dieses Präfekten darzustellen. Die Verteufelung
bzw. Dämonisierung der heidnischen Verfolger ist vielmehr
schon beinahe zum Topos geworden[470].

– Der Martyrer als personifizierter "Glaube"
Entsprechend der klischeehaften Zeichnung des Verfolgers stehen auch bei Laurentius, dem Widerpart des Präfekten, überin-
dividuelle Züge im Vordergrund[471]. Beinahe schon routiniert
wirkt die Typisierung des Christen Pe 2,361ff.: Einmal ist
Mose, dann Stephanus das Urbild, dem Laurentius gleicht. Beide gelten als vorbildliche Bekenner ihrer Religion. Das Martyrium des Römers gewinnt so eine grundsätzliche, in gewissem
Sinn heilsgeschichtliche Bedeutung: Der Glaube selbst kämpft
durch ihn gegen das Heidentum: "Armata pugnavit fides." (Pe
2,17) Deutlich wird man hier an die Auseinandersetzung zwischen "Fides" und "veterum Cultura deorum" in Ps 21-39 erinnert. Mit dem Hinweis auf die siegreiche Legion der Martyrer,
die "Fides" in ihrem Kampf zur Seite steht, sprengt der
Dichter ja die Vorstellung eines rein innerpsychischen Vorgangs und hebt das Geschehen auf eine zweite, geschichtliche
Ebene[472]. Aus dieser Sicht erscheint auch Laurentius als einer der Soldaten, die im Heer der "Fides" ihren Dienst leisten. Er trifft im Kampf auf den Stadtpräfekten, der die Sache der "veterum Cultura deorum" vertritt (vgl. Pe 2,4.262f.
355f.).

– Das Martyrium als überindividuelles
Duell zwischen Satan und Christus
Laurentius und sein Verfolger werden so zu Symbolfiguren für
die fundamentale Auseinandersetzung zweier gänzlich gegen-
sätzlicher Welten. Die eine ist vom Heidentum, die andere vom
Christentum bestimmt. Deren jeweils verschiedene Aspekte verschmelzen für Prudentius dabei zusehends. Teufel, Dämon und
Verfolger sind austauschbare Größen geworden[473]. Ähnlich bilden die Martyrer zusammen mit den Engeln und Christus eine
feste Kampfeinheit.
Der folgende Überblick wird zeigen, daß diese Beobachtung auf
alle im "Peristephanon" beschriebenen Auseinandersetzungen

---

[470] Vgl. dazu unten S. 206f.
[471] Dazu HERZOG 26ff., der von einem "Zurücktreten der historischen
Individualität" (aaO. 27) spricht.
[472] Vgl. dazu GNILKA, Studien 32.
[473] Vgl. dazu oben S. 204f. und HERZOG 34f.

zwischen Heiden und Christen zutrifft.
So darf es zunächst nicht überraschen, daß die sachliche Bezeichnung "persecutor" für die Verfolger nur wenig Verwendung
findet[474]. Stattdessen wählt Prudentius viele aussagekräf-
tige Umschreibungen. Mit Vorliebe verwendet er den Begriff
"c a r n i-fex"[475], der über die bloße Bezeichnung hinaus
schon die Machtgrenzen der Christengegner andeutet. Jeder
einigermaßen bibelfeste Gläubige erinnert sich dabei sogleich
der tröstenden Worte von Mt 10,28: "Fürchtet euch nicht vor
denen, die den Leib töten, die Seele aber nicht töten können."[476] Manchem wird vielleicht noch im Gedächtnis sein, daß
auch der Teufel H 152 "carnifex" genannt wurde. Damit deckt
der Dichter ganz beiläufig Parallelen auf, die er an anderer
Stelle noch viel deutlicher herausstellen wird: Zwar erscheint es auf den ersten Blick harmlos, wenn Prudentius in
den Verfolgern "hostes"[477] sieht. Doch ebendiesen Namen trägt
auch der Satan[478] bzw. die den Teufel symbolisierende Schlange im Paradies (H 719). Ähnliche Verwendung findet die Bezeichnung "latro"[479]. Wieder charakterisiert Prudentius damit
sowohl die heidnischen Widersacher[480] als auch den Teufel[481].
Pe 5,267 wird der Heide Datian gar namentlich mit Beelzebul,
dem Oberhaupt der bösen Geister, gleichgesetzt.
Auch bei der Wahl der Bilder unterscheidet Prudentius nicht.
Die Schlange, uraltes Symbol des Satans, wird auch zum Wahrzeichen der Verfolger[482]. Wo der Dichter keine direkte Iden-
tifikation mit dem Teufel vornimmt, läßt er die heidnischen

---

[474] Im ganzen begegnet das Wort nur viermal: Pe 1,28; 4,134; 5,201;
10,961.
[475] Vgl. Pe 1,91; 3,14.131; 5,148.216; 6,17; 9,68; 10,92.496.516.
548.861; 14,17; zum Gebrauch der "Henkermetapher carnifex" in der christlichen Literatur vgl. OPELT, Polemik 91.187.234.
[476] Doch ließen ähnliche Vorstellungen auch schon in vorchristlicher
Zeit den platonischen Sokrates die Angst vor der Todesstrafe vergessen,
mit der seine Prozeßgegner ihn einzuschüchtern versuchten: vgl. Plato,
Apol. 30c; Sokrates verzichtete sogar entgegen den damaligen Gepflogen-
heiten darauf, um Gnade oder Mitleid zu bitten oder die Gelegenheit zur
Flucht zu ergreifen: vgl. Plato, Apol. 34c.35d.38e; Kriton passim, dazu
auch unten S. 272 mit Anm. 85.
[477] Vgl. Pe 4,103f.; 5,250.378.513; 6,32; 11,25; 14,64.
[478] Vgl. C 7,191.201; H 406.
[479] Vgl. zu diesem Begriff OPELT, Polemik 91.96.151.223.251.
[480] Vgl. Pe 1,106; 4,186; 5,544.
[481] Vgl. H 209.946.
[482] Vgl. Pe 5,197; 10,36 ("serpens"); Pe 5,382 ("draco"); Pe 6,22f.
("coluber"); Pe 10,26 ("anguis"); zum Gebrauch dieser Metaphern vgl.
OPELT, Polemik 41.104.187.

"persecutores" zumindest als dessen dienende Geister erscheinen. Daher greift er gerne zu der Bezeichnung "satelles"[483].
So wurde aber H 407 auch schon die "rechte Hand" des Satans
genannt[484]. Entsprechend findet der Titel "minister" bald für
die Heiden, bald für die Helfershelfer des Teufels Verwendung[485]. Am deutlichsten wird Prudentius allerdings, wo er
die Verfolger als "daemones" einführt und dementsprechend
agieren läßt[486]. Deren verderbliche Wirkung beschreibt er in
Begriffen, die bei jedem antiken Menschen grauenvolle Bilder
in Erinnerung rufen mußten, und läßt sie schließlich in den
Heiden personenhafte Gestalt annehmen[487].
Fast zwangsläufig muß er dem die positiven Kräfte entgegenhalten, die von den Christen ausgehen. Auch hier wählt Prudentius gerne den Weg der Belebung abstrakter Begriffe: Der
heidnischen "crudelitas" tritt Pe 5,214 die christliche
"spes" gegenüber. Der sie verkörpernde Martyrer erscheint dabei ganz im Hintergrund. In ähnlicher Weise verselbständigt
sich der Wert der "virtus" an manchen Stellen[488]. Schließlich
gewinnt auch die "fides" mitunter durch die Martyrer quasi-
personalen Charakter[489]. Die individuelle Zeichnung der Martyrer muß darunter zwangsläufig leiden[490]. Immer wieder läßt
die Wahl der Beiworte erkennen, daß es Prudentius weniger auf
deren Persönlichkeit als auf die Funktion im "Schau(er)spiel"
des Martyriums ankommt: Schon allein der Ehrenname "martyr"[491] erinnert an die Erfüllung einer zentralen Erwartung
an alle Christen: Sie sollen Zeugnis ablegen für Christus.
Nichts anderes will der entsprechende lateinische Begriff
"testis"[492] aussagen. Beides sind gefällige Synonyme für den
etwas steifen Titel "Christi confessor" (Pe 9,55), der nur
einmal Verwendung findet und ein gewisses Pendant zum Begriff

---

[483] Vgl. Pe 1,75; 3,171; 5,13; 6,121; dazu OPELT, Polemik 98.
[484] "satelles" dann auch für die Hilfskraft des Lasters Ps 405.
[485] Vgl. Pe 2,47; 5,212; 6,67; H 392.
[486] Vgl. Pe 2,505; 3,127f. (Eulalia speit den Liktor an, wie man das
zu ihrer Zeit gegen den anwesend gedachten Teufel oder Dämon tat, vgl.
DÖLGER, Sonne 12ff.); Pe 5,130.201ff.467f.; 10,24.101; 11,5.63; dazu
THRAEDE, Studien 123f.; BROCKHAUS 177.
[487] Vgl. "pestis": Pe 1,43; 4,70 par. C 9,95; "luis": Pe 3,26; aber
auch die Personifizierung des Lasters "Crudelitas" in Pe 5,214; 10,100.
[488] Vgl. Pe 1,49.106; 5,425f.
[489] Vgl. Pe 1,43; 2,17; 3,90.
[490] Vgl. dazu oben S. 205 Anm. 471.
[491] Vgl. DEFF./CAMPB. 406ff.
[492] Vgl. Pe 1,21ff.; 2,506; 5,11.59; 8,9; 10,123.

"persecutor" bildet.

Mit dem Bekenntnis zu Christus stellt sich der Martyrer ganz in den Dienst seines Gottes. Er ist "minister dei" (Pe 6,23), "famulus Christi" (Pe 3,27; 6,47.119; 11,61); ja er erweist sich als dessen bis zum äußersten konsequenter "miles"[493]. Schon der heidnische Römer hatte es als ehrenhaft empfunden oder zu empfinden, sein Leben für das Vaterland hinzuge- ben[494]. Auch Prudentius kennt noch diese profane Überhöhung der "militia" (vgl. S 2,706f.). Um so selbstverständlicher erwartet er diese Opferbereitschaft von einem Christen, wenn er für das himmlische Vaterland Dienst tut. Immer wieder be- tont er diesen Aspekt des Martyriums[495]. Das "Quanto-magis"- Prinzip des christlichen Denkens bricht hier soweit durch, daß der Tod von den Martyrern sogar mit spielerischer Leich- tigkeit hingenommen wird: "Mors Christianis l u d u s est." (Pe 5,64) Die Motive für den Opfergeist sind freilich bei Christen und Heiden ähnlich: die Sehnsucht nach Ruhm und Un- sterblichkeit. Doch bleibt ein eklatanter Unterschied. Die Unsterblichkeitsvorstellung des heidnischen Römers beschränk- te sich auf die Hoffnung, durch den erworbenen Ruhm für immer lebendig zu bleiben[496]. Der Christ konnte für sich - unabhän- gig vom äußeren Ruhm - nach seinem Tod auf die Auferstehung und damit auf ein neues, reales, nun unvergängliches Leben hoffen[497].

Der christliche Soldat wird aber von Gott nicht allein ge- lassen, so wie der heidnische Verfolger ja auch auf die Hilfe des Satans rechnen kann. Dem Martyrer stehen Engelscharen zur Seite[498], Christus selbst ist hilfreich allgegenwärtig (vgl. Pe 4,72; 5,268). Auch hier hat also der Martyrer als Indivi- duum nur geringe Bedeutung. Daß auch dem heidnischen "perse- cutor" kaum personale Züge zugestanden wurden, haben wir be- reits oben gesehen[499].

Prudentius kommt es, wie soeben verdeutlicht wurde, mehr auf

---

[493] Vgl. Pe 5,117.193; auch Ambrosius kennt die "coelestis militia" (vgl. ep. 18,7 = ed. KLEIN, Darmstadt 1972, 133).
[494] Vgl. Hor. c. 3,2,13.
[495] Vgl. z.B. Pe 1,25.51; 3,15; 5,291; 7,45.84f.; 8,4; 10,60.839; 13,46.
[496] Vgl. KNOCHE 420-445, bes. 423f.431.
[497] Vgl. zu diesem Unterschied auch oben S. 33f.
[498] Vgl. Pe 3,48; 5,9.281; 4,174; 10,540.1121.
[499] Vgl. oben S. 204f.

den grundsätzlichen Charakter der Auseinandersetzung an. Deren symbolische Bedeutung hebt der Dichter durch ein interessantes Wechselspiel hervor, in dem er die kämpfenden Perso-
nen immer wieder zu Werten oder Prinzipien abstrahiert, um
sie dann erneut durch die Akteure beleben zu lassen. Die Martyrer wie die Verfolger müssen dabei zwangsläufig an innerer
Lebendigkeit einbüßen. Ihnen kommt nicht mehr als die Rolle
einer Marionette in der Heilsgeschichte zu[500].
Diese Denkweise ist allerdings nicht genuin christlich. Sie
ist ebensogut im traditionellen Verständnis der römischen Geschichte beheimatet. Auch dort sind die Helden oft weniger
Gestalten aus Fleisch und Blut als "Typen", die eine bestimmte Funktion im Ablauf des "fatum" erfüllen. Paradebeispiel
dafür ist natürlich Aeneas[501]. Doch kann man guten Gewissens
auch die historischen römischen Größen anführen, deren Namen
allein schon zum Programm geworden sind. Prudentius selbst
erinnert Pe 2,13f. an drei dieser Helden. Die knappe Reminiszenz läßt dabei erkennen, daß auch er um deren exemplarische
Bedeutung wußte[502].

2.3.4.1.3 *Römisches und christliches Heldentum*

Mit der Erinnerung an die Leistungen der klassischen Helden
schafft sich der Dichter eine geschickte Möglichkeit, römisches und christliches Heltentum einander gegenüberzustel-
len.
Cossus, Camillus und Caesar, die Vertreter der einen Partei,
werden dabei kaum anerkennend, eher kritisch distanziert gesehen. BUCHHEIT muß hier vor dem einzig wertenden Wort "turbulentus"[503] die Augen verschließen, wenn er gerade aus die-

---

[500] Vgl. dazu HERZOG 34.
[501] Vgl. dazu H.W. GROSS, Art. "Vergilius", in: KP 5,1196f.: "Mit
der Aeneis ist eine neue Form des Epos entstanden, das dramatische, historische, s y m b o l i s c h e (eigene Hervorhebung) Epos des großen
Handelns in einer neuen, das Altheroische überwindenden Art des Opfer
bringenden Heldentums ... Aeneas ist der Mensch, der den Willen des Fatum
ganz erfüllt." Ähnlich I. OPELT, Art, "Aeneas" = Nachtrag zum RAC, in:
JbAC 4,184: "Aeneas verbindet die innerfamiliäre Tugend der 'pietas' mit
der Treue gegen die 'fata' ... So ist er nur scheinbar ein Suchender, in
Wirklichkeit läßt er sich von seinen Geschicken leiten."
[502] Im Deutschen wird man diesem Aspekt am besten gerecht, wenn man
auf den bestimmten Artikel verzichtet und von der "ungestümen Macht e i -
n e s Cossus, Camillus oder Caesars" spricht.
[503] Vgl. dazu unten S. 210.

sen Versen eine "Anerkennung der großen Leistung römischer Helden"[504] lesen will. Grundsätzlich ist Prudentius zwar dazu bereit. So hebt er S 2,722f. Camillus tatsächlich lobend hervor. Doch geschieht dies innerhalb eines Vergleiches von in erster Linie militärischen Leistungen. Der Camillus zugeschriebene Sieg über die Gallier wurde in der römischen Tradition als Rettung in letzter Minute gefeiert[505]. Und doch kann Honorius mit seinem Triumph über die Goten dessen Erfolg noch überbieten. Dem Dichter muß die Anerkennung der heidnischen Helden hier nicht schwer von den Lippen gehen, versteht er doch die von den Heiden errungenen Siege als notwendige Wegbereitung für die Konsolidierung des Christentums[506]. So ist es nicht weiter verwunderlich, daß auch Augustus, der nach BUCHHEIT[507] Pe 2,14 mit "Caesar" gemeint ist, im Werk des Prudentius gebührend gewürdigt wird (vgl. S 2,430-435). Von dessen innen- und außenpolitischen Leistungen für das Vaterland zeigt er sich beeindruckt. Doch verbirgt er ebensowenig seine Enttäuschung, wo es um die religiöse Situation des von Augustus heraufgeführten neuen Zeitalters geht. Obwohl Rom nun die nötige Reife dazu besitzt, entscheidet es sich nicht für das Christentum (vgl. S 2,436-440).

Genau das ist auch der Punkt, der Prudentius im Laurentius-Hymnus relativ frostig gegenüber den drei altrömischen Helden wirken läßt. Militärische Erfolge können diese zwar vorweisen. Insofern erfüllen sie auch in der Logik des Dichters eine indirekte Aufgabe im Plan der Heilsgeschichte. Doch weder ist das ihr Verdienst noch Ergebnis eines gezielten Einsatzes für die Fortentwicklung der römischen Religion. Das mag der Grund sein, weswegen der Dichter in diesen Römern "turbulentae vires" (Pe 2,13) am Werke sieht. Prudentius setzt hier religiöses Engagement im spezifisch christlichen Sinn als Maßstab. Cossus, Camillus und Caesar-Augustus müssen da schlecht abschneiden.

Die Tat des Laurentius gewinnt auf diese Weise ein besonders leuchtendes Profil. Interessant ist dabei zu beobachten, daß an Laurentius' Haltung ebenso das kämpferische Element her-

---

[504] aaO. 465.
[505] Vgl. Liv. 7,1,10,, wo Camillus als "parens patriae conditorque alter urbis" erscheint.
[506] Vgl. vor allem S 2,579ff.; dazu oben S. 133.143f.174.
[507] aaO. 465.

vorgehoben wird wie an seinen heidnischen "Heldenkollegen".
Das Stichwort "proelium" (Pe 2,16) ist ja nicht zu übersehen.
Und wie ein traditioneller Kampf nicht ohne Blutvergießen
auskommt, so ist auch das Martyrium des römischen Diakons davon geprägt[508]. Doch setzen die Christen hier neue Akzente.
Sie leisten dem Gegner keinen aktiven, gewaltsamen Widerstand; ihre einzige Waffe besteht in brillianten Wortgefech-
ten. Bereitwillig opfern sie dagegen ihr eigenes Blut. Das
paradoxe Ergebnis: Der Tod selbst wird den Martyrern zur
stärksten Waffe im Kampf gegen den Tod: "Nam morte mortem
diruit." (Pe 2,19)
Mit diesen Worten liefert Prudentius wieder ein Musterbei-
spiel seiner schillernden, oft bewußt mehrdeutigen Sprache.
Da rückt er zunächst durch die Litotes "non incruento proelio" (Pe 2,16) den Charakter des Martyriums in die Nähe traditioneller Kämpfe, um dann durch den Kontext klar zu machen,
daß es durchaus verschiedene "Qualitäten" des Blutvergießens
gibt. Entsprechend bezeichnet er mit demselben Begriff "mors"
ganz unterschiedliche Arten des Todes: Einmal meint "mors"
den physischen Opfertod des Martyrers, dann die auf Vernichtung sinnende Einstellung der Verfolger. Eine analoge Formulierung - "morte ... hostem vincere" (Pe 1,27) - berechtigt
zu dieser Auflösung. Dort hat die "mors", die der Martyrer
besiegt, als "hostis" persönliche Gestalt angenommen. Dieser
"hostis" wird an anderer Stelle wiederum als "carnifex" eingeführt[509]. Auf diese Weise ist genau der Machtspielraum angedeutet, den Laurentius hier ausschöpft: Die Verfolger können seinem Leib etwas anhaben, die Seele aber nicht töten.
Damit hat Prudentius auf wichtige Elemente seiner Martyriums-
theologie angespielt. Der voreilige Leser mag daraus die Berechtigung ziehen, den Dichter als pazifistischen Prediger
der Gewaltlosigkeit einzustufen. Sehr bald ist da ein Bruch
zu einer von Waffengewalt geprägten römischen Vergangenheit
konstruiert. Auch BUCHHEIT kann dieser Versuchung nicht widerstehen: "Wie Augustus bei Aktium für Rom ein neues Saeculum heraufgeführt hat, so Laurentius als dux Christi mit ganz
anderen Waffen das christliche Zeitalter, das Imperium des
Friedens."[510] Zugleich sieht er Prudentius damit in einer

---

[508] Vgl. Pe 2,16: "non incruento proelio".
[509] Vgl. dazu oben S. 206.
[510] aaO. 465.

langen Tradition: "Hier bricht sich ein Motiv Bahn, das im Christentum seit Meliton von Sardes immer wieder in der Antithese: kriegerisches Imperium der Caesaren - Friedensreich Christi vorgebracht worden ist."[511] Doch ganz so einfach kann man es sich nicht machen. Sicher ist der passive, rein argumentative Widerstand der Martyrer ein Grundzug des "Peristephanon". Es darf aber nicht übersehen werden, daß die Martyrer ihre Tötung derart provozieren[512], daß dieses geradezu einem Aufruf zur Gewaltausübung gleichkommt.

Freilich soll dieser Aspekt nicht überstrapaziert werden. Andere Stellen belegen eindeutiger die durchaus römische Einstellung des Dichters zu Krieg und Gewalt: S 2,715ff. kann Prudentius kaum seine Freude über den blutigen Sieg verbergen, den Honorius über die Goten errungen hat. Solches Auskosten eines Triumphes dürfte manchen Leser als Bestandteil christlicher Dichtung peinlich berühren. Ebenso muß es irritieren, wenn sich der Spanier S 2,551ff. entrüstet dagegen wehrt, die kriegerischen, mit B l u t und Wasser erkauften Erfolge der Römer in irgendeiner Weise zu schmälern. Es war ja göttliche Bestimmung, daß alle Welt der römischen W a f f e n g e w a l t weiche (vgl. Pe 2,419f.). Am deutlichsten wird Prudentius S 2,638-642. Dort preist er den Frieden und nennt im selben Atemzug "dicio" und "terror" als dessen Voraussetzungen. Stolz weist er darauf hin, daß Roms Hände nun nicht mehr erzittern, wenn sie die W a f f e n für einen neuen Krieg ergreifen.

All diese Beispiele lassen erkennen, daß sich der Dichter zu einem "Friedensreich Christi" bekennt, für das durch massive militärische Gewalt die Grundlagen gelegt wurden. Wo kann BUCHHEIT da noch eine Antithese sehen zur Politik der heidnischen Caesaren? Wohl entfachten diese immer neue Kriege; doch sah die offizielle Propaganda in ihnen nur das probateste Mittel zur Erreichung des vorgegebenen Ziels, die Erde durch die "Pax Romana" zu beglücken.

So wärmt Prudentius keineswegs den alten Widerspruch: "kriegerisches Imperium der Caesaren - Friedensreich Christi" auf. Vielmehr sind für ihn die Werte, die heidnische Impera-

---

[511] Ebd.
[512] Vgl. z.B. Pe 3,35; 5,131; dazu GNILKA, Studien 32; BROCKHAUS 169.

toren durch kriegerische Unternehmungen verteidigt und verbreitet, schließlich in der "Pax Romana" bewahrt haben, auch
selbstverständliche Elemente seiner "pax christiana". Eine
bloße Identität der beiden Friedensvorstellungen gesteht er
freilich nicht zu. Für ihn hat erst das Christentum das Wesen
der "pax" in seiner ganzen Fülle erkannt. Darum bemüht er
sich, mit seiner christlichen Dichtung das Bild vom Frieden,
das altrömische Tradition hinterlassen hat, zu komplettieren.
Besonders gut läßt sich dieser kontinuierliche Verschmelzungsprozeß Ps 769ff. beobachten[513]: In den ersten drei Versen könnte jeder heidnische Römer ausgedrückt sehen, was er
mit dem Begriff "pax" verbindet. Für ihn ist "pax" u.a. der
durch "virtus" erwirkte Friedenszustand, der einen Krieg beendet. Sehr oft wird daher die Göttin "Pax" auf Münzen mit
Speer oder ähnlichen Attributen dargestellt. Gerne wird sie
auch mit "Victoria" oder "virtus" assoziiert[514]. Ebendiese
Verbindung stellt aber auch Prudentius her: "Pax plenum virtutis opus ... pax belli exacti pretium." (Ps 769f.) Hinzu
kommt bei Prudentius die segensreiche Auswirkung des Friedens
auf Natur und Kosmos. Doch schon die augusteischen Römer
priesen diesen Aspekt des Friedens[515].
Prudentius leitet damit sein "Hohelied des Friedens" ein,
das, parallel zum "Hohelied der Liebe" in 1 Kor 13, spezifisch christliche Merkmale aufzeigen soll. "Virtus", "labor"
sowie mutige Bewältigung kriegerischer Gefahren spielen als
hohe Werte einer heidnischen Ethik auch eine zentrale Rolle
im Vorfeld des christlichen Friedens. Dieser wird dann in
Lauterkeit und Demut, Selbstlosigkeit und Hingabe verwirk-

---

[513] Daß gerade eine Stelle aus Ps verdeutlichen soll, wie Prudentius
den römischen Friedensbegriff rezipiert, darf nicht verwundern. Die Fiktion des Seelenkonflikts tritt hier ja, wie schon des öfteren, in den
Hintergrund. Der Blick wird bewußt auf die ekklesiologische Dimension ge-
lenkt (vgl. LAVARENNE III,76, Anm. 1; GNILKA, Studien 40); man denke nur
an die in Ps 758 enthaltene Anspielung auf 1 Kor 1,10, wo Paulus die Gemeinde vor Schismen warnt und zu Einmütigkeit aufruft. Kirche als Gemeinschaft aller Christen ist für Prudentius wiederum ein sehr weiter Begriff. Für ihn gilt ja die Gleichung: Jeder wahre Römer ist Christ. Jeder
Christ ist Römer (vgl. dazu oben S. 193). Insofern hat der innerkirchli-
che Friede immer auch Bedeutung für das Wohl des Staates. Daher ist es
durchaus erlaubt und sinnvoll, die Parallele zur "pax Romana" der heidnischen Zeit zu ziehen.
[514] Vgl. z.B. Hor. carm. saec. 57ff.
[515] Vgl. Tib. 1,10,45ff.; Hor. c. 4,5,17f.; 4,15,4f., aber auch das
"Tellus"-Relief auf der Ost-Seite der "ara pacis".

licht (vgl. Ps 779-783).

Damit hat Prudentius unzweifelhaft christliche Werte in seinen Friedensbegriff eingebracht. Mit seiner fast wörtlichen
Umwandlung des paulinischen Liebeshymnus zu einem Preis des
Friedens stellt er sich - zumindest sprachlich - auf gutbib-
lischen Boden. So erweckt er den Eindruck, als ob die darin
betonten Aspekte original christlichem Gedankengut entwüchsen
und ausschließlich hierdurch gefördert würden. Auch heute erzielt der Text noch mitunter diese Wirkung. GNILKA sieht darin die "Läuterung des einen Begriffes pax von der pax falsa
(pagana) zur pax vere christiana"[516].

Versteht man aber unter Läuterung eine sorgfältige oder allmähliche, auf Besserung zielende Reinigung, so muß man GNIL-
KAS Interpretation wohl als verfehlt betrachten. Gerade eben
wurde ja aufgezeigt, wie wenig sich der Dichter darum bemüht,
sich von heidnischen Friedensvorstellungen abzusetzen. Im
Gegenteil: Sie sind ihm willkommene Bausteine in seinem Entwurf. An anderen Stellen fällt sein Bekenntnis zu einer traditionellen "Pax Romana" mit allen Konsequenzen noch deutlicher aus[517]. Wie sehr wäre hier ein distanziertes Abstandneh-
men notwendig, wollte der Dichter eine wirkliche Läuterung
des Begriffs erreichen!

Vor diesem Hintergrund kann die hier eingestreute Unterweisung nur schwerlich eine innere Kehrtwendung glaubhaft machen. Doch selbst, wo dies gelingen sollte, dürfte man sie
kaum als alleinigen Erfolg des Christentums verbuchen. Schon
in der heidnischen Antike kann man immer wieder das Bemühen
um Kultivierung des Friedens ausmachen. Schonung und Milde
gegenüber besiegten Völkern ist für die Römer seit ältesten
Zeiten oberstes Prinzip. Darum ist ihnen die Art des Friedens
nach erfolgreichen Feldzügen nicht gleichgültig. "Leges" und
"mores" müssen den Zustand nach Kriegsende für die unterworfenen Völker segensreich und unverzichtbar machen[518]. Diese

---

[516] GNILKA, Studien 45.
[517] Vgl. dazu oben S. 181 mit Anm. 374.
[518] Vgl. dazu Verg. Aen. 1,291; 6,852; Hor. c. 3,3.30-44; 4,5,22;
carm. saec. 51f.; Ov. met. 15,832-834; dazu FUCHS 26: "Zu 'pax' treten
Worte wie 'leges', 'iura' ... die den Frieden als einen gesicherten
Rechtszustand erscheinen lassen" sowie MEYER 545: "Dabei betonte man, daß
eine Herrschaft nie um ihrer selbst willen begehrt und errungen werden
dürfe, sondern nur gerechtfertigt sei, wenn sie in höherem Interesse und
zum Segen und Vorteil für den Unterstellten aus dem Bewußtsein einer mo-

Einstellung kann auch erklären, wieso der Römer nicht selten für seine imperialistischen Unternehmungen das Wort "pacare" wählt. Der Kaiser sichert diese "pax" durch die beinahe sprichwörtlich gewordene Tugend der "clementia"[519]. Im innenpolitischen Bereich äußert sich diese auf Ausgleich bedachte Milde auch als die straferlassende "venia"[520], ein Begriff, der auch bei der Schilderung des christlichen Friedens Ps 762 fällt.

Aber auch die zwischenmenschlichen Beziehungen will der gebildete Römer von einem friedvollen Miteinander getragen wissen, das von "Verzeihung, Milde, Rücksicht, Verständnis, Aufmerksamkeit, Güte, Takt" geprägt ist. Nur bezeichnet er dieses Verhalten nicht mehr mit "pax", sondern faßt es in dem umfassenden Begriff "humanitas" zusammen[521].

So kann man schon im heidnischen Friedensverständnis Aspekte kennenlernen, die dem heutigen Menschen doch eher christlich anmuten. Für die Auseinandersetzung mit Prudentius bedeutet dies, daß man von ihm keine umwälzend neue Akzentsetzungen erwarten sollte. Die biblische Rückbesinnung innerhalb seines Friedenshymnus wirkt allenfalls wie eine christliche Nottaufe. Eine überzeugende Läuterung des Friedensbegriffes kann nicht vorliegen, solange der Dichter die militante Ausformung der "pax Romana" in seinem Werk nicht nur unwidersprochen hinnimmt, sondern sogar voll Begeisterung propagiert. Letztendlich rezipiert Prudentius die traditionelle Vorstellung in vollem Umfang. Die christliche Lehre wiederum nimmt er dankbar als Interpretationshilfe an. Genau betrachtet ist sie jedoch kaum mehr als schmückendes Beiwerk.

Was Prudentius mit den Einleitungsversen des Laurentius-Hymnus beabsichtigt zu haben schien, sich nämlich mit seinem Martyriumsverständnis von traditionellen Vorstellungen um Kampf und Tod, Krieg, Sieg und Frieden abzusetzen, ist ihm

---

ralischen Verantwortung heraus und ständig von ihr getragen übernommen und ausgeübt werde. Die römischen Politiker und Schriftsteller waren sehr bemüht, daß die römische Überlegenheit und Herrschaft 'gerecht' sei und nicht aus Eroberungssucht und Habgier entspringe, so wenig auch oft die reale Wirklichkeit diesen Beteuerungen entsprach." Vgl. dazu auch die von MEYER 546 gegebene Literatursammlung.

[519] Vgl. zum Folgenden GREWE 510-528.
[520] Vgl. dazu GREWE 526-528.
[521] Vgl. dazu HAFFTER 468-482, bes. 475; Literatur bei K. BÜCHNER, Art. "Humanitas", in: KP 2,1244.

also nur auf den ersten Blick gelungen. Sobald man sich, wie
dies eben geschehen ist, andere Teile seines Werkes verglei-
chend in Erinnerung ruft, muß man feststellen, daß sich der
Dichter nur unzulänglich dem Einfluß der heidnisch-antiken
Gedankenwelt entziehen konnte.
Auch mit der folgenden Interpretation der bischöflichen, den
Martyrertod des Laurentius vorhersagenden Stimme als "prae-
nuntiatrix gloriae" (Pe 2,30) spielt er auf Zusammenhänge an,
die jedem nichtchristlichen Römer in Fleisch und Blut übergegangen waren: Ein ehrenvoller Tod wird durch Ruhm belohnt[522].
Diese "gloria" dem Verstorbenen zu garantieren, ihn als "exemplum" unvergeßlich zu machen, ist seit jeher Aufgabe der
Mitbürger und Nachfahren. Noch Prudentius sieht sich gegenüber Laurentius, aber auch den anderen Martyrern dazu verpflichtet[523].
Entsprechend seinen dichterischen Fähigkeiten, die er u.a.
gerade dadurch unter Beweis stellt, daß er sie Pe 2,33ff. in
affektierter Bescheidenheit in Zweifel zieht, feiert der
Dichter daher die Auseinandersetzung zwischen Martyrer und
Verfolger als Sieg der asketischen Spiritualität des Christentums über den heidnischen Materialismus.

2.3.4.1.4 *Materialismus gegen asketische Spiritualität*

Nachdem der Dichter in den Einleitungsversen das Wesen und
die Bedeutung des Martyriums, das hier verherrlicht wird,
kurz umrissen hat, beschreibt er dessen konkreten Verlauf.
Ausführlich schildert er die überlegene Reaktion des Martyrers auf die Aufforderung des Präfekten, die Schätze der
Kirche herauszurücken. Mit voller Absicht - "ut paratus ob-
sequi obtemperanter adnuit" (Pe 2,111f.) - mißversteht Laurentius dessen Anliegen, nicht ohne dem Beamten in einer ersten Antwort die Illusion gegeben zu haben, seinen Wünschen
in vollem Umfang entsprechen zu wollen (vgl. Pe 2,113-122).
Nur so kann die freudige Erregung erklärt werden, mit der der
Präfekt die Antwort des Martyrers zur Kenntnis nimmt. Doch
insgeheim beschließt Laurentius, den Verfolger in einem Sinne
wörtlich zu nehmen, der diesem nicht geläufig und schon gar

---

[522] Vgl. dazu oben S. 208.
[523] Vgl. das dichterische Programm in Prf 40.

nicht genehm sein konnte. Statt der erhofften materiellen Schätze der Kirche führt er Arme, Kranke und Jungfrauen vor. Dem Zorn des Präfekten antwortet er in einer teils schonungslos persönlichen[524], teils auf die Gesamtheit des heidnischen Publikums zielenden Predigt, in der er den tieferen, allegorischen, für die Christen allein verpflichtenden Sinn der Begriffe aufdeckt: In diesen Menschen besteht der wahre Reichtum der Kirche.

Damit hat Prudentius erneut eine scheinbare Gemeinsamkeit zwischen den beiden Weltanschauungen, die der Sprache, als trügerisch enttarnt. Dasselbe Wort hat für Heiden und Christen nicht mehr denselben Sinn. Mehr noch: Die beiden Bedeutungen - wörtliche und allegorische - bleiben auch nicht gleichberechtigt nebeneinander bestehen. Die Christen sind mit ihrer Interpretation des Begriffs der Wahrheit eindeutig ein Stück näher: "Si quaeris aurum v e r i u s /lux est et humanum genus." (Pe 2,203f.) Hand in Hand damit geht eine gnadenlose moralische Verunglimpfung der Heiden: Wo das Gold um seiner materiellen Bedeutung willen erstrebt wird, gehen die maßgebenden ideellen Werte verloren[525]. Stattdessen vereinen sich mit "superbia"[526], "avaritia"[527], "libido"[528] und "invidia" sämtliche entscheidenden Laster auf der Seite der Heiden.

Daß freilich auch führende Repräsentanten der heidnischen Gedankenwelt um die Gefahren des Goldes wußten, scheint Prudentius hier vergessen zu haben[529]. Der Dichter selbst wiederum ist mit seiner Ablehnung des Goldes als eines materiellen

---

[524] Vgl. Pe 2,201-204; mit der Brandmarkung der "gloria" als "venenum" wirft Prudentius dem Präfekten hier interessanterweise ein Verhalten vor, das für jeden echten Römer eine Selbstverständlichkeit war: das Streben nach Ruhm. Laurentius und den übrigen Martyrern wird das auch gerne zugestanden (vgl. Pe 2,30.370). Auch hier unterscheidet Prudentius, wie schon so oft, zwischen der "gloria falsa" der Heiden und der "gloria vera" der Christen; vgl. dazu auch Pe 2,261-264.

[525] Vgl. Pe 2,197-200; mit dem Hinweis auf die Untergrabung der Gesetze muß Prudentius den heidnischen Römer an einer empfindlichen Stelle treffen; vgl. auch Pe 2,237-260.

[526] Vgl. Pe 2,237-240; dazu auch Ps 186ff.

[527] Vgl. Pe 2,241-244; dazu auch Ps 454ff.

[528] Vgl. Pe 2,245-248; dazu auch Ps 40ff.

[529] Vgl. etwa nur Hor. c. 3,3,49ff.; Tib. 1,9,17ff.; Ov. met. 1, 141ff.; auffallenderweise sieht auch Ovid durch die Verlockung des Goldes zentrale Werte schwinden, darunter auch "pudor" und "fides" (met. 1,129-131), um die ja auch Prudentius Pe 2,197ff. fürchtet; vgl. dazu auch unten S. 291ff.

Wertes keineswegs so radikal, wie man aus dieser Stelle vermuten möchte. Voller Begeisterung schildert er Ps 838ff. den
Tempel, den die Tugenden im Herzen der Menschen errichten,
als einen monumentalen, mit Gold und Edelsteinen geschmückten
Bau. Wohl hat der Dichter hier gerade den "alten Gegensatz
zwischen Marmor- und Herzenstempel"[530] neu belebt; doch die
gewählten Bilder vermitteln einen guten Eindruck von den
Prachtbauten, die ihm als Vergleich vorgeschwebt haben müssen. Und diese betrachtet er, auch für sich gesehen, mit
Wohlwollen und Bewunderung: "Wohl kaum ein zweiter antiker
Dichter hat die Pracht der christlichen Basiliken so begeistert verherrlicht wie Prudentius."[531] Gerade seine Reise
nach Rom bot dem Auge wahrhaft vollendete Kunstwerke. Von der
vergoldeten Kassettendecke der Laurentiuskirche zeigt er sich
ebenso beeindruckt (vgl. Pe 11,215) wie von den goldbesetzten
Balken der St. Pauls-Basilika (vgl. Pe 12,49ff.). Auch das
goldene Dach von St. Peter lädt das Auge zum Verweilen ein
(vgl. Pe 12,31).
Während der Dichter an solchen Stellen seiner Freude an
kunstvoller Architektur freien Lauf läßt, zeichnet er Laurentius als durch und durch asketischen, über allem Irdisch-Ma-
teriellen stehenden Typ, der der Nachwelt als nachahmenswer-
tes "exemplum" vor Augen gestellt wird. Daß Prudentius damit
zwangsläufig seine eigene, soeben angesprochene "Verweltlichung", mit der er freilich ganz Kind seiner Zeit ist[532], in
Frage stellt, stört ihn offensichtlich nicht. Im Gegenteil:
In den Worten des Laurentius baut er die Gegenüberstellung
zwischen heidnischem Materialismus und christlichem Idealismus mit einer gnadenlosen Konsequenz aus.
Die Christen fallen jetzt durch körperliche Schwächen und
Krankheit auf[533]. Dafür wohnt ihnen ein widerstandsfähiger
Geist inne[534], durch den sich Laurentius in der Lage sieht,

---

[530] GNILKA, Studien 87.
[531] Ebd. 89; zum auffallenden Nebeneinander von Lobpreis und Verurteilung prunkvoller Bauten vgl. ebd. 83-91 und unten S. 319ff.
[532] Die nachkonstantinische Kirche begann sich i n d e r W e l t
einzurichten und in monumentalen Kirchenbauten ihrem Triumphgefühl Ausdruck zu geben.
[533] Vgl. "corpus debile" (Pe 2,206), "morbus membrorum" (Pe 2,209),
"morbus carnis" (Pe 2,223), "artus debiles" (Pe 2,225), "artus ulcerosi"
(Pe 2,267f.), "caro coruptissima" (Pe 2,269); zu den Krankheitsmetaphern
vgl. KUDLIEN 104.115; zu den antiken Parallelen vgl. 107-112.
[534] Vgl. Pe 2,210: "animus viget robustior".

"pulcher intus vivere"[535]. Die Heiden dagegen strotzen vor körperlicher Kraft[536], sind aber von "interna lepra" (Pe 2, 230) befallen, die den Geist und die Sitten mit Geschwüren überzieht[537]. Unerbittlich wird so auf die Kluft zwischen den beiden Parteien hingewiesen. Die Christen haben als "alumni luminis" (Pe 2,205) nichts mit den Heiden gemein, die, vom Licht des Glaubens ausgeschlossen, in "error" (Pe 2,231) und "c a e c a   fraus" (Pe 2,232) verharren[538].

Prudentius läßt seinen Martyrer den Vergleich bis zum bitteren Ende ziehen: Allein auf der Seite des Lichts ist das Menschengeschlecht versammelt: "Si quaeris aurum verius,   l u x   e s t   e t   h u m a n u m   g e n u s." (Pe 2,203f.) Für die Heiden bleibt wieder, wie so oft schon, nur der Ausschluß aus der menschlichen Gemeinschaft[539].

Der heidnische Präfekt muß dies als äußerste Provokation empfinden. Laurentius rückt damit seinem Ziel, dem Martyrium, ein großes Stück näher. Einzige "Rache" des Verfolgers: Auch dieser nimmt ihn jetzt beim Wort: "Dicis: 'Libenter oppetam, votiva mors est martyris'" (Pe 2,329f.) und versucht, ihm dieses "Vergnügen" durch einen langsamen Tod zu verlängern (vgl. Pe 2,337f.). Laurentius nützt die so gewonnene Zeit zu einem inbrünstigen Gebet[540], das zum Höhepunkt des Hymnus, ja zum "Gipfel der christlichen Romideologie"[541] werden soll.

2.3.4.1.5 Politische Religiosität und Romideologie in der Rede des Laurentius

- Das Providenzmotiv

Der Martyrer Laurentius eröffnet seine Rede mit einem vierfachen Anruf an Christus, in dem dieser u.a. als Weltenschöpfer - "factor orbis" (Pe 2,415)[542] - und zugleich Stifter der

---

[535] Pe 2,220; ähnlich auch Pe 2,225-228.

[536] Vgl. Pe 2,229: "valentes corpore".

[537] Vgl. "mentis et morum ulcera" (Pe 2,224): damit ist die scharfe Antithese zu den "artus ulcerosi" (Pe 2,267f.) der Christen bis ins einzelne Wort hinein ausgedrückt. Die einzelnen "Geschwüre" seziert Prudentius einige Verse weiter (Pe 2,233f.) ohne Rücksicht.

[538] Vgl. dazu auch Pe 2,377-380.

[539] Vgl. dazu bereits oben S. 131.145.159.192f. und unten S. 227.

[540] Zu den biblischen Quellen des Gebets vgl. BUCHHEIT 473ff.; mögliche Parallelen zu einem antiken Gebetstypus bei HAGENAUER 36.

[541] BUCHHEIT 473.

[542] Vgl. dazu die Selbstvorstellung Gottes S 2,182ff., insbes. S 2, 190.194.204.227.241-243 u.a.

Größe Roms - "auctor horum moenium" (Pe 2,416)[543] gepriesen wird.
Damit ist schon zu Beginn des Gebetes an ein zentrales Dogma der Romideologie erinnert: "orbis" und "urbs" fallen in eins. Daß diese Einheit mit Waffengewalt erkämpft wurde, ist für den traditionell denkenden Römer eine Selbstverständlichkeit[544]. Durch die Worte des Laurentius wird dieses Verhalten nun auch für die römischen Christen zu einem festen Bestandteil ihres Glaubensbekenntnisses: Es ist ja von Gott "abgesegnet" ("sanciens"),

"mundum Quirinali togae
servire et a r m i s cedere".
"daß die Welt der römischen Toga dient
und römischen Waffen weicht".   (Pe 2,419f.)[545]

Schon immer hatte es die Stadt als ihre Aufgabe betrachtet, durch die Weitergabe ihrer Gesetze zur Zivilisation der unterworfenen Völker beizutragen und diesen so ein einheitliches Gepräge zu geben. Auch dahinter sieht Laurentius den Willen des christlichen Gottes[546]. Schon Romulus (Pe 2,412) und Remus (Pe 2,425-428), die heidnischen Stadtgründer, standen also, wenn auch unwissend, im Dienste der Vorsehung Gottes. Sie haben damit die Vorarbeiten für die religiöse Einigung der Völker unter dem Namen Christi geleistet (vgl. Pe 2, 419-432).
So kann Laurentius berechtigte Hoffnung hegen, daß seine Bitte um einen weltweiten Sieg des Christentums[547] in Erfüllung gehen wird. Vom einenden Band[548] des christlichen Glaubensbekenntnisses erhofft sich der Martyrer eine friedstiftende Wirkung auf den Erdkreis und dessen Hauptstadt Rom (vgl. Pe 2,437-440). "In dem emphatisch wiederholten 'mansuescit-man-

---

[543] Vgl. dazu S 1,287-290.427-429; S 2,586ff.602ff.
[544] Vgl. oben S. 181 mit Anm. 374 sowie die zahlreichen, offenbar bewußt gewählten Anklänge an Vergil, den großen Künder der antiken Romidee, die von BUCHHEIT 474ff. ausführlich behandelt werden; zur Romidee selbst vgl. auch V. BUCHHEIT, Vergil über die Sendung Roms. Heidelberg 1963.
[545] Daß die Machtausdehnung Roms in Übereinstimmung mit dem W i l l e n G o t t e s steht, wird auch an anderen Stellen betont: vgl. "constituit" (S 2,587.590); "voluit" (S 1,290); "volens" (S 2,587).
[546] Vgl. Pe 2,421-424; ganz ähnlich S 2,579ff.
[547] Vgl. Pe 2,433f.: "Da, Christe, Romanis tuis sit christiana ut civitas."
[548] Der Gedanke der "concordia" wird von Prudentius immer wieder betont; vgl. Pe 2,424.432.436.442; dazu auch S 2,586-636 (vgl. dazu CACITTI 429 und oben S. 174f.).

suescat' klingt ... der Schluß der Weissagung Juppiters aus
Aen. I an: aspera tum positis mitescant saecula bellis (1,
291)"549. Zugleich erinnern wir uns, daß mit demselben Wort
bereits A 426ff. die Wirkung des Wortes Gottes auf die Natur
und die Völker der Erde beschrieben worden war550.
Deutlicher hätte Prudentius seinem Glauben nicht Ausdruck geben können, daß erst mit der Bekehrung zum Christentum Roms
"fatum" seine Erfüllung finden kann.

- *Das Zusammenfallen von "imperium Romanum" und
  "imperium Christianum" unter Theodosius*

Vertrauensvoll bittet Prudentius darum Christus, seiner Botschaft auch bei den tauben, in Irrtum und Blindheit gefange-
nen Heiden Gehör zu verschaffen (vgl. Pe 2,453-456).
Eine doppelte Sichtweise bestärkt ihn in seiner Zuversicht.
In einem Blick z u r ü c k verweist er auf die Apostel-
fürsten Petrus und Paulus, von denen ja gerade der letztere
als "vocator gentium" in die Kirchengeschichte eingegangen
war551. In einem zweiten, visionären Blick nach v o r n e
erkennt der Martyrer dann tatsächlich sein Gebet erhört: Da
läßt er in einer der Weissagung Juppiters in der Aeneis entsprechenden Form552 einen "princeps" Gestalt annehmen, der
sich dem Christengott unterwirft und die heidnischen Tempel
schließt. Lange Zeit herrschte über die Person des Geschauten
Unklarheit. BROCKHAUS553 sowie die meisten älteren Kommenta-
toren vermuteten dahinter Konstantin554. Sie können heute jedoch nicht mehr überzeugen. Zu deutlich sind die Hinweise,

---

549 BUCHHEIT 476; der folgenden These eines von Prudentius auffallend empfundenen Widerspruches zwischen dem mit blutigen Waffen erkämpf-
ten Friedensreich des Augustus und dem mit den Waffen des Geistes errungenen Friedensreich Christi kann ich allerdings nicht zustimmen. Zur Begründung vgl. oben S. 181 mit Anm. 374 und oben Anm. 544.
550 So auch LAVARENNE IV,45, Anm. 2.
551 Vgl. Pe 2,457-464; dazu noch deutlicher S 1, Prf 1ff. - Dazu
auch BUCHHEIT 477f., der den Text als Kontamination aus Vergils vierter
Ekloge und Aen. 1,292f. entschlüsselt und dadurch Petrus und Paulus an
die Stelle von Romulus und Remus gesetzt sieht. Auch die anderen Garanten
des Fortbestandes des Reiches werden in ähnlicher Weise christianisiert.
Damit sieht BUCHHEIT 481f., entsprechend HAGENAUER 36, Anm. 4, "alle religiösen Unterpfänder des antiken Rom überwunden. Rom sieht sein Heil gesichert in Petrus und Paulus, den 'obsides fidissimos huius spei'". - Zur
Rolle von Petrus und Paulus als Typen der neuen Stadtgründer vgl. auch
CACITTI 423 mit Anm. 114f.424 mit den Literaturhinweisen in Anm. 117.
552 BUCHHEIT 479.
553 aaO. 108.
554 Entsprechend haben diese schon frühere Stellen auf Konstantin
bezogen, an denen wir heute eindeutig Theodosius verherrlicht sehen.

die an theodosianische Verhältnisse denken lassen[555].
Der Dichter hat so den Worten des Martyrers einen hochaktuel-
len Sinn gegeben. "Laurentius sieht - wie Juppiter den Augustus - Theodosius als kommenden Herrscher. Der Zeitgenosse
des Prudentius erlebt so bei der Lektüre des Hymnus Verkündigung und Erfüllung in einem wie der Leser der Aeneis."[556] Was
auf diese Weise durch Theodosius vollendet wurde, läßt der
Dichter nach dem Gebet des Martyrers seinen Anfang nehmen:
Einige der umstehenden Römer - der Name "patres" (Pe 2,490)
identifiziert sie als Senatoren (vgl. S 1,544) - schwören dem
alten Glauben ab[557] und bekennen sich zu Christus[558]. Damit
ist der Beginn zur Christianisierung der Stadt gesetzt: "Re-
frixit ex illo die/cultus deorum turpium."/"Von jenem Tag an
verlor der Kult der schändlichen Götter seine Kraft." (Pe 2,
497f.) Bald zieht auch das einfache Volk nach: "Plebs in sa-
cellis rarior."/"Das Volk läßt sich seltener in den Heilig-
tümern sehen." (Pe 2,499)[559] Mit dem Tod des Martyrers ver-
waisen so die heidnischen Tempel; selbst die Vestalin und
der Pontifex maximus, die höchsten Repräsentanten des alten
Kultes, erkennen das Zeichen des Kreuzes an[560].

- *Die "Roma caelestis"*

Die neubekehrten Römer werden dadurch aber nicht in einen
rituellen Leerraum gestoßen. Sie huldigen nun in Hymnen dem
Martyrer, der ihre Umkehr bewirkt hat (vgl. Pe 2,513-516).
Prudentius genügt diese Anerkennung des römischen Martyrers
nicht. Auch die Verdienste des Theodosiussohnes Honorius
wollte er ja nicht mit vergänglichen Monumenten geehrt wis-

---

[555] Vgl. dazu LAVARENNE III, 137, Anm. 1; THOMSON I,351, Anm. a;
STEIDLE 264; ganz besonders die Argumentation DÖPPS (aaO. 68 mit Anm. 10.
12) zu S 1,9ff.: "non sinat" (Pe 2,476) entspricht genau "prohibendo" (S
1,10). Beide Verben weisen auf Maßnahmen hin, die weit über die Beschlüsse Konstantins hinausgehen: z.B. "qui templa   c l a u d a t   vectibus"
(Pe 2,477), "tunc pura ab   o m n i   sanguine tandem nitebunt marmora" (Pe
2,481f.). Dabei dürfte wohl an die Schließung der Tempel am 24.2.391
(Cod. Theod. 16,10,10) sowie das Verbot jeglichen Götterkultes am 8.11.
392 (Cod. Theod. 16,10,12) gedacht sein.
[556] BUCHHEIT 479.
[557] Vgl. Pe 2,496: "odisse nugas pristinas"; sie erfüllen damit den
S 1,433 geäußerten Willen des Theodosius ("non patiar veteres teneas ut
me duce nugas") schon im voraus.
[558] Vgl. Pe 2,491f.: "quos mira libertas viri ambire Christum
suaserat". Vgl. dazu auch oben S. 83 Anm. 373.
[559] Vgl. dazu S 1,578f.; auch hier geht Prudentius von der Reihenfolge "patres" (S 1,544) - "populus" aus.
[560] Vgl. Pe 2,509-512.525-528; vgl. dazu oben Anm. 551.

sen. Vielmehr sollte ihm in der ewigen Gemeinschaft mit Christus eine "viva gloria" geschenkt werden (vgl. S 2,756-759). An diesem himmlischen Ort wird er, so darf man aus den Schlußversen des Laurentiushymnus schließen, kein Heimweh nach seiner Stadt Rom verspüren. Er ist ja ihr getreues Abbild, hat eine "curia" als Verwaltungszentrum und kennt die Einrichtung des Konsulats.

Doch unterscheidet sich dieser Ort auf den ersten Blick in einem wesentlichen Punkt von seinem irdischen Pendant: Für die "Roma caelestis" (Pe 2,559) gibt es keine zeitliche Begrenzung. Dem Senat ist nun ewige Existenz sicher[561], das Konsulat ist nicht mehr auf ein Jahr beschränkt, sondern auf Dauer angelegt. Laurentius wird schließlich, was die Verherrlichung durch Hymnen bei weitem übertrifft, als "consul perennis" (Pe 2,560) dieses Amt bekleiden und mit der "corona civica" (Pe 2,556) geehrt werden[562].

Eine derartige Ausweitung römischer Herrschaftsstrukturen ins zeitlich Unbegrenzte hinein bewirkt zweifelsohne eine gewisse Spiritualisierung der antik-römischen Vorstellung. Doch darf man deswegen nicht mit BUCHHEIT[563] die irdische und himmlische Geschichte der Stadt als zwei voneinander getrennte Größen behandeln. Schon die von Vergil maßgeblich ausgeformte und von Prudentius in allen Punkten übernommene römische Herrschaftsideologie weist Züge auf, die einer teleologischen Sichtweise entspringen und so den Rahmen einer rein materia-

---

[561] Vgl. Pe 2,555: "aeternae ... curiae".

[562] Die Tatsache, daß sich der Titel "consul" hier erstmals in der christlichen Poesie für einen Martyrer oder Heiligen findet (vgl. BUCHHEIT 484 mit Anm. 111), wirft ein interessantes Licht auf die Begeisterung des Dichters für das klassische Rom; ebenso entspringt es dieser Haltung, wenn Prudentius sich als Lohn für die Verdienste des Heiligen die Verleihung der "corona civica" vorstellt. BUCHHEITS These (aaO. 482f. mit Anm. 107) von der bewußten Anknüpfung an die bekannteste Ehrbezeigung dieser Art - die Überreichung der "corona civica" an Augustus im Januar 27 - wird dies bestätigen. Nicht zustimmen kann ich allerdings BUCHHEITS Annahme, eine zur antiken Begründung rivalisierende Einstellung habe Prudentius diese Assoziation wählen lassen (aaO. 483). Dafür ist die Tendenz des Dichters zu auffallend, den Verlauf der Geschichte, die für ihn ja nicht in Profan- und Heilsgeschichte unterschieden ist, als kontinuierlichen Prozeß darzustellen. An dessen Ende steht die Erfüllung des römischen "fatum", das für Prudentius ganz selbstverständlich zu einem wesentlichen Bestandteil der christlichen Heilsgeschichte geworden ist.- Vgl. dazu auch THRAEDE, Studien 64 mit Anm. 155; GNILKA, Studien 101f.; KOEP 71f.120f.; HERRMANN 357; KLINGNER 646 mit dem schönen Hinweis auf Dantes "Göttliche Komödie" (Par. 30,130), PASCHOUD 228 und unten S. 343.

[563] aaO. 482.

listisch-pragmatischen Begründung sprengen. Noch einmal rufe
man sich die Aussage Juppiters aus dem ersten Buch der Aeneis
in Erinnerung: "His ego nec metas rerum nec tempora pono;/im-
perium sine fine dedi."/"Diesem Volk setze ich auf der Welt
keine Schranken noch sei ihm eine Zeit bemessen; ein Reich
ohne Grenzen habe ich ihm bestimmt." (Aen. 1,278f.) Schon
hier ist doch die räumliche[564] und zeitliche[565] Unbegrenztheit der römischen Herrschaft zum Dogma geworden. So hat eigentlich bereits Vergil mehr als eine "Roma terrestris" im
Auge. Die Spiritualisierung der Romidee beginnt bei ihm. Prudentius bleibt es vorbehalten, den Endpunkt der Entwicklung,
die "Roma caelestis", beim Namen zu nennen und die Rolle der
christlichen Akteure auf dem Weg dorthin gebührend zu würdigen.
Dem Kreis dieser geschichtstragenen Christen gehört auch der
hl. Vinzenz an, der gerne als das spanische Pendant zum römischen Martyrer Laurentius gesehen wird[566].

2.3.4.2 Der Hymnus auf den hl. Vinzenz

Wie Laurentius so hat sich auch der Blutzeuge Vinzenz durch
sein Martyrium die "corona" (Pe 5,4) erworben und nimmt offensichtlich - aufgenommen in den Kreis der Engel und mit
einem besonderen Gewand bekleidet[567] - eine herausragende
Stellung in der himmlischen Stadt ein. Seine Leistung besteht
darin, sich nicht den Folterwerkzeugen der heidnischen Verfolger gebeugt zu haben.

2.3.4.2.1 *Politische Religiosität in der Verfolgungssituation*

Die Auseinandersetzung zwischen dem Martyrer und dem Verfolger beginnt mit dem Versuch des Präfekten, den Christen Vinzenz zu einem Zeichen der Anerkennung der römischen Religion
zu bewegen und so härtere Maßnahmen von ihm abzuwenden. Diese
Überredungsversuche müssen für den Martyrer freilich äußerst
herausfordernd geklungen haben, tritt dieser doch mit seinen
Argumenten in Konkurrenz zu wesentlichen Lehren der Christen:

---

[564] Angedeutet durch "metas".
[565] Angedeutet durch "tempora".
[566] So LAVARENNE IV,71.
[567] Vgl. Pe 5,9f.: "Nunc angelorum particeps conlucis i n s i g n i
s t o l a."

Für den Verfolger ist nämlich Juppiter der "höchste König des
Erdkreises", "rex ... orbis maximus" (Pe 5,21). Genau diesen
Titel beanspruchen die Christen aber auch für ihren Gott[568].
Entsprechend werden die beiden Götter auch als Rivalen in der
Machtbefugnis empfunden. Der Wille Juppiters ist es, daß alle
Welt sich dem alten Kult unterwirft:

> "servire sanxit omnia
> priscis deorum cultibus".   (Pe 5,23f.)

Mit fast denselben Worten umschreibt Laurentius Pe 2,418ff.
die Forderungen seines Gottes an die Welt:

> "... sanciens
> mundum Quirinali togae
> servire et armis cedere".   (Pe 2,418-420)

Aber auch der Unterschied wird recht deutlich. Christus setzt
hier an die Stelle des heidnischen Gottesdienstes einen loyalen "Weltdienst".
Auch was die Kritikpunkte angeht, scheint der heidnische
"persecutor" aus dem Arsenal der Christen geschöpft zu haben.
Wie diese den alten Kult als roh und inhuman abgetan hatten[569], so fordert der Heide nun die Christen auf: "r u d e m
... ritum spernite!" (Pe 5,26).
Schließlich findet auch das letzte Argument auf beiden Seiten
Zustimmung, bei den Christen freilich nur unter bestimmten
Voraussetzungen: Die Religion des Kaisers ist wegweisend für
die Religion der Untertanen[570]. Der heidnische Beamte verhilft notfalls dem Staatsbürger auch mit Druck und Gewalt auf
diesen Weg. Der Christ Prudentius betont dagegen auffallend
die Freiheit der Willensentscheidung[571]. Dabei verschließt
der Dichter die Augen vor der Tatsache, daß gerade unter dem
Kaiser, dessen Religion sich das Volk angeblich aus f r e i -
e n Stücken anschloß, das christliche Bekenntnis für alle

---

[568] Vgl. die Titel "rex Eoi sideris" (C 2,67; dazu LAVARENNE I,10,
Anm. 2); "rex aeternus" (C 2,178; Pe 1,18); "rex serenus" (C 7,4); "rex
viventium" (C 9,106); "rex gentium" (C 12,41); "rex summae et mediae rationis et imae atque ideo rerum dominus et super omnia rex" (A 226f.);
"rex perennis" (Pe 10,596); "rex optimus" (Pe 10,1138); "rex summus" (TH
108).
[569] Vgl. S 2,277, wo mit "rudibus in annis" die Frühzeit der heidnischen Religion charakterisiert wurde.
[570] Vgl. Pe 5,27f.: "Haec saxa, quae princeps colit, placate fumo et
victima." Entsprechend die Identität "ius deorum" = "ius principum" (Pe
5,439).
[571] Vgl. S 1,611ff.: "Qua v o c a t egregii sententia principis,
illuc l i b e r a ... frequentia transit."

v e r p f l i c h t e n d geworden war[572]. Diese Entwicklung
kommt ihm offenbar sehr gelegen.
Ganz anders bewertet er die Gleichung "religio principis" =
"religio populi", solange sie in vorkonstantinischer Zeit vom
heidnischen Staat aufgestellt wird. Da läßt er den Martyrer
Vinzenz ganz selbstverständlich die religiöse Entscheidung
als urpersönliche Angelegenheit postulieren. Die Religion des
"princeps" hat auf dessen Glauben keinen Einfluß. Freilich
stellt Prudentius mit seiner unmißverständlichen Wertung der
heidnischen Anschauungen seine Überzeugung als diejenige vor,
die allein Wahrheit beanspruchen kann. Den Heiden Datian
weist er als einen dem Tod geweihten Diener eines aussterben-
den, ja abgestorbenen Kultes zurück:

> "Tu mortuorum mortuus
> fias deorum pontifex."   (Pe 5,35f.)

Vinzenz bekennt sich dagegen mit seinen Glaubensbrüdern zu
Gott, dem Spender des Lichts[573], und seinem Sohn Christus,
dem einzigen und wahren Gott:

> "Nos lucis auctorem patrem
> eiusque Christum filium,
> qui solus ac verus deus,
> Datiane, confitebimur."   (Pe 5,37-40)

Datian erkennt den damit erhobenen Absolutheitsanspruch der
christlichen Religion und reagiert darauf mit einem ebenso
uneingeschränkten Pochen auf das angestammte Recht des alten
Kultes, "cui cedit humanum genus" (Pe 5,46)[574]. Ultimativ
stellt er Vinzenz vor die Alternative: Entweder Opfer zu den
heidnischen Göttern oder Todesstrafe.
Doch der Martyrer zeigt sich davon unbeeindruckt. Den Verlust
des Lebens empfindet er ja nicht als Strafe, sondern als
Spiel: "mors Christianis ludus est" (Pe 5,64). Und die heidnischen Götter haben für ihn keine Autorität, schon gar nicht
die erwartete absolute. Im Gegenteil: Vinzenz wirft sie in
einen Topf mit ihren Anhängern und sieht in dieser Gemein-

---

[572] Vgl. dazu oben S. 126.
[573] Damit verstehen sich die Christen als "dem Leben Geweihte"; das
Licht ist ja seit alters her Symbol für das Leben; die heidnische Juno
hatte daher in ihrer Funktion als Geburtsgöttin den Namen "L u c i n a".
Bei Prudentius werden "lux" und "vita" geradezu zu Synonymen.
[574] Vgl. Pe 5,46; auch hier tritt Datian wieder in Konkurrenz zu
wichtigen, von Prudentius vorgebrachten Argumenten der christlichen Partei: diese sieht ja nach der Darstellung des Dichters erst denjenigen
voll dem Menschengeschlecht eingegliedert, der sich zu Christus bekennt
(vgl. dazu oben S. 219 Anm. 539).

schaft Lug und Trug Gestalt annehmen:

"O vestra inanis vanitas
scitumque brutum Caesaris!
Condigna vestris sensibus
coli iubetis numina."

"O wie selbstgefällig und eitel seid ihr!
Wie plump ist die Verordnung des Kaisers!
Ihr befehlt, Gottheiten zu verehren,
die ganz eurem Geist entsprechen."   (Pe 5,65-68)

Mit diesem Vorwurf stellt er letztendlich für denjenigen, der Zwischentöne zu hören vermag, die Zugehörigkeit der Heiden zur menschlichen Gattung in Frage. Wer diese nämlich als "brutus" charakterisiert, wählt damit einen Ausdruck, der ursprünglich auf Tiere gemünzt war und den Gegensatz zum Menschen als "homo rationalis" oder "homo sapiens" betonen sollte[575].

Auch die heidnischen Götter sind demzufolge nicht mehr als seltsame Zwischenwesen ohne Machtbefugnis[576], die allenfalls zu Schlechtem zu verleiten versuchen[577] und sich durch ihr Auftreten als Dämonen zu erkennen geben[578]. Doch während diese um ihre Ohnmacht gegenüber dem Christengott zu wissen scheinen[579], glauben ihre Anhänger immer noch an einen Zusammenhang zwischen dem Wohlergehen des Staates und der Verehrung dieser Wesen. Wer sich nicht zu diesem Kult bekennt,

---

[575] Prudentius hatte mit der Gleichung: Heide = Tier, Christ = Mensch ja schon öfters den Gegensatz zwischen den beiden Religionen auf einen Nenner gebracht (vgl. dazu oben Anm. 574). Nun schafft er sich selbst durch die Worte, die er dem Heiligen in den Mund legt, dazu die Berechtigung. So kann er dann auch C 11,87 das Volk der Heiden und das Vieh in trauter Gemeinschaft zur Wiege Christi eilen und dort zur religiösen Einsicht gelangen lassen: "s a p i a t-que quod b r u t u m fuit". Mit der Bekehrung zum Christentum wird also der "homo sapiens" geboren. - C 7,89 wird den ungläubigen Niniviten vorgeworfen, "b r u t o fastidio cultum supremi numinis neglegere". - Pe 1,94 erscheint das Heidentum als "b r u t a gentilitas".

[576] Vgl. Pe 5,80: "inpotentes", ähnlich S 2,119: "non omnipotens"; demgegenüber wird immer wieder die Allmacht des Christengottes hervorgehoben: vgl. A 726; H 307.644; Ps 815; S 1,564; S 2,104.634; C 10,64; Pe 13,55.

[577] Vgl. Pe 5,78: "magistri criminum"; Pe 5,81: "... qui vos latenter incito in omne conpellunt nefas"; damit widerspricht Prudentius der oben aufgestellten These von der Ohnmacht der heidnischen Götter: einen gewissen Einfluß vermögen sie offenbar doch auf den Menschen auszuüben.

[578] Vgl. Pe 5,92: "divique et idem daemones", aber auch Pe 5,80, wo mit "vagus" ganz eindeutig eine dämonische Eigenschaft herausgestellt wird (vgl. C 1,37: "vagantes daemonas"). Prudentius steht damit ganz in der frühchristlichen Tradition, wonach die Götter der Heiden allenfalls Dämonen sind (vgl. dazu oben S. 204 Anm. 467).

[579] Vgl. Pe 5,85ff.: "Norunt et ipsi ac sentiunt pollere Christum et vivere eiusque iam iamque adfore regnum tremendum perfidis."

tritt in deren Augen sein römisches Vaterland samt seinen bedeutenden Garanten mit Füßen[580].
Das ist ein Stück politischer Religiosität, wie sie Prudentius unter umgekehrten Vorzeichen begeistert begrüßen würde.
Doch ist eine solche Art des Zusammenwirkens zwischen Staat
und Kirche für die Christen noch nicht akzeptabel, solange
dieser heidnisch ist.
Stattdessen entfalten sie in der Auseinandersetzung mit dem
Staat die wesentlichen Vorstellungen ihrer dualistischen Anthropologie[581]. Mit dem gelassenen Erdulden des Martyriums,
wie es uns Vinzenz hier stellvertretend für viele vorführt[582], stellen sie diese Überzeugung glaubhaft unter Beweis. Dennoch reibt sich in den Augen des Prudentius, wie im
folgenden zu zeigen sein wird, diese radikale Absage an die
Welt mit der tiefverwurzelten Anteilnahme an der Geschichte
des römischen Reiches.

2.3.4.2.2 Der "libertas"-Begriff im Widerstreit zwischen Rom-Verachtung und Rom-Sympathie

Aus den Worten, die der Dichter Pe 5,153ff. dem Martyrer Vincentius in den Mund legt, spricht die feste Überzeugung, die
endgültige Erfüllung als Mensch erst und gerade jenseits dieses Lebens zu finden. Dem Körper ist ja von vornherein eine
endliche Existenz bestimmt, die Sterblichkeit gehört zu seinem Wesen: "membra morti obnoxia" (Pe 5,155). Ihm kommt nur
begrenzte Dienstfunktion zu, insofern er gleichsam "Gefäß"
der Seele ist, doch eben keines aus Gold oder einem anderen
beständigen Material, sondern ein "vas solutum ac fictile"
(Pe 5,163), über dessen begrenzte Haltbarkeit man sich keine
Illusion zu machen braucht[583]. Die Seele dagegen ist ganz und
gar unverwüstlich, "integer" (Pe 5,159), "invictus" (Pe 5,
170), "inexsuperabilis" (Pe 5,170). Ihr kann niemand etwas

---

[580] Vgl. Pe 5,105ff.: "Tibi ergo soli, contumax, Tarpeia calcentur
sacra, tu porro solus obteras R o m a m   s e n a t u m   C a e s a -
r e m."
[581] Vgl. dazu ausführlich unten S. 253-286.
[582] Ganz ähnlich auch Romanus Pe 10,478ff.
[583] Die quasi schicksalhafte Todesverfallenheit des Körpers wird
noch einmal Pe 5,164 in der Gerundivform "frangendum" unterstrichen, die
die Charakterisierung von Pe 5,155 "morti obnoxia" variierend aufnimmt
und bildhaft erläutert; eine ähnliche Gerundivform ("resolvendum") auch
im entsprechenden Passus des Romanus-Hymnus (Pe 10,480).

anhaben[584], denn allein Gott hat Macht über sie[585], den die
Christen ja gerade als "Spender des Lichts" und damit Garanten des Lebens verehren[586].

Aus diesem Glauben erwächst ihnen eine tiefe innere Freiheit,
die sie dem Tod mit unbekümmerter Sorglosigkeit entgegensehen
läßt[587]. Folgerichtig kann in ihren Augen der heidnische Verfolger nur "c a r n i-fex" genannt werden[588]. Was er den
Christen antut, wird von diesen nicht als Strafe, sondern lediglich als Vollendung eines ohnehin unausweichlichen Schicksals empfunden. Mehr noch: Genau besehen müssen sie ihm sogar
zu Dank verpflichtet sein, sorgt er doch dafür, daß die Seele
den Körper, der sie mitunter wie ein Gefängnis einzuengen
scheint[589], verlassen kann und so zur Freiheit findet[590]. So
wird der Verfolger, dessen Maßnahmen augenscheinlich die
menschliche Freiheit bis ins Mark hinein beschneiden und den
hl. Vinzenz wohl zu der Anrede "tyranne" (Pe 5,168) veranlas-
sen, ironischerweise gegen seinen Willen zum Wegbereiter der
christlichen Freiheit.

Die Apostrophierung als "Tyrann" bleibt dennoch berechtigt.
Der Verfolger ist ja nicht in der Lage, den Christen in ihrem
irdischen Vaterland, in dessen Dienst er doch steht, den Wert
der "libertas" zu garantieren. Für die christlichen Martyrer,
aber auch für die "einfachen" Anhänger der unbequemen Religion kann daher ihre Heimat nur bei Gott im Himmel liegen,
getreu der alten Erfahrung: "ubi bene (und für den Römer ist
die innere wie äußere Freiheit unabdingbare Voraussetzung der
Lebensqualität), ibi patria"[591].

Doch überkommt, so muß man sich fragen, den Christen gar kei-

---

[584] Vgl. Pe 5,158: "... violare quem nullus potest".
[585] Vgl. Pe 5,172: "s o l i ... subiectum deo".
[586] Vgl. Pe 5,37, dazu oben S. 226 Anm. 573.
[587] Vgl. Pe 5,157-160: "Est alter, est intrinsecus...liber q u i e-
t u s integer exsors dolorum tristium."
[588] So Pe 5,148.216; dazu oben S. 206.
[589] Vgl. Pe 5,358: "corpus" = "ergastulum"; Pe 6,72: "corpus" =
"carcer"; die Geringschätzung des Körpers verstärkt sich hier also gegenüber dem Verständnis als "Gefäß" der Seele noch.
[590] Vgl. den Hinweis auf die Freiheit der Seele Pe 5,159 sowie in
der ebenfalls von einem starken Leib-Seele-Dualismus geprägten Rede der
Engel Pe 5,301-304; auf derselben Linie auch die Kommentierung des Dichters Pe 5,357-360; ganz ähnlich schließlich Laurentius Pe 2,269ff.
[591] Vgl. auch den Hinweis des Laurentius auf die himmlische Heimat
"in arce patris" (Pe 2,272), in der die Freiheit der Menschen - "soluti
ac liberi" (Pe 2,270) - sichergestellt ist.

ne Sehnsucht nach dem Ort, an dem er geboren und aufgewachsen
ist? Hat er jede innere Bindung daran verloren?
Prudentius kann sich das, freilich aus nachkonstantinischer
Sicht, nicht vorstellen. Sein Bild von der himmlischen Heimat
weist zahlreiche vertraute Elemente auf, die den Christen an
sein irdisches Vaterland erinnern: Pe 2,273-276 erfahren wir
vom Dichter von der Hoffnung des hl. Laurentius, seine Mitbrüder im Hause des Vaters mit der "corona civica"[592] be-
kränzt und in purpurne Stolen[593] gekleidet zu sehen. Den Heiligen selbst stellt sich Prudentius schließlich als "consul
perennis" in der "Roma caelestis" vor[594]. Und auch Vincentius
trägt im vorliegenden Hymnus, als seine Erscheinung inmitten
der Engelscharen beschrieben wird, das bekannte Gewand des
Römers[595].
Mit dieser quasi visionären Ausmalung der himmlischen Heimat
hat Prudentius bedeutsame Symbole und Institutionen der "Roma
terrestris" für die Christen heimgeholt. Durch gezielte Spiritualisierung nimmt er in besonderer Weise auf die dem "Peristephanon" zugrundeliegende Situation der Christen im heidnischen Römerreich Rücksicht, in dem die konkreten Organe der
römischen Verfassung zwiespältige, ja mitunter ablehnende Re-
aktionen wecken mußten.
Für Prudentius ist diese Vorstellung von der himmlischen Heimat schon fast zwingend, schreibt er doch zu einer Zeit, da
auch für die Christen das irdische Vaterland seine ursprüngliche Bedeutung zurückgewonnen hatte. Nachdem sich mit Konstantin die höchsten Vertreter des Reiches zu Christus be-

---

[592] Die "corona aurea", auch unter dem Namen "corona civica" bekannt, war begehrte Auszeichnung für die Errettung eines römischen Bürgers und damit zugleich Belohnung für einen selbstlosen Einsatz für das
Vaterland.
[593] Der Hinweis auf die "stola purpurans" weckt zahlreiche Assoziationen. Ihnen allen ist der Bezug zu repräsentativen Ämtern und staats-
bürgerlichen Funktionen gemeinsam. Schon in der römischen Frühzeit zeichnete sich der König durch seine rote Toga vor den anderen Bürgern aus.
Dann waren die Senatoren, die die angesehenste und einflußreichste Kör-
perschaft in Rom bildeten, am breiten Purpurstreifen ihrer Toga zu erkennen. Bald steht "purpura" auch allein metonymisch für hohe Würdenträger
und Beamte. Schließlich kleideten sich seit Domitian die Kaiser wieder in
der Purpurtoga. - Zur Bedeutung der Toga als Symbol für die Weltmacht
Roms vgl. den bei Sueton, Div. Aug. 40,8 geschilderten Ärger des Augustus
über die verschmutzten Tuniken, in denen man zu einer Volksversammlung
erschienen war: "En Romanos, rerum dominos gentemque togatam ...".
[594] Vgl. Pe 5,559f., dazu bereits oben S. 223 mit Anm. 562.
[595] Vgl. oben S. 224 Anm. 567.

kehrt hatten, gab es für die Christen wieder etwas i n der
Welt zu leisten. Bei Prudentius hat schon Laurentius eine Ahnung vom kommenden Wandel, der in der Person des Theodosius
einen ersten Höhepunkt erreichen soll. Als "servus dei" wird
er sein Rom von den letzten Resten des heidnischen Kultes befreien (vgl. Pe 2,473-484). Nun können sich die Christen endlich voll mit ihrem Staat identifizieren. Das entsprechende
Engagement für die wiedergewonnene irdische Heimat bleibt
nicht aus. Selbst einfache Soldaten sehen wieder einen Sinn
darin, sich für dieses Reich einzusetzen; sie haben ja aufge-
hört, sich wie Fremdlinge darin zu fühlen. Die Begeisterung
für das horazische Ideal vom "Heldentod fürs Vaterland"
scheint neu zu erwachen. Prudentius jedenfalls führt S 2,
705ff. die Zurückweisung des Gotensturmes auch auf die mutige Haltung der Soldaten zurück, die nicht zögerten, ihr Leben
fürs Vaterland zu opfern. Und wie der Dichter aus Apulien, so
glaubt auch der Spanier an die Belohnung dieses Einsatzes
durch ein ruhmreiches und ehrendes Andenken; ja er selbst
hilft, dieses mit seinen Worten zu wahren. Nicht zuletzt
spricht daraus die Dankbarkeit für die wiedererlangte Freiheit[596].
Für Prudentius eröffnet sich so eine einzigartige Synthese:
Freiheit ist nun nicht mehr allein bei Gottvater im Himmel
gewährleistet. "Libertas" ist jetzt auch im diesseitigen Leben des römischen Bürgers gesichert. Ein wesentlicher Zwie-
spalt hat sich so aufgelöst. Irdische und himmlische Heimat
schließen sich nicht mehr aus; sie scheinen vielmehr eine
einzige, untrennbare Einheit zu bilden, zu der jeder Teil
seinen Beitrag leistet. Der eine Vermittler aber zwischen
beiden ist Christus. Er verläßt seinen himmlischen Thron und
besteigt den Triumphwagen des Honorius, um mit diesem dessen
militärischen Erfolg zu feiern. Gleichzeitig gibt er diesem
Erfolg eine ganz neue Qualität, indem er es dem Kaiser ermöglicht, sein Reich über alle irdischen Grenzen hinaus auszu-
dehnen. Honorius selbst gewinnt so Unsterblichkeit; ewige Ge-

---

[596] Daß diese nur von kurzer Dauer sein würde, konnte jeder Römer
ahnen; doch verschließt der Dichter in wundersamer Naivität vor dieser
Tatsache die Augen. Stattdessen läßt er die personifizierte Roma Kaiser
Honorius wie den endgültigen Befreier der Stadt feiern: vgl. S 2,726ff.:
"Quo te suscipiam gremio, fortissime princeps ... inmunis tanti belli ac
liber ... timor omnis abesto, vicimus, exultare libet."

meinschaft mit Christus ist ihm gewiß[597].
Das harmonische Zusammenwirken zwischen irdischem römischen
Staat und himmlischer Heimat spiegelt sich so in der ewigen
Gemeinschaft zwischen Honorius und Christus.
Wie eng verzahnt erscheinen nach dieser Vorstellung des Dichters Politik und Religion, Staat und Kirche! Schon in der
heidnischen Epoche des römischen Reiches hatte es ein ähnliches gegenseitiges Durchdringen von "res publica" und "res
religiosa" gegeben. Diesem hatten sich die Christen jedoch,
wie wir an den Beispielen des Laurentius und Vincentius beobachten konnten, standhaft versagt, sahen sie doch für ihr Bekenntnis keinen Platz in diesem Gefüge.

2.3.4.3 Der Hymnus auf Fructuosus

Auch Fructuosus, Bischof von Tarracona, dessen Martyrium in
Pe 6 verherrlicht wird, sah an sich massive Forderungen nach
religiöser Loyalität gegenüber dem heidnischen Staat gestellt:

> "Iussum est Caesaris ore Gallieni,
> quod princeps colit ut colamus omnes."
> "Es ist der durch Gallienus vermittelte Befehl
> des Kaisers, daß alle verehren, was der erste
> Mann im Staat verehrt."   (Pe 6,41f.)[598]

Unbeeindruckt widersetzt Fructuosus sich diesem Anspruch, indem er sich zu seinem Gott als dem Schöpfer a l l e r Menschen bekennt:

> "Aeternum colo principem dierum,
> factorem dominumque Gallieni."
> "Ich verehre den ewigen Herrn der Tage,
> den Schöpfer und Gebieter des Gallienus."   (Pe 6,44f.)

Der "princeps" kann von daher keine Sonderstellung beanspruchen. Wie Vincentius (Pe 5,172), so weiß auch Fructuosus sich
im Grunde genommen allein Gott unterworfen.
Aus dessen Worten scheint ihm eine derart gelassene Souverä-
nität gegenüber der alten Religion zu erwachsen, daß er sich
nicht einmal scheut, seinen Gott durch bekannte Epitheta

---

[597] Vgl. S 2,758f.: "Regnator m u n d i Christo sociabere i n
a e v u m, quo ductore meum trahis a d c a e l e s t i a regnum."
[598] Eine ähnlich enge Verbindung von römischer Religion und Politik
ist auch für den Verfolger des Vincentius selbstverständlich; vgl. Pe 5,
27f.43.105-110; auch Romanus umreißt Pe 10,166f. diesen Zug der römischen
Religiosität.

heidnischer Gottheiten zu charakterisieren. Für Fructuosus
ist sein Gott ebenso "deus Tonans" (Pe 6,98), wie dies die
Heiden von ihrem Juppiter glauben.
Zweifelsohne wird an dieser Stelle die Fiktion der Martyrer-
rede anachronistisch. Eine so freie und unverkrampfte Übertragung heidnisch-mythischer Begriffe auf den Christengott
muß man für die Auseinandersetzung der Martyrer mit den Verfolgern wohl ausschließen, selbst wenn die Martyrer in ihrem
Inneren noch der einen oder anderen heidnischen Vorstellung
anhingen. Prudentius projiziert hier offensichtlich die terminologische Unbefangenheit und Selbstsicherheit der "ecclesia triumphans" zurück in die Zeit der bedrängten Kirche[599].
Für diese war eben, wie wir schon des öfteren sehen konnten,
das römische Reich nicht mehr oder noch nicht wieder die Größe, zu deren Unterpfändern man eine neutrale oder gar positive Einstellung finden konnte.

2.3.4.4 Der Hymnus auf Romanus

Auch im Hymnus auf Romanus, der als letzter Beitrag zur Frage
der politischen Religiosität im "Liber Peristephanon" behandelt werden soll, läßt sich eine solche Überzeichnung der
Verfolgungssituation mit Einstellungen aus der theodosianischen Ära beobachten.

2.3.4.4.1 *Antipathie gegenüber dem realen Rom –*
Sympathie gegenüber dem idealen Rom

Zunächst zeichnet Prudentius den syrischen Diakon und Martyrer Romanus als einen Menschen, der dem irdischen Rom nur
Verachtung entgegenbringt. Für ihn sind all die Institutionen
und Wahrzeichen, die das Römertum so entscheidend prägten,
nicht mehr als vergängliche Elemente des römischen Hochmutes:

> "... Nonne cursim transeunt
> fasces secures sella praetexta et toga
> lictor tribunal et trecenta insignia,
> quibus tumetis moxque detumescitis?"

---

[599] Vgl. auch den selbstverständlichen Gebrauch des Titels für Gott
in C 6,81; ebenso H 376, wo freilich der Christengott von Juppiter durch
"verus" abgehoben ist (vgl. dazu auch THRAEDE, Epos 1023f.1037). Ganz
ähnlich dürfte auch der Gebrauch des Titels "tartarus" (Pe 10,475) anachronistisch sein; vgl. dazu auch oben S. 107 Anm. 40.

> "Vergeht das alles nicht wie im Flug: Ruten-
> bündel, Beil, Sessel, Prätexta und Toga, das
> Liktorenamt, das Tribunal und die 300 Insignien,
> über die euch vor Stolz die Brust schwillt,
> um dann bald wieder ganz klein zu sein?"
>
> (Pe 10,142-145)

Wie sehr scheint hier die Toga zum Sinnbild eines verhaßten
Vaterlandes geworden![600] Die Atmosphäre der Verfolgungszeit
scheint hier realistisch getroffen. Doch dann bekennt sich
Romanus im selben Atemzug zu Rom als "saeculi summum caput"
(Pe 10,167). Allem Anschein nach entspricht das Heidentum
also gar nicht Roms wahrem Wesen. Es entstellt gleichsam
seine Persönlichkeit und ruft Spott und Verachtung hervor[601].
Doch letztendlich ist Rom wegen dieses Schicksals bemitlei-
denswert[602]. Wo aber Mitleid ist, da ist doch, zieht man die
griechische Entsprechung des Wortes heran, auch Sympathie
vorhanden. Damit ist aber durch die Hintertür auch den Christen eine, wenn auch gedämpfte Romliebe möglich. Freilich
zielt diese Liebe auf ein Rom, dessen wirkliche Bestimmung in
der zukünftigen Bekehrung zum Christentum liegen muß. Dem gegenwärtigen Rom mit seinen heidnischen Gottheiten und Kunst-
werken können sie freilich keine Verehrung zollen[603]:

> "Ad haec colenda me vocas, censor bone?
> Potesne quidquam tale, si sanum sapis,
> sanctum putare? Nonne pulmonem movet
> derisus istas intuens ineptias,
> quas vinolentae somniis fingunt anus?"

> "Dies zu verehren, forderst du mich auf, guter Zensor?
> Kannst du denn, wenn du noch einen gesunden
> Menschenverstand hast, so etwas für heilig halten?
> Brichst du denn nicht in Gelächter aus, wenn du
> diesen Schwachsinn betrachtest, den sich weinselige
> alte Weiber in ihrem Delirium zusammenreimen?"
>
> (Pe 10,246-250)

Ja, dem einfachen Volk kann Romanus die Befangenheit im poly-

---

[600] An anderer Stelle, wo der Dichter unverstellt seinem eigenen
Zeitgefühl Ausdruck gibt, wird das symbolträchtige Kleidungsstück in vollem Umfang rehabilitiert: vgl. S 1,8.36.538.623; S 2,699; Pe 2,10.

[601] So bei Romanus Pe 10,146-165 u.a.

[602] Vgl. Pe 10,165: "Miseret tuorum me sacrorum et principum morumque, Roma, saeculi summum caput."

[603] Vgl. vor allem den schon aus S 1 bekannten Vorwurf der Vielgötterei (Pe 10,176ff.) und der damit verbundenen Billigung oder zumindest Verharmlosung von Ehebruch (Pe 10,181) und Streit (Pe 10,211); ebensowenig kann zu dieser Zeit die heidnische Kunst geduldet werden, solange
sie noch im Dienst der polytheistischen Propaganda steht (vgl. Pe 10,
271ff.). Anders dagegen zur Zeit der Theodosiussöhne, wo die alten Kunstwerke für erhaltungswürdig erachtet werden, nachdem sie jedes religiöse
Gewicht verloren haben (vgl. dazu oben S. 152f.).

theistischen Irrtum noch verzeihen (vgl. Pe 10,301-305). In
seinen Augen ist es "fatuus": es steht allem Anschein nach
noch auf einer der unteren Stufen der religionsgeschicht-
lichen Entwicklung, empfanden doch die Christen gerade die
Frühzeit der römischen Religion als von der Einfältigkeit des
Volkes geprägt[604].

Aber nicht nur durch den gemeinen Mann kann man sich in ein
bestimmtes Stadium der römischen Religionsgeschichte zurück-
versetzt sehen. Auch den Verfolger charakterisiert Romanus
als einen Menschen, in dem sich epochale Züge der gesamtreli-
giösen Entwicklung wiederentdecken lassen. Als Mann von Bildung - "vir eruditus et   d o c t u s" (Pe 10,306)[605] - erinnert er an die in S 1 beschriebene augusteische Zeit, die
von Prudentius als "d o c i l i s iam aetas" (S 1,245) eingeführt worden war. Obwohl nun die verstandesmäßigen Fähigkeiten ausgebildet sind, zögern die augusteischen Römer mit
ihrer Bekehrung[606], will der Christenverfolger nichts von
der Religion des Martyrers wissen[607].

2.3.4.4.2 *Der Dialog mit dem Verfolger: Wechsel zwischen Werbe- und Schmährede*

Trotz der Verstockung, die Romanus bei seinem heidnischen
Kontrahenten aufdeckt, versucht er unbeirrt, diesem das Christentum als die wahre Religion zu erweisen[608]. Doch gibt er
im selben Augenblick zu, daß der Christengott weder durch die
Sinne noch durch den Verstand erfaßt werden kann: "Deus ...

---

[604] Vgl. S 1,145f.: "Tantum posse omnes illo sub tempore reges indocilis fatui ducebat ineptia vulgi, ut ... ." Daß Rom damals noch tief in
der Barbarei verwurzelt war, betont Prudentius immer wieder (vgl. dazu
oben S. 131f.). Auch Romanus erscheinen offensichtlich die ungehobelten
Menschen, die noch dem Heidentum anhängen, eher als barbarisch denn als
römisch; er macht ihnen ja bezüglich ihrer Vielgötterei mit fast denselben Worten Zugeständnisse, mit denen Theodosius die Verehrung heidnischer
Gottheiten auf unzivilisierte Völker beschränkt wissen will; vgl. Pe 10,
301.304f.: "Ignosco fatuis haec tamen vulgaribus quibus omne sanctum est
quod pavendum rancidae eduntularum cantilenae suaserint" mit S 1,449f.:
"Sint haec barbaricis gentilia numina pagis, quos penes omne sacrum est,
quidquid formido tremendum suaserit."
[605] Das ist wohl auch der Grund, weswegen sich Romanus von einer rationalen Auseinandersetzung mit seinem Verfolger, wie er sie Pe 10,174f.
fordert, Erfolg verspricht.
[606] Vgl. dazu oben S. 130.
[607] Vgl. Pe 10,306ff.: "Vos eruditos miror et doctos viros ... nes-
cire vel divina vel mortalia quo iure constent."
[608] Vgl. Pe 10,318: "... lux ipse v e r a v e r i et auctor luminis". (Zu beachten auch die Betonung der Aussage durch Polyptoton!)

non cogitando, non videndo clauditur, excedit omnem mentis humanae modum nec comprehendi viribus nostris valet."/"Gott ... kann weder denkend noch schauend erfaßt werden; er überschreitet jede Vorstellungsgabe des menschlichen Geistes und vermag mit unseren Fähigkeiten nicht erkannt zu werden." (Pe 10,311-314) Damit stößt aber auch sein Versuch einer rationalen Argumentation, wie er sie Pe 10,175 gefordert hat, an seine Grenzen.

– *Trinitätslehre und Polytheismus*
Besonders deutlich werden diese Grenzen bei der Darlegung der christlichen Trinitätslehre. So bemüht sich Prudentius, der Gefahr einer polytheistischen Fehlinterpretation durch starke Betonung der Einheit in der Dreifaltigkeit zu begegnen[609]. Eine solch feine Unterscheidung dürfte wohl aber das Fassungsvermögen des theologisch völlig ungeschulten Verfolgers übersteigen. Romanus läßt es dennoch nicht damit bewenden.

– *Spiritualisierung von Schöpfungsakt und Kult*
Auch die christliche Vorstellung von der Entstehung der Welt setzt er scharf ab von entsprechenden heidnischen Ideen. Nicht m ü h e v o l l e s Ingangsetzen v o r h a n d e - n e r M a t e r i e bewirkte die Entfaltung des Universums, sondern allein das befehlende W o r t Gottes hat aus dem N i c h t s die unendliche Vielfalt der Natur[610] geschaffen[611].
Für Romanus zieht diese "Spiritualisierung des Schöpfungsaktes" wie selbstverständlich auch eine Spiritualisierung des religiösen Kultes nach sich: Statt der heidnischen Tempel aus kostbarem Travertin oder Marmor gründet der Christengott sein Heiligtum im Herzen der Menschen[612]. Darin übernimmt die "Fides" die Aufgabe des Priesters und ruft zur Darbringung von

---

609 Vgl. Pe 10,321-325: "Vis u n a patris, vis et u n a est filii u n u s-que ab u n o lumine splendor satus pleno refulsit claritatis numine; natura simplex pollet u n i u s dei et quidquid umquam est u n a virtus condidit."
610 Besonders ausgedrückt in der beinahe unendlich erscheinenden Kette von Aufzählungen Pe 10,326-335; zur Vorliebe des Dichters für derartige Wortergüsse vgl. LAVARENNE I, XIIf.
611 Vgl. dazu die streng antithetische Formulierung Pe 10,336ff.: "Haec non labore et arte molitus deus sed iussione ... verbo creavit ..." sowie Pe 10,325: "quidquid usquam est, una virtus condidit", dazu auch Pe 10,338: "Facta sunt, quae non erant", wo das Theologumenon von der "creatio ex nihilo" als selbstverständlich vorausgesetzt ist.
612 Vgl. Pe 10,346ff.; ähnlich auch C 4,16; S 2,842 u.a.; dazu Näheres unten S. 320ff.

Opfern auf. Auch hier sind nicht mehr - wie bei den Heiden-
materielle, sondern geistige Opfer gefragt[613]. Statt Opfer-
rauch und Weihrauchduft erwartet der Christengott die Erfüllung biblischer Tugendideale wie "pudor", "pax", "castitas",
"spes" und "largitas"[614]. Mit einer derartigen Vergeistigung
weiß Romanus seine Religion dem heidnischen Kult haushoch
überlegen: "v i n c e n s odorem balsami turis croci/auras
madentes Persicorum aromatum" (Pe 10,362f.)[615].
- *Der Niveauunterschied zwischen Christ und Heide*
In beleidigenden Schimpftiraden - auch das wieder bewußte
Provokation zur Vollstreckung des Martyriums - erläutert der
Martyrer seinem heidnischen Gegenüber den aufgedeckten Niveauunterschied: Christ und Heide verkörpern für ihn zugleich
den Gegensatz zwischen Geist und Fleisch[616], zwischen Licht
und Finsternis[617], ja sogar zwischen Mensch und Tier, wird
doch dem heidnischen Kult ein Hang zu allem Erdhaften vorgeworfen[618], der Blick nach unten als sein charakteristischer
Irrtum herausgestellt[619]. Gerade dies aber war S 2,165ff. als

---

[613] Vgl. dazu auch THRAEDE, Studien 42f.

[614] Vgl. Pe 10,351ff.; interessant ist hier die Abweichung von dem
in der Ps gezeichneten Bild: von den zahlreichen personifizierten Tugenden ist hier nur noch die "Fides" übriggeblieben; die restlichen Werte,
die in der Ps noch überaus lebendige und personale Züge getragen hatten,
sind nun wieder objektiviert. Zur "Verwandlungsfähigkeit des Bildes" vgl.
auch HERZOG 110, Anm. 38.

[615] Daß hier der Überbietungstopos Verwendung findet, liegt auf der
Hand (vgl. THRAEDE, Unters. II,155). Freilich versucht Prudentius keineswegs nur über den Weg der Spiritualisierung die Überlegenheit des Christentums zu erweisen. Wo aber die Verfolgungszeit den geschichtlichen
Hintergrund abgibt, eignet sich diese Methode allerdings besonders gut,
mußte sich doch die Kirche eine demonstrative Entfaltung ihres Kultes
nach außen versagen. Ganz anders dann die Umstände zu Lebzeiten des Dichters selbst. Da freut sich die Kirche ihres Triumphes und macht diese
Freude in zahlreichen Zeichen manifest. Der kirchliche Festkalender wird
umfangreicher; Prudentius selbst versucht, seinen Heimatbischof zur Einführung römischer Gedenktage zu ermuntern (vgl. Pe 11,231-234). Der Martyrerkult blüht. Wieder zeichnet Prudentius davon ein lebendiges Bild
(vgl. Pe 1,7ff.118ff.; 3,20ff.; 4,193ff.; 5,333ff.; 6,148ff.; 11,135ff.).
Prachtvolle Kirchenbauten zeugen vom neuen Lebensgefühl der Christen, die
- man denke nur an die frühen Basiliken - bewußt in Konkurrenz zu der
überwundenen Religion treten und diese, wie die stolzen Beschreibungen
des Prudentius lehren (vgl. Pe 3,191ff.; 12,31ff.), nicht zu scheuen
brauchen. Das Überbietungsmotiv hat hier also durchaus auch in die kul-
tisch-materielle Praxis Einzug gehalten.

[616] Vgl. Pe 10,368: "vigor mentis" mit Pe 10,372: "carnulenta ...
pectora", Pe 10,374: "deditum cadaveri" und Pe 10,436: "pupilla carnis".

[617] Vgl. Pe 10,369: "acumen ignis" und Pe 10,439: "natura fervens"
mit Pe 10,371: "caecitas gentilium" und Pe 10,373: "tenebrosum genus".

[618] Vgl. Pe 10,369: "... ad terram vocat"; Pe 10,374: "... terris
amicum".

[619] Vgl. Pe 10,375: "subiecta semper intuens, numquam supra".

Wesensmerkmal der Vierfüßler empfunden worden[620].

Der Christ ist dagegen als "animal rationale" zu Höherem befähigt und hat einen unverstellten Blick für die lichte Herrlichkeit Gottes[621].

Angesichts solcher Unterschiede kann es, was das religiöse Bekenntnis angeht, ja letztlich in keiner Beziehung eine Gemeinsamkeit mit dem heidnischen "princeps" geben.

- Das Verhältnis von "salus publica" und "salus animae" bei Romanus und Asklepiades

Doch gerade die religiöse Übereinstimmung mit dem Kaiser möchte der Beamte erzwingen, ist er doch Bediensteter eines Staates, in dem seit frühester Zeit religiöse Loyalität als Fundament für das Wohlergehen des Gemeinwesens gilt[622]. Die Autorität seines Dienstherrn steht und fällt mit der Autorität, die er den von diesem favorisierten Gottheiten verschafft:

"Sprevisse templa respuisse est principem."

"Die Tempel verachtet zu haben, heißt
den Kaiser verworfen zu haben."   (Pe 10,425)[623]

Wer den derart politisierten Göttern die Gefolgschaft verweigert - und Asklepiades muß hilflos eine Entwicklung in diese Richtung ausmachen, die nicht einmal vor ältesten Einrichtungen der pompilischen Königsdynastie Ehrfurcht zeigt[624] -, der muß automatisch als "hostis publicus" mit der Todesstrafe rechnen[625]. Vom Willen dieser Götter glaubt Asklepiades ja die Gründung, Machtentfaltung und geschichtliche Bestimmung Roms - Unterwerfung und Zivilisierung des Erdkreises durch die friedstiftende Wirkung des römischen Rechts - abhängig:

"Quod Roma pollet auspicato condita,
Iovi Statori debet et dis ceteris.

---

[620] So S 2,166: "... quod bona quadrupedum ante oculos sita sint" (vgl. dazu oben S. 145.159).

[621] Vgl. den Hinweis auf die Fähigkeit, "vigorem mentis a l t e intendere" (Pe 10,368), näher erläutert in Pe 10,439f.: "natura fervens sola ferventissime divinitatis vim coruscantem capit".

[622] Man bedenke nur, mit welcher Selbstverständlichkeit Asklepiades Pe 10,402 von einer förderlichen Wirkung religiöser Einrichtungen auf die "salus publica" ausgeht (vgl. zu dieser Vorstellung auch oben S. 100ff.).

[623] Ähnlich auch Pe 5,27f.; 6,42.

[624] Vgl. Pe 10,402f.: "Inventa regum pro salute publica Pompiliorum nostra carpunt saecula."

[625] Vgl. Pe 10,421-424: "Accingere ergo, quisquis es, nequissime, pro principali rite nobiscum deos orare vita vel, quod hostem publicum pati necesse est, solve poenam sanguine."

Hoc sanctum ab aevo est, hoc ab atavis traditum:
placanda nobis pro triumfis principis
delubra, faustus ut secundet gloriam
procinctus utque subiugatis hostibus
ductor quietum frenet orbem legibus."

"Daß Rom zu einer guten Stunde gegründet wurde
und jetzt in voller Blüte steht, verdankt es
Juppiter Stator und den übrigen Göttern.
Das ist seit jeher unantastbare Überzeugung,
das ist von unseren Vorfahren überliefert,
daß wir für die Triumphe des Kaisers Sühneopfer
im Tempel darbringen müssen, damit ein glück-
licher Kampf seinen Ruhm mehre und der Feldherr
nach seinem Sieg über die Feinde den Erdkreis
in Frieden und Gerechtigkeit lenke."   (Pe 10,414-420)

Das Wissen darum ist ein von den Vorfahren ererbtes Gut-
"hoc ab atavis traditum" - und wird noch von Asklepiades
sorgfältig vor Neuerungen in acht genommen. Diese starre Tra-
ditionsgebundenheit läßt den Heiden mit geradezu kindlicher
Unbeholfenheit der neuen christlichen Lehre begegnen:

"Quis hos sofistas error invexit novus
qui non colendos esse divos disputent?
Nunc dogma nobis christianum nascitur
post evolutos mille demum consules
ab urbe Roma, ne retexam Nestoras.
Quidquid novellum surgit olim non fuit."

"Welch neuer Irrtum hat diese Sophisten
ergriffen, wenn sie meinen, die Götter
seien nicht zu verehren?
Nun plötzlich entfaltet sich die Lehre der
Christen, nachdem seit der Gründung der Stadt,
um nicht bis zu Nestor zurückzugehen, Tausende
von Konsuln in die Annalen eingegangen sind.
Was uns jetzt als Neuheit entgegentritt, hat
es einst nicht gegeben."   (Pe 10,404-409)

Auch darin erweist Asklepiades sich als Römer "vom alten
Schlag"[626]. Da muß er natürlich Romanus, der nicht an das
alte Bündnis zwischen Rom und den heidnischen Göttern glaubt,
als einen Vaterlandsverräter betrachten. Mit dem scheinbaren
Zugeständnis des Martyrers, allenfalls für die Bekehrung des

---

[626] Anders dagegen der Dichter selbst, der den Heiden in dieser
Weise denken und agieren läßt. Auch Prudentius ist noch vom "Erbgut" der
Vorfahren geprägt, auch für ihn ist die Bestimmung Roms die gleiche ge-
blieben. Doch ist bei ihm das Traditionsbewußtsein weit genug aufgebrochen, um "Mutationen" in den ererbten Vorstellung nicht zu dulden,
sondern bewußt zu fördern. Ohne Skrupel stößt er die heidnischen Götter
vom Sockel und sieht in Christus die "causa" für die Größe Roms! Vgl. nur
das "nationalrömische Glaubensbekenntnis" des Dichters in S 1,427ff.; 2,
35ff.583ff.; Pe 2,413ff.

"princeps" zu beten (vgl. Pe 10,426-430.441ff.), kann er sich
nicht zufrieden geben. Die Überredung zum Abfall ist ja in
seinen Augen so viel wie Anstiftung zur Fahnenflucht. Und Romanus' abschließenden Worte lassen eindeutig erkennen, daß
es diesem nicht gelungen ist, seinem Kaiser Autorität zu verschaffen:

> "Hoc, opto, lumen imperator noverit
> tuus meusque, s i   v e l i t   f i e r i   m e u s;
> nam si resistit christiano nomini,
> meus ille talis imperator non erit.
> Scelus iubenti, crede, numquam serviam."

> "Dieses Licht, so wünsche ich mir, mag dein
> und mein Kaiser, wenn er der meine werden will,
> erkennen; denn wenn er sich dem Namen Christi
> widersetzt, wird er mein Kaiser nicht sein.
> Niemals werde ich, glaube mir, einem dienen,
> der Verbrechen befiehlt."   (Pe 10,441-445)

Für Asklepiades ist dieses Bekenntnis der letzte Anstoß zur
Vollstreckung des Martyriums.

Doch Romanus zeigt sich davon nicht beeindruckt, geschweige
denn eingeschüchtert. Physische Gewalt kann ihm ja entsprechend der geringen Bedeutung, die er allem Fleischlichen bei-
mißt, nichts anhaben[627]. Doch seelische Qualen bereitet es
ihm, die Heiden noch immer dem Irrtum verfallen zu sehen.
Auch noch in dieser Extremsituation ist der Martyrer also zu
einer spiritualisierenden Erwiderung in der Lage!

Logisches Heilmittel nach dieser Diagnose ist für Romanus
eine erneute Werberede für das Christentum: "Audite cuncti,
clamo longe et praedico,/emitto vocem de catasta celsior."/
"Hört alle, ich rufe es aus und verkünde es; meine Stimme erhebe ich vom Podest meiner Folterbühne aus." (Pe 10,466f.)
Ihr Zweck war bereits Pe 10,442 zu erkennen gewesen: Der Kaiser soll den Widerstand gegen die christliche Religion aufgeben und damit wohl auch ein Beispiel für die Untertanen setzen.

Christus verheißt dafür   b e s t ä n d i g e s   Heil[628] und
überbietet so allem Anschein nach die von Numa propagierten
Gottheiten mit ihrer scheinbaren Sicherstellung der faktisch

---

[627] Vgl. Pe 10,460; dazu auch die Ausführungen des Vincentius Pe 5,
153ff., und oben S. 229f.
[628] Vgl. Pe 10,470: "Spondet salutem   p e r p e t e m   credentibus."

doch so gefährdeten "salus publica"[629].
Die Erfüllung der Heilssehnsucht wird damit freilich ins Jenseits verlagert. Die Heilszusage erfährt eine Verinnerlichung
durch ihren Bezug auf die einzelne Seele. "Salus animae su-
prema lex" könnte nun die Devise heißen[630]. Hand in Hand damit geht eine für die damalige Situation des Christentums
typische Abwertung des Leiblich-Körperlichen, von der bereits
oben unter dem Stichwort "dualistische Anthropologie" die Rede war[631]. So ist auch für Romanus der Körper gleichsam ein
Gebäude, das nach festem Naturgesetz zur Ruine werden muß
(vgl. Pe 10,478-480). Damit verliert aber die Frage, wodurch
dieser Verfall – ob durch Krankheit oder Folterqualen – aus-
gelöst wird, für den Christen an Bedeutung (vgl. Pe 10,481-
495). Arzt und Folterknecht gewinnen für ihn eine vergleichbare Funktion. Beide bewirken durch ihr schmerzbringendes
Skalpell die Heilung des kranken Menschen. Doch ist ihre Aufgabe nicht identisch, die jeweilige Krankheit eine andere.
Daß dem Mediziner an der Wiederherstellung eines gesunden und
intakten K ö r p e r s gelegen ist, läßt Prudentius als
selbstverständliche Tatsache unausgesprochen. Sie würde in
seinem Vergleich auch nur stören. Die heilende Hand des Fol-
terknechtes setzt ihr Skalpell nämlich so radikal an, daß ihm
der ganze Körper des kranken Menschen zum Opfer fällt[632].
Dennoch versucht Romanus, die umstehenden Menschen davon zu
überzeugen, daß auch dieses Messer Heilung bewirkt (vgl. Pe
10,501-503). Damit kann er unmöglich die Gesundung des Körpers meinen, denn eine gesunde, wirklich intakte Körperlichkeit gibt es für ihn von vornherein nicht (vgl. Pe 10,506-
510). Mit der Zerstörung des Körpers wird daher die Wurzel
seelischer Krankheit entfernt. Romanus erwartet folglich,
wenn er sich den Folterknecht als "medicus" wünscht, die Hei-

---

[629] Vgl. Pe 10,402f.: "Inventa regum pro salute publica Pompiliorum
nostra carpunt saecula."
[630] Erst mit der Überwindung des Heidentums wird sich dann der Widerspruch zwischen "salus publica" und "salus animae" wieder auflösen.
Mit Theodosius ist dann der Punkt erreicht, wo die Einheit zuverlässig
gewährleistet ist (dazu oben S. 116f.).
[631] Vgl. dazu oben S. 229f. und unten S. 253ff.
[632] Vgl. Pe 10,504: "Videntur isti carpere a r t u s t a b i d o s
... ."

lung seiner Seele[633]. So führt auch dieser Vergleich des Hen-
kers mit einem Arzt zu einer Spiritualisierung des Heilsbe-
griffs[634]. Der Folterknecht wird damit unfreiwillig zum Werkzeug Gottes und hilft, dessen Verheißung zu erfüllen, den
Menschen beständiges Seelenheil zu erwirken[635], freilich
nicht allen Menschen, sondern nur denen, die in tapferer
Standhaftigkeit ihren Glauben bekennen[636]. Die anderen haben
mit den Christen, für die Romanus hier exemplarisch Zeugnis
ablegt, nur die Gewißheit ihres körperlichen Zerfalls gemein[637]. Für Romanus als im Glauben Gerechtfertigten ist der
Tod jedoch nur Vorstufe und Voraussetzung zur Freisetzung des
Geistes, dem das Licht des Schöpfers den weiten Weg weist und
ewige Gemeinschaft mit Gott und den Engeln verheißt[638]. Wer
auch immer Zugang zu diesen "praemia" (Pe 10,531) der christlichen Religion finden will - und Romanus scheint noch immer
zu versuchen, seine Gegner dafür zu gewinnen -, muß daher
seinen Körper, ja überhaupt alles Irdische für nichts erachten und seinen Blick auf unvergängliche Werte richten[639].
Das ist das Fazit der Werberede, mit der sich Romanus Gehör,
ja vielleicht sogar Zustimmung zu seiner Religion bei den

---

[633] Vgl. Pe 10,516: "Medere, q u a e s o, carnifex, tantis malis".
Dieser Verfolger = "medicus" kann dann auch ohne Bedenken von Prudentius
"carnifex" genannt werden (so Pe 10,496.516.548, eine Charakterisierung,
die für den gewöhnlichen Mediziner, mit dem dieser verglichen wird, doch
den Entzug der Approbation zur Folge haben müßte). Denn seine "Qualität"
zeigt sich nach Pe 10,504f. ja gerade in seiner heilenden Wirkung auf die
Seele: "Videntur isti carpere artus tabidos, s e d dant medellam rebus
intus vividis."
[634] Zur sprachlichen Mehrdeutigkeit des Begriffsfeldes "salus",
"salubris" etc. vgl. HERZOG 16f.
[635] Eine ähnliche Dienstfunktion nimmt der Henker auch in Pe 5 ein
(vgl. oben S. 229f.). In ihm können wir daher, in Erinnerung an Goethes
"Faust" einen "Teil jener Kraft" erkennen, "die stets das Böse will und
stets das Gute schafft" (= Faust I,1335f.).
[636] Vgl. Pe 10,470: "Spondet salutem perpetem c r e d e n t i-
b u s" sowie Pe 10,531f.: "Sed praemiorum forma quae sit f o r t i b u s
videamus, illa nempe, quae numquam perit."
[637] Vgl. Pe 10,522ff.: "Hoc perdo solum, quod peribit o m n i-
b u s, regi clienti pauperique et diviti. Sic vernularum sic senatorum
caro tabescit imo cum sepulcro condita est."
[638] Vgl. Pe 10,518f.: "Fac, ut resecto debilis carnis situ dolore ab
omni mens supersit l i b e r a"; Pe 10,533-535: "Caelo refusus subvola-
bit spiritus, dei parentis perfruetur lumine regnante Christo stans in
arce regia"; Pe 10,529f.: "Deus superstes solus et iusti simul cum sempi-
ternis permanebunt angelis."
[639] Vgl. Pe 10,541-545: "Contemne praesens utile, o prudens homo,
quod terminandum, quod relinquendum est tibi; omitte corpus, rem sepulcri
et funeris, tende ad futuram gloriam, perge ad deum, agnosce, qui sis,
vince mundum et saeculum." Dazu auch unten S. 287ff.

Heiden verschaffen will. Doch der Erfolg bleibt aus. Asklepiades läßt sich nicht überzeugen. Vielmehr befiehlt er nun
"furens" (Pe 10,547) gezielte Folterstrafen gegen den Mund
des Martyrers als der Quelle dieser "ketzerischen" Worte. Für
Romanus ist dies erst recht Grund, die Lehre Christi zu verkünden. Doch der werbende Charakter seiner Worte tritt in
den Hintergrund; die Auseinandersetzung gleicht wieder mehr
einem Duell, das von Romanus ausschließlich verbal, von seinem Gegner teils argumentativ, meist aber mit physischer Gewalt ausgefochten wird.
Zwar reagiert Romanus auf die Kreuzverhöhnung durch den Heiden mit einem paränetisch einsetzenden Resümee der christlichen Soteriologie: Danach liegt im Kreuzesgeschehen das Heil
der Christen, ja die Erlösung der Menschheit begründet: "hominis haec redemptio est" (Pe 10,587)[640]. Wenn das nicht wie
eine Einladung an Asklepiades klingt, sich zu dieser Theologie des Kreuzes zu bekennen und damit sein Heil zu sichern!
Doch unvermittelt brüsk weist Romanus auf die Aussichtslosig-
keit dieses Unterfangens hin. Asklepiades ist ja doch gottlos[641], noch immer mit Blindheit geschlagen; wie selbstverständlich wird so die Erlösungslehre wieder zum exklusiven
Mysterium der Christen[642].
Romanus glaubt also nicht mehr an den Erfolg seiner Worte,
gibt das auch offen zu: "Scio ..." (Pe 10,588ff.). Nachfol-
gende Äußerungen können das nur bestätigen. Letztendlich sind
ihm die Geheimnisse des christlichen Glaubens viel zu kost-
bar, um sie den Heiden anzuvertrauen. Das hieße in seinen Augen nichts anderes, als "Perlen vor die Säue zu werfen" (vgl.
Pe 10,648-650).
Das Bild paßt vorzüglich und ist sicherlich nicht zufällig

---

[640] Von dieser Erläuterung her scheint mit der durch "nostri" (Pe
10,586) bezeichneten Gruppe kein eng begrenzter Zirkel schon jetzt überzeugter Christen, sondern eine auf alle bekehrungs-w i l l i g e n Menschen hin offene Gemeinschaft gemeint zu sein.

[641] Vgl. Pe 10,588; der Vorwurf wiederholt sich in abgewandelter
Form Pe 10,595: "audi, profane", Pe 10,1009: "misserrime pagane", Pe
10,1098: "inprobe". Im übrigen fällt auf, daß beide Religionen beanspruchen, "pietas" zu üben und damit einen der zentralen altrömischen Werte
zu beleben. Folglich werfen sie der jeweils anderen Religion "inpietas"
vor: Romanus den Heiden Pe 10,588, Asklepiades den Christen Pe 10,822.

[642] Vgl. Pe 10,588-590: "Scio incapacem te sacramenti, inpie, non
posse c a e c i s sensibus m y s t e r i u m haurire nostrum. Nil
diurnum nox capit."

gewählt. Wieder erscheinen die Heiden als diejenigen, deren
wahres Menschsein bezweifelt werden muß; hatte der Vergleich
bei Mt unzweifelhaft noch einen bildhaften Charakter, so lassen die bereits oben besprochenen Schlüsseltexte[643] des Prudentius diesen ganz in den Hintergrund treten: Heide und Barbare werden tatsächlich noch als Wesen mit t i e r-hafter
Natur verstanden. So können sie auch gar nicht von der "redemptio h o m i n i s" betroffen sein. Das von Christus ge-
stiftete Heil kann Romanus als "nostra salus" (Pe 10,647) für
seine Glaubensgemeinschaft reklamieren.

Dennoch[644] versucht Romanus immer wieder, die Illusion einer
Werberede für das Christentum aufrecht zu erhalten, seinen
Worten einen missionarischen Anstrich zu geben: Da geht er Pe
10,611ff. auf das Altersargument der Heiden ein und scheint
Asklepiades durch den Hinweis auf das hohe Alter seiner Religion zur Einsicht bringen zu wollen. Auch macht er dem Verfolger Pe 10,656ff. das scheinbar faire Angebot, ein unmündi-
ges Kind, "qui sit favoris liber et non oderit quemquam"/"das
frei von Vorlieben oder Abneigungen ist" (Pe 10,657f.), über
die Wahrheit der Religion entscheiden zu lassen und sich dessen Urteil anzuschließen[645].

Schließlich erweckt Romanus noch Pe 10,960 den Anschein, auf
die Bekehrung des Präfekten zu warten: "Probatis c e d e
iam miraculis!"/"Laß dich überzeugen von den Wundern, die du
erfahren hast!" Doch was sollen all diese Bemühungen, wo
Romanus sich doch eingestandenermaßen der Verstocktheit des
Präfekten gewiß ist!

Für Romanus schaffen sie die Gelegenheit, seinem christlichen
Selbstverständnis Ausdruck zu geben, ein Glaubensbekenntnis
abzulegen und sich dieses Glaubens, wenn nötig, neu zu ver-
sichern. Wenn Romanus Pe 10,636ff. seinen Glauben an die
k ö r p e r l i c h e Auferstehung betont, so ist dies gewiß
auch trostreiche Relativierung des extremen frühchristlichen
Dualismus, wie er noch weiter oben breit vom Martyrer entfal-

---

[643] Vgl. oben S. 219 Anm. 539.

[644] Prudentius weist mit "tamen" (Pe 10,591) selbst auf den zwie-
spältigen Charakter seiner Rede hin.

[645] Vgl. Pe 10,659f.: "Periclitemur, quid recens infantia dicat se-
quendum." Der Präfekt geht tatsächlich auf dieses Angebot ein und kündigt
an, sich der Entscheidung des Kindes anzuschließen: "'Quid vis roga' in-
quit 'sequamur quod probarit pusio'" (Pe 10,664f.). Damit hat er sich
freilich einen Bärendienst geleistet, von dem noch die Rede sein wird.

tet worden war.

Eine ähnliche Bedeutung gewinnt für den Martyrer die Rede des
Kindes, an dessen positiver Entscheidung für das Christentum
er anscheinend nie gezweifelt hat. In der Tat ergreift Asklepiades ein Kind, das eine wahrlich fanatische Christin zur
Mutter hat und dementsprechend erzogen ist[646]. Dieses ist
dann auch für Romanus weniger "arbiter", wie er es Pe 10,655
in Aussicht stellt, denn Sprachrohr seiner eigenen Überzeugung. Zutreffend empfindet Asklepiades auch das Verhältnis
der beiden als das von Schüler und Lehrer, ja von "Komplizen"
(Pe 10,822).
Tatsächlich bekennt der Knabe wie auch Romanus Kerninhalte
der christlichen Religion. Mit wenigen Worten deutet er sein
Wissen um die Trinitätslehre an (vgl. Pe 10,673f.). Mit großer Selbstverständlichkeit erklärt er den Monotheismus als
einzig schlüssige, selbst Kindern einleuchtende Gottesvorstellung:

> "Genera deorum multa nec pueri putant."
> "Daß es vielerlei Götter gibt,
> glauben selbst Kinder nicht."   (Pe 10,675)

Durch solche Worte muß sich Asklepiades lächerlich gemacht
sehen. Beschämt, ja zornig[647] beschließt er das Martyrium für
den Knaben, um so dessen Mutter als für die religiöse Erziehung Verantwortliche zu strafen.
Doch die Reaktion der Mutter beschämt den Heiden aufs neue.
Getreu der christlichen Martyriumsmentalität versteht sie den
gewaltsamen Tod nicht als Strafe, sondern als großartige Möglichkeit, schon als junger Christ "virtus" zu beweisen (Pe
10,743f.) und sich so "gloria" zu erwerben (vgl. Pe 10,768-
779)[648]. Folgerichtig ermahnt sie ihren Sohn auch zum tapfe-
ren Erdulden aller Qualen, indem sie ihm berühmte Vorbilder

---

[646] Von kindlicher Unbefangenheit kann da keine Rede mehr sein. Doch
ist das Kind überhaupt jemals ein "unbeschriebenes Blatt"? Der Knabe erklärt ja selbst Pe 10,684f., seinen Glauben gleichsam mit der Muttermilch
eingesogen zu haben. Doch ebendies hatte Asklepiades wohl auch bezüglich
des heinischen Glaubens gehofft, der doch zu seiner Zeit die Religion der
großen Mehrheit war. Daß eine frühe Unterweisung darin durchaus üblich
war, lehrt auch S 1,202ff. (vgl. dazu CACITTI 417). Romanus setzt dagegen
die offenbar unerschütterliche Hoffnung, Gott habe als sein Mitstreiter
bei der Auswahl des Kindes die Hand im Spiel.
[647] Vgl. "pudor" (Pe 10,676); "furor" (Pe 10,679).
[648] Zum Zusammenhang von "virtus" und "gloria" vgl. bereits oben S.
173 Anm. 340.

- die Kinder von Bethlehem (Pe 10,737ff.) sowie die sieben jungen makkabäischen Brüder (Pe 10,751ff.) - vor Augen hält. Der Tod verliert dadurch seinen Schrecken und wird zu einem kostbaren Gut[649].

Mutter und Sohn werden durch dieses stoisch-heroische Verhalten[650] zu einer massiven argumentativen Unterstützung des Martyrers.

Doch Romanus kann sich in seinem Glaubenskampf noch einer größeren Hilfe erfreuen. Gott selbst gibt ein Zeugnis seiner Macht, indem er diesem die Fähigkeit gibt, zu sprechen, obwohl ihm ein Arzt zur Strafe die Zunge abgeschnitten hat. Asklepiades zeigt sich erstaunt[651], ja erschrocken[652], doch an ein Wunder kann er nicht glauben, zur Umkehr ist er noch immer nicht bereit[653]; vielmehr vermutet er einen raffinierten Trick. Dennoch kann Romanus das Eingreifen Gottes nicht als Fehlschlag empfinden, schafft es ihm doch schließlich die Möglichkeit, in einer letzten Schmährede mit dem Heidentum abzurechnen[654]. Diese verbale Aggression muß aber auch als Demonstration der eigenen Glaubensfestigkeit verstanden werden[655], die zum letzten Anstoß für die Vollendung des Martyriums werden soll.

Romanus hat damit das ersehnte Ziel, die "passionis gloria" (Pe 10,1097), erreicht. Er, der durch die Folter hat bezwungen werden sollen, geht als Sieger aus dem Kampf hervor und mit ihm die christliche Kirche: "At si cruente puniamur, vincimus" (Pe 10,1095)[656]. Seiner Seele wird, von den Fesseln des Körpers befreit, das von Gott verheißene ewige Heil zuteil: "Anima absoluta vinculis caelum petit." (Pe 10,1110)

---

[649] Vgl. Pe 10,839: "Pretiosa sancti mors sub aspectu dei."

[650] Zum Verhalten der Mutter vgl. FONTAINE, Femme 71f.

[651] Vgl. Pe 10,961: "stupor"; Pe 10,964: "miratur".

[652] Vgl. Pe 10,961: "horror"; Pe 10,962: "timor"; Pe 10,965: "formido".

[653] Vgl. Pe 10,1001f.: "At contra inpium nil haec latronem christianorum movent."

[654] Vgl. die Verunglimpfung des Mithraskultes (Pe 10,1007-1050), der Hekatombe (Pe 10,1056-1060), der Selbstverstümmelung zu Ehren der Kybele (Pe 10,1061-1090).

[655] Daß die Kirche nicht selten von neubekehrten Christen noch deutlichere Beweise für die Echtheit ihrer Gesinnung erwartete, etwa die Zerstörung eines heidnischen Heiligtums, sei hier nur am Rande erwähnt.

[656] Entsprechend muß Asklepiades - und mit ihm der heidnische Kult als der Unterlegene den Kampf aufgeben; vgl. Pe 10,1110, dazu treffend THRAEDE, Studien 132, Anm. 191.

Mit diesem Fazit reiht sich das Romanus-Büchlein nahtlos in
den Hymnenzyklus des "Liber Peristephanon" ein, in dem der
Bekennertod der Martyrer als Quelle sowohl des k i r c h -
l i c h e n als auch des i n d i v i d u e l l e n Heils
gepriesen, ja schließlich wegen seiner missionierenden Wirkung als Ursprung für die allmähliche, aber stetige Christianisierung des Reiches gefeiert wird.
Daß damit aber auch das Gedeihen des römischen Staates aufs
engste verknüpft ist, hat Prudentius den römischen Martyrer
Laurentius in seinem visionären Ausblick andeuten lassen, der
die Sicherung der christlichen Religion für den römischen
Staat zum Mittelpunkt hat.
Schließlich ließ es sich der Dichter nicht nehmen, in den gegen Symmachus gerichteten Büchern auf die Erfüllung dieser
Vision hinzuweisen und beharrlich die segensreichen Auswir-
kungen der theodosianischen (Kirchen-)Politik für das römische Reich zu proklamieren.

2.3.5 Zusammenfassung: Politische Religiosität und
Romideologie bei Prudentius

So bilden die beiden Bücher "Gegen Symmachus" und der Hymnenzyklus "Peristephanon" in gewisser Weise eine Trilogie, die
für uns als umfangreiches Zeugnis für die Auseinandersetzung
eines frühchristlichen Dichters mit dem römischen Staat als
einem politisch-religiösen Gebilde von höchstem Interesse
sein mußte.
Dabei stehen die Martyrerlieder in wesentlichen Partien für
das Gegeneinander von "ecclesia" und "res publica Romana";
die beiden ersten Werke beschreiben das allmähliche Übergehen
der beiden Größen in ein harmonisches Miteinander. Doch lassen sich für beide Phasen gleichbleibende ideelle Konstanten
feststellen: Die Martyrer, die im "Peristephanon" verherrlicht werden, zeigen neben der zu erwartenden Kritik an der
heidnischen Verfassung des römischen Staates einen schier
unbrechbaren Stolz auf die Hauptstadt ebendieses Reiches.
Dieser scheint nicht geringer als die Begeisterung, die die
christlichen Hauptpersonen in den beiden Büchern "Contra
Symmachum" an den Tag legen.
In beiden Fällen steht die Überzeugung im Hintergrund, daß
das Telos der römischen Geschichte in der Ausdehnung der

Macht ins räumlich Unbeschränkte und zeitlich Grenzenlose
liege. Damit sind die zwei altbekannten Zielvorstellungen vom
"orbis Romanus" und - "urbs" und "orbis" fallen jetzt ja zusammen - der "Roma aeterna" umrissen.

Diese Absolutheit der römischen Herrschaft legitimiert sich
in den Augen der von Prudentius charakterisierten Christen
sowohl im "Peristephanon" als auch in "Contra Symmachum" aus
der segensreichen Entfaltung der römischen Macht. Was aus
heutiger Sicht als imperialistisch erscheinen muß, wird von
den Repräsentanten und Bürgern des damaligen Staates mit dem
Hinweis auf die selbstlose Weitergabe von römischem "mos" und
römischen "leges" und der damit verbundenen Befriedung und
Zivilisierung des Erdkreises gerechtfertigt.

Damit läßt Prudentius seine christlichen Akteure einer Ge-
schichtsauffassung anhängen, die nicht nur auch von heidnischen Römern in vollem Umfang mitgetragen wurde, sondern sogar von heidnischen Poeten zuerst in Worte gefaßt und propagiert worden war. Vergil ist mit zentralen Aussagen seines
Werkes allgegenwärtig.

Dennoch können sich die Martyrer und ihre Verfolger, Theodosius und Symmachus über diesen Punkt nicht die Hand reichen.
Zwar bekennen sich beide Parteien zum Inhalt der vergilischen
Verheißung: Die providentielle Vorbestimmung des Reiches zu
weltumspannender, auf ewige Dauer angelegter Herrschaft läßt
Prudentius in seinem Werk weder von Christen noch von Heiden
je in Frage stellen. Im Gegenteil: Die Vorstellung ist sowohl
von ihrem Inhalt als auch von ihrem sprachlichen Gewand her
immer wieder einigendes Band zwischen beiden Seiten. Doch muß
dieses Band wieder reißen, wo es um die Frage nach dem Garanten dieser Verheißung geht.

Nicht Juppiter und die heidnische Götterfamilie führen das
römische Reich zu seiner Vollendung, sondern der christliche
Schöpfergott. Als unerschaffener Erschaffer ist er aber einziger und wahrer Gott. In ihm liegt die erste Wirkursache
allen Geschehens. So ist er auch allein dafür verantwortlich,
daß das römische Reich das oben beschriebene Ziel auch erlangt. Damit hat Prudentius auf seine Weise den christlichen
Gegenentwurf zu den heidnischen Prämissen, die mit der vergilischen Verheißung verbunden sind, poetisch gestaltet und so
einen wesentlichen Aspekt der für die Römer typischen politischen Religiosität hoffähig gemacht.

Den Christen ist nun eingeschärft: Die heidnischen Götter
existieren nicht und haben nie existiert; sie sind lediglich
machtlose, lächerliche Produkte der menschlichen Phantasie.

Als solche aber spielen sie nach der Vorstellung des Dichters
eine nicht unwesentliche, weil retardierende Rolle im Schauspiel der römischen Geschichte. Indem sie den Menschen nämlich den Blick für den wahren Gott verstellen, halten sie
diese auf einem niederen, gleichsam barbarischen, ja fast
tierhaften Niveau. R ö m i s c h e Geschichte kann sich so
im eigentlichen Sinn noch gar nicht ereignen. Wen wird das
wundern? Haben wir doch in der "Apotheosis" die Humanisierung
der Natur und des Menschen als eine der wesentlichen Auswir-
kungen des Wortes Gottes kennengelernt. Das Evangelium wird
so erst zur Quelle für die zivilisatorischen und kultivieren-
den Leistungen, die das Wesen des Römers ausmachen, und ermöglicht ihm dadurch erst wirkliches Menschsein.

Dennoch entfalten sich schon in vorchristlicher Zeit "pax",
"mos" und "leges" auf römischem Boden. Der Widerspruch ist
offenkundig. Doch Prudentius löst diesen dank seines Kon-
zeptes von der weisen, die römische Geschichte durchwaltenden
Vorsehung Gottes problemlos: Gott erwirkt über herausragende
Gestalt der römischen Geschichte die weltweite Konsolidierung
eines friedensstabilisierenden Wertsystems, um so die Menschen für die Ankunft seines Sohnes zu öffnen. Jetzt erscheint die Anerkennung, die Rom den Werten des Friedens und
der Gesittung unter den Völkern verschafft, umgekehrt als
Fundament für die Entfaltung des Christentums. Eine wunderli-
che Wechselwirkung tritt ein: Das römische Volk braucht zur
Findung und Wahrung seiner Identität das Christentum. Der
christliche Gott wiederum bedarf für seinen Dialog mit der
Menschheit des Römertums.
Einer der bedeutenden Römer, derer sich der Christengott bedient, ist Augustus. Als "magister morum" wird er zu einem
wesentlichen Wegbereiter für den Sohn Gottes. Doch kommt dem
"Friedenskaiser" in der Theorie des Prudentius nicht die zentrale Bedeutung zu, wie sie für ihn von anderen kirchlichen
Autoren angenommen wird. Denn das von ihm so geförderte römische Wertsystem bleibt ja ständig gefährdet – und damit auch
der Weg Gottes mit den Menschen –, solange es nicht durch das
Bekenntnis zur christlichen Religion abgesichert ist.

Es sind die christlichen Martyrer, die die Notwendigkeit einer religiösen Bekehrung erkennen und sich dieses Ziel zum
Anliegen machen, solange der Staat noch durch und durch heidnisch verfaßt ist. Sie bilden die zweite Macht, auf die Gott
bei der Erfüllung des für Rom vorgesehenen Geschichtsplanes
baut. Durch ihren Bekenntnistod helfen sie den Bestand des
Reiches festigen und seine "gloria" mehren. Sie opfern ihr

Leben letztendlich für ein ideales Reich der Zukunft, das als "himmlische Heimat" alle Züge des an sein Telos angekommenen römischen Reiches trägt.

Aus diesem, wenn auch stark gedrängten Rückblick auf das Bild, das Prudentius von der h e i d n i s c h e n Vergangenheit des römischen Volkes zeichnet, wird deutlich, daß der Dichter diesen Geschichtsabschnitt weder verklären kann - ein "goldenes Zeitalter" gibt es für ihn so wenig wie nicht hinterfragbare Traditionen - noch verdammen will. Weil er den Menschen im Spannungsfeld zwischen göttlicher Providenz und von Gott gegebener Willensfreiheit sieht, kann er zwischen Irrwegen und solchen, die zum Ziel führen, getrost unterscheiden. Daraus ergibt sich ein bemerkenswert freier und unbelasteter Umgang mit der Tradition, wie er für einen Römer "vom alten Schlag" ebenso undenkbar wäre wie für einen Christen, der sich noch nicht wie Prudentius in der reichskatholischen Kirche geborgen weiß.

Diese Geborgenheit ist es, die Prudentius den g e g e n - w ä r t i g e n Verhältnissen mindestens ebenso unverkrampft, ja geradezu euphorisch gegenüberstehen läßt. Für ihn ist nun der Zeitpunkt gekommen, an dem Rom nach einer letzten Gefährdung durch Symmachus seine geschichtliche Vollendung erreicht hat. Was Konstantin und sein tapferes Heer "christlicher" Soldaten eingeleitet haben, wird durch Theodosius und seine Söhne mit einer typisch römischen Konsequenz zu Ende geführt. Die Bekämpfung des Christentums ist einer toleranten Duldung gewichen, um schließlich in eine offizielle Anerkennung des neuen Bekenntnisses durch ein kaiserliches Edikt einzumünden. Das römische Reich wird damit auf ein Fundament gestellt, das allen denkbaren Erschütterungen standhalten und so dessen Unvergänglichkeit garantieren wird. Dahinter steht ein angesichts der konkreten Lage des Reiches schier unfaßbarer Optimismus, den christliche Zeitgenossen wie Hieronymus oder Augustinus nicht aufzubringen vermögen. Während diese mit Bedauern[657] oder Gelassenheit[658] realistisch dem Zerfall des Reiches entgegensehen, entwickelt Prudentius eine Zuversicht, die selbst die Vergils in den Schatten zu stellen scheint[659].

---

[657] Vgl. Hieron. ep. 123,16 = CSEL 56 (1918) 94 (HILBERG); ep. 127, 12 = aaO. 154.

[658] So Augustin; vgl. dazu STRAUB 77.

[659] Vgl. dazu BUCHHEIT 479; KLINGNER 660f., sowie den zwar apologetischen, aber doch treffenden Hinweis auf Vergils Erwähnung der "peritura regna" in Georg. 2,498 bei Augustin, serm. 105,7,10, angeführt bei STRAUB 77; dazu auch SCHELKLE 66f.

Römische Geschichte ist so für Prudentius immer auch Heilsgeschichte[660]. Und Heil hat für den Poeten als römischem Christen zwei Aspekte. Als Römer versteht er darunter das endgültige, umfassende Gelingen seines Staatswesens, die "salus
publica". Als Christ erhofft er sich davon die Rettung seiner
Seele als "salus animae". Doch beides durchdringt sich jetzt
so, daß die "salus publica" nicht mehr nur ein innerweltlich
vergänglicher Wert ist, noch "salus animae" lediglich eine
transzendente Größe ohne Bezug zur römischen Geschichte.
Das Zusammenspiel der beiden Heilsaspekte spiegelt sich nach
der Sichtweise des Dichters im Miteinander von offizieller
Verehrung Christi und individueller Frömmigkeit. Die verschiedenen Möglichkeiten eines von christlicher "pietas" getragenen Lebensentwurfes zeigt Prudentius in anderen Teilen
seines Werkes noch deutlicher auf.
Diese anhand der wichtigsten Aussagen nachzuzeichnen, zu analysieren und in das religiöse Milieu der heidnisch-christlichen Antike einzuordnen, soll Aufgabe des folgenden Kapitels
sein.

---

[660] Vgl. KLINGNER 568; FONTAINE, Naissance 221; J. PEDRAZ, Filosofia
de la historia del imperio romano en los poemas de Prudencio, in: Hum(C)
3 (1951) 22-40.

3. DIE SPIRITUALITÄT DES PRUDENTIUS

3.0 VORBEMERKUNGEN

Begibt man sich auf die Suche nach Äußerungen, die Aufschluß
geben könnten über die persönliche Frömmigkeit des Prudentius, so hat man keinen leichten Weg vor sich. Aussagen, die
über paränetisch-lehrhaftes Bemühen hinaus auch offensichtlich innere Betroffenheit erkennen ließen, sind dünn gestreut. Nur selten spricht Prudentius von sich in der ersten
Person. Das "wir" ist ihm sympathischer, was dem Leser allerdings das Vertrautwerden mit seiner Eigenart nicht gerade erleichtert. Immer hat man sich zu fragen, ob jeweils nur die
Bescheidenheit des Dichters die Wahl des selbstbewußten "ego"
verhindert hat, oder ob sich Prudentius hier als Sprecher für
eine kleinere Gemeinschaft, beispielsweise einen asketischen
Zirkel, oder aber einfach als Glied der Kirche fühlt, deren
Leben und Lehre er sich verschrieben hat.
Vor diesem Hintergrund muß man die Worte der Praefatio immer
noch als persönlichste Auskunft des Dichters werten. Freilich
muß man sich auch hier des Problems bewußt sein, auf das bereits oben mehrfach verwiesen worden war, daß Prudentius auch
in diese "Lebensbilanz" zahlreiche altvertraute Topoi einfließen läßt und damit zwangsläufig die Frage nach dem Verhältnis von stereotyper Unverbindlichkeit und individueller
Unverwechselbarkeit evoziert.
Was nun die Untersuchung über die Spiritualität des Dichters
angeht, so läßt das Vorwort, selbst wenn man es aller klischeehaften Wendungen entkleidet, mit seinem Entschluß zu
einem Rückzug aus dem öffentlichen Leben und der bangen Verunsicherung bezüglich des Nutzens des bisher Geleisteten angesichts des Todes unzweifelhaft eine Besinnung auf die inneren Werte erkennen, die alles Körperliche, Materielle, Äußer-
liche auf einen der hinteren Ränge verweist. In der Frage
nach dem Nutzen "carnis post obitum" (Prf 29) und dem sehr
persönlich formulierten Schlußbekenntnis: "Haec dum scribo
vel eloquor,/vinclis o utinam corporis emicem/liber quo tulerit lingua sono mobilis ultimo!"/"O möchte ich doch, während
ich dies schreibe oder ausspreche, von den Fesseln des Körpers befreit, dorthin aufsteigen, wohin mich meine bewegliche
Zunge mit ihrem letzten Klang tragen wird!" (Prf 43-45) kün-
det sich ein von dualistischen Vorstellungen geprägtes Ver-

ständnis vom Verhältnis zwischen Leib und Seele an, demzufolge als Ziel einer befriedigenden Lebensbilanz die Freisetzung
der Seele von allem weltlichen Ballast zu gelten hat.
Den verschiedenen Aspekten dieser antagonistischen Vorstellung vom Zusammenwirken von Körper und Geist, Leib und Seele
soll zunächst nachgegangen werden, da sie als wesentliche
Voraussetzung für die Entfaltung der persönlichen Frömmigkeit
des Dichters betrachtet werden müssen.

3.1 ZWIESPALT VON LEIB UND SEELE, KÖRPER UND GEIST

3.1.1 Wesen und Bestimmung des Leibes

Bei Durchsicht der Stellen, an denen Prudentius das Leiblich-
Körperliche zu charakterisieren versucht, fällt auf, daß der
Dichter über ein großes Repertoire konkreter Bilder verfügt,
die alle den wesenhaften Unterschied zur geistig-seelischen
Komponente im Menschen betonen. Während er an einigen Stellen
Bilder anbringt, die ohne den übrigen Kontext eher an ein
symbiotisches Verhältnis der beiden Faktoren denken ließen,
zieht er in vielen Versen Parallelen, die einen starken Gegensatz zur Seele zum Ausdruck bringen.
Zu den harmlosesten Metaphern gehört das Bild vom Körper als
"Hülle" der Seele (H 921). Da denkt man ja in erster Linie an
die schützende und wärmende Funktion dieses Gegenstandes.
Doch fordert der Zusammenhang, in den das Bild gestellt ist[1],
eher die Assoziation an die Beengung und Einschränkung der
Bewegungfreiheit, die eine Hülle mit sich bringen mag[2]. Auch
an zwei weiteren Stellen, an denen Prudentius das Wort verwendet, werden damit eher abwertende Vorstellungen verknüpft[3].

---

[1] Vgl. H 911: "carne solutus" und H 918: "membrorum c a r c e r e
saeptus" (zum Bild des Kerkers vgl. unten S. 255), was allerdings noch
keine Berechtigung dafür abgibt, "involucrum" als "Sarg" wiederzugeben
(so GEORGES 2,436).
[2] H 920f. heißt es dann auch vom Geist, daß er, befreit von der körperlichen Hülle, eine freiere Sicht haben wird. Zur Fähigkeit der Seele,
nach dem Tode zu sehen, vgl. unten S. 342f. mit Anm. 336.
[3] Vgl. S 1 Prf 54 und bes. C 5,36, wo mit "involucrum" ein Kleidungsstück bezeichnet ist, das einen heiligen Ort beflecken kann. Die Eigenschaft, die Seele zu besudeln, wird aber von Prudentius gerade für den
Körper herausgestellt, vgl. dazu unten S. 257 mit Anm. 20.

Vergleichbar dem Gedanken vom Körper als "involucrum" der
Seele scheint auch das Bild vom "Gefäß" = "vas"[4] nicht
zwangsläufig zu einer Abwertung führen zu müssen, zumal wenn
man sich die Partien in Erinnerung ruft, an denen Prudentius
sogar an ein geschwisterlich-freundschaftliches Verhältnis
von Körper und Seele denken läßt[5].
Doch der positive Ansatz endet für Prudentius schließlich in
der Perversion des Verhältnisses, wie es für ihn mustergültig
in der biblischen Geschichte von den beiden ungleichen Brü-
dern Kain und Abel vorgeführt wird: Kain, das Urbild des
Fleisches, ist trotz der engen Blutsverwandtschaft dazu fähig, seinen Bruder, den Typus der Seele, zu töten[6].
Zwei weitere Interpretationsvarianten verleihen dem Begriff
"vas" einen ohne Zweifel abfälligen Beigeschmack: Einerseits
ebnet der Hinweis auf den Behältnischarakter des Körpers den
Weg zu einem Verständnis, der den Leib über die Stufe der
Haus-Metapher im schlimmsten Fall zum Gefängnis der Seele
verkommen läßt. Zum anderen verbindet man mit dem Bild vom
Gefäß traditionellerweise sehr gerne die Vorstellung von Zer-
brechlichkeit und Vergänglichkeit. So ist hier Raum geschaffen für zwei sehr unterschiedliche Auslegungsmöglichkeiten:
Im einen Fall denkt man an etwas Hartes, Festes, das nur sehr
schwer erschüttert werden kann. Das zweite Bild erinnert an
empfindliches Porzellan oder Glas, das durch den geringsten
Stoß zerspringen kann. Mögliche Vorteile solcher Eigenschaften sieht Prudentius kaum. Für ihn überwiegen bei weitem die
Aspekte der Freiheitsbeschneidung bzw. der Unzuverlässigkeit.
Was nun die erstgenannte Auslegungsmöglichkeit angeht, so

---

[4] Bei Prudentius C 7,190, A 1024, Pe 5,163; "vasculum": Pe 5,301.
"vas" als Gefäß der Seele auch bei Cic. Tusc. 1,52; Lucr. 3,440.555.794;
6,17; Sen. Marc. 11,3; im NT: 2 Kor 4,7, 1 Thess 4,4; dann auch Lact.
div. inst. 2,12,10f. = CSEL 19 (1890) 157 (BRANDT); vgl. bei Laktanz auch
den Hinweis auf Sall. bell. Cat. 1,2, der auch bei Prudentius beliebt
ist; zum Einfluß Ciceros vgl. HUSNER 83; zur Begriffsgeschichte von "vas"
vgl. ebd. 78ff.
[5] Vgl. C 10,38; A 827f.928; das sind aber im Vergleich zu Tertullian, mit dem Prudentius sonst viel verbindet, nur wenige Belege. Prudentius liegt hier eher auf der Linie des Laktanz (vgl. dazu KARPP 50).
[6] Vgl. H Prf 56.63 und TH 7f.; dazu GNILKA, Studien 4, sowie HUSNER
27: "Wenn dieses (sc. das Christentum) sich dogmatisch äußert, kann es
zwar den Leib nicht als Feind, sondern nur als Helfer der Seele betrachten, der erlöst worden und zur Auferstehung bestimmt ist, während uns un-
zählig oft in paränetisch-asketischen Schriften gerade in der Bildersprache Formulierungen begegnen, die in ein auch vom betreffenden Autor nicht
akzeptiertes System gehören."

empfindet der Dichter den Körper im günstigsten Falle als
"domus" = "Haus" der Seele (C 10,129), doch ist hier, wie die
Terminologie zeigt, der Körper bereits in einem Übergangsstadium zur Auferstehung gezeigt. Daß aber der auferstandene
Leib von Prudentius guten Gewissens als Wohnstätte der Seele
erachtet werden kann, wird weiter unten noch ausführlich aufgezeigt werden[7].

Eine willkommenere, weil eindeutigere Vorstellung des Dichters war da schon der Vergleich mit einer Herberge = "hospitium", wonach die Seele allenfalls als Gast im Hause des Körpers zu gelten hat[8].

Einen letzten Schritt hin zur unbedingten Abwertung des körperlichen "Hauses" tut Prudentius, wenn er in ihm - und das
ist das bei weitem am häufigsten gewählte Bild - nicht weniger als ein "Gefängnis" der Seele sieht[9]. Da wird der Körper
dann natürlich als bedrückende "Last"[10] empfunden oder aber
man beklagt gleichsam synekdochisch die "Fessel"[11] des Lei-

---

[7] Vgl. dazu unten S. 276ff.; auch Cicero kennt übrigens in den Tusculanen, die auf Prudentius einen nicht zu unterschätzenden Einfluß ausgeübt haben, die Bezeichnung "domus" für den Körper (Tusc. 1,51); doch
während dieser nur eine "a l i e n a domus" für die Seele ist, kommt dem
Himmel die Bedeutung als ihr eigentliches Haus = "domus s u a" zu (vgl.
auch Cic. rep. 6,26).

[8] Vgl. H 941; A 890; "hospitium" entspricht "divorsorium" H 854; zur
Begriffsgeschichte von "hospitium" u.ä. vgl. HUSNER 60-62, insbes. bei
Seneca HUSNER 63ff.

[9] Vgl. C 10,22; H 851.918; Ps 906 (zum Begriff "cor" = "Körper" vgl.
GNILKA, Studien 12); Pe 2,486; 5,358; 6,72; 13,63ff.: Das ist aber die
klassisch-antike Vorstellung, die wurzelnd in orphisch-pythagoreischem
Gedankengut, über die mittlere Stoa Einzug gehalten hatte in die römische
Philosophie (vgl. dazu unten S. 270ff.). Über Seneca und Cicero war Prudentius damit mit Sicherheit aufs beste vertraut: vgl. Sen. ad Helv. 11,
7; ep. 65,15f. (dazu die übrigen Belege bei HUSNER 49ff.); Cic. Tusc. 1,
74; rep. 6,14f.; Cat. 77,81; Lael. 14; de div. 110 (dazu die übrigen Belege bei HUSNER 39); bereitwillige Aufnahme durch die Kirchenväter: vgl.
Tert. passim, allerdings dort in einer stark gemilderten Form (vgl. dazu
KARPP 46, Anm. 4); Hegesipp 5,53,1 = CSEL 66 (1960) 409 (USSANI) etc.

[10] Vgl. C 8,5; A 1021; so auch Sen. ep. 65,16.

[11] Vgl. Pe 9,85; 10,1110; das Wort mit persönlicher Note und an ex-
ponierter Stelle Pe 4,193 und insbes. Prf 44f., wo übrigens eine auffallende Übereinstimmung mit Sen. ad Pol. 9,8 festzuhalten bleibt: "vinclis"
(Prf 44) = "vinculis" (ad Pol. 9,8); "emicem ... quo tulerit" (Prf 44f.)
= "in eum locum emicuit" (ad Pol. 9,8); "liber" (Prf 45) = "libere/libe-
ro" (ad Pol. 9,8). Eine Variation der Vorstellung vom Körper als "Fessel"
oder "Gefängnis" der Seele findet sich übrigens Ps Prf 54f.: Dort ist der
Körper selbst "c a p t a" und "s e r v i e n s fodae libidini"; ähnlich
C 7,181, wo das "corpus" als "c a p t u m sub voluptatum iugo" charakterisiert wird. In diesem Gedanken kommt deutlicher als in den bisher besprochenen Bildern die Überzeugung zum Ausdruck, daß die abwertenden Bilder sich auf eine Körperlichkeit beziehen, die sich von ihrem Idealwesen

bes.

Ganz anders, doch ebenso mit pessimistischen Wegweisern ge-
spickt, verläuft die zweite Linie, die Prudentius vom Bild
des "Gefäßes" ausgehend zieht. "Gefäß" zu sein bedeutet in
der Schilderung des Dichters, schwach zu sein, vergänglich
und hinfällig. Prudentius wird nicht müde, diese Eigenschaft
gleichsam als unausweichliche Realität herauszustreichen. C
4,2 spricht er geradezu von einer "l e x   corporis inbecilla"[12]. Dieses Gesetz gilt dem Dichter nach C 6,21f. sogar als
göttlichen Ursprungs! Essen und Schlafen sind daher legitim
und nicht prinzipiell schlecht. Doch wird das fordernde Auftreten des Körpers mit seinen Begierden immer wieder auch als
Bedrohung für die Freiheit des Geistes empfunden. Die Wahl
der Gefängnis-Metapher belegt dies ebenso deutlich wie die
häufig geäußerte Angst, die Seele könne vom Körper gleichsam
eingezwängt werden[13]. Auffallend häufig treten die Adjektive
"caducus", "fragilis" und ähnliche Wendungen als nähere Bestimmungen zu den Begriffen, die für das Körperliche gewählt
werden[14]. Das verdichtet sich zu einer fast barock anmutenden
"vanitas"-Stimmung bezüglich allem Körperlichen. Mit unaus-
weichlicher Konsequenz, gleichsam einem Naturgesetz folgend,
läuft für Prudentius die materielle Komponente des Menschen
ihrer eigenen Vernichtung im Tode entgegen. Sterblichkeit
ist das ihr vorgegebene Ziel[15]. Das geht sogar so weit, daß
körperliche Schwäche geradezu zur Voraussetzung für seelisch-
geistige Gesundheit wird[16], und gipfelt in dem tröstenden Zu-

---

entfernt hat, gleichsam "degeneriert" ist (vgl. C 7,21 das Stichwort "de-
gener" innerhalb eines stark leibverachtenden Passus!). Erst die Menschwerdung Christi kann die Befreiung des in Begierden verstrickten Körpers
erwirken und diesen so seinem urgeschöpflich-vollkommenen Zustand zurückführen (vgl. C 7,183-185; dazu unten S. 276ff.). Insofern kann es also
auch um eine Befreiung des Körpers gehen (C 7,183; Ps Prf 55), die dann
Ps 816ff. ("purgati corporis urbem") erreicht zu sein scheint. Doch
bleibt selbst dort die Höherbewertung der Seele bestehen, da sie zum
"templum", d.h. zum heiligsten Gebäude in dieser Stadt, erklärt wird
(vgl. dazu unten S. 332f.).
    [12] Zum richtigen Verständnis ist hier die Enallage aufzulösen und
"lex corporis inbecilli" zu interpretieren.
    [13] Vgl. dazu unten S. 287f. sowie Röm 7,23: "Video autem aliam l e-
g e m   in membris meis, r e p u g n a n t e m   l e g i   mentis meae, et
captivantem me in lege peccati, quae est in membris meis." (Vulg.)
    [14] Vgl. C 6,21; 7,177; 8,61; 9,16; 10,20.149; A 50, H Prf 51 (vgl.
dazu STAM 133); Pe 3,93; 5,163.301; 6,70.119f.; 10,479.504.509.518.602ff.
- Diese Charakterisierungen finden sich aber auch bei Seneca und Cicero:
vgl. Sen. ep. 3,14,16; vit. beat. 4,3; Cic. rep. 6,24.
    [15] Vgl. C 7,191; 9,16; 10,3; 11,45; A 990; S 2,136; Pe 1,26.
    [16] Vgl. die Worte des Laurentius Pe 2,205-212.

spruch, daß Sterben für den Christen keine Strafe sei[17]. Aus diesem Glauben erwächst ihm nach der Schilderung des Prudentius eine gewaltlose, doch schlagkräftige Waffe im Martyrium. Der Tod wird so zum spielerischen Ereignis (Pe 5,64), das die Seele mit Jubel erfüllt (Pe 11,26), gewinnt sie doch die Freiheit wieder, die durch das Gebundensein an den irdischen Körper stark eingeschränkt war. Während sie ihrer himmlischen Heimat zustrebt[18], kehrt der Körper dorthin zurück, von wo er seinen Anfang genommen hat: "humus excipit arida corpus" (C 10,11).

Mit diesem Stichwort eröffnet sich für Prudentius eine weitere Reihe von Bildern, die das Körperlich-Leibliche disqualifizieren. Denn obwohl der Mensch auch für ihn in seiner Körperlichkeit als Geschöpf Gottes gilt, das von diesem aus Lehm modelliert wurde[19], gerät ihm ausgerechnet das Wort "limus", das ohne Zweifel an den Ursprung aus feuchter Erde erinnern soll (Gen 2,7), unter anderem auch zum Symbol für den schmutzigen, schändlichen, Verderbnis bringenden Charakter des Körperlichen[20].

Verabscheuungswürdigste Folge dieses Einflusses ist für Prudentius die Erscheinung des Heidentums, das, statt dem Geist des Menschen seinen Aufschwung zu Gott zu ermöglichen, diesen ins Irdische zu verstricken versucht und so den Menschen seiner Menschlichkeit beraubt und zum bloßen Tier degradiert[21].

---

[17] Vgl. Pe 6,94; 7,45 sowie die ausführliche Begründung dieser Hoffnung Pe 10,478ff.: "Curanda mercis qualitas, quaenam mihi contingat olim perpetis substantiae; nam membra parvi pendo quo pacto cadant casura certe lege naturae suae. Instat ruina; quod resolvendum est ruat."

[18] Vgl. C 10,12; Pe 3,161ff.; Prf 44 u.a.; dazu unten S. 342ff.

[19] Vgl. die Gen-Reminiszens C 3,91-100 mit ihrer überraschend positiven Sicht des Körperlichen: "utque foret rata materies" (C 3,99).

[20] Vgl. Ps 904ff.: "viscera l i m o e f f i g i a t a" = C 3,96ff.: "nos ... c a e s p i t e conposuit m a d i d o e f f i g i e m", doch betont Prudentius jetzt die Last der nassen Erde, die zur Bedrängnis der Seele wird. - Anders dagegen Tertullian, der es ablehnt, das Fleisch als "'terra' zu bezeichnen, da der Erdstoff durch die Schöpfung Gottes verwandelt worden sei" = KARPP 50 mit Hinweis auf Tert. res. mort. 6 = CC 2 (1954) 927-929 (REIFFERSCHEID/WISSOWA). - Der späten Stoa ist dagegen der Gedanke vom Körper als "Gebilde aus Kot" als Teilaspekt einer "schroff dualistischen Antithese" zwischen Leib und Seele wohlvertraut (vgl. POHLENZ I,335 mit Hinweis auf Epiktet, diatr. 1,1,11 und 4,11,27).

[21] Vgl. Pe 10,368-375; dazu oben S. 237f. und unten S. 278. - An Pathetik ist diese Stelle übrigens kaum zu übertreffen: vgl. die vierfache Anapher "o...", die Personifizierung der heidnischen "caecitas" (V. 371), den Wechsel zwischen Parallelismus (V. 373) und Chiasmus (V. 374) sowie die Antithese zwischen "semper" und "numquam" (V. 375).

Kein Wunder also, daß gerade in der Auseinandersetzung mit
den heidnischen Verfolgern die Martyrer sich zu wahren "Anti-
Hymnen" auf das Fleischliche hinreißen lassen. Als Paradebeispiel mögen die Worte gelten, die Romanus Pe 10,506-510
spricht und die gleichsam eine Zusammenfassung zahlreicher
in den sonstigen Büchern verstreuter Bemerkungen über die
Schändlichkeit und Verderblichkeit alles Fleischlichen bringen[22].
Eine letzte Steigerung erfährt die abfällige Charakterisierung des menschlichen Körpers an Stellen, wo dieser von Prudentius als Aufmarschgelände des Satans und seiner "Kohorte"
begriffen wird. Schlüsselstelle zu diesem Verständnis ist H
389ff.: Dort erscheinen die Laster als militantes Gefolge eines teuflischen "praedo", das auf dem Schlachtfeld, das ihnen
der Körper bereitstellt, zum Kampf gegen die Seele rüstet[23].
Gemeinsam mit ihrem "princeps" bedrängen also die Laster die
Seele, wobei ihnen die Strategie durch die besondere Verfassung des Körpers offensichtlich entscheidend erleichtert oder
gar überhaupt erst möglich wird[24].
Damit faßt Prudentius hier zwei Aspekte der Bedrohung der
Seele zusammen, die er in H 512ff. und Ps 904ff. jeweils ein-
zeln abhandelt. Während es ihm dort um den Kampf der Seele
mit dem Satan geht, sieht er hier die Seele mit den Begierden
ringen, die, ausgesandt von diesem, sich im Körper eingeni-
stet haben und diesen in Bedrängnis bringen[25]. Zwischen beiden Stellen besteht also kein Widerspruch, wie es zunächst
scheinen mag, stellt man nur H 389ff. als Bindeglied dazwi-

---

[22] Vgl. dazu C 7,8ff.; A 565 zusammen mit A 567; A 816ff.965; H Prf
38; Pe 2,269ff.

[23] "His aegras animas morborum pestibus urget praedo potens, tacitis
quem viribus interfusum corda bibunt hominum; serit ille medullitus omnes
nequitias spargitque suos p e r   m e m b r a ministros. Namque illic
numerosa   c o h o r s   sub principe tali   m i l i t a t   horrendisque
animas circumsedet armis: ira superstitio maeror discordia luctus ..." (H
389-395). Das ist eine deutliche Vorstufe zur Ps, in der dann die Duelle
eines Teils dieser Laster gegen die entsprechenden Tugenden episch aufbe-
reitet werden.

[24] Vgl. H 391f.: "serit ille m e d u l l i t u s omnes nequitias
spargitque suos p e r   m e m b r a ministros".

[25] Vgl. H 512ff.: "Non mentem sua membra premunt nec terrea virtus
oppugnat sensus liquidos bellove lacessit; sed cum spiritibus tenbrosis
nocte dieque congredimur, quorum dominatibus umidus iste et pigris densus
nebulis obtemperat aer." Dagegen Ps 904ff.: "nam viscera limo effigiata
premunt animum, contra ille sereno editus adflatu nigrantis carcere cordis aestuat et sordes arta inter vincla recusat".

schen[26].

Ebensowenig gibt es eine Unstimmigkeit zwischen dem mit Recht ins Auge springenden Passus H 389ff. und H 553ff., obwohl auch diese Verse auf den ersten Blick nicht allzu gut zu den vorausgegangenen zu passen scheinen. Denn jetzt betont Prudentius, daß letztlich alles Übel in unseren Herzen "geboren" werde (H 553-556). Doch muß der Satan deswegen nicht um seine "Existenzberechtigung" bangen. Der Dichter erinnert hier nur an die Grenze, die seiner Macht gesetzt sind und die H 389ff. nicht deutlich gemacht worden waren. Genau genommen liegt hier also die Präzisierung eines wohl zu mißverständlichen Bildes vor: Der Teufel und als dessen Handlanger die im Körper agierenden Laster[27] sind "fomes" und "causa" aller Übel. Ihnen kommt, ganz entsprechend der biblischen Schlange, die Funktion eines Verführers oder Verlockers zu, doch hat dieser keine eigenständige Macht. Immer muß die aus der Seele erwachsende freie Willensentscheidung hinzukommen[28]. Insofern ist der Teufel und der zu seinem Instrumentarium gehörende Körper eine Voraussetzung zum Entstehen aller Übel, aber nicht ihr letztes Prinzip. Einen "radikalen Dualismus" kann man daher - und darin stimme ich GNILKA[29] zu - Prudentius selbst dort nicht vorwerfen, wo er die satanische Macht in einem Atemzug mit dem Körper und seinen Begierden nennt. Doch verbleibt am Schluß dieser Betrachtung über die Charakterisierung des Leiblich-Fleischlichen durch Prudentius ein gerüttelt Maß an berechtigten Zweifeln, ob es dem Dichter gelingen wird, sich nicht nur den Vorwurf eines "r a d i k a l e n Dualismus" zu ersparen, sondern auch nicht einmal über

---

[26] So richtig GNILKA, Studien 6, nur fehlt bei ihm an dieser Stelle der entscheidende Hinweis auf H 389ff. als Interpretationshilfe.

[27] Zur Berechtigung dieser Erweiterung vgl. A 927: "ex f o m i t e carnis"; Teufel und Fleisch werden also beide "fomes" bezüglich der Sünde genannt.

[28] Vgl. H 557-559, dazu genauer unten S. 264ff. - Insofern kann Prudentius sowohl von der Seele sagen: "cum mala nostra ex nostris concreta a n i m i s genus et caput et vim, quid sint, quid valeant, sumant de corde parente" (H 554-556) als auch nur einige Verse weiter vom Körper: "Gignimus omne malum proprio de c o r p o r e nostrum ... Nostra diros ... natos pectora parturiunt" (H 562ff.), ohne dabei einen unüberbrückbaren Widerspruch zu empfinden. Prudentius kann sich übrigens, wenn er zwei eigentlich zusammengehörende Aspekte eines Vorgangs so unbedenklich aufsplittert und jeweils getrennt behandelt, auf keinen Geringeren als Paulus berufen: vgl. z.B. Eph. 2,2; 6,12 mit Gal 5,17; dazu GNILKA, Studien 7.

[29] GNILKA, Studien 6.

"A n s ä t z e zu einem anthropologischen Dualismus" hinaus-
zugehen, wie dies GNILKA[30] an anderer Stelle andeutet.
Auf den vorangegangenen Seiten wurde versucht, einen Überblick über die Beurteilung der leiblichen Materie des Menschen zu ermöglichen. Als Ergebnis ist festzuhalten, daß
keines der gewählten Bilder, auch nicht diejenigen, die von
vornherein zunächst positive Assoziationen wecken, ohne massive abwertende Erläuterungen gebracht werden. Mit fast un-
ausweichlicher Logik läuft alles auf die zuletzt analysierte
Überzeugung vom Körper als Aufmarschgelände des Satans im
Kampf gegen die Seele hinaus.
In völlig entgegengesetztem Sinn wird dagegen die Einordnung
der Seele durch den Dichter erfolgen. Auf den folgenden Seiten soll dies anhand der wesentlichen Texte aufgezeigt werden.

3.1.2 Wesen und Bestimmung der Seele

Befragt man die Gedichte des Prudentius zunächst nach seiner
Vorstellung vom U r s p r u n g der Seele, so fällt die
Antwort grundsätzlich nicht anders aus als die bezüglich der
Entstehung des Körpers: Gott ist der Künstler (C 3,35), der
die beiden Elemente, die den Menschen ausmachen, geschaffen
und miteinander verknüpft hat:

> "Deus, ignee fons animarum,
> duo, qui socians elementa,
> vivum simul ac moribundum,
> hominem, pater, effigiasti ...".
> "Gott, feuriger Quell der Seelen, der du
> als unser Vater den Menschen geschaffen hast,
> indem du zwei Bestandteile miteinander verbandest,
> einen, der zum Leben bestimmt ist,
> und einen, der dem Tod geweiht ist ...".   (C 10,1-4)

Das sind aus dem AT vertraute Vorstellungen. Doch während der
Dichter die biblische Schilderung vom Töpfern des Körpers aus
feuchter Erde in seinem Werk zu einem eher abstoßenden Ereignis degradiert[31], wird für ihn die in der Genesis ganz unpa-
thetisch vermittelte Botschaft, daß die Seele dem Odem Gottes

---

[30] Ebd. 5.
[31] Vgl. dazu oben S. 257 Anm. 20 mit der in Anm. 19 besprochenen
Ausnahme C 3,91ff.

entspringt, immer wieder als Ursache für die Erhabenheit der
Seele gepriesen. In dichterischer, sich an klassischen Vorstellungen orientierender Symbolsprache wird so der feurige
Äther zum Ursprungsland der Seele[32]. C 3,32 wird die "anima"
geradezu als "Ureinwohnerin des lichtdurchfluteten Äthers" =
"lucis et aetheris indigena" gefeiert, ein Gedanke, der, etwas variiert, auch C 6,34f. mit "mens" in Verbindung gebracht
wird: "... cui est origo caelum purusque fons ab aetra"[33].
Entsprechend dem antiken Verständnis vom Äther als einer in
den oberen Regionen anzusiedelnden dünnen und feurigen Luft-
schicht spricht Prudentius dann auch der menschlichen Seele
ein feuerartiges, glühendes Wesen zu[34]. Diese Abstammung der
Seele aus dem göttlichen Äther, die von Prudentius freilich
immer so geschildert ist, daß die schöpferische Urheberschaft
Gottes nie in Zweifel gezogen werden kann[35], gibt ihr in den
Augen des Dichters einen ganz und gar unüberbietbaren Adel[36]:
"Crede (sc. animam) creatis maiorem cunctis" (A 786f.).
Diese Seelen fließen nun, gleichsam vom Himmel ausgegossen
(vgl. C 6,33-35), in die menschlichen Körper und durchdringen
sie völlig[37]. Sie sind so zwar unkörperlich[38], doch nicht
formlos, da ihnen mit den Adern als ihren Behältern[39] gleichsam eine Gestalt vorgegeben ist.

---

[32] Zur Vorstellung vom Aether als Sitz Gottes bzw. Christi vgl. die
Stellen bei DEFF./CAMPB. 18.
[33] Vgl. dazu noch Pe 10,533 und Ps 905f.: "s e r e n o editus adflatu".
[34] Vgl. C 7,19: "s c i n t i l l a mentis ... nobilis"; C 3,186:
"vigor i g n e o l u s"; C 10,1: "Deus, i g n e e fons animarum"; C
10,29: "si generis memor (sc. animus) i g n i s ..."; Pe 6,71: "f e r -
v e n t e s animas" und besonders pathetisch Pe 10,439: "natura f e r -
v e n s (sc. animae) sola f e r v e n t i s s i m e ...". - Von dieser
Sichtweise erklärt sich auch die Vorstellung von der wärme- und damit le-
benspendenden Funktion der Seele für den Körper (vgl. dazu unten S.
262f.). - Der Feuercharakter der Seele wird auch von den Stoikern vertreten (vgl. dazu POHLENZ I,85, SCHREINER 64 mit den Belegen für Seneca).
[35] Vgl. C 3,186-190; A 788.
[36] Vgl. C 10,21 zusammen mit C 10,24; C 3,31ff.; C 7,19; S 2,141ff.;
H 698.
[37] Vgl. zum Folgenden GNILKA, Studien 1ff., insbes. die Erläuterungen zu S 1,379ff.
[38] Vgl. dazu GNILKA, Studien 3 mit Anm. 6; Prudentius verbindet also
anders als Tertullian (vgl. KARPP 47) mit diesem Gedanken nicht zwangsläufig das Postulat einer Körperlichkeit der Seele.
[39] Vgl. Ps 742; ähnliche Vorstellung bei Cic. Tusc. 1,52: "nam corpus quidem quasi vas est aut aliquod animi r e c e p t a c u l u m". Nur
konkretisiert Prudentius mit dem Hinweis auf das Blut die Theorie über
den Sitz der Seele.

Doch belegt dies noch keineswegs die Überzeugung des Dichters
von der "engen Zusammengehörigkeit von Leib und Seele". Es
bedeutet, das Verhältnis von positiven und negativen Bildern
für den Körper auf den Kopf zu stellen, streicht man den nur
einmal vertretenen Begriff "conceptaculum" (Ps 742) als
schlagenden Beweis für die starke Verbundenheit der beiden
Elemente heraus, während man die immer wieder auftauchende
"Gefängnis"-Metapher nicht einmal als gleichwertig, sondern
sogar als unbedeutende Randerscheinung einordnet[40]. Freilich
kennt Prudentius eine ganze Reihe von Bildern, die auch eine
die Körperlichkeit des Menschen bejahende Einstellung vermuten ließen. Ein Teil davon wird jedoch sogleich wieder in
einen solchen Zusammenhang gestellt, daß man sich gezwungen
sieht, ein solches Urteil zu revidieren[41].

Wenn nun allerdings Prudentius S 2,379ff., vereinfacht zusammengefaßt, den Sitz der Seele im Blut lokalisiert und diese
damit fast zwangsläufig und in getreuer Anlehnung an antike,
insbesondere stoische Anschauungen[42], zum "Organ vegetativen
Lebens"[43] erklärt, ist es nicht verwunderlich, daß er in diesem Zusammenhang auf Begriffe verzichtet, die den Körper ab-
werten könnten.

Selbst dem göttlichen Odem entstammend, gibt die Seele dessen
Wärme an den Körper weiter und hält ihn so am Leben[44]. Wenn
von der Seele aber zugleich ihr mäßigender und steuernder
Einfluß auf den Körper betont wird[45], so ist erneut ihre

---

[40] So GNILKA, Studien 2f.: "Schon aus den Versen 375-378 (sc. von S
2) ist also ersichtlich, wie eng Seele und Körper zusammengehören. Noch
deutlicher wird dies aber im folgenden. Die menschlichen Seelen sind innen in die lebensspendenden Adern hineingegossen ... Das Bild ist klar:
Die Seele wird in die Glieder 'ausgegossen' und durchdringt den ganzen
Leib. Die Adern bilden ihre 'Behälter' (Ps 742 conceptacula), k ö n n e n
a b e r   a u c h   ihr Gefängnis sein." (Eigene Hervorhebung) - Ähnlich
unzutreffend interpretiert GNILKA, Studien 91, Anm. 27 die Vorstellung
des Prudentius vom Verhältnis von Körper und Seele in C 4,16ff. (vgl. dazu ausführlicher unten S. 333 mit Anm. 297).
[41] Vgl. dazu oben S. 253ff.
[42] Vgl. POHLENZ I,86ff.; speziell zu Seneca SCHREINER 65ff.; E.
SCHWEIZER, Art. "σῶμα" : ThWNT 7,1024-1091, insbes. 1033.
[43] GNILKA, Studien 3.
[44] Immer wieder wird diese Lebendigkeit und Aktivität der Seele betont: vgl. z.B. C 10,3; 7,7; S 2,164.385.387; Pe 10,505.
[45] Vgl. S 2,384; ganz ähnlich auch Cic. rep. 6,24: "nec enim tu is
es, quem forma ista declarat, sed mens cuiusque is est quisque, non ea
figura, quae digito demonstrari potest". Auch hier also die Reduzierung
des eigentlichen Menschen auf die Seele. Dann folgt: "deum te igitur
scito esse, siquidem est deus, qui ... providet, qui tam r e g i t   et
m o d e r a t u r   et   m o v e t   id corpus, cui praepositus est".

klare Überlegenheit über den Körper zum Ausdruck gebracht. So
deutet sich in ihrer physiologischen Bedeutung bereits an,
wozu sie nach A 803f. auch durch ihre geistigen Fähigkeiten
bestimmt ist: "... quod sapiens iustique capax reginaque re-
rum/imperat."/"Daß sie in Weisheit und Gerechtigkeit als Königin über die Welt regiert."[46] Zu den Gaben, die die Seele
zur Königin über alle Dinge machen und damit deren Gottähnlichkeit begründen[47], gehören also u.a. Weisheit, das Wissen
um Gerechtigkeit sowie wegen S 2,391 die Befähigung zu einer
freien Willensentscheidung.
Wo Prudentius die "sapientia" der Seele betont, vollzieht er,
betrachtet man nur den näheren Kontext, eine perfekte Synthese zwischen einem Idealismus heidnischer Prägung und altte-
stamentlich-biblischer Weisheitstheologie. Die Weisheit der
Seele ist nichts anderes als die von Gott ausgegangene "Sapientia", die in die Herzen reiner Christen Einzug gehalten
hat[48]. Die Weisheit der Seele ist aber auch die Verinnerlichung der Tugend, die von Plato zur Voraussetzung für den
vollkommenen Staatsmann gemacht worden war und die Prudentius
in ebendiesem Zusammenhang mit ausdrücklicher Berufung auf
diesen griechischen Philosophen S 1,30ff. vom Christenkaiser
Theodosius in idealer Weise verkörpert sieht. Man beachte die
feinen Linien, die vom einen zum anderen Text verlaufen: In
beiden die enge Verbindung von "sapientia" und "regnum", bei
beiden außerdem das Hinzukommen der "iustitia"[49]. "Iustitia"
erscheint also nicht nur als staatstragendes" Element des Imperium Romanum, sondern auch als konstitutive Voraussetzung
für die Gottähnlichkeit der Seele. Mit der Integrierung dieser zwar auch christlichen[50], doch in noch viel stärkerem Ma-

---

[46] Ähnlich Lact. div. inst. 2,12,10f. = CSEL 19 (1980) 157 (BRANDT).
- Eine Variation dieser Vorstellung in S 2,626-633; dazu unten S. 330ff.
[47] Vgl. A 797-799.802.807. Zwar wird die Gottebenbildlichkeit auch
bezüglich des Körpers ausgesagt (vgl. C 3,96ff. und C 10,136), doch ist
an diesen Stellen nur von dessen paradiesischem Zustand oder der zu erwartenden Rückkehr ins Paradies die Rede. Umgekehrt kann auch die Gottebenbildlichkeit der Seele verwischen, wenn sie an der Verderbnis des
Fleisches partizipiert (vgl. A 927ff. sowie den Hinweis auf den Schlaf
des Geistes unter dem Einfluß des Irdisch-Körperlichen H 382ff. und C
7,20, der nicht vereinbar ist mit der S 2,228 betonten Unermüdlichkeit
Gottes.
[48] Vgl. Ps 875 und S 2,629ff. mit der Anspielung auf Sap 1,4.
[49] Vgl. S 1,37 und A 804.
[50] Vgl. Pe 13,32: "vivere iustitiam Christi".

ße römischen Tugend[51] wird die Seele, deren Gottebenbildlichkeit herausgearbeitet wird, zu einer römischen Seele[52]. Umgekehrt holt sich Prudentius diese "virtus" wieder für sein
Christentum heim, indem er sie Ps 243 im Gefolge der christlichen "Humilitas" erscheinen läßt.

Als dritte wesentliche Gabe der Seele wird von Prudentius deren prinzipielle Entscheidungsfreiheit herausgestellt[53]. In
die Macht der Seele ist es gegeben, zu bestimmen, welchen
Mächten und Einflüssen sie nachgibt oder sich widersetzt:
"Consultet, cui se domino submittat." (S 2,391)[54] H 383 begegnet noch einmal dieselbe Terminologie: "indigno subdit
domino"[55], so daß sich unter Hinzunahme der Präzisierung in
Ps 899ff. die Seele vor die Wahl gestellt sieht, entweder
Gott zu dienen und damit die eigene Integrität zu wahren,
oder dem Teufel und damit zur Sklavin des Körpers zu werden.
Und wie Pe 10,368ff. als verhängnisvollste Folge einer Unterwerfung unter die Herrschaft des Körpers die Erscheinung des
Heidentums bedauert worden war[56], so deckt sich hier die einer freien Entscheidung folgende Unterordnung unter einen
"unwürdigen Herrn", unter dem ja wegen der folgenden Verse
niemand anders als der Teufel verstanden werden kann, mit dem
Bekenntnis zu heidnischen Gottheiten und Praktiken[57].

---

[51] Vgl. dazu nur die bekannten Worte aus dem "somnium Scipionis"
(Cic. rep. 6,16): "Iustitiam cole et pietatem, quae cum magna in parenti-
bus, tum in patria maxima est."

[52] Dasselbe kann noch viel deutlicher S 2,626ff. beobachtet werden
(vgl. dazu unten S. 330ff.).

[53] Das ist aber auch ein von den Stoikern betonter Wert, der dann
von den Kirchenvätern gern aufgegriffen und mit christlichen Vorzeichen
versehen wird: vgl. dazu KARPP 73 mit Hinweis auf Tertullian. - Auch Ambrosius weist in seiner Auseinandersetzung mit Symmachus (vgl. ep. 17,7
= ed. KLEIN, Darmstadt 1972, 121) auf die Bedeutung der Entscheidungsfreiheit und ihrer ungehinderten Entfaltung hin. - Zu dem Begriff bei
Prudentius vgl. auch CACITTI 415f.422.

[54] Hier ist ein Anklang an Mt 6,24 nicht auszuschließen.

[55] Entsprechend heißt es dann auch bezüglich Gott H 700f.: "... mihi
s u b d e r e soli sponte tua ...".

[56] Vgl. oben S. 257ff.

[57] Vgl. H 365-377, bes. V. 375ff., wo Prudentius mit "veri oblita
tonantis" einen eindeutigen Bezug zu H 383 herstellt und damit das Zusammenfallen der beiden Entscheidungen andeutet. - Noch in einer weiteren
Passage bringt Prudentius diese Kongruenz zum Ausdruck. H 628ff. wirft er
der Seele "Ehebruch" vor. Statt entsprechend ihrer guten Anlage (vgl. H
629) und ihrer Bestimmung für eine ihr gebührenden Ehe (H 629) sich mit
einem nie alternden, die göttliche Würde immer bewahrenden König zu ver-
mählen, begeht sie "Ehebruch" mit dem durch "nocticolae ... Indi" (H 634;
vgl. dazu LAVARENNE II,81, Anm. 1 mit Hinweis auf H 497) symbolisierten

Es ist nicht uninteressant zu beobachten, wie Prudentius auf diese doch recht subtile Weise einen Großteil des menschlichen Versagens, das durch die Ursünde Adams über das Menschengeschlecht gekommen ist, auf das Heidentum abwälzt, dem er sich selbst mit seinen Glaubensbrüdern bei aller Unzulänglichkeit entwachsen weiß. Nicht daß er nicht auch seine Entscheidung für den "richtigen Herrn" immer aufs neue gefährdet sehen würde[58]; doch lebt er in der Überzeugung, daß es der christlichen Seele mit ihrer Befähigung zu einer freien Entscheidung auch immer wieder gegeben ist, "virtus" zu üben und sich so vor Gott zu bewähren.

Zunächst steht die so charakterisierte Seele ja nicht unter dem "eisernen" Gesetz eines "fatum", das nach altrömischer Auffassung durch eine unabänderliche Weltordnung über sie verhängt ist[59]. Nur diese Logik macht auch eine Gesetzgebung wie die der "Zwölf-Tafeln" erst sinnvoll (vgl. S 2,461-464). Prudentius spielt hier seinen Angriff auf den römischen "fatum"-Glauben zugunsten einer christlichen Willensfreiheit geschickt gegen einen anderen Wert aus, der den Römern mindestens ebenso sehr ans Herz gewachsen war: die Einrichtung einer Gesetzgebung, durch die das Zusammenleben der Menschen geregelt und deren staatliche Gemeinschaft geschützt wird.

Zum anderen ergibt sich für den Dichter aus der Eigenverantwortlichkeit des Menschen für sein Tun die Theodizee Gottes angesichts der "mala" der Welt (vgl. H 640-678). Wenn es Prudentius nun trotz der fatalen Folgen, die ein Mißbrauch dieser Gabe bedeuten kann, dennoch wagt, die Willensfreiheit als Geschenk zu rühmen, die die Würde des Menschen ausmache (vgl. H 679-685), dann deswegen, weil ihm dadurch überhaupt erst die Möglichkeit gegeben sei, sich als "Krone der Schöpfung"

Teufel. Auch hier denkt Prudentius offensichtlich wie auch sonst an Juppiter als die gefährlichste Verkörperung des Teufels: vgl. das auch sonst für Juppiter "reservierte" Adjektiv "spurcus" (S 1,60; Pe 2,12) sowie die sich an H 635 anschließende Kontrastimitation zu Verg. Aen. 6,726f., die nach THRAEDE, Epos 1041 den "heidnischen Pantheismus durch eine christozentrische Aussage" (wegen "per v i r g i n i s artus") ersetzt. – Das Bild von der Hochzeit der Seele mit Christus ist übrigens aus der altkirchlichen Hohelied-Interpretation geläufig und hat hier wohl seine Wurzeln.

[58] Vgl. dazu die deutlichen Worte A 927-931.

[59] Vgl. S 2,450ff., insbes. V. 463f.; dazu oben S. 168 mit Anm. 324; zur Behandlung des Begriffes bei den Vätern und Apologeten vgl. H.O. SCHRÖDER, Art. "fatum", in: RAC 7,618ff.

(vgl. H 679) zu bewähren und so vor Gott Verdienste zu sam-
meln:

> "Nam quis honos domini est cuius mens libera non est,
> una sed inpositae servit sententia legi?
> Quae laus porro hominis vel quod meritum sine certo
> inter utramque viam discrimine vivere iuste?
> Non fit sponte bonus cui non est prompta potestas
> velle aliud flexosque animi convertere sensus.
> Atqui nec bonus est nec conlaudabilis ille,
> qui non sponte bonus, quoniam probitate coacta
> gloria nulla venit sordetque ingloria virtus.
> Nec tamen est virtus, ni deteriora refutans
> emicet et meliore viam petat indole rectam."

> "Denn welche Möglichkeit, sich auszuzeichnen, kann
> es für ein gehobenes Wesen geben, dem eine freie
> Willensentscheidung verwehrt ist, weil es einem
> Gesetz dient, das über es verhängt ist, ohne daß
> sein Wille davon abweichen könnte? Welchen Ruhm
> könnte es sodann für den Menschen geben oder welches
> Verdienst, ein Leben in Gerechtigkeit zu führen,
> ohne die echte Möglichkeit, sich zwischen zwei
> Alternativen zu entscheiden?
> Es wird nicht willentlich ein guter Mensch, wer
> nicht über die Macht verfügt, etwas anderes zu
> wollen und die Regungen seines Geistes in eine
> andere Richtung zu lenken. Jener aber ist doch
> nicht gut oder lobenswert, der nicht aus eigenem
> Antrieb gut ist; denn ein edler Charakter, der
> herbeigezwungen ist, kann keinen Anspruch auf Ruhm
> erheben; eine solche Art Tugend ist reizlos und
> ohne Glanz. Und es kann nur dann von Tugend ge-
> sprochen werden, wenn man sich, indem man Schlechtes
> verschmäht, über alle Niederungen erhebt und aus
> einer besseren Neigung heraus den rechten Weg wählt."
>   (H 686-696)

Nur die freier Entscheidung entsprungene "v i r t u s" kann
also Anspruch auf L o b und R u h m erheben. Damit nennt
Prudentius aber erneut Werte und Ziele, die für jeden Römer
von ausschlaggebender Bedeutung waren. Als beredtes Zeichen
dafür mag der im zweiten punischen Krieg gefaßte Entschluß
gelten, die "virtus" zur Gottheit zu erheben und ihr im Tempel des "Honos" einen Kult einzurichten[60].
Wenn Prudentius dann noch in dichterisch-freier Gestaltung
der Genesis-Perikope den Schöpfergott die einfache Mahnung
formulieren läßt: "Sed moneo iniustum fugias iustumque se-
quaris" (H 703), so wird damit, wie bereits oben[61], die urrömische Tugend der Gerechtigkeit auf den schöpferischen
Willen Gottes zurückgeführt.

---

[60] Vgl. dazu MEISTER 5; BÜCHNER 376ff.
[61] Vgl. dazu oben S. 264f.

Letztendlich ermöglicht so die von Gott geschenkte Gabe der Willensfreiheit, indem sie die Voraussetzungen für die Erlangung von "virtus", "gloria" und "iustitia" schafft, dem Menschen nicht nur, sich ewige Verdienste zu erwerben (vgl. H 705f.), sondern diese auf eine Weise zu erwirken, die es dem Christen ermöglicht, Römer zu bleiben und, wie ehedem, römische Ideale zu erstreben.

Prudentius kennt, auf einen kurzen Nenner gebracht, zwei Möglichkeiten, diese sittliche Größe vor Gott zu beweisen: Wer über ein Höchstmaß an "virtus" verfügt, wird diese im Martyrium erproben. Doch ist nicht nur die Fähigkeit, sondern auch die Möglichkeit dazu auf wenige Gläubige beschränkt. Für den eher durchschnittlichen Christen in einer verfolgungslosen Zeit bietet sich daher der asketische Kampf gegen Laster und Begierden an:

> "Atque aevum statui sub quo generosa probarem
> pectora, ne torpens et non exercita virtus
> robur enervatum gereret sine laude palaestrae
> ... Vincenda voluptas,
> elaqueanda animi constantia, ...".

> "Ich habe eine Zeit bestimmt, da edle Herzen
> sich vor mir bewähren können; es soll ja ihre
> Tugend nicht auf den Ruhm eines Wettstreites
> verzichten müssen und träge und ungeübt ihre
> Kraft vergeuden. Die Begierde muß besiegt werden,
> die Standhaftigkeit des Geistes von Verstrickungen
> befreit werden."   (S 2,141-147)[62]

Auf solche Weise wird der Seele schließlich der Weg geöffnet, dorthin zurückzukehren, von wo aus sie in den menschlichen Körper ausgegossen worden war, in ihre himmlische Heimat: "Tua virtus temet in aevum provehat." (H 705f.) Zwar beschränkt Prudentius die Ankündigung mit "temet" nicht auf die Seele, doch ist hier ja auch von der Mahnung Gottes an den p a r a d i e s i s c h e n Menschen v o r dem Fall die Rede. Ansonsten spricht der Dichter mit großer Regelmäßigkeit vom Aufstieg allein der Seele zu Gott, während die körperlichen Überreste von der Erde aufgenommen werden[63]. Verständlicherweise findet man diese auseinandergehende Bewegung besonders häufig im "Liber Peristephanon" beschrieben, wo ja gerade die Hochform christlicher "virtus" gepriesen

---

[62] Zur Askese als Erweis christlicher "virtus" vgl. unten S. 286ff.

[63] Daß diese Trennung allerdings nur als Übergangsstadium zu begreifen ist, darf nicht übersehen werden; doch soll diese Frage in einem anderen Zusammenhang erörtert werden (vgl. unten S. 279ff.).

wird. Dort wird der Hinweis auf die in der Erde bewahrten Gebeine, die übrigens bald zu beliebten Reliquien geworden waren, geradezu stereotyp[64]. Die Geistseele des Martyrers, die
bereits im Verlauf des Martyriums an innerer Freiheit zu gewinnen scheint[65], schwingt sich dagegen zu göttlichen Höhen
auf[66]. In einem besonders anschaulichen Bild beschreibt Prudentius diesen Aufschwung der Seele zu Gott im Hymnus auf die
hl. Agnes: Als Braut Christi[67] durchdringt die Seele der Martyrerin alle Dunkelheit und wird von den Scharen der Engel in
Empfang genommen:

> "Exutus inde spiritus emicat
> liberque in auras exilit, angeli
> saepsere euntem tramite candido."

> "Befreit (sc. vom Körper) strahlt der Geist
> auf, schwebt in luftige Höhen und wandelt
> einen strahlenden Weg, bis er im Kreis der
> Engel aufgenommen wird."   (Pe 14,91-93)

Mit "emicare" lernen wir eines der Schlüsselworte des Dichters für die Vorstellung vom Schicksal der Seele nach dem Tode kennen. Damit wird nicht nur eine kraftvolle, rasche Bewegung angedeutet, sondern auch in der Bedeutung "aufleuchten"
die Überzeugung zum Ausdruck gebracht, daß die Heimkehr der
Seele in ihre feuerhelle himmlische Heimat geglückt ist[68].
Doch wie bereits oben angedeutet wurde, gewinnt nicht nur die
im Martyrium erwiesene "virtus" die Anerkennung Gottes und

---

[64] Vgl. Pe 4,17.30.44; 9,6; 11,110; 13,86; Pe 4,93 wird durch das
Stichwort "caespes" (vgl. C 3,97) die Auflösung des Körpers in den Stoff,
aus dem er erschaffen wurde, besonders betont; eine Variation der Vorstellung Pe 6,7ff.: Entsprechend der Todesart des Ertrinkens werden die
Gebeine nicht von Erde, sondern von Wasser aufgenommen (= Erinnerung an
den "m a d i d u s caespes" von C 3,97?).

[65] Vgl. Pe 5,159.304; 10,519.

[66] Vgl. Pe 11,110; 13,86; 5,359f.367f.; 10,1110; im Himmel wird
übrigens nach Pe 10,1111ff. der Name des Martyrers in einem Buch notiert
und somit für dessen unauslöschbaren Ruhm vor Gott gesorgt (vgl. Pe 10,
1131f.; zur Vorstellung von einem "himmlischen Buch" vgl. KOEP 51). Damit
haben die Martyrer durch ihre "virtus" den Ruhm erlangt, der ihrer frei-
willigen Entscheidung für Gott entspricht (vgl. dazu oben S. 266). Ja
mehr noch: Während irdische Schriftzeugnisse nicht dazu in der Lage sind,
auf Dauer die "gloria" eines Menschen zu wahren - damit bricht Prudentius
mit der altrömischen Vorstellung, daß die Menschen gerade durch die literarische "memoria" unvergänglichen Ruhm erlangen -, ist die Seite des
himmlischen Buches "unsterblich". In gewisser Weise liegt also auch an
dieser Stelle eine Kontrastimitation vor.

[67] Vgl. Pe 14,79; dieses Bild auch H 629f., dazu oben Anm. 57.

[68] Mit fast denselben Worten beschreibt Prudentius auch das Ende der
hl. Eulalia (Pe 3,161-165): "E m i c a t inde columba repens martyris os
nive candidior visa relinquere et astra sequi; spiritus hic erat Eulaliae
lacteolus celer innocuus." Zum Bild der "columba" vgl. PILLINGER 20.

erwirkt so die Befreiung der Seele. Auch einfache Christen
dürfen mit dieser Hoffnung leben[69]. Ja Prudentius selbst
zeigt sich davon tief überzeugt. Das lehren die Verse S 2,
166f., in denen er für sich zumindest die Möglichkeit einer
Errettung für die Ewigkeit sieht. Daß er dabei in erster Linie an das Schicksal seiner Seele denkt, verdeutlicht nicht
nur der Hinweis auf die "praemia m e n t i s" (S 2,164),
sondern auch die Tatsache, daß Prudentius seine Erwartung
ausdrücklich als Reaktion auf die Gott in den Mund gelegten
Worte versteht[70], wonach es als oberstes Ziel zu gelten hat,
die Seele aus der Gefangenschaft der körperlichen Begierden
zu befreien.
Knapp und präzise bringt er dieselbe Hoffnung am Ende der
Praefatio zum Ausdruck: Er äußert darin den innigen Wunsch,
durch sein wenn auch bescheidenes, hauptsächlich literari-
sches Engagement als Christ auch seine Seele vom Körper lösen
und der himmlischen Heimat zurückgewinnen zu können[71]. In
diesem persönlichen Bekenntnis kehrt das Schlüsselwort "emicare" wieder; ebenso wird die Freiheit der Seele als eschato-
logisches Ziel verkündet. Ja mehr noch: Indem sich Prudentius
durch "emicem" (Prf 44) als Person geradezu mit seiner Seele
identifiziert[72], vergrößert er noch die Kluft, die er ohnehin
schon zu seinem Körper empfindet.

3.1.3 Folgerungen

Ausgehend von der Praefatio und der dort ins Auge fallenden
Überzeugung von einer starken Polarität zwischen Leib und
Seele, konnte der Überblick über das Bild von Körper und
Geist im eigentlichen Oeuvre des Dichters zu ebenjenem Vor-
wort zurückführen und dessen dualistische Grundstimmung be-
stätigen:

---

[69] Vgl. die lapidar-knappen Thesen von C 10,11a und 12a bzw. C 10,
11b und 12b.

[70] S 2,166f.: "ego contra spero ..." antwortet ja auf S 2,159f.:
"spem ... in me omnem statuat".

[71] Vgl. Prf 43-45; zur Übereinstimmung mit Sen. ad Pol. 9,8 vgl.
oben S. 255f. Anm. 11; ähnlich auch Heges. 5,53 = CSEL 66 (1960) 409
(USSANI); Cic. Tusc. 1,40.46.51.

[72] Diese Identifizierung von Person und Seele auch klar ausgedrückt
bei Cic. rep. 6,24 (Text in Anm. 45 oben S. 262) und Ambr. bon. mort. 7,
27 = CSEL 32,1 (1897) 727f. (SCHENKE).

Seele und Körper werden zwei völlig verschiedenen Bereichen
zugeordnet und sind so trotz ihrer scheinbaren, letztlich
erzwungenen Zusammengehörigkeit zwei weit auseinanderliegende
Pole des Menschen. Symbole dieser Gespaltenheit entdeckt Prudentius überall bis hin zu den Erscheinungen der Natur. So
bringt der Dichter den Körper mit der Welt, mit Schwere, Dunkelheit, Erde bzw. Wasser und Vergänglichkeit in Verbindung.
Der Seele dagegen entsprechen Himmel, Leichtigkeit und Fein-
heit, Licht, Äther, Feuer und Unsterblichkeit. Mit der Charakterisierung des Todes ist für Prudentius der Punkt erreicht, wo mit der Überzeugung von der äußersten Trennung
von Seele und Leib zumindest vorläufig der Gegensatz zemen-
tiert wird, der über das ganze Werk hinweg durch Andeutungen,
Weckung von Assoziationen, Bilder und Metaphern aufgebaut
wurde. Während die reinen Seelen ins Paradies eingehen[73],
wird der Körper dem Dunkel der Erde zurückgegeben. Jetzt endlich darf sich die Seele von der Last befreit fühlen, die ihr
der Körper zeitlebens bedeutet hat.
So ist der Mensch des Prudentius in seiner irdischen Existenz
ein derart zerrissenes Wesen, daß man den Dichter mit guter
Berechtigung in die große philosophische und religiöse Tradition dualistischer Anthropologie einordnen kann.
Ihren Ausgang nahm diese Interpretation des Menschen bei den
Orphikern, bei denen erstmals die Verachtung des Körpers als
σῆμα τῆς ψυχῆς begegnete[74]. Von den Orphikern beeinflußt,
behauptete Empedokles die göttliche Natur der Seele und ihre
Verbannung in den Körper als Strafe für eine Art Urschuld des
Menschen[75]. Auch die Pythagoreer betrachteten den Leib als
Widersacher der Seele, der versuche, diese mit Schwere zu
füllen. Das Bild vom Körper als "φρουρά" = "Gefängnis" der
Seele kehrte wieder[76]. "Dabei wurde das dualistische Prinzip
fast bis zum Absurden ausgeweidet"[77]. Über Plato wurde der
traditionelle Gedanke von der Höherwertigkeit der Seele gegenüber dem Körper[78] zum Allgemeingut. Die Gefängnismetapher

---

[73] Vgl. C 10,151f.161-164; C 5,109-124; dazu unten S. 336ff.
[74] Vgl. LOHSE 42; HUSNER 21.
[75] Vgl. H. DÖRRIE, Art. Empedokles, in: KP 2,259f.
[76] Auch hier ist übrigens menschliche Schuld die Ursache für diese
Gefangenschaft (vgl. HUSNER 21).
[77] H. DÖRRIE, Art. Pythagoras, in: KP 4,1268.
[78] Vgl. LOHSE 48ff.

wurde aufgegriffen, als Ziel der unsterblichen Seele deren
Gottähnlichkeit postuliert. Doch ging die daraus resultierende Leibfeindlichkeit unter pythagoreischem Einfluß weiter,
als es wohl Plato selbst gemeint hatte[79]. Über den christlichen Neuplatonismus konnten gerade solche Gedanken dann Eingang in die frühkirchliche Theologie finden.
Auch die dionysische Religion mit ihrer Forderung nach einer
Reinigung der durch den Leib befleckten Seele ist auf dem Boden dieser dualistischen Anschauungen gewachsen[80]. Über die
Stoa drangen dualistische Gedanken auch in die römische Philosophie. Während noch die ältere Stoa einen Gegensatz zwischen Leib und Seele leugnete[81] und als Ziel das Leben "in
Übereinstimmung mit der Natur" formulierte[82], also allenfalls
einen ethischen Dualismus kannte, gab die mittlere Stoa dem
Eindringen dualistischer Gedanken nach, so daß sich auch bei
ihr das Bild vom Leib als Gefängnis der Seele findet. Auch
von dorther ist mit Einflüssen auf das Christentum zu rechnen.
Angesichts dieses massiven Angebots dualistischer Denkweisen
vermochte sich die alttestamentliche Vorstellung von der Einheit des Menschen und dessen Gottebenbildlichkeit bezüglich
Leib u n d Seele nicht durchzusetzen[83]. Zwar hielten auch
in die palästinische Welt über die spätjüdische Apokalyptik
dualistische Tendenzen Einzug. Man unterschied jetzt streng
zwischen dem lichten Reich Gottes und dem von Dunkelheit be-
herrschten Reich Satans[84]. Die stärkste Verbreitung solcher
Tendenzen im NT lassen das Johannes-Evangelium und die johanneischen Briefe erkennen. Doch ansonsten dürfte das auf griechischem Boden gewachsene NT eher auf direkte Weise helleni-
stisch-dualistische Gedanken kennengelernt haben als über den
Umweg der spätjüdischen Apokalyptik. Die Belege dafür sind
zahlreich. Als Beispiele mögen genügen Gal 5,16ff., 1 Petr 2,
11 und als paränetische Anwendung einer christlich-dualisti-

---

[79] Vgl. O. GIGON, M.T. Cicero. Gespräche in Tusculum. Lat.-Deutsch
mit ausführlichen Anmerkungen. München [4]1979, 476.
[80] Vgl. HUSNER 20.
[81] Vgl. ebd. 23.
[82] Zur Erweiterung der zenonischen Telosformel "ομολογουμένως ζῆν",
die so auch bei Sen. ep. 120,11 und Cic. fin. 3,21 begegnet, durch Kleanthes vgl. G. SCHMIDT, Art. Kleanthes, in: KP 3,226.
[83] Näheres zur alttestamentlichen Anthropologie bei KARPP 22-32.
[84] Vgl. FRANK 2; HUSNER 28.

schen Leibverachtung Lk 12,4 sowie die vollständige Ausführung der Antithese Mt 10,28a: "Fürchtet euch nicht vor denen,
die den Leib töten, die Seele aber nicht töten können." Es
ist sicher kein Zufall, wenn hier die nur zu gut bekannten
Worte des platonischen Sokrates einfallen: "Töten könnt ihr
mich, aber schaden könnt ihr mir nicht", ein Trost übrigens,
der auch von Epiktet, Justin und Clemens von Alexandrien aufgegriffen wurde[85]. Und doch vermeidet es das NT, das traditionelle Bild vom Körper als Gefängnis der Seele anzubringen,
eine Beobachtung, die aufmerken läßt!
Prudentius dagegen hat diese Scheu überwunden und sich
scheinbar ohne Bedenken aus dem Schatz dualistischer Denkmo-
delle bedient, der ihm durch seine umfassende Bildung zur
Verfügung stand. Doch sei hier erneut davor gewarnt, den
Dichter nun zum radikalen Dualisten zu machen. Schon oben
wurde auf die feinen Unterscheidungen verwiesen, die er auf
der Suche nach der Ursache und Verantwortung für Sünde und
Verderben macht[86]. Prudentius kann offensichtlich nicht in
ein grobrastriges Schema gepreßt werden. Folgende Beobachtungen werden dies bestätigen können:
Der Kampf, in dem Körper und Seele aufgrund ihrer wesentlichen Andersartigkeit liegen, ist ein Kampf ganz besonderer
Art. Denn mit dem Sieg der Seele wird überraschenderweise
nicht der Untergang des Körpers besiegelt, sondern dessen
Läuterung in Gang gesetzt. Dem entspricht die Überzeugung des
Dichters, daß der Körper durch die Inkarnation = Fleischwerdung Gottes selbst rehabilitiert werden kann. Unter diesen
Voraussetzungen empfindet dann Prudentius trotz der stark
dualistischen Prämissen den christlichen Glauben an die körperliche Auferstehung nicht als paradox, sondern als überaus
begründet.
Auf diese drei Beobachtungen soll im folgenden eingegangen
werden, um so besser ermessen zu können, inwieweit es Prudentius nun gelingt, die Tradition, in der er steht, abzuschütteln.

---

[85] Vgl. POHLENZ I,408; T. BAUMEISTER, "Anytos und Meletos können
mich zwar töten, schaden jedoch können sie mir nicht". Platon, Apologie
des Sokrates 30c/d bei Plutarch, Epiktet, Justin Martyr und Clemens
Alexandrinus, in: H.D. BLUME/F. MANN (Hgg.), Platonismus und Christentum.
FS H. Dörrie = JbAC Erg.bd 10. Münster 1983, 58-63; dazu auch S. 206.
[86] Vgl. oben S. 258ff.

3.1.4 Der Kampf zwischen Körper und Seele

Wenn im folgenden vom Kampf zwischen Körper und Seele die
Rede sein wird, so sei dies um der Vereinfachung willen ge-
stattet. Ich bin mir jedoch bewußt und habe dies bereits oben
zu verdeutlichen versucht[87], daß Prudentius die Auseinandersetzung, die er beschreibt, vielschichtiger sieht. Es geht
letztlich um das Ringen der Seele, für welche Macht, Tugenden
oder Laster, sie sich entscheiden soll; doch kämpfen die Laster in einem engen Bündnis mit dem Körper, während die Tugenden wegen der besonderen Fähigkeiten der Seele - man denke
nur an die ihr zugesprochene "sapientia" - mit dieser enger
verwandt zu sein scheinen. Da auch Prudentius verschiedentlich die so differenzierte Auseinandersetzung auf einen Kampf
zwischen Körper und Seele reduziert, will ich mein Vorgehen
als berechtigt ansehen.
Wie bereits oben angedeutet wurde, bedeutet für Prudentius
der Körper bis zum Tod eine Last, die die zarte, edle, zu
höchsten Zielen bestimmte Seele zu erdrücken droht. Es ist
daher sein höchstes Lebensziel, die Seele von diesem Ballast
zu befreien. Allerdings ist dabei mit dem heftigsten Widerstand des Körpers zu rechnen. Nicht nur die Seele, auch der
Körper versucht, zu seinem Recht zu kommen. Dabei gilt der
Körper Prudentius als so starker Gegner, daß er durchaus dazu
in der Lage ist, den Sieg über die Seele zu erringen und sie
damit förmlich zu ersticken.
So warnt Prudentius C 4,28ff. davor, den Magen zu überfüllen,
da sonst der Sitz des Glaubens[88] erdrückt werde. Ähnlich beschreibt Prudentius den Vorgang Ps 900ff. zusammen mit Ps
904f.:

> "... quotiens tepefactum
> caeleste ingenium post gaudia candida[89] taetro
> cessisse stomacho!
> ... nam viscera limo
> effigiata premunt animum[90], ...".

---

[87] Ebd.

[88] Sitz des Glaubens ist aber nach C 4,31 nichts anderes als die
Seele.

[89] Wegen "candida" ≙ "niveum pietatis amictum" (S 1,546) ist hier
vielleicht an die Taufe zu denken.

[90] Die Macht des Körpers entspricht damit aber der Pe 1,99 beschriebenen Fähigkeit der Dämonen: "strangulant mentes". So wie aber die Dämonen durch die "virtus" der Martyrer gebannt werden können (vgl. Pe 2,

"Wie oft erglühte unsere Seele, von göttlichem
Geist erfüllt, um dann solch reine Freuden zu
vergessen und dem Druck des widerlichen Leibes
zu weichen!"   (Ps 900-902.904f.)

Ganz entsprechend der Vorstellung von der Seele als Funke des
göttlichen Feuers führt dann nach C 7,16-20 übermäßiges Essen
und Trinken dazu, daß dieser Funke erlischt[91]. So besiegelt
der Sieg des Körpers über die Seele schließlich deren Untergang.

Doch die Seele hat auch die Möglichkeit, durch tugendhaftes
Verhalten ihren Körper zu überwinden. Als Beispiel dafür kann
die Martyrerin Eulalia angeführt werden, die sich schon in
frühester Jugend zu einem Leben in Askese und Jungfräulichkeit entschlossen hat[92]. Auf diese Weise werden dem Körper
gleichsam, um im Bilde zu bleiben, die Waffen abgenommen, so
daß er seine zerstörende Macht einbüßt. Die Seele kann ihn
nun offenbar so beeinflussen, daß er ihr ähnlich wird: "pietas" und "sobrietas" können nun auch dem Körper zugesprochen
werden (vgl. Pe 3,88f.). Oder aber sie kann den Körper durch
den Sieg über die durch ihn streitenden Laster so weit reini-
gen, daß er zur Stadt Gottes wird, in der die Seele dann den
prachtvollen Mittelpunkt bildet (vgl. Ps 816ff.). So führt
der erfolgreiche Kampf des Geistes schließlich nicht zur Vernichtung des Körpers, sondern über dessen Läuterung zur Integrierung in die Pläne der Seele.

In prägnanter Kürze spitzt Prudentius C 10,25-32 die unterschiedliche Bedeutung des jeweiligen Sieges für den unterle-
genen Part bis zur letzten Konsequenz hin zu: Siegt der Körper, so führt dies zum Tod der Seele, doch teilt auch der Gewinner mit dem überwundenen Gegner dasselbe Schicksal. Der
ihm eigenen Sterblichkeit kann er so trotz dieser Machtdemon-

---

505ff.; Pe 4,65ff.101ff.; vor diesem Hintergrund ist "urbe piata", Pe 4,
68, sicher offen auf eine Deutung des gereinigten Körpers als "u r b s
purgati corporis", wie sie Ps 818 begegnet), so vermag auch die asketische "virtus" des Menschen sich der Übermacht des Körpers zu erwehren.

[91] H 382ff. erscheint der Vorgang, daß der Geist unter dem Einfluß
sinnlicher Vergnügung (vgl. "gravidis curis", V. 382) in einen tiefen
Schlaf verfällt (vgl. "stertere", V. 382 ≙ "stertat", C 7,20) und nur
Irdisches im Sinn hat (vgl. "terrestria", V. 384, "terra", V. 385), was
wiederum mit den körperlichen Begierden identisch ist (vgl. "perniciosa
voluptas", V. 386), als Mißbrauch der geschöpflichen Gaben (vgl. H 364:
"i n f a m i studio perit utile donum").

[92] Vgl. Pe 3,16ff., insbes. V. 18: "nec sua m e m b r a dicata
toro".

stration nicht entgehen. Gemeinsam mit dem Besiegten erwartet
ihn so der Tod. Umgekehrt erkämpft sich die Seele durch ihren
Sieg das ihr gemäße Schicksal der Unsterblichkeit, und wieder
teilt der Sieger diese seine Zukunft mit dem geschlagenen
Kontrahenten. Der Körper geht also wider Erwarten nicht unter, sondern geht mit der Seele in die Ewigkeit ein. So ergibt sich ein an sich paradoxer, der Erfahrung widersprechen-
der Kampfverlauf: " ... im Unterschied zu gewöhnlichen Kämpfen bedingt der Sieg des einen Partners nicht den Untergang
des anderen, sondern trotz dieser Gegnerschaft siegen oder
verlieren beide zusammen"[93]. Daß diese Vorstellung mit ihrer
paradoxen Konsequenz augustinisch ist, hat bereits GNILKA
hervorgehoben[94]. Doch sei darauf hingewiesen, daß wir sie
auch bei Ambrosius finden[95], um dessen großen Einfluß auf
Prudentius man ja weiß. Interessanterweise begegnet ein ähnlicher Gedanke auch bei dem heidnischen Autor Cicero, der
Tusc. 1,72 ebenfalls von einer doppelten Schicksalsmöglich-
keit der Seele spricht. Sucht sie zu großen Kontakt mit dem
Körper, schließt sie sich selbst aus der Gemeinschaft der
Götter aus. Macht sie sich jedoch möglichst wenig mit ihm zu
schaffen, steht ihr der Weg offen zur Rückkehr in ihre himmlische Heimat. Der Unterschied zu Prudentius ist nicht unwesentlich. Einen Aufstieg des Körpers durch die Kraft der Seele kennt Cicero nicht. Dessen ungeachtet weckt die Sprache
des Prudentius C 10,25ff. Assoziationen an diese Stelle[96].
Eine andere altrömische Überzeugung ist gar völlig in die
Schilderung dieser Auseinandersetzung zwischen Leib und Seele
eingeflossen. Überdenkt man die Konsequenz, die der Sieg der
Seele für den unterworfenen Leib bedeutet, so ist diese keine
andere als die Auswirkung, die der Sieg der Römer über fremde
Völker in der Vorstellung der Gewinner für diese bedeutete.
Es wurde ja schon verschiedentlich darauf hingewiesen, daß
die Römer ihren Imperialismus als kulturmissionarische Aufga-
be verstanden wissen wollten, die letztlich nur dem Wohle der

---

[93] GNILKA, Studien 8.
[94] Ebd.
[95] Vgl. Ambr. bon. mort. 7,27 = CSEL 32,1 (1897) 727f. (SCHENKE).
[96] So begegnet bei beiden das Stichwort "contagium", dann der Gedanke der Rückkehr: "reditum" (Cic.) ≙ "r e-portat" (Prud.); "sevocare"
(Cic.) in Zusammenhang mit "contagium" ≙ "recuset" im selben Zusammenhang; schließlich entspricht "devium" (Cic.) "deorsum" (Prud.).

Unterworfenen dienen sollte. Prudentius selbst stellt S 2,
619-633 eine eindeutige Analogie zwischen der römischen Weltherrschaft und der Dominanz des Geistes fest[97]. Angesichts
dieses Vergleiches widerspricht die Charakterisierung des
Sieges der Seele über den Körper zwar der gewöhnlichen Kampf-
erfahrung, doch nicht dem römischen Siegesverständnis bezüglich ihrer eigenen Triumphe[98].
Doch ändert dies nichts an der überraschenden Beobachtung,
daß Prudentius diesem doch so erbärmlichen Körper eine solche
Aufstiegsmöglichkeit zubilligt. Ihren Höhepunkt erreicht diese nach der tiefen Überzeugung des Dichters in der Rehabilitierung der leiblich-fleischlichen Komponente des Menschen
durch die Inkarnation Christi und die dadurch erwirkte körperliche Auferstehung.

3.1.5 Die Rehabilitierung des Körpers durch die Menschwerdung Christi und die Hoffnung auf körperliche Auferstehung

Wie wir aus der Analyse des Kampfes zwischen Körper und Seele
bei Prudentius ersehen konnten, kann menschliche "virtus",
die freilich immer im Bekenntnis zu Christus gründet, durchaus die Fähigkeit besitzen, den verdorbenen Körper zu reini-
gen und auf die Ebene der Seele anzuheben.
Aber auch ein Mensch mit bescheidenen oder gar kümmerlichen
Tugendleistungen darf sich in den Augen des Dichter Hoffnung
auf Rehabilitierung seines Körpers machen. Der Weg dazu wird
ihm durch die Menschwerdung Christi eröffnet.
Als wesentlicher Aspekt daran gilt Prudentius die "In-c a r-
n a-tion" im ursprünglichen Sinn des Wortes, d.h. die Annahme
auch des menschlichen F l e i s c h e s durch Gott. Wenn
Prudentius des öfteren diese Annahme des ganzen Menschen betont[99], dann nur deshalb, weil ihm gerade die F l e i s c h-
werdung Gottes angesichts des distanzierten Verhältnisses zu
diesem Element des Menschen nicht unproblematisch, schon gar
nicht selbstverständlich erscheinen konnte.
Prudentius hat für sich die Lösung gefunden, indem er Gott zu

---

[97] Vgl. unten S. 334ff.
[98] Vgl. unten S. 335.
[99] Vgl. A 779-781 zusammen mit A 1065; C 11,45.

dem Menschen werden läßt, den er als idealen und vollkommenen
Bewohner des Paradieses konzipiert hatte. Dessen Fleisch kann
er daher auch, ohne sich zu schämen, annehmen, ist es doch
das Werk seiner eigenen Hände:

> "Ipse gerit quod struxit opus nec ferre pudescit
> factor quod peperit, corpus loquor atque animae vim."
> "Er führt ja an sich selbst das Werk vor Augen, das
> er verfertigt hat, und er schämt sich nicht, das zu
> tragen, was er selbst hervorgebracht hat, den Körper
> meine ich und die Kraft, die ihn beseelt."
>
> (A 776f.)

> "Et quid agit Christus, si me non suscipit? Aut
> quem liberat infirmum, si dedignatur adire
> carnis onus manuumque horret monumenta suarum?
> Indignumne putat luteum consciscere corpus,
> qui non indignum quondam sibi credidit ipsum
> pertrectare lutum, cum vas conponeret arvo
> nondum viscereo sed inertis glutine limi,
> inpressoque putres sub pollice duceret artus?"
> "Was erreicht Christus schon, wenn er meine Natur
> nicht annimmt? Oder wen befreit er denn von seiner
> Schwachheit, wenn er es verschmäht, die Last des
> Körpers auf sich zu nehmen, und vor dem Werk seiner
> Hände zurückschreckt?
> Hält der es für seiner unwürdig, sich einen Körper
> aus Lehm zu erwählen, der es einst auch nicht für
> unter seiner Würde hielt, gerade in diesen Lehm zu
> greifen, als er das Gefäß aus Erde formte, die von
> Fleisch und Blut noch nichts ahnen ließ, sondern
> nur ein Gemenge aus zähflüssigem Schlamm war, und
> als er die hinfälligen Glieder unter dem Druck
> seines Daumens formte?"   (A 1019-1025)

Allerdings wird Prudentius mit dieser Vorstellung doch nicht
so warm, daß er nicht in der Formulierung dieses Vorgangs
weiterhin eine gewisse Distanz wahrt[100].
Wenn Gott aber bei seiner Fleischwerdung das Ideal des paradiesischen, von ihm selbst durch seinen Odem ins Leben gerufenen Menschen verwirklichte, so ist es schon fast eine logische Konsequenz, wenn dieses Fleisch ohne vorangegangene körperliche Vereinigung allein durch den Geist gezeugt und durch
eine Jungfrau geboren wurde[101]. Besonders interessant ist A
49 die nur durch das Wort "vibratum" angedeutete Gegenüber-

---

[100] So spricht er z.B. A 776 vom "Tragen" des Fleisches und betont C
12,8, er sei "cum carne terrestri" gekommen, eine Vorstellung, die in
klarem Widerspruch zu Gen 1 steht, wonach Leib und Seele eine sich derart
durchdringende Einheit bilden, daß der Gedanke, man könne als Mensch den
Leib "tragen", absurd erscheint.
[101] Vgl. C 9,19-21; A 168.435; Ps 73.

stellung zwischen dem b l i t z e-schleudernden Juppiter[102]
und dem Christengott, der sein W o r t hinausschleudert, um
es durch jungfräuliche Geburt Fleisch werden zu lassen. Gott
entgeht so außerdem dem Makel, der a priori jeder körperlichen Liebe anzuhaften scheint[103]. Diese Besonderheit der
jungfräulichen Geburt versucht Prudentius durch immer wieder-
kehrende Hinweise und Lobeshymnen ins rechte Licht zu rük-
ken[104].
Wiederholt nun aber Christus auf diese Weise den Urtyp des
paradiesisch unverdorbenen und makellosen Menschen[105], so
wird dieser Gnadenakt auch die Gläubigen wieder in diesen
vollendeten Urzustand zurückversetzen[106], den er durch ein in
des Wortes ursprünglichster Bedeutung "degenerierendes"[107]
Verhalten verloren hatte. Die S 2,263ff. beschriebene Entar-
tung des vollendeten Menschen zu einem eher "animalischen"
Wesen[108] wird so durch die besondere Art der Menschwerdung
Christi rückgängig gemacht[109].
Ja der Körper des Menschen scheint sogar so sehr angehoben
werden zu können, daß er in seiner Verfaßtheit und seinen Erwartungen geradezu der Seele angeglichen wird. Das ist das
Fazit der Rede, in der die personifizierte "Pudicitia" Ps
78ff. die Menschwerdung Gottes als Triumph des Geistes über
das Fleisch feiert:

> "Verbum quippe caro factum non destitit esse
> quod fuerat, verbum, dum carnis glutinat usum,

---

[102] Vgl. Verg. Aen. 8,524; Ov. Met. 2,308; bei Prudentius selbst vom
Blitz Pe 14,46f.
[103] Vgl. A 565ff.: "sequimur ... i n m u n d u m quod non de labe
virili sumit principium. Tener illum seminat ignis, non caro ... nec
f o e d a voluptas ... Innuba virgo nubit spiritui v i t i u m nec
sentit amoris"; freilich findet auch diese Einstellung in der Bibel keinen Rückhalt.
[104] Vgl. etwa C 7,2; 11,13.53ff.; A 49ff.97f.106.579f.932f.; TH
105.110.
[105] Vgl. A 991: "vir solus p e r f e c t u s adest atque integer
Hisus".
[106] Vgl. S 2,260: "Condideram p e r f e c t u m hominem."
[107] Vgl. A 159: "degenerem vitam".
[108] Vgl. die klassische unterscheidende Typisierung von Mensch und
Tier, die bereits S 2,165ff. angesprochen worden war, sowie die vor diesem Hintergrund zu verstehende Charakterisierung des "gefallenen" Menschen als "animalis" in A 159.164.
[109] Vgl. A 158: "... socianda caro dominoque inplenda perenni" ≙ A
955: "ut caro nostra deo tandem sociata quiescat" und A 164f.: "Nunc spiritus illum (sc. hominem quondam animalem) transtulit ad superi naturam
seminis".

> maiestate quidem non degenerante per usum
> carnis sed miseros ad nobiliora trahente."

> "Ja, das Wort, das Fleisch geworden ist, hört nicht
> auf, zu sein, was es gewesen war, nämlich Wort,
> während es die Verbindung mit dem Fleisch sucht,
> weil seine Würde durch den Umgang mit diesem nicht
> verkommt, sondern die bemitleidenswerten Geschöpfe
> einer edleren Bestimmung zuführt."   (Ps 78-81)

Weil also Gott in der Inkarnation seine Göttlichkeit nicht
einbüßt, heiligt er das angenommene Fleisch derart, daß es
gleichsam in den Adelsstand erhoben wird. Die "nobilitas"
hatte aber bisher als Charakteristikum der Seele gegolten[110].
Auf derselben Linie liegt S 2,265ff.: Wenn dort durch Christi
Menschwerdung "der aus Lehm gebildete Leib" mit göttlichen
"virtutes" ausgestattet wird, so bricht der Körper damit in
eine ursprüngliche Domäne der Seele ein[111]. Indem die Menschwerdung schließlich zur B e f r e i u n g des Körpers bei-
trägt, wird diesem eine weitere Gabe zuteil, die sonst als
Voraussetzung für die Entfaltung gerade der Seele gegolten
hatte[112].

Das größte Geschenk aber, das dem Körper gegeben wird und ihn
der Seele am nächsten bringen wird, ist das der Auferstehung.
C 3,196ff. bringt Prudentius diese Überzeugung von einer
höchstmöglichen Annäherung an die Seele unmißverständlich zum
Ausdruck:

> "credo equidem (neque vana fides)
> corpora vivere more animae."

> "Ich glaube nämlich, und das ist kein
> leerer Wahn, daß die Körper nach Art der
> Seele Leben haben werden."   (C 3,196f.)

Daß die Seele aber nicht vom Tod bedroht ist, hat er einige
Verse weiter oben aus ihrer Herkunft von Gottes Odem erklärt[113].

Die größte Zuversicht bezüglich der endgültigen Wiederherstellung des Körpers nach dem Tod erwächst Prudentius aber
aus dem Wissen um die körperliche Auferstehung des menschgewordenen Gottessohnes selbst. Wenn e r in unversehrter
Körperlichkeit dem Reich des Todes entgehen konnte, wird
auch für den gläubigen Dichter die Hoffnung auf ein gleiches

---

[110] Vgl. oben S. 261 mit Anm. 36.
[111] Vgl. oben S. 263ff.
[112] Vgl. oben S. 264ff.
[113] Vgl. C 3,186-190.

Schicksal zur festen Zuversicht:

> "Nam modo corporeum memini
> de Flegetonte gradu facili
> ad superos remeasse deum[114].
>
> Spes eadem mea membra manet[115]
> quae redolentia funereo
> iussa quiescere sarcofago
> dux parili redivivus humo
> ignea Christus ad astra vocat[116]."

> "Denn ich weiß ja noch gut darum,
> daß Gott in seinen Körper gehüllt war,
> als er leichten Schrittes vom Flegeton
> in das Reich der Lebenden zurückkehrte.
> Dieselbe Hoffnung hege auch ich bezüglich
> meiner Glieder: Christus wird sie, die
> doch dazu verbannt waren, stinkend im
> Grab des Todes zu ruhen, zu den feurigen
> Sternen rufen; denn er selbst ist ihnen
> ja vorausgegangen, nachdem er aus derselben
> Erde wieder zum Leben erweckt war."   (C 3,198-205)

Nirgendwo sonst spricht Prudentius mit so viel Engagement und persönlicher Betroffenheit. Unzweifelhaft gehört dieses Dogma von der körperlichen Auferstehung zu denen, die Prudentius am meisten am Herzen liegen.

Mit Sicherheit einer der eindringlichsten Texte liegt uns auch mit der Schlußpassage des "Liber Apotheosis" vor. Es hat den Anschein, als ob es nur noch den Dichter und Christus auf der Welt gebe. Wie ein Zwillingsbruder teilt er dessen Schicksal:

> "Christus nostra caro est.
> M i h i solvitur et m i h i surgit.
> Solvor morte mea, Christi virtute resurgo.
> Cum moritur Christus, cum flebiliter tumulatur,
> m e video ...".

> "Christus ist unser Fleisch. Für mich stirbt
> er und für mich steht er auf. Durch meinen
> eigenen Tod gehe ich zugrunde, durch die Macht
> Christi erhebe ich mich zu neuem Leben.
> Wenn Christus stirbt, wenn er unter Tränen
> begraben wird, sehe ich mich ...".   (A 1046-1049)

> "Nosco m e u m in Christo corpus consurgere. Quid me
> desperare iubes? Veniam quibus ille revenit
> calcata de morte viis ...".

> "Ich weiß, daß mein Körper in Christus aufersteht.
> Was soll ich meine Hoffnung fahren lassen? Ich

---

[114] Vgl. auch A 1058f.
[115] Man beachte hier die pathetische Alliteration!
[116] Dem "ignea ad astra" entspricht C 10,32: "pariterque reportat ad astra" und C 10,43: "rapientur in auras".

werde auf demselben Weg zurückkehren wie er,
als er über den Tod triumphierte ..." (A 1062-1064)[117]

Auch über das Aussehen des auferstandenen Körpers hat Prudentius eine genaue Vorstellung, wenngleich gewisse Widersprüche
unausgeglichen bestehen bleiben.
Zunächst einmal zeichnet Prudentius C 3,100ff. ein sehr pla-
stisch-konkretes Bild von der Gestalt der wieder zum Leben
gerufenen Körper: Aus kaltem Staub werden sich neue Glieder
bilden mit denselben biologischen Bestandteilen, aus denen
bereits der irdische Körper bestanden hatte: Nerven, Knochen,
Haut ... Das ist schon an sich eine altrömischem Empfinden
fremde Vorstellung; sie wirkt aber noch um so eigenständiger,
wenn man sich der Anklänge dieser Passage an einen Seneca-
Brief bewußt ist: Ep. 102,25 beschreibt der römische Philosoph den Tod als Endpunkt des irdischen Lebens, an dem der
Mensch mit der körperlichen Hülle sein letztes Gewand ablegen
muß, um nicht mehr aus dem Leben mitzunehmen, als man mit der
Geburt mitgebracht hat. Interessanterweise löst Seneca jetzt
den Begriff der Hülle ("velamentum") durch das "Kunstwerk des
Zerlegens"[118] in die Bestandteile "cutis, caro, sanguis, ossa
nervique" auf, die zum großen Teil auch bei Prudentius C 9,
100ff. begegnen[119]. Doch während dür Seneca diese Auflösung
des Körpers endgültigen Charakter besitzt und zur Voraussetzung für den Geburtstag der Seele zu ewigem Leben wird[120],
kennt zwar auch Prudentius den Zerfall der körperlichen Hülle
im Tod, sieht darin jedoch nicht einen Schlußpunkt, sondern
betont ein erneutes Anlegen dieses Gewandes und damit die

---

[117] Was Prudentius hier geradezu inbrünstig sich selbst und anderen
zum Trost verkündet, den Zusammenhang von Fleischwerdung, körperlicher
Auferstehung Christi und der des Menschen, finden wir C 11,45-48 auf ganzen vier Versen zusammengedrängt: "mortale corpus induit (= Fleischwerdung) ut excitato corpore mortis catenam frangeret (= Sieg über den Tod
durch körperliche Auferstehung Christi) hominemque portaret patri (= körperliche Auferstehung des Menschen)."
[118] HUSNER 89.
[119] Vgl. "ossa" (C 9,101) "nervos" (C 9,102); wie bei Seneca stehen
also auch bei Prudentius die beiden Begriffe nebeneinander; dann noch
"cutis" (C 9,102); vom Sinn her stimmen überein "velamentum" bei Seneca
mit "carnis indumenta" bei Prudentius (C 9,99); eine ähnlche Zusammenstellung der Begriffe auch bei Sen. ad Marc. 24,5.
[120] Vgl. ep. 102,26: "Dies iste quem tamquam extremum reformidas
aeterni natalis est. Depone onus (sc. corporis)."

Auferstehung auch des Körpers nach dem Tod[121].

Dieser Körper aus Haut und Knochen entspricht nun aber wieder, wie andere Texte verdeutlichen, genau dem Bild des Körpers, den Christus angenommen hat[122]. Dem Menschen wird so durch die Auferstehung sein paradiesischer Leib zurückgegeben:

> "Viscera mortua quin etiam
> post obitum reparare datur
> eque suis iterum tumulis
> prisca renascitur effigies
> pulvereo coeunte situ."

> "Es ist uns ja gegeben, daß unser toter Körper
> nach dem Untergang wiederhergestellt und die
> alte Gestalt aus ihrem Grabhügel wiedergeboren wird,
> indem sich die Erde erneut verbindet."

(C 3,191-195)[123]

Zu diesem idealen Urzustand paßt dann auch die Vorstellung von einem blühenden, vollkommenen Äußeren, das weder durch Krankheit noch durch Altern gezeichnet ist:

> "Haec quae modo pallida tabo
> color albidus inficit ora
> tunc flore venustior omni
> sanguis cute tinguet amoena[124].

> Iam nulla deinde senectus
> frontis decus invida carpet[125]
> macies neque sicca lacertos
> suco tenuabit adeso.

> Morbus[126] quoque pestifer artus
> qui nunc populatur anhelos
> sua tunc tormenta resudans
> luet inter vincula mille."

> "Diesem Gesicht, das eben noch von Krankheit
> gezeichnet und von Leichenblässe überzogen ist,

---

[121] Das ist subtile Auseinandersetzung mit dem antiken Erbe über das Mittel einer in dieser Art seltenen Kontrastimitation eines Prosatextes durch paränetische Hymnendichtung.

[122] Vgl. oben S. 276f.

[123] "effigies" als Bezeichnung für den gottähnlich geschaffenen Menschen zu Beginn der Schöpfung auch C 3,98; dem entspricht C 10,136: "enigmata".

[124] Vgl. ähnlich A 1072f.

[125] Man beachte, wie Prudentius auch hier im Bild bleibt: "carpet" = "flore" (C 10,99).

[126] Vgl. ähnlich A 1071: daß mit "morbus" möglicherweise auch auf den Satan angespielt ist, vgl. THOMSON I,91, Anm. b; LAVARENNE I,59, Anm. 2. Das kann auch die Beobachtung bestätigen, daß der personifizierte "morbus" hier genau wie die Verfolger, die wiederum durch und durch teuflische Züge zeigen, nun dieselben Qualen erleidet, die er zuvor selbst verursacht hat (vgl. Pe 2,505; 1,106).

> wird dann pulsierendes Blut mit einer Anmut,
> die jede Blume übertrifft, einen lieblichen
> Teint verleihen.
> Nicht mehr länger wird dann mißgünstiges Alter
> die Haarpracht lichten noch wird Magerkeit und
> Dürre die Glieder schwächen und auszehren.
> Auch die todbringende Krankheit, die jetzt noch
> die lechzenden Glieder verwüstet, wird dann,
> schweißgebadet und in tausend Fesseln gelegt,
> für die Qualen büßen, die sie bereitete."
>
> (C 10,97-108)

Damit sind diese mit viel Überzeugungswillen vorgetragenen Erwartungen größer, aber doch verständlicher, als wenn Prudentius von der Aussicht spricht, seinen Körper nicht anders zurückzugewinnen, als er ihn verloren hat[127].
So bleibt für den Dichter der Tod nur D u r c h g a n g s - s t a t i o n zu einer Rückkehr in ein paradiesisch-ideales Leben als Mensch aus Fleisch und Blut und verliert seine Schrecken:

> "Mors ipse beatior inde est,
> quod p e r cruciamina leti
> via panditur ardua iustis
> et ad astra doloribus itur."
>
> "Gerade der Tod ist insofern eigentlich
> kein Unglück, als für rechtschaffene Menschen
> durch die Leiden des Todes ein steiler Weg
> erschlossen wird und ihre Schmerzen sie zu
> den Sternen führen."
>
> (C 10,89-92)

In "einer der berühmtesten Partien der Cathemerinongedichte"[128] tröstet Prudentius dann auch die Trauernden mit der Deutung des Todes als "r e-paratio vitae" (C 10,120)[129] und dem aus klassischer Philosophie bekannten Vergleich des Todes als einem schlafähnlichen Zustand[130]. Wer aber auf ein "Erwachen" der Verstorbenen hoffen kann, für den ist auch die sorgsame Gräberpflege nicht nur eine Farce, sondern Ausdruck christlicher "pietas":

> "Hoc provida christicolarum
> pietas studet utpote credens

---

[127] Vgl. C 10,139f.: "reddas ... q u a l e m tibi t r a d o figuram", noch deutlicher A 1065f.: "Nec enim minor aut alius quam n u n c sum restituor." Nach dieser Vorstellung dürfte Prudentius, der sich ja nach Prf 23 bereits dem Greisenalter zurechnete, kaum mehr das blühende Aussehen erlangen, das er an anderen Stellen in Aussicht gestellt hatte.

[128] GNILKA, Natursymbolik 417.

[129] Ähnlich S 2,194ff. (GNILKA, Natursymbolik 417f.) und C 10,149f.: "Sed dum resolubile corpus r e-vocas, deus, atque r e-formas ... ."

[130] Vgl. C 10,55f.58-60; auch C 3,203; als populärster Vertreter und Philosophievermittler Cic. Tusc. 1,27.31.92.

        fore protinus omnia viva,
        quae nunc gelidus sopor urget."
        "Darauf sind die Christen in ihrer fürsorgenden
        Frömmigkeit bedacht, weil sie ja glauben, daß
        dereinst alles leben wird, was jetzt von kaltem
        Schlaf in seinem Bann gehalten wird."   (C 10,57-60)

Auch damit greift Prudentius ein altes Argument auf. Gerade
Cicero stellt in seinem ersten Buch der Tusculanen, das bei
Prudentius schon so oft im Hintergrund stand, dieselbe enge
Verbindung zwischen dem Brauch der Grabpflege und der Hoffnung auf ein Weiterleben nach dem Tode her. Ähnlich wie bei
Prudentius steht dahinter die Überzeugung, "mortem non interitum esse, sed quandam quasi migrationem commutationemque
vitae"/"daß der Tod kein Untergang sei, sondern gleichsam ein
Fortschreiten und Verändern des Lebens" (Tusc. 1,27). So wird
es kein Zufall sein, daß bei beiden der Hinweis auf die Grabpflege mit fast den gleichen Worten eingeleitet wird[131].
So eng hier über Cicero die Anlehnung an das klassische Erbe
ausfällt, so weit entfernt Prudentius sich mittels auffallender Kontrastimitation von anderen klassischen Vorstellungen.
Während Horaz C. 1,24,5f. den Tod des Quintilius als e w i -
g e n Schlaf deutete, betont Prudentius die zeitliche Be-
grenztheit des Todesschlafes[132].
Diese gespaltene Haltung zur traditionell-römischen Weltdeu-
tung mag als beispielhaft gelten, wenn es nun abschließend
darum geht, die Ansicht des Prudentius über Körper und Seele,
deren Verhältnis zueinander und deren irdisches und eschato-
logisches Schicksal einzuordnen.
Analysiert man die Theorien des Dichters zur Rehabilitierung
des Fleisches durch die Menschwerdung Christi, so fällt auf,
daß Prudentius als höchstes Ziel eine weitestgehende Annäherung des Fleisches an das Wesen der Seele formuliert, deren
Höhepunkt dann mit der körperlichen Auferstehung erreicht
ist. Vom eigentlichen Charakter des Fleisches bleibt so gut
wie nichts mehr erhalten. Den deutlichsten Beweis dafür liefert die jungfräuliche Geburt Christi, die für Prudentius
eines der größten, aber auch "konsequentesten" Mysterien darstellt. So haben wir es in den eher dogmatisch-lehrhaften

---

[131] Vgl. C 10,45: "maxima cura sepulcris" ≙ Tusc. 1,27: "sepulcrorum
... maxumis ... cura ...".
[132] Vgl. C 10,60: "Quae n u n c gelidus sopor urget." Prudentius
streicht also das "perpetuus" und schreibt stattdessen "nunc".

Partien des Werkes mit einer derartigen Vergeistigung und
Spiritualisierung des auferstandenen Fleisches zu tun, daß
die zu Beginn beobachtete Leibfeindlichkeit im Glauben an die
Auferstehung nicht überwunden wird.
Prudentius geht damit selbst dort noch, wo er von der eschatologischen Errettung des Leibes spricht, über bloße "Ansätze
zu einem anthropologischen Dualismus"[133] hinaus. Nicht daß
Prudentius damit keinen Rückhalt in der Schrift hätte. Insbesondere die paulinische oder johanneische Theologie kommen
ihm da entgegen[134]. Doch ist es bemerkenswert, daß sich Prudentius ausgerechnet von ihr so ansprechen ließ, daß er ihr
einen derart wesentlichen Rang in seinem Werk zukommen ließ.
Freilich ist das dann nicht weiter verwunderlich, wenn man
bedenkt, daß gerade bei diesen Texten der Einfluß stoisch-
neuplatonischer Gedanken unverkennbar ist. Prudentius hatte
diese ja auf dem üblichen Weg durch intensive Lektüre Senecas
und Ciceros seinem Denken nahegebracht. Nicht umsonst hat man
schließlich Paulus einen Briefwechsel mit dem Philosophen Seneca angedichtet[135], und auch bei Prudentius steht dieser zusammen mit Cicero immer wieder im Hintergrund. Berücksichtigt
man schließlich noch die Erscheinung des christlichen Neuplatonismus, so muß die Grundhaltung des Prudentius als Konglo-
merat christlich-heidnischer Gedanken gedeutet werden, die
auf dem gemeinsamen Boden einer dualistischen Anthropologie
gewachsen sind.
Analysiert man nun andererseits die wenigen Stellen, wo Prudentius sehr persönlich wird und sein eigenes eschatologi-
sches Schicksal bedenkt, so wird man plötzlich mit einer
überaus konkreten Vorstellung des auferstandenen Körpers konfrontiert. Prudentius preist seine Schönheit und immerwähren-
de Jugend, ergötzt sich im voraus an seinem rosigen Aussehen.
Alles in allem tritt der Aspekt der Spiritualisierung in den
Hintergrund zugunsten einer greifbaren Körperlichkeit. Offensichtlich kommt die christliche Lehre von der fleischlichen Auferstehung seinem persönlichen Wunschdenken von einer

---

[133] GNILKA, Studien 4; freilich ist es auch zu vereinfachend, als
Alternative gleich von einem "radikalen Dualismus" zu reden (ebd. 6, vgl.
dazu oben S. 259f.). Prudentius bewegt sich hier im großen Feld dazwi-
schen, läßt sich freilich auch darauf nicht durchgehend festlegen.
[134] Vgl. dazu oben S. 271f.
[135] Vgl. POHLENZ I,404.

v ö l l i g e n Wiederherstellung des Menschen so nahe, daß
er sie ungeachtet der dualistischen Prämissen gerade auch als
Tribut an das faßbar Leibliche begeistert feiert.
So erscheint Prudentius letztendlich als Mensch zwischen zwei
Zeiten, der einerseits die Tradition, in der er verwurzelt
ist, nicht abschütteln kann oder will, andererseits bereitwillig die freie Luft atmet, die mit der Lehre von einer körperlichen Auferstehung zu wehen begonnen hat.
Auch in der asketischen Praxis, die für Prudentius wie schon
für die klassische Philosophie eine logische Konsequenz aus
ihren theoretischen Grundvoraussetzungen war, wird der Dichter, wie im folgenden zu zeigen sein wird, eine gemäßigtere
Haltung an den Tag legen, als man es entsprechend seiner doch
recht leibfeindlichen Grundeinstellung erwarten würde.

3.2 DIE PRAKTISCHE KONSEQUENZ: "GEMÄSSIGTE MÄSSIGUNG"

3.2.0 Die asketische Tradition

Wenn Prudentius in zahlreichen Partien seines Werkes für eine
enthaltsame Lebensweise plädiert, so steht er damit, wie zum
Schluß des letzten Punktes angedeutet wurde, in einer Jahrhunderte alten Tradition.
Bereits die orphisch-pythagoreische Religion hatte eine umfassende Askese[136] zur Voraussetzung für die Reinigung der
Seele ("Katharsis") und ihre Kommunikation mit Gott gemacht.
Der Gedanke des Zusammenfallens von philosophischem und ent-
haltsamem Leben läßt sich dann von Plato über die Stoa bis
hinein ins Christentum verfolgen[137]. Paulus rät 1 Kor 7,

---

[136] Vgl. die Ablehnung tierischer Kost sowie die Forderung nach
sexueller Enthaltsamkeit (dazu LOHSE 42), dann aber auch die "Sublimierung ins Ethische" (F. LASSERRE, Art. "Pythagoras", in: KP 4,1265).
    [137] Während die frühe Stoa über die Verachtung äußerer Werte geisti-
ge Unabhängigkeit suchte, also eher "innerweltlich, individualistisch"
(FRANK 5) argumentierte, führten die stoischen Schulen der Kaiserzeit
ihre asketischen Forderungen auf ihre Vorstellung von Gott zurück (vgl.
etwa Sen. ep. 31,10: "deus nudus est"; daß dieser philosophische Hintergrund auch zu sehr zweifelhaften Erscheinungen führen konnte, zeigt ebenfalls Sen. ep. 18,7; 100,6; dazu WENDLAND 238f.). - Nachfolge Christi ist
dann auch das Hauptmotiv für asketische Forderungen im NT (vgl. Mt 19,
21ff.; Gal 5,24; 1 Kor 9,27; 2 Kor 5,6; 1 Joh 2,15ff.).

29ff., sich an weltliche Werte wie Ehe und Besitz immer mit solcher Distanz zu binden, daß man sich jederzeit ihrer Vorläufigkeit bewußt ist: **Besitzen, als ob man nicht besäße.** Das ist aber nicht nur ein Stück christlicher Weltverachtung, sondern ebenso gut stoische Tradition eines gemäßigten Asketismus, für den weltliche Güter zu den "indifferentia" gehörten[138].

Diese geistige Verwandtschaft zwischen der späten Stoa und dem frühen Christentum wird auch einen der Hintergründe abgeben, vor dem die asketischen Vorstellungen des Prudentius zu betrachten sind.

3.2.1 Askese als Grundvoraussetzung für ein spirituelles Leben

Wenn Prudentius immer wieder dazu drängt, den Körper nicht durch übermäßiges Essen zu belasten, dann deswegen, weil er befürchtet, die Seele würde dadurch gleichsam in ihrer geistigen Bewegungsfähigkeit eingeschränkt werden.

So beschwört Prudentius C 3,171-175 die Gläubigen zu leichter Kost, damit der Magen nicht das Innerste des Menschen beschwere. Dahinter steht natürlich die konkrete Vorstellung von der Seele als zartem, luftartigem Gebilde, das durch allzu schweres Gewicht förmlich erdrückt werden kann[139]. Den Gedanken von der erdrückenden Wirkung eines überfüllten Magens greift Prudentius verschiedentlich auf. Dem "gravet" (C 3, 175) entspricht dann "coartet" (C 4,30) oder auch "premat" (C 7,10).

Das ist aber eine durch und durch klassische Argumentation für eine asketische Lebensweise. Bereits Horaz begründete - man beachte auch die Terminologie - sein Lob eines "victus tenuis" (sat. 2,2,70) wie folgt: "Quin corpus o n u s t u m ... animum quoque p r a e g r a v a t una atque adfigit humo d i v i n a e particulam a u r a e."/"Ja der überladene Leib belastet den Geist und zieht zu Boden, was doch der

---

[138] Vgl. Sen. ep. 23,4, wo bezüglich des Umgangs mit dem Reichtum die gleiche Formel begegnet, die für die paulinische Weltdistanziertheit typisch ist: "habebit itaque opes sed t a m q u a m leves et avolaturas" (≙ 1 Kor 7,30: "et qui emunt, t a m q u a m non possidentes").
[139] Vgl. oben S. 256.

Gottheit Hauch in uns ist." (sat. 2,2,77-79) Hier haben wir
in beispielhafter Weise die aus Prudentius bekannten Elemente
der körperlichen Last, deren beschwerender Wirkung sowie des
empfindlichen Luftcharakters der Seele zusammengestellt.
Dasselbe Argument begegnet dann auch bei Seneca: "Adice nunc,
quod maiore corporis s a r c i n a animus e l i d i t u r
et minus agilis est"/"Bedenke jetzt, daß durch die größere
Last des Körpers der Geist bedrängt wird und weniger regsam
ist", verbunden mit der Forderung nach einer Haltung, die
körperlichen Begierden Grenzen setzt, um Raum für den Geist
zu schaffen: "C i r c u m s c r i b e corpus tuum et animo
l o c u m laxa!"/"Setz deinem Körper Grenzen und schaffe
Raum für den Geist!" (ep. 2,15,2)
Die Freiheit des Geistes dient für Prudentius wiederum einem
intensiven Verhältnis zu Gott: "Liber ... flatu laxiore spiritus rerum parentem rectius precabitur."/"Ein freier Geist
wird aufgrund seiner größeren Beweglichkeit besser den Schöpfer der Dinge anrufen können." (C 7,24f.) Das kann dann zu
einer solchen Verbundenheit mit Gott führen, daß die Seele
ihn völlig in sich aufnimmt:

> "Parcis victibus expedita corda
> infusum melius deum receptant."

> "Herzen, deren Freiheit durch maßvollen
> Speisegenuß gewahrt bleibt, können den
> Geist Gottes besser aufnehmen."   (C 4,31f.)

Zwei Verständnismöglichkeiten tun sich hier auf: Gott ist die
Nahrung der Seele und als solche erst der wahre Genuß. Ihr
ist im Gegensatz zur Speise, die dem Körper zugeführt wird,
kein Maß zu setzen (vgl. C 4,88ff.; A 711). Die Seele wird
aber auch zum Haus, ja zum Tempel, in dem Gott nun genügend
Raum zur Einkehr findet (vgl. C 4,16ff.).
Prudentius wandelt auch mit diesen Vorstellungen auf dafür
bestens bestelltem Boden. Daß körperliche Askese die Seele
erst richtig für Gott öffnet, entsprach ja schon pythagoreischem Denken. Von da aus ist der Weg bereitet für die weithin
bekannte Vorstellung von der Seele als Wohnstätte Gottes.
Diese spielt bei Prudentius eine so wesentliche Rolle, daß
sie verdient, in einem eigenen Punkt behandelt zu werden[140].
Der Dichter will jedoch asketische Anstrengungen nicht nur

---

[140] Vgl. dazu unten S. 319ff.

auf die Ernährungsweise beschränkt wissen. Auch von den
sexuellen Bedürfnissen des Menschen sieht er eine ständige
Gefährdung der Freiheit der Seele ausgehen. Jungfräulichkeit
wird ihm daher zu einem der höchsten Ziele. Bereits oben[141]
wurde darauf verwiesen, daß Prudentius diese in idealer Weise
von Maria verkörpert sah. Sie wird zum Vorbild für alle, die
ein vollendetes Dasein in Christus führen wollen.
Getreu diesem Ideal werden die personifizierten Tugenden der
"Psychomachia" als "virgines" eingeführt, so "Pudicitia" Ps
41.47, "Spes" Ps 305f., "Sobrietas" Ps 428. Die Laster dagegen sind von dieser jungfräulichen Erscheinung nicht angetan.
"Superbia" schämt sich Ps 240ff. geradezu, gegen ein so gear-
tetes Tugendheer kämpfen zu müssen: "Quam pudet, talem contra
stare aciem ... et cum virgineis conferre choraeis."[142]
Allenfalls zur Tarnung verkleidet sich ein Laster in die Gestalt einer Tugend. Interessanterweise erreicht "Avaritia" Ps
553f. die täuschende Ähnlichkeit mit der "Frugi" gerade dadurch, daß sie sich mit ernster Miene und strenger Kleidung
sehen läßt. Das ist aber wiederum das typische äußere Kennzeichen für die innere Entscheidung zu ehelosem Leben. Auch
auf die Martyrerinnen des "Peristephanon" trifft diese Typologie exakt zu: An Eulalia lobt Prudentius Pe 3,23 ihren gefaßten Ausdruck und den bescheidenen Gang als äußeres Zeichen
der Entschlossenheit, der Ehe zu entsagen und sich Gott zu
weihen[143]. Prudentius wird nicht müde, im "Liber Peristephanon" auf den jungfräulichen Stand der Frauen zu verweisen,
die um Christi willen Verfolgung litten[144]. Ja sie sind
gleichsam die Schmuckstücke der Kirche (vgl. Pe 2,297ff.).
Jungfräulichkeit ist nun aber wie Fasten kein Selbstzweck,
sondern soll den Menschen gleichsam für Gott freihalten. Das
kann einerseits bedeuten, daß sich im Herzen eines gläubigen
und jungfräulichen Menschen immer aufs neue die Geburt Chri-

---

[141] Vgl. dazu oben S. 278.
[142] Dazu steht im Widerspruch die Aufforderung der Concordia Ps 758:
"ergo, cavete, v i r i ...", bei der offensichtlich die zweite, ekklesiologische Bedeutungsebene des Gedichtes durchgeschlagen hat (vgl. die
Deutung des folgenden Begriffes "sententia discors" als Häresie bei LAVA-
RENNE III,76, Anm. 1): über die Rechtgläubigkeit der Kirche wachen aber
nicht die christlichen Jungfrauen, sondern "gestandene" Bischöfe und
Theologen.
[143] Daher wohl auch die Charakterisierungen "sacra" oder "sacrata"
für die jungfräulichen Martyrerinnen: vgl. Pe 2,301; 3,3; 14,34f.
[144] Vgl. Pe 3,37.56.133.154.159.185; 4,111; 14,4.52.55f.83.116.124.

sti wiederholt, die sich einmal als historisches Ereignis
durch die Jungfrau Maria vollzog:

> "Virginitas et prompta fides Christum bibit alvo
> cordis et intactis condit paritura latebris."
> "Jungfräulichkeit und gläubige Demut empfangen
> Christus im Leib ihres Herzens und bergen ihn
> an einem unzugänglichen und unberührten Ort
> bis zum Tag seiner Geburt."   (A 583f.)[145]

Andererseits eröffnet die "virginitas" den Weg zu einer von
allen körperlichen Verstrickungen freien spirituellen "Ehe"
mit Christus: Als "nupta Christo" (Pe 14,79) geht die heilige
Agnes dem Martyrertod entgegen[146].

Wenn nun aber gerade die sexuelle Askese eine solche Bedeutung einnimmt, so ist das mit herkömmlichen Vorstellungen von
einem enthaltsamen Leben nicht mehr zu vergleichen. Zwar
kannte man im gesamten antiken Raum eine quasi institutiona-
lisierte, im Kult beheimatete Jungfräulichkeit. Man denke nur
an die bekannten römischen Vestalinnen; auch empfahlen ver-
einzelt philosophische Strömungen geschlechtliche Enthaltsamkeit als Mittel persönlicher Vollendung. Doch wurde diese
Forderung nie so lautstark erhoben wie im Christentum. Gerade
in der Zeit des Prudentius war man für eine solche Auslegung
von Askese stark empfänglich. Dafür stehen die zahlreichen
asketischen Briefe des Hieronymus; dafür steht aber auch vor
allem der Name des Ambrosius, an den sich Prudentius bekann-
terweise eng anlehnte. Bei ihm begegnet auch der Gedanke von
der im Herzen jedes Gläubigen sich ereignenden Gottesgeburt
mit der für ihn typischen asketischen Akzentsetzung, die dieses mystische Ereignis auch einem weniger vollendeten Christen zuteil werden läßt[147]. Es ist bezeichnend für Prudentius, daß er sich gerade von dieser praktische Variante der
Vorstellung ansprechen ließ.

Neben Fasten und sexueller Enthaltsamkeit fordert Prudentius
schließlich auch eine distanzierte Haltung gegenüber all den
Gütern, die der "Welt" angehören und die Seele in ihren Bann
ziehen könnten: "Contemne p r a e s e n s utile ... omitte

---

[145] Dieser Gedanke ist eine Variation der Vorstellung von der Seele
als Tempel Christi und wird im Zusammenhang mit diesem Unterpunkt einge-
hender analysiert werden (vgl. dazu unten S. 330ff.).

[146] Damit ist aber der neutestamentliche Gedanke von Christus als
Bräutigam der Kirche (Eph 5,24ff.) ins Individuelle übertragen, ein Vorgehen, das für Prudentius nicht untypisch ist.

[147] Vgl. RAHNER 385; dazu auch unten S. 330ff.

corpus ... vince m u n d u m et saeculum!"/"Verachte all
das, von dem du dir in der Gegenwart Nutzen versprichst ...
vergiß deinen Körper ... besiege das 'Hier' und 'Heute'!" (Pe
10,541-545)[148]
In einem pauschalisierenden "Rundumschlag" verurteilt er C 1,
93ff. "aurum, voluptas, gaudium, opes, honores, prospera" als
Ü b e l ("mala"), die den Menschen mit Hochmut erfüllen
("quaecumque nos inflant"). Damit geht Prudentius hier eindeutig über eine mögliche, in stoischen Kreisen verbreitete
Einschätzung dieser irdischen Werte als "indifferentia" hinaus. Doch hält Prudentius dieses scharfe Urteil nicht durch.
So spricht er zwar im ersten Tageslied der Genußsucht jede
Berechtigung ab, weist H 385 auf ihre Gefährlichkeit hin,
fordert S 2,146 schließlich förmlich zum Kampf gegen sie
auf[149] und hält ihr A 396 Christus als die "sincera voluptas"
entgegen; doch scheut er sich nicht, sich selbst C 8,16 nach
Beendigung des Fastens zu der "voluptas" zu bekennen, mit der
er sich nunmehr an einen gut gedeckten Tisch setzen kann.
Auch irdische Ämter und Ehren verurteilt Prudentius im folgenden nicht grundsätzlich. Nur soll man sich jederzeit deren
Vergänglichkeit und Flüchtigkeit bewußt sein und sich ihrer
nicht in stolzer Überheblichkeit brüsten:

> "Haec ipsa vestra dignitatum culmina
> quid esse censes? Nonne cursim transeunt
> fasces secures sella praetexta et toga
> lictor tribunal et trecenta insignia,
> quibus tumetis moxque detumescitis?"
> "Ja selbst all die Dinge, die euch zum Inbegriff
> eurer Würde geworden sind, was sind sie wohl wert?
> Vergeht das alles nicht wie im Fluge: Rutenbündel,
> Beil, Sessel, Prätexta und Toga, das Liktorenamt,
> das Tribunal und die 300 Insignien, über die euch
> vor Stolz die Brust schwillt, um doch bald wieder
> ganz klein zu sein?"   (Pe 10,141-145)[150]

---

[148] Vgl. dazu auch die Warnung S 2,158: "... ne praeferat u t i l e
iusto" in einem ähnlichen asketischen Zusammenhang.
[149] Vgl. die Aufforderung "vincenda voluptas"; ein ähnlich "militantes" Vorgehen gegen die Genußsucht fordert übrigens auch Sen. ep. 51,6:
"nobis quoque militandum est ... debellandi sunt in primis voluptates";
vgl. dazu POHLENZ I, 315.
[150] Ähnlich auch Pe 14,100f. und S 2,154, wo jeweils ebenfalls vor
stolzgeschwelltem Gehabe gewarnt wird. - Die Warnung vor falscher Ruhm-
sucht und vor Ehrgeiz gehörte aber auch ins Programm der römischen Popularphilosophie: vgl. Plin. ep. 7,26; 1,14,5 (dazu BÜTLER 119); Hor. sat.
2,7,85f.; Sen. ep. 31,11; ad Helv. 5,4; brev. vit. 7,1 (wo allerdings
Ehrgeiz immer noch höher eingeschätzt wird als Völlerei).

Da scheut sich Prudentius nicht einmal, die großen Leistungen
eines Kaisers wie Trajan mit dem Hinweis auf die "virtus fragilis" und die "gloria terrena" (S 1,280f.)[151] ehrfurchtslos
zu relativieren, deutet damit jedoch zugleich die Möglichkeit
einer "gloria aeterna" für diejenigen an, die nicht unter dem
beängstigenden Druck der altrömischen Religion an Irdischem
festhalten[152].
Der Martyrer Laurentius kann sich beispielsweise Pe 2,553-556
über die Ehre eines "consul perennis" in der "curia aeterna"
des himmlischen Roms freuen[153]. Und für Theodosius läßt Prudentius die personifizierte "Roma" auf eine "viva ... gloria"
und ein "decus inmortale" (S 2,756f.) für dessen Verdienste
um das römische Reich sinnen. Auch hier versteht es Prudentius also, feine Unterschiede zu machen.
Was nun den materiellen Besitz, insbesondere die Macht des
Goldes angeht, so fehlt es im Werk des Prudentius nicht an
kritischen Worten. Damit stellt er sich natürlich einerseits
in die biblische Tradition, weiß sich aber auch wieder getragen von der asketischen Weisheit der heidnischen Literatur[154].
Gerade die zersetzende Wirkung des Goldes wird von Prudentius
gegeißelt. H 257ff. sieht der Dichter in ihm die "Wurzel"
aller Übel und Verbrechen, um dann, etwas überraschend, ausgerechnet die Schmucksucht der Frauen[155] und die Verweichli-
chung der Männer als verachtenswerte Folge des "Goldrausches"
aufs Korn zu nehmen[156]. Pe 2,197ff. holt Prudentius dann aber
die Kritik an der hier angedeuteten Auflösung der Werte nach:

> "Pudor per aurum solvitur,
> violatur auro integritas,
> pax occidit, fides perit,
> leges et ipsae intercidunt."

---

[151] Vgl. auch H 385: "gloria lubrica".
[152] Zur übereinstimmenden Deutung der römischen Religion mit Lucr.
1,62f. vgl. RAPISARDA 48; dieselbe Vorstellung bei Prudentius auch noch
Pe 10,276f.
[153] Vgl. dazu unten S. 343 und oben S. 223f.
[154] Vgl. etwa Verg. Aen. 8,364; Plin. ep. 7,26; Lucr. 2,14ff.; Sen.
ep. 27,9 = ep. 4,10 = Epikur Frgm. 161 und 303; Sen. ep. 25,4; 119,9.12.
[155] Vgl. dazu FONTAINE, Femmes 62f.
[156] Freilich widmet sich Prudentius damit einem bei den Klassikern
wie bei den Kirchenvätern beliebten Thema: vgl. u.a. Ov. am. 1,14; Prop.
1,1; Petron. bell. civ. 44; Cypr. hab. virg. 15f. = CSEL 3,1 (1868)
198f. (HARTEL); Tert. cult. fem. 2,3 = CC 1 (1954) 356f. (DEKKERS).

"Ehrgefühl schwindet dahin angesichts des Goldes,
Unbescholtenheit geht durch Gold verloren, Friede
wird brüchig, die Treue gebrochen und selbst die
Gesetze büßen ihre Autorität ein." (Pe 2,197-200)

Zentrale römische Werte sieht der Dichter also gefährdet und
flüchtet sich als Folge davon in eine Spiritualisierung des
Begriffs: Das "wahrere" Gold ist der Reichtum, den die Kirche
in ihren Gläubigen besitzt[157].

Doch das alles hindert Prudentius nicht daran, in seiner Beschreibung eines tugendhaften Weges S 2,150f. lediglich vor
dem u n m ä ß i g e n Anhäufen eines Goldbesitzes zu warnen.

So fallen für den Dichter Genuß, Besitz, Ruhm und Ehre zwar
mit Entschiedenheit in den Bereich asketischer Anstrengungen,
doch postuliert er nicht deren bedingungslose Verachtung. Ob
Fasten, sexuelle Enthaltsamkeit oder Verachtung äußerer Werte, alle Entsagungen dienen dem einen Ziel, die Seele frei zu
halten, um ein menschenwürdiges Leben aus dem Geist zu führen. Das ist letztlich, wie immer wieder durch Parallelen aus
der klassischen Literatur verdeutlicht wurde, keine spezifisch christliche Begründung[158]. Und Prudentius selbst deutet
S 2,165ff. die Bezüge auf die antike Auffassung vom Menschen
und seiner Bestimmung im Gegensatz zum Tier unmißverständlich
an[159]. Doch untermauert er diese zugleich biblisch, indem er
den vorausgegangenen asketischen "Wegweiser" als eine Wil-
lensäußerung des christlichen Gottes einführt:

"Sed tamen esse modum v o l u i parcisque fruenda
moribus indulsi, ..."
"Und doch wollte ich, daß Maß gehalten und
mit meinen Gaben nicht verschwenderisch
umgegangen werde." (S 2,135f.)

Damit wird aber eine umfassende asketische Lebenseinstellung
zu einem Gebot des Schöpfers. Prudentius streicht dies auch
an anderen Stellen heraus.

---

[157] Vgl. Pe 2,203f.: "Si quaeris aurum verius, lux est et humanum
genus"; daß für Prudentius "humanum genus" und christliche Kirche zusammenfallen, wurde schon oben festgehalten (vgl. dazu oben S. 145.159.193.
227).

[158] Besonders anschaulich zusammengefaßt ist die Vorstellung von
einem asketischen Philosophenleben bei Cic. Tusc. 1,75.

[159] Vgl. den Anklang an Sall. bell. Cat. 1,1; Ov. Met. 1,84; dasselbe bei Min. Fel. 17,3 (dazu HUSNER 103ff. und POHLENZ I,40.85, der die
Tendenz, zwischen Tier und Mensch eine scharfe Grenze zu ziehen, als
stoisch charakterisiert) = ed. BEAUJEU, Paris 1964, 23.

Zunächst hat Christus selbst ja dieses Fasten in vorbildlicher Weise vorgelebt (vgl. C 7,177ff.). Aber auch an Beispielen "vetustae gentis" (C 7,176) fehlt es nicht. Breit schildert Prudentius im siebten Tageslied das Bußfasten der Niniviten. Doch er geht noch weiter zurück. Für ihn ist eine asketische Lebensweise im Schöpfungsplan Gottes vorgesehen. C 3,178-185 erinnert er an das Verbot Gottes, vom Baum der Erkenntnis von Gut und Böse zu essen, entkleidet es aber, indem er es innerhalb einer asketischen Paränese erwähnt, seines allegorischen Sinns. Die Sterblichkeit erscheint so als Folge einer mißachteten Aufforderung zu einer praktischen Enthaltsamkeit[160]. Fasten, so muß der positive Schluß lauten, ist einer der Wege zur Zurückgewinnung der Unsterblichkeit. Umgekehrt ist für ihn aber auch die durch die Auferstehung des menschgewordenen Gottessohnes begründete Hoffnung auf eine vollständige Wiederherstellung des Menschen nach dem Tod ein Grund für ein enthaltsames und sittliches Leben (vgl. S 2, 168ff.1015ff.).

Noch an einer anderen Stelle erscheint das Ideal eines asketischen Lebens als eine der Grundbotschaften der ersten Genesiskapitel: H 330ff. beschreibt Prudentius den paradiesischen Urzustand - daß es um ihn geht, lehren ganz unmißverständlich die Verse 338f.[161] - als ein Leben, das durch maßvollen Genuß der geschöpflichen Güter geprägt ist[162]. Doch ganz abgesehen davon, daß Prudentius hier wie auch schon im dritten Tageslied der Enthaltsamkeit eine Bedeutung zukommen läßt, die diese im Schöpfungsbericht nie hatte, ist hier festzuhalten,

---

[160] Ähnliche Konsequenzen resultieren für Prudentius auch aus einer sexuellen Zügellosigkeit: "Tu (sc. libido) princeps ad mortis iter, tu ianua leti." (Ps 89)

[161] "Sed fuit id quondam nobis sanctum bonumque principio rerum, Christus cum conderet orbem."

[162] Vgl. H 330f.: "Felix qui indultis potuit mediocriter uti muneribus parcumque modum servare fruendi". - THRAEDE, Epos 1038 führt übrigens die Einleitung "Felix, qui ..." unter der Rubrik "spiritualisierende oder verallgemeinernde Moralisierung" an. Im Hintergrund steht Georg. 2,490, wo mit "felix qui" vermutlich Epikur/Lukrez als derjenige gepriesen wurde, "qui potuit r e r u m cognoscere c a u s a s". Bedenkt man nun, daß bei Prudentius mit "felix qui ..." (H 330-336) und "sed fuit id quondam ... bonum p r i n c i p i o r e r u m" (H 338f.) ein Zusammenhang zwischen maßvollem Genuß der geschöpflichen Güter und der Einsicht in die universale Schöpfungsmacht Christi hergestellt wird, so fällt V. 330 wohl eher in die Rubrik "Kontrastimitation": Der Hinweis auf die Schöpfung durch Gott kontrastiert mit der bei Lukrez/Epikur im Hintergrund stehenden materialistischen Erklärung der Weltentstehung.

wie stark der Dichter seine "biblische Begründung" durch bu-
kolisch-georgische Züge überzeichnet und so das alttestamentliche Paradies seinem römischen Naturempfinden nahegebracht
hat. Genaugenommen kommt der Genesis-Reminiszenz also kaum
eine echt begründende Funktion zu. Sie wird eher einem schon
vorhandenen Verständnis von einer asketischen Lebensweise angeglichen. Prudentius bereitet das, wie schon mehrfach beobachtet werden konnte[163], keine Skrupel, wenngleich damit
nicht selten eine Verfälschung des ursprünglichen Gehaltes
einhergeht.

Auf den vergangenen Seiten wurde versucht, die Begründungen,
die Prudentius für einen Entschluß zu asketischem Leben an-
führt, zu analysieren und auf ihre jeweiligen Abhängigkeiten
hin zu untersuchen. Im folgenden soll nun erörtert werden,
wie sich der Dichter ein solches Leben in Enthaltsamkeit vorstellt.

3.2.2 Grundzüge eines asketischen Lebens

3.2.2.1 Ein ländlicher Rahmen

Eine wesentliche Voraussetzung für ein enthaltsames Leben ist
für Prudentius die Kulisse einer ländlich-bäuerlichen Umgebung, die Bescheidenheit gleichsam als natürliches Element
fördert. Schon H 330 hatte das Stichwort "amoena venustas"
Assoziationen an eine georgisch-bukolische Idylle geweckt. C
3,56ff. sehen wir diese breit und genüßlich ausgemalt[164]: Man
ernährt sich von Gemüse und Hülsenfrüchten, Milch und Käse,
Honig und Obst und meidet fleischliche Kost. Prudentius
bringt diese Beschränkung auf vegetarische Ernährung im Zusammenhang mit der Reminiszenz an Gen 1,28, dürfte damit jedoch nur eine in der ganzen Antike verbreitete Vorstellung
über ein philosophisches Leben in naturgemäßer Genügsamkeit
biblisch untermauern, die sich wiederum aus der Säkularisie-
rung einer religiös motivierten, im Seelenwanderungsglauben

---

[163] Vgl. dazu oben S. 75.86.94.
[164] Vgl. dazu FONTAINE, Antike 313.316 mit Anm. 88.

wurzelnden Ablehnung tierischer Nahrung entwickelt hatte[165].
Zum Rahmen einer bescheidenen Lebensweise in ländlicher Atmosphäre gehört für Prudentius aber auch der gesellige Aspekt: Man genießt das   g e m e i n s a m e   Essen, durch das
die Annehmlichkeit einer heiter-besinnlichen Unterhaltung gewährleistet ist[166]:

> "Fercula nostra deum sapiant,
> Christus et influat in pateras,
> seria ludicra verba iocos,
> denique quod sumus aut agimus,
> trina superne regat pietas."

> "Mag über unseren Speisen Gott nie in Ver-
> gessenheit geraten und kein Schluck genommen
> werden, ohne daß dabei Christus in uns eingehe.
> Unsere ernsthaften Gespräche, Spiele und Scherze,
> ja schließlich alles, was wir sind oder tun,
> mag die Liebe des dreifaltigen Gottes von oben
> bestimmen."   (C 3,16-20)[167]

Das entspricht aber der klassischen Sehnsucht nach geistvoll-
heiterem "otium" in ländlicher Einfachheit, abseits der städ-
tischen Betriebsamkeit, wie sie unter anderen ein Horaz oder
Plinius propagierten[168].
Ein Drittes bietet Prudentius die ländliche Umgebung: Sie ist
ihm als ständiger Ausdruck der Schöpfungsherrlichkeit Gottes
vor Augen und wird ihm so zur Inspiration für seine Dichtung,
die für ihn zugleich zum Dankgebet und Zeichen innigster
Frömmigkeit wird[169].

3.2.2.2 Das rechte Maß

Wohl kaum ein geflügeltes Wort könnte besser auf den asketi-

---

[165] Vgl. die Verpflichtung zu vegetarischer Kost bei Orphikern und
Pythagoreern; ein Anklang noch bei Sen. ep. 108,20-22 (dazu WENDLAND
239); dann auch Sextius und Musonius (vgl. dazu POHLENZ I,302); schließlich bei den Kirchenvätern der bei Prudentius besonders geschätzte Ambrosius: Hexa. 3,28 = CSEL 32,1 (1897) 77 (SCHENKE).
[166] Das sind aber "Spuren aus alter Zeit", während andererseits ein
"bewußter Ersatz bestimmter Züge" (RODR.-HER. 35) zu erkennen ist, so der
Blumenkränze und des Parfums; dieselbe Absetzung auch bei Min. Fel. 12,6
(vgl. LAVARENNE I,13, Anm. 1) = ed. BEAUJEU, Paris 1964, 23.
[167] Selbst dabei achtet Prudentius wieder auf den "modus", indem er
eine gesunde Mischung von Ernst und Heiterkeit andeutet; vgl. auch C 7,13
die Warnung vor "i n v e r e c u n d u s lepos"!
[168] Vgl. dazu BÜTLER 119.122.
[169] Vgl. vor allem C 3,31-35 und 3,81ff.; zur gläubigen Naturbe-
trachtung bei Prudentius vgl. auch GNILKA, Natursymbolik 411-460; zu den
stoischen Wurzeln einer solchen Haltung WENDLAND 225 und J.A. FISCHER,
Die apostolischen Väter. Darmstadt 1981, 51, Anm. 1f.

schen Entwurf des Prudentius Anwendung finden als die horazische Maxime: "Est modus in rebus, sunt certi denique fines,
quos ultra citraque nequit consistere rectum."/"Es gibt ein
Maß in den Dingen; es gibt gewisse Grenzen, außerhalb derer
nichts Rechtes bestehen kann." (sat. 1,1,106f.)
Prudentius liegt es auffallend daran, vor extremen Auslegun-
gen eines enthaltsamen Lebens zu warnen. Da bringt er zunächst, eingeleitet durch "doctor indulgens ita nos amico
lactat hortatu" (C 8,18f.), eine Anspielung auf die Mt 6,
16ff. "überlieferte" Aufforderung Jesu, beim Fasten auf ein
Zur-Schau-Stellen der Enthaltsamkeit durch ein ungepflegtes
Äußeres zu verzichten (vgl. C 8,25-28): Ein blasser Teint
schafft noch keine Verdienste. Dazu paßt dann Ps 244 die ver-
leumderische Charakterisierung der "Ieiunia" durch die "Superbia" als "a l b o Ieiunia vultu".
Doch finden wir das Ideal einer dezenten Askese auch schon in
stoischen Kreisen verkündet. Seneca verurteilt ep. 5,2 eine
Vernachlässigung der Körperpflege genau wie Jesus in der
Bergpredigt (Mt 6,16ff.) als Ausdruck eines falschen Ehrgei-
zes. Einen rechten Maßstab findet man dagegen nach stoischer
Vorstellung in den Gesetzen und Grenzen, die die Natur selbst
vorschreibt; genau das wird für Prudentius auch zum entschei-
denen Argument für seinen Entwurf einer "gemäßigten Askese":
Da der Körper gewissen natürlichen Bedürfnissen und Gesetzmäßigkeiten unterliegt, darf, ja soll diesen auch innerhalb eines asketischen Lebensplanes nachgegeben werden. So rechtfertigt Prudentius C 4,1f. eine Ernährung, die sich an der "lex
corporis inbecilla" orientiert. Freilich geht er insofern
hinter die stoischen Voraussetzungen zurück, als er letztlich
alles Geschehen in der Natur und damit auch am Körper des
Menschen in einem letzten schöpferischen Willensakt Gottes
begründet sieht. Derselbe Hinweis auf die ständige Fürsorge
fordernde Schwachheit des Körpers wird nämlich S 2,135ff.
Gott selbst in den Mund gelegt, als er den Menschen über den
Umgang mit den von ihm geschaffenen Gütern belehrt:

"Sed tamen esse modum volui parcisque fruenda
moribus indulsi, q u a n t u m m o r i b u n d u s
                                e t a e g e r
c o r p o r i s ac vitae volucris s i b i p o s c e r
                                e t u s u s."

"Und doch wollte ich, daß Maß gehalten und mit
meinen Gaben nicht verschwenderisch umgegangen

werde. Soviel sei jedoch zugestanden, wie die
hinfällige und kränkliche Verfassung des Körpers
und seines vergänglichen Lebens für sich beansprucht."   (S 2,135-137)

Auch Christus erscheint im Werk des Prudentius als ein überaus nachsichtiger Verfechter asketischer Bemühungen. Der
"laxus ac liber modus abstinendi" (C 8,65) wird zum Ideal,
auf das der Dichter mit fast schon peinlicher Penetranz verweist[170]. Dazu gehört auch das Zugeständnis, daß ein jeder
sich von seinen individuellen Leistungsmöglichkeiten bestimmen lassen kann:

"Hoc nos sequamur quisque nunc pro viribus."
"Das befolge jetzt ein jeder von uns
entsprechend seinen Kräften."   (C 7,196)

Als ein Stück bequemer Selbstgenügsamkeit will es mir dann
allerdings erscheinen, wenn sich Prudentius C 8,13-16 nach
einer "kurzen" Fastenzeit zu seiner "prona voluptas" und der
Vorfreude bekennt, die der Anblick des gedeckten Tisches in
ihm auslöst. Von daher kann es einfach nicht überzeugen, wenn
BROCKHAUS in Prudentius den Verfechter einer "hochgespannten
Ascese"[171] sieht und damit der Prudentius-Forschung ein Argument für die Annahme liefert, der Dichter habe in irgendeiner
Verbindung zu den Priszillianisten gestanden.

Daß Prudentius vielmehr den "westlichen Werten des Maßes und
der Genügsamkeit verpflichtet"[172] war, verdeutlichen schließlich auch mit aller Klarheit die Worte, die Prudentius die
personifizierte "Operatio" Ps 609ff. sprechen läßt:

"Summa quies nil velle super quam postulet usus
debitus, ut simplex alimonia, vestis et una
infirmos tegat ac recreet mediocriter artus
expletumque modum naturae non trahat extra."
"Am ruhigsten wird das Gemüt, wenn es nicht mehr
für sich beansprucht als das, was zum täglichen
Leben notwendig ist: Einfache Kost und ein
einziges Gewand sollen die schwachen Glieder
stärken und warm halten, ohne sie zu verzärteln.
Das von der Natur vorgegebene Maß soll ja nicht
überschritten werden."   (Ps 609-612)

---

[170] Vgl. C 8,1-4: "Christe servorum regimen tuorum, m o l l i b u s
qui nos moderans habenis l e n i t e r frenas f a c i l i que saep-
tos lege coerces ..."; C 8,7f.: "famulos r e m i s s o dogmate p a l -
p a s ..."; C 8,18f.: "doctor i n d u l g e n s ita nos a m i c o lactat hortatu l e v i s obsequella ut mulceat artus".
[171] BROCKHAUS 199.
[172] FONTAINE, Antike 319; ähnlich FONTAINE, Naissance 157; PASCHOUD
232.

Das ist an prägnanter Stelle nichts anderes als die freie Wiedergabe der stoischen Maxime "ὁμολογουμένως τῇ φύσει ζῆν"[173]. Diese ist zweifelsohne auch für Prudentius eines der wesentlichen Prinzipien. Daran ändert auch nichts der allzu offensichtliche Versuch, dieses philosophische "Fremdgut" durch Verknüpfung mit biblischen Reminiszenzen als christliche Wegweisung zu verkaufen. Mit Recht hat RAPISARDA auf die bloße Alibi-Funktion dieser Bibelstellen verwiesen[174]. Bereits oben war diese in gewisser Weise respektlose Art, mit der Bibel zu arbeiten, aufgefallen[175]!

Letztendlich stimmt Prudentius mit seiner Forderung, "maßvolle Mäßigung" und ein Leben in Übereinstimmung mit den natürlichen Gesetzmäßigkeiten anzustreben, in den Chor der heidnisch-antiken Verfechter einer asketischen Lebensweise ein.

3.2.2.3 Askese und Mildtätigkeit

Das asketische Leben, wie wir es oben zu umreißen versuchten, ist für Prudentius kein Selbstzweck. Mit deutlichem Anklang an neutestamentliche Weisungen zu selbstloser Nächstenliebe, insbesondere Mt 25,35-40, erklärt er C 7,206ff. als die vollendete Form christlicher Enthaltsamkeit diejenige, die Hand in Hand geht mit selbstloser Großherzigkeit gegenüber anderen. Entsprechend diesem Entwurf folgt dann auch in der "Psychomachia" dem Kampf zwischen "S o b r i e t a s" und "Luxuria" (Ps 310-453) das Duell zwischen "O p e r a t i o" und "Avaritia". Mäßigkeit und Mildtätigkeit erscheinen also auch hier eng verbunden. Schließlich werden die beiden Tugenden auch Pe 10,359f. in einem Atemzug als spirituelle Opfer angeführt, die im Tempel des Herzens dargebracht werden[176].

Freilich, was auf diese Weise als eine spezifisch christliche Verknüpfung betont wird, war bereits der römischen "humanitas" ein vertrautes Paar, was allerdings nicht heißen soll, daß man nicht in der Auslegung und Begründung dieser Werte jeweils eigene Wege gehen konnte.

---

[173]Vgl. dazu GNILKA, Natursymbolik 418, Anm. 20; dazu allgemein POHLENZ I,116ff.; vgl. z.B. Sen. vit. beat. 3,3; 8,1; ep. 31,10.

[174] RAPISARDA 58.

[175] Vgl. dazu oben S. 75.86.94.

[176] Vgl. Pe 10,359: "ieiunorum parcitatem" = Mäßigkeit; Pe 10,360: "larga manus" = Mildtätigkeit.

Zunächst muß jedoch festgehalten werden, daß Prudentius mit
seiner Forderung nach einer sich nicht selbst genügenden
"continentia" eine Maxime aufstellt, die sich mit dem von
Cicero, Horaz und vor allem Plinius gepriesenen Ideal einer
in sozialen Bezügen stehenden "frugalitas" vergleichen läßt.
Diese versuchten, die selbstgewählte Genügsamkeit durch eine
grundsätzliche Öffnung auf die "liberalitas" hin vor dem Ab-
gleiten in das bei den Römern schon immer in Mißkredit stehende Laster der "avaritia" zu schützen: Wenn Plinius ep. 2,
4,3 die sparsame Lebensführung als Quelle seiner Großzügig-
keit nennt, eine Möglichkeit, die so auch schon von Cicero
gesehen und genutzt wurde[177], so mag das zwar auch ein Stück
"koketter Übertreibung oder besser Untertreibung" sein, doch
"bleibt außer Zweifel, daß Plinius, gemessen an seinen Verhältnissen, bescheiden gelebt, andererseits aber für öffentliche Zwecke und an Freunde gewaltige Summen verschenkt
hat"[178]. Umgekehrt wird der Geiz von Plinius "mit Vorliebe
als Beispiel menschlicher Unfreiheit und Besessenheit - pos-
sideri magis quam possidere - herangezogen"[179]. "Schon die
altrömische Komödie hatte die 'avaritia' unbarmherzig persi-
fliert, und Prudentius läßt diese Psych. 454ff. genau in dieser Weise agieren."[180] Horaz widerrät ebenso dem Geiz (vgl.
sat. 1,1,103f.) wie schon zuvor Lukrez (vgl. de rer. nat. 3,
59ff.) und später Seneca (vgl. ep. 90,3; ad Helv. 10,1; 13,
3). Plinius zieht daraus dann, wie oben schon angedeutet wurde, die edle Konsequenz, den Freiraum, der ihm durch eine Absage an jede "avaritia" geschaffen wird, anderen zunutzen
kommen zu lassen: "Primum est autem suo esse contentum, deinde, quos praecipue scias indigere, sustentantem foventemque
orbe quodam socialitatis ambire."/"In erster Linie muß man
mit dem Seinigen zufrieden sein, dann aber muß man diejenigen, die man in besonderem Maße bedürftig weiß, unterstützen
und umsorgen und gleichsam mit einem Band der Freundschaft
umziehen." (ep. 9,30,3) Also nochmals: "Mit der Genügsamkeit

---

[177] Vgl. dazu BÜTLER 120, Anm. 6 sowie ebd. 128.
[178] Ebd. 120f.
[179] Ebd. 127.
[180] Vgl. HAGENAUER 107ff. - Zwar begegnet der Geiz auch im NT als
Laster, doch hat er dort nie eine so eigenständige Rolle, wie sie ihm
Prudentius in seiner "Psychomachia" zukommen läßt. Er tritt ja dort sogar
als Einzelkämpfer auf und nicht in der Schar der "Hilfskräfte".

verbindet sich die humanitäre Sorge um die Mitmenschen."[181]
Damit wird deutlich, daß Prudentius auch mit seiner Forderung
nach einer Koppelung von Mäßigkeit und Mildtätigkeit in C 7,
209ff. sehr wohl in einer doppelten Tradition steht. Hier hat
er nun aber den Vorteil, sich auf eine ausgesprochen deutliche biblische Sprache berufen zu können und nimmt diese auch
ohne Zweifel wahr. Doch fließen selbst in diese zunächst so
eindeutigen Anspielungen auf Mt 25 stoische Vorstellungen mit
ein. Denn die in den Versen 214f. geforderte Einsicht "unam
paremque s o r t i s h u m a n a e vicem inter potentes
atque egenos ducere"/"zuzustimmen, daß Reiche und Arme doch
dasselbe Menschenschicksal teilen", scheint nicht weniger als
das oben angeführte plinianische Bekenntnis zu freigiebiger
"frugalitas" von der stoischen Idee einer "societas humana"
inspiriert zu sein, in der gleichsam ein natürliches Band ge-
genseitiger Verpflichtungen besteht[182].
Auch in der "Psychomachia" selbst gewinnt die "operatio" ihre
christlichen Konturen nicht völlig zurück. Zwar erweist sie
sich Ps 573ff. als hilfsbereite und großzügige Bundesgenossin
doch kommt ihr Einsatz hier nur Freunden zugute. Ein Vorstoß
in den Bereich der Feindesliebe, die unvoreingenommen und
ohne auf Herkunft oder Gesinnung zu achten, helfen würde, geschieht aber nicht. Diese Art der "operatio" hatten wir aber
bereits in Form der in der römischen "humanitas" beheimateten
"liberalitas" kennengelernt[183]. Und gänzlich stoisch überzeichnet erscheint sie in ihrer Rede (Ps 609ff.), wo sie den
Sieg über die "Avaritia" an oberster Stelle mit einem "Hohen-
lied" auf die "frugalitas" kommentiert, die sich an den von
der Natur vorgegebenen Grenzen orientiert. Erst sekundär und
nicht gerade geschickt eingefügt folgt dann der Hinweis auf
die Fürsorge Gottes, der sich für die von ihm ins Leben gerufene Kreatur verantwortlich fühlt und das ängstliche Anhäufen
von Gütern durch ein Vertrauen in seine rechtzeitige Hilfe
ersetzt wissen will.
Angesichts dieser Auffälligkeiten, die jedoch ganz auf der
Linie dessen liegen, was wir als typische Kennzeichen der As-

---

181 BÜTLER 127.
182 Vgl. dazu BÜTLER 127, Anm. 32 mit den Belegstellen Cic. off. 1,
22.50f.; Sen. de benef. 1,4,2.
183 Vgl. dazu auch BÜTLER 128.

kese bei Prudentius kennengelernt haben, zeugt es schon von
einem erstaunlichen Selbstbewußtsein, wenn Prudentius dieses
sein Fasten C 7,5ff. zur "victima", ja zum religiösen "mysterium" erklärt. Bereits an anderer Stelle war darauf verwiesen
worden, daß Prudentius die Bedeutung des konkreten Opfers in
den Hintergrund stellt und über eine Spiritualisierung des
Opferbegriffs für sich das Recht herausnimmt, seine Dichtung
als Ersatz für andere Gaben anzubieten[184]. Hier schafft sich
Prudentius nun durch eine neue Vergeistigung einen zusätzlichen Spielraum. Wie schon seine Hymnen, so versteht er auch
seine Askese als Weihgeschenk an Gott, das ihm Versöhnung mit
diesem erwirken kann. Dazu gesellt sich dann schließlich die
bei Prudentius außerordentlich beliebte Verinnerlichung, die
das gläubige Herz zum Tempel Gottes werden läßt[185].
Das alles kann ohne Zweifel zu einer Bereicherung der kultischen Frömmigkeit führen, indem es eine allzu starre, in
Formelhaftem stehenbleibende Haltung zu neuem Leben erweckt.
Doch besteht auch die Gefahr eines Abgleitens in ein "beque-
mes und problemloses Christentum"[186], indem man sich von bestimmten einengenden Verbindlichkeiten befreit und so einer
den individuellen Bedürfnissen angepaßten, in gewisser Weise
autarken Spiritualität Raum schafft.
Prudentius ist dieser Gefahr in besonderer Weise ausgesetzt,
weil er sich mehr als an biblischen Vorstellungen an dem Verständnis von Enthaltsamkeit orientiert, das im Milieu einer
stoisch begründeten "humanitas" wurzelt.
Sehen wir nun zum Schluß, wie die oben skizzierten "Grundzüge
eines asketischen Lebens" S 2,1020ff. in einen mit "felix,
qui ..." eingeleiteten Idealentwurf eingebracht werden, als
dessen "Architekt" Christus gepriesen wird.

3.2.3 S 2,1015ff.: Ein Idealentwurf asketischer Lebensweise

Gegen Ende des zweiten Buches "Gegen Symmachus" geht Prudentius auf den Vorwurf der heidnischen Partei ein, der frevle-
rische Kampf der Christen gegen die Privilegien der Vestalin-

---

184 Vgl. dazu oben S. 61f.
185 Vgl. dazu unten S. 324ff.
186 FONTAINE, Antike 292, allerdings mit Bezug auf Paulin v. Pella.

nen habe eine Hungersnot über die Menschen gebracht: "Sacri-
legio annus exaruit"[187].

Nachdem Prudentius zunächst jeden Zusammenhang zwischen moralischen Verfehlungen und Naturkatastrophen mit dem Hinweis
auf den in der Natur selbst begründeten Ablauf zurückgewiesen
hat[188], stellt er sich S 2,1001ff. auf den Standpunkt seiner
Gegner, um deren Argumentation gleichsam von innen heraus
auszuhöhlen und sie so mit ihren eigenen Waffen zu schlagen:
Ausgerechnet die Christen, auf deren Fehlverhalten die Miß-
ernten zurückgeführt werden, können mit Zufriedenheit ihre
Erträge betrachten.

Zugleich relativiert der christliche Dichter aber die Bedeutung der materiellen Sicherheit oder gar des Überflusses, indem er das Ideal eines genügsamen Lebens vor Augen stellt, in
dem alle irdischen Güter gering geschätzt werden angesichts
einer Hoffnung auf ein unvergängliches Leben:

> "Sed nec magno opus est frugi viventibus et cum
> maxima proveniunt non amplo in gaudia censu
> solvimur inque lucrum studio exultamus avaro.
> Nam quibus aeternum spes informatur in aevum,
> omne bonum tenue est quod praesens ingerit aetas."

> "Doch wer genügsam lebt, braucht nicht viel,
> und wenn unsere Erträge üppig sind, so brechen
> wir weder in Jubel über die reiche Ernte aus
> noch werden wir übermütig und hoffen voll Hab-
> sucht auf noch höhere Gewinne. Denn wer von der
> Hoffnung auf ein ewiges Leben geleitet wird,
> für den verliert jedes Gut an Bedeutung, das
> die Gegenwart für ihn bereithält."   (S 2,1015-1019)

Dieses Ideal wird nach Prudentius in vollendeter Weise von
demjenigen verkörpert, der, "sapiens et rusticus" zugleich,
dem Gedeihen der Äcker die gleiche Sorgfalt zukommen läßt wie
der Entwicklung der Seele:

> "O felix nimium sapiens et rusticus idem,
> qui terras animumque colens inpendit utrisque
> curam pervigilem ...".

> "O überglücklich ist der zu nennen, der Philosoph
> und Landmann in einem ist, und, indem er den Acker
> und seine Seele bestellt, beidem gründliche Pflege
> angedeihen läßt."   (S 2,1020-1022)

Ganz sicher ist das auch der vergilische Inbegriff eines ge-

---

[187] Symm. rel. 3,16; darauf die Erwiderung des Prudentius S 2,910ff.
[188] Im Gegensatz dazu hatte Prudentius H 216ff. in epischer Breite
die Unfruchtbarkeit und Unberechenbarkeit der Natur als Folge des Sünden-
falls des Menschen beschrieben, in Worten übrigens, deren Nähe zu Lukrez
nicht geleugnet werden kann (RAPISARDA 51 zu H 236-252).

lungenen Lebens: "Die Eingangsformel 'o nimium felix' vereinigt wirklich die doppelte Bewegung des Ausrufs, durch die
Vergil einerseits das intellektuelle Gut der philosophischen
Erkenntnis und andererseits die moralische Glückseligkeit des
ländlichen Lebens gefeiert hatte, zumal uns auch die Verbindung der beiden letzten Worte in den epischen Zusammenhang
des 4. Gesangs der Aeneis zurückführt. Die beherrschende Far-
be dieses ersten Verses ist deshalb nicht nur dreifach ver-
gilisch, sie ist im eigentlichen Sinn in ihrem Ansatz geor-
gisch."[189]
Doch für Prudentius wird diese Lebensauffassung hier, zumindest auf den ersten Blick, noch mehr zu einer gläubigen Konsequenz, die aus den Lehren Jesu gezogen wird. Denn den Einleitungsversen folgt eine deutliche, wenn auch eigenwillige[190] Anwendung des Gleichnisses vom Sämann (Mt 13,3-8 par.
und 13,18-23 par.). In den synoptischen Evangelien wählte
Jesus das Bild vom Sämann, der, je nach Beschaffenheit des
Bodens, in den er die Saat einbringt, zufriedenstellende oder
unbefriedigende Ernteergebnisse vermelden kann, um die unterschiedliche Aufnahme und Wirkung zu verdeutlichen, die die
Predigt vom Reich Gottes bei den Menschen erfahren kann. Der
Sämann ist also Jesus selbst oder derjenige, der in seinem
Dienst verkündet; die Saat symbolisiert das Evangelium, der
Boden steht für die Herzen der Menschen; die verschiedenen
Arten der Ernte entsprechen schließlich den unterschiedlichen
Weisen, auf die Verkündigung zu reagieren. "Für Jesus, der
sich ja selbst auslegt", kommt es also "vor allem auf den mo-
ralisch-soteriologischen Gehalt seines Bildes an"[191]. Es gehört in den Zusammenhang des Missionierungsauftrags an die
Jünger und ist auf die Sammlung einer "ecclesia" hin orientiert; das Bild hat so einen stark sozial-kommunikativen Charakter.
Prudentius entnimmt das Gleichnis nun völlig diesem für ihn
anscheinend uninteressanten Zusammenhang. Die Kirche hatte
sich ja in gewisser Weise etabliert; nun galt es, andere Akzente zu setzen. So löst Prudentius zunächst das konkrete

---

[189] FONTAINE, Antike 317f.; vgl. dazu ebd. Anm. 89 mit dem Hinweis
auf Verg. Georg. 2,458.480 und Aen. 4,657.
[190] Vgl. FONTAINE, Antike 317f.; HERZOG 23.
[191] Ebd.

Bild ab und gibt ihm gleichsam die eigenständige Bedeutung
wieder: "Christus tritt auf wie in einer Lehrschrift über
den Ackerbau"[192], indem er konkrete Ratschläge zur landwirt-
schaftlichen Praxis gibt. Damit wird das tätige Landleben
nicht nur zu einer von Jesus akzeptierten, sondern offensichtlich geförderten, ja, bedenkt man die Vielzahl der von
ihm gewählten Parabeln aus diesem Bereich, bevorzugten Lebensweise. Das allein beabsichtigt der Dichter mit seiner an-
fänglichen Verselbständigung des Bildes[193]. Und der "Litte-
ralsinn" des Gedankengangs wird nicht deswegen für den Dichter "gerade so wichtig wie seine psychologische Bedeutung",
weil er wegen seiner Polemik gegen die heidnische Partei die
Rolle des wirklichen Getreides besonders habe betonen wollen[194]. Mit dem Hinweis auf die vollen Scheunen der Christen
ist dieses Thema ja bereits abgehakt (vgl. S 2,1001-1014).
Denn zwischen dem Hinweis auf die Fruchtbarkeit der Äcker und
der interessanten Anwendung des biblischen Gleichnisses steht
gerade wieder eine durch "sed" eingeleitete Relativierung des
"wirklichen" Getreides und eine Aufwertung der spirituellen
Ausrichtung des Menschen[195]. So muß dann auch das Landleben,
das Prudentius gleichsam durch Christus legitimiert sieht,
immer in geistige Wachsamkeit eingebettet sein, die den Landmann davor bewahrt, die Frucht der Erde gegenüber dem Wachstum der Seele überzubetonen (vgl. S 2,1021f.). Der christliche Gutsherr wird daher die Weisungen Jesu nicht nur bezüglich des konkreten Ackerbaus berücksichtigen, sondern sie
auch als bildhafte Mahnung zur Kultivierung seiner Seele begreifen:

> "His deus agricolam confirmat legibus. Ille
> ius caeleste patris non summa intellegit aure,
> sed simul et cordis segetem disponit et agri,
> ne minus interno niteant praecordia cultu
> quam cum laeta suas ostentant iugera messes."
> "Durch solche Ratschläge ermutigt Gott den Landmann.
> Jener aber versteht die Weisungen des Vatergottes
> tiefer und legt zugleich mit der Saat seines Ackers

---

[192] HERZOG 23 zu S 2,1023-1034.
[193] Dazu paßt auch die Deutung dieser Jesus-Worte als für die Bauern
formulierte "leges" (S 2,1035), während bei Mt 13,3 der parabelhafte Charakter der Worte betont wird!
[194] So HERZOG 24.
[195] Dasselbe wird dann noch einmal zum Schluß der Gleichnis-Passage
betont (vgl. S 2,1053f.). Der Gedanke rahmt also gleichsam die Sämann-
Perikope ein.

> auch die seines Herzens aus, damit die Sorgfalt,
> die er seinem Innern zukommen läßt, der Seele den
> gleichen Glanz verleiht, wie man ihn über frucht-
> baren Äckern kurz vor der Ernte beobachten kann."
>
> (S 2,1035-1039)

Der "cultus internus" wird dem christlichen Landmann also ein genau so wichtiges Anliegen sein wie die "agricultura". Dem Entfernen von Unkraut, Dornen und anderen Wachstumshindernissen muß der Kampf gegen Sünde, Laster und heidnische Verirrungen entsprechen.

Was Prudentius so aus dem biblischen Gleichnis und seiner Deutung macht, ist höchst aufschlußreich und hat meines Erachtens noch nicht die entsprechende Würdigung gefunden: Prudentius bezieht die Worte, die Jesus "multae turbae" (Mt 13,2 par.) gesprochen hat, auf den exklusiven Zirkel derer, die als Landmann das Leben eines christlichen Weisen führen und sich von diesem dazu bestimmt sehen dürfen[196]. Sie selbst sind es also, die die Rolle des Sämanns übernehmen, und es ist ihr eigenes Herz, in das sie die Saat der christlichen Lehre ausstreuen.

Damit stellen wir im Vergleich zur biblischen Parabel eine bemerkenswerte Verengung und Individualisierung des spirituellen Engagements fest[197]. Das Heil der eigenen Seele rückt ins Zentrum. Der soziale Aspekt interessiert kaum mehr; die Einbindung in eine übergeordnete Gemeinschaft und der Bezug zu ihr werden zweitrangig und sind in Gefahr, verloren zu gehen. Auf deren Kosten nehmen dagegen geistige Selbständigkeit und Eigenverantwortlichkeit zu, die es dem so lebenden Bauern ermöglichen, ein relativ autarkes Leben als christlicher Weiser zu führen.

So gelangt man durch einen Vergleich der Parabel vom Sämann und ihrer Ausdeutung durch Christus im NT mit dem, was Prudentius daraus gemacht hat, zu der gleichen Erkenntnis, zu der auch FONTAINE, allerdings auf anderem Weg, gekommen ist: Prudentius fühlt sich in auffallender Weise in der Welt von Werten und Formen zu Hause, wie sie von der "allerfeinsten

---

[196] Vgl. S 2,1020-1023: "s a p i e n s   e t   r u s t i c u s   idem, qui terras animumque colens inpendit utrisque curam pervigilem, quales quos inbuit auctor Christus et   a d s u m p t i s   dedit haec praecepta colonis".

[197] Mit dieser Exegese steht Prudentius freilich nicht allein; schon immer wurde die "psychische" Auslegung bevorzugt gegenüber der von Jesus gegebenen; vgl. dazu HERZOG 24, Anm. 25.

klassischen Dichtung"[198] eines Horaz und Vergil geprägt und
durch seinen Zeitgenossen Ausonius in treuer Anhänglichkeit
neu beschworen worden war: die Verwirklichung der "Autarkie
der Weisen"[199] innerhalb eines bescheiden-beschaulichen Landlebens[200].
Daß sich Prudentius gerade von Ausonius angesprochen fühlte,
ja sein "Liber Cathemerinon" wahrscheinlich nicht nur den Titel, sondern auch Anregungen von dessen "Ephemeris" gewonnen
hatte[201], ist nicht weiter verwunderlich. Schließlich bekannte sich Ausonius, wenn auch auf wesentlich zurückhaltendere
Weise, zu demselben Christentum wie auch Prudentius. Dazu
teilt er mit diesem eine große Liebe zu den Idealen der
längst verflossenen klassischen Zeit.
Noch zu einem weiteren Zeitgenossen steht Prudentius mit dieser seiner philosophisch-religiösen Betrachtung der "rusticatio" in geistiger Verwandtschaft. Mit der Vorstellung der
"cultura animi" liegt Prudentius genau auf der Linie dessen,
was Paulin von Nola unter dem Leitwort "cultura cordis" entfaltet; doch lehnt sich Prudentius in seiner Formulierung
noch enger an Cicero an, in dessen "Tusculanen" derselbe Gedanke ebenfalls begegnet[202]. So ist es durchaus möglich, daß
auch Paulin hier nur als gut legitimierter, weil unbestritten
gut christlicher Vermittler einer klassisch-antiken Idee fun-
gierte.
Das alles macht deutlich, daß Prudentius mit seiner "Real-
Utopie" eines asketischen Lebens, die er gegen Ende des zweiten Buches "Gegen Symmachus" entfaltet, der nahezu magischen
Anziehungskraft erlegen ist, die die klassischen Philosophie-
entwürfe auf ihn ausübten und deren Einfluß wir oben immer
wieder feststellen konnten.
Die Verse zeigen aber auch, daß sich der Christ Prudentius
dazu herausgefordert sieht, dieses Programm eines moralisch
motivierten Rückzugs in ein von körperlicher und geistiger

---

[198] FONTAINE, Antike 319.
[199] Ebd. 290.
[200] Vgl. dazu die Belege und klassischen Bezüge bei FONTAINE aaO.
288ff. mit den entsprechenden Anmerkungen.
[201] FONTAINE, Antike 311.
[202] Vgl. Tusc. 2,13: "Sic animi non omnes culti fructum ferunt ...
ut ager quamvis fertilis sine cultura fructuosus esse non potest, sic sine doctrina animus ... cultura autem animi philosophia est ...". - Dazu
FONTAINE aaO. 306f.317.

Aktivität geprägtes Landleben auf eine biblische Basis zu
stellen. Wenn aber der "secessus" einem "Ergriffenwerden"
durch Christus folgt[203], dann wird er sich bei aller durch
die Situation vorgegebenen Autarkie in einer letzten Abhängigkeit von seinem Gott wissen. Für Prudentius bedeutet dies,
das moralische Fehlverhalten als "peccamen" zu brandmarken
und damit die christliche Vorstellung der sündhaften Verlet-
zung der göttlichen Gebote ins Spiel zu bringen. Umgekehrt
verspricht er sich aber für eine untadelige "cultura cordis"
den höchsten denkbaren Lohn in der Ewigkeit[204].
Damit sprengt Prudentius den Rahmen eines traditionellen Pro-
grammes von einem durchgeistigten Landleben, in dem es für
eine Verantwortung gegenüber einem persönlichen Gott keinen
Platz gab. Er nähert sich gleichzeitig jenem Paulin von Nola,
der ihm an anderer Stelle anscheinend lediglich als "Vehikel"
für die Übertragung der klassischen Vorstellungen gedient
hatte. Auch dieser war von der Rechenschaftspflicht überzeugt, der der Mensch mit der Kultur seines Herzens gegenüber
dem Schöpfergott unterlag[205]. So schob Paulin der Gefahr eines Sich-Abkapselns und selbstgenügsamen In-Sich-Ruhens einen
Riegel vor, und seine selbstgewählte Lebensform zeigt, daß er
bei aller Bedeutung, die er dem "cultus internus" zukommen
ließ[206], diesen in einen von der Gemeinschaft getragenen und
geregelten äußeren Kult einbettete, um so ein Gleichgewicht
zwischen persönlich-individueller und liturgisch-kirchlicher
Frömmigkeit herzustellen: "Neben dem Vorteil der traditionellen Lebensweise des Ausonius öffnete er sich dem methodischen
Zwang einer asketischen und klerikalen Lebensführung, die
ganz nahe an ein klösterliches Leben herankam, wenn auch ohne

---

[203] Prudentius nennt ja den christlichen Landmann "colonus adsump-
tus" (S 2,1023), eine Formulierung, die auch als Beleg für den oft diskutierten Zusammenhang zwischen der Absage an das urbane Milieu und der
"conversio" zu einem bewußten Leben aus dem Glauben herangezogen werden
kann; vgl. dazu FONTAINE aaO. 322.
[204] Vgl. den Hinweis auf die 100fältige Frucht, der sich an Mt 13,23
anlehnt, aber aufbauend auf die exegetische Tradition und entsprechend
der Anwendung in Pe 14,119ff., hier eschatologische Bedeutung gewinnt;
vgl. HERZOG 25, Anm. 29.
[205] Vgl. dazu FONTAINE, Antike 309 mit dem Hinweis auf ep. 39,3.
[206] Vgl. dazu ebd. 306.

genaue Regel."[207]

3.2.4 Die Frage nach der persönlichen Lebensweise des Dichters

3.2.4.0 Vorüberlegungen

Nachdem wir so am Beispiel Paulins von Nola das "zurückgezo-
gene Leben auf dem Lande" als "spirituelle Methode" kennengelernt haben, die durchaus zu einem monastischen Leben führen
konnte[208], sei abschließend der Versuchung nachgegeben, einige Überlegungen darüber anzustellen, inwieweit Prudentius
sich wohl mit seiner eigenen Lebensweise der mönchischen "vita" annäherte. Auch bei Prudentius finden wir ja nicht nur
die Verherrlichung des stillen Landlebens, das den Rahmen für
eine quasi natürliche innere Frömmigkeit abgeben kann. Wir
haben ja auch verschiedene Hinweise, die an einen geordneten
und geregelten äußeren Kult denken lassen.
An erster und auffallender Stelle steht da natürlich das Ta-
gesliederbuch, "das eine Zeiteinteilung zeigt, die schon zu
einem quasimonastischen 'propositum' paßt"[209]. Dazu sehen wir
die christlichen Feste und Sakramente bei Prudentius eine
nicht unwesentliche Rolle spielen. Schließlich gehört der
Dichter auch zu denen, die den Martyrerkult nach Kräften för-
derten. Das weckt natürlich die Neugierde, nach Art und Weise
der jeweiligen An-Teilnahme des Dichters selbst zu fragen.
Da sieht man sich allerdings mit dem Problem konfrontiert,
daß von Prudentius diesbezüglich nur wenige Äußerungen in der
Ich-Form zu finden sind und das üblicherweise gebrauchte
"nos" nur schwerlich eine eindeutige Schlußfolgerung erlaubt.
Woher soll man denn mit Sicherheit ausschließen, daß Prudentius mit dem "wir" nicht einfach die in der Kirche vereinten

---

[207] FONTAINE, Antike 298; Paulins Lehrer und Freund Ausonius will
diese neue Akzentsetzung allerdings nicht akzeptieren und wirft seinem
Schüler ein "zuviel an Religion vor, einen übertriebenen Eifer für den
Gottesdienst" (FONTAINE aaO. 296 mit der Erklärung: "Die Übertreibung
bringt offensichtlich auf fatale Weise den harmonischen Stil auf den
Landhäusern aus dem Gleichgewicht, bis hin zum totalen Verzicht in der
aufsehenerregenden Tat des Paulinus und der Theresia, als sie ihren ganzen Besitz verkauften.").
[208] FONTAINE, Antike 300.
[209] Ebd. 312.

Christen zusammenfassen will, der auch er sich zugehörig
weiß? Wann muß man mit einem "pluralis modestiae" rechnen,
hinter dem sich dann ganz allein der Dichter ohne Bezug zu
irgendeiner Gemeinschaft verbirgt? Wann muß man davon ausgehen, daß Prudentius mit dem "nos" tatsächlich eine Zugehörigkeit zu einem mehr als das Durchschnittschristentum engagierten Zirkel ausdrücken wollte?
Wohl ist man versucht, aus der Existenz des "Cathemerinon"
auf die Zugehörigkeit des Dichters zu einer solchen Gemeinschaft zu schließen, kommt doch der "liturgische Rahmen eines
Gebets für alle Stunden und alle Zeiten im ganzen Werk ...
zum Ausdruck"[210]. Allein, die Hymnen sind zu lang, um einen
wirklichen gottesdienstlichen Zweck erfüllen zu können. Prudentius hätte sich wohl kürzer gefaßt, wenn er als dichtendes
Mitglied einer frommen Gemeinschaft zur Bereicherung deren
Liturgie hätte beitragen wollen oder zumindest in deren Auftrag schöpferisch tätig geworden wäre. Außerdem ist es wahrscheinlich, daß Prudentius eine solche Mitgliedschaft, die ja
immerhin ein vorzeigbarer Ausdruck einer frommen Gesinnung
war, nicht so einfach verschwiegen hätte. Aber gerade in der
Praefatio, in der doch eine ziemlich persönliche Bilanz gezogen wird, lesen wir allein von seiner Hinwendung zur christlichen Schriftstellerei, nichts aber von irgendwelchen Ent-
schlüssen, die einem monastischen Lebensstil nahekämen. So
dürften diese Hymnen allenfalls in äußerer Anlehnung an den
Tages- und Jahresrhythmus eines monastischen Zirkels entstanden sein[211], mit dessen Lebensentwurf Prudentius auch offensichtlich sympathisierte, ja dem er sich wohl bis zu einem
gewissen Grad freiwillig unterwarf, in den er jedoch nicht
endgültig den Fuß zu setzen wagte. Das wird die Beobachtung
bestätigen, daß Prudentius zwar para- oder periliturgische
Hymnen dichtete, aber nirgends die Rolle des Gebets in einer
Weise würdigt, wie man das von einem Mitglied eines mönchischen Kreises erwarten würde oder wie auch das Thema eines
beschaulichen Landlebens gepriesen wird.

---

[210] Ebd.
[211] FONTAINE, Naissance 156.181.

3.2.4.1 Die Bedeutung des Gebets

Bei Prudentius erscheint das Beten als selbstverständlicher
Akt einer in geordneten Bahnen verlaufenden Frömmigkeit[212],
die an bestimmten mehr oder weniger natürlichen Einschnitten
des Tages- bzw. Jahresablaufes orientiert ist. Doch suchen
wir vergeblich nach Texten, die eine echte persönliche Betroffenheit von dieser Art der Frömmigkeit erkennen ließen.
Der paränetische Charakter der Hymnen verstellt zumeist den
Zugang zu den innersten Überzeugungen des Dichters[213]. Keinen
Zweifel läßt er allerdings daran, daß für ihn selbst seine
Hymnendichtung das echteste Zeugnis einer Zwiesprache mit
Gott bleibt (vgl. C 3,31-35). Damit versucht er letztlich,
sich die Hintertür zu einer den individuellen Bedürfnissen
angepaßten innerlichen Frömmigkeit aufzuhalten. Dazu paßt
vorzüglich die in Prf 43ff. ausgesprochene Hoffnung, sich den
Weg zur Unsterblichkeit wesentlich über das Medium der Spra-
che zu eröffnen.

3.2.4.2 Martyrerfrömmigkeit

Mit ähnlichen Vorbehalten greift Prudentius auch die verschiedenen Frömmigkeitspraktiken des Martyrerkultes auf[214];
in diesem Zusammenhang sollen nun wiederum nur die Texte herangezogen werden, die aufgrund persönlicher(?) Erlebnisse des
Dichters entstanden sind. Damit werden wir auf die Hymnen 9,
11 und 12 des "Peristephanon" verwiesen, in denen die Pilger-
erfahrung des Prudentius auf dem Weg nach Rom und in der ewigen Stadt selbst verarbeitet werden.
Zunächst ist zu beachten, daß das Wort "Pilger" auf Prudentius nur sehr bedingt angewendet werden kann, da die Gräber-
besuche mit Sicherheit nur als kultureligiöses Begleitpro-
gramm während der aus anderen Gründen angetretenen Romreise
zu betrachten sind[215]. Nach des Dichters eigenen Worten war
er auf der D u r c h-reise nach Rom, als er in Imola die Ge-

---

[212] Vgl. die Betonung des "rite" in C 3,171; S 2,818; Pe 5,561; 6,
150.
[213] Besonders auffällig ist dies C 6,125ff.
[214] Vgl. dazu P. BROWN, The Cult of the Saints. Its Rise and Func-
tion in Latin Christianity. Chicago 1981.
[215] Zur Bedeutung der Rom-Reise vgl. LANA 26f.

legenheit zu einem Gebet am Grabe Cassians ergriff[216]. Auch
der Hymnus auf Petrus und Paulus enthält keinen Hinweis darauf, daß die Reise ursprünglich als Pilgerfahrt konzipiert
gewesen sei. Wie hätte Prudentius andernfalls die Teilnahme
am Peter- und Paulsfest wie einen glücklichen Zufall schil-
dern können (vgl. Pe 12,1f.)?
Wenn nun Prudentius dennoch die Gräber der Martyrer besucht,
ja an Hippolyts Gedenkstätte in längerem Gebet verweilt, so
muß das aufhorchen lassen. Prudentius trägt seine innersten
Anliegen vor das Patronat des Martyrers:

> "Hic corruptelis animique et corporis aeger
> oravi quotiens stratus, opem merui."

> "Hier habe ich, so oft ich mich zum Gebet
> niederwarf, geplagt von körperlichen und
> geistigen Gebrechen, Hilfe erlangt."   (Pe 11,177f.)

Doch erscheinen die Worte weit weniger impulsiv und inbrünstig, wenn man durch den Dichter selbst mit den vorausgegangenen Versen darauf hingewiesen wird, daß die besondere Atmosphäre und die wundersame Ausstrahlung des Ortes ein solches Verhalten geradezu herausfordert. Ein Altar steht zum
Gebet bereit, und dieser Einladung kann man nur schwer widerstehen. Das Gebet erscheint so mehr als das Ergebnis einer
geordneten und gelenkten Frömmigkeit, der Prudentius den erwünschten Tribut zollt[217]. Hätte Prudentius tatsächlich pro-
blembeladen Zuflucht an einem Martyrergrab gesucht, wäre er
nicht zuvor staunend und voll wißbegierigem Interesse[218],
mit der für den Römer typischen Aufgeschlossenheit für alle
religiösen Phänomene durch die Gräberreihen flaniert. Die
intellektuelle Neugier scheint hier über die persönliche Betroffenheit zu siegen. Bestätigt wird dieser Eindruck durch
den rhetorischen Aufwand, den Prudentius mit dem "Unsagbar-
keits"-Topos und dem ebenfalls topischen Hinweis auf die Au-
genzeugenschaft[219] treibt. Mit einer gewissen Distanz schil-

---

[216] Imola war ja an der Via Aemilia gelegen, die zusammen mit der
Via Flaminia nach Rom führte und lange Zeit der Küstenstraße vorgezogen
wurde (vgl. G. RADKE, Art. "Viae publicae", in: KP 5,1245).
[217] Auch Pe 9,95ff. fordert übrigens der Küster dazu auf, Gelübde zu
entrichten. Darauf reagiert der Dichter mit einer eigenwilligen Verbindung von Gehorsam und spontanem (!?) Tränenvergießen.
[218] Vgl. das "didicisse" (Pe 11,14), "dum lustro oculis" (Pe 11,17),
"rerum apices veterum per monumenta sequor" (Pe 11,18); ähnlich auch:
"dic amice, quid sit ..." (Pe 12,1) und: "haec didicisse" (Pe 12,65).
[219] Vgl. dazu THRAEDE, Studien 126f.

dert er dann auch Pe 11,189ff. wieder die Verehrung der Gräber im unpersönlichen Passiv, als ob er selbst sich daran
nicht beteiligt hätte.

So kann man sich des Eindrucks nicht erwehren, als ob Prudentius den Geist und die Notwendigkeit der neuen praktisch-li-
turgischen Frömmigkeit erkannt hatte, diesen aber für sich
selbst noch nicht überzeugend umzusetzen verstand. Sein Aus-
weg aus diesem Dilemma ist derselbe, den wir schon bezüglich
der Gebetspraxis akzeptieren mußten: Die dankbare Zwiesprache
mit dem Martyrer erfolgt erneut in der Abgeschiedenheit der
ländlichen Idylle seiner Heimat über das Medium seiner Dich-
tersprache. Denn Hippolyt erscheint Pe 11,179ff. als Vermittler und Patron mit Musenfunktion, der gleichsam zum Dank ein
Gedicht erhält.

Noch deutlicher kann man diese Zuschneidung der Martyrerfrömmigkeit auf das eigene Talent des Dichters aus dem Hymnus auf
Cassian erschließen. Zwar erliegt Prudentius auch dort, wenn
seine Ausführungen nicht nur fromme Übertreibung sind, der
seltsamen Atmosphäre des Ortes und schüttet unter Tränen sein
Büßerherz aus, doch ergeht der Dank für die auf die Fürsprache des Martyrers zurückgeführte Hilfe erneut in Form eines
Lobgedichts.

Diese Beobachtungen mögen genügen, um zu zeigen, daß Prudentius sich auch, was den Kult der Martyrer angeht, im wesentlichen und letztlich auf den Frömmigkeitserweis zurückzieht,
der ihm mit seiner Hymnendichtung an die Hand gegeben ist.
Selbst hier bleibt also der eigentliche Sieger der "cultus
internus", der im poetischen "ingenium" des Dichters begründet ist.

So verwundert es schließlich nicht weiter, wenn für Prudentius der liturgisch-sakramentale Charakter der christlichen
Hochfeste und Gnadenakte ebenfalls in den Hintergrund tritt.

3.2.4.3 Sakramentenfrömmigkeit

Taufe und Abendmahl sind für Prudentius ständig präsent, doch
sieht er sie meist in einem größeren heilsgeschichtlichen Zusammenhang. So interessieren Prudentius am Abendmahl hauptsächlich die alttestamentlichen "Typen", die das Urbild für
das spätere Sakrament abgeben: Das ist einmal Ps 734ff. die

Mannaspeisung in der Wüste[220], dann A 355ff. das beim Auszug
aus Ägypten geschlachtete Osterlamm. Einen Lobpreis auf das
Abendmahlssakrament selbst suchen wir vergeblich. Man muß
sich mit einer so zarten Andeutung zufrieden geben, wie sie C
5,107ff. gegeben wird: "cuius subsidio nos quoque vescimur/
pascentes d a p i b u s pectora m y s t i c i s"/"durch
dessen Beistand auch wir Nahrung finden, indem wir unseren
Herzen geistige Nahrung zuführen".
Auch was die Taufe angeht, bleibt uns allenfalls eine Stelle
aus dem sechsten Tageslied, wo Prudentius an den konkreten
Akt der Gnadenübertragung auf die einzelnen Gläubigen erinnert und daraus bestimmte Frömmigkeitspraktiken ableitet. In
den Versen 125ff. weist Prudentius mit geballter rhetorischer
Kraft[221] auf die Spende der Taufe hin, die sie empfangen haben, und fordert sie auf, durch das tägliche Kreuzzeichen vor
dem Schlafengehen die darin vermittelte Gnade gleichsam neu
zu beleben und so als Waffe gegen die Geister und Mächte der
Dunkelheit zu gebrauchen. Nicht nur in der Sache, auch im
sprachlichen Ausdruck legt der Dichter hier Wert aufs For-
male. Bereits im feierlichen Imperativ "memento", mehr aber
noch in der beinahe technischen Anrede "cultor dei"[222] gewinnt der Ton eine zeremonielle Note. Dazu tritt, was die
Deutung des rituellen Geschehens angeht, eine fast naiv anmu-
tende, zur Zeit des Dichters jedoch durchaus übliche Zuversicht in die magische Wirkug dieser Frömmigkeitsäußerung[223].
Bereits bezüglich der Gebetspraxis und Martyrerfrömmigkeit
des Dichters konnten wird, was den offiziellen äußeren Kult
angeht, eine ähnlich formalistische, mitunter mechanische Umsetzung der rituellen Vorgaben feststellen.
Mit offensichtlichem persönlichen Engagement spricht der
Dichter dagegen von den gnadenhaften[224] Wirkungen des Tauf-
sakramentes. Immer wieder betont er die reinigende, schuld-

---

[220] Dasselbe Thema ohne die Typologie auch C 5,97ff.; jedoch auch
hier Andeutung der heilsgeschichtlichen Parallele des Abendmahls durch
den Hinweis auf Christus als Spender der Manna.
[221] Vgl. die Apostrophe in V. 125, Anapher in V. 126/128 und V. 137/
139; zur Vergil-Imitation und den zahlreichen weiteren Parallelen vgl.
ASSENDELFT 239.
[222] Vgl. dazu H. KARPP, Art. "Christennamen", in: RAC 2,1115, der
"cultor dei" als Christennamen im eigentlichen, d.h. technischen Sinn belegt, im Gegensatz zu dem auch von Prudentius gebrauchten "christicola".
[223] Vgl. dazu BROCKHAUS 198; ASSENDELFT 238f.
[224] Vgl. das Stichwort "gratia" (A 880).

tilgende Kraft der Taufe[225], die dem Menschen Rechtfertigung
erwirken (vgl. A 880f.) und dessen Wiedergeburt begründen
kann[226]. Tiefes Vertrauen in diese Wirksamkeit scheint Prudentius aus den zahlreichen heilsgeschichtlich analogen Vorgängen zu erwachsen, die dem Sakrament der Taufe erst seine
wirkliche Bedeutung geben. So wie auch umgekehrt das Schul-
digwerden jedes Menschen in der Un-Heilsgeschichte der
Menschheit vorgezeichnet ist[227], so werden die Ereignisse der
Heilsgeschichte als allegorische Entsprechungen der Taufe
empfunden. Dazu gehört natürlich in erster Linie die Taufe,
die Johannes im Jordan vollzogen hat: Ps 99f. und C 2,57ff.
spielen darauf an[228]. Eine weitere Linie in Richtung Taufe
zieht sich von dem Wasser, das aus der Seite Christi geflossen ist und damit zum Symbol für das Taufwasser wird (vgl. C
9,87; Pe 8,16). Schließlich spielt auch der alttestamentliche
Durchgang durch das Rote Meer eine ähnliche Rolle, wie sie
ihm auch in der österlichen Liturgie zukommt.
Das alles ist angesichts des biblisch-christlichen Hinter-
grundes des Dichters nicht weiter verwunderlich. Doch bezeichnend für den ungebrochenen Nationalstolz des Prudentius
ist es, wenn für ihn umgekehrt der Akt der Taufe römischer
Senatoren zu einem heilsgeschichtlichen Vorgang ganz besonderer Art wird. Das offizielle Bekenntnis zu Christus in der
Taufe erscheint als logische Konsequenz aus der Einsicht, daß
Christus selbst auf römischen Schlachtfeldern "mitgekämpft"
hat, daß also auch die römische Geschichte Heilsgeschichte
ist. Unter dem Eindruck des hochpolitischen Glaubensbekenntnisses oder umgekehrt der radikalreligiösen Politik des Theodosius, für die das Heil der Seele und das Wohlergehen des
Staates in ständiger Wechselwirkung unauflöslich miteinander
verbunden sind, läßt sich schließlich die ganze Stadt taufen.
Interessanterweise wird die offizielle Bekehrung der Stadt,

---

[225] Vgl. etwa C 7,76; 9,87; Ps 102ff.; Pe 6,28ff.; 8,10.
[226] Vgl. C 7,77; A 924ff.; Pe 10,429; Ps 365 (vgl. dazu auch die Umwandlung der ennianischen Junktur "alma fides" zum personifizierten Synonym für die christliche Taufe, dazu ausführlicher RAC 7,818.829 s.v. "fides").
[227] Vgl. A 911: "t i n c t a malo peccamine principis Adae" bzw.
über Eva TH 3: "t i n x i t et innocuum maculis sordentibus Adam"; die
Umkehrung dieses Vorgangs im schuldtilgenden Akt der Taufe wird durch die
Verwendung desselben Verbs "tinguere" besonders betont: vgl. C 2,64 ≙ TH
119; zu "tinguere" = taufen (Mt 3,11 Itala) vgl. PILLINGER 79.
[228] Vgl. dazu HERZOG 53f.

entsprechend der Personifizierung in S 2,655ff., wie die
eines Menschen geschildert, der mit der Erbsünde belastet
ist[229], aber auch durch die Taufe Gnade erlangt[230]. Und genau
wie einem getauften Individuum wird auch der Stadt auf diese
Weise zur "Wiedergeburt" verholfen. Der scheinbare Widerspruch zwischen dem Hinweis auf die jugendliche Kraft der
Stadt (vgl. S 2,640) und der Erinnerung an ihre altehrwürdige
Erscheinung löst sich so in einem harmonischen "sowohl – als
auch" auf.
All diese Beobachtungen bestätigen den Eindruck, daß Abendmahl und Taufe für Prudentius als sakramental-liturgischer
Akt letztendlich von relativ geringer Bedeutung sind. Die
heilsgeschichtliche Komponente wird dagegen stark betont und
mit der römischen Historie verknüpft.
Ein letzter Blick auf das, was der Dichter mit den christlichen Hauptfesten verbindet, wird in eine ähnliche Richtung
weisen.

3.2.4.4 Die christlichen Feste

Was das Osterfest angeht, stehen wir zunächst vor der Schwie-
rigkeit, überhaupt eine eindeutige Bezugnahme auf die Feier
von Tod und Auferstehung Jesu an sich auszumachen. So wird
zwar der fünfte Tageshymnus noch immer von manchen als
"Osterhymnus"[231] begriffen, der zur liturgischen Ausgestaltung der Feier gedacht gewesen sein könnte; doch rückt man
von dieser These mehr und mehr ab. Wahrscheinlich wurde Prudentius von irgendwelchen festlichen Abendliturgien[232], durch
die im christlichen Orient und Abendland verbreiteten Licht-
feiern oder -opfer[233] oder einfach durch die allabendliche

---

[229] Vgl. insbes. das "fumo et sanguine t i n g u i" (S 1,8) ≙ A
911, dazu oben Anm. 227.
[230] Vgl. S 1,519ff.; deutlichen Bezug darauf nimmt die Rede der
"Roma" S 2,655ff.: "persuaserat atrox Iuppiter" (S 2,666) erinnert an die
Versuchung durch die paradiesische Schlange H 711: "persuasit callidus
anguis", zumal für Prudentius generell Schlange, Teufel, Dämonen und
heidnische Götter zu Synonymen werden. – "nunc merito dicor venerabilis"
(S 2,662) weckt Assoziationen an "venerabilis Adam" (Ps 226). – Schließlich erscheint S 1,1ff. und S 1,159 der religiöse Irrtum Roms als hart-
näckige Krankheit, die auf die Gnade Gottes angewiesen ist. Dieselben
Bilder begegnen aber auch A 963 im Zusammenhang mit der Vollmacht Christi, Sünden zu vergeben.
[231] FONTAINE, Naissance 185.
[232] ASSENDELFT 186.
[233] Vgl. HERZOG 80.

Verrichtung des Lichtanzündens[234] zu diesem Lied angeregt.
Doch zumindest in den Versen 135ff. kann man mit gutem Recht
eine Anspielung auf die Karsamstagliturgie erblicken[235]. Nun
geht es zwar nicht an, Prudentius auch an diesem Frömmig-
keitsakt die Teilnahme absprechen zu wollen, indem man unter
dem "lumen", das der Dichter opfert, wegen der auffälligen
Formulierung in der ersten Person und im Singular, nichts anderes verstehen will als dessen christliche Poesie[236]. Doch
muß auch hier bedacht werden, daß diese Anspielung auf die
Osterliturgie erneut nur S c h l u ß p u n k t eines Gesan-
ges ist, in dessen Z e n t r u m wesentliche Ereignisse der
Heilsgeschichte aufgegriffen werden, ausgehend von der Schöpfung des Lichts durch Gott und gipfelnd in der Heimführung
der gläubigen Seelen in das "gelobte Land" des Paradieses,
das von Prudentius zweifelsohne mit dem Osterereignis in Verbindung gebracht wird[237]. Und in der Zeichnung der paradiesischen Glückseligkeit greift Prudentius beachtenswerterweise
zu Bildern, die stark an die bukolisch-georgischen Idyllen
erinnern, wie sie die poetischen Künder der klassischen römischen Ideale verkündet hatten.
Nicht anders ergeht es Prudentius, wenn er sich mit dem elften Tageslied der Weihnachtsthematik zuwendet. Auch hier wird
im Zentrum des Gedichtes die "re-generierende" Bedeutung der
Geburt Christi in einer Art und Weise entfaltet, die an die
klassischen Vorstellungen von der Palingenesie der Welt und
das in diesem Zusammenhang zu betrachtende "Pastoralmotiv"[238]
aus der vierten Ekloge Vergils in auffallender Weise erin-

---

[234] Vgl. BROCKHAUS 87ff.; GNILKA, Natursymbolik 418f.
[235] Vgl. THOMSON I,47, Anm. a; GNILKA, Natursymbolik 418f.; hinzu
kommt das Argument, daß in den drei vorausgegangenen Versquartetten eindeutig an die Osternacht und ihre Folgen für die schuldigen Seelen erinnert wird und der Dichter mit "n o s festis trahimus ... noctem con-
ciliis" (C 5,137f.) offensichtlich seine Art, die Osternacht zu verbringen, deren Schicksal gegenüberstellt. "Nos" und "populus" (C 5,135) sind
zweifelsohne Antithesen, die den gleichen zeitlichen Bezugsrahmen haben.
[236] Gegen ASSENDELFT 192f.
[237] Vgl. die Verse C 5,125ff., die wegen "illa nocte, qua rediit
deus ... ad superos" auf die Osternacht anspielen und durch "sunt et ...
spiritibus saepe nocentibus" antithetisch mit den vorausgegangenen Versen
über das Schicksal der "felices animae" (V. 121) verbunden sind; vgl. dazu auch HERZOG 78.
[238] NORDEN 147.

nern[239]. Damit stoßen wir auch, was die Anteilnahme des Dichters an den christlichen Festen angeht, auf ein starkes Interesse an deren heilsgeschichtlicher Bedeutsamkeit, die Hand
in Hand geht mit einer verhältnismäßig großen Zurückhaltung
gegenüber deren konkretem Gehalt für das aktuelle kirchliche
Leben. Gleichzeitig bringt Prudentius durch eine Romanisierung der den Festen zugrundeliegenden Theologumena deren Sinn
seinem Herzen, das immer noch klassisch empfindet, ein ganzes
Stück näher.

3.2.4.5 Folgerungen

So bringt Prudentius christlicher Gebets- und Sakramenten-
praxis, Martyrer- und Festfrömmigkeit eine gespaltene Haltung
entgegen. Einerseits wird er sich wohl wie jeder ganz selbstverständlich daran beteiligt haben. Er griff dabei offensichtlich bereitwillig die vorgegebene Form auf und unterwarf
sich gern einem geregelten Ablauf. Echte innere Betroffenheit
läßt sich jedoch daraus nicht mit Sicherheit ablesen.
Viel wichtiger ist dem Dichter andererseits die Ablösung der
praktischen Frömmigkeit vom konkreten Akt durch eine immer
neue Rückbeziehung auf die wesentlichen Ereignisse der von
Gott geleiteten Heilsgeschichte. Er befreit sich damit auch
aus der Einengung, die ihm aus einer zu starken Betonung der
kultischen Frömmigkeit erwachsen könnte. Sein mehrfacher Hinweis auf das Wirken als christlicher Dichter als Ersatz für
sonst übliche äußere Zeichen der Frömmigkeit zeigt, daß für
Prudentius diese Befürchtung immer im Hintergrund stand. Auf
derselben Linie liegt die auffallende Eigenständigkeit, mit
der er die christlichen Gehalte den klassisch-traditionellen
Vorstellungen anpaßt, von denen er sich offenbar nicht trennen kann oder will.
All das führt zu der Vermutung, daß die gegen Ende des zweiten Buches "Gegen Symmachus" nahegelegte Möglichkeit eines
"culuts internus" für Prudentius noch eine solche Bedeutung
einnahm, daß er sich selbst wohl nicht den Verbindlichkeiten

---

[239] Diese Anklänge in der Oster- und Weihnachtsthematik lassen sich
übrigens in den anderen Paradiesesschilderungen des Dichters weiterver-
folgen und werden daher im letzten Unterpunkt des dritten Kapitels geson-
dert behandelt werden (vgl. dazu unten S. 336ff.).

eines auch nur quasi-monastischen Lebens nach Art Paulins von
Nola aussetzte und damit begnügte, in Anlehnung an die allgemeine kirchliche Spiritualität einen frommen Lebensabend auf
seinem Familiengut zu verbringen. Zwar wird er in der Intensität seines Engagements einen Ausonius überboten haben - ein
Blick auf seine viel anspruchsvollere christliche Dichtung
wird das bestätigen; doch vermochte er vermutlich nicht weit
genug über dessen Schatten zu springen, um den Einstieg in
eine Gemeinschaft zu finden, der es durch eine liturgisch-
klerikale Lebensweise gelingen konnte, den "cultus internus"
aus seiner unverbindlichen Isolation zu lösen.
Besonders anschaulich erkennbar wird dieser Rückzug in die
"Frömmigkeit des Herzens"[240], wenn man bedenkt, daß gerade
die Vorstellung von der Seele als eigentlichem Tempel Christi
bei Prudentius großen Gefallen findet. Wegen der besonderen
Prägung, die der Dichter diesem Bild gibt, soll im folgenden
näher darauf eingegangen werden.

3.3 DIE SEELE ALS TEMPEL GOTTES

3.3.0 Vorbemerkungen

So wie wir bereits auf den vorangegangenen Seiten eine zwiespältige Haltung des Dichters zum äußeren Kult festgestellt
hatten - einerseits nimmt er ganz selbstverständlich daran
teil, ja demonstriert geradezu seine kultgebundene Pietät,
andererseits flüchtet er sich sehr bald wieder in eine inner-
liche Gottesverehrung -, so darf es auch nicht überraschen,
daß man gerade bei dem Dichter, der einen wesentlichen Beitrag zur Thematik des "deus internus" geliefert hat, eine
ausgesprochene Begeisterung für die Pracht der christlichen
Basiliken zu spüren bekommt[241].
Doch unterschätzt man den Dichter und glättet seine schwankende Persönlichkeit nicht unerheblich, wenn man deswegen den
Topos vom "templum pectoris" bei Prudentius hauptsächlich in

---

[240] Vgl. FONTAINE, Naissance 155, Anm. 269.
[241] Vgl. etwa Pe 3,191ff.; 11,215ff.; 12,47ff.; dazu GNILKA, Studien
89 mit Anm. 23.

der Polemik gegen das Heidentum begründet sieht[242]. Wenn der
Dichter S 1,502ff. durch den Mund des Theodosius für die Erhaltung heidnischer Kunstwerke eintritt, die ja recht häufig
religiös motiviert waren, so ist das Beweis genug dafür, daß
er solche Äußerlichkeiten im Kampf gegen die altrömische Religion für unwesentlich hält. Zwar gebraucht Prudentius die
Vorstellung vom "Seelentempel" auch in apologetischem Zusammenhang[243], doch hat sie ganz unabhängig davon ihren Platz
zugleich im Plädoyer des Dichters für eine verantwortungsvolle Auslegung auch und gerade des christlichen Kultes als Kult
des reinen Herzens.

3.3.1 Die Metapher in der frühen Kirche

Wenn Prudentius nun den Begriff des Tempels in bildlicher Rede gebraucht, so greift er damit auf eine "in allen Bereichen
und zu jeder Zeit der Weltliteratur"[244] vertretene Metapher
zurück.
Zunächst sehen wir das Bild Joh 2,21 auf den Christusleib
übertragen. Über die Interpretation der Kirche als Abbild des
mystischen Leibes Christi (vgl. Eph 1,22f.; Kol 1,18) bildet
dann auch die Gemeinschaft der in ihr versammelten Gläubigen
einen Tempel Christi[245]. Schließlich kann auch der Leib des
einzelnen Gläubigen diese Funktion erfüllen (vgl. 1 Kor 6,
19).
Bereits in der Schrift wird dieser Gedanke in die Polemik gegen die heidnischen Heiligtümer eingebracht[246] und beginnt
sich Act 17,23f. ohne Zweifel mit stoischen Argumenten zu
verbinden[247].
Die apostolischen Väter greifen die so vertraut gewordene

---

[242] Vgl dazu GNILKA aaO. 87: "Der Gedanke, daß die unnachsichtige
Polemik gegen die heidnischen Marmortempel dem Lobpreis der christlichen
Prunkbauten widersprechen könnte, wäre Prudentius wohl nie gekommen.
Heidnischer Tempel und christliche Basilika stehen eben nicht auf einer
Stufe."
[243] Vgl. dazu unten S. 325ff.
[244] FLASCHE 81.
[245] Vgl. 1 Kor 3,16; Eph 2,19-22; 2 Kor 6,16; 1 Tim 3,15; dazu
WENSCHKEWITZ 174ff.; KITTEL 129; zum Begriff "οἰκέο" bei Paulus vgl.
STRAUB, Paulus 26f.135.
[246] Vgl. 2 Kor 6,16; dazu KITTEL 129; GNILKA, Studien 84.
[247] Vgl. POHLENZ I,404; WENSCHKEWITZ 180.

Vorstellung bereitwillig auf[248]. Die alexandrinische Theologie bedient sich ebenfalls des Bildes, wird aber noch weit mehr zum Schmelztiegel hellenistisch-stoischer Gedanken. So wird die Tempel-Metapher immer seltener auf die Gemeinde bezogen; das Individuum rückt in den Mittelpunkt. Auch wird nicht mehr der Mensch als ganzer oder dessen Leib mit der Vorstellung in Verbindung gebracht, sondern in erster Linie dessen seelisch-geistige Komponente[249].

Noch wichtiger freilich ist es in unserem Zusammenhang, den Spuren nachzugehen, die die durchaus konstruktive Auseinandersetzung der lateinischen Theologen mit dem von einem stoisch-epikureisch-platonischen Philosophiekonglomerat geprägten Heidentum hinterlassen hat. Da hält man zwar wie Cyprian dem biblischen Bild noch die Treue – der ganze Mensch[250] oder seine Glieder[251] werden nach wie vor zum Tempel Gottes erklärt –, stellt aber die Seele oder das menschliche Herz[252] als eigentliches Zentrum der Gottesverehrung daneben[253]. Ambrosius bietet dafür ebenso Beispiele[254] wie Augustinus, bei dem die Anwendung der Tempel-Metapher einen Höhepunkt erreicht[255].

---

[248] Vgl. 2 Clem 9,3 = ed. HENGST, Darmstadt 1984, 249 (dazu HUSNER 72); Barn 16,7f. = aaO. 185 (dazu HAUSSLEITER 821); Ign. Eph 15,3 = ed. FISCHER, Darmstadt 1981, 154; Ign. Phld 7,2 = aaO. 199.

[249] Vgl. Clem. Alex. strom. 7,29,6 = GCS 17,2 (1936) 21 (STÄHLIN) (zur Abhängigkeit von Philo vgl. KITTEL 129; GNILKA, Studien 84 mit Anm. 7; HAUSSLEITER 815f.; WENSCHKEWITZ 131.175; FLASCHE 86, Anm. 4). In den Sprüchen des Sextus finden wir zwar den Vergleich sowohl auf den Körper angewandt (vgl. Spr. 35 = CC 20,17, ed. CHADWICK, 1961) als auch auf die Seele (vgl. Spr. 144 = aaO. 28, dazu HAUSSLEITER 801f.), doch dürfte sein unverkennbar pythagoreisch-platonischer Ansatz dem Innern des Menschen als göttlichem Tempel den Vorzug geben. Origenes spiritualisiert nicht nur den Tempelbegriff, sondern eine ganze Reihe dazu gehörender Größen: Ein Altar wird erbaut aus dem Geist der Gerechten, die wirklichen Opfer sind die Gebete, anstelle von Statuen ahmen die Christen Gott durch Tugenden nach (vgl. dazu GNILKA, Studien 85 mit dem Hinweis auf den Einfluß Epiktets in Anm. 11).

[250] Vgl. Cypr. de cor. 9 = PL 1,89.

[251] Vgl. Cypr. de hab. virg. = CSEL 3,1 (1868) 188 (HARTEL).

[252] Vgl. Cypr. domin. or. 3,1 = CSEL 3,1 (1868) 268 (HARTEL): "qui habitat intus in pectore, ipse sit et in voce (sc. Christus)".

[253] Noch bei Paul. Nol. ep. 32,5 = CSEL 29 (1894) 279 (HARTEL) ist dieses zweigleisige Denken zu spüren: "Corpore, mente fide castissimus incola Christi condidit ista deo tecta Severus ovans. t o t u s et ipse Dei templum viget hospite Christo gaudentemque humili c o r d e gerit dominum."

[254] Vgl. dazu FLASCHE 90f.

[255] Vgl. dazu FLASCHE 91 sowie die Belege ebd. 92ff. sowie HAUSSLEITER 834ff.

Wo aber das Heidentum als direkter oder indirekter Gegner im
Hintergrund steht, wird die eher ganzheitliche Sicht des Menschen, wie sie von der Schrift vorgegeben war, zugunsten einer Betonung des innersten Kerns vernachlässigt[256]. Besonders stoische Gedanken werden aufgegriffen und als Ahnung der
christlichen Wahrheit empfohlen[257]:

> "Quanto melius et verius Seneca 'vultisne vos'
> inquit 'deum cogitare magnum et placidum et
> maiestate leni verendum, amicum et semper in
> proximo, non immolationibus nec sanguine multo
> colendum - quae enim ex trucidatione immerentium
> voluptas est -, sed mente pura, bono honestoque
> proposito? Non templa illi congestis in altitudinem
> saxis exstruenda sunt; in suo cuique consecrandus
> est pectore ... .'"

> "Wieviel besser und wahrer fragt da Seneca: 'Wollt
> ihr euch Gott nicht als ein erhabenes und in sich
> ruhendes Wesen denken, dessen sanfter Autorität
> Verehrung zu zollen ist, das uns freundlich und
> immer hilfsbereit begegnet und daher nicht durch
> Opfer oder Blutvergießen zu verherrlichen ist - was
> für ein Vergnügen kann man denn am Niedermetzeln
> unschuldiger Geschöpfe empfinden -, sondern durch
> einen reinen Geist sowie gute und ehrenhafte Ab-
> sichten? Gott sollen nicht Tempel aus übereinander-
> geschichteten Steinen errichtet werden. Ein jeder
> weihe ihm in seinem Herzen ein Heiligtum.'"[258]

Seneca wird hier zum Kronzeugen für eine christliche Wahr-
heit.
Mit großer Selbstverständlichkeit führt Laktanz so den Stil
der Auseinandersetzung weiter, wie er sich bereits in der
Apostelgeschichte abgezeichnet hatte. Schon dort arbeitete
Paulus mit einem Zitat des griechischen, mit Zenon vertrauten
Dichters Arat.
Christliche und heidnische Vorstellungen durchdringen sich
auf diese Weise und führen zu einer interessanten Synthese.
Das Beispiel des Laktanz läßt erkennen, wie wichtig es ist,
auch und gerade die heidnisch-antike Tradition als Quelle für
die Metapher vom "templum internum" bei Prudentius ernst zu
nehmen.

---

[256] Vgl. Min. Fel. 32,1 = ed. BEAUJEU, Paris 1964, 54; Lact. div.
inst. 1,20,22 = CSEL 19 (1890) 75 (BRANDT); ähnlich 6,26,15 = aaO. 580
(dazu die Literaturhinweise bei GNILKA, Studien 86, Anm. 13); ira 24,14
= CSEL 27,1 (1893) 132 (BRANDT), wo ein Bezug zu Act 17,24 hergestellt
wird.
[257] Vgl. dazu oben S. 43 mit Anm. 206.
[258] Lact. div. inst. 6,25,3 = CSEL 19 (1890) 578 (BRANDT) ≙ Sen.
frgm. 123 HAASE.

3.3.2 Die Metapher in der heidnischen Antike

Bereits bei Laktanz waren wir auf die Überzeugung Senecas vom
"Gemüt als rechtem Kultort" Gottes gestoßen[259]. Das ist alte
stoische Lehre, die schon bei Zenon begegnet[260]. Auch Ovid
scheint davon beeinflußt, wenn er Pont. 3,6,25f. dem für
"Iustitia" errichteten Marmortempel die Kultstätte des Geistes gegenüberstellt: "Nuper eam (sc. Iustitiam) Caesar facto
de m a r m o r e templo, iam pridem posuit m e n t i s in
aede suae."[261] Doch genüge der Hinweis auf die lukrezischen
"templa mentis"[262], um zu zeigen, daß der Gedanke auch epiku-
reischen Kreis vertraut ist.
Schließlich wird die Metapher so zum Allgemeingut, daß sie
auch in einer bei Tacitus überlieferten Senatsrede des Kaisers Tiberius erscheint[263]. Noch bei Claudian, dem Zeitgenossen des Prudentius, hat das Bild nichts von seiner Anziehungskraft verloren. Wie schon bei Ovid wird auch hier das
Herz des Herrschers als Tempel einer Gottheit begriffen, der
jedes irdische Kultgebäude ersetzen kann[264].
Im heidnischen wie im christlichen Denken ist also die Spiritualisierung des Tempelbegriffs so fest verankert, daß es
nicht weiter überrascht, wenn sich auch Prudentius von dieser
Vorstellung beeindruckt zeigt. Doch wird es ihm, wie man sehen wird, gelingen, diesem Bild eine ganz besondere Note zu

---

[259] Vgl. dazu das in Anm. 258 angeführte Fragment Senecas; dazu
WENSCHKEWITZ 123-125.
[260] Vgl. dazu POHLENZ I,137; GNILKA, Studien 84 mit Anm. 4. - Der
römische Philosoph radikalisiert die Vorstellung freilich, indem er nicht
nur die große Nähe der Seele zu Gott betont (vgl. etwa ep. 41,4f.: "prope
est a te deus, tecum est; intus est ... sacer intra nos spiritus est"),
sondern diese schließlich völlig mit Gott identifiziert (vgl. ep. 31,11:
"Animus ... quid aliud voces hunc quam deum in corpore humano hospitan-
tem?" Dazu HUSNER 69f.). - Die Göttlichkeit der Seele betont dann auch
Cicero (vgl. z.B. Tusc. 1,65; weitere Belege bei HAUSSLEITER 805, zum Unterschied zur christlichen Vorstellung vgl. ebd. 819f.).
[261] Zu den stoischen Einflüssen vgl. GNILKA, Studien 84, Anm. 4 und
FLASCHE 86, Anm. 4.
[262] Vgl. Lucr. rer. nat. 5,103; dazu GNILKA, Studien 83, Anm. 3.
Lukrez spiritualisiert übrigens auch sonst den Tempelbegriff gern: Him-
melsgewölbe, Wald, ja auch die Unterwelt werden mit dem Bild in Verbindung gebracht (vgl. dazu FLASCHE 84f.). Das Universum als Tempel Gottes
dann auch bei Cic. rep. 6,15 (dazu FLASCHE 84f.).
[263] Vgl. Tac. ann. 4,38: "Hae mihi in animis vestris templa, hae
pulcherrimae effigies et mansurae."
[264] Vgl. Claud. Stil. 2,12f.: "Haec dea (sc. Clementia) pro templis
et ture calentibus aris te fruitur posuitque suas hoc pectore sedes."

geben.

3.3.3 Die Spiritualisierung des Tempel-
begriffs bei Prudentius

Wenn Prudentius an verschiedenen Stellen seines Werkes den
realen Tempel relativiert, ja geradezu geringschätzt, so läßt
er sich darin nicht auf eine Möglichkeit der Spiritualisierung festlegen. Vielmehr lassen sich recht anschaulich verschiedene Stufen der Entwicklung verifizieren, die die Metapher durchgemacht hat.

3.3.3.1 Die Metapher als Mittel der antijüdischen Polemik

Zunächst greift Prudentius mit dem Tempel-Bild zu einem konventionellen Argument innerhalb der antijüdischen Polemik:
Während der Tempel Salomos zerstört darniederliegt, besitzen
die Christen im Fleisch gewordenen Wort Gottes ein unzerstör-
bares, ewiges Heiligtum:

> "Destructone iacent Salomonia saxa metallo
> aedificata manu? Iacet illud nobile templum ... .
> Si nostrum contra quod sit vis discere templum,
> est illud quod nemo opifex fabriliter aptans
> conposuit, quod nulla abies pinusve dolata
> texuit, exciso quod numquam marmore crevit,
> cuius onus nullis fultum sublime columnis
> fornice curvato tenui super arte pependit,
> sed verbo factum domini, non voce sonora,
> sed verbo quod semper erat. Verbum caro factum est.
> Hoc templum aeternum est, hoc finem non habet ... ."

> "Liegen die Steine des salomonischen Tempels,
> einst von Menschenhand aufgeschichtet, nicht
> wieder darnieder, sind die metallenen Träger
> nicht zerstört?
> Wenn du dagegen unseren Tempel kennenlernen willst:
> Er ist von der Art, daß kein Baumeister ihn Stein
> auf Stein zusammenfügte, daß keine zugespitzte
> Tanne oder Fichte zu seinem Bau Verwendung fand,
> daß kein zugehauener Marmor den Werkstoff abgab,
> daß er seine Last nicht auf hochragende Säulen
> stützt, die durch kunstvoll geschwungene, schmale
> Bögen verbunden sind.
> Unser Tempel ist durch das Wort Gottes errichtet,
> nicht durch eine wohlklingende Stimme, sondern
> durch das Wort, das schon immer war. Das Wort ist
> Fleisch geworden. Dieser Tempel hat ewigen Bestand,
> dieser kennt kein Ende."   (A 512f.518-526)

3.3.3.2 Die Metapher in der Auseinander- setzung mit dem Heidentum

Der Dichter sieht und nutzt den Gedanken vom Seelen-Tempel ebenso als eine traditionelle Waffe im Kampf gegen das Heidentum. Die folgenden Beispiele werden das belegen.

3.3.3.2.1 *Pe 10,341-350*

Ganz aus der Auseinandersetzung mit dem Heidentum geboren erscheint die Metapher Pe 10,341ff.: Den Forderungen der Verfolger, an den heidnischen Opfern teilzunehmen, begegnet der Martyrer Romanus mit einer Verinnerlichung der Kultvorstellung:

> "Cognostis ipsum (sc. deum Christianum); nunc
>   colendi agnoscite
> quae dedicari sanxerit donaria,
> quae vota poscat, quos sacerdotes velit,
> quod mandet illic nectar inmolarier.
> Aedem sibi ipse mente in hominis condidit
> vivam serenam sensualem flabilem
> solvi incapacem posse nec destructilem
> pulchram venustam praeminentem culmine
> discriminatis inlitam coloribus."

> "Ihn selbst habt ihr soeben kennengelernt;
> nun sollt ihr etwas von der Art und Weise der
> Verehrung hören und darüber, wie sein Tempel
> beschaffen sein soll, welche Weihegaben er
> dargebracht haben will, was für Gelübde er
> sich wünscht, wie er sich seine Priester vorstellt, welchen Trank er dort zu opfern befiehlt.
> Er hat sich seinen Tempel im Herzen des Menschen
> gegründet, einen voll Leben und Heiterkeit,
> erfüllt von der Kraft des Geistes, der nicht
> vernichtet noch zerstört werden kann, herrlich
> anzusehen ist, durch seine Anmut und einen hochragenden Giebel beeindruckt und in den unterschiedlichsten Farben leuchtet."   (Pe 10,341-350)

3.3.3.2.2 *S 2,244-269*

Im zweiten Buch gegen den heidnischen Senator Symmachus greift Prudentius die Argumentation aus dem Romanus-Hymnus auf, indem er die Errichtung eines "templum mentis" zum Gebot Gebot Gottes macht:

> "Quare age, mortalis, soli mihi construe templum
> meque unum venerare deum. Caementa remitto
> et quae saxa Paros secat et quae Punica rupis,
> quae viridis Lacedaemon habet maculosaque Synna.

Nativum nemo scopuli mihi dedicet ostrum.
Templum mentis amo, non marmoris ... ."
"Wohlan denn, du sterbliches Wesen, mir allein
errichte einen Tempel und mich allein verehre
als Gott. Ich verzichte auf Mauerwerk und Steine,
seien sie aus den Felsen von Paros, seien sie aus
punischen Klippen gehauen, seien sie vom grünen
Sparta oder vom farbenprächtigen Synna zur Verfügung gestellt. Niemand weihe mir das natürliche
Purpur eines Felsen. Einen Tempel des Herzens
liebe ich, keinen aus Marmor ... ."   (S 2,244-249)

Mit Recht empfindet man das als Geringschätzung der architek-
tonischen Leistungen, auf die Augustus in seinem "Rechen-
schaftsbericht" mit Stolz zurückblickte[265]. Doch ist, wie wir
oben sehen konnten, die damit verbundene Rückbesinnung auf
innere Werte kein christliches Eigengut. Gerade der Gegensatz
zwischen Marmor- und Herzenstempel war ja schon bei Ovid begegnet und hatte auch in der Tiberiusrede des Tacitus im Hintergrund gestanden[266].

Allerdings vertritt Prudentius das Bild des geistigen Tempels
in dieser Passage nicht so durchgängig, wie man es sich um
einer eindeutigeren Interpretation willen wünschen würde. Das
in Vers 249 gepriesene "templum mentis" verwandelt sich nämlich in den folgenden Versen zu einem Heiligtum, das in der
körperlichen Materie des Menschen begründet ist (vgl. S 2,
256-259). Der biblische Gedanke vom menschlichen Leib als
Tempel Christi scheint hier durchzuschlagen. Freilich wird
dieser, wie bereits oben aufgezeigt wurde, für den Dichter
nur akzeptabel, insofern er entweder von dem vollendeten Menschen spricht, wie er als Geschöpf Gottes konzipiert war und
bis zum Sündenfall existiert hat, oder aber von dem Menschen,
dem durch die Fleischwerdung Gottes der verlorengegangene
paradiesische Urzustand wiedergegeben wurde[267]. Damit macht
Prudentius aber eine "Materie" zum Tempel Gottes, die durch
und durch vergeistigt ist und gleichsam seelische Qualitäten
gewinnt. Auf diese Weise muß es Prudentius nicht als Widerspruch empfinden, im selben Zusammenhang und auch an anderen
Stellen des Werkes das Bild vom Seelentempel aufzugreifen und
auszumalen.
Dazu gehört die durchaus gängige Ausweitung der Spirituali-

---

[265] Vgl. dazu THOMSON II,24 Anm. a.
[266] Vgl. dazu oben S. 325 mit Anm. 263
[267] Vgl. S 2,260-269; dazu oben S. 276ff.

sierung auf Vorstellungen, die mit dem Tempel-Bild assoziiert
werden können. Ausgehend von der Architektur eines Gotteshau-
ses erklärt er S 2,249-253 die Werte "fides", "pietas", "iustitia", "pudor" und "pudicitia" zu den wesentlichen "Bautei-
len" des geistigen Tempels. Im Romanus-Hymnus kehrt ein Teil
dieser Tugenden wieder, nur ihre Funktion wird variiert:
"fides" übernimmt die Rolle des Priesters im Gotteshaus des
menschlichen Herzens, "pudor" wird zusammen mit anderen moralischen Qualitäten darin zum Opfer gebracht (vgl. Pe 10,351-
360). Auch "iustitia" wird, als sie S 2,842 ein zweites Mal
mit dem Seelentempel in Verbindung gebracht wird[268], zur
Weihgabe, die die Gläubigen darin niederlegen.
Mit dieser spiritualisierenden Interpretation von Tempel,
Priester und Opfer steht Prudentius fest auf biblischem Boden. Jesu "Tat der Tempelreinigung" (Mt 21,12-13 par.) hat
als "Ausdruck einer geläuterten Kultusfrömmigkeit"[269] einem
solchen Vorgehen ebenso die Wege geöffnet wie seine Geringschätzung eines materiellen Opfers, das nicht einer echten
Verzichtleistung entspringt[270]. Das führte schon im NT selbst
zu der Forderung, "geistige Opfer darzubringen" (1 Petr 2,5).
Sie wird dann von der Apologetik aufgegriffen, ausgestaltet
und auf diese Weise zu einem verbreiteten Topos in der alten
Kirche: "Kleine und große Tiere, die er (sc. Gott) mir zu
meinem Nutzen erschaffen hat, sollte ich Gott als Opfer darbringen und ihm so seine Gaben geradezu wieder hinwerfen? Das
wäre nur Undank! Ein gutes Herz aber, ein reiner Sinn, unbe-
fleckte Gedanken: das sind Opfergaben, die Gott wohl gefallen. Darum: wer über seine Unschuld wacht, der betet zu Gott;
wer Gerechtigkeit übt, der opfert ihm; wer sich fernhält von
Betrug, der gewinnt seine Huld ... die Gerechtigkeit des Menschen gilt bei uns als das Maß seiner Frömmigkeit."[271]
Die Christen konnten mit solchen Äußerungen um so eher auf
offene Ohren hoffen, als die Vorstellung eines "moralischen"
Opfers auch in der stoischen Popularphilosophie gang und gäbe
war: "Cultus autem deorum est optimus, idemque castissimus

---

[268] Zu Ov. ex Pont. 2,1,33 als eventuelles Vorbild dieser Stelle
vgl. GNILKA, Studien 84, Anm. 4.
[269] WENSCHKEWITZ 155.
[270] Vgl. die Worte Jesu über das Opfer der Witwe Mk 12,41ff.
[271] Min. Fel. 32,3 = ed. BEAUJEU, Paris 1964, 55; Übersetzung B.
KYTZLER, M. Minucius Felix, Octavius, Lat.-Dt. München 1965, 177.

atque sanctissimus plenissimusque pietatis, ut eos (sc. deos)
pura et integra et incorrupta et mente et voce veneremur."/
"Die beste, reinste, heiligste und frömmste Verehrung der
Götter besteht aber doch darin, daß wir sie mit reinen,
rechtschaffenen und unverdorbenen Gedanken und Werken verehren." (Cic. nat. deor. 2,28,71) Dieser Gedanke Ciceros begegnet leicht abgewandelt dann auch bei Seneca: "Primus est
deorum cultus deos credere. Deinde reddere illis maiestatem
suam, reddere bonitatem ... vis deos propitiare? bonus esto!"
/"Höchste Verehrung für die Götter ist es, an ihre Existenz
zu glauben, dann ihre Erhabenheit anzuerkennen, ihre Güte anzuerkennen ... Willst du die Götter gnädig stimmen? Dann sei
gut!" (ep. 95,50)
Während so S 2,244ff. mit der Tempel-Metapher vordergründig
der Gegensatz zu den realen Tempeln der Heiden herausgestellt
wird, erfolgt letztendlich über den Appell an vertraute Vorstellungen ein vorsichtiges Herantasten an den "Gegner". Ja
fast als verhaltene Einladung an das Heidentum, sich zu bekehren, will es erscheinen, wenn Prudentius u.a. gerade die
Tugenden "fides", "pietas" und "iustitia", die dem heidnischen Römer doch so viel bedeuteten[272], als wesentliche Elemente des "cultus internus" herausstreicht[273]. Eine ähnlich
konstruktive Einholung altrömischer Werte läßt sich auch an
einigen Stellen der "Psychomachia" beobachten.

3.3.3.2.3 *Die Tempel-Metapher in der "Psychomachia"*

Nach dem endgültigen Sieg über die Laster besteigen Ps 734ff.
ausgerechnet "Fides"[274] und "Concordia" in geschwisterlicher
Verbundenheit (vgl. Ps 735.803) ein Tribunal und halten jeweils eine glühende Rede. Zum Schluß ergeht ein eindringlicher Appell an die versammelten Tugenden, dem Menschensohn
einen prächtigen Tempel in der von den Lastern befreiten
Stadt des Körpers zu errichten[275], und die beiden Rednerinnen

---

[272] Vgl. dazu oben S. 263ff.
[273] Vgl. S 2,249-253.842; Pe 10,352; die "iustitia" hatte übrigens
bereits Min. Fel. 32,3 stark betont (vgl. dazu Anm. 271).
[274] Zur Rolle der "Fides" bei den Römern vgl. RAC 7,813-839 s.v.
"fides", speziell zu Prudentius aaO. 833f.
[275] Zu der strittigen Frage, ob diese Stelle als Beleg für die Übertragung der Tempelmetapher auf den ganzen Menschen herangezogen werden
kann, vgl. unten S. 333f. mit Anm. 297.

machen sich daran, die Maße für dieses Heiligtum abzustecken. Damit wird aber der Tempel im Innern des Menschen aufs engste mit den "virtutes" in Verbindung gebracht[276], um die der heidnische Senator Symmachus nach einer Entfernung der "ara Victoriae" so gebangt hatte[277]. "Concordia" und "Fides" kommt immer noch eine grundlegende Bedeutung zu[278]. Das ist für denjenigen, der Zwischentöne zu hören vermag, eine an Eleganz kaum mehr zu überbietende Reaktion auf die heidnischen Vorwürfe.

Noch deutlicher wird die Überzeichnung der Tempel-Metapher dort, wo sie die psychisch-individuelle Dimension sprengt und ekklesiologische Weite bekommt[279]: In den Tempel der Seele gelangt man ja nach Ps 830ff. durch 12 Tore, über denen die Namen der 12 Apostel angebracht sind[280]. Bezeichnenderweise stellt nun Prudentius diese urchristliche Zwölfergemeinschaft als "apostolicus senatus" (Ps 839) vor: "Der Ausdruck liefert ein gutes Beispiel dafür, wie der erloschene Glanz des Namens 'Senat' durch die christliche Deutung erneuert wurde."[281] Daß das nun weit mehr als nur plumpe Anbiederung an die heidnische Partei ist, versteht sich als Selbstverständlichkeit,

---

[276] Daß übrigens bereits Seneca von der tröstenden Kraft der Tugenden ausgeht, selbst aus einer kleinen Hütte einen prächtigen Tempel zu erbauen (ad Helv. 9,3), sei hier nur am Rande vermerkt.

[277] Vgl. Symm. rel. 3,5: "Illa ara c o n c o r d i a m tenet omnium, illa ara f i d e m convenit singulorum."

[278] So HAWORTH 59; zur Rolle der "fides" in S 1 und S 2 vgl. CACITTI 414ff.

[279] Ps 825: "novum templum" gibt ja nur im Gegensatz zu einem "alten Tempel", wie er C 12,187f. angesprochen wird, einen Sinn (vgl. GNILKA, Studien 94f.). Und das Motiv der Apostelnamen paßt nur, wenn die Kirche als Tempel Christi begriffen wird (vgl. GNILKA, Studien 101). Prudentius spielt hier also offensichtlich auf die Kirche des neuen Bundes an, die den "Tempel" des alten Bundes ablöst. - Ähnlich "überindividuell" ist wohl auch TH 81ff. zu verstehen, nicht nur wegen der erneuten Bezugnahme auf den Tempel Salomos, sondern auch wegen des "kollektiven" Singulars "hominis sub pectore" (vgl. dazu PILLINGER 61f. sowie TH 121-124 mit den Erläuterungen bei PILLINGER 81ff.). Auch an anderen Stellen der Ps läßt sich eine Öffnung der Allegorie auf eine "pugna ecclesiae" hin erkennen: vgl. dazu GNILKA, Studien 27ff.121ff.; HERZOG 105ff.

[280] Zur Aufnahme und Umgestaltung der hier im Hintergrund stehenden paulinischen (Eph 2,18ff.) und johanneischen Motive (Apk 21,19ff.) sowie der sich darauf beziehenden patristischen Exegese vgl. GNILKA, Studien 98ff.

[281] GNILKA, Studien 101. Ähnliches leistet Prudentius Pe 4,147f.; auf die Romanisierung der eschatologischen Erwartungen des Martyrers Laurentius Pe 2,553f. war ja bereits oben verwiesen worden (vgl. S. 223f.); dazu auch KOEP 71f.120f.; GNILKA, Studien 102; im selben Zusammenhang sind dann auch zu sehen Pe 5,10; 2,275f.

wenn man sich die im vorangegangenen Kapitel gewonnenen Erkenntnisse über die so stark in altrömischen Traditionen ver-
wurzelte politische Religiosität des Dichters vergegenwärtigt. Prudentius macht auf diese Weise nicht nur die Kirche
für die Andersgläubigen "salonfähig", sondern schafft auch
sich selbst damit eine gleichsam heimatliche Atmosphäre. Einen vergleichbaren Assimilierungsprozeß kann man auch außerhalb der "Psychomachia" verfolgen, in einer Passage, die unverkennbar altes jüdisch-christliches Gedankengut entfaltet,
durch Prudentius aber auf eine unaufdringliche, aber deutliche Weise dem römischen Empfinden nahegebracht und so für von
heidnischen Vorstellungen geprägtes Denken "kompromißfähig"
wird[282].

3.3.3.2.4 *Die Tempel-Metapher in S 2,626ff.*

S 2,626ff. greift der Dichter die alttestamentliche Vorstellung von der Einwohnung der göttlichen Weisheit im Herzen der
Menschen auf. Gemäß Sap 1,4: "... in malevolam animam non introibit sapientia" (Vulg.) hält Prudentius ein von Begierden
gebeuteltes Herz für so ungastlich, daß die göttliche Weisheit dort nicht einkehren will[283].
Derselbe Gedanke wird A 579ff. in einem verwandten, in der
Patristik gern bemühten Bild[284] entfaltet und erhält so
gleichsam die "Hilfestellung" einer weiteren christlichen
Fundierung: Dort wird die jungfräuliche Empfängnis Christi
zum Urbild für die sich im H e r z e n der Gläubigen wie-
derholende Geburt des Erlösers:

"Ipsa coruscantis monitum sacra virgo ministri
c r e d i d i t atque ideo concepit credula Christum.
C r e d e n t e s nam Christus adit[285], dubitabile
                                             pectus
sub titubante fide[286] refugo contemnit honore.

---

282 Vgl. HAWORTH 58.
283 Zur Deutung der "sapientia" als zweite Person der Trinität bei
Prudentius und in der Patristik vgl. GNILKA, Studien 120. – Über die Parallele mit Ps 855 gewinnt übrigens auch diese Stelle einen ekklesiologi-
schen Aspekt, der noch durch den vorausgegangenen Vergleich mit dem römischen Reich verstärkt wird!
284 Vgl. zum Folgenden RAHNER 333-418.
285 Vgl. S 2,628: "intrat".
286 Vgl. S 2,626f.: "i n c o m p o s i t o s humano in p e c t o -
r e sensus d i s i u n c t a s-que animi t u r b a t o foedere partes
...".

Virginitas et prompta fides Christum bibit[287] alvo
cordis[288] et intactis condit paritura latebris."
"Sie, die geheiligte Jungfrau, glaubte der Prophezeiung
des strahlenden Boten und empfing so durch ihren Glauben Christus. Denn Christus kehrt ein bei denen, die
glauben. Ein zweifelndes Herz, dessen Glauben keinen
festen Boden hat, übergeht er, denn er hält es für
dieser Auszeichnung unwürdig. Jungfräulichkeit aber
und gläubige Demut empfangen Christus in ihrem Herzen
und bergen ihn an einem unzugänglichen und unberührten
Ort bis zum Tag seiner Geburt." (A 579-584)

Dabei ist allerdings Voraussetzung, daß man "virginitas" und
"prompta fides" so wie bereits das Zwischenglied "credentes"
auf die Allgemeinheit und nicht mehr speziell auf Maria
bezieht. Prudentius spricht hier ja ausdrücklich vom "alvo
c o r d i s". THOMSON und LAVARENNE übersehen das, wenn sie
den Gedanken auf die Mutter Jesu gemünzt sehen[289] sowie "alvo
cordis" zu nachlässig übersetzen[290]. Die schöne Parallelisierung und Spiritualisierung von der wirklichen Gebärmutter
Marias zum "alvo cordis" der einzelnen Gläubigen geht so verloren.

Als dritter Beitrag zu der S 2,628ff. aufgegriffenen alttestamentlichen Idee kann die Praefatio zur "Psychomachie" gewertet werden: Dem Dichter wird dort die biblische Erzählung
von der Erscheinung Jahwes vor Abrahams Hütte und dessen Verheißung später Nachkommenschaft für Sara (Gen 18,19ff.) zur
"figura" (V. 50) für die Einkehr Christi[291] in die Hütte des
menschlichen Herzens durch die eucharistische Speise und für
die geistgewirkte Befruchtung der Seele zu gottgefälligen Ta-

---

[287] Vgl. S 2,633: "haurit"; im übrigen kennt Prudentius H 390f. auch
den gegensätzlichen Vorgang vom "Einsaugen" des Satans: "... praedo potens, tacitis quem viribus interfusum c o r d a b i b u n t ‑hominum";
und so wie C 4,18 Christus tief ins Mark hinein eindringt (vgl. "medul-
lis"), so auch der Teufel H 391 (vgl. "medullitus"); damit zusammen hängt
dann auch die Vorstellung von der Geburt der schlechten Gedanken im
menschlichen Herzen H 562ff. sowie der Vergleich mit der Empfängnis der
Viper H 608ff.
[288] Mit dieser Begrifflichkeit liegt Prudentius besonders nahe bei
Ambr. Enarr. in Ps. 47,10 = CSEL 64 (1919) 353 (PETSCHENIG) und Ambr. De
Cain et Abel 2,1,1 = CSEL 32,1 (1897) 377f. (SCHENKE), wo vom "uterus
mentis" bzw. "alvo animae" die Rede ist; vgl. RAHNER 385ff.
[289] Vgl. THOMSON I,165: "her maidenhood"; LAVARENNE II,23: "l a
Vierge".
[290] THOMSON übersieht das "cordis" einfach, LAVARENNE dagegen das
"alvo"!
[291] Vgl. das "intrabit" (Ps Prf 62).

ten[292].

Damit ist einerseits der Gedanke von Sap 1,4 präsent: Das
"intrabit" (Ps Prf 62) erinnert an "intrat" (S 2,628), das ja
wiederum eindeutig das "introibit" des vierten Verses aus dem
Buch Weisheit aufnimmt. Andererseits haben wir hier eine Variation der A 581ff. verarbeiteten Vorstellung vom Herzen
als "schwangerer Frau", die ja, wie oben verdeutlicht wurde,
ebenfalls mit der hier zur Diskussion stehenden Passage S 2,
628ff. assoziiert werden muß. Das Bild von der befruchteten
Seele kehrt wieder, nur wird jetzt nicht Christus von ihr geboren und damit gleichsam ein Kind der personifizierten Jungfräulichkeit wie in A 581ff., sondern ein in der allegorischen Ausdeutung nicht näher charakterisierter Erbe, der aber
wegen Ps Prf 12 als Sprößling der personifizierten "virtus"
und folglich als ethisch-moralische Auswirkung der Tugend zu
begreifen ist.

Die Vergleichsstelle aus der "Psychomachie" hilft aber noch
auf eine andere Weise bei der rechten Einordnung unserer Verse. Dort wird nämlich die Vorstellung von der Einkehr Gottes
in das menschliche Herz mit der Tempel-Metapher in Verbindung
gebracht. Zwar spricht Prudentius wegen der Rückbeziehung auf
die "mapalia" (Ps Prf 46) Abrahams in der Praefatio lediglich
von der "p a r v a pudici cordis c a s a" (Ps Prf 62), doch
ersetzt er dieses Bild Ps 816-819, das ohne Zweifel auf diese
Stelle korrigierend Bezug nimmt, durch den Vergleich mit einem stattlichen Tempel:

> "Nam quid terrigenas ferro pepulisse falangas
> culparum prodest, hominis si filius arce
> aetheris inlapsus purgati corporis urbem
> intret inornatam templi splendentis egenus?"

> "Denn was nützt es, die erdverhafteten Schlacht-
> reihen der Laster durch Schwertgewalt vertrieben
> zu haben, wenn der vom Himmelsthron herabgekommene
> Menschensohn die Stadt des gereinigten Körpers
> betritt und diese für ihn nicht einmal einen
> prächtigen Tempel bereithält?"   (Ps 816-819)[293]

Somit müssen die Verse S 2,626ff. auch und gerade als Entfaltung der Idee eines spiritualisierten Tempels gesehen werden.

---

[292] Vgl. dazu Ps Prf 11-14; dazu die zutreffende Auslegung bei EN-
GELMANN 12, die durch die Beobachtung bestätigt wird, daß die Vorstellung
von der Geburt der guten Taten ja nichts anderes als die Umkehrung des H
553ff. beschriebenen Vorgangs ist.
[293] Den gleichen Gegensatz zwischen "casa" und "aurea templa" finden
wir auch bei Prop. 4,1,5f. ausgedrückt.

Und zwar haben wir hier, ohne daß der Begriff "templum"
fällt, einen Beitrag, der genau auf derselben Linie liegt wie
bereits S 2,249ff. und Pe 10,346ff. Es geht ja nicht um
irgendeinen Tempel, sondern um das Heiligtum, das Gott im
menschlichen Geist bzw. in seiner Seele geweiht ist[294]. Dieses kann nun nach der Vorstellung des Dichters nur dann seiner Funktion gerecht werden, wenn die vernünftige Kraft der
Seele die ihr widerstrebenden geistigen Kräfte bezwingt, die
dem Ansturm der körperlichen Begierden zu erliegen drohen[295].
Prudentius spielt darauf auch an anderen Stellen an, unter
denen C 4,16ff. mit den hier diskutierten Versen besonders
deutliche Parallelen aufweist. Auch dort wird ja der Zusammenhang betont, der zwischen der Zügelung der niederen Triebe
und der Einkehr Gottes in den Tempel des Herzens besteht. In
beiden Fällen wird die Kontrolle über die körperlichen Begierden zur Voraussetzung dafür, daß der Mensch Gott in der
Eucharistie aufnehmen und ihm eine "Herberge" bieten kann.
Auch dahinter steht eine anthropologisch-philosophische Vorstellung, die in der alten Kirche, aber auch in der heidnischen Antike tief verwurzelt war und von Prudentius in seinen
asketischen Texten des öfteren entfaltet wurde: Wo die im
Körper regierenden Laster ihre Einflußsphäre über Gebühr aus-
dehnen, wird die Seele bedrängt, ja förmlich eingeschnürt[296].
Die daraus resultierende Folge für unseren Tempelgedanken ist
logisch: Die Seele wird so um ihr "Fassungsvermögen" gebracht, ein ungastliches Kämmerchen für den unermeßlich großen Gott, vor dem dieser dann auch schleunigst die Flucht ergreift[297].

---

[294] Vgl. die nach GNILKA, Studien 12 "eindeutigen" Begriffe "animi"
(V. 627) und "mentis" (V. 629).

[295] Vgl. S 2,626-633; dazu unten S. 334f.

[296] Vgl. dazu oben S. 274f.288.

[297] Vgl. C 4,21: "ceu spurcum r e f u g i t celer sacellum (dagegen C 4,31: "Parcis victibus expedita corda infusum melius deum recep-
tant"); ähnlich dann S 2,628: "... n e c i n v i s i t sapientia nec
deus i n t r a t" (dagegen S 2,633: "... haurit corde deum") und A
581f.: "dubitabile pectus sub titubante fide r e f u g o c o n t e m-
n i t honore" (dagegen A 583: "bibit alvo cordis"). - Von daher ist es
nicht recht verständlich, wie GNILKA, Studien 91, Anm. 27 in C 4,16ff.
das "Tempelbild besonders eindrucksvoll auf den g a n z e n [eigene Her-
vorhebung] Menschen übertragen" sehen kann und damit eine Nähe des Dichters zu Paulus herausstellt, die so groß gar nicht ist. Die Askese ist
ja, wie schon oben herausgearbeitet wurde, nie Selbstzweck für den Körper, sondern dient letztlich immer der Integrität der Seele, die allein

Prudentius verarbeitet also S 2,626ff. nicht nur alttesta-
mentlich-jüdisches, sondern auch altes christliches Gedankengut. Von beiden Ideenkomplexen wissen wir aber, daß sie in
einem von hellenistischen Gedanken geprägten Milieu entstanden sind. Für uns ist es nun äußerst interessant, zu beobachten, wie Prudentius einerseits diesen philosophischen Hintergrund wieder transparent werden läßt, andererseits über das
Mittel der sprachlichen Ausgestaltung, ja man möchte fast sagen der Terminologie, den ganzen Gedankenkomplex dem römischen Ohr so vertraut werden läßt, daß ihm, wie bereits oben
vorweggenommen wurde[298], eine nahezu perfekte Assimilierung
gelingt:
Zunächst geht Prudentius von der relativ einfachen Vorstellung über das Leib-Seele-Verhältnis, die er gewöhnlich bevorzugt, ab und sieht nicht mehr nur einen bloßen Antagonismus
zwischen diesen beiden Kräften, sondern auch innerhalb des
geistigen Elementes verschiedene sich widerstreitende "Parteien". Hier übernimmt der Dichter offenbar das platonische
Schema von der Dreiteilung der Seele unter der Führung des
"Hegemonikon"[299]. Das ist der Tribut an das hellenistische
Erbe, dem sich Prudentius verbunden fühlt.
Ein auffallend eindringliches Bekenntnis zu dem römisch-an-
tiken Weltverständnis darf man darin sehen, daß der Dichter
diese Herrschaft des höchsten Seelenteils über die niederen
Regungen des Geistes bis ins Detail hinein mit der Ausübung
der römischen Weltmacht parallelisiert: Das "Hegemonikon" des
menschlichen Geistes schafft durch die Zügelung chaotischer
Kräfte die Voraussetzung für die Einkehr Christi genau auf
dieselbe Weise, wie das römische Reich durch die Zivilisie-

---

dazu bestimmt ist, Tempel Gottes zu werden (vgl. die eindeutigen Verse S
2,249ff. und Pe 10,342ff.). Dieses Verhältnis wird auch gegen Ende der Ps
anschaulich beschrieben: Der Körper wird, nachdem er von den in ihm hau-
senden Lastern "gereinigt" ist, zur "S t a d t" Gottes, in der der Tempel der Tugenden, d.h. aber wegen der Charakterisierung der "virtutes"
als "partes mentis" (vgl. GNILKA, Studien 17 mit Anm. 19) der Tempel des
Geistes, entsteht. Obwohl auch GNILKA (Studien 16f.) diesen Unterschied
zwischen "u r b s   corporis" und "t e m p l u m   mentis" erkennt und sogar schematisch darstellt, geht er in seiner Interpretation zu C 4,16ff.
dann doch von einem Gleichgewicht zwischen Körper und Seele aus.
    [298] Vgl. oben S. 323f.328ff.
    [299] Vgl. den Hinweis auf den "mentis apex", der die "inconpositos
humano in pectore sensus disiunctasque animi ... partes" unter Kontrolle
hält (vgl. S 2,626-629; dazu GNILKA, Studien 38 mit Anm. 15 und HERZOG
117).

rung des barbarischen Erdkreises die historischen Voraussetzungen für die Menschwerdung Gottes schafft[300]. Sämtliche wesentlichen Aspekte des römischen Herrschaftsverständnisses hat Prudentius auf die leiblich-seelischen Verhältnisse im Menschen übertragen. Da wird nicht nur die Rechtmäßigkeit der Herrschaft betont[301]; es erscheinen auch die Ausdrücke "frenare" und "coercere" (S 2,631) als die typischen Aspekte einer selbstverständlichen imperialen Machtausübung[302].

Diese imperiale Terminologie findet sich auch in anderen asketischen Texten des Dichters. So nennt er es H 524ff. leicht, "f r e n a r e rebelles adfectus carnis ... viscera victa d o m a r e", und fordert C 7,21 dazu auf: "F r e n e n t u r ergo corporum cupidines." Hinzu kommt an diesen Stellen der Gesichtspunkt einer m i l d e n Askese[303]. Eine maß- und schonungsvolle Behandlung des Gegners galt aber auch als Maxime für die römische Machtausübung[304]. Und wie erst auf diese Weise die Menschen ihrer wahren Bestimmung zugeführt und unter der unerschütterlichen "Pax Romana" vereint werden (vgl. Pe 2,421-424; S 2,610ff.), so bewirkt die auf entsprechende Art ausgeübte Herrschaft des höchsten Seelenteils eine segensreiche Ausgeglichenheit der menschlichen Verhältnisse[305]. Der dadurch geschaffene "locus" für Christus in der Welt entspricht ganz dem auf analoge Weise entstandenen Tempel Christi in der Seele des Menschen. Das "templum internum" des Prudentius wird also über diese auffällige Kongruenz zu einem durch und durch römischen Heiligtum.

3.3.3.3 Fazit

Was so nach der Untersuchung über den Gebrauch der Tempel-Metapher bei Prudentius festzuhalten bleibt, ist zunächst die Tatsache, daß der Dichter sich mit der k l a r e n Zuord-

---

[300] Vgl. den ganzen Gedanken in S 2,619-633.
[301] Vgl. S 2,629: "at si mentis apex r e g n a n d i i u r e potitus ...".
[302] Vgl. dazu die makrokosmischen Parallelen in Pe 2,424 und S 2, 579.585.602 u.a.; dazu oben S. 179.
[303] Vgl. dazu oben S. 297ff.
[304] Vgl. dazu die Belege bei Prudentius S 2,589; Pe 2,439f.
[305] Vgl. S 2,631-633: "(si mentis apex) ... omne iecur ratione coerceat u n a, fit stabilis vitae status et sententia c e r t a ...domino et subiungitur u n i".

nung des Bildes zum geistig-seelischen Kern des Menschen von
der ambivalenten biblischen Vorstellung deutlich entfernt. Er
liegt damit einerseits auf der Linie der zeitgenössischen Patristik, andererseits nähert er sich damit wiederum der Verwendung des Bildes in der heidnischen Philosophie.

Allerdings unterliegt er bei weitem nicht so stark wie diese
der Gefahr einer zu starken Individualisierung des Gedankens,
indem er das Bild zugleich auf eine ekklesiologische Deutung
hin offenhält.

Im Grunde hängt er jedoch den ererbten Vorstellungen des
heidnisch-antiken Imperiums noch so stark an, daß er den "inneren Tempel", sei er nun von der einzelnen Seele oder von
der Summe der in der Kirche versammelten gläubigen Herzen gebildet, in den "römischsten" Farben zeichnet, die man sich
denken kann.

Zu einem ähnlichen Ergebnis wird man gelangen, wenn man die
Vorstellung des Dichters vom Paradies untersucht, das dem
Menschen ja nicht nur durch den historisch einmaligen Akt der
Inkarnation, sondern auch durch die immer neue Geburt Christi
im Herzenstempel der Gläubigen geschenkt wird.

3.4 DER LOHN EINES SPIRITUELLEN LEBENS: RÜCKKEHR INS PARADIES

3.4.0 Vorbemerkungen

Wenn Prudentius in den wärmsten Farben sein Bild von einem
"Paradies"[306] malt, so entspricht dies einer Hoffnung, die
nicht spezifisch christlich ist, sondern allgemein mensch-
lich. Von seinem eigenen Glauben her war Prudentius mit der
alttestamentlichen Vorstellung vom Garten "Eden" vertraut[307],
aber auch die heidnischen Entwürfe von den "Elysischen Fel-
dern" kannte er allerbestens[308]. Spuren dieser Gedanken finden sich dann auch in zahlreichen Passagen seines Oeuvres.
Der Dichter versucht auf diese Weise, gleichsam "lückenhafte"

---

[306] Vgl. das Wort selbst bei Prudentius C 10,162; H 839; H 928; Ps 224.

[307] Vgl. z.B. Gen 2,8; Cant 4,13; Ez 28,13ff.; Jes 11,1-9.

[308] Vgl. dazu FONTAINE, Paradis 98.

Vorstellungen aufzufüllen, die die Schrift von bestimmten Er-
eignissen oder Erwartungen gibt. In diesem Zusammenhang werden im folgenden die Passagen C 3,101-105, C 5,113-124 und H
839ff. mit einigen Stellen aus dem "Peristephanon" erörtert
werden.
Prudentius gibt aber auch echten Kernstücken des christlichen
Glaubens in einem Maße einen klassisch-antiken Rahmen, das
mit Sicherheit nicht einer Verunsicherung durch das Schweigen
der Schrift entspringt. Das soll anschließend nicht nur ein
Blick auf die Interpretation des Gleichnisses vom verlorenen
Schaf und seiner Ausdeutung zeigen, sondern auch die Auseinandersetzung mit einer berühmten Stelle des elften Tagesliedes und seines Pendants im dritten Hymnus des "Cathemerinon".

3.4.1 C 3,101-105: Der Garten Eden in klassischem Gewand

Den Reigen der Paradieses-Idyllen sollen die fünf Verse aus
dem dritten Tageslied eröffnen.
Nachdem Prudentius die alttestamentliche Botschaft von der
Schöpfung des Menschen durch Gott in Erinnerung gerufen hat
(vgl. C 3,96-100), erfüllt er die prosaische Nachricht aus
Gen 2,8: "Dann legte Gott der Herr in Eden, im Osten, einen
Garten an und setzte dorthin den Menschen, den er geformt
hatte" mit poetischem Leben[309]:

> "Tunc per amoena virecta iubet
> frondicomis habitare locis
> ver ubi perpetuum redolet
> prataque multicolora latex
> quadrifluo celer amne rigat."

> "Dann läßt er sie wohnen inmitten grüner Auen,
> unter dem Schutz laubtragener Bäume,
> wo ewiger Frühling Wohlgerüche verströmt
> und sprudelndes Naß sich in vier Bächen
> über die bunten Wiesen ergießt."   (C 3,101-105)

Dem Dichter gerät das Bild dabei so aus den alttestamentlichen Fugen, daß, abgesehen von der in "quadrifluus" (V. 105)
gegebenen Anspielung auf Gen 2,10[310], vom biblischen Garten
Eden nichts mehr zu erkennen bleibt.
Unverkennbar sind dagegen die Anleihen an Vergils Beschrei-

---

[309] Vgl. dazu ebd. 99.
[310] Vgl. dazu ebd. 101 mit Anm. 16.

bung der elysischen Felder im sechsten Buch der Aeneis, das
ja bei Prudentius auch sonst großen Eindruck hinterließ[311].
Die "lieblich grünenden Fluren" aus Aen. 6,638 kehren Vers
101 wieder[312]; auch sonst ist ein, wenn auch "verschwommener
Vergilianismus"[313] zu beobachten. Möglicherweise stand auch
Lukrez Pate[314].
Zweierlei folgt aus der Verwandtschaft mit diesen Texten: Die
Verse sind zum einen mehr als nur ein heiter-"bukolisches
Preislied"[315]; sie lassen eine Ahnung aufkommen vom epischen
Ernst, der ebenfalls zur Paradieses-Idylle des Prudentius
gehört[316]. Dieser erhält dann seine christliche Note durch
die tiefe Symbolkraft, die der Dichter hinter allen Naturer-
scheinungen sieht: Das Wasser des Flusses wird mit demselben
Wort "latex" bezeichnet (V. 104) wie das, welches aus der
Seite Christi geflossen ist. Die Naturidylle wird so zu einem
Spiegel der Heilsgeschichte.
Zum anderen verdeutlicht Prudentius bereits hier über die
Assoziationen an die "loci laeti" und "sedes beatae" Vergils
(vgl. Aen. 6,638f.), die ja als Aufenthaltsort der Seelen
n a c h dem Tod gedacht sind, daß ihm das Paradies zu B e -
g i n n d e r S c h ö p f u n g als getreues Abbild des
e s c h a t o l o g i s c h e n Ortes der Seligen gilt[317].
Wie sehr sich die Atmosphäre gleicht, kann man C 5,113ff. erkennen, wo Prudentius mit der Beschreibung des endzeitlichen
Schicksals der Seelen gerade das Pendant zum soeben vor Augen
geführten Garten Eden skizziert.

3.4.2 C 5,113-124: Die "patria iustorum"

"Illic purpureis tecta rosariis
omnis flagrat humus caltaque pinguia

---

[311] Vgl. dazu unten S. 339f.
[312] Dieselbe Junktur, allerdings in eher entgegengesetztem Zusammenhang auch H 795: Dort erscheinen die "amoena virecta" als Rahmen für einen durch seine Annehmlichkeiten verlockenden, aber ins Verderben führenden Weg.
[313] FONTAINE aaO. 100.
[314] Vgl. ebd. 101 mit Anm. 17.
[315] So RODR.-HER. 37.
[316] Vgl. dazu FONTAINE aaO. 101f. und unten S. 343f.
[317] Vgl. FONTAINE aaO. 100, Anm. 13.

et molles violas et tenues crocos
fundit fonticulis uda fugacibus.
Illic et gracili balsama surculo
desudata fluunt raraque cinnama
spirant et folium fonte quod abdito
praelambens fluvius portat in exitum.
Felices animae prata per herbida
concentu pariles suave sonantibus
hymnorum modulis dulce canunt melos,
calcant et pedibus lilia candidis."

"Dort leuchtet der ganze Boden, über und
über mit purpurnen Rosenbeeten bedeckt;
benetzt von plätschernden Quellen, läßt
er prächtige Ringelblumen, zarte Veilchen
und feinblättrige Krokusse gedeihen.

Dort fließt auch Balsam aus den Poren
schlanker Zweige, und kostbarer Zimt verströmt seinen Duft und das Nardenblatt,
das ein Fluß aus verborgener Quelle
benetzt und zur Mündung trägt.

Glückliche Seelen singen auf grünen Wiesen
in vollendeter Harmonie ihr wohlklingendes
Lied zum Takt der Hymnen und tanzen dazu
mit ihren weißen Füßen auf Lilien."   (C 5,113-124)

Auch im fünften Tageslied, wo Prudentius die Errettung und
Heimführung Israels in das gelobte Land zum Bild für den
Eingang in die eschatologische "patria" der gerechtfertigten
Seelen wird[318], läßt sich dieselbe Überlagerung von geor-
gisch-bukolischen[319] und episch-gemessenen[320] Motiven beob-
achten. Ja selbst im Kontext läßt sich eine überraschende
Übereinstimmung zwischen Prudentius und Vergil festhalten:
Wie Aeneas nach langer Irrfahrt ermüdet endlich seinen Vater
Anchises in der Unterwelt sehen kann, so dürfen die Seelen
der Gerechten sich im paradiesischen Vaterland von den Stra-

---

[318] Vgl. C 5,112: "i u s t o r u m in patriam" und C 5,121: "Felices a n i m a e ...".
[319] C 5,113f. (Verbindung von "rosariis" und "pinguia") ≙ Georg. 4,
118f. (Verbindung von "pinguis" und "rosaria"); C 5,115 ("molles violas")
≙ Ecl. 5,38f. ("molli viola"); C 5,117f. ("gracili balsama desudata") ≙
Ecl. 10,71 ("gracili") und Georg. 2,118f. ("sudantia ... balsama"); vgl.
zu den Parallelen FONTAINE aaO. 104.
[320] C 5,121 ("felices animae") ≙ Aen. 6,669 ("felices animae"); C 5,
121 ("prata") ≙ Aen. 6,674.707 ("prata"); C 5,121 ("per herbida") ≙ Aen.
6,656 ("per herbam"); C 5,124 ("lilia ... candidis") ≙ Aen. 6,708f.
("candida lilia"); C 5,123 ("dulce canunt melos") ≙ Aen. 6,644 ("carmina
dicunt"), aber auch Tib. 1,3,59ff. ("dulce sonant"); C 5,124 ("pedibus")
≙ Aen. 6,644 ("pedibus"); vgl. dazu FONTAINE aaO. 108f.

pazen des Lebens erholen[321]. Dieses Kernstück des vergilischen Epos gehört übrigens auch mit den Versen 703ff. zum
Lieblingsrepertoire des Prudentius: Der Lethefluß, aus dem
die Seelen Vergessen trinken, wird ihm C 6,13ff. zum Bild für
den Schlaf, der selbst wiederum Chiffre für den Tod ist[322].
Doch scheint Prudentius bei aller Treue zu dem vergilischen
Bild doch christliche Akzente gesetzt zu haben. Mit Recht
weist FONTAINE[323] auf die Veränderung der Flora von der ersten zur zweiten Strophe hin: Die typisch antike Pflanzenwelt
weiche einem orientalisch anmutenden Blumenbukett. Prudentius
habe mit diesem Übergang zwar die Rückendeckung Vergils[324],
rufe aber damit nichtsdestoweniger die Erinnerung an den biblischen Garten Eden oder die Weinberge des Hohenliedes wach.
Ja mehr noch, FONTAINE vermutet in "fonte abdito" (V. 119)
eine Anspielung auf den "fons signatus" des "Liedes der Lieder", der in der zeitgenössischen Exegese gewöhnlich als Symbol für die Taufe verstanden wurde[325].
Diese Theorie hat einiges für sich, wenn man bedenkt, daß die
im zweiten Quartett erscheinenden Blumen nicht nur in den
georgisch-bukolischen Texten Vergils, sondern auch und gerade
im Umfeld der Junktur "fons signatus" (Cant 4,12) auftau-
chen[326]. Zusammen mit einer eigenartigen antiken Vorstellung
über den Transport von Nardenblättern auf dem Wasser[327] ergibt sich so durchaus die Möglichkeit einer tieferen chif-
frierten Botschaft an die Christen: Der verborgenen Quelle
Gottes entspringend, trage der Lauf der lebensspendenden Wo-
gen die Gläubigen ins "Vaterland der Gerechten", das jenseits
des Todes liegende Ziel des irdischen Exodus[328]. Zwar kann
man nicht beweisen, daß Prudentius diese Deutung wahrhaftig
beabsichtigte, doch ist sie durchaus schlüssig. Allerdings

---

[321] Vgl. C 5,109-112 mit Aen. 6,687ff.: "iactatas" (C 5,111) ≙ "iac-
tatum" (Aen. 6,693); "per freta" (C 5,109) ≙ "per aequora" (Aen. 6,692).
[322] "bibit" (C 6,15) ≙ "potant" (Aen. 6,715); "obliviale" (C 6,16) ≙
"oblivia" (Aen. 6,715); "Lethaea vis" (C 6,18) ≙ "Lethaei ... fluminis"
(Aen. 6,714); "miseris" (C 6,19) ≙ "miseris" (Aen. 6,721).
[323] aaO. 105.
[324] Vgl. ebd. 108 mit Anm. 40.
[325] Vgl. Cant 4,12; dazu FONTAINE aaO. 106f. mit Anm. 38.
[326] "nardus" (Cant 4,14) und "nardo" (Cant 4,13) ≙ "folium" (C 5,
120); "crocus" (Cant 4,14) ≙ "crocos" (C 5,115); "cinnamomum" (Cant 4,
14) ≙ "cinnama" (C 5,118); dazu FONTAINE aaO. 105, Anm. 29.
[327] Vgl. dazu ebd. 105 mit Anm. 31.
[328] Ebd. 107.

wird man einem solchen Vorgehen mit der Wertung "Christiani-
sation t i m i d e"[329] nicht gerecht. Vielmehr muß doch die
k u n s t v o l l e Raffinesse erstaunen, mit der Prudentius
seine christliche Hoffnung in vertrauten Bildern verschlüs-
selt. Über eine elegante alttestamentliche Verankerung ermöglicht er es, daß man sich als Christ fühlen und dennoch weiterhin bequem der römischen Vorstellungswelt verhaftet bleiben konnte.

Noch weniger kann ich FONTAINE zustimmen, wenn er im dritten
Quartett der Paradieses-Idylle einen letzten, noch deutliche-
ren Schritt auf dem Weg hin zur Christianisierung des vergilischen "locus amoenus" sieht[330]. Wohl wird hier dem Gesang
der Seelen im Elysium (vgl. Aen. 6,644) mit dem Hinweis auf
das "hymnorum ... dulce melos" (C 5,123) eine eindeutig
christliche Note verliehen. Doch übersieht FONTAINE, der daraus auf eine gleichsam liturgische Atmosphäre des himmlischen
Vaterlandes schließt[331], den interessanten Anklang dieser
Stelle an die ersten Verse des neunten Tagesliedes. Der Gesang der Seelen im Paradies entspricht ja genau dem, was
Prudentius von seiner eigenen Dichtung erwartet: "Da, puer,
plectrum choraeis ut canam fidelibus/ d u l c e carmen et
m e l o d u m." In Anbetracht dieser Übereinstimmungen gewinnt man den Eindruck, daß es Prudentius weniger um den liturgischen Charakter der Lieder geht[332], als um die Ähnlichkeit mit den Hymnen, die er selbst verfaßt. Erneut scheint
sich Prudentius auf seine individuell gestaltbare christliche
Poesie zurückzuziehen; ja er gibt ihr sogar als Element einer
paradiesischen Idylle den eschatologischen Wert, den er sich
bereits Prf 43ff. von ihr versprochen hatte. Die Tatsache
aber, daß diese Dichtung weit mehr, als Prudentius und viele
seiner Kritiker zugeben wollen, mit heidnischen Vorstellungen
befrachtet ist, rät noch mehr zu einer vorsichtigen Beurteilung der in diesen Versen eventuell vorliegenden Christianisierung.

Auch an verschiedenen anderen Stellen, wo sich Prudentius des
Schicksals der Seelen im Paradies annimmt, überwiegen Gedanken, die der heidnischen Philosophie und Lebensart entnommen
sind, das zugegebenermaßen spärliche biblische Eigengut.

---

[329] Ebd. 108 (eigene Hervorhebung).
[330] Ebd. 108f.
[331] Ebd.
[332] FONTAINE selbst nennt ja auch die Dichtung des Prudentius "para-
liturgique" oder "periliturgique" (Naissance 156).

3.4.3 Die "praemia" der gerechtfertigten Seelen
im Paradies (H 839ff.)

Gegen Ende der "Hamartigenia" widmet sich Prudentius der Frage nach dem Schicksal der Seelen nach dem Tod; er greift damit ein Problem auf, das den Menschen im Herzen brannte und
von den Dichtern immer wieder als Herausforderung an ihr poetisches "ingenium" angenommen worden war[333].
Dankbar nimmt Prudentius die überkommenen Vorstellungen an,
um so das Schweigen der Bibel zu konkreten Details ausfüllen
zu können. So beschreibt er den Weg ins Paradies als Flug der
von ihrem Körper befreiten unschuldigen Seelen durch die
dichte Atmosphäre, der mit dem Empfang im Schoße der "cana
Fides" (H 853) endet.
Nicht nur daß diese altehrwürdige Göttin eine wesentliche
Rolle in der Zukunftsweissagung Juppiters im ersten Buch der
Aeneis spielt (vgl. Aen. 1,292); von ihr wird überdies ein
durch und durch paganes Bild gezeichnet, das dem der "Natura"
bei Claudian erstaunlich gleicht[334]. Dieser heidnische Rahmen
wird vervollständigt durch die Vorstellung von einem Rosen-
bett, auf dem sich die Seelen erholen und so die gleiche
georgisch-bukolische Atmosphäre atmen, die Prudentius bereits
im fünften Tageslied transparent zu machen versucht hatte
(vgl. H 856ff. und C 5,113).
Doch was viel schwerer wiegt: Nicht nur die äußere Stimmung
ist pagan, sondern auch der Grundgedanke von der raschen Bewegung der bloßen Seele zu den Sternen entstammt bester antiker Philosophie. Auch der Hinweis auf die Ruinen Gomorrhas (H
842) und die Seele Adams (H 846) kann nicht darüber hinwegtäuschen, daß erneut Ciceros "Tusculanen" einen bleibenden
Eindruck bei Prudentius hinterließen[335]. So ist es nicht weiter verwunderlich, daß er auch mit seiner Theorie von der
Fähigkeit der Seelen, einander zu sehen, sich eng an diese

---

[333] Vgl. dazu die Belege bei STAM 243.
[334] Claud. Stil. 2,431ff.; dazu GNILKA, Studien 36, Anm. 11.
[335] Vgl. Cic. Tusc. 1,42: "ferantur ad caelum" ≙ H 845: "referantur
ad astra"; "concretus aer" ≙ H 849: "concretum aera" ("crassus" als zweites bei Cicero erscheinendes Epitheton zu "aer" kennt auch Prudentius H
89); "perrumpatur" ≙ H 849: "secat"; "calidior vel arentior animus" ≙ H
50: "fervens scintilla"; Literatur zu diesem Vorstellungskomplex bei STAM
240.

"Fundgrube" popularphilosophischer Weisheiten anlehnt[336]. Allerdings gibt er dem Gedanken eine eigentümliche christliche Färbung, indem er diese Fähigkeit gerade als Kommunikationsmöglichkeit zwischen der Gemeinschaft der gerechtfertigten Seelen im Himmel und der Schar der Verdammten in der Hölle vor Augen führt.

Schließlich fußt auch die Begründung dieser Theorie mit analogen Vorgängen während des menschlichen Schlafes (vgl. H 829ff.) auf alter Philosophietradition. Wieder war es Cicero, der zu ihrer Verbreitung beigetragen hat[337]. Nicht nur Prudentius, sondern auch andere christliche Schriftsteller griffen dann gerne darauf zurück[338].

Der spanische Dichter läßt so ein Bild von den in heiterer Gelassenheit ruhenden Seelen vor uns erstehen, die die Wohltat einer idyllischen Umgebung genießen und alles Geschehen mit gebührender Distanz beobachten.

Recht anschaulich beschreibt Prudentius dies am Beispiel der heiligen Agnes (vgl. Pe 14,81ff.). Gerade im "Liber Peristephanon" lernen wir aber auch einen anderen Aspekt der endzeitlichen Erwartungen frommer Christen kennen: Da tragen sie im Himmel purpurne Stolen, die an die wichtigsten Ämter der römischen Geschichte erinnern (vgl. Pe 2,275; Pe 5,10), und der heilige Laurentius hat in der "ewigen Kurie" das Amt eines Konsuls inne, das jetzt aber im Gegensatz zur römischen Verfassung mit ihrer Forderung nach Annuität dieses Magistrats auf Dauer verliehen ist[339].

Das Paradies des Prudentius hat also neben der heiteren, unbeschwerten Seite durchaus auch ernsthaft-würdevolle Gesichtspunkte[340]. Man möchte fast meinen, der Dichter hat hier den Idealentwurf eines gelungenen irdischen Lebens, in dem sich "otium" und "negotium" in einem gesunden Gleichgewicht befinden, auf jenseitige Verhältnisse übertragen.

---

[336] Z.B. H 870: "fenestras" ≙ Cic. Tusc. 1,46: "fenestrae"; H 869: "concretis" ≙ Tusc. 1,47: "concretis"; H 870: "inpediet" ≙ Tusc. 1,47: "impediti".

[337] Vgl. Cic. de divin. 1,63 bei STAM 246.

[338] So Ambr. excess. fratr. 1,73 = CSEL 73 (1955) 247 (FALLER); de Cain et Abel 2,9,31 = CSEL 32,1 (1897) 404 (SCHENKE); 2,9,35 = aaO. 406f.; Tert. an. 43 = CC 2 (1954) 978f. (WASZINK).

[339] Vgl. Pe 2,557-560; dazu oben S. 223f.

[340] Zu einem ähnlichen Ergebnis kommt auch FONTAINE, Paradis 102, wenn er das Ideal des Dichters ein "paradis à la fois intime et grandiose" nennt.

Nun ist aber für Prudentius, wie bereits in der Vorbemerkung
angedeutet wurde, der Rückgriff auf solche zutiefst antiken
Vorstellungen nicht nur ein beliebtes Hilfsmittel, um karge
Angaben der Schrift mit Leben zu erfüllen. Er räumt ihnen
vielmehr in seinem Werk auch dort Platz ein, wo es um Kern-
stücke des Glaubens geht. Das läßt sich sehr schön an der Behandlung der Parabel vom verlorenen Schaf beobachten, die der
alten Kirche ja besonders am Herzen lag und gerne in Gemälden
und Plastiken umgesetzt worden war[341]. Ganz besonders fällt
dies aber in einigen Partien des dritten und elften Tagesliedes auf, wo Prudentius das zentrale Mysterium von der Wiederherstellung des Paradieses durch die Menschwerdung Christi
poetisch gestaltet.

3.4.4 C 8,33-48: Die Errettung des verlorenen Schafes als Sinnbild für die durch Christus erwirkte Rückkehr in das himmlische Paradies

"Ille ovem morbo residem gregique
perditam sano, male dissipantem
vellus adfixis vepribus per hirtae
        devia silvae

inpiger pastor revocat lupisque
gestat exclusis umeros gravatus,
inde purgatam revehens aprico
        reddit ovili.

Reddit et pratis viridique campo,
vibrat inpexis ubi nulla lappis
spina nec germen sudibus perarmat
        carduus horrens,

sed frequens palmis nemus et reflexa
vernat herbarum coma, tum perennis
gurgitem vivis vitreum fluentis
        laurus obumbrat."

"Jener Hirte holt voll Sorge das Schaf zurück,
das krank hinter der gesunden Herde zurückge-
blieben ist und sich mit seinem Pelz ungeschickt
in den Dornen eines abgelegenen und verwucherten
Waldweges verfangen hat.

Um es vor den Wölfen zu schützen, nimmt er es
auf seine Schultern, dann befreit er es von
Schmutz und gibt es dem sonnigen Schafgehege
zurück.

---

[341] Vgl. ebd. 110.

> Er gibt es auch den Wiesen und grünen Feldern
> zurück, wo weder ein Dornbusch mit rauhen Kletten
> in den Weg hängt noch die struppige Distel ihre
> Zweige mit Stacheln bewaffnet,
> sondern ein Hain dicht mit Palmen bewachsen ist
> und ein wogendes Graskleid sich im Frühlingszauber
> zeigt und immergrüner Lorbeer einen klaren Strom
> frischen Wassers beschattet."   (C 8,33-48)

In den Versen 33ff. des "Hymnus post ieiunium" erinnert Prudentius an das bei Mt und Lk überlieferte Gleichnis vom verlorenen Schaf (Mt 18,12-14 par Lk 15,4-7), in dem Christus
von einem guten Hirten handelt, der sein verirrtes Schaf auf
den Schultern nach Hause trägt (vgl. C 8,33-40). Auch eine
Anspielung auf die Auslegung der Parabel fehlt nicht. Doch
erweitert und variiert Prudentius diese so, daß FONTAINE zu
der Ansicht gleangt, mit Vers 40 sei die Parabel schon verlassen und habe einem kontrastierenden Gemälde Platz gemacht[342].

Diesen Standort kann ich nicht teilen, lassen doch die Verse
41-48 gleiche oder ganz ähnliche Züge in der Schilderung erkennen, wie sie bereits bei den oben betrachteten Paradieses-
Idyllen auszumachen gewesen waren. Auffallende Übereinstimmungen mit Vergils "Georgica"[343] vermitteln eine ländlich-
bäuerliche Stimmung, wie sie für die Jenseitsvorstellung des
Dichters typisch ist. Hier wird also erneut das Paradieses-
thema entfaltet, und das nicht ohne Bezug zum vorangegangenen
Text, sondern gleichsam als eigenständige Ausgestaltung der
von Christus gegebenen Auslegung der Parabel.

Während es dieser dabei beläßt, die Freude des Hirten über
das wiedergefundene Schaf mit dem Jubel im Himmel über einen
reuigen Sünder zu vergleichen, führt Prudentius diese Linie
weiter bis zu einem Punkt, der ihm interessant scheint und
überdies zur Hirtenthematik besonders gut paßt: Der Lk 15,7/
Mt 18,4 erwähnte "Himmel" öffnet sich gleichsam und wird zum
Paradies für die verlorenen Schafen gleichenden Christen.

Wenn FONTAINE nun diese ausdeutende Schilderung von der Paraphrase des konkreten Bildes trennt und nur in ihr nach

---

[342] Ebd.
[343] Z.B. "viridi in campo" (Georg. 3,13) ≙ "viridique campo" (C 8,
41); "horreret ... carduus" (Georg. 1,151f.) ≙ "carduus horrens" (C 8,
44); "palmas" (Georg. 3,12) bzw. "palma" (Georg. 4,20) ≙ "palmis" (C 8,
45); "inumbret" (Georg. 4,20) ≙ "obumbret" (C 8,48).

christlichen Akzentuierungen sucht, wird er m.E. dem Kontext
nicht in angemessener Weise gerecht. Hinzu kommen Schlußfol-
gerungen, die mir entweder zu allgemein gehalten oder an anderer Stelle wieder zu erzwungen erscheinen, um mich wirklich
zu überzeugen:

So sieht er in dem Wort "palma" (C 8,45) wegen seiner in der
Kampfmetaphorik des Paulus begründeten Bedeutung als Symbol
für die Erlangung des ewigen Lebens einen ersten Hinweis auf
den christlichen Charakter des Paradieses[344]. Doch ist die
Palme gerade auch natürliches Element der von Vergil gepriesenen ländlichen Atmosphäre und erscheint ausgerechnet im Zusammenhang mit der "grünenden Flur" (Verg. Georg. 3,13), die
ein durch und durch antikes Bild ist und von Prudentius ja
ebenfalls als Stichwort für seine Paradiesesschilderung übernommen worden war (C 8,41). Die Erwähnung dieses symbolträch-
tigen Baumes könnte also auch einfach durch die bereits bei
Vergil zu findende Junktur motiviert sein.

Ebensowenig sehe ich mich durch die Erwähnung des Lorbeers (C
8,48) in einen spezifisch christlichen Himmel versetzt. Wohl
liegt auch mit ihm ein altes christliches Symbol für die in
siegreichem Kampf erworbene Ewigkeit vor[345]. Doch war die
"laurus" bereits in der klassischen Antike nicht nur Sinnbild
Apollos, dann auch Juppiters und als solches heilig, sondern
auch Kopfschmuck der Dichter und Zeichen des Friedens[346]. So
ist es auch hier fraglich, ob und inwieweit Prudentius gerade
damit seinem Bild eine christliche Note zu geben versuchte.

Desweiteren hält FONTAINE auch das Verb "obumbrat" (C 8,48)
für durch biblische Textstellen inspiriert. Bar 5,8, Ps 90,4
und dann natürlich Lk 1,35 werden zur Diskussion gestellt[347].
Nun lassen sich zwar die christlichen Parallelstellen nicht
leugnen, doch gilt die Frage, ob ihnen die Bedeutung beizu-
messen ist, die ihnen FONTAINE gibt. Wir finden ja das synonyme Verb "inumbret" auch wieder an einer Stelle der "Georgica", die schon wegen des Begriffes "palma" als "Muster" für
Prudentius gedient hatte. Auch in einem Brief des jüngeren
Plinius lesen wir von "n e m o r a, quibus (sc. Anio) i n-

---

[344] FONTAINE, Paradis 111.
[345] Ebd. 112.
[346] Vgl. K. ZIEGLER, Art. "Lorbeer", in: KP 3,736f.
[347] Vgl. FONTAINE aaO. 112 mit Anm. 58f.

u m b r a t u r"[348]. Und Quintilian preist einen "a m n i s
virentibus utique s i l v i s i n u m b r a t u s"[349]. Es
ist also eine geläufige antik-klassische Vorstellung, daß ein
Baum oder Hain ein Gewässer überschattet. Das Bild des Prudentius läßt sich da bestens einfügen, während in den biblischen Parallelstellen dieser konkrete Bezug mehr oder weniger
weit verlassen ist.

Schließlich entdeckt FONTAINE in Vers 43 wegen "spina" und
"germen" auch noch eine Anspielung auf Gen 3,18: "Spinas et
tribulos germinabit tibi" (Vulg.)[350]. Das ist nun wirklich
eine deutliche Bezugnahme. Zieht man allerdings die Ausführung des hier angedeuteten Gedankens in H 216ff. hinzu, so
stellt man fest, daß erneut Vergil die Farben für das Gemälde
liefert[351]. Dazu werden auch Lukrez einige Nuancen entnommen[352].

In der Tat berechtigt ist allerdings FONTAINES Hinweis auf
die Bedeutung des C 8,47 erwähnten kristallklaren Wassers als
Symbol für das in der Taufe geschenkte ewige Leben[353]. Hier
wird das Bild tatsächlich wegen der sprachlichen Übereinstimmung mit Texten, die eindeutig das Wasser im Zusammenhang mit
der Taufe sehen, transparent auf eine christliche, ja vielleicht sogar sakramentale Spiritualität hin.

Wesentlich deutlichere Hinweise auf einen solchen Charakter
der hier erörterten Verse ergeben sich, wenn man auf die eigenen Akzente achtet, die Prudentius bereits in der Paraphrase des konkreten Bildes entgegen dem biblischen Text oder
über ihn hinausgehend setzt.

---

[348] Plin. ep. 8,17,3; wir haben hier also die drei Elemente, die
auch bei Prudentius begegnen: den Wald ("nemora" ≙ C 8,45: "nemus"), den
Fluß ("Anio" ≙ C 8,47: "gurgitem vivis ... fluentis") und das Beschatten
("inumbratur" ≙ C 8,48: "obumbrat")!

[349] Vgl. Quint. inst. orat. 12,10,60: Auch hier wieder die gleichen
drei Stichworte wie bei Prudentius!

[350] Vgl. FONTAINE, Paradis 111 mit Anm. 52.

[351] Vgl. dazu den Vergleich dieser Verse mit Verg. Georg. 1,118-159
bei SCHWEN 58ff., allerdings mit dem Einwand, daß die Bibel entgegen
SCHWENS Behauptung sehr wohl den Gedanken vom Schlechterwerden der Welt
kennt; auf Gen 3,18 wurde ja bereits oben verwiesen, nur sind die Hinweise dort sehr sparsam.

[352] Vgl. dazu RAPISARDA 51f.

[353] Vgl. FONTAINE, Paradis 112f. mit den in Anm. 60 gesammelten Parallelstellen bei Prudentius. - Dazu hätte FONTAINE seine Argumentation
mit Pe 10,726f. noch durch den Hinweis auf die Übereinstimmung "perennis"
(C 8,46) ≙ "qui semper fluit" (Pe 10,727) und "aeternitatem largiens" (Pe
10,730) bekräftigen können.

Bei Prudentius geht es ja um ein Schaf, das k r a n k ist,
aus diesem Grunde sich verirrt und hinter der g e s u n d e n
Herde zurückbleibt. Als es der Hirte findet, bringt er es
erst nach einer R e i n i g u n g zum Gehege zurück. Das
ist ein Zug, der in der biblischen Perikope keine Stütze findet. Zwar kann man mit SCHWEN auch dafür wieder den Grund in
einer Anlehnung an Vergils "Georgica" suchen[354]. Viel sinn-
voller ist es jedoch, die darin enthaltene ekklesiologisch-
eschatologische Symbolik zu entschlüsseln, indem man die bis
auf kleine Details übereinstimmende Schlußpartie des elften
"Peristephanons" als Interpretationshilfe hinzuzieht.
Dort begreift Prudentius sich selbst in einer für ihn typischen zerknirschten Selbstbezichtigung als das verlorene
Schaf, das auf Heimholung hofft. Aber nicht Christus ist hier
der Hirte, sondern der Bischof Valerian, an den diese Worte
gerichtet sind. Die Parabel wird also aktualisiert auf die
pastorale Aufgabe des Bischofs hin. Dazu gehört es einerseits, Sünder wie Prudentius[355] vom Wege ihrer Verfehlung zu-
rückzuholen. Im achten Tageslied darf man daher bei dem Hinweis auf die Reinigung der Schafe (vgl. V. 39: "purgatam")[356]
sehr wohl an den erbschuldtilgenden Akt der Taufe denken, auf
den ja auch möglicherweise in der folgenden Paradieses-Idylle
angespielt wird[357]. Andererseits erwartet der Dichter wie von
einem Hirten den Kampf gegen gefährliche Wölfe so vom Bischof
das strenge Vorgehen gegen Häretiker. Der "lupus" ist ja für
Prudentius eine beliebte Metapher für die Gegner des christlichen Glaubens[358]. Bezeichnenderweise wird es für den Dich-

---

[354] Vgl. SCHWEN 52, der die Parallelen zu Georg. 3,444.469 herausarbeitet.
[355] Vgl. die in denselben Zusammenhang gehörende Selbstbezichtigung
Pe 2,582: "Christi reum Prudentium".
[356] Zur sakramentalen Bedeutung des Wortes "purgare" vgl. oben S.
314f. mit Anm. 225.
[357] Vgl. C 8,47; dazu oben S. 347f.; bezeichnend für die maßvolle
Haltung des Dichters ist es dabei, daß die Schuld einer Krankheit verglichen wird. Das bedeutet zum einen, daß man dafür gewöhnlich nicht die
volle Verantwortung trägt, zum anderen, daß man auf Heilung hoffen kann
und so nicht völlig der Verzweiflung anheimfallen muß.
[358] So werden Fotinus und Arrius Ps 791-795 als "Wölfe im Schafs-
pelz" zu einer Gefahr für die Kirche (vgl. dazu LAVARENNE III,77, Anm.
2), vor der bereits Mt 7,15 gewarnt hatte. Auffallenderweise wird dann
auch der Wandel des Saulus zu Paulus TH 189f. mit demselben Bild beschrieben. PILLINGER 114 erkennt hier mit Recht eine Umdeutung von Mt 7,
15, doch muß diese wegen Ps 791ff. als recht ungeschickt und mißlungen
betrachtet werden. - Pe 5,19 erscheint der "Wolf" als Bild für die Ver-

ter auch im achten Tageslied zu einer Selbstverständlichkeit, daß der Hirte nicht nur sein verirrtes Schaf sucht, sondern auch vor der Gewalt der Wölfe schützt[359].

Für die Interpretation des Gleichnisses vom verlorenen Schaf, wie es uns Prudentius vermittelt, gilt es vor diesem Hintergrund, die starke Ausrichtung des Dichters auf die konkrete Kirche und ihre "amtlichen" Vertreter hin festzuhalten: Der "ovilis" ist nichts anderes als die Kirche, in der sich die "Herde" der Gläubigen unter der Führung ihres bischöflichen Hirten versammelt. Er ist es, der die Vergebung der Schuld vermittelt und so nicht nur die Rückkehr in den Schoß der Kirche, sondern auch[360] in das endzeitliche Paradies anbahnt[361].

So konnten wir durch eine genaue Analyse der in unserem Zusammenhang interessierenden Verse aus dem achten Tageslied und unter Zuhilfenahme einer weiterführenden Parallelstelle aus dem elften "Peristephanon" eine faszinierende Verzahnung von heidnisch-antiken und nicht nur unverbindlich christlichen, sondern sogar kirchlichen Elementen kennenlernen.

Auch im Weihnachtshymnus des Prudentius, wo ein Kerngeheimnis des christlichen Glaubens gefeiert wird, sind Anleihen an antike Wunschträume unverkennbar. Der Frage nach der Bedeutung, die ihnen darin zukommt, soll anschließend nachgegangen werden.

---

folger (so auch Lact. mort. pers. 44 = CSEL 27,2 [1897] 223, ed. Brandt). – Pe 1,98 vergleicht Prudentius schließlich den Schlund der Dämonen mit dem eines "lupus". Häretiker, Verfolger und Dämonen fallen also im Bild des Wolfs zusammen.

[359] Vgl. C 8,37f.: "lupis ... exclusis" ≙ Pe 11,241: "lupus excludatur". – C 3,186f. haben wir eine Variation dieser Vorstellung. Das Lamm selbst wird zum Symbol für Christus und gebietet dem Löwen Einhalt; vgl. dazu unten S. 354ff.

[360] Vgl. das "reddit e t ..." in C 8,41.

[361] Gerade auf die endgültige Errettung am Ende der Tage scheint Prudentius auch Pe 11,243f. Wert zu legen: Denn der dort geäußerte Wunsch entspricht genau der zweiten, C 8,41 angeführten Folge der Fürsorge des Hirten: "gramineo ... campo" (Pe 11,243) ≙ "viridi ... campo" (C 8,41); "remanentem ... aegrotam ovem" (Pe 11,243f.) ≙ "ovem morbo residem" (C 8,33); "referas" (Pe 11,244) ≙ "reddit" (C 8,41); wegen dieser Parallelen halte ich es auch im Gegensatz zu LAVARENNE IV,173 und THOMSON II,321f. für richtig, "gramineo ... campo" nicht als lokalen Ablativ auf "remanentem", sondern als Dativobjekt auf "referas" zu beziehen.

3.4.5 C 11,57-76: Wiederherstellung des verlorengegangenen Paradieses durch die Menschwerdung Christi

> "O quanta rerum gaudia
> alvus pudica continet,
> ex qua novellum saeculum
> procedit et lux aurea!

> Vagitus ille exordium
> vernantis orbis prodidit;
> nam tunc renatus sordidum
> mundus veternum depulit.

> Sparsisse tellurem reor
> rus omne densis floribus
> ipsasque harenas Syrtium
> flagrasse nardo et nectare.

> Te cuncta nascentem, puer,
> sensere dura et barbara
> victusque saxorum rigor
> obduxit herbam cotibus.

> Iam mella de scopulis fluunt,
> iam stillat ilex arido
> sudans amomum stipite,
> iam sunt myricis balsama."

"O welche Freude für die Welt birgt dieser keusche Leib in sich, aus dem eine neue Zeit und goldenes Licht hervorgeht!

Das Schreien jenes Kindes gibt kund, daß ein neuer Frühling für die Erde anbricht, denn damals wurde die Welt ein zweites Mal geboren und beseitigte den alten Unrat.

Die Erde, will es mir scheinen, überzog das ganze Land mit einem dichten Blumenteppich, und selbst die Sandbänke der Syrten leuchteten auf, von Narden und Nektar bedeckt.

Alles, was roh und barbarisch ist, wird sich deiner Geburt, Knabe, bewußt. Die Härte der Felsen wird bezwungen, über Gesteinsbrocken legt sich ein Graskleid.

Jetzt fließt Honig von den Klippen, jetzt träufelt aus dem trockenen Stamm der Stechpalme Amomum, jetzt perlt aus Tamarisken Balsam."   (C 11,57-76)

Schon bei nur oberflächlicher Betrachtung dieser Passage aus dem elften Tageslied, das von der Geburt Christi und ihrer Bedeutung für die Menschheit handelt, fällt sogleich auf, daß sich Prudentius aufs engste an Vergils vierte Ekloge[362] an-

---

[362] Im folgenden = E 4.

lehnt[363]. Nun ist das aus verschiedenen Gründen zunächst nicht erstaunlich. Tatsächlich erinnert ja die Thematik der vierten Ekloge in vielem an den lukanischen Bericht von der Geburt Jesu:
In beide spielt das Hirtenleben hinein, in beiden erfolgt die Nachricht über die Geburt eines Kindes in Form einer Verkündigung[364]. Doch nicht nur der äußere Rahmen, auch die Inhalte gleichen sich überraschend. Hier wie dort wird die Geburt eines Kindes verheißen, die Grund für große Freude sein wird, weil von ihm Rettung aus einer verfahrenen Situation erhofft werden kann.
Hinzu kommt, daß sich Prudentius auch deswegen von dem Text angesprochen fühlen konnte, weil er einer ähnlichen geschichtlichen Situation wie seine eigenen Worte entsprang: Rom schien damals wie zur Zeit des christlichen Dichters dem Untergang geweiht[365]. Weder Vergil noch Prudentius konnten oder wollten sich damit abfinden.
Und schließlich war gerade die christliche Interpretation der vierten Ekloge seit Beginn des 4. Jahrhunderts eine geläufige

---

[363] Die zahlreichen wörtlichen und inhaltlichen Parallelen seien hier angeführt, um einen Eindruck von der frappierenden Nähe der beiden Texte zu vermitteln: "tellus" (E 4,19) ≙ "tellurem" (C 11,65); "cunabula" (E 4,23) ≙ "cunabula" (C 11,78); "flores" (E 4,23) ≙ "floribus" (C 11, 66); "puer" (E 4,18) ≙ "puer" (C 11,69); "amomum" (E 4,25) ≙ "amomum" (C 11,75); "sudabunt" (E 4,3) ≙ "sudans" (C 11,75); "durae" (E 4,30) ≙ "dura" (C 11,70); "mella" (E 4,30) ≙ "mella" (C 11,73); "saeculorum" (E 4, 5) ≙ "saeculum" (C 11,59); "procedere" (E 4,12) ≙ "procedit" (C 11,60); "sceleris" (E 4,13) ≙ "scelus" (C 11,93); "nascitur" (E 4,5) ≙ "nascitur" (C 11,3); "laetentur" (E 4,52) ≙ "laetius" (C 11,9); "reget orbem" (E 4, 17) ≙ "regem dederunt gentibus" (C 11,100); "gens aurea" (E 4,9) ≙ "lux aurea" (C 11,60); "myricae" (E 4,2) ≙ "Myricis" (C 11,76); sinngemäß stimmen überein: "fundet" (E 4,20) ≙ "sparsisse" (C 11,65); "priscae fraudis" (E 4,31) ≙ "sordidum veternum" (C 11,63f.); das entscheidende Codewort "nova progenies" (E 4,7) erscheint bei Prudentius im dritten Tageslied (V. 136), das auch sonst durch seine Nähe zu C 11 wie auch zu E 4 auffällt (zum Stichwort "nova progenies" vgl. NORDEN 2). - Literatur zur christlichen Interpretation der 4. Ekloge Vergils bei A. WLOSOK, Zwei Beispiele frühchristlicher Vergilrezeption: Polemik (Lact. div. inst. 5, 10) und Usurpation (Or. Const. 19-21), in: Wolfenbütteler Forsch. 24 (1983) 63-86, hier 82, Anm. 20. - Die christliche Interpretation der 4. Ekloge läßt sich dann bis hinein in die Sakralkunst verfolgen: vgl. etwa die Büste der Cumanischen Sibylle im Chorgestühl des Ulmer Münsters von Jörg Syrlin d.Ä. (1474) oder aber die Darstellung der Sibylle Cumana von Giovanni di Stefano (1482) auf dem Fußboden des rechten Seitenschiffs des Doms von Siena mit der Wiedergabe ebenjener bekannten Verse Vergils (E 4, 4-7), auf die auch Prudentius anspielt.

[364] Vgl. NORDEN 3.
[365] Vgl. ebd. 6.

Methode[366].

Eine Zwangsläufigkeit war eine solche Bezugnahme deswegen noch lange nicht. Es gab ja im AT genügend prophetische Texte analogen Inhalts, an die sich Prudentius hätte anlehnen können[367]. Der große Seher Jesaia verkündete, übrigens in einer vergleichbar aussichtslosen Situation des jüdischen Königreiches[368], die Geburt eines Kindes durch eine Jungfrau (vgl. Jes 7,14/Vulg.), das zum Vater eines zukünftigen Zeitalters werden soll (Jes 9,6), in dem alle Lebewesen in trauter Harmonie miteinander leben (vgl. Jes 11,6ff.). Zwar spielt Prudentius in seinem Werk auch auf Jes 11 an[369], doch ist er in unserem Zusammenhang an diesen Texten kaum interessiert. Ungleich viel mehr am Herzen liegt ihm Vergil mit seiner Vorstellung von der durch einen Knaben erwirkten Rückkehr des goldenen Zeitalters. Sein unausgesprochenes, doch deutlich erkennbares Bemühen ist es, die ideelle Kontinuität mit diesem Glanzstück der römischen Tradition zu wahren.

Prudentius entlehnt dabei auch vergilische Vorstellungen, die in der lukanischen Geburtsgeschichte nicht oder allenfalls nur am Rande angedeutet werden. Der Gedanke einer Erneuerung der Welt nimmt bei Prudentius einen relativ ebenso großen Raum ein wie in der vierten Ekloge, und auch für den spanischen Dichter wird dafür das blühend grüne Gewand der Natur zum Hoffnung verheißenden Sinnbild.

Wohl drückt sich in diesem Gedanken von der "Palingenesia" der Welt eine "weitverbreitete Grundstimmung hellenistischer Frömmigkeit"[370] aus, die u.a. auch in das Neue Testament Einzug gehalten hat[371]. Doch legt die Schrift, insbesondere Paulus, vor allem auf die Neuheit des M e n s c h e n wert. Prudentius ist diese Sprache offensichtlich zu nüchtern-vernünftig. Mit Liebe übernimmt er daher das vergilische Motiv von der Wiederherstellung einer blühenden N a t u r. Zarte

---

366 Vgl. dazu ebd. 13 und die Literaturangaben bei WLOSOK (vgl. oben Anm. 363).

367 Vgl. dazu NORDEN 5.51f.

368 Vgl. ebd. 5.

369 Vgl. C 12,49ff.; C 3,161ff. (dazu unten S. 354ff.); zur Exegese in der Patristik vgl. HERZOG 84, Anm. 111.

370 Vgl. W. BOUSSET, Kyrios Christos. Göttingen 1913, 228f., zitiert nach NORDEN 47.

371 Vgl. z.B. Mt 19,28, wo bereits der technische Ausdruck "παλινγε-νεσία" begegnet; 2 Kor 5,17; Röm 6,4; Gal 6,15; Apk 21,5; dazu NORDEN 47.

Frühlingsstimmung wird so heraufbeschworen, die in ihrer ganzen Akzentuierung an die Atmosphäre erinnert, die Prudentius in den zuvor besprochenen Texten als paradiesisch gekennzeichnet hatte[372]. Der Geburt Christi kommt also keine geringere Bedeutung zu, als daß den Menschen die unbeschwerte Heiterkeit des verlorenen Paradieses wiedergeschenkt wird.

Natürlich deutet Prudentius auch einen anderen Aspekt der vergilischen Prophezeiung auf seinen Gott hin um: Wie der Knabe der vierten Ekloge dazu bestimmt ist, als König über den Erdkreis zu herrschen[373], so ist Christus zum König der Völker ausersehen (vgl. C 11,77-80). Prudentius war es sicher willkommen, wenn auf diese Weise die realpolitischen Erwartungen, die Vergil mit dieser Hoffnung verband, auf Christus übertragen wurden. Er ist es ja, der in ihm den zuverlässigen Garanten der Unzerstörbarkeit des Reiches sieht[374]. Das deutet sich auch im Epitheton "a e t e r n e rex" (C 11,78) an, mit dem der Dichter auch sonst das Königtum des dreieinigen Gottes charakterisiert (vgl. A 222; Pe 10,596)[375].

Zugleich ist damit die Vorlage Vergils durch ihre christliche Interpretation überboten. Doch ist dies ein vergleichsweise zaghafter Beweis christlicher Eigenständigkeit innerhalb der Verse, die auf die vierte Ekloge anspielen. Die große Chance, den wesentlichen, zu den Kernstücken des christlichen Glaubens gehörenden Unterschied zu dem heidnischen Gegenstück zu betonen, nutzt Prudentius nicht. Während es vom Knaben in der Prophezeiung der Sibylle heißt: "ille deum vitam accipiet" (E 4,15)[376], geht es im elften Tageslied gerade um die Menschwerdung Gottes. Prudentius betont zwar diese Tatsache (vgl. C 11,45-52), doch stellt er diese den Versen, in denen Vergils vierte Ekloge dominiert, so v o r a n, daß i n ihnen die Integrität der heidnischen Vorlage gewahrt bleiben kann. So

---

[372] Vgl. z.B. "nardo" (C 11,68) ≙ "folium" (C 5,119); "mella fluunt" (C 11,73) ≙ "balsama fluunt" (C 5,117f.); "sudans" (C 11,75) ≙ "desudata" (C 5,118); "flagrasse" (C 11,68) ≙ "flagrat" (C 5,114); "balsama" (C 11, 75) ≙ "balsama" (C 5,117); "vernantis" (C 11,62) ≙ "vernat" (C 8,46) und "ver perpetuus" (C 3,103).

[373] Vgl. E 4,17: "pacatumque reget patriis virtutibus orbem"; dazu die Parallele bei Prudentius Ps 2f.: "Christe... qui p a t r i a v i r t u t e ...".

[374] Vgl. dazu Kapitel 2 passim.

[375] Eine Anspielung auf die Herrschaft Gottes dann auch C 11, 69f., wo der Sieg über das barbarische Element in der Welt angedeutet wird.

[376] Vgl. dazu NORDEN 118ff.

scheint die Liebe zu den bedeutungsschweren Worten des klassischen Dichters derart groß, daß er von einer korrigierenden
Auseinandersetzung mit diesen, beispielsweise über das Mittel
einer Kontrastimitation, zurückschreckt. Er nimmt damit zweifelsohne eine Sonderstellung in der Geschichte der christlichen Auslegung der vierten Ekloge ein.
Gleichsam als Entschädigung dafür kann man eine Passage aus
dem dritten Tageslied erachten, in der Christus als "nova
progenies" (C 3,136) eingeführt und so mit dem entscheidenden
"Codewort" für den Knaben der vierten Ekloge bedacht wird,
dann aber einen paradiesischen Frieden heraufführt, der nun
im Vergleich zur entsprechenden Partie im Weihnachtshymnus
zutiefst christliche Züge zeigt.

3.4.6   C 3,156-170: Der paradiesische Frieden

"Quae feritas modo non trepidat
territa de grege candidulo?
Inpavidas lupus inter oves
tristis obambulat et rabidum
sanguinis inmemor os cohibet.

Agnus enim vice mirifica
ecce leonibus imperitat,
exagitansque truces aquilas
per vaga nubila perque notos
sidere lapsa columba fugat.

Tu mihi, Christe, columba potens,
sanguine pasta cui cedit avis,
tu niveus per ovile tuum
agnus hiare lupum prohibes
subiuga tigridis ora premens."

"Wo gibt es jetzt noch ein wildes Tier, das
nicht vor Schreck über den Anblick der weißen
Herde zitterte? Der Wolf streift grimmig zwischen den Schafen umher, die die Furcht vor
ihm verlernt haben. Von Beute will er nichts
mehr wissen, sein Maul mit den reißenden
Zähnen hält er fest geschlossen.
Denn siehe, durch einen wundersamen Wandel
befiehlt nun das Lamm dem Löwen, und die Taube
gleitet vom Himmel herab, scheucht furchter-
regende Adler auf und jagt sie durch Wind und
unruhig umherziehende Wolken.
Du, Christus, bist für mich die machtvolle
Taube, welcher der blutrünstige Vogel weicht.
Du bist das schneeweiße Schaf, das den Wolf
daran hindert, mit klaffendem Rachen über den
Schafstall herzufallen, und das den Kopf des
Tigers unters Joch zwingt."   (C 3,156-170)

Zwischen dem dritten und dem elften Tageslied besteht über mehrere, inhaltlich ähnliche Texteinheiten eine enge Verwandtschaft. Prägnantestes Bindeglied ist dabei die Charakterisierung Jesu als "nova progenies" (C 3,136); durch sie wird unmißverständlich an die vergilische Botschaft von der Geburt eines Knaben erinnert, die C 11,57ff. als Schablone für die Darlegung der durch das Christuskind erwirkten Erneuerung der Welt gedient hatte[377]. Auch im folgenden Vers spüren wir noch die Nähe zur vierten Ekloge: "aethere proditus" entspricht ja dem "caelo demittitur alto"; in beiden Fällen wird so die Herkunft der "nova progenies" erläutert[378].

Doch hier endlich sucht der Dichter auch die Verbindung zur Schrift, indem er diesen vom Himmel kommenden Sproß als "alter homo" vorstellt, der die Verfehlungen des ersten Menschen Adam in sich überwindet. Damit vermählt Prudentius die Heilssehnsucht heidnisch-antiker Poesie mit zentralen Aussagen paulinischer Theologie[379].

Prudentius entfaltet dann denselben Gedanken wie auch C 11, 57ff.: Die Geburt des menschgewordenen Gottessohnes durch die Jungfrau Maria bewirkt eine Umkehr der bisherigen Verhältnisse. Die Schlange, die Eva zum Verhängnis geworden ist und so den Grund für die Vertreibung aus dem Paradies geliefert hatte (vgl. C 3,111ff.), wird durch die mit Christus schwangere Maria entmachtet (vgl. C 3,151-155). Paradiesische Verhältnisse kehren wieder. Erneut erkennt Prudentius dies an einer veränderten Situation in der Natur. Doch während im Weihnachtshymnus ein Blick über die Flora auf die Palingenesie der Welt aufmerksam machen will, weist nun die von den Füßen auf den Kopf gestellte Beziehung der Tiere zueinander darauf hin. Auch Vergil hatte übrigens die Folgen der Geburt des "magnum Iovis incrementum" für die Tierwelt angedeutet: Schädliche Tiere, symbolisiert durch die Schlange(!), werden vernichtet werden (E 4,24).

Prudentius geht hier einen anderen Weg: Gefährliche Tiere

---

[377] Die 4. Ekloge steht dann auch C 3,66ff. mit den Versen 21ff. im Hintergrund; daneben Anspielung auf Georg. 3,309 in C 3,66 (dazu SCHWEN 56).

[378] Zur Wirkungsgeschichte dieses vergilischen Verses vgl. NORDEN 48f.

[379] Vgl. "prius" (C 3,138) ≙ "primus" (1 Kor 15,47); "alter" (C 3, 137) ≙ "secundus" (1 Kor 15,47); "aethere" (C 3,137) ≙ "de caelo" (1 Kor 15,47); "luteus" (C 3,138) ≙ "terrenus" (1 Kor 15,48).

werden nicht ausgerottet, sondern in ein neuartiges friedli-
ches Zusammenleben eingebunden. Assoziationen an die H 358f.
in Erinnerung gerufenen paradiesischen Zustände werden geweckt: "Numquid equus ferrum leo in se vim sceleris cum for-
marentur habebant?" Auch Jes 11 prophezeit ähnliche Verhältnisse in der Tierwelt als Folge der Erscheinung des Messias.
Doch während dort das Auskommen der Tiere und auch Menschen
miteinander vollkommen reibungslos, ohne Machtdemonstration
von irgendeiner Seite her gewährleistet scheint, betont Prudentius das souveräne, aber durchaus autoritäre Eingreifen
der zahmen Tiere gegen jeden Versuch von seiten der Raubtie-
re, den paradiesischen Frieden zu stören. Sie werden verjagt
(vgl. C 3,165: "fugat"), in ihre Schranken gewiesen (vgl. C
3,160: "cohibet"; C 3,169: "prohibes"), müssen sich Befehlen
unterordnen (vgl. C 3,161f.: "Agnus ... leonibus i m p e-
r i t a t"), ja sogar körperlichen Widerstand gefallen lassen
(vgl. C 3,170: "agnus ... tigridis ora p r e m e n s"). Ihre
gedrückte Stimmung wird mit gewisser Genugtuung zur Kenntnis
genommen (vgl. C 3,159f.: "lupus inter oves t r i s t i s
obambulat").
Als Ideal eines konkret zu verstehenden Friedens unter den
Geschöpfen kann dies weit weniger befriedigen als das Bild,
das Jesaia zeichnet. Einen einsichtigeren Sinn erhalten die
Verse aber dann, wenn man die in ihnen enthaltene allegorische Komponente herauslöst: Indem Prudentius Christus zur
"Taube" werden läßt, die den Adler überwindet, und zum
"Lamm", das den Wolf und den Löwen in die Schranken weist[380],
gibt er dem Text eine interessante Wendung[381].
Wolf, Adler und Löwe sind für Prudentius ja wie auch für die
alte Kirche Symbole für die verschiedenen Manifestationen des
Bösen. Bereits oben war gezeigt worden, daß der Wolf im Werk
des Dichters mal für die heidnischen Verfolger, mal für die
Häretiker, mal für die Dämonen steht[382]. Eine ähnliche Funk-
tion nahm in der frühchristlichen Symbolik der Löwe ein: "Er

---

[380] Vgl. C 3,166-170; auf die Wirkung Gottes wird es auch zurückgeführt, wenn die ungezähmten Löwen Daniel in der Löwengrube keinen Schaden
zufügen (vgl. C 4,37-39.46ff.).
[381] Stilistisch perfekt begleitet wird diese allegorische Ausdeutung
durch die chiastische, gleichsam das Kreuz Christi nachzeichnende Verbindung von Lamm und Taube in den Versen 161/165 und 166/169.
[382] Vgl. oben S. 351 mit Anm. 358.

wurde zum Sinnbild der Macht des Bösen; er bezeichnete Satan
selbst."[383] Wenn ihn Prudentius in einem Atemzug mit dem Wolf
nennt, so liegt er damit genau auf dieser Linie. Spuren davon
lassen sich sogar noch an einer Stelle der "Apotheosis" ausmachen, wo Prudentius im Zusammenhang mit der Verehrung Christi durch die Magier vom Erstaunen der Astrologen über die
ungewöhnliche Konstellation der Sternbilder erzählt: "Diri-
guit trepidans Chaldaeo in vertice pernox/astrologus c e s-
s i s s e   a n g u i s,   f u g i s s e   l e o n e m" (A
617f.). Wer denkt bei der Erwähnung der Schlange nicht an den
Versucher des Paradieses? Wer möchte bestreiten, daß auch dem
Löwen hier eine allegorische Bedeutung zukommt?
Schließlich weckte auch das Bild des Adlers viele Assoziationen. Er galt als das Zeichen Juppiters bzw. in späterer Zeit
des Sonnengottes[384]. Mußte da der mit solcher Symbolik vertraute Leser in der näheren Charakterisierung "sanguine pasta
avis" (C 3,167) nicht zwangsläufig eine Anspielung auf die
Verfolgung der Christen erblicken, die nicht öffentlich für
Juppiter zu opfern bereit waren? Pe 6,17 erscheint ja bezeichnenderweise auch der heidnische Verfolger als "pastus
sanguine carnifex".
Während so über die Bilder des Wolfes, Löwen und Adlers auf
die Präsens des Satans und seiner Helfer, der Dämonen, Häretiker und Verfolger, hingewiesen ist, erinnert der Vergleich
Christi mit Taube und Lamm an Grundbotschaften des christlichen Glaubens. Da denkt man natürlich an die Worte des Johannes: "Ecce agnus dei" (Joh 1,29), aber auch an den Vergleich des Opfertodes Jesu mit dem Pascha der Juden[385]. Hinzu tritt der im Bild der Taube symbolisierte Gedanke der Unschuld[386]. Mehr aber noch muß man mit dieser Stelle einige
Verse der "Psychomachia" assoziieren: "Sed tamen et niveis
tradit deus ipse columbis/pinnatum tenera plumarum veste
colubrum/rimante ingenio docte internoscere mixtum/innocuis
avibus." Die kluge Taube, die eine durch Vogelfedern getarnte
Schlange geschickt zu erkennen vermag, wird hier zum Sinnbild
für die gläubigen Christen, denen daran gelegen sein muß, unter dem Deckmäntelchen der Rechtgläubigkeit verborgene Häretiker zu entlarven.

---

[383] E. URECH, Lexikon christlicher Symbole. Konstanz 1976, 158.
[384] Vgl. dazu Th. SCHNEIDER, Art. "Adler", in: RAC 1,87ff.
[385] Vgl. 1 Kor 5,7; bei Prudentius aufgegriffen in A 355; zum "Lamm"
als Christussymbol vgl. F. NIKOLASCH, Das Lamm als Christussymbol in den
Schriften der Väter = WBTh 3. Wien 1963.
[386] Vgl. dazu PILLINGER 20.

Der C 3,156ff. geschilderte paradiesische Frieden gewinnt
über diese uralte, im Werk des Dichters weit verzweigte Symbolik eine universale Ausrichtung, die vom Sieg über den satanischen Versucher und die heidnischen Verfolger der Christen bis hin zur Überwindung häretischer Kräfte reicht[387].

3.4.7 Ein Rückblick auf die Paradiesesidyllen des Prudentius

Mit den Vorstellungen, die die Schrift vom Paradies zu Beginn
oder zum Ende der Zeiten vermittelt, gibt sich Prudentius,
wie ein Blick auf seine Behandlung dieser Thematik zeigen
konnte, nicht zufrieden. Einerseits sind sie ihm zu trocken,
zu sparsam mit Details, andererseits empfindet er den feh-
lenden Bezug zu der konkreten Kirche, der er sich zugehörig
weiß, als störend.
So greift er mit auffallender Unbekümmertheit zu Bildern, die
ihm aus der Lektüre der heidnischen Schriftsteller, insbesondere Vergils, vertraut geworden und ans Herz gewachsen waren.
Dabei räumt er diesen nicht nur Platz ein, wo es um den äußeren Rahmen geht. Auch die Frage nach dem Schicksal der Seelen
im Paradies beantwortet er mit Gedanken, die heidnischer Philosophie entstammen. So überträgt er den Traum eines jeden
Römers von einer beglückenden Lebensweise in harmonischer
Verbindung von "otium" und "negotium" auf paradiesische Verhältnisse[388]. Die Garantie dafür sieht Prudentius in der
durch Christus als "König der Völker" verbürgten ewigen Fort-
dauer des römischen Reiches.
Bei der Frage nach dem Weg in dieses Paradies distanziert
sich der Dichter jedoch deutlich von den unverbindlichen, von
Zweifeln begleiteten Antworten der heidnischen Antike. Nur
über die Zugehörigkeit zur Kirche, die durch Taufe Wiederge-

---

[387] Unter diesen Gesichtspunkten erscheinen die Verse bei weitem
nicht so "obscur", wie LAVARENNE I,17, Anm. 1, es behauptet. Nicht nur,
daß er zur Unterstützung seiner sehr allgemein gehaltenen These ("adou-
cissement des moeurs sous l'influence du christianisme") den einzigen
Parallelbeleg (= C 4,49ff.; vgl. dort das bedeutungsschwere Wort "mansuescit") beiseite läßt; er übersieht auch völlig die einschlägige Symbolik des Textes.
[388] Wenn dieses Gespann dann in der christlichen Spiritualität als
die Forderung nach einem gesunden Ausgleich zwischen "vita activa" und
"vita contemplativa" begegnet, so dürfte sie in dieser antiken Grundhaltung eine ihrer Wurzeln haben.

burt und Sündenvergebung vermittelt, gelangt man in die grünen Auen des christlichen Elysiums. Sie schenkt den Gläubigen auch die bischöflichen Hüter der christlichen Lehre, um so die Macht der Häretiker zu brechen, die die Orthodoxen von dem Weg abzubringen versuchen, der ins Paradies führt.

3.5 DIE SPIRITUALITÄT DES PRUDENTIUS: RESÜMEE

Als Grundvoraussetzung für die Spiritualität des Prudentius kann nach den vorangegangenen Überlegungen die dualistische T h e o r i e vom Verhältnis zwischen Leib und Seele gelten. Zwischen Körper und Geist besteht danach eine wesentliche Diskrepanz.
Dabei ist für Prudentius die "materielle" Seite des Menschen gänzlich minderwertig. Zwar betont er gelegentlich ihr g e s c h w i s t e r l i c h e s Verhältnis zur Seele, doch ist dieses dann gerade eines der Art, in welcher die Liebe zwischen den "Blutsverwandten" in abgrundtiefen Haß umschlägt. Bestenfalls findet der Körper noch die Anerkennung des Dichters in seiner für die Seele d i e n e n d e n Funktion. Gewöhnlich bringt er ihm aber als einem "G e f ä n g n i s" oder einer "F e s s e l" der Seele starke Verachtung entgegen.
Die Seele gewinnt dagegen für Prudentius einen unschätzbar hohen Wert. Während der göttliche Ursprung des Körpers eher als ein nun einmal bestehendes, aber wenig geliebtes Dogma in den Text einfließt, wird die Wesensverwandtschaft der Seele mit Gott stark hervorgehoben. Dennoch oder gerade deswegen wird von Prudentius die Vorstellung von der Rehabilitierung des Körpers durch die Menschwerdung Gottes, gipfelnd im Glauben an die körperliche Auferstehung, mit Engagement verteidigt. Gerettet wird bei konsequenter Auslegung seiner Äußerungen allerdings eine Körperlichkeit, die letztlich keine mehr ist, sondern sich gleichsam ins Ätherisch-Spirituelle verflüchtigt. Hier müssen Einflüsse hellenistisch-idealistischer Philosophie geltend gemacht werden.
Auf der anderen Seite empfindet Prudentius offensichtlich, was seine persönliche Hoffnung bezüglich des Schicksals des konkreten Menschen nach dem Tode angeht, deren Gedanken als gänzlich unbefriedigend. Im Christentum mit seiner Überzeugung von der ganz und gar "leibhaften" Auferstehung findet er die Antwort, die ihm Trost und Zuversicht gibt. Als Mensch

aus Fleisch und Blut, doch befreit vom Makel jeder Krank-
heits- oder Alterserscheinung, wird er zu neuem Leben erweckt
werden.

Wie hier die Körperlichkeit des Menschen durchaus als Wert an
sich begriffen ist, so räumt Prudentius dieser auch in seinen
praktischen, aus seinem dualistischen Ansatz entspringenden
Zielen ein gewisses Recht ein. Er entwirft das Ideal eines
enthaltsamen Lebens, in dem jedes Extrem vermieden wird. Un-
mäßige Bedürfnisse aller Art sind zu beschneiden, um so einerseits einer Versklavung an falsche Werte vorzubeugen und
die Freiheit des Geistes zu wahren. Askese ist also nicht
Selbstzweck, sondern dient dem Gedeihen des "inneren" Menschen. Sie hat aber nicht nur diese gleichsam introvertierte
Seite. Prudentius verbindet mit ihr ebenso die Forderung, den
durch ein enthaltsames Leben gewonnenen Freiraum durch ein
freigiebiges, auf die Bedürfnisse der menschlichen Gemeinschaft zugeschnittenes Verhalten auszuschöpfen. Prudentius
bezieht sich damit auf das christliche Gebot der Barmherzigkeit, gelangt aber mit seiner Interpretation nicht wesentlich
über das hinaus, was bereits dem stoischen Humanismus ein Anliegen gewesen war.

Dazu paßt, daß es Prudentius ebenso daran gelegen war, gewissen, im Wesen des Körpers begründeten Forderungen ohne irgendwelche Skrupel nachzugeben. Er verläßt sich dabei auf das
von der N a t u r vorgegebene Maß, das er in besonderer
Weise durch einen ländlichen Rahmen transparent gemacht
sieht. Auch hier wird Prudentius unverkennbar zum Freund und
Verteidiger der stoischen Naturphilosophie. Von ihr übernimmt
er dann auch den Entwurf eines frommen Lebens, in dem sich in
enger Anlehnung an die schlichte Atmosphäre der "rusticatio"
eine quasi natürliche Spiritualität ergibt.

Diese findet ihren beeindruckendsten Niederschlag in der wiederholten Forderung nach einem "Kult", der im "Tempel des
menschlichen Herzens" begründet ist und auf ethisch-moralische Opfer baut, und mündet in die Vision eines für den frommen Menschen offenstehenden Paradieses, das auf verblüffende
Weise an die georgisch-bukolischen Ideallandschaften erinnert
und den Menschen ein Leben als Römer in der geliebten Balance
zwischen "otium" und "negotium" gewährleistet.

Doch für Prudentius ist dies nur noch ein, wenn auch ein sehr
wichtiger Schritt auf dem Weg hin zu einer eschatologischen
Glückseligkeit. Wer diesen Weg geht, muß zuvor die Pforte der
christlichen Kirche passiert haben. In ihren Sakramenten findet der Mensch zuverlässigen Halt in seinem spirituellen
Fortschreiten; ja ihm wird nach einem Fehltritt die Möglich-

keit zur Umkehr und zu einem Neuanfang geschaffen.

Nun hat zwar eine solche Verankerung der Frömmigkeit im ri-
tuell-kultischen Handeln der Gemeinschaft auch und gerade für
den heidnischen Römer eine große Bedeutung. Doch gewinnt die
vertrauensvolle und totale Hingabe der von Prudentius reprä-
sentierten Christen an die "ecclesia" eine ganz neue Qualität. Man erwartet und verspricht sich von ihr eine pastorale
Fürsorge, wie sie die heidnische Religion nicht gekannt hatte.

4. EINIGE ABSCHLIESSENDE BEMERKUNGEN

4.1 ERLÄUTERUNGEN ZUR GEWÄHLTEN METHODE

Mit dem Versuch, die Religiosität des spanischen Dichters Aurelius Prudentius Clemens zu umreißen, wurde eine vielschichtige Problematik aufgegriffen. Mein Ziel war es, anhand dreier Aspekte einen Z u g a n g zu einer Frage zu schaffen, die in den größeren Zusammenhang der Auseinandersetzung zwischen Antike und Christentum einzuordnen ist. Mit diesen Fragen wurde ein so weiter Bogen gespannt, daß einzelne Gesichtspunkte mitunter nicht mit der Gründlichkeit dargestellt werden konnten, die bei einer detaillierten Themenstellung möglich gewesen wäre. Auch wären durchaus andere Blickwinkel denkbar gewesen, von denen aus Antworten auf die vorliegende Thematik hätten gesucht werden können. Der Anspruch auf eine erschöpfende, gleichermaßen abgeschlossene Abhandlung wird daher nicht erhoben.
Ebensowenig konnte man bei der Art der Fragestellung eine Vielzahl völlig neuer Forschungsergebnisse erwarten. Gerade aus der Zusammenfassung, Analyse und sinnvollen Neuordnung bereits vorhandener Erkenntnisse waren wesentliche Kriterien für die Beurteilung der prudentianischen Frömmigkeit zu gewinnen. Interessante Details mußten so gleichsam mosaikartig zu einem Porträt des Dichters zusammengefaßt werden. Dabei wurden Überschneidungen in den einzelnen Unterpunkten mit Bedacht belassen, um so die gegenseitige Durchdringung der verschiedenen Ebenen zu verdeutlichen, auf denen sich die Religiosität des Dichters manifestiert.
Der hier skizzierte Weg führte schließlich zu Ergebnissen, die in ihrer Konsequenz auch für den Prudentius-Leser der Gegenwart von Bedeutung sein müssen und daher anschließend in knapper Form gewürdigt werden sollen.

4.2 KONSEQUENZEN AUS DEN INHALTLICHEN ERGEBNISSEN

Prudentius ist noch immer ohne Zweifel der größte Dichter, den das Christentum für sich beanspruchen kann. Der Einfluß, den seine Poesie ausgeübt hat, darf nicht unterschätzt wer-

den. Seine Verse waren präsent im mittelalterlichen Schul-
unterricht, wirkten von dort aus hinein bis in die religiöse
Erziehung der Neuzeit; im Stundengebet werden noch heute Partien aus dem Werk des spanischen Dichters gelesen.

Daher ist es auch in der gegenwärtigen Zeit von Interesse,
auf welche Weise Prudentius theologische Lehren und Frömmig-
keitsäußerungen verarbeitet und seinem Leser bzw. Hörer nahegebracht hat. Sein Werk ist nicht nur als Zeugnis seiner Zeit
wertvoll, sondern auch als Beitrag zu erachten, der das
Wachstum des Christentums zu seiner heutigen Gestalt besser
zu verstehen hilft. Und das insbesondere, weil Prudentius mit
seiner Dichtung zwar eine exzellente Stellung einnimmt, aber
doch auch eine in seiner Zeit verbreitete geistig-religiöse
Tendenz widerspiegelt.

Der Beurteilung des Dichters aus heutiger Sicht stehen zunächst zwei Barrieren im Weg. Zum einen kann man sich schwerlich hineinversetzen in die formalen und womöglich auch inhaltlichen Zwänge, denen ein antiker Dichter, besonders aber
ein Literat des im Zerfall begriffenen römischen Reiches ausgesetzt war. Von daher ist es schwer zu unterscheiden, inwieweit ein Dichter sich einem poetischen Diktat unterwirft und
wo er urpersönliche Überzeugungen einfließen läßt. Zum anderen ist es für einen an historisch-kritischer Methode orien-
tierten Christen kaum mehr nachvollziehbar, wie Prudentius
mit der Hauptquelle der gemeinsamen Religion umgeht. Der
Dichter entspricht damit zwar ganz dem Schriftverständnis
seiner Zeit; dessen ungeachtet wird dadurch jedoch der Zugang
zu seiner Religiosität und einer adäquaten Beurteilung seiner
Persönlichkeit erschwert.

Dennoch hat die Analyse seiner Gedichte unter dem besonderen
Blickwinkel des Verhältnisses von heidnischen und christlichen Elementen zu Folgerungen geführt, die zu bedenken sich
lohnt:
Prudentius, ein Dichter, der darauf besteht, durch und durch
als Christ zu gelten, kann dieses Bekenntnis von seinem Römertum nicht lösen. Er verkündet die völlige Identität zwischen dem "homo Romanus" und dem "homo Christianus" und propagiert diese bis zur Grenze der Geschmacklosigkeit.
Die Assimilierung von heidnischen und christlichen Religions-
prinzipien ist für ihn ein selbstverständlicher, ja zwangs-
läufiger Prozeß, der ihm keine Probleme bereitet zu haben
scheint. Prudentius schafft hierdurch zusammen mit anderen
christlichen Schriftstellern seiner Zeit die literarischen
Grundlagen für einen Lebensstil, in dem das Christentum auf
eine unbeschwerte Weise mit tradierten vorchristlichen Vor-

stellungen in Einklang gebracht wird.

Wer über die Dichtung des Prudentius, wie dies lange Zeit geschehen ist, lediglich das Klischee einer vollendeten Synthese zwischen christlichem Inhalt und heidnischer Form stülpt,
verharmlost und bagatellisiert die Bedeutung, die ihr beizu-
messen ist. Dem Verschmelzungsprozeß, wie er in der Poesie
des Prudentius vollzogen wird, liegt ja eine tiefe Überzeugung von der Verwandtheit auch und gerade von tragenden Gedanken zugrunde.

Für eine realistische Standortbestimmung des heutigen Christentums sollte eine solche Analyse einerseits ein Grund mehr
zu Selbstbescheidung sein. Jede Herablassung gegenüber nichtchristlichen Kulturen müßte ja konsequenterweise auch die eigene Identität in Frage stellen. Umgekehrt mahnt ein solches
Ergebnis auch zu Vorsicht, diese durch ein zu großes Entge-
genkommen gegenüber von außen eindringenden Gedanken erneut
aufs Spiel zu setzen und so zur "Zersetzung oder doch Verdek-
kung aller echten christlichen Überzeugungen"[389] beizutragen.

---

[389] So FUCHS, Kirche 42, über zeitweise Tendenzen der frühchristlichen Dichtung.

NAMEN- UND SACHREGISTER
(in Auswahl)

HEREDITAS. Studien zur Alten Kirchengeschichte

Bd. 1: Michael Durst, Die Eschatologie des Hilarius von Poitiers. Ein Beitrag zur Dogmengeschichte des vierten Jahrhunderts. Bonn 1987. XLIV/386 S. - ISBN 3-923946-08-2

Bd. 2: Rosemarie Nürnberg, Askese als sozialer Impuls. Monastisch-asketische Spiritualität als Wurzel und Triebfeder sozialer Ideen und Aktivitäten der Kirche in Südgallien im 5. Jahrhundert. Bonn 1988. XXX/354 S. - ISBN 3-923946-11-2

Bd. 3: Marianne Kah, "Die Welt der Römer mit der Seele suchend ..." Die Religiosität des Prudentius im Spannungsfeld zwischen 'pietas christiana' und 'pietas Romana'. Bonn 1990. XX/369 S. - ISBN 3-923946-14-7

In Vorbereitung:

Bd. 4: Peter Bruns, Die Christologie Aphrahats des Persischen Weisen. Bonn (1990). ca. 280 S. - ISBN 3-923946-15-5

* *
*

BEGEGNUNG. Kontextuell-dialogische Studien zur Theologie der Kulturen und Religionen, hg. von Hans Waldenfels

Bd. 2: Günter Riße, "Gott ist Christus, der Sohn der Maria" - Eine Studie zum Christusbild im Koran. Bonn 1989. XI/274 S., geb. - ISBN 3-923946-17-1